Peter Kürten

Leben und Wirken des

Peter Kürten,

genannt der Vampir
von Düsseldorf.

Herausgegeben von Elisabeth Lenk
und Roswitha Kaever

Rogner & Bernhard

Die Bresche
Herausgegeben von Antje Ellermann
und Axel Matthes
Band 3

Erste Auflage 3 000 Exemplare

Gesetzt aus der Times-Antiqua
Buchausstattung: Claus J. Seitz
Satz: Georg Appl, Wemding
Druck: aprinta, Wemding
Bindung: Conzella, München
Printed in Germany
ISBN 3 8077 0024 2

Inhalt

Editorische Notiz

Unentwirrbare, geheimnisvolle Verbrechen, der logische Zwang zu ihrer Aufklärung, die Unausweichlichkeit des Gerichts bis zur Konsekration des Verbrechers zu einem »großen« durch die Majestät des Schafotts, all diese Momente machen den Mörder zu einem negativen Helden, kaum weniger konventionell als der positive. Der Fall Kürten stünde somit in der langen Reihe berühmter Kriminalfälle, die das kollektive Gedächtnis aufbewahrt und je nach dem Geschmack einer Epoche, einer Schicht, im Bänkelsang oder im Comic, im Pitaval oder im Detektivroman, ganz zu schweigen von der Konvertibilität all dieser Genres in Filmisches, phantastisch reproduziert.

Und in der Tat hat auch ihn das Schicksal solchen Reproduziertwerdens ereilt. »M« zeigt den stummen Triebverbrecher, Goldmanns gelbe Taschenbücher[1] unterhalten im Krimi-Stil: »Nun begann eine ziellose Suche, an der sich auch die Nachbarn beteiligten, ein Rufen durch die Nacht, Straße auf, Straße ab – in einem Winkel rührte sich etwas, aber dann war es nur eine Katze gewesen, die dunkle Gestalt im Graben war ein gefällter Baumstamm und kein Kind.« Das spanische Magazin CRIMEN Y CASTIGO[2] gibt einen gleichermaßen blutrünstigen und larmoyanten Bericht nach Art der Dienstmädchenlieder: »Warum habe ich das getan? Eigentlich weiß ich nicht genau, wie es passiert ist. Ich kann mich entsinnen, aus der Wohnung unter uns klang ein Lied herauf. Weder sie noch ich haben ein Wort gesagt, und sie ist gestorben, als das Lied zuende war.«

Der »Spiegel« zeigte 1948 in einer Serie »Das Spiel ist aus – Glanz und Elend der deutschen Kriminalpolizei«, wie die vom Berliner Mordspezialisten Gennath inszenierte Großfahndung im Falle Kürten kläglich scheiterte. O. Steiner, Oberstaatsanwalt, und W. Gay, Regierungs- und Kriminaldirektor, fanden sich nach ihrer Pensionierung zusammen und zogen kriminalistische Lehren[3], somit die Marxsche These (in den »Theorien über den Mehrwert«) bestätigend, daß das Verbrechen gesellschaftlich produktiv sei, indem es nämlich von der Gaslaterne bis hin sagen wir zur Hollerith-Kartei immer fortschrittlichere Errungenschaften hervorbringt.

Der den Stoff für all dies abgibt, der, nachdem er einmal verfolgt wird, Verbrecher heißt und – durch die Mühlen des Gerichts gedreht – literarisch weiterverarbeitet werden kann, wieviele Tode muß der sterben? »Dank sol-

[1] Joe Lederer, Vampir. Der Fall Kürten, im Bd. 1999

[2] Año II – Numero 21, Madrid, noviembre de 1973 (El Vampiro de Dusseldorf. Terror en Alemania)

[3] Der Fall Kürten. Sachdarstellung und Betrachtungen. Hamburg 1957

cher Kerle sind noch Tragödien möglich« sagt Jean Genet von den »Starken« unter den Strafgefangenen, die das Zeug zum Mörder haben. Als tragischer Held aber hat der Mörder zu schweigen. Er ist nur das hohle Gefäß, in das die anderen ihre Phantasien hineinprojizieren. Er ist die Ausnahme, der Exzeß. Kürten hat die Rolle einer »geträumten Person«, des Verbrechers und schließlich des Mörders, perfekt gespielt, sie aber zugleich auch durchbrochen. Er, der nur schweigend hatte handeln können – und die anderen verstanden seine stumme Sprache und spielten mit – beginnt plötzlich aus freiem Entschluß zu reden. Er redet ununterbrochen. Man gewinnt den Eindruck, daß gegen den Prozeß, den die Gesellschaft dem Täter macht, sich ein anderer Prozeß vollzieht. Das Erstaunliche ist, daß der, der spricht, sich, indem er spricht, selbst verändert und also mit dem Täter nicht mehr identisch ist.

Kürten nennt diesen Prozeß seine Ernüchterung. Man kann ihn auch einen der Distanzierung, der ästhetischen Distanzierung, nennen. Denn wenn der Täter hier von sich und seinen Handlungen abrückt, so nicht als der reuige Sünder, der das moralische Urteil, das die anderen über ihn sprechen, in sich und gegen sich vorwegnimmt. Seine Handlungen werden ihm fremd, da er allmählich aus seinem Wahn erwacht (er selbst nennt so die Vorstellungen, die seine Gewalttaten begleiteten), ihm fremd wie den anderen. Er möchte sie begreifen, aber er begreift sie nicht. Seine »Beil-«, »Hammer-« und »Dolchperiode« sind ihm eine ferne Objektivität wie das abgeschlossene Werk dem Dichter.

Wir veröffentlichen hier Akten aus dem Hauptstaatsarchiv Düsseldorf[4], die repertoriert sind unter den Nummern 161: 1–126. Der umfangreichste Teil der Akten (17–106) befaßt sich mit den einzelnen Verbrechen, die im Prozeß abgehandelt wurden: Mord in 9 Fällen, Mordversuch in 32 Fällen, Überfall in 3 Fällen, versuchte Notzucht in einem Fall sowie 27 Brandstiftungen. Es konnte sich für uns nicht darum handeln, diese laboriöse Rekonstitution der Tatumstände hier zu wiederholen. Ein weiterer Teil der Akten betrifft die formale Seite des Verfahrens: Ermittlung, Maßnahmen, Verfügungen sowie die Prozeßakten im engeren Sinne: Anklageschrift, Sitzungsprotokoll, Urteil. Hiervon haben wir nur so viel zurückbehalten als zur Kennzeichnung der behördlichen Seite und der Lebensumstände des Täters unumgänglich schien.

In einem Prozeß wie diesem kam zentrale Bedeutung den Sachverständigen zu. Unter den Nummern 118/119 liegen 7 Bände ärztlicher Gutachten vor. Vier Sachverständige haben vor Gericht ausgesagt: ein Gerichtsarzt (Professor Berg), ein Anstaltsarzt (Dr. Raether) und zwei Professoren der

[4] Wir möchten den Beamten dieses Archivs, insbesondere Herrn Dr. Engels, an dieser Stelle unseren Dank ausdrücken für die Bereitwilligkeit, mit der sie uns die Akten zugänglich gemacht haben.

Psychiatrie (Sioli und Hübner). Erstaunlicherweise kommen alle vier, was die Einschätzung der Motive des Angeklagten sowohl wie seiner strafrechtlichen Verantwortlichkeit im Sinne des § 51 StGB angeht, zu fast identischen Schlüssen; man kann sich des Eindrucks nicht erwehren, daß sie nach Art der Rezensenten voneinander abgeschrieben haben. Um Wiederholungen zu vermeiden, haben wir daher nicht alle Einschätzungen wiedergegeben. Auf das Gutachten des zuletzt hinzugezogenen, von der Verteidigung benannten Professor Hübner, der einen allgemeinbildenden Vortrag über angelernten und angeborenen Sadismus hält und im übrigen seinen Herren Vorgutachtern beipflichtet, konnte verzichtet werden. Der Gerichtsarzt Dr. Berg andererseits, der kein Gutachten vorgelegt hat, vor Gericht jedoch ebenfalls zur Frage der Zurechnungsfähigkeit des Angeklagten gehört wurde, hat seine Resultate in einem Aufsatz »Der Sadist«[5] veröffentlicht. Zwar gilt sein besonderes Interesse an diesem Fall dem, was er eine Serie von Experimenten (mit Schädeln?) nennt, aber seine Ausführungen erstrekken sich bis zum Gebiet der »Freudschen Seelenlehre«, die er, statt sie abzuweisen,[6] umstandslos in die forensische Lehre vom verbrecherischen Psychopathen integriert: »Kürtens Vergeltungsmotiv ist nicht frei erfunden. Es muß neben dem sexuellen beachtet werden. Die Anhänger der Freudschen Seelenlehre wird es nicht überraschen, daß Kürten von Beginn seines Geständnisses an sein verletztes Gerechtigkeitsgefühl angegeben hat. Nach der Auffassung der Psychoanalytiker unterscheidet sich der Verbrecher von dem sozial sich in herkömmlicher Weise in die Rechtsordnung einfügenden Menschen dadurch, daß bei ihm die Sublimierung der aggressiven Urtriebe ausbleibt, oder in der Freudschen Ausdrucksweise, daß das Überich (also das moralische Bewußtsein) seinen bestimmenden Einfluß auf das Ich einbüßt. Es bleiben die Urtriebe in ungeschwächter Kraft bei ihm bestehen. Daraus entwickelt sich ein Mißverhältnis, eine Spannung zwischen dem Triebleben und den Normen des gesellschaftlichen Lebens. Eine solche Spannung, die der gewöhnliche Neurotiker eben mit seinen nervösen Krankheitserscheinungen abreagiert, drängt den kriminellen Neurotiker zum Verbrechen.«

Die Einschätzungen von Professor Sioli und von Dr. Raether fanden ihren Platz im Kapitel »Abrechnung«. Sieht man sich lediglich diese »Schlüsse« der ärztlichen Gutachten an, so kommt man zu der Überzeugung, daß es sich hier nicht um die autonome wissenschaftliche Erforschung eines psychologisch rätselhaften Falles handelt, sondern um eine Übersetzungsarbeit: Übersetzung juristischer Kategorien in medizinische Termini. Sie stehen in einem eklatanten Mißverhältnis zu den in diesen beiden Gutachten enthaltenen klinischen Beobachtungen, die in der Hauptsache Dialoge mit Kürten

[5] in: Deutsche Zeitschrift für die gesamte gerichtliche Medizin, Bd. 17, 1931, Heft 4 und 5
[6] Dies tut energisch der Oberstaatsanwalt, s. S. 291

sind. So sehr dieser sich in einer Art sprachlichen Mimikry auf seine Gesprächspartner einstellt, seine Antworten sind den an ihn gestellten Fragen inkommensurabel. Die Protokolle lesen sich wie ein immer neu ansetzender Monolog. Die Empirie hat sich gegenüber dem gerichtlichen Auftrag, dem nachzukommen sich die Psychiater bemühten, verselbständigt. In der Ökonomie des Prozesses hatte sie daher keinen Platz. Zwischen die Tatbestandsaufnahme und den Prozeß schiebt sich die Selbstdarstellung, Kernstück unserer Dokumentation.

Auf eine Wiedergabe der sehr lebhaft in der Presse geführten Diskussion um die Todesstrafe haben wir verzichtet, da der Einzelfall Kürten hier nur Anlaß einer viel allgemeineren politischen Diskussion der damals anstehenden Strafgesetzreform war. Dafür haben wir versucht, ein Bild der inoffiziellen Reaktionen der Bevölkerung zu geben. Das »Volk« spielte mit, wie ja überhaupt, wenn man einmal statt des Klassenbewußtseins die Klassenträume betrachtet, das Proletariat sich viel eher von Figuren aus dem Lumpenproletariat fasziniert zeigt als von den offiziellen Helden der proletarischen Literatur. Man braucht daraus nicht gleich die radikalen Schlüsse zu ziehen, die das französische C.A.P., ein von den Gefangenen selbst ins Leben gerufenes »Comité d'Action des Prisonniers« zieht: daß nämlich, was in den Augen der bürgerlichen Gerichtsbarkeit als Straftat erscheint, in Wirklichkeit ein erster Akt der Revolte sei. Daß die Bevölkerung im Falle Kürten mitspielte, läßt sich zunächst rein statistisch belegen: 12000 Hinweise liefen bei der Polizei ein; 200 Personen stellten sich freiwillig, sie alle wollten der Düsseldorfer Mörder sein; 300 Hellseher, Okkultisten und Spiritisten boten der Polizei ihre Dienste zur »Aufklärung« des Falles an. Worauf es uns bei unserer Auswahl ankam (die sich leider, was die Briefe angeht, sehr beschränken mußte) war zu zeigen, daß das Volk nicht durchweg die Rolle spielte, die die Presse ihm zuschob: der feigen, anonymen Menge, die nach Lynchjustiz ruft. Einzelne, wenn man will Sonderlinge, die sonst nie zu Worte kommen, ergriffen als Einzelne das Wort: Die mörderische Selbstbehauptung des Individuums, das Rasen des Einen gegen Alle wird keine Gesellschaft dulden und kein System aufheben. Kürten war ein solcher Einzelner.

Erstes Kapitel Tatbestandsaufnahme

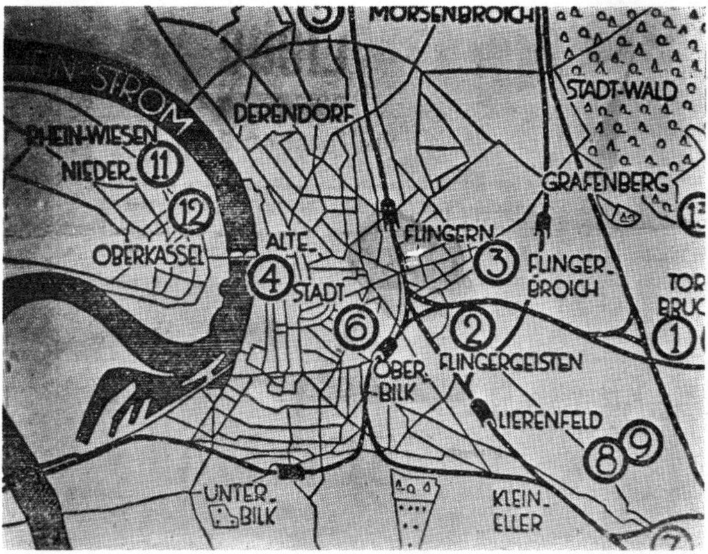

I. Fahndung

[Sonderausgabe des Kriminal-Magazins, Leipzig 1930]

15 000 Mark Belohnung!

Der Massenmörder von Düsseldorf

Ein Massenmörder spielt mit einer Stadt

Düsseldorf fiebert! Das Rheinland zittert in Spannung! Sagen wir ruhig: Ganz Deutschland stürzt in diesen Tagen von einer Sensation in die andere. Ein Massenmörder treibt seit Anfang dieses Jahres in Düsseldorf sein Unwesen. Wie ein Raubtier bricht er plötzlich aus seinem Versteck hervor, sticht mit einem langen Messer Kinder nieder und überfällt Frauen, die er mit einem seltsamen, hammerartigen Mordwerkzeug niederschlägt.

„Kopfjäger" wird er auch genannt, weil er seine Schläge stets gegen Stirn und Hinterkopf seiner Opfer führt. Dann läßt er sie liegen, meist da, wo er sie gerade getötet hat; aber auch das nicht immer! Noch kennt man die Mordstelle(n?) einiger „Fälle" nicht! Es scheint, als ob der Mörder sich kaum Mühe gäbe, seine Spuren zu tilgen; er — verschwindet, verschwindet spurlos! Die Polizei fahndet eifrig nach ihm. Die ersten Kriminalisten Deutschlands sind seit Monaten auf seiner Suche. Vergebens!! Eine Leiche hat er sogar vergraben (d. h. regelrecht bestattet!) — was sonst seine Art nicht ist. Aber schon nach kurzer Zeit scheint er diese Sorg-
falt zu be- reuen, denn: man spricht ja nicht davon! Es wird von Fall zu
Fall wahr- scheinlicher, daß sich der Mörder nicht nur seiner Taten
freut, son- dern als geriete er ganz offenbar mit jeder weiteren Untat
tiefer in ei- nen Rausch der Selbstzufriedenheit, der Selbstüberhebung.
Aus dieser Stimmung heraus gibt er durch Briefe und Lagepläne der
Polizei und der Presse von seinen Taten Kenntnis und ermahnt sie
in weiteren Schreiben, daß diese ernst zu nehmen sind und nicht
etwa eine Irre- führung darstellen. So ist auch jener Brief aufzufas-
sen, der darauf aufmerksam macht, daß das im August vermißt ge-
meldete Dienst- mädchen — nach dem die Polizei längst die Nach-
forschungen ein- gestellt hatte — durch seine Hand getötet worden sei
und an einer genau bezeichneten Stelle vergraben liege — dessen
Leiche ohne diese Angaben niemals dort gesucht, geschweige denn
„zufällig" gefun- den worden wäre. Als aber das Mädchen tatsächlich an
dem von dem ano- nymen Schreiber angegebenen Orte gefunden wur-
de, nahm man ihn ernst. Die gesamte deutsche und ausländische Presse
hat eigene Vertreter nach Düsseldorf gesandt. Der Bevölkerung be-
mächtigte sich eine Psychose, die oft die seltsamsten Blüten trieb. Auf
die leisesten Verdäch- tigungen hin entstehen Menschenansammlungen.
In einem solchen Falle wurde ein harmloser Mann, der seine kleine Nichte
auf der Straße spielen sah und sie fürsorglich mit sich nahm, damit
sie von der Straße weg- käme, bei der Polizei der Kindesentführung
verdächtigt und festge- nommen. Nur das Überfallkommando konnte
den Harmlosen vor „Rich- ter Lynch" bewahren. Ein ungeheurer Alp-

Ein Messer dieser Art muß der Mörder häufig benutzt haben.

druck lastet seit Monaten über der schönen, sinnenfrohen Garten- und Kunststadt am Niederrhein. Keiner traut mehr dem anderen. Freundschaften gehen auseinander, weil Verdachtsmomente auftauchen. Die Eltern bringen ihre Kinder selbst zur Schule und erwarten sie mittags wieder vor den Toren, um sie sicher nach Hause zu bringen. Spielende Kinder sieht man in Düsseldorfs Straßen kaum mehr, und wenn — so verschwinden sie gewiß noch vor Dunkelwerden in die elterliche Wohnung. Die Lehrer treiben auf Wunsch der Eltern Aufklärungsarbeit in den Schulen, die Kinder werden bewußt zum Mißtrauen gegen jeden ihnen fremden Erwachsenen erzogen. Polizei- und Kriminalbeamte patroullieren um die Schulen und Kinderbewahranstalten und halten jene Erwachsenen im Auge, die Kinder abholen oder sie als Kinderfreunde mit Bonbons beschenken. Wenn es dunkel wird, ist man doppelt auf der Hut, besonders natürlich in jenen Außenvierteln, die sich der Mörder am liebsten für seine furchtbaren Taten aussucht. Jeder, der die schöne Stadt Düsseldorf besucht, empfindet schon nach wenigen Stunden den furchtbaren Druck. Selbst der Meisterclown Grock, der gerade im November im Apollotheater ein Gastspiel gibt, vermag kaum gegen die schwere seelische Depression im Zuschauerraum anzugehen und seinen Gästen ein Lächeln zu entlocken, jenen, die doch zu ihm gekommen sind, um wieder einmal herzhaft und unbeschwert lachen zu können! Versammlungen werden abgehalten, um einen Selbstschutz der Bürger zu organisieren, da schon mehr als ein Dutzend schwere Mordtaten und Mordüberfälle verübt worden sind, ohne daß es gelang, den Täter zu fassen. Man glaubt nicht mehr daran, daß der Mörder durch systematisches Suchen gefaßt würde. Man hofft im stillen auf einen glücklichen Zufall; darauf nämlich, daß er beim nächstenmal an die unrechte Adresse kommt und kampfunfähig gemacht wird. Aber solche Wünsche aller Kreise, die dem Mörder zu Ohren gekommen sein müssen, verhöhnt der Täter auf einer nächsten Postkarte: „Nun lebe wohl, Düsseldorf, und sucht nicht mehr nach mir, ihr bekommt mich nicht, aber grabt weiter." Ein liegendes Kreuz ersetzt seinen Namenszug. Überall in der Stadt hängen Plakate, die riesenhafte Belohnungen ausloben. Manche Überfallenen haben eine einigermaßen genaue Personalbeschreibung geben können. In wenigen Wochen wurden 2000 Zeugen vernommen, die alle mehr oder weniger undeutliche Angaben über den möglichen Täter machen konnten. Seit Monaten kennt die Kriminalpolizei weder Sonn- noch Feiertage. Viele Beamte sind physisch an der Grenze der Leistungsfähigkeit angelangt.

Alles vergebens! Der Mörder bleibt unerkannt! Aber — „Er ist mitten unter uns . . .!" — wie ein lokales Blatt warnend schreibt. Er ist eine unheimliche Gefahr, die deshalb so schwer auf jedem einzelnen lastet, weil sie gegen jeden Bürger der Stadt gerichtet ist und jeden Augenblick wirksam werden kann. „Wie lange noch?" Das ist die bange Frage der Stunde.

---

15 Verbrechen. 2000 Zeugen. Wenige Spuren

Das Verbrechen weist immer auf den Verbrecher. Je mehr Morde und Überfälle der Massenmörder ausführt, desto mehr Material liefert er dem Kriminalisten. Und wenn er auch nur geringe Spuren hinterließ, es sind doch Spuren da, verschiedenartige, die tüchtige Kriminalbeamte zu einem System der Mörderverfolgung ausbauen können. Dazu gehört ein eingehendes Studium aller einzelnen Mordtaten. Ein Überblick über Eigenarten, Gleichartigkeiten und Verschiedenheiten der Verbrechen gibt oft verblüffende Anhaltspunkte und Aufschlüsse. Ehe man den Mörder überhaupt gefaßt hat, kennt man ihn aus seinen Taten: als Menschen in allen seinen Anlagen, als Verbrecher, als Sexualpathologen! Darum seien im folgenden die 15 Verbrechen in ihrem Wesen gekennzeichnet.

1. Fall: Frau Kühn (3. Februar 1929)

Der Überfall auf Frau Kühn wurde zuerst wenig beachtet. Er wurde in der Presse mit einer verhältnismäßig kurzen Lokalnotiz abgetan und erst dann wieder stärker in den Kreis eines lebhafteren Interesses gerückt, als wenige Tage später die Ermordung der kleinen Rosa Ohliger und noch ein weniges später die des Invaliden Scheer erfolgte. Heute rückschauend, ist der Fall Kühn von ganz besonderer Bedeutung. Die 55 Jahre alte Frau Kühn begab sich in den frühen Abendstunden nach ihrer Wohnung. Sie mußte dabei durch das Gebiet zwischen dem Stadtkern und dem Vorort gehen, das bei allen Überfällen eine große Rolle spielt. Sie befand sich gegen 21 Uhr auf dem Heimweg und war nur noch etwa 100 Meter von ihrem Hause in der Bertastraße, einer neuangelegten, schlechtbeleuchteten Straße, entfernt, als sich plötzlich ein Mann zu ihr gesellte, der sie kurz ansprach. Er war ganz überraschend neben ihr aufgetaucht, so daß sie später annahm, er habe im benachbarten Felde gelegen und sie erwartet. Der Mann schrie sie an: „Keinen Laut, sonst steche ich!" Mit diesen Worten aber versetzte er ihr schon einen Schlag ins Gesicht und gleich darauf prasselte eine Unmenge von Stichen auf sie nieder, die mit einem Messer ausgeführt waren und Gesicht, Hinterkopf, Arme und Hände trafen. Laut schreiend stürzte Frau Kühn zu Boden. Der Täter betrachtete sie eine Weile ruhig, ging dann aber eilenden Schrittes in die Felder, die in der Richtung zum Hellweg liegen. Frau Kühn trug nicht weniger als 18 Stiche davon, wovon allein 10 nach dem Hinterkopf geführt worden waren. Den Täter beschrieb sie später als einen schlanken Mann mit einem dunklen Mantel und ebensolchem Hut. Sie schätzt sein Alter auf etwa 30 Jahre. Halten wir bei diesem Fall die Personalbeschreibung und die Art des Überfalles fest: Überraschend taucht der Täter auf, mit einem gefährlichen Messer ausgerüstet, am Rande der Großstadt, in den frühen Abendstunden.

2. Fall: Rosa Ohliger (9. Februar 1929)

Am Samstag, nur 6 Tage später, wurde hinter einem Bretterzaun an der Ostseite der Vinzenzkirche, in der Nähe des Neubaues der Städtischen Badeanstalten an der Kettwiger Straße, die Leiche einer 8 Jahre alten Schülerin, Rosa Ohliger, mit schweren Stichwunden und teilweise angebrannt aufgefunden. Das Kind hatte am Abend vorher gegen 18 Uhr die Wohnung ihrer Freundin in der Rosmarinstraße verlassen, um zum Elternhaus zurückzukehren. Zwischen dem

Die achtjährige Rosa Ohliger, die am 9. 2. 1929 ermordet wurde. Der Mörder versuchte die Leiche, nachdem er sie mit Petroleum übergossen hatte, zu verbrennen.

Rudolf Scheer, der einige Tage nach Ermordung der Rosa Ohliger durch zahlreiche Messerstiche getötet wurde.

Verschwinden des Kindes und dem Auffinden der Leiche lag also eine lange Nacht. Offenbar war die Leiche am Fundort mit Petroleum übergossen worden, das man entzündet hatte. Das Kind muß — so nimmt auch die Polizei an — in einem bisher unbekannt gebliebenen Raum vergewaltigt und getötet worden sein. Der Täter hat sich dann auf diese eigenartige Weise der Leiche entledigen wollen. Man glaubt, daß er sich an das Kind auf dessen Heimweg herangemacht und durch Geschenke oder Versprechungen sein Vertrauen zu gewinnen gewußt hat.

3. Fall: **Rudolf Scheer** (13. Februar 1929)

Vier Tage nach der Ermordung der Rosa Ohliger fand man am Hellweg — also auch im Stadtteil Flingern — in der Morgenfrühe die Leiche des Invaliden Rudolf Scheer, der in einer Notwohnung hauste, einer selbstgebauten Baracke am Hellweg. Scheer war Arbeitsloser und mit Pflichtarbeiten am Königsbusch, also in der Nähe der Stelle, an der der Überfall auf Frau Kühn erfolgt war, tätig. Er hatte am Abend seiner Ermordung die Unterstützung in Empfang genommen und war dann gegen 19 Uhr nach Hause gegangen. Sein Sohn bat ihn, ihm noch einige Lebensmittel zu kaufen, und der Vater sperrte den kranken, im Bett liegenden Sohn in der Wohnung ein. Das primitive Häuschen wurde durch ein Vorhängeschloß von außen abgeschlossen. Der Ermordete hielt sich dann in einer von seiner Wohnung gar nicht weit entfernten Wirtschaft auf, wo er Bücklinge kaufte. Dann besuchte er noch eine andere Wirtschaft, kehrte aber gegen 23 Uhr wieder in die erste zurück, kaufte noch ein Kotelett für „seinen kranken Sohn". Da er leicht angeheitert war, verweigerte ihm der Wirt die Verabfolgung von alkoholischen Getränken. Was sich dann bis zur Auffindung der Leiche zugetragen hat, bleibt wohl in ewiges Dunkel gehüllt. Die Leiche wurde erst in den Morgenstunden von Arbeitern entdeckt. Aus der Lage der Leiche muß man wohl annehmen, daß der Schwerverletzte noch versucht hat, sich nach seiner Wohnung zu schleppen. Auch dieser Ermordete trug zahlreiche Messerstiche davon, und zwar waren die Stiche mit einem ähnlichen Messer ausgeführt worden, das auch bei Rosa Ohliger verwandt worden war. Ein Sexualverbrechen lag bei Scheer nicht vor, wie ein späterer Befund einwandfrei ergab.

4. Fall: **Emma Groß** (29. Juli 1929)

In der Nacht vom 29. auf den 30. Juli wurde in einem Absteigequartier in dem Hause Kurfürstenstraße 39 eine Prostituierte mit Namen Emma Groß ermordet aufgefunden. Die Mordkommission fand, als sie gegen 4 Uhr morgens alarmiert wurde, die entkleidete Leiche auf einem Liegesofa vor. Der Tod mußte schon vor einigen Stunden eingetreten sein. Die Leiche wies eine Bißwunde am Ringfinger der linken Hand und eine Verletzung am Halse in der Nähe des Kehlkopfes vor, die vermutlich auch von einem Biß herrührte. Entdeckt wurde der Mord von der Wirtin, die später der Polizei die Angabe machte, daß die Getötete abends um 11,30 Uhr mit einem Manne in das Haus gekommen sei. Es meldete sich später noch eine andere Prostituierte des Bahnhofsviertels, welche die Groß in der Nacht etwa gegen 2 Uhr noch mit einem Manne gesehen haben will. Das Paar sei zur Kurfürstenstraße gegangen. Es handelte sich nach ihren Angaben um einen Mann im Alter von etwa 25 Jahren, der eine blaue Schirmmütze trug, eine dunkle Windjacke, ebensolche Hose und schwarze Schuhe. Auffallend ist bei diesem Mord, der den Anschein eines Mordes im Geschlechtsrausch hat, daß keine Wertsachen mehr gefunden wurden.

---

5. Fall: Änne Goldhausen (21. August 1929)

Die 18jährige Änne Goldhausen kam am 21. August nachts mit einer Freundin von der Kirmes in Lierenfeld und wollte zu ihrer in der Gumbertstraße gelegenen Wohnung. Sie stand einige Zeit mit ihrer Freundin, die nur wenige Häuser von ihr entfernt wohnt, in der Haustüre und bemerkte bei dieser Gelegenheit eine dunkle Gestalt. Sie ging deshalb so schnell wie möglich ihrer Wohnung zu. Doch ehe sie diese erreicht hatte, sprang aus dem Dunkel ein Mann auf sie zu und versetzte ihr eine ganze Anzahl von Stichen mit einem langen Messer. Diese durchbohrten Magen, Leber, Lunge. Blutüberströmt brach sie mit einem lauten Schrei nach ihrer Mutter zusammen, nachdem sie bis nahe an das Haus ihrer Freundin zurückgelaufen war. Sie wurde von dieser aufgefangen und gleich darauf zu den Krankenanstalten gebracht. Ärztlicher Kunst gelang es, sie am Leben zu erhalten. Irgendwelche Angaben über den Täter konnte die Verletzte nicht machen, da sie ihn kaum gesehen hatte, auch aus ihrem Bekanntenkreise konnte sie niemand angeben, der etwa als Täter in Frage kommen könnte.

---

6. und 7. Fall: Fritz Kornblum und Frau Mantel (21. August 1929)

Am gleichen Abend wurden in ähnlicher Weise ein Herr Fritz Kornblum und eine Frau Mantel überfallen, und zwar in einem Gebiet, das auch zu jenem eigenartigen Gelände am Rande der Großstadt gehört.

---

8. und 9. Fall: Kinder-Doppelmord in Flehe (24. August 1929)

Vom 24. bis 26. August war in dem Düsseldorfer Vorort Flehe Kirmes. Zwei Mädchen im Alter von 6 und 13 Jahren, nämlich Gertrud Hamacher und Luise Lenzen, besuchten am Samstag nachmittag die Kirmes und wurden abends vermißt. An der belebten Volmerswerther Straße befand sich der Kirmesplatz. Zwischen diesem und dem Elternhaus befindet sich freies Feld in einer Ausdehnung von etwa 400 Metern. Ein Teil dieses Feldes war damals mit Bohnen bestanden. Die Kinder blieben verhältnismäßig lange auf dem Kirmesplatz, denn sie wurden abends gegen 22 Uhr noch gesehen. Dann begaben sie sich auf den Heimweg, der nicht beleuchtet war. Plötzlich wurden sie von einem Messerstecher überfallen, der die Jüngere in die neben dem Wege stehenden Bohnen warf und die Ältere, die über ein freies Feld zu entkommen suchte, verfolgte und durch schwere Stiche in den Rücken tötete, von denen einer das Herz des Kindes durchbohrte. Schon um 20,15 Uhr hatte der Vater Hamacher sich auf die Suche nach den Kindern begeben. Die Vermißtenmeldung wurde nachts um 3 Uhr bei der Polizei erstattet. Um 5 Uhr morgens wurden beide

Kinder in einer Entfernung von etwa 200 Metern von der elterlichen Wohnung von einem Wirtschaftsgehilfen aufgefunden. Die Tat war mit einer kaum glaublichen Bestialität und Verwegenheit ausgeführt worden. Dem 6jährigen Mädchen waren derart schwere Stiche in den Hals beigebracht worden, daß die ganze vordere Halsseite völlig durchschnitten war. Ein ähnlicher Schnitt war auch bei der Älteren versucht worden, aber nur durch Rückenstiche hatte der Mörder die Tötung erzielt. Die Verletzungen waren auch diesmal mit einem schmalen, aber zweifellos sehr langen Messer ausgeführt worden. Spuren hinterließ der Täter insofern, als auf dem frisch umgepflügten Felde, über das Luise Lenzen hatte entfliehen wollen, deutlich seine Fußspuren erkennbar waren. Sie wurden auch von dem Erkennungsdienst festgestellt und abgegossen.

10. Fall: Gertrud Schulte (25. August 1929)

Am gleichen Sonntag, an welchem der entsetzliche Doppelkindermord in Flehe entdeckt wurde, war auch in der Nachbarstadt Neuß Kirmes. Die Hausangestellte Gertrud Schulte besuchte die Neußer Kirmes und lernte dort einen Mann im Alter von etwa 34 Jahren kennen. Dieser behauptete, bei der Post beschäftigt zu sein und machte auf das Mädchen einen recht guten Eindruck. Er war etwa 1,75 Meter groß, blond, hatte rundes, frisches Gesicht. Er trug eine Brille ohne Einfassung. Als besonderes Merkzeichen ist das Fehlen einiger Vorderzähne im Unterkiefer festgestellt. Er war mit einem hellgrauen Anzug bekleidet und trug auch einen ebensolchen Hut. Das Paar fuhr mit der Straßenbahn von Neuß nach dem Düsseldorfer Vorort Heerdt, stieg dort aus und wollte noch etwas am Rhein spazierengehen. Man ging ein ganzes Stück den Deich entlang, bis weit unterhalb der Rheinbrücke nach dem sogenannten Pappelwäldchen. Hier stellte dann der Mann — es war ungefähr 10 Uhr abends geworden — unsittliche Anträge an das Mädchen. Die Schulte erklärte kategorisch, daß sie sich dazu nicht hergebe, und meinte auf die wiederholten Zumutungen ihres Begleiters, sie wolle lieber sterben, ehe sie so etwas tue. In diesem Augenblick zog der Unbekannte ein Messer und schrie: „Dann sollst du auch sterben!" Er brachte der Schulte 2 Stiche in den Hals und 8 in den Rücken bei. Das Mädchen schrie laut um Hilfe, lief vom Deich hinunter auf die Wiesen am Rhein zu. Dort brach sie zusammen. Zufälligerweise waren in der Nähe einige Leute, die dort den Sommer über in selbstgebauten Hütten am Rhein nächtigten. Die Bewohner des sog. Papuanerdorfes hörten die Schreie und kamen herbei. Sie fanden die Schwerverletzte in ihrem Blut, alarmierten sofort das Überfallkommando, das gleichzeitig mit dem Krankenwagen erschien. Das Mädchen schwebte dann viele Wochen in Lebensgefahr, wurde aber wunderbarerweise gerettet. Ihre Angaben über den Täter sind insofern von Interesse, weil sie erklärte, daß der Mann auf sie einen starken Eindruck gemacht habe. Es muß hier — wie auch in anderen Fällen — eine starke suggestive Macht mitsprechen,

Ida Reuter aus Barmen, die durch ein hammerähnliches Werkzeug ermordet wurde.

denn sie erklärte noch im Krankenhaus, daß sie den Mann, trotz des furchtbaren Verbrechens, das er an ihr begangen hat, und den sie doch erst am Nachmittag des gleichen Tages kennengelernt hatte, auch jetzt noch nicht verdammen könne. Aber dieser Fall ist möglicherweise als aus der Serie herausfallend anzusehen. Die Personalbeschreibung weicht übrigens wesentlich von der in den übrigen Fällen ab.

---

11. Fall: Ida Reuter (30. September 1929)

Am letzten Septembersonntag fanden Strombauarbeiter auf den Oberkasseler Rheinwiesen, etwa 500 Meter von jener Stelle entfernt, an welcher das Verbrechen an Gertrud Schulte verübt worden war, eine Leiche, die schwere Schlagwunden am Kopf aufwies. Der Arbeiter glaubte zunächst, es handele sich um eine schlafende Frau, da im Sommer viele Wohnungslose auf den Rheinwiesen übernachteten. Als er näher hinzuging, sah er, daß der Kopf der Frau mit Blut besudelt war. Er alarmierte die Mordkommission, die dann die nötigen Feststellungen machte und auch einen jungen Mann festnahm, einen erwerbslosen Kaufmann, der in den Wochen vorher häufig auf den Rheinwiesen genächtigt hatte. Er hatte auch jene Nacht dort verbracht, aber nichts Verdächtiges vernommen und mußte selbst auch als unverdächtig wieder entlassen werden. Die Leiche wies bei näherer Untersuchung wieder etwa 10 Schädelverletzungen auf, die mit einem eigenartigen Werkzeug, vielleicht einem Spezialwerkzeug oder einem Hammer von besonderer Form ausgeführt worden waren. Die Leichenstarre war bereits eingetreten. Nach Ansicht der Gerichtsärzte war der Tod schon bald nach Mitternacht, spätestens aber gegen 2 Uhr morgens eingetreten. Der Kleidung nach schien es sich um eine Frau zu handeln, die den unteren Schichten angehörte. Die Tote war zweifellos schon auf dem Deich niedergemacht worden, denn es führte von dort bis zur Fundstelle eine einmal unterbrochene Schleifspur etwa 150 Meter lang bis an die Wiese, die auch an mehreren Stellen starke Blutflecken aufwies. Zunächst stand man vor der schwierigen Frage, wer die Tote sei. Zur Identifizierung führten die Schuhe der Leiche, die den Firmenstempel des Schuhhauses S. Hirsch in Barmen trugen. Man stellte also in Barmen Ermittlungen an und fand den Schuhmacher, der die Schuhe der Toten zuletzt besohlt hatte. In Barmen galt das Mädchen als anständig und im Dienste zuverlässig und war schon 14 Monate bei einer Familie in Stellung. Sie hatte zwar früher einmal mit einem Rottenarbeiter ein Verhältnis gehabt, dieser konnte aber sein Alibi für diese Nacht einwandfrei nachweisen. Weitere Nachforschungen blieben daher den inzwischen in Düsseldorf eingetroffenen Berliner Kriminalisten, Kriminalrat Gennat und Kriminalkommissar

Um die zuerst unbekannte Leiche der Ida Reuter zu identifizieren, wurden ihre Kleider einer Holzpuppe angezogen, deren Bild dann vielfach veröffentlicht wurde. Trotzdem verliefen alle Spuren im Sande.

Braschwitz und der Düsseldorfer Kriminalpolizei überlassen. Diese ergaben, daß die Ida Reuter insofern eine Art Doppelleben geführt hat, als sie sehr oft an Samstagen und Sonntagen Tanzlokale in Düsseldorf aufgesucht hatte, wobei sie im Laufe der Zeit eine ganze Reihe von Herrenbekanntschaften gemacht hatte. Die Korrespondenz, die man bei der Toten gefunden hatte, enthielt auch einige Spuren, die nach Holland führten und die man eifrig verfolgte; aber sie erbrachten leider kein Ergebnis. Nicht weniger als 500 Zeugen wurden vernommen. Der Kreis der Ermittlungen mußte deshalb so ausgedehnt werden, weil Ida Reuter offenbar Heiratsabsichten gehabt und versucht hatte, durch Heiratsbüros und Vermittler Herrenbekanntschaften zu machen. Ob bei ihr ein Sittlichkeitsverbrechen gemacht wurde, ließ sich nicht genau feststellen, allerdings war auffallend, daß sie keine Beinkleider trug. Die weiteren Aufklärungsversuche gingen dahin, festzustellen, wo sich Ida Reuter am Abend der Mordnacht aufgehalten hatte. Sie war noch gegen 10 Uhr abends mit einem Manne in einem Restaurant in Oberkassel und verließ es, nachdem sie ihr Abendessen dort eingenommen hatte, mit ihrem Begleiter. Von diesem wird auch diesmal eine Personalbeschreibung gegeben. Es soll sich um einen Mann in gesetztem Alter handeln, der auch eine Brille ohne Einfassung trug und mit einem grauen Anzug bekleidet war. Trotz wiederholter Veröffentlichung von Bildern der Ida Reuter und der Photos ihrer Kleider verliefen alle Ermittlungen später im Sande. Der Täter blieb im Dunkel!

---

12. Fall: Elisabeth Dörrier (12. Oktober 1929)

Kaum hatte sich die Bevölkerung über diesen Fall etwas beruhigt, als am 11. Oktober ein neuer Mord qualvolles Entsetzen in der Bevölkerung auslöste. Diese Untat wurde gleich von Anfang an von den Berliner Spezialbeamten mitbearbeitet. Die Prostituierte Elisabeth Dörrier wurde in der Nähe des Ostparks, etwa 100 Meter von dessen südlichster Spitze entfernt, mit schweren Verletzungen aufgefunden. Wieder war es ein Wochenendtag, der Samstag. Etwa um 7 Uhr früh fanden Arbeiter auf einem Wege am sog. Torfbruch eine Blutspur. Sie suchten das Gelände ab und fanden hinter hohen Disteln ein schwerverletztes Mädchen mit schweren Kopfverletzungen. Es war bewußtlos. Der Befund der Mordkommission ließ darauf schließen, daß der Täter sein Opfer unmittelbar an dem nahen Feldweg niedergeschlagen und es erst dann auf die Wiese geschleift hatte. Es waren ihm wiederum 8 schwere Kopfverletzungen mit einem nicht zu ermittelnden Schlagwerkzeug beigebracht worden. Die Schwerverletzte, die am folgenden Tage verschied, ohne das Bewußtsein wiedererlangt zu haben, trug ein geschlossenes, weiß-rotes Voilekleid in Schmetterlingsmuster, ein rosafarbenes Leibchen mit Strumpf-

Elisabeth Dörrier, die am 11. 10. mit schweren Kopfverletzungen aufgefunden wurde. Sie verschied am Tag darauf, ohne das Bewußtsein wiedererlangt zu haben.

haltern und abgetragene Lackschuhe. Aus der Lage der Verletzten, bei welcher das eine Bein der Schlupfhose heruntergezogen war, war zu schließen, daß zumindest der Versuch eines Geschlechtsverkehrs gemacht worden war. Wiederum führten die Schuhe des Mädchens zur Feststellung seiner Persönlichkeit. Es war die 22 jährige, frühere Hausangestellte Elisabeth Dörrier, die völlig mittellos seit längerer Zeit ohne Wohnung und Stellung war. Die Schuhe waren einer Althändlerin von einer Dame in Oberkassel geschenkt worden, die sie dann um den Preis von einer Mark an die Dörrier verkauft hatte. Sie wohnte zuletzt in einem Wohnwagen in Westen, hat aber im Sommer auch des öfteren auf den Rheinwiesen genächtigt. Ihren Unterhalt verdiente sie sich kümmerlich durch gewerbsmäßige Unzucht, vor allem in der Nähe des Hauptbahnhofs, am Worringerplatz und in der Altstadt; dort wurde sie verschiedentlich gesehen. Sie soll geschlechtskrank gewesen sein und mehrere Männer, die mit ihr verkehrten, angesteckt haben. Von kriminalistischem Interesse ist an diesem Fall die eigenartige Tötungsart, die mit anderen, vorhergehenden Fällen genau übereinstimmt. Und auch die Mordstelle liegt wieder im Mordgebiet anderer Fälle: zwischen Grafenberg-Gerresheim und Flingern, das Gelände am Rande der Großstadt. Die Leiche wurde in der Nähe der Schrebergärten gefunden, die auch noch bei späteren Fällen eine traurige Rolle spielen. Aber auch die Ermittlungen, die sich um diesen Fall spannen, blieben ohne ein positives Ergebnis. Zwar wurde ein Zeuge festgestellt, der die Dörrier noch zwei Tage zuvor mit einem Herrn vor einem Lichtspielhaus gesehen hatte, dessen Äußeres etwa einen „Herrn" im Alter von 30 bis 35 Jahren vermuten ließ; er war etwa 1,70 Meter groß, dunkelblond und glatt rasiert.

---

13. Fall: Frau Meurer (25. Oktober 1929)

14 Tage später ereignete sich ein neuer Überfall in dem gleichen Gebiet. Diesmal noch näher an Flingern heran. Die 34 Jahre alte, geschiedene Frau Meurer, die in einer Baracke am Hellweg in der Nähe des Bahndammes wohnt, wurde unweit ihrer Wohnung auf dem Nachhauseweg gegen 19½ Uhr kurz vor der erwähnten Bahnüberführung von einem Manne, der sie ein Stück weit begleitet hatte, niedergeschlagen. Auch sie trug eine ganze Reihe von Verletzungen davon, die vermutiich wieder mit dem gleichen Werkzeug geschlagen worden waren. Die Merkmale, welche dieses zurückließ, sind zwei rechtwinklig auseinandergehende Wunden. Frau Meurer war in dem Stadtteil Bilk in Stellung und suchte jeden Abend ihre Behausung auf. Meistens benutzte sie ein Fahrrad, das aber gerade am Tage des Überfalles in Reparatur war. Sie ging also durch Flingern zu Fuß, benutzte dann die Bruchstraße und bog dann in den Hellweg ein. In der Bruchstraße wurden damals große städtische Siedlungen für Minderbemittelte gebaut. An diesen traf sie einen jungen Mann, der sie in ein Gespräch verwickelte. Dieser erzählte, daß er auch nach Gerresheim wollte und daß sie ja wohl den Weg gemeinsam machen könnten. Dieser Mann flößte Frau Meurer zunächst keinerlei Befürchtungen ein. Er soll nicht unsympathisch gewesen sein und sich in Hochdeutsch mit Düsseldorfer dialektischem Einschlag mit ihr unterhalten haben. Dieses Gespräch wurde von dem Täter erst auf allgemeine Dinge gerichtet; als man aber in den Bereich der Hausbaustellen kam, schimpfte er über die schlechte Beleuchtung am Hellweg und in der Rosmarinstraße. Er schimpfte darüber, daß der polizeiliche Schutz in diesem Stadtteile unzureichend wäre. Kurz, er versuchte, das Vertrauen der Frau zu gewinnen. Allmählich gab

Frau Meurer, die von dem Mörder schwer verletzt wurde, konnte gerettet werden. Sie war mit dem Mörder etwa 1/4 Stunde zusammen, so daß sie über seine Person nähere Angaben machen konnte.

er dem Gespräch dann eine interessantere Wendung. Er kam allmählich auf die Ermordung Scheers zu sprechen, die ja ganz in der Nähe dieses Weges erfolgt sei, und meinte, daß gerade jetzt im Herbst die Gegend ziemlich unheimlich wäre. Im Sommer wären doch wenigstens Menschen in den Schrebergärten, die sich zur Rechten des Weges befanden, aber jetzt wäre weit und breit niemand da. Während er so sprach, versuchte er, immer etwas hinter Frau Meurer zu bleiben, was diese mit größtem Mißtrauen erfüllte. Dieses Mißtrauen rettete ihr wahrscheinlich das Leben, denn kurz vor dem Eisenbahnübergang und nur wenige hundert Meter von ihrer Wohnbaracke entfernt verlor sie plötzlich das Bewußtsein. Sie hatte schwere Schläge auf den Kopf bekommen; glücklicherweise kamen bald danach einige Radfahrer, welche die am Boden Liegende aufhoben und ihre Überführung in das Krankenhaus veranlaßten. Der Täter selbst war entflohen. Die Überfallene hatte eine Aktentasche bei sich, in der sich zwei Kleider befanden, von denen sie das eine am Nachmittag selbst geschneidert hatte. Diese Aktentasche war verschwunden. Sie wurde dann am nächsten Tage von Spaziergängern gefunden, und zwar an einer Stelle, die darauf schließen läßt, daß der Täter in Richtung Grafenberg, also an der Stelle, an welcher vorher Else Dörrier ermordet worden war,

Hier versuchte der Mörder Frau Meurer niederzuschlagen.

entflohen ist. Frau Meurer war etwa eine Viertelstunde mit dem Mörder zusammen gewesen und ist, da verschiedentlich Lastautos ihren Weg kreuzten, deren Lampen das Gesicht des Mannes beleuchteten, das einzige Opfer, welches in der Lage ist, eine Personenbeschreibung zu geben und jedenfalls auch den Täter wiederzuerkennen. Insofern dürfte sie im Laufe der weiteren Untersuchungen eine besondere Rolle spielen.

14. Fall: Gertrud Albermann (7. November 1929)

Die furchtbarste Tat des Messerstechers ist wohl die Entführung und Ermordung der fünfjährigen kleinen Gertrud Albermann. Die Kleine, die aus Warendorf in Westfalen stammt, ist, da ihr Vater seit eineinhalb Jahren an offener Lungentuberkulose leidet, von Verwandten in Düsseldorf angenommen worden. Sie hielt sich jeden Monat abwechselnd einmal bei ihren Verwandten in der Rethelstraße, also in Derendorf, und dann wieder in der Ackerstraße 196 auf. Am Donnerstag, dem 7. November, spielte die Kleine wie gewöhnlich vor dem Geschäftslokal ihrer Pflegeeltern. Aus einem Fenster des Nachbarhauses sah eine Nachbarsfrau heraus und beobachtete, wie ein junger, mit einem dunklen Mantel bekleideter Mann, dessen Alter die Frau auf etwa 25 Jahre schätzte, mit dem Kinde fortging. Er hielt das Kind nicht an der Hand, sondern behielt die Hände in der Tasche. Bei dem Kinde schien ein Versprechen oder ein Geschenk Freude ausgelöst zu haben. Jedenfalls winkte es freundlich der Nachbarin herauf, die sich keinesfalls Gedanken machte, als sie das Kind mit dem Manne in Richtung Mordplatz Flingern davongehen sah. Um ein Viertel vor sieben an jenem Donnerstagabend sah man das Kind zum letztenmal lebend. Es wurde ziemlich bald Vermißtenanzeige erstattet, und nachdem diese erst eine Zeitlang auf dem Polizeirevier liegen geblieben war, wurde noch am selben Abend — allerdings ziemlich spät — die Kriminalpolizei alarmiert, wie denn auch die allgemeine Anweisung bestand, beim Verschwinden von Kindern der Mordkommission Mitteilung zu machen. Die Polizei vermutete gleich wieder eine schwere Untat und ließ am folgenden Tag das betreffende Gebiet durch Polizeistreifen abgehen. Am Samstag entdeckte dann eine Kriminalstreife die Leiche der bestialisch ermordeten Gertrud Albermann an der Mauer der Firma Haniel & Lueg. Die Mordstelle liegt unweit der Villenkolonie Grafenberg. Der Mörder hat einen immerhin erheblichen Weg von der Ackerstraße, wo er das Kind entführte, bis zu der Fundstelle der Leiche zurückgelegt. Es meldeten sich verschiedene Zeugen, die den Mann mit dem Kinde gesehen haben wollten. So zwei Monteure, denen es aufgefal en war, daß das Kind mit dem Manne zusammen in die Schrebergärten ging. Auch ein Radfahrer will den Täter mit dem Kinde in der Dunkelheit in nächster Nähe der Fundstelle der Leiche gesehen haben. Ihm war die Sache sehr auffällig, aber er ging dem Mörder nicht nach. Die Fundstelle liegt etwas versteckt, immerhin aber doch in der Nähe eines vielbegangenen Weges von der Graf-Recke-

Die kleine Gertrud Albermann, die der Mörder durch 35 Messerstiche tötete und schrecklich zurichtete.

Straße zu der Grafenberger Allee, hier allerdings im rechten Winkel vom Weg abschneidend. Dicht daneben befanden sich Schrebergärten. Die Leiche wurde auf dem Gesicht liegend, lang ausgestreckt gefunden. Sie hatte ungefähr 35 Messerstiche. Die Leiche lag mit dem Gesicht in den Brennesseln und als man sie umgedreht hatte, bemerkte man erst die furchtbaren Verletzungen. Die spätere gerichtsärztliche Untersuchung ergab, daß an dem Kinde ein schweres Sittlichkeitsverbrechen begangen worden war. Damit war in Düsseldorf die Mordserie an einem Punkte angelangt, der das Einschreiten der höchsten Behörden notwendig machte. Im preußischen Innenministerium fand eine Konferenz statt, als deren Ergebnis dann die Entsendung des Kriminalkommissars Busdorf zur Verstärkung der Mordkommission nach Düsseldorf beschlossen wurde. Busdorf traf schon in der Nacht von Samstag auf Sonntag in Düsseldorf ein und beteiligte sich sofort an den Arbeiten. Nachdem die Leiche der kleinen Gertrud Albermann gefunden worden war, wurde zur höchsten Überraschung aller Beteiligten festgestellt, daß bereits am Freitagabend — also vor Auffindung der Leiche — in der Zeit zwischen 22 und 23 Uhr in Düsseldorf ein Brief, adressiert an die kommunistische Zeitung „Freiheit", aufgegeben worden war. Er enthielt eine Art „Packpapier", auf dem ein Lageplan aufgezeichnet und wo gleichzeitig auf der unteren Ecke, durch eine Linie abgetrennt, zu lesen war: „Die Leiche der Gertrud Albermann liegt an der Mauer Haniel." Der Schreiber dieses Briefes, der mit Blaustift geschrieben war, hatte gleichzeitig eine Skizze eines Geländes in der Nähe von Düsseldorf gegeben und darauf einen Hinweis, daß an einer bestimmten Stelle, die durch ein Kreuz gekennzeichnet war, in anderthalb Meter Tiefe eine Leiche begraben liege. In diesem Augenblick erinnerte man sich auch, daß schon am 13. Oktober ein Brief bei der Polizei eingegangen war, der den Hinweis auf das Vergraben einer Leiche an jener Stelle bei Gut Papendell enthielt. Auf die Briefangelegenheit kommen wir im Laufe unserer Darstellung noch näher zurück.

---

15. Fall: Maria Hahn (Anfang August 1929)

Der in den Briefen an Polizei und „Freiheit" enthaltene Lageplan des Gutes Papendell wurde ganz verschieden gedeutet. Die am Dienstag, dem 12. November, vorgenommenen Nachgrabungen führten zunächst zu keinem Ergebnis. Nachdem der Verwalter des benachbarten Gutes Morp in der Zeitung gelesen hatte, daß bei Papendell nach einer Leiche gesucht werden sollte, fiel ihm ein, daß er in einem Haferfeld am 20. August einen roten Damenstrohhut und eine Damenhandtasche gefunden hatte. Da dieses Tälchen in der Sommerzeit sehr viel von Spaziergängern durchwandert wird, die auch oft in den umliegenden Wiesen lagern, so nahm er an, daß ein Paar Hut und Tasche, in der sich übrigens ein Schlüsselbund befand, verloren hätte. Der Fund lag zudem mitten in einem Haferfeld, ohne daß verdächtige Zeichen irgendwelcher Art zu beobachten waren. Er war erst auf den Fund aufmerksam geworden, als er sich in seinen Kultivator verfangen hatte, so daß die Maschine anhalten mußte. Dieser Fund der Schlüssel und des Täschchens führte dann zu einer sensationellen Aufklärung. Es wurden nämlich an dem nächsten Tage Schlüssel und Handtasche in der Presse abgebildet, und es meldete sich schon nach wenigen Stunden ein Schriftsteller, der erklärte, daß es die Schlüssel seines Hauses seien. Man stellte auch fest, daß die Schlüssel tatsächlich zu allen Türen paßten. Seit dem 11. August war sein ehemaliges Dienstmädchen mit Namen Maria

Hahn verschwunden. Das Mädchen war bei ihm in Stellung. Da er mit ihm nicht zufrieden war, kündigte er ihm und eines Tages war und blieb das Mädchen verschwunden. Er machte die übliche Vermißtmeldung, aber kam wohl nicht auf den Gedanken, daß das Verschwinden dieses Mädchens, das auch nicht in das Elternhaus nach Bremen zurückgekehrt war oder auch nur mit diesem in Korrespondenz gestanden hatte, mit einem Verbrechen der großen Düsseldorfer Mordserie in Zusammenhang zu bringen sei. Jedenfalls aber gaben nun diese Mitteilungen des Schriftstellers den Nachgrabungen nach der Leiche, die dann wieder aufgenommen wurden, erhöhte Bedeutung. Es wurde nachgegraben an einer Stelle, die, wie aus dem ersten, am 23. Oktober bei der Polizei eingegangenen Schreiben des Mörders entnommen wurde, durch einen Stein bezeichnet sein sollte. In einer Landzunge, die sich in den Wald hineinzieht, befand sich auch ein auffallend großer, platter Felsblock, der auch schon dem Landwirt aufgefallen war, der vor etwa vier Wochen das Land bearbeitet hatte. Er hatte ihn aber glücklicherweise nicht entfernt, sondern liegenlassen. Unter diesem Stein wurde dann bei den energischen Nachgrabungen am 15. November in der zweiten Stunde des Nachmittags der Arm der Leiche ent-

Die Fundstelle der Leiche der Maria Hahn. Im Hintergrund die Bahre, auf der die Leiche fortgeschafft wurde.

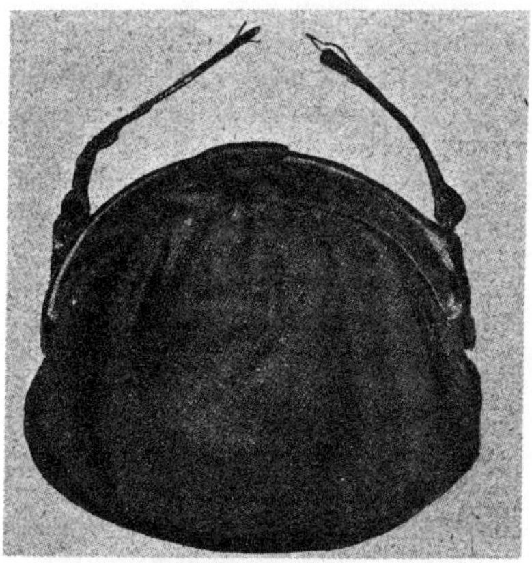

Die Tasche der Maria Hahn, die in einem Haferfeld gefunden wurde.

Diese Schlüssel hatte Maria Hahn in ihrer Tasche. Sie führten zur Identifizierung der Leiche.

Maria Hahn. Die Leiche wurde von dem Mörder auf dem Gut Papendell vergraben.

deckt. In systematischer Arbeit wurde dann die Leiche vorsichtig bis gegen Abend freigelegt. Es waren die schon in Verwesung übergegangenen sterblichen Überreste eines jungen Mädchens, das von dem Mörder regelrecht in der Erde bestattet worden war. Die Leiche lag in etwa 1,30 Meter Tiefe mit geschlossenen Beinen gerade in der Erde; der Kopf wies nach dem Tal zu. Die Erde um die Leiche herum war verschiedentlich mit Blut getränkt. Insbesondere war die Stelle, wo der Kopf lag, stark gerötet. Die Leiche wies 20 Stiche auf, 3 Stiche waren in der linken Kopfseite zu bemerken, 7 Stiche im Hals, 10 Stiche waren durch die Brust gegangen, wovon allein 3 das Herz durchbohrt hatten. Der Zustand der Leiche ließ eine genaue Feststellung nicht zu, ob auch irgendein Sittlichkeitsverbrechen an dem Mädchen begangen worden war. Aus den Resten der Kleidung wurde aber einwandfrei festgestellt, daß es sich bei dieser aufgefundenen Leiche um das verschollene Dienstmädchen handelte. — Damit zählt die Verbrecherserie bis zum 15. November 15 Fälle.

In der Zeit vom 3. Februar bis zum 15. November waren von dem Serienmörder 9 Menschen durch Messerstiche oder Hammerschläge umgebracht worden: 4 Kinder, 4 Frauen und 1 Mann. Überfallen worden waren allein 5 Frauen bzw. junge Mädchen, von denen 2 lebensgefährliche Verletzungen davontrugen. Das Ende dieser grauenhaften Statistik ist noch nicht abzusehen, denn die Spuren, die zum Mörder führen, sind gering.

Hat der Imbezille Stausberg Rosa Ohliger und Rudolf Scheer ermordet?

Spuren? Ja, es gab sogar Verhaftungen und schon im Anfang der Mordserie eine Sensation: Der Messerstecher und Lassowerfer ist gefaßt. Er heißt Stausberg. Dieser ist ein Imbeziller, ein junger, geistesschwacher Mann, dem der Schutz des § 51 des Strafgesetzbuches zugute kommt. Das dachte man so lange, bis die Fortsetzung der Mordserie mit gleichartigen Überfällen und Morden den schlagenden Beweis erbrachte, daß Stausberg nicht der Mörder sein kann. Vier Leichen von Mordopfern sind gefunden worden, die mit fast mathematischer Genauigkeit dieselben Wunden aufwiesen, wie die der Opfer, die man damals dem geisteskranken Stausberg zuschrieb. Die vier Opfer mit den „Stausberg-Stichen“ wurden getötet, als Stausberg längst interniert war.

Stausberg, dem der Mord an Rosa Ohliger und Rudolf Scheer zur Last gelegt wurde.

Fehlgriffe der Kriminalpolizei

Die Düsseldorfer Kriminalpolizei hat auch eine ganze Anzahl verdächtiger Personen festgenommen. In der ersten Zeit mehr als später. Man war in der Zwischenzeit durch Mißgriffe gewitzigt geworden, denn alle Festgenommenen, bis auf den Imbezillen Stausberg, kamen von vornherein nicht in Frage. Aus der Heil- und Pflegeanstalt in Grafenberg war ein gewisser Schwitzer entwichen. Er wurde in Köln, nachdem man nach ihm gefahndet hatte, festgenommen. Dieser wurde mit dem Fall Rosa Ohliger in Zusammenhang gebracht, und in einer offiziellen Mitteilung der Polizei hieß es, daß Schwitzer im Jahre 1925 in Kreutzberg an der Ahr ein 11 jähriges Mädchen, nachdem er es in seine Wohnung gelockt und vergewaltigt hatte, durch zahlreiche Messerstiche und Messerschnitte getötet habe. Die Leiche versteckte er auf dem Speicher und abends steckte er das Haus in Brand. Eine gewisse äußere Ähnlichkeit mit der Ermordung der Rosa Ohliger ist also unverkennbar, und da er am 24. November 1928 aus der Anstalt Grafenberg entwichen und als gemeingefährlich bekannt war, so glaubte man mit großer Wahrscheinlichkeit den mutmaßlichen Mörder zu verfolgen. Nach der Verhaftung wurde man aber sehr kleinlaut. Es stellte sich heraus, daß die Verhaftung Schwitzers an sich nötig war, aber zur Ermittlung des Düsseldorfer Mörders nicht geführt hatte. Etwa 14 Tage später erfolgte wieder eine Festnahme, die dem Publikum durch einen amtlichen Bericht des Polizeipräsidiums bekanntgegeben wurde. Außer diesen publizierten Festnahmen fanden natürlich noch zahlreiche andere statt, die man nicht bekanntgab, um sie nicht später alle als Mißgriffe eingestehen zu müssen. Es handelte sich bei dieser zweiten Festnahme um einen Reisenden Richard Schengel. Er hatte sich im November 1928 während einer Gerichtsverhandlung wegen eines Sittlichkeitsverbrechens an einem Kinde im Alter von 6 Jahren mit einem Dolch Verletzungen beigebracht. Dieser Schengel konnte aber später einwandfrei sein Alibi für die kritischen Tage nachweisen. Im August wandte sich dann nicht nur der Verdacht der Kriminalpolizei, sondern auch der anderer unabhängiger Kriminalisten gegen einen gewissen Seiser aus Düsseldorf, der mehrere Sittlichkeitsverbrechen an Kindern unter 13 Jahren begangen hatte. Dieser Seiser hat Kinder in einem Schrebergarten im Flingerbroich, also im Mordgebiet, mißbraucht. Man weiß ja, daß sich auffallenderweise in der Nähe der Mordstellen auch in späteren Fällen (Fall Dörrier) Schrebergärten befanden.

Seiser hatte, um die Kinder anzulocken, in seinem Garten eine Schaukel angebracht. Dieser Garten lag nur wenige Minuten von der Stelle entfernt, an welcher der Invalide Scheer ermordet worden war, mit dem er übrigens auch persönlich befreundet gewesen war. Außerdem waren die von Seiser mißbrauchten Kinder ungefähr gleichalterig mit der ermordeten Rosa Ohliger und in dem Stadtteil beheimatet, in dem die Rosa Ohliger wohnte. Bei der Verhandlung vor dem erweiterten Schöffengericht Düsseldorf, die Anfang August stattfand, kam der Vorsitzende des Gerichts und auch der Staatsanwalt auf diesen Mordfall zurück, und der Angeklagte benahm sich dabei recht auffällig. Die Kriminalpolizei hat dann auch, nachdem in der Presse die Gerichtsverhandlung entsprechend kommentiert worden war, die Angelegenheit aufgegriffen. Als verdächtig wurde dabei festgestellt, daß bei der Durchsuchung der Wohnung Seisers und des Schrebergartens mehrere Messer und eine etwa 17 cm lange Dolchscheide gefunden wurde. Der Dolch selbst war aber verschwunden. Auch hatte dieser Seiser einen Kastenwagen, der in der Mordangelegenheit Rosa Ohliger eine recht erhebliche Rolle spielte. Es hatte sich nämlich nach der Ermordung der Rosa Ohliger im Februar ein Zeuge gemeldet, der kurz nach der angenommenen Mordstunde unweit der Fundstelle der Leiche einen Mann mit einem kleinen Kastenwagen gesehen hatte. Der Inhalt des Kastenwagens war mit Tannenreisig zugedeckt. Die Polizei nahm an, daß dieser Wagen von dem Mörder beim Transport der kleinen Leiche an den Fundort benutzt worden war. Eingehende Ermittlungen in dieser Richtung haben allerdings zu keinem klaren Ergebnis geführt. Ein kleiner Kastenwagen wurde auch bei Seiser gefunden und beschlagnahmt. Die Nachprüfungen dieser Indizien erforderten umfangreiche Ermittlungen, die jedoch zu einem Ergebnis nicht führten. Im übrigen ist ja auch die Fortsetzung der Mordserie nach der Einlieferung des Seisers in das Gefängnis zur Verbüßung einer $1^1/_2$jährigen Strafhaft wohl der beste Beweis, daß er trotz dieser auffallenden Verdachtsgründe nicht als Täter in Frage kommen kann. Seit der Verfolgung dieser Spur ist ein großer, aussichtsreicher Verdachtsgrund gegen irgendeine Person von der Kriminalpolizei nicht mehr gefunden worden, obwohl von August bis September sich die Mordserie in einer starken Häufung weiter fortgesetzt hat.

ER

Solange der Massenmörder nicht ermittelt ist, wird auch endgültig die Frage nicht geklärt werden können, ob tatsächlich Stausberg bei den ersten Morden und bei dem Überfall auf Frau Kühn der Täter ist. Jedenfalls hat am Anfang November die Staatsanwaltschaft Düsseldorf eine Gesamtliste der unaufgeklärten Morde und Überfälle aufgestellt und nunmehr an die Spitze dieser Liste noch einmal die dem Stausberg zur Last gelegten Taten gesetzt. Und das mit Recht!

Was ergeben die bisherigen Darlegungen?

Opfer des Messerstechers sind in erster Linie Kinder und Frauen. Die kleine Rosa Ohliger wurde von dem Manne auf der Straße angesprochen, verschwand mit ihm und wurde dann am nächsten Morgen als Leiche aufgefunden. Genau so geschah der Mord an der kleinen Gertrud Albermann, wodurch übrigens in eindringlicher Weise die Stausbergtheorie widerlegt wurde. Bei dem Doppel-Kindermord war der Täter zweifellos bei der Durchführung der Tat gestört worden. Er mußte schneller flüchten, als er es sonst gewohnt ist. Zuerst hatte er versucht (im Falle Ohliger), die Leiche zu vernichten, und zwar in einer sehr primitiven Art durch Übergießen und Anzünden von Petroleum. Später hält er das nicht mehr für nötig. Frauen überfällt der Massenmörder mit einem eigenartigen Schlagwerkzeug. Er verfügt bei beiden Tötungsarten über eine geradezu meisterliche Gewandtheit, und es ist ja auch später erwiesen worden, daß mit aller Wahrscheinlichkeit der Messerstecher und Frauentöter ein und dieselbe Person ist. Das schließt man nämlich daraus, daß er in dem zweiten Brief, den er an die „Freiheit" schrieb, das Verscharren der Frauenleiche (Maria Hahn) und zugleich die Fundstelle der Kinderleiche (Albermann) mitteilte. Aber manchmal geht der unheimliche Geselle auch auf Frauen mit dem Messer los. Änne Goldhausen und Gertrud Schulte erhielten bei den noch glimpflich abgelaufenen Überfällen — Messerstiche! Im allgemeinen ist aber wohl zu sagen:

gegen Kinder geht er mit dem Messer vor, gegen Erwachsene mit dem eigenartigen Schlagwerkzeug.

Um das Milieu des Mörders kurz zu umreißen: Er sucht gern seine Opfer unter Hausangestellten. Er ist wie einst Jack the Ripper ein Mörder der armen Leute. Er zeigt eine Neigung gerade für Prostituierte und immer für Mädchen, von denen er weiß oder mindestens annimmt, daß sie für außerehelichen Verkehr zu haben sind. Die Dörrier war eine Prostituierte. Das Bild der ermordeten Maria Hahn hebt sich noch nicht so genau aus ihrem ganzen Umkreis ab, so daß man sich über ihre Lebensweise noch nicht klar ist. Ida Reuter jedenfalls hatte — wie man ganz genau weiß — zahlreiche Herrenbekanntschaften. Sie hatte auch ein uneheliches Kind, war möglicherweise auch in den Kreisen der Halbwelt ziemlich gut bekannt. Die am 29. Juni erdrosselte Emma Gross war zwar auch eine Prostituierte, doch nimmt dieser Fall, wie gesagt, eine Sonderstellung ein. Er muß als ein Delikt angesehen werden, das vielleicht im Rausch des Geschlechtsgenusses von einem Nichtverbrecher begangen wurde. Frauen, mit denen der Messerstecher längere Zeit zusammen war, sind meist durch seine eigenartige Methode des Niederschlagens getötet worden. Dagegen greift er bei plötzlichen Überfällen auf Frauen stets zu einem langen Messer, das so lang ist, daß es bei den Kindern den Körper fast vollständig durchbohrt.

Der Mörder sticht nach Kopf, Hals und Brust. Wie wahnsinnig muß er auf seine Opfer einstechen, die alle mehr als ein Dutzend Stiche aufweisen. Mit blitzartiger Geschwindigkeit setzt er beim Niederschlagen der Frauen Schlag neben Schlag. Er hämmert geradezu auf dem Kopf der Opfer herum.

Wann wird gemordet? Immer um das Wochenende herum. Etwa von Donnerstag abends bis Sonntagabend geschehen die Taten, und zwar auffälligerweise auch wieder meist in der Zeit zwischen 7 Uhr abends und 2 Uhr nachts. Dann hat er vielleicht Freizeit? Eine lange Nacht liegt notfalls vor ihm. Der Mörder beginnt sein Tun zwischen Tag und Dämmerung. Und wo? Als Mordgebiet zeichnet sich meist jenes Gelände ab, welches am Rande der Großstadt liegt. Vom Stadtkern bis zu den in früheren Jahren eingemeindeten Vororten führen weite einsame Wege. Denn der Stadtkern und die Vororte sind noch lange nicht zusammengewachsen. Zwischen ihnen liegen noch viele, viele Quadratkilometer Gelände mit industriellen Anlagen, und dicht neben den Schloten der Fabriken sind Schrebergärten. Das Mordrevier wird von verschieden erhöhten Straßen, von Gräben und Bahndämmen durchzogen und in kleine Abteilungen geschieden. Von der Rosmarinstraße und Flingern bis zum Torfbruch, also kilometerweit, brennen keine Laternen, weil die Straßen noch nicht alle erschlossen sind, weil dort erst im Laufe der Jahre immer neue Massenansiedlungen erstehen sollen. In diesem Gebiet kennt der Mörder aber auch jeden Weg und Steg. Er mag in den Schrebergärten Bescheid wissen und die Eigenarten der Schrebergartenbesitzer und des Geländes kennen; er weiß um die Polizeistationen; er weiß sogar, welchen Weg die Polizeistreifen nehmen. Verbindet man den Mittelpunkt der Stadt Düsseldorf mit den Vororten Eller und Grafenberg, dann liegt in diesem Kreisabschnitt außerhalb des Stadtkerns das eigentliche Mordgebiet, in dem allein die Hälfte der Überfälle und Morde verübt wurden. So ist also das Gebiet verhältnismäßig eng umgrenzt und doch entwischt er immer wieder. Eine eigene Polizeistation ist mitten in diesem Gebiet im Laufe der Zeit errichtet worden. Trotzdem hat er die Kühnheit, die kleine Gertrud Albermann zu entführen und am Rande des eigentlichen Mordgebietes sich mit ihr sehen zu lassen.

Der Mörder ist ein Sexualverbrecher. Er sucht seine wilden Triebe zu befriedigen. Viele seiner Opfer mußten brechenden Auges noch seiner Lust dienen. Aber er ist auch so etwas wie ein Fetischist. Er liebt es, Handtaschen, Frauenhüte und ähnliches aufzuraffen, wenn sie den Händen seiner Opfer entgleiten. Freilich ist er viel zu schlau, um diese Dinge bei sich zu behalten. Er wirft sie meist bald wieder weg, weil sie ihn ja verraten könnten. So fand man die Aktentasche der Frau Meurer 500 Meter vom Tatorte entfernt, so Tasche und Hut der Maria Hahn in einem Haferfeld. Von anderen Opfern werden bis heute noch gewisse Gegenstände vermißt.

Ist der Mörder ein Alleingänger? Oder bildet er etwa mit anderen eine Gesellschaft von Mördern? Wir glauben, daß die überwiegende Zahl dieser 15 schweren Verbrechen von einem einzigen Menschen begangen worden ist. Denn wäre er in einer Gesellschaft von mehreren, so wären diese Verbrechen nicht mit dieser auffallenden Gleichartigkeit ausgeführt. Dann wäre auch vor allem durch die Auslobung einer außergewöhnlich hohen Belohnung für Komplizen oder Mitwisser der Anreiz zum Verrat gegeben. Eine Zeitlang glaubte man, daß der Massenmörder vielleicht eine Zuträgerin hat, die ihm Kinder und Mädchen zuführt. Jedenfalls hat sich Anfang November eine solche Person, die sehr unansehnlich war und auf ein Alter von 50 Jahren geschätzt wurde, in eigenartiger Kleidung mit mähneartigen Haaren und einem schwarzen Hut mit weißen „Ringen“ in Grafenberg gezeigt. Sie soll den Kindern Bonbons gegeben haben und soll eine Frau in der Nähe des Werkes Haniel und Lueg zum Mitgehen aufgefordert haben. Als diese Frau nicht einwilligte, habe die Alte sie verfolgt. Doch entkam die Verfolgte in die Straßenbahn. Viele glaubten, daß diese „fiese Alte“ gar keine Frau ist, sondern eine Verkleidung, welche der Massenmörder wählt, um noch frecher und voller Sicherheit seine Verbrechen begehen zu können. Wer weiß es?

Viel erörtert wurde auch die Frage, ob der Massenmörder ein armer oder ein reicher Mann sei, ob er intelligent sei oder nicht. Genau lassen sich natürlich beide Fragen nicht beantworten. Man muß annehmen, daß er über einen Kraftwagen verfügt, denn er kann mit unheimlicher Schnelligkeit verschwinden. Er kann am selben Abend in verschiedenen Stadtteilen auftauchen, ohne vermutlich die Straßenbahn zu benutzen. Man kann sich solches Tun nur mit einem Kraftwagen erklären. Wahrscheinlich benutzt er den Wagen sonst zu beruflichen Zwecken. Vielleicht besitzt er aber nur ein Motorrad. Wer kann es sagen?! Ob er gar reich ist? Jedenfalls raubt er nicht, sondern er mordet aus Lust und Gier. Vielleicht aus Rache? Man hat Grund zur Annahme, da er nur die Tage des Wochenendes wählt, daß er in Lohnstellung ist. Doch scheint gewiß, daß er nicht nur ein Tagelöhner oder Hilfsarbeiter ist; man neigt dazu, ihn sich in gehobener Stellung zu denken, als einen Spezialarbeiter, vielleicht als Angestellten, vielleicht auch als selbständigen Gewerbetreibenden. Daß der Alkohol sein Tun beeinflußt, ist wohl kaum anzunehmen, denn dazu sind seine Methoden zu gut vorbereitet und seine Spuren allzu sorgfältig verwischt. Wahrscheinlich aber erleichtert er sich das durch die Auseinanderlegung des Tatortes und der Fundstelle der Leichen. Rosa Ohliger wurde sicherlich nicht an der Stelle ermordet, an der sie aufgefunden wurde. Auch bei der Ermordung der kleinen Albermann kann man darüber kaum im Zweifel sein. Wo die verscharrte Hahn ermordet wurde, kann niemand sagen.

Die Mordkommission bei einer Besprechung. Von links nach rechts: Kriminalkommissar Dr. Barschwitz, Berlin; Kriminalkommissar Etz, Düsseldorf; Kriminalrat Gennat, Berlin; Kriminalkommissar Temboris, Düsseldorf; Kriminaldirektor Gärtner, Düsseldorf; Kriminalrat Momberg, Düsseldorf.

Wie will man den Täter fassen?

40 Kriminalbeamte und einige der besten Kriminalisten Deutschlands sind nun seit Wochen und Monaten in Düsseldorf auf der Mördersuche. Aber es fehlt eine klare Spur. Spuren, die die Möglichkeit bieten, aus den rund 500000 Düsseldorfern den Kreis zu schlagen, in dem der Mörder heimisch sein muß. Die Mordwaffen hat noch niemand gesehen. Die Personenbeschreibungen sind nicht einhellig, sondern schwankend. Man muß zwar annehmen, daß der Mörder im Osten oder Nordosten der Stadt wohnt, vielleicht in jenem Gebiet, das im Volksmund nur noch das Mordgebiet heißt. Aber niemand ist in der Lage, das Haus zu bezeichnen, in dem der Massenmörder haust und vielleicht einen Teil seiner Opfer abgeschlachtet hat. Das ist in einer Großstadt auch gewiß schwer festzustellen. Man weiß aus Haarmanns Laufbahn, daß Dutzende von Menschen in einer Großstadt umkommen können, daß sie sogar in einem Hause umgebracht werden können, das viele Mietsparteien bewohnen, ohne daß ein Hahn danach kräht. Aber Haarmann hatte wenigstens das Bestreben, sämtliche Leichen restlos zu beseitigen, während der Düsseldorfer Massenmörder der Polizei und der verängstigten Bürgerschaft seine Opfer vor die Füße wirft, eine Geste, die wie purer Hohn anspricht. Und wenn er vermuten muß, daß man seiner Untaten nicht alle gewahr wird, dann schreibt er Briefe an Polizei und Presse, in denen er sich offenbart.

Der Mörder schreibt Briefe

Schon mehrfach war von verschiedenen Briefen die Rede, die der Mörder ge schrieben hat. Das Briefschreiben ist vielleicht das Allerinteressanteste, was sich psychologisch aus diesen Mordfällen heraushebt. Der erste Brief wurde am 13. Oktober 1929 an die Polizeiverwaltung in Düsseldorf gerichtet. In diesem ersten Brief, der auf unbedrucktem Zeitungspapier mit Blaustift und verstellter Schrift (Druckbuchstaben) geschrieben war, wird eine Zeichnung des Tälchens bei Papendell gegeben und eine Stelle angekreuzt, an welcher eine Leiche vergraben sein soll. Außerdem stand rechts unten auf diesem Brief: „Düsseldorfer Stadtanzeiger und Landsmann *(Gennat)* haben Kenntnis.“ Die Bedeutung dieser Worte ist bisher noch nicht klar. Wenn der Mörder damit sagen will, daß der Kriminalrat Gennat und die Schriftleitung des Düsseldorfer Stadtanzeigers bereits auf das Verbrechen aufmerksam gemacht worden wären, so ist das ein Irrtum. Diesen Brief, der mitten in die Mordserie hineinfiel, hatte das Polizeipräsidium zuständigkeitshalber an die Landjägerei weitergegeben. Die Landjägerei hatte dann auf dem Gutshof herumgehört, ob dort nicht eine Leiche vergraben sein könne, auch selbst im Gelände Nachforschungen angestellt, hat aber nicht den Stein gefunden, der die Grabstelle bezeichnete und von dem in diesem ersten Briefe damals schon die Rede war. Die Landjägerei hat dann ihrerseits die Skizze wieder zurückgeschickt und die staatliche Polizei Düsseldorfs hat sich zunächst einmal mit diesem Ergebnis zufrieden gegeben. Dann aber traf der bereits erwähnte zweite Mörderbrief ein, der an die Schriftleitung der „Freiheit“ gerichtet war, weil der Mörder wohl annahm, daß dadurch die Angelegenheit noch stärker in die Öffentlichkeit gezogen würde. Von dem ersten Brief an die Polizei hat man nichts der Presse mitgeteilt. In diesem zweiten Mörderbrief, den wir abdrucken, finden wir deutlich noch einmal eine

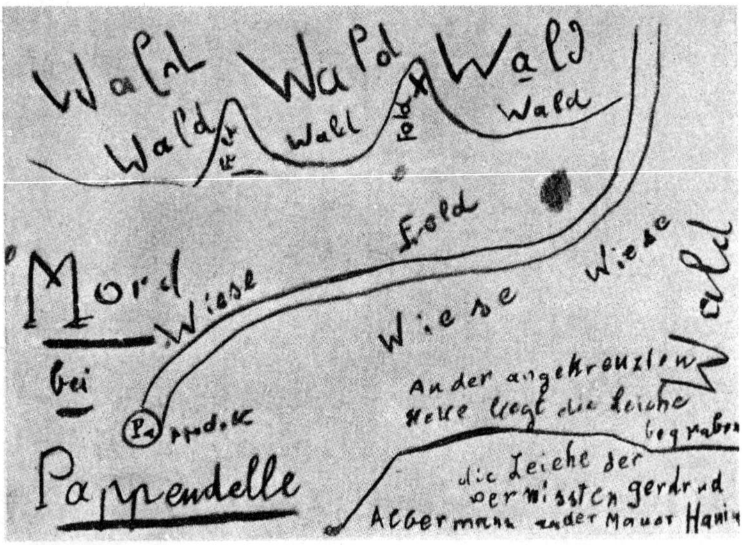

Diesen Brief schrieb der Mörder an die „Freiheit“, Düsseldorf. Wie deutlich zu ersehen ist, wollte er zwei verschiedene Taten mitteilen: Den Mord an der Maria Hahn auf Gut Papendell und den an der Gertrud Albermann.

Wiederholung des Hinweises auf den Mord beim Gutshof Papendell und gleichzeitig die Erklärung, daß die Leiche der vermißten Gertrud Albermann an der Mauer Haniel liege. Damit gewinnt der Brief, zumal wieder die gleiche Schrift und der gleiche Blaustift vom Briefschreiber benutzt worden war, ganz große Bedeutung. Und nachdem der Briefschreiber durch das Auffinden der kleinen Leiche Albermann den Beweis erbracht hatte, daß er „gut orientiert" war, nahm man beide Briefe endlich ernst. Sie bewiesen die Personengleichheit des Messerstechers und des Totschlägers, des Kindermörders und des Frauentöters. Sie bewiesen aber darüber hinaus noch den starken Geltungstrieb dieser Bestie, die nicht nur ihr Verbrechen verübt, sondern auch wünscht, daß die Öffentlichkeit von ihr spreche. Ein Mann ist dies, der vielleicht in aller Ruhe Skizzen von den Tatorten seiner Verbrechen zeichnet, sein Sinnen und Trachten sicher darauf abstellt, nächstens wieder irgendwo in Gewalttätigkeiten auszubrechen. Es sind in der Folgezeit noch eine ganze Anzahl von Mörderbriefen und Karten geschrieben worden, teils an die Presse, an die Polizei, teils an bekannte Persönlichkeiten. Jedenfalls waren die beiden erwähnten Briefe echt. Darüber besteht kein Zweifel, und diese Gewißheit muß die Kriminalisten weiterführen. Sie werfen ein Schlaglicht nicht nur auf die Geistesverfassung des Mörders, sondern sie sind auch einige der wenigen wirklich greifbaren kriminalistischen Spuren, die für die Mördersuche zur Verfügung stehen.

Das Papier, der Blaustift, die Schrift, die Briefumschläge sind ein wichtiges Material in der Hand des gewiegten Kriminalisten. Nachdem Hunderte, ja Tausende von Zeugenaussagen sich als völlig haltlos erwiesen haben, ist man immer mehr dazu gekommen, gerade mit Hilfe der Mörderbriefe die Fahndung nach dem Verbrecher zu betreiben. In erster Linie ist für die Fahndung nach dem Mörder der erste Brief, und zwar wegen seines eigenartigen „Papiers" von Bedeutung. Es ist nämlich unbedrucktes Zeitungspapier, das schon einmal durch die Rotationsmaschine gelaufen ist. Dieses unbedruckte Zeitungspapier entsteht beim Anlaufen der Rotationsmaschinen, die dann noch nicht voll, sondern nur einige Bogen Papier andrucken. Aber die Rotationsmaschine hinterläßt auf jeder Zeitung auch ihre Spuren. Die Greifer- und Transportanlage macht an den Rand der Zeitung feine Eindrücke, aus denen, ebenso wie aus dem Format des Papiers, sich wichtige Anhaltspunkte ergeben. Gerade Kriminalkommissar Busdorf hat bald nach der Aufnahme seiner Tätigkeit sich mit der Ermittlung jener Druckmaschine beschäftigt. Von der Druckmaschine kommt man sehr schnell zu einem kleinen Kreis von Menschen, die dieses Papier in die Hand bekommen können. Man sah sich veranlaßt, das Papier des ersten Schreibens bekanntzugeben, was den Erfolg hatte, daß der Ohligser Anzeiger glaubte, daß das eigenartige Briefpapier durch seine Maschine gegangen sei. Kühn ist eine Kombination von einer Druckmaschine in Ohligs zu einer Altpapierstelle in Düsseldorf. Aber das Papier paßte schließlich doch nicht. Es haben sich Abweichungen im Format ergeben. Aber vielleicht kommt man weiter, wenn man die Maschine gar nicht zu ermitteln versucht, sondern annimmt, daß der Mörder an den Stellen das Papier erhalten, die in zweiter Linie in Frage kommen, also bei den zahlreichen Altpapierhandlungen, die die Zeitungsmakulatur in den Druckereien aufkaufen und an die Papierfabriken weiterverkaufen. Hier muß die kriminalistische Kleinarbeit geleistet werden, die im Kleinen auf das Große hinweist.

Oder soll der Zufall wieder einmal der beste Kriminalist sein?

Echte und unechte Mörderbriefe

Es blieb nicht bei jenen beiden eigenartigen Briefen, welche die Sensation in der Mördersache bildeten. Es kamen noch weitere. Allerdings muß man vermuten, daß diejenigen recht haben, die meinen, daß im November 1929 der aktuellste Sport gewisser Stammtische in Düsseldorf die Herstellung von „Mörderbriefen" sei. Aber man weiß ja nichts Genaues und sollte deshalb mit einem abschließenden Urteil zurückhaltend sein. Mitte November traf bei dem Düsseldorfer „Mittag" eine Postkarte aus Barmen ein, auf der der Mörder erklärte, er werde nun Düsseldorf verlassen; man werde ihn doch nicht finden. Er wollte sich also gewissermaßen zurückziehen. Diese Karte war in einer der bekannten Sütterlinschrift ähnelnden Schrift geschrieben. Vom Schreiber war kaum der Versuch einer Verstellung der Handschrift gemacht worden. Der Graphologe sah in dieser zwar gewisse Ähnlichkeiten mit der

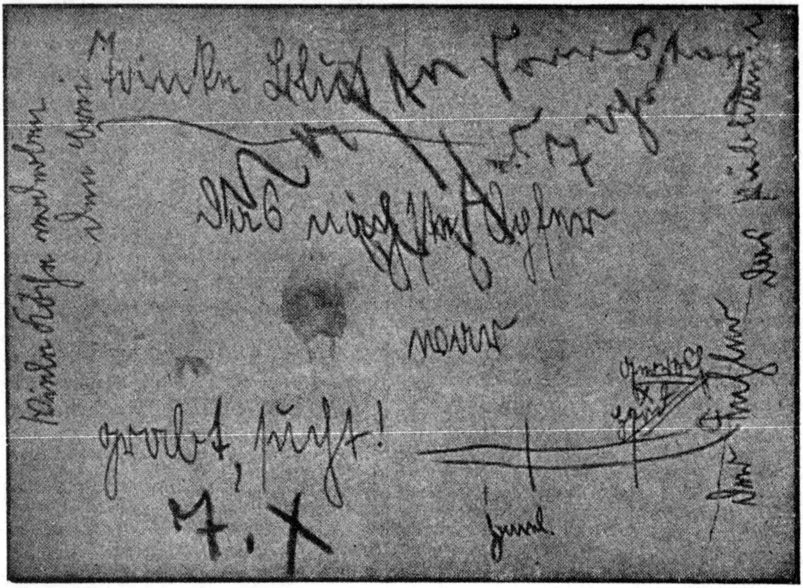

Der Düsseldorfer „Mittag" erhielt am 14. 11. 1929 nachts die hier abgebildete Karte.

Handschrift der ersten, zweifellos vom Mörder stammenden Briefe, aber es waren viele Unähnlichkeiten vorhanden, so daß man nicht recht wußte, was man mit dieser Karte anzufangen habe. Der gleiche Schreiber schickte dann wenige Tage später eine weitere Karte an den „Mittag", auf der folgendes stand: „Trinke Blut, das nächste Opfer war… grabt, sucht!" Auf dieser Karte war eine Skizze angegeben, die viel roher war als jene von Papendell. Nach der neuen Karte soll zwischen Haniel und Gerresheim, und zwar auf der Hardt eine Leiche vergraben liegen. Mit anderer Schrift stand quer geschrieben: „Das achte Opfer Samstag 7 Uhr." Und mit der gleichen Schrift weiter: „7 X" (gemeint ist wohl 7. Opfer). Die Karten gaben mancherlei Rätsel zu lösen auf. Auf der letzten waren Blutflecken. Der „Mittag“ hat das Urteil von Graphologen über beide Karten eingeholt. Die Sachverständigen vertraten die Ansicht, daß sie in der Tat von der gleichen Hand stammen. Außerdem hatten sie sich darüber zu äußern, ob der Schreiber der an den „Mittag“ gerichteten Karten identisch sei mit dem Verfasser der „Mörderbriefe“. Hierüber äußerten sie sich: „Nach wiederholten vergleichenden Analysen sind wir zu folgendem Ergebnis gekommen: Ob es nach den Gesetzen der Graphologie möglich ist, irgendwelche Schlüsse aus den vorliegenden Kopien der Schriftproben zu ziehen, die geeignet sind, der Kriminalistik irgendwelche Dienste zu leisten, muß als zweifelhaft angesehen werden. Die vergleichende Beurteilung hat ergeben, daß der Schrifturheber von Karte Nr. 1 und 2 die gleiche Person ist. Auf Karte Nr. 2 machen die Worte ‚Düsseldorf‘ sowie ‚und überall‘ keinen verstellten Eindruck, ebensowenig die Worte ‚Mittag‘, ‚Düsseldorf‘ und ‚Pressehaus‘. Dagegen ‚bin ich wieder hier‘ trägt deutlich den verstellten Charakter. Trotzdem handelt es sich zweifellos um ein und denselben Schreiber. Karte Nr. 1 trägt in der Schrift einen gewollt verstellten Charakter. Doch geht aus dem Formniveau und dem ganzen Schriftduktus hervor, daß der Schreiber von Karte Nr. 2 mit dem der Karte Nr. 1 absolut identisch ist. Der Gedanke einer Mystifikation liegt insofern nahe, weil man dem Schreiber der Karten eigentlich nicht solch ein brutales Vorgehen zutrauen kann, wie es der Mörder der kleinen Albermann gezeigt hat. Mag es nun sein, wie es will, jedenfalls ist der Schreiber der Karten ein in geistiger Beziehung stark pathologischer Mensch, wahrscheinlich ein Schizophrenist. Lombroso hat auf diesen Gebieten viel gearbeitet und überraschende Resultate gefunden. Unsere Annahme, daß es sich um den Typ eines Geisteskranken handelt, eben eines Schizophrenisten, wird lebhaft unterstützt durch die Buchstaben ‚w‘ und ‚h‘ auf Karte Nr. 2, sowie auf Karte Nr. 1 durch die Buchstaben ‚g‘ und ‚h‘. Der Gedanke an eine Mystifikation ist aus dem Grunde wieder weniger wahrscheinlich, weil doch beide Karten von dem gleichen Schrifturheber stammen. Betrachtet man die mysteriöse Angelegenheit rein verstandesmäßig, so muß man sich sagen, daß zwischen dem wirklichen Mörder und dem Schrifturheber der Karten eine Verbindung bestehen muß. Ob aber eine Verbindung besteht zwischen dem Absender des Schriftstückes, das schon vor einigen Tagen der hiesigen kommunistischen Zeitung geschickt wurde, und dem Schrifturheber der Karten, muß angezweifelt werden, denn irgendwelche Ähnlichkeiten oder irgendwelche Zeichen, die auf eine Verbindung hindeuten, sind kaum ersichtlich.“

Am 16. November ging wieder ein Brief bei der „Freiheit“ ein, der in Hilden bei Düsseldorf zur Post gegeben war und folgenden Inhalt hatte: „Sie interessieren sich wohl für mein Tun. Da mein Anfang in einer anderen Gegend liegt, dürfte Nachfolgendes Ihre besondere Aufmerksamkeit verdienen.

In Langenfeld war der Anfang und wenn meine Stunde dafür gut ist, dann auch das Ende meiner Not. Dort lebt ein Wesen, das im moralischen Leben und auch im Denken kaum einem Menschenkinde zu vergleichen ist. Daß die mir nicht gehören kann, hat mich zu all dem furchtbaren Tun getrieben. Die muß noch sterben und wenn es auch mein Leben kostet ....

Vergiften habe ich sie gewollt. Doch der gänzlich reine Körper hat das Gift überwunden. Jetzt habe ich bessere Zeit, sie muß abends von Hilden nach Hause. Die Zeichnung des Weges liegt bei. Sie ist mein nächstes Opfer. In Langenfeld können Sie auf dem Polizeiamt mein Schreiben bestätigt finden, wegen dem Mordversuch mit Gift. Dr. Kehrmann befragen. Auch ist Pastor Müller von meinem bisherigen Tun unterrichtet."

In das anonyme Schreiben war der Weg eingezeichnet. Der Schreiber drohte dann, diese Person aus dem Weg zu räumen.

Dieser Brief soll das Produkt eines Geisteskranken sein, wenigstens behauptet das die Kriminalpolizei. Sie hat ermittelt, daß dieser Brief von einer Frau aus Langenfeld in Hilden zur Post gegeben wurde, und er auch von dieser Frau geschrieben war.

Auch der „Düsseldorfer Stadtanzeiger" erhielt wiederholt seltsame Briefe. Ein solcher, der in Düsseldorf am 14. November abgesandt war, hatte folgenden Inhalt: „Achtung! Polizei, zeige, was Du wert bist. Freitag, den 22. voraussichtlich nächster Mord."

Einige Tage später ging bei der gleichen Zeitung ein Brief ein, in dem folgendes stand: „Der nächste Mord passiert in der inneren Stadt. Die Leiche werden Sie in dem Hausflur auffinden und zwar in der Friedrichstadt in der Nähe des Hauptbahnhofes. Den Mord in Neuß habe ich auch begangen. Unbekannter."

Es folgen neun Kreuze. Man hat diese Briefe zum Teil weniger bei den betreffenden Zeitungen, als bei der Kriminalpolizei beachtet und hat Untersuchungen nach den verschiedensten Richtungen angestellt. Auf diese Weise nach dem Mörder zu suchen, ist unerhört schwer. Anhaltspunkte boten allerdings die echten Briefe, die heute noch verfolgt werden.

Ist der Massenmörder zu fassen?

An den Erfolg systematischer Mördersuche glauben nicht allzuviele Kriminalisten und glaubt vor allem nicht das Publikum. Wo man im Rheinland herumhört, wird man die Auffassung finden, daß der Mörder nur beim Versuch der Fortsetzung seiner Mordserie einmal ertappt wird. Das ist natürlich jetzt leichter möglich, weil die Öffentlichkeit durch die Presse geradezu mobilisiert worden ist, und man mag heute über die Mörderpsychose der Düsseldorfer lächeln: ohne sie wäre nicht die ausreichende Aufmerksamkeit der Bevölkerung möglich. Trotz dieser Aufklärung hat es ja noch geschehen können, daß Anfang November die kleine Gertrud Albermann mit dem Massenmörder von 4 oder 5 Personen gesehen wurde, die Verdacht schöpften, trotzdem aber nicht sofort die Verfolgung des Mörders aufnahmen. Das ist jedenfalls der Beweis, daß nicht scharf genug diese Mobilmachung der Öffentlichkeit durchgeführt werden kann. Es gibt Kriminalisten und Kriminalschriftsteller, die aus der Eigenart der Verbrechen, aus dem Alleingängertum, aus dem Charakter der Sexualverbrecher unbedingt schließen wollen, daß systematisches Suchen gar nicht zum Ziele führen kann. „Für Sexualmorde gibt es kein kriminalistisches System der Aufklärung", schreibt mit dürren Worten ein großes Berliner Blatt. Auch seien die Begegnungen zwischen dem Mörder und seinen Opfern immer zufällig erfolgt und meist nur eine einmalige tödliche Begegnung gewesen. Diese Behauptungen können richtig sein, aber sie sind geeignet, die Wachsamkeit der Polizei ungünstig zu beeinflussen, das Publikum in seiner Aufmerksamkeit einzuschläfern und es einem Fatalismus zu überantworten, der vom Übel ist. Jener unerträgliche Alpdruck, der jetzt schon seit Monaten über Düsseldorf und seiner Bevölkerung liegt, ist am ehesten dadurch zu mildern, daß man der Bevölkerung die Hoffnung gibt, sie sei nicht hoffnungslos dieser Bestie überantwortet.

Nachwort

Diese Sonderausgabe des Kriminal-Magazins erscheint, weil es geboten ist, nicht nur im Rheinland, sondern in ganz Deutschland auf das Treiben des Düsseldorfer Massenmörders aufmerksam zu machen. Wohl treffen täglich bis zu 100 Briefen bei der Kriminalpolizei ein mit Hinweisen, Verdächtigungen und Beschuldigungen. Besondere Beamte sondern hier die Spreu von dem Weizen. Aber wer sagt es denn, ob jemand endlich den Richtigen verdächtigt, warum schlägt man die Kreise der Ermittlungen nicht weiter, woher kommt es, daß man nicht in Ganz-Deutschland nach dem Vorleben dieses Menschen fahndet, vielleicht stammt er aus dem Osten, aus dem Süden, aus dem Norden — vielleicht hat er sich dort in früheren Jahren durch irgend etwas verdächtig gemacht. Das Publikum muß den Mörder entlarven. Die Massenmörder der letzten Zeit hatten ihre Schlächterhöhle in unmittelbarer Nähe harmloser Mitbürger, so konnte Großmann in einem vierstöckigen Mietshause im Berliner Osten wehrlose Frauen abschlachten und die Leichenteile beseitigen, ohne daß eine der 18 Parteien im Hause je etwas gemerkt hätte, so konnte Haarmann mitten in der Stadt Hannover Tür an Tür mit anderen Mietern, sogar den Haussuchungen der Polizei trotzen. So konnte Denke in einem schlesischen Dorf in seinem Haus, das mitten im Dorf lag, Wanderburschen niederschlagen und in große Fässer einpökeln. Um den Düsseldorfer Massenmörder zu fassen, braucht man an besonderer, an wichtigster, an allererster Stelle die Mitarbeit der großen Masse. Keine Scheu vor den Behörden, vor Arbeitsversäumnis, keine Angst vor Rache, sondern ein jeder Mensch hat die Pflicht, das Seine dazu beizutragen, daß dieser grausige Verbrecher unschädlich gemacht wird.

Geleitet von dem Bestreben, das Unsrige dazu beizutragen, den Massenmörder von Düsseldorf zu ermitteln, bringen wir diese Sonderausgabe heraus, getragen von dem Bestreben, zu helfen und die Behörde zu unterstützen.

Wir haben einen der besten Kenner der ganzen Mordfälle, der von Anfang an diese miterlebt, veranlaßt, diese Broschüre zu schreiben, die klar und objektiv, ohne Sensation machen zu wollen, das Problem des Düsseldorfer Massenmörders untersucht.

Wir schließen mit dem nochmaligen Aufruf an alle:

„Helft den Düsseldorfer Massenmörder unschädlich machen!“

II. Verhaftung

1. Zeitungsberichte

Düsseldorfs Mörder gefaßt[1]

Heute nachmittag um 3 Uhr erfolgte in Düsseldorf unter sensationellen Umständen die Verhaftung eines Mannes, in dem man zweifellos endlich den Massenmörder gefaßt hat. Es handelt sich um den 47 Jahre alten in Mülheim am Rhein geborenen Fuhrmann Peter Kürten. Die Verhaftung geschah so überraschend, daß Kürten ohne weiteres eine vor kurzem ausgeführte Vergewaltigung eines jungen Mädchens zugab und im weiteren Verlauf der Vernehmung gestand, auch sämtliche in den letzten Jahren in Düsseldorf verübten Verbrechen begangen zu haben. Wenn die Polizei noch nicht angeben kann, ob Kürten tatsächlich für alle Morde in Frage kommt, so sind das Bedenken, die darauf zurückzuführen sind, daß man den Mann noch nicht über alle Fälle verhört hat und ihn noch nicht mit den in Frage kommenden Personen hat konfrontieren können.

Die Verhaftung Kürtens ist der Erfolg von bis ins letzte planmäßig durchgeführten polizeilichen Maßnahmen. Die Düsseldorfer Polizei hat die Vorbereitungen zu der Festnahme mit allen nur denkbaren Vorsichtsmaßregeln betrieben. Die Verhaftung selbst erfolgte in der Prinz-Georg-Straße, nachdem ein starkes Polizeiaufgebot einen ganzen Häuserblock umstellt hatte.

. . . . .

Von Straßenpassanten, die durch Zufall den mit Handschellen gefesselten Mörder im Auto beobachten konnten, wird er geschildert als etwa 1,68 Meter bis 1,70 Meter groß, mit breitem, massivem Körper, bartlosem Gesicht und mit dunklem, gescheiteltem Haar.

Ein Mörder ist gestellt, dessen Greueltaten die ganze Kulturwelt mit Entsetzen erfüllt haben. Rufen wir uns noch einmal die Verbrechen in Erinnerung, die auf sein Konto kommen:

Vom 3. Februar 1929 bis zum 16. November desselben Jahres sind 18 Menschen in Düsseldorf niedergemetzelt worden. Davon wurden zwei Überfälle mit tödlichem Ausgang und drei andere, bei denen die Opfer schwer verletzt wurden, dem schwachsinnigen Johann Stausberg zugeschrieben, der am 13. April 1929 verhaftet wurde und somit für die folgenden Untaten ausschied. Vom 30. Juli an geschahen sieben Morde und sechs schwere Überfälle. Eine Reihe weiterer Attentate, namentlich auf Frauen,

[1] Vossische Zeitung vom 25. 5. 1930

folgten auch in diesem Jahr. Der Polizei-Apparat spielte weit über die Grenzen des Deutschen Reiches hinaus, Konferenzen fanden statt, Männer wurden verhaftet – Menschen, die etwas Schlechtes getan hatten, die aber an den Düsseldorfer Morden, wie die Taten des Sexualverbrechers vom Volksmund schlicht und doch so unheimlich genannt wurden, unbeteiligt gewesen sind.

Ein Alb ist von Düsseldorf genommen. Und an der weiteren Aufklärung der Greueltaten, die gewiß noch eine geraume Zeit in Anspruch nehmen und viel Mühen und Nachforschungen kosten werden, wird die Öffentlichkeit den regsten Anteil nehmen.

Detektiv Zufall[2]

. . . . . .

Wie so oft, wenn menschliche Kunst versagt, ist auch im Falle Kürten der Detektiv Zufall schließlich doch zum Helfer geworden: Ein jüngst überfallenes Mädchen schilderte ihr schreckliches Erlebnis brieflich einer Freundin. Der Brief war mangelhaft adressiert und wurde der Polizei übergeben. Die Schreiberin des Briefes konnte festgestellt werden und mit ihrer Hilfe gelang es auch, die Wohnung Kürtens zu ermitteln. Denn das junge Mädchen war, ehe sie von Kürten in einen Wald verschleppt und dort vergewaltigt wurde, von Kürten nach seiner Wohnung mitgenommen worden, hatte sie aber verlassen, weil sie sich fürchtete. Auf diese Art kam man auf die Spur Kürtens, und als er sich mit seiner Frau traf, wurde er gefaßt. . . .

2. Bericht des Kriminalkommissars Reibel vom 25. Mai 1930 über Kürtens Festnahme

Frau Kürten hatte angegeben, daß ihr Mann ein Zimmer in der Adlerstraße gemietet hätte, das Haus wollte sie bezeichnen können. Ich begab mich mit dem Krim. Bez. Sekr. Wermeister, dem Krim. Sekr. Reinhardt und dem Krim. Asst. Fütterer mit Frau Kürten in einem Auto nach der Adlerstraße, wo sie das Haus Nr. 51 als das bezeichnete, wo ihr Mann wohnen sollte. Die Ermittlungen in diesem Hause verliefen negativ. Wir begaben uns darauf in das Nebenhaus Nr. 53 und stellten dort fest, daß ein Mann von der Familie Kirchhoff ein Mansardenzimmer gemietet hatte, worauf die Beschreibung des Kürten genau paßte, zudem wurde er im Lichtbilde wiedererkannt. Kürten hatte sich bei seiner Vermieterin als Straßenbahner ausgegeben. Er wurde in seinem Zimmer nicht angetroffen, angeblich war er zum Baden

[2] Morgenpost vom 27. 5. 1930

gegangen. Krim. Sekr. Reinhardt und Krim. Asst. Fütterer blieben in der Wohnung des K., während ich mich mit dem Krim. Bez. Sekr. Wermeister in ein gegenüber liegendes Haus begab, von wo aus wir das Haus Nr. 53 genau beobachten konnten. Bis 14 Uhr war Kürten nicht zurückgekehrt. Ich forderte deshalb 3 weitere Beamte an, um die Rochuskirche und Umgebung zu beobachten, da Frau Kürten gesagt hatte, sie wolle sich um 3 Uhr nachmittags (15 Uhr) mit ihrem Manne dort treffen. Inzwischen hatte die Kriminaldirektion bereits eine Anzahl Beamte kommandiert, die die anliegenden Straßen abriegelten, während Frau Kürten ihren Mann erwarten sollte, sie ging in der Nähe der Kirche umher. Um 15.15 Uhr erschien Kürten und kam mit seiner Frau zusammen. Es gelang mir und den Kriminalbeamten Klawonn, Schmidt (Christian) und Knötgen, an den Kürten heranzukommen, er wurde blitzschnell überwältigt und sofort nach Waffen durchsucht; außer einem kleinen Taschenmesser hatte er aber keine Waffe im Besitz. Ich brachte den Kürten jetzt mit den Kriminalbeamten Müller und Lemke in einer Kraftdroschke zum Polizeipräsidium. Als wir das Zimmer 237 betraten, war Fräulein Gertrud Schulte dort anwesend. Kürten wurde hinter mir in das Zimmer geführt, ich verdeckte ihn dadurch der Schulte. Jetzt trat ich zur Seite, so daß die Schulte und Kürten sich sehen konnten. Frl. Schulte erklärte sofort, daß Kürten der Täter in ihrem Falle sei. Kürten wurde bleich und konnte zuerst nichts sagen, er stierte Frl. Schulte an. Auf meine Frage, was er nun sage, antwortete er nach einer Weile: »Was brauchen Sie zu fragen.« Ich brachte ihn dann in mein Dienstzimmer. Kürten legte hier ein umfassendes Geständnis ab, von vornherein erklärte er, er habe alle Mordtaten und Überfälle begangen, die im Jahre 1929 hier begangen worden sind. Ich ließ ihn ruhig erzählen. Zunächst sagte er, daß er mit Brandstiftungen angefangen hätte, er nannte die Brände in Papendell und Umgegend, anscheinend auch Erkrath. Ich lenkte nun das Gespräch auf die Morde und Überfälle und fragte ihn, welche Taten er begangen hätte. Er nannte jetzt die Morde Ohliger, Scheer, Lenzen-Hamacher, Reuter, Dörrier, Hahn und Albermann, den Mordversuch an der Schulte sowie die Überfälle in Lierenfeld (Messerstecher), den Fall Kühn und Breuer. Den Mord an den Kindern Lenzen-Hamacher und den Mordversuch Schulte will er mit einem Dolchmesser ausgeführt haben, in den Fällen Ohliger, Scheer, Kühn, Albermann und Hahn will er eine Schere benutzt haben. Die Reuter und Dörrier will er mit einem Hammer erschlagen haben, der jetzt noch in der Nähe der Gasanstalt verborgen sein soll; er will die Stelle bezeichnen können.

Bei der weiteren Unterhaltung fragte ich den Kürten nach dem Motiv zu seinen Taten. Er antwortete, das könne ich wohl nicht verstehen, dazu müsse er eingehende Angaben später machen. Er drückte sich aber aus, daß er an der ganzen Menschheit hätte Rache nehmen wollen, weil er in den Gefängnissen und Zuchthäusern in einer geradezu unmenschlichen

Weise behandelt worden wäre. So zum Beispiel hätte man ihn gerade vor Weihnachten in Ketten geschlossen, wo andere Menschen sich gefreut hätten. Der Hauptschuldige sei ein Inspektor der Strafanstalt Anrath gewesen, der sich später in Brieg in Schlesien erschossen hätte.

Als ich gestern abend mit Kürten allein im Zimmer des Kriminalpolizeirates Momberg war, meinte er, es sei zu bedauern, daß seine Sache so beendet worden wäre, es hätte einen Knalleffekt geben müssen, indem er jeden Tag zwei Personen hätte ermorden wollen.

3. Gegenüberstellung Kürtens mit seinem Opfer Gertrud Schulte (25. 5. 1930)

Die hier zum Kriminaldienst kommandierte Gertrud Schulte, der der festgenommene Peter Kürten gegenübergestellt wurde, erklärt:

Ich befand mich in dem Zimmer 237 des Polizeipräsidiums, als Herr Krim. Kommissar Reibel und mehrere Krim.Beamte das Zimmer betraten. Hinter Herrn Kommissar Reibel befand sich eine andere Person, die ich aber nicht genau sehen konnte. Als Herr Kommissar Reibel plötzlich zur Seite trat, und so die Person frei stand, sah ich, daß es sich um diejenige Person handelte, die mich am 25. 8. 29 auf der Rheinwiese mit einem Messer schwer verletzt hat. Auf den ersten Blick habe ich die Person erkannt, jeder Irrtum meinerseits ist vollständig ausgeschlossen. Ich habe Herrn Kommissar Reibel sofort gesagt, daß die Person der Mann sei, der mich gestochen hatte. Durch den Anblick des Mannes bin ich furchtbar aufgeregt geworden, so daß ich mich nicht mehr genau auf die Einzelheiten der Gegenüberstellung besinnen kann. Ich weiß aber noch genau, daß Herr Reibel den Mann fragte, nachdem ich erklärt hatte, daß der Mann mich gestochen hätte: »Können Sie jetzt noch leugnen?« Der mir gegenübergestellte Mann konnte keine Antwort darauf geben. Ich hatte den Eindruck, als ob der Mann durch meinen Anblick vollständig niedergeschlagen und sprachlos geworden sei. Er schlug seine Augen nieder und konnte mich nicht mehr ansehen. Gleich darauf wurde der Mann in das nebenanliegende Zimmer geführt.

Als mir im Januar 1930 das Lichtbild des Mannes schon mal in meine Wohnung nach Madfeld gesandt wurde, habe ich bereits eine Ähnlichkeit des Dargestellten mit dem Täter festgestellt. Der Dargestellte war mir wegen seiner Nase und des Mundes unter den vielen mir übersandten Lichtbildern besonders aufgefallen. Weil er aber im übrigen, insbesondere wegen seines »Specknackens« und seiner dicken Backen direkt entgegengesetzt mit dem Täter aussah, habe ich seinerzeit berichtet, daß der Dargestellte mit dem Täter nicht identisch sei.

Dieselbe Erklärung habe ich auch jetzt abgegeben, als mir das Lichtbild vor einigen Tagen nochmals vorgezeigt wurde. Ich habe aber auf die Ähnlichkeiten des auf dem Lichtbild dargestellten Mannes jetzt besonders hinweisen können, was ich seinerzeit, als mir das Lichtbild nach Madfeld gesandt wurde, nicht getan habe. Durch die sachliche Unterhaltung mit dem Kriminalbeamten, der mich das Lichtbild längere Zeit betrachten ließ, fielen mir doch noch mehr starke Ähnlichkeiten mit dem Täter auf, die ich früher nicht beachtet hatte. Trotzdem war ich noch im Zweifel. Ich konnte nicht bestimmt sagen, daß der Dargestellte mit dem Täter identisch war. Erst als ich den Mann nunmehr persönlich gesehen hatte, war jeder Zweifel in mir entschwunden.

Ich kann reines Gewissens bekunden, daß der mir gegenübergestellte Peter Kürten derjenige Mann ist, der mir im vorigen Jahre die schweren Verletzungen beigebracht hat.

4. Erste Aussage der Ehefrau Kürtens (24. Mai 1930)

Seit 1923 bin ich verheiratet. Mein Mann ist 47 Jahre alt. Er ist wegen Betrugs schon vorbestraft. Seit Ostern des Jahres ist er erwerbslos, vorher hat er bei Schiess gearbeitet.

Die Herren waren gestern gerade weg, als mein Mann nach Hause kam. Ich habe ihm gesagt, daß zwei Beamte da waren, die ihn holen wollten. Darauf sagte er, daß er hingehen wollte. Er ist dann direkt wieder weggegangen; er hat sich nicht umgezogen. Er ging allein weg, nachher ging ich auch. Ich habe ihn später auf der Seufzerallee im Hofgarten (gegen Mittag) wieder getroffen. Wir sind dann bis abends zusammen geblieben. Gegessen haben wir auf der Duisburgerstraße in einem kleineren Lokal. Auf meine Frage, was er gemacht hätte, antwortete er immer: ja, ja, ich habe alles gemacht, was voriges Jahr war. Auf meine Frage sagte er mir noch, er wollte es mir sagen, aber ich dürfte es nicht verraten; wenn ich etwas verraten würde, mache er mich kaputt.

An einem Sonntag (im Sommer vorigen Jahres) hatte er einen Blutflecken auf der Manschette. Am Jackett war auch ein Flecken, jedoch war nicht zu erkennen, ob es Blut war. Auf meine Frage antwortete er, daß es Blutspritzer sein könnten, er habe Nasenbluten gehabt.

Er ist in geschlechtlicher Beziehung immer normal gewesen.

Er hat mir gestern gesagt, das wäre so über ihn gekommen, er wüßte nicht wie. Die Beschreibung der Schulte stimmt, nur das Alter nicht und der Hut. Einen Schneidezahn hat er verloren, als er die letzte Strafe verbüßte.

Mit Fräulein Schulte will er von Oberkassel nach Neuss gefahren sein. Er hat mir nur gesagt, daß er in Neuss gewesen wäre. Ich habe sonst nicht weiter darüber gesprochen.

Die Maria Hahn will er in einer Nacht getötet und in der darauffolgenden Nacht vergraben haben. Die Schaufel muß wohl von zu Hause gewesen sein. Er war früher Bauarbeiter und hat eine Schaufel.

Direkt ganze Nächte ist er nicht weggeblieben, wohl ist er schon um 3–4 Uhr nach Hause gekommen. Einmal kam er gegen $^1/_2$6 Uhr nach Hause.

Er hat mir gesagt, daß die Hahn ein hübsches Mädchen gewesen wäre. Er wäre mit ihr im Neandertal gewesen, dann hätte er mit dem Mädchen etwas machen wollen und da hätte er es tot gemacht. Am anderen Tage wäre er wieder hingegangen und hätte die Leiche vergraben.

Das könnte möglich sein, denn er kam an einem Tage früh morgens nach Hause und hatte schmutzige Schuhe und nasse Strümpfe. Er hatte seinen Werktagsanzug an, den er sonst zur Arbeit trug. Es war an einem Tag, als in Lierenfeld Schützenfest war. Ich weiß das, weil ich an dem Tage allein zum Schützenfest gegangen bin. Mein Mann war gleich nach dem Mittagessen fortgegangen. Wohin er gegangen ist, hat er mir nicht gesagt. Er kam an dem Sonntag in fröhlicher Stimmung nach Hause (gegen 24 Uhr). An dem Tage, meine ich, hatte er Blutflecken an der Manschette und am Jackett gehabt. Er sagte, das käme vom Nasenbluten. Ich habe ihn gefragt, ob er mit Mädchen ausgegangen wäre, er erwiderte: »nein«. Montags ist er wieder ausgegangen und früh morgens nach Hause gekommen. Es kann Anfang August gewesen sein. Ich weiß das, weil ich seit Mitte August bei Hemesath[3] bin.

Ich habe wohl damals über die Mordsachen gesprochen, er hat aber nie etwas darüber gesagt. Ein Fahrrad besitzt er nicht.

Gestern hat er gesagt, daß er alles gemacht hätte, die Kinder, Scheer und das andere. Einzelnes hat er nicht erzählt. Ich habe nie gesehen, daß er irgendwelche Mordinstrumente hatte.

Ich selbst bin ganz gut mit ihm ausgekommen, nur durfte ich keine Widerworte geben, dann wurde er rabiat; geschlagen hat er mich nicht.

Er hat nie irgendwelche Sachen mitgebracht, nur ein kleines Spiegelchen (braun, viereckig). Es liegt oben im Schrank auf dem Brett. Er hat gesagt, daß er ihn geschenkt bekommen habe.

Er hatte gestern zu mir gesagt, wenn ich ihn sprechen wollte, sollte ich in der Seufzerallee sein. Ich bin dann hinter ihm hergegangen und habe gesehen, wo er hingegangen ist. Das Haus kenne ich nicht, ich bin noch nie mit ihm hingegangen. An der Birkenstraße Ecke Grafenbergerallee haben wir uns getrennt (etwa 22 Uhr). Wenn ich ihn nochmals sprechen wollte, so sollte ich heute um 3 Uhr an der Rochuskirche sein.

Ich traue meinem Manne die Taten nicht zu, mit den Kindern erst recht nicht.

[3] Café, in dem Frau Kürten beschäftigt war (Anm. d. H.)

Er hat das gestern nur so herausgeschleudert, weitere Einzelheiten hat er mir nicht erzählt.

An dem Tage mit der Ohliger war ich in der Fischbratküche beschäftigt; an dem Abend war ich nicht zu Hause. Als ich dann nach Hause kam, war mein Mann bereits zu Hause. Ich kann mich erinnern, daß es im Winter war. Ich war ein Jahr in der Fischbratküche beschäftigt (1928 – April 1929).

Mein Mann hat mir gesagt, daß er ein Zimmerchen in der Adlerstraße hätte.

Er hat mir noch gesagt, daß er alles gemacht hätte, was passiert wäre, er hätte auch die Brände angelegt in Rath, Papendell und Münsterstraße.

5. Verfügung des Oberstaatsanwalts vom 27. Mai 1930

Es ist mir gestern bekannt geworden, daß bereits bei dem Transport Kürtens von der Polizeihauptwache zum Präsidium ein Angriff auf das Transportauto erfolgt ist. Es ist weiter bekannt geworden, daß in der Bevölkerung eine Bestrebung besteht, Kürten nicht lebend an die Justizbehörde kommen zu lassen (Grund: die befürchtete und bekannte milde Rechtsprechung). Ich werde daher eine anderweitige Unterbringung Kürtens als die zur Zeit im Polizeipräsidium bestehende bis zur Entscheidung des demnächstigen Untersuchungsrichters nicht veranlassen. Insbesondere ist es ausgeschlossen, daß Kürten in dem der Justizverwaltung zur Verfügung stehenden Gefangenenwagen transportiert wird. Auch ist die Unterbringung in den Gefangenenzellen auf dem Königsplatz, was die Beobachtung von Kürten zur Verhütung von Selbstmordversuchen angeht und zur Verhütung von Mitteilungen an Dritte nicht geeignet. Ich darf anregen, daß mit dem demnächstigen Untersuchungsrichter und dem Vertreter der Staatsanwaltschaft eine Besprechung über die geeignete Unterbringung bzw. über die Räume, die für den Untersuchungsrichter zur Verfügung gestellt werden, stattfindet.

III. Geständnis

1. Verfügung des Oberstaatsanwalts vom 4. Juni 1930

Aus Anlaß der Ergreifung des Massenmörders Peter Kürten waren in der letzten Woche hier anwesend die Herren Oberregierungsrat Dr. Kopp, Kriminalrat Gennath und Kriminalrat Dr. Schneikert. Die Herren haben außerhalb der Vernehmung kurze Gespräche mit Peter Kürten gehabt. Es hat sich gezeigt, daß Kürten in solchen Gesprächen mehr aus sich herausgeht als in den nüchternen Sachdarstellungen bei seinen Vernehmungen. Zur Beurteilung der Persönlichkeit ist es daher dringend erforderlich, daß Inhalt und Wortlaut dieser Gespräche baldmöglichst niedergelegt werden. Ich ersuche daher, die genannten Herren zu veranlassen, diese Gespräche möglichst in Frage und Antwortform genauestens niederzulegen und als zeugenschaftliche Äußerung möglichst in zwei Durchschlägen für Akten und Handakten umgehend einzusenden.

2. Bericht des Oberregierungsrats Dr. Kopp über ein Gespräch mit Kürten

Am Freitag den 30. Mai d.J. am Abend habe ich eine in der Vernehmung des Kürten eintretende Pause zu einer eine knappe halbe Stunde dauernden Unterhaltung mit ihm benutzt. Notizen habe ich mir hierbei nicht gemacht, weil dies die Zwanglosigkeit des Gespräches, auf die es mir gerade ankam, gestört hätte. Ich bin daher auch nicht in der Lage, den Wortlaut der Fragen und Antworten insgesamt wiederzugeben. Soweit ich aber Äußerungen des Kürten wörtlich im Gedächtnis habe, sind sie im folgenden durch Anführungszeichen kenntlich gemacht.

Auf meine Frage nach dem Beweggrund seiner Taten erwiderte Kürten, er habe sie ausgeführt »zum Zwecke der Reform des Strafvollzugs«. Er habe der ganzen Welt zeigen wollen, daß so lange und so schwere Strafen, wie er sie erlitten habe, weit entfernt davon seien, den Verbrecher zu bessern, sondern die Wirkung hätten, daß der Gefangene in einen Haß gegen die Menschheit hineingetrieben würde. So sei besonders sein Mord aus dem Jahre 1913 zu erklären, den er kurz nach der Entlassung aus dem Zuchthaus, wo er 6 Jahre gesessen habe, begangen habe. Er kam dann auf das »Gesetz von Ursache und Wirkung« zu sprechen. Diese Äußerungen waren unbeholfen und unklar. Immerhin zeigte es sich, daß Kürten über derartige Dinge nachzudenken pflegt. Seine Auslassungen über diesen Punkt schloß er mit den Worten: »Ich habe aus Idealismus gehandelt, ich bin ein Märtyrer.«

Ohne daß ich selbst eine Andeutung in der Richtung des § 51 gemacht hätte, ging Kürten selbst auf diesen Punkt ein, und zwar mit den Worten: »Mit mir brauchen sich die Herren Sachverständigen keine Mühe zu geben, die freie Willensbestimmung habe ich wie nur einer.«

Nachdem K. wiederholt hatte, was er schon in der förmlichen Vernehmung geäußert hatte – daß er die Todesstrafe erwarte, nichts zu seiner Begnadigung tun und bei der Vollstreckung des Urteils »mit keiner Wimper zucken werde« –, kam er auf seine Frau zu sprechen. Ihr Schicksal sei das einzige, was ihm noch Gedanken mache. Sie hänge mit stärkster Liebe an ihm. Sie habe ihn geheiratet, obwohl sie von seiner ganzen Vergangenheit gewußt habe (daß Frau Kürten selbst eine »Vergangenheit« hat, verschwieg er hierbei). Während der Ehe habe sie sich für ihn aufgeopfert. »Herr Rat, die Frau ist eine Heldin.«

Da die Äußerungen Kürtens über seine Frau sicher echt waren, erwartete ich, daß nun endlich einmal ein Ton der Wärme und des Gefühls aus seinem Munde kommen würde (als ich s. Zt. eine lange Unterhaltung mit Haarmann hatte, fing dieser, als er auf seine Mutter zu sprechen kam, ganz echt an zu weinen). Diese Erwartung wurde aber enttäuscht. Dieselbe eiskalte Ruhe, die Kürten bei der förmlichen Vernehmung gezeigt hatte, behielt er auch bei, als er von seiner Frau sprach. Es klang, wie wenn ein Vorgesetzter sich lobend äußert über einen Untergebenen, mit dem ihn keinerlei persönliche Beziehungen verbinden.

3. Bericht des Kriminal-Polizeirats Momberg über Kürtens erneute Zusammenkunft mit seinem Opfer Gertrud Schulte

Am 28. 5. 1930 wurde Kürten zur Mittagspause zum Einnehmen des Mittagessens in ein Dienstzimmer gebracht, in dem sich zufällig auch die hier beschäftigte Gertrud Schulte aufhielt. Zwischen beiden entwickelte sich ein kurzes Gespräch. Kürten fragte z. B., ob sie ihm noch sehr böse wäre, worauf die Schulte nicht wußte, was sie antworten sollte, schließlich jedoch sagte, daß sie ja mit dem Leben davongekommen wäre und ihm nichts nachtrage. Kürten erwiderte, daß sie ja katholisch wäre und sie ihm nicht böse sein dürfe, denn sie müsse vergeben können; er wollte mal sehen, ob er was für sie tun könnte. Was hiermit gemeint war, erklärte Kürten vorläufig nicht.

Am Donnerstag, den 29. 5. 30 erkundigte sich Kürten, ob die Schulte wohl für eine Belohnung in Frage kommen könnte, wenn sie einen Fall zur Kenntnis der Polizei bringen würde, der bisher noch unbekannt wäre und für den eine Belohnung ausgesetzt wäre. Gleichzeitig fragte Kürten, ob dasselbe wohl bei seiner Frau zutreffen würde. Krim. Bez. Sekr. Wermeister bedeutete dem Kürten, daß er dieses Kriminalrat Momberg vortragen solle. Kürten stellte mir dann diesbezügliche Fragen und ich erklärte ihm, daß tatsächlich der Fall eintreten könnte und auch schon vorgekommen wäre, daß die Ehefrau eines Täters, die ihren Mann solcher Taten bei der Polizei bezichtigte, für die Belohnung mit vorgeschlagen werden könnte: desgleichen könnte im ähnlichen Falle natürlich auch Fräulein Schulte vorgeschlagen werden. Fragen, um welche Verbrechen es sich handelte, beantwortete K. vorläufig nicht, sondern erklärte, daß dieses ja nicht so eilig wäre, vielleicht würde er am kommenden Sonntag Näheres mitteilen.

Am Sonntag, den 1. 6. 30, während der Mittagspause, bat Kürten die Schulte mal allein sprechen zu können. Dieses wurde ihm abgeschlagen und ihm erklärt, daß bei dieser Unterredung mindestens ein Beamter zugegen sein müßte. Kürten willigte ein und die Unterredung fand dann auf Zimmer 238 statt, das eine Verbindungstür nach Zimmer 237 hatte. In Gegenwart des Krim. Bez. Sekr. Wermeister schrieb Kürten dann einen Zettel, den er der anwesenden Schulte übergab. Die Schulte übergab später dem Unterzeichneten einen von ihr selbst geschriebenen Zettel, auf dem das geschrieben stand, was Kürten ihr mitgeteilt hatte. Kürten bezichtigte sich als Täter im Falle Gross.

Durch die Vernehmung des Kürten zu diesem Fall ist jedoch festgestellt worden, daß Kürten hierfür als Täter nicht in Frage kommen kann.

Kürtens Bestreben war, auch seiner Ehefrau finanzielle Vorteile aus den ausgesetzten Belohnungen zu verschaffen. Infolgedessen schrieb K. bereits in dem Briefe v. 27. 5. 30, daß die Möglichkeit bestände, daß sie an der ausgesetzten Belohnung beteiligt werden könnte.

Am 31. 5. 30 fragte K. bei seiner Frau an, ob sie bereit wäre, einen Mord, den er begangen hätte und ihr nennen würde, zur Anzeige zu bringen, damit sie auch an dieser Belohnung teilnehmen könnte. Frau Kürten, die ich dieserhalb in der Anstalt Grafenberg eingehend sprach, wollte mit dieser Sache nichts zu tun haben und von einer Belohnung, die auf Verbrechen, die ihr Mann begangen hätte, ausgesetzt war, nichts wissen. Erst auf längeres Zureden hin – sie wollte anfangs überhaupt nicht schreiben – schrieb sie den Brief Nr. 4[5] mit dem Schlußsatz: »Hast Du noch etwas gemacht? Du kannst mir alles sagen.« Daraufhin schrieb K. den Brief Nr. 5[6], worin er seine Frau in Kenntnis setzt, daß er 1927 und 1928 Brandstiftungen begangen hätte. Diesen Brief, den ich verabredungsgemäß im verschlossenen Umschlag der Frau K. überreichte, übergab Frau K. mir und schrieb schließlich den Brief Nr. 7[7], worin sie, dem Wunsche ihres Mannes folgend, der Kriminalpolizei mitteilt, daß Kürten ihr über Brandstiftungen im Jahre 1927

[4] s. das folgende Dokument Nr. 4
[5] Brief vom 1. 6. 1930, S. 90
[6] Dieser Brief fehlt in den Akten
[7] Brief vom 2. 6. 1930, S. 92

und 1928 am Freitag, den 23. 5. 30, während des Spaziergangs Mitteilung gemacht hätte.

4. Protokoll über Kürtens angebliche Täterschaft im Falle Gross (1. 6. 1930)

Am 29. 7. 29 begab ich mich etwa gegen 21 Uhr von Hause fort in der Absicht, einen Menschen umzubringen.

Um mir ein Opfer zu suchen, durchstreifte ich die Gegend Hauptbahnhof, Graf-Adolfstraße, Königsallee und den Hofgarten.

Nachdem ich bereits mehrere Stunden ohne Erfolg die Straßen der Stadt durchstreift hatte, begab ich mich wieder auf den Heimweg.

Auf dem Bahnhofsvorplatz traf ich ein Mädchen etwa 1,65–1,68 m groß, von schlanker Figur, dunklem Haar. Bekleidet war dieselbe mit grauem Mantel (Hut ist mir nicht mehr erinnerlich). Ich sprach die Betreffende an.

Wir unterhielten uns eine kurze Zeit, es war ungefähr $1^1/_2$ Uhr früh, wobei sie mir erzählte, sie habe in der Kurfürstenstraße ein möbliertes Zimmer. In dieses wollte sie mich mitnehmen und ich könne die ganze Nacht bei ihr bleiben. Sie nannte sich mir gegenüber Emma. Den Familiennamen hat sie mir nicht genannt. Außerdem hat sie mir noch erzählt, daß sie in Oberbilk Verwandte habe und dort gut bekannt sei. Wir begaben uns daraufhin in das Haus Kurfürstenstraße 29 oder 39. Sie führte mich hier in ein zu ebener Erde gelegenes Zimmer. Ich erinnere mich noch, daß in demselben auch eine Chaiselongue gestanden hat, worauf wir uns beide gesetzt haben.

Hier verlangte die Emma von mir Geld, worauf ich ihr zur Antwort gab, ich hätte mich in ihr geirrt. Ich sagte ihr weiter, ich gebe mich grundsätzlich mit Mädchen für Geld nicht ab, worauf sie mir erwiderte, dann könne ich auch nicht bei ihr bleiben. Mit den Worten: »Nun, einen Kuß kannst Du mir denn doch geben«, packte ich sie am Halse und würgte sie heftig. Ich habe die Emma mindestens 5 Minuten lang gewürgt und sie dann für tot liegen gelassen. Ich habe daraufhin schleunigst das Haus verlassen und bin auf dem Wege Karl-, Klosterstraße in schnellem Tempo nach Hause gegangen. Ich bin zweimal auf diesen Wege um den Worringerplatz herumgegangen, wo ich kurz vor 2 Uhr ankam. Es ist dies der einzigste Fall, wo es mir gelungen ist, einen Menschen durch Erwürgen zu töten.

An diesem Tage führte ich keine Waffe mit mir.

Ich war an diesem Tage bekleidet: dunkelbraungestreifte Hose, graues Jackett, abgetragene Mütze von ursprünglich blauer Farbe. Diese Mütze habe ich später bei Schiess getragen und befindet sich bei meinen alten Sachen zu Hause. Über dem grauen Jackett trug ich eine Windjacke, die bei der Polizei sichergestellt ist. Ebenfalls befindet sich die Hose hierselbst.

Auf Befragen:

Ich traf die Gross, als sie allein auf dem Bürgersteig promenierte, welcher um die Anlagen herumführt, die der Post zu gelegen sind. Sie befand sich auf der Seite, die dem Hauptbahnhof zu gelegen ist.

5. Vermerk des Sachbearbeiters der Staatsanwaltschaft zum Fall Gross

Warum war der Fall Gross notwendig? K. übernahm ihn, nach mehrtägigem Geständnis der anderen Fälle und nachdem er krampfhaft wegen der Belohnung tastende Fragen gestellt hat und es ihm gelungen war, mit seiner Frau und der Zeugin Schulte Verbindung zu bekommen. Die Zeugin Schulte meldete darauf, daß K. den Fall Gross, den er bisher immer bestritten hatte, ihr gegenüber zugegeben habe. K. sollte nun den Fall schildern; seine völlige Unfähigkeit dazu stellte sich innerhalb 10 Minuten heraus. K. gab dann zu, den Fall nur eingestanden zu haben, damit er seine Frau nicht hilflos zurücklasse und durch die Zuschanzung einer Belohnung für ihre Zukunft sorgen könne. Mit der Schulte habe er Mitleid gehabt, da sie ihm für seine Tat keinen Haß nachgetragen habe. Sie hätte deshalb an der Belohnung teilnehmen sollen.

6. Bericht des Kriminal-Bezirks-Sekretärs Wermeister über Äußerungen, die Kürten in Ruhepausen bei der Dienststelle machte

Gelegentlich einer Unterredung äußerte Kürten, daß die ganze Sache keinen so kläglichen Abschluß hätte finden müssen. Wenn ihn die Polizei an dem Tage seiner Festnahme nicht bekommen hätte, hätte sie noch etwas erleben können, denn er habe seine Hämmer zurechtliegen gehabt. An dem Morgen seiner Verhaftung habe er die Witwe Körtzinger, Wehrhahn 73, noch umbringen wollen. Er wäre auch zweimal an deren Wohnung gewesen, habe sie aber nicht angetroffen.

Bei einer anderen Gelegenheit erzählte Kürten, daß er in seiner letzten Strafsache ungerecht beschuldigt worden sei und er dadurch zu Unrecht bestraft worden sei. Die Weiber, darunter auch die Hausfrau der Anzeigenden, hätte er noch alle erledigen wollen, wenn die Polizei nicht auf ihn aufmerksam geworden wäre. Die jetzigen Wohnungen dieser Personen hätte er schon alle ausfindig gemacht.

Er schilderte einmal wie leicht es sei, im Hofgarten Personen, die auf einer Bank sässen, mit einem Hammer niederzuschlagen und zu töten. Man brauche sich nur leise von hinten an die auf den Bänken sitzenden Personen heranzuschleichen, um ihnen einen wuchtigen Schlag gegen die Schläfe zu versetzen. Lautlos würden die Betroffenen zusammenbrechen, ohne daß es die in der Nähe befindlichen Personen bemerken würden. Auf diese Weise könnten in einer kurzen Zeit eine ganze Anzahl Personen erledigt werden. Durch diese Taten würde dann die Unruhe des Publikums ins Ungemessene gesteigert.

Ferner brachte Kürten zum Ausdruck, daß er schon mal vorgehabt hätte, nach Abschluß seiner Taten sich in einem tiefen Binnenwasser zu ertränken. Er wollte seinen Körper vorher beschweren, damit er auf dem Boden solange liegen bliebe, bis die Leiche vollständig verwest sei. Die von ihm ausgeführten Taten hätten dann nicht mehr aufgeklärt werden können, wodurch eine dauernde Unruhe in der Bevölkerung verblieben wäre.

7. Bericht des Kriminal-Bezirks-Sekretärs Schneider über Äußerungen Kürtens in Vernehmungspausen

Nachdem Peter Kürten über den zuletzt verübten Überfall im Grafenbergerwalde und über die Mordfälle Hahn und Albermann vernommen und dann eine Vernehmungspause eingetreten war, blieben der Krim.-Bezirkssekretär Wermeister und ich eine Weile allein bei Kürten im Vernehmungszimmer. Bei dieser Gelegenheit stellte Kürten spontan an Wermeister die Frage: »Was sagen Sie nun dazu, bin ich der Täter oder bin ich es nicht?« Bei dieser Fragestellung hatte Kürten einen zynisch lächelnden Gesichtsausdruck. Scheinbar erwartete er eine unüberlegte Antwort. Wermeister erklärte dem Kürten, daß die Bejahung oder Verneinung der Frage noch dahingestellt bleiben müsse, worauf Kürten erklärte, das hätte er sich gedacht. Als die Vernehmungen dann weiter durchgeführt, mehrere Tage vergangen, die Schriftproben genommen und durch die Geständnisse des Kürten weitere Beweise erbracht waren, sagte Kürten zu Wermeister und mir sinngemäß etwa folgendes: »Jetzt sind Sie doch wohl beruhigt wegen der anfangs der Vernehmungen von mir an sie gerichteten Frage,« worauf wir ihm erwiderten, daß es von uns nicht richtig gewesen wäre, seine Frage zu bejahen. Jetzt, nachdem er die Schriftprobe abgegeben und seine Geständnisse, soweit es möglich war, nachgeprüft und für richtig befunden seien, könne kein Zweifel mehr an seiner Täterschaft bestehen, obschon dieser bei uns auch schon bei der ersten Fragestellung nicht mehr bestanden hätte.

Bei einer der letzten Bewachungen des Kürten (zwischen den Vernehmungen) erklärte er mir, er sei gespannt darauf, was die Wissenschaftler, die durch ihn doch »eine Stange Geld« verdienen würden, über seinen Geisteszustand zum Ausdruck brächten.

Großen Wert legte Kürten auf sein äußeres Aussehen. So wünschte er, daß man ihm einen reinen Kragen und ein reines Faltenhemd zum Umkleiden übergab, was auch geschah.

Bei den Konfrontationen mit den noch lebenden Opfern war Kürten stets gelassen, mitunter zynisch, wie z.B. in dem Falle Herstraß. Nachdem diese ihn wiedererkannte und an ihn die Frage gerichtet wurde, wer das Mädchen sei, erklärte er: »Das ist das Mädchen, das in der Düssel nasse Füsse bekommen hat.«

Zu der Marianne Del Santo sagte er, als sie ihn bei der Gegenüberstellung als den »Düsseldorfer Mörder« bezeichnete, sie solle froh sein, daß sie mit dem Leben davongekommen wäre. Allerdings hat die Del Santo bei dieser Gelegenheit auch eine heitere Miene zur Schau getragen.

8. Aktennotiz des Untersuchungsrichters Dr. Hertel vom 16. 6. 1930

Kürten bat heute vor Beginn seiner ersten Vernehmung durch den Untersuchungsrichter, einiges vorweg bemerken zu dürfen. Er erklärte alsdann, zu einer Vernehmung nicht frisch genug zu sein. Das zur Nachtzeit in seiner Zelle brennende Licht belästige ihn. Vielleicht könne es so eingerichtet werden, daß sein Kopf im Dunkeln liege. Im übrigen könne das Licht bleiben, denn er verstehe es ja, daß man um sein kostbares Leben besorgt sei. Er schlafe hier im Gefängnis nicht so gut, als wie vor seiner Einlieferung hierhin im Polizeipräsidium, wo er nur in der ersten Nacht durch die vielen Polizeibeamten sich belästigt gefühlt habe, die ihn alle einmal hätten sehen wollen. Die Wache vor seiner Zelle benehme sich zwar im allgemeinen ruhig. Aber bekanntlich störe einen, wenn man einschlafen wolle, jedes Geräusch. Er leide nämlich viel an Kopfschmerzen. Das sei zwar draußen auch schon immer der Fall gewesen. Aber da habe er stets Tabletten bei sich getragen.

Nachdem ich K. gesagt hatte, ich würde wegen der Beleuchtung seiner Zelle mit dem Gefängnisdirektor Rücksprache nehmen, fuhr er fort: Ich habe mit meinem Leben abgeschlossen und alles, was die Welt angeht, draußen gelassen. Nur eine Sorge habe ich mit in dieses Haus hineingenommen, die Sorge um meine Frau. Ich habe von ihr noch nichts gehört. Wie geht es ihr? Was soll mit ihr werden?

Ich erklärte ihm, dem Vernehmen nach gehe es seiner Frau gut, ich wolle versuchen, sie zunächst hier in der Nähe unterzubringen. Darüber beruhigt legte mir K. alsdann die weitere Frage vor, ob ich es für möglich halte, daß unter gewissen Voraussetzungen seine Frau einen Teil der auf seine Ergreifung und auf die Aufdeckung seiner Verbrechen gesetzten Belohnung, die seines Wissens auf 25000 RM angestiegen sei, erhalten könne.

Den Grund dieser Frage wollte K. zunächst nicht angeben. Er werde später einmal mehr darüber reden. Aber ich sei ja wohl unterrichtet genug, um ihm die gestellte Frage beantworten zu können. Er selbst habe darüber einigen Zweifel. Ich erwiderte ihm, Bestimmtes könne ich ihm darüber nicht sagen. Ausgeschlossen sei es nicht, daß auch die Ehefrau eines Täters sich die auf dessen Ergreifung gesetzte Belohnung verdienen könne. Aber um ihm eine Enttäuschung zu ersparen, wolle und könne ich ihm näheres nicht sagen.

Dann stellte K. die Frage, ob und wann ihm wohl ein Verteidiger gestellt werde. Der Beantwortung meiner Gegenfrage, wozu er schon jetzt einen Verteidiger wünsche, bzw. nach einem solchen frage, obschon er nach seiner vorherigen Erklärung mit dem Leben abgeschlossen habe, wich K. aus. Er bemerkte, nach dem Gesetz müsse ihm ja ein Verteidiger gestellt werden, und Stausberg habe sofort einen solchen erhalten, weshalb dies wohl geschehen sei. Ich bedeutete ihm, letztere Frage nicht beantworten zu können. Der Untersuchungsrichter bzw. die Strafkammer entscheide darüber vor Erhebung der Anklage während der Voruntersuchung nach Gutdünken und nach den Umständen des Einzelfalles. Ich hielte es aber z. Zt. nicht für erforderlich, daß er sogleich einen Verteidiger erhalte, denn dies könne die Untersuchung unnötig beschweren. Sobald sich die Notwendigkeit herausstelle, würde ich das Erforderliche veranlassen. Hiermit gab sich K. zufrieden.

Schließlich bat K. mit feinem Lächeln, noch folgende Frage stellen zu dürfen: Halten Sie mich für den Täter und halten Sie mich der Taten, von denen ich vor der Polizei erklärt habe, daß ich sie auf mich nehmen will, für fähig? Ich erwiderte ihm, die Beantwortung dieser Frage setze doch wohl voraus, daß ich mich häufiger mit ihm unterhalten haben würde, was bislang nicht geschehen sei. Gedanken lesen sei nicht einfach und auf Äußerlichkeiten allein dürfe man doch kein Urteil stützen. Dies gab K. zu und war nunmehr bereit, sich von mir vernehmen zu lassen. Ich hatte den Eindruck, daß er gespannt war zu hören, welchen Eindruck seine Person und sein Auftreten auf mich gemacht hatte.

K. hatte inzwischen gänzlich vergessen, daß er zu einer Vernehmung heute nicht frisch genug sei. Als ich ihm erklärte, wir wollten uns heute nur etwas über seine persönlichen Verhältnisse unterhalten, wollte er sogleich mit der Schilderung beginnen und auf seine Behandlung in den verschiedenen Strafanstalten zu sprechen kommen. Ich lehnte ab und bedeutete ihm, daß ich Fragen stellen werde. Er nickte zustimmend und hörte dann aufmerksam zu, gab bereitwilligst Auskunft, sprach aber sehr vorsichtig, sehr ruhig und in präziser Form und Fassung, nachdem er vor jeder Antwort einen oder einige Augenblicke nachgedacht hatte. Dabei war an ihm eine sehr gute geistige Beweglichkeit, man kann sogar sagen, eine Intelligenz zu erkennen, die man bei Leuten seiner Herkunft und Bildung im allgemeinen nicht anzutreffen pflegt. Seine Antworten, geschickt gefaßt, vermieden alles Überflüssige. Stets erkannte K., worauf eine Frage hinauslief. Dementsprechend richtete er sich ein. Die Folge war, daß sich in seinen Antworten eine gewisse Konsequenz zeigte. Fragen, deren Beantwortung ihm aus irgendeinem Grunde nicht tunlich schienen, bat er, später einmal beantworten zu dürfen.

Mir fiel z.B. sehr auf, daß er auf eine Frage, wie er bereits im Jahre 1904 dazu gekommen sei, Heuschober in Brand zu stecken, in denen er Landstreicher vermutete, erklärte, diese Frage bei gegebener Gelegenheit später einmal beantworten zu wollen. Bevor ich vorerwähnte Frage stellte, hatte K. den Gedanken zu entwickeln versucht, daß er seine Taten zur Vergeltung der ihm in den verschiedenen Strafanstalten widerfahrenen Unbilden begangen habe und daß er zu dieser Vergeltung auch durchaus berechtigt gewesen sei. Vielleicht hatte er bei der Stellung obiger Frage empfunden, daß ich ihn auf eine gewisse Inkonsequenz festnageln wollte, weil er bis zum Jahre 1904 ja noch keine besonders große oder häufige Unbill erfahren haben konnte.

In keinem Moment der 3 Stunden dauernden Vernehmung war irgendeine Verwirrung oder ein Aussetzen logischer Denkfähigkeit bei K. zu bemerken. Ich habe auch am Schlusse dieser Vernehmung keinerlei Müdigkeit bei ihm festgestellt.

9. Bericht des Kriminal-Polizeirats Momberg über Äußerungen Kürtens vom 17. Juni 1930

Während der Vernehmungen des Kürten kam dieser mal auf Herrn Kriminalrat Dr. Schneikert[8] zu sprechen. Kürten erklärte hierbei, daß Dr. Schneikert doch vollständig von ihm abhängig gewesen wäre; wenn er ihm keine Angaben gemacht und Schriftproben verweigert hätte, hätte Dr. Schneikert »am Gericht doch Solo gestanden«.

Als ich Kürten am 7. 6. 1930, gegen 14 Uhr, mit dem Gefangenenwagen nach dem Untersuchungsgefängnis brachte, erklärte er mir im Wagen, wenn jetzt von der Menge auf ihn geschossen würde, würde ich zweifellos auch getroffen werden. Als ich ihm erwiderte, daß ich dieses nicht ändern könnte, denn wir seien hier ja in einem geschlossenen Wagen, erwiderte Kürten, daß ich dann eben ein Opfer des Berufs geworden wäre.

10. Geständniswiderruf des Peter Kürten (Erklärung vor dem Untersuchungsrichter vom 27. Juni 1930)

Der Angeschuldigte Kürten erklärte: In der Unterredung, die ich am 24. Juni in Gegenwart meiner Frau mit Ihnen, Herr Untersuchungsrichter, also in Abwesenheit der Beamten, gehabt habe, habe ich auf Ihre Frage, ob ich mein Geständnis, das ich vor der Polizei abgelegt hatte, aufrecht erhielte,

[8] Dr. Schneikert war vom Gericht mit der Identifizierung der »Mörderbriefe« betraut (Anm. d.H.)

erklärt, daß ich nicht der Düsseldorfer Mörder sei.[9] Diese Erklärung wiederhole ich heute zu Protokoll, ich widerrufe also mein bisheriges Geständnis. Es hat sich bei meinen bisherigen Angaben vor der Polizei um Selbstbezichtigungen gehandelt, die im wesentlichen einer Grundlage entbehren. Die Brandstiftungen gebe ich nach wie vor zu. Die Morde lehne ich ganz ab und von den Mordversuchen mag in dem einen oder anderen Falle ein von mir begangener Notzuchtsversuch übrigbleiben.

Wenn ich gefragt werde, weshalb ich mein Geständnis widerrufen habe, so möchte ich folgendes sagen:

Die Gegenüberstellung mit meiner Frau am 24. 6. entsprach nicht meinem Wunsch. Ich habe Erklärungen in Gegenwart meiner Frau an diesen Tage nur auf Verlangen des Untersuchungsrichters abgegeben. Da sah ich, und zwar noch als die Beamten zugegen waren und Sie die Frage stellten, ob ich mich nach wie vor zu den von mir eingeräumten Straftaten bekennte, den seelischen Zusammenbruch meiner Frau. Den wollte ich beendigen und zwar so bald wie möglich. Ich wollte nunmehr erklären, daß ich nicht der Täter sei, um meine Frau zu beruhigen. Da mir aber zu dem Zweck die Anwesenheit der Beamten, namentlich der Kriminalbeamten nicht angenehm war, habe ich darum gebeten, meine Erklärung unter vier Augen Ihnen gegenüber abgeben zu dürfen. Das ist dann geschehen. Wenn Sie, Herr Untersuchungsrichter, mir soeben sagen, Sie hätten einen solchen seelischen Zusammenbruch meiner Frau nicht bemerkt, so kann ich nur antworten, daß ich meine Frau besser kenne, als Sie. Nach meiner Erinnerung saß doch die Frau zusammengekauert da, die Augen zu Boden geschlagen und schüttelte sich vor Schluchzen. Ich wiederhole also, ich würde mein Geständnis wohl nicht widerrufen haben, wenn ich diese Gegenüberstellung nicht erlebt hätte. Auf Ihre Frage, Herr Untersuchungsrichter, ob ich mein Geständnis *niemals* widerrufen haben würde, kann ich nur wiederholen, daß ich meiner Frau zuliebe, d. h. um ihr einen Teil der Belohnung zuzuwenden, noch mehr auf mich genommen und bis zum Schluß mich zu den bisher eingeräumten Verbrechen bekannt hätte, obschon ich diese nicht begangen habe. Zum Beweise für die Richtigkeit dieser Angabe weise ich darauf hin, daß ich noch unmittelbar vor der Gegenüberstellung dem Krim. Rat Momberg gegenüber zwei weitere Morde auf mich genommen habe.

Ein weiterer Grund, weshalb ich mein Geständnis widerrief, ist der Umstand gewesen, daß ich klar erkannte, die Aussichten, daß meine Frau einen Teil der Belohnung für die Aufdeckung der Morde und Mordversuche erhalten werde, seien geringer geworden ja, sie seien dahingeschwunden, so daß ich es für zwecklos ansah, meine früheren Angaben über die Morde und Mordversuche aufrecht zu erhalten.

[9] Dieser Geständniswiderruf vom 24. Juni wird hier zum ersten Mal aktenkundig (Anm. d. H.)

Auf Ihre Frage, Herr Untersuchungsrichter, ob meine Frau am 23. Mai, als ich ihr vor meiner Verhaftung meine Täterschaft hinsichtlich der Morde und Mordversuche aus dem Jahre 1929 zugegeben habe, ebenfalls seelisch zusammengebrochen sei, muß ich allerdings erklären, daß ein solcher Zusammenbruch damals nicht stattgefunden hat. Wenigstens habe ich ihn nicht bemerkt. Zu bedenken ist aber, daß mein damaliges Geständnis ihr gegenüber während einer erregten Auseinandersetzung erfolgt ist, die ihre Veranlassung in meiner letzten ehelichen Untreue (Fall Budlies) hatte.

Auf die Frage, von wem ich erfahren hätte, daß meine Frau an der Belohnung für die Aufdeckung der Morde und Mordversuche nicht teilnehmen werde, erwidere ich, daß ich dies aus den Bemerkungen verschiedener Herren entnommen habe. Auf dem Polizeipräsidium hat mir mal ein höherer Beamter gesagt, er glaube nicht, daß die Ehefrau eines Täters an einer auf diesen ausgesetzten Belohnung teilhaben könne. Dann haben Herr Professor Berg und der Anstaltsarzt hier im Gefängnis mir gelegentlich auf meine diesbezügliche Frage geantwortet, daß es doch fraglich sei, ob meine Frau etwas bekommen werde. Die Herren haben mir das allerdings nicht mit dürren Worten gesagt, vielmehr habe ich die gekennzeichnete Antwort aus ihren Äußerungen herausgelesen. Ich habe auch aus der Äußerung eines anderen Herrn hier in der Strafanstalt entnommen, daß Zuteilung einer Belohnung an meine Frau fraglich sei. Den Namen des betreffenden Herrn kann ich nicht nennen, da ich ihm Stillschweigen über unsere Unterredung versprochen habe.

Wenn ich gefragt werde, weshalb ich vor der Polizei so viele Verbrechen zugegeben habe, die von mir tatsächlich nicht begangen sind, so möchte ich dazu folgendes bemerken: Ich hatte ja eine Anzahl Brandstiftungen begangen und es kamen auch einige Notzuchtsversuche in Frage, für die ich immerhin eine Gesamtstrafe von 15 Jahren Zuchthaus erwarten konnte. Das Ende dieser langen Strafe hätte ich bei meinem vorgeschrittenen Alter ja doch kaum erlebt. Da konnte es mir gleichgültig sein, ob ich noch einige Morde oder Mordversuche, die ich nicht begangen hatte, zugab. Die Strafe, die ich dafür zu erwarten hatte, konnte mir gleichgültig sein, weil die Strafe für die von mir wirklich begangenen Brandstiftungen und Sittlichkeitsverbrechen ihr im Ergebnis gleich stand. Ich habe übrigens mein Geständnis bei der Polizei keineswegs sofort mit der Schilderung der Morde begonnen, sondern zunächst den Fall Kühn erwähnt, der ja als Mordversuch angesehen wird. Dann erst habe ich der Reihe nach die Mordfälle Scheer, Ohliger, Hahn, Kindermord Flehe, dann wieder den Mordversuch Schulte, darauf die Mordfälle Dörrier, Reuter, Albermann und schließlich den Mordversuch Schäfer geschildert. Wenn in den polizeilichen Protokollen der Fall Hahn zuerst niedergeschrieben ist, so beruht dies darauf, daß man nach der Besichtigung einiger Tatorte zunächst mit diesem Falle beginnen wollte.

Dem habe ich mich nicht widersetzt. Die Brandstiftungen habe ich später erst auf Befragen zugegeben.

Den Hinweis, daß zwischen einem alsbaldigen Tode, der die Folge einer Verurteilung wegen Mordes hätte sein können, und einem späteren Ableben, das während einer längeren Freiheitsstrafe erst nach Jahren vielleicht eingetreten wäre, doch ein erheblicher Unterschied bestehe, beantworte ich damit, daß ich einen alsbaldigen Tod sogar vorziehen würde. Ein langsames Dahinsiechen ist schlimmer als ein baldiges Sterben. Und bei der heutigen wirtschaftlichen Lage sind die Aussichten für ein Fortkommen doch nicht sehr rosig.

Ferner habe ich bei der Polizei so *viele* Straftaten eingeräumt, um meine Angaben glaubhafter erscheinen zu lassen. Eins mußte doch zum andern passen, damit sich alles im gleichen Rahmen bewegte. So ergab sich ein Geständnis aus dem andern.

Schließlich bin ich aber auch von der Polizei vieles gefragt worden und daraufhin habe ich ihr manches zugegeben, um mich für ihre humane Behandlung erkenntlich zu zeigen und meinen angenehmen Aufenthalt auf dem Polizeipräsidium möglichst zu verlängern. Man sagte mir auch beim Polizeipräsidium, es sei ja jetzt nur ein Aufwaschen. So habe ich denn schließlich alles zu Mordversuch gestempelt, was sich dazu stempeln ließ.

Ich möchte aber nicht unterlassen, zu bemerken, daß ich mir schließlich in der Rolle des Düsseldorfer Mörders gefiel. Ich sah, welches Wesen aus der Sache gemacht wurde und ich bemerkte Ihnen schon früher, daß ich etwas Großmannssucht zu meinen Eigenschaften zähle.

11. Bericht des Kriminal-Polizeirats Momberg über Äußerungen Kürtens am 18. Juli 1930

Am Donnerstag, den 10. Juli begab ich mich mit dem Kr.Bez.Sekr. Wermeister und Kr. Sekr. Reinhardt nach dem Gefängnis in Derendorf, wohin gleichzeitig Frau Zehnpfennig, hier, Aachenerstr. 205 wohnhaft, und ein gewisser Herr Spann, Marienstr. 14 hinbestellt waren. Die Ehefrau Zehnpfennig sollte dem Peter Kürten gegenübergestellt werden als Zeugin für den Doppelmord Flehe, während Spann als Zeuge für den Fall Dörrier in Frage kommt. Über die Gegenüberstellung selbst ist ein besonderer Bericht eingereicht worden, Frau Zehnpfennig, sowie Spann erkannten Kürten aus den ihnen gegenübergestellten Personen sofort wieder.

Nach der Gegenüberstellung wurde zunächst Frau Zehnpfennig und darauf Kürten zu deren Angaben gehört und dann beide nochmals, wobei zunächst Frau Zehnpfennig und Kürten in unserem Zimmer anwesend waren. Als Frau Zehnpfennig auf die diesbezgl. Frage erklärte, daß Kürten und kein anderer derjenige sei, von dem sie am 24. 8. 29 gegen $20^1/_2$ Uhr auf der Aachenerstraße angesprochen worden wäre, versuchte Kürten, diese Frau in ihren Angaben wankend zu machen. Kürten sprach sehr eindringlich auf Frau Z. ein, fragte, ob sie wirklich behaupten könne, daß er dieses gewesen wäre, denn sie möchte mal bedenken, daß sein Bild in den Zeitungen veröffentlicht worden wäre und ein Irrtum ihrerseits doch sehr leicht möglich wäre und ihre Angaben dann einen Unschuldigen belasten würden. Frau Zehnpfennig blieb jedoch bei ihren Angaben. Kürten redete weiter auf die Frau ein und fragte u. a. ob sie dieses auch mit ihrem Gewissen vereinbaren könnte. Als schließlich auch hierdurch Frau Z. sich nicht umstimmen ließ, fragte er sogar, ob sie auch daran dächte, daß sie diese ihre Angabe vor ihrem Herrgott zu verantworten hätte. Hier erwiderte Frau Zehnpfennig, daß sie hierzu jederzeit bereit wäre, er sollte nur daran denken, daß dieses auch für ihn und seine Taten eintreten würde. Frau Z. behauptete zum Schluß nochmals, daß K. und kein anderer in Frage kommen könnte. Ich brach hierauf die Unterredung ab. Kürten hatte zweifellos mit allen ihm zu Gebote stehenden Mitteln versucht, die Frau umzustimmen, sie in ihren Angaben wankend zu machen, um sie für sich günstig aussagen zu lassen. Dieses war ihm nicht gelungen.

Dasselbe versuchte er nachher, als Herr Spann ihm nochmals persönlich gegenübergestellt wurde und dieser seine gemachten Angaben über Kürten in dessen Gegenwart wiederholen mußte. Spann betonte auch hier, daß nur Kürten und kein anderer derjenige wäre, der ihn am Sonntag, den 12. Oktober 1929 an der Mordstelle der Dörrier angesprochen und die von Spann angegebene Aufforderung an ihn gestellt hätte. Kürten versuchte auch Spann zu beeinflussen, was ihm aber auch nicht gelang.

Im weiteren Verlauf der Vernehmungen des Kürten bat dieser schließlich, mich unter 4 Augen sprechen zu können. Die Anwesenden verließen darauf das Zimmer und Kürten erklärte mir nun, daß er beim Herrn Untersuchungsrichter die mir gemachten Geständnisse widerrufen hätte. Er betonte, daß er sich selbstverständlich nun anders einstellen müßte, denn für ihn kämen die Mordfälle überhaupt nicht mehr in Frage. Auch von den angeblichen Mordversuchen würden nur sehr wenige übrigbleiben und diese nicht als Mordversuche, sondern lediglich als Notzuchtsversuche zu behandeln sein. Ich erwiderte K., daß ich diesen Widerruf nicht nur täglich sondern stündlich schon erwartet hatte, und daß wir uns jetzt eigentlich in dem normalen Zustande befänden, daß der Täter seine begangenen Straftaten der Polizei gegenüber bestätigt.[10] Kürten war hierüber sehr erstaunt und äußerte schließlich, daß er wohl nie zu diesem Widerruf der Geständnisse gekommen wäre, wenn seine Frau nicht dazwischengetreten wäre. Er hatte gesehen,

[10] muß wohl heißen: bestreitet (Anm. d. H.)

wie seine Frau bei der damaligen Gegenüberstellung fast zusammengebrochen wäre und hatte unter der Wucht dieser Tatsache dem Herrn Untersuchungsrichter gegenüber sofort widerrufen. Aus sich heraus erklärte er mir dann, – ich betone, daß dieses seine eigenen Worte sind –: »Es besteht ja die Möglichkeit der Rückkehr zum Geständnis, das dann ja natürlich viel schwerwiegender ist, als das erstabgelegte.«

Als ich Kürten dann erklärte und fragte, weshalb dieses Geständnis denn schwerwiegender sein sollte, erwiderte er mir, daß dieses doch selbstverständlich wäre, denn dann wären doch die Gründe, die er für Ausführung der Taten angegeben hatte, hinfällig. Als ich ihn fragte, wann er denn wohl zum Geständnis zurückkehren würde, erklärte er mir, daß wir hierüber ein andermal sprechen könnten.

12. Bericht des Kriminal-Polizeirats Momberg, Frau Kürtens Gesundheitszustand betreffend

Die Ehefrau Peter Kürten hatte nach der Festnahme ihres Mannes und als ihr bekannt geworden war, daß dieser die vielen Verbrechen begangen hatte, den Wunsch geäußert, die Wohnung in der Mettmannerstraße 71 aufzugeben und eine andere Wohnung zu beziehen, zumal sie die feste Absicht hatte, hier in Düsseldorf zu bleiben. Sie hatte auch gebeten, daß wir ihr hierbei behilflich sein möchten, desgleichen bei Beschaffung einer neuen Arbeitsstelle. Es bestand bei ihr die Absicht, die Ehescheidung einzureichen.

Wegen Beschaffung einer anderen Wohnung wurden Schritte beim Wohnungsamt unternommen. Der Leiter des Wohnungsamtes erklärte mir jedoch, daß es außerordentlich schwer wäre, die Frau Kürten, trotzdem sie eine Dringlichkeitskarte hätte, in eine Wohnung einzuweisen, da der Hausbesitzer schon wegen des Namens den Einzug verweigern würde.

Auch mit dem Arbeitsamt – Frau Böttcher – wurde in Verbindung getreten wegen Beschaffung einer Arbeitsstelle oder Gewährung der Arbeitslosenunterstützung. Mit einem Kriminalbeamten begab sich Frau Kürten am Freitag, den 25. 7. 30 zu Frau Böttcher, um Näheres zu vereinbaren. Frau Kürten war bei der genannten Stelle sehr gut bekannt und nicht in bester Erinnerung. Es wurde verabredet, daß Frau Kürten am Samstag, den 26. 7. 30 wiederkommen möchte, weil entschieden werden sollte, ob sie Arbeitslosenunterstützung oder Wohlfahrtsunterstützung erhalten sollte.

Frau Kürten erschien am 26. 7. 30 vormittags hier bei der Kriminalpolizei. Sie war außerordentlich aufgeregt und steigerte sich die Aufregung immer mehr. Sie weinte und schrie, lief im Zimmer hin und her, so daß ihr schließlich, da sie auch Herzbeschwerden äußerte, einige Baldriantropfen verabreicht wurden. Aber auch diese trugen nur wenig zur Beruhigung bei. Sie wollte unbedingt fort und erklärte ganz kategorisch, sie brauchte keine Unterstützung, sie brauchte auch keine Wohnung und auch keine Arbeitsstelle, sie wollte nur noch einmal ihren Mann sehen, diesem etwas sagen und dann weit fortgehen, wo keine Menschen wären, wo sie allein wäre und auch keine Menschen nötig hätte. Alles ließ darauf schließen, daß sie sofort Selbstmord verüben würde, wenn wir Frau Kürten sich selbst überlassen würden. Alles Zureden war wirkungslos. Befragt, was sie denn ihrem Manne sagen wollte, erklärte sie, daß sie dieses nur ihm ganz allein, aber keinem andern Menschen sagen würde.

Ich sah mich schließlich gezwungen, den Pol. Med. Rat Dr. Baumeister herzubitten, damit dieser entscheiden konnte, was mit Frau Kürten gemacht werden sollte. Dr. Baumeister untersuchte sie. Auch diesem gegenüber äußerte sie wieder die Selbstmordabsichten, so daß Dr. Baumeister sich zur Ausstellung des in Abschrift beigefügten amtsärztlichen Gutachtens gezwungen sah.[11] Frau Kürten wurde daraufhin der Anstalt Grafenberg zugeführt.

Bei Frau Kürten handelt es sich m. E. lediglich um Erregungszustände, die hervorgerufen wurden, weil sie mit dem Arbeitsamt wieder in Verbindung treten mußte, wogegen sie von Anfang an großen Widerwillen gehabt hätte.

13. Amtsärztliche Bescheinigung

Frau Kürten befindet sich in einem starken Erregungszustande und bedarf wegen der Gefahr eines Selbstmordversuchs (will weit weg gehen, wo sie allein ist, hat keine Menschen nötig) sofortiger Anstaltsbehandlung.

14. Rückkehr zum Geständnis. Erklärung vor dem Untersuchungsrichter vom 30. August 1930

Ich gebe heute für die Fälle des Mordes an der kleinen Ohliger, dem Invaliden Scheer, sowie für den Fall des versuchten Mordes an der Apollonia Kühn, weiterhin für die Fälle des vollendeten Mordes an der Hahn, den Kindern Lenzen und Hamacher, der Reuter, der Dörrier, der kleinen Albermann und der Klein aus Mülheim folgende Erklärung ab:

Ich kehre zu dem Geständnis zurück, das ich erstmalig meiner Frau gemacht und dann vor der Polizei zu Protokoll gegeben habe.

[11] s. das folgende Dokument Nr. 13

IV. Vorleben

1. Strafverzeichnis über Arrest- und Fesselstrafen

a) Strafanstalt Derendorf-Anrath

2. 8. 1901 Hat Zeichnungen gefertigt und zwei Gefangenen zugesteckt, damit diese sich nach denselben tätowieren konnten	3 Tage Mittelarrest
22. 12. 1901 Stand gestern abend um $11^{1}/_{4}$ Uhr an der Zellentür und verdeckte die Beobachtungsscheibe. Der Nachtaufseher mußte ihn erst auffordern, sich ins Bett zu begeben	6 Tage Mittelarrest
2. 2. 02 Schrie laut nach Einschluß: »Halts Maul«; leugnet	2 Tage Dunkelarrest
16. 4. 02 Hat zum 1. Male vom 4.–5. April gesägt, im Ganzen in 3 Nächten zusammen 3 Std. Die Traille war fast ganz durchgesägt und wackelte. Er gibt zu, den Röder dadurch, daß er angefangen mit dem Durchsägen, diesen auch zur Flucht verleitet zu haben. Außerdem hat er sich mit Röder auf dem Spazierhofe wiederholt unterhalten, wie er am Besten und am Leichtesten über die Mauer käme. Er meinte, daß man an den Telegraphendrähten von der Schule aus ganz gut herüberkäme Hat außerdem das zweite, als Säge hergerichtete Messer dem Röder durch das Fenster zugeworfen	Vorläufig in Unters. Arrest abgeführt 16. 4. 02 14 Tage str. Arrest mit Fesselung
28. 5. 02 Soll liefern 11 Pensa, hat nichts geliefert	4 Tage Dunkelarrest
21. 6. 02 Soll liefern 21,00 hat geliefert 6,00 zu wenig 15,00	5 Nächte Arrest

27. 6. 02 Hat sich während des Spazierganges trotz mehrfacher Mahnung und Verwahrung wiederholt mit seinem Vordermanne unterhalten, auch mehrmals beim Vorbeigehen an den Laternenpfahl geschlagen	3 Tage Dunkelarrest
29. 8. 02 Hat sich beim Ausmarsch zum Spaziergange einen beschriebenen und bemalten Zettel von seinem Vordermanne zustecken lassen. Das Papier hat er aus seiner Kladde gerissen und auf demselben Wege seinem Vordermanne tags zuvor zugesteckt	Ein unverbesserlicher Taugenichts. Zeichenstift, Kladde und Buntstift werden ihm abgenommen und kommen in den Kleiderbeutel
Feststellung des Vorstehers. Kürten gesteht, daß er den Kamps hierzu verführt hat. Er (Kürten) hat jenem Papier u. Buntstifte gegeben, welche K. zum Malen von Balletteusen gebrauchte. K. sollte ihm dafür heute Schmalz zustecken	5 Tage Dunkelarrest
17. 9. 02 Kürten belog mich auch heute anläßlich eines Zellenbesuchs in gröblicher Weise, indem er behauptete, sein jetziger .....[12] hänge damit zusammen, daß ihm eine Woche zu wenig angerechnet worden sei	3 Nächte Arrest
16. 1. 03 Hat auf seiner Arbeitsnummerkarte mit Buntstift ein durch einen Dolch durchbohrtes Herz gezeichnet und auf die Tasche einer von ihm gefertigten Tuchhose geschrieben: Die Frau Töteberg muß kaputt gehen. Auf Befragen gibt er an, daß er nur einen Scherz machen wollte	8 Tage Dunkelarrest
4. 7. 03 Hat in seinem Benehmen trotz öfterer Ermahnungen fehlen lassen und zum Schneidermeister von Eickels den Ausdruck, es sei gelogen, daß sie sprechen, gebraucht. Nach Verbüßung von zwei Tagen hat die Strafe ihren Zweck erreicht, daher der 3. Tag geschenkt	3 Tage strengen Arrest mit Fesselung
25. 7. 03 K. hat versucht den Wachtmeister Töteberg mit einer Schere anzugreifen	14 Tage strengen Arrest mit Fesselung

[12] fehlendes Wort (d.H.)

5. 9. 03 Ist dem Aufseher Töteberg gegenüber, als der ihn zum Zellenreinigen anhielt, unverschämt geworden	14 Tage strengen Arrest mit Fesselung
6. 9. 03 Ist wiederum dem Aufseher Töteberg wie dem Aufseher Schulte unverschämt geworden. Von mir zur Rede gestellt, wird er auch mir gegenüber in nie glaublicher Weise frech und beleidigend. Ich wäre schuld, daß er ins Arrest käme und sich nicht bessern könnte, und dieses in aufgebrachtesten Tone	nach Verbüßung von 4 Tagen habe ich Kürten den Rest der Strafe erlassen

b) Strafanstalt Münster

16. 1. 07 Hat sich mit dem Trennmesser an mehreren Stellen im Gesicht und an der Hand in der Gegend der Pulsadern die Haut aufgeritzt. Sprach auch allerlei dummes Zeug, unter anderm: »O Vater, o Mutter, wir sehen uns nicht wieder.« Ist, nachdem ihm das Blut abgewaschen wurde, um halb zwei Uhr nachmittags in Untersuchungsarrest abgeführt.	Will sich die Verletzungen in einem Zustande völliger Bewußtlosigkeit beigebracht haben. Davon kann jedoch nicht die Rede sein. Meines Erachtens hat K. sich die oberflächlichen Strafwunden beigebracht, um dadurch Vergünstigungen zu erreichen. Ein ernstlicher Selbstmordversuch liegt nicht vor. – K. kann bestraft werden. gez. Dr. Rixen
17. 1. 07 Um $6^3/_4$ Uhr wurden ihm auf Befehl vom Herrn Direktor die Fesseln zur Sicherung angelegt	Bleibt auf Grund des § 175 d. St. V. O. wegen des Selbstmordversuchs zur Sicherung gefesselt. 14 Tage Mittelarrest. Nimmt nicht mehr am Chorgesang teil.
10. 7. 07 Hat in der Freistunde Töne von sich gegeben, auf Verbot vom Aufseher fragte er, ob er gemeint sei, der Aufseher würde die Mundsperre bekommen, sagte er.	Gesteht in Gegenwart des Aufsehers. 3 Tage strengen Arrest

28. 12. 08

Tobt und schreit im Arrest, wodurch die Ruhe in der Anstalt sehr gestört wird. Auch machte ich ihm im Arrest Vorhaltungen wegen seines Tobens und Schreiens in Gegenwart des Aufsehers, gemäß der ihm eröffnet wurde, er würde sich strengere Bestrafung zuziehen, wenn er wieder so lärmen und toben würde, da schrie und tobte er noch mehr.

14 Tage strengen Arrest

12. 1. 09

Gibt heute als Grund für sein Toben und Schreien in Gegenwart des Oberaufsehers an, er habe es getan, weil er zu Unrecht bestraft worden ist.

14 Tage strengen Arrest

4. 2. 09

Hat das ihm zur Befestigung der Knöpfe übergebene Leder zur Anfertigung eines Kaffeewärmers benutzt. – Als der Werkführer Benning, der dies fand, ihm den gefertigten Gegenstand wegnehmen wollte, sagte Kürten: »Da kann man so recht Ihre Schlechtigkeit und Niederträchtigkeit bemessen; es gibt Aufseher, die sind menschenfreundlicher wie Sie, die gönnen einem noch ein bißchen warmen Kaffee; ich weiß sicher, der Aufseher hat es schon mehr wie einmal gesehen, der nimmt es mir aber nicht fort. Na, nehmen Sie es mit, wenn Sie sich damit bereichern können!«

Gesteht in Gegenwart des Oberaufsehers.
3 Tage strengen Arrest

4. 7. 11

Kürten hat sein Zellenfenster mit der Schlafdecke zugehangen, war unter den Arbeitstisch gekrochen, und hat sich den Körper mit Seide bewickelt. Aufseher Hogenkamp forderte den Gefangenen dreimal auf, unter den Tisch herauszukommen, er tat es nicht, gab auch keine Antwort. Kürten wurde herausgeholt und um 7 Uhr 50 Min. in Untersuchungs-Arrest abgeführt. Geständig.

Der P. Kürten ist ein geistig minderwertiger Mensch, kann jedoch seinem Zustand entsprechend nach seinem bisherigen Verhalten für seine Handlungen verantwortlich gemacht werden.
gez. Dr. Többen

Kürten hat im Juni des Jahres sein Pensum nicht geliefert. Um dieses zu verdecken, trieb er den Unfug. – 7 Tage Mittelarrest. Verliert die Arbeitsbelohnung der letzten 3 Monate.

c) Strafanstalt Brieg

8. 1. 14 Hat sein Hemd verbrannt. Hatte keine Erlaubnis das Hemd an den Ofen zu hängen. Grobe Fahrlässigkeit!	Bezahlt den Schaden: 1,75 M.
19. 1. 14 Bei einer gründlichen Revision seines Arbeitsplatzes, wo ich sämtliche Sachen auf den Tisch packte, sagte Kürten: »Wollen Sie die Sachen nicht wieder einpacken?« Dabei lachte er frech vor sich hin. Wurde frech bei der Vorführung.	4 Tage Arrest. Fesselung zur eigenen Sicherheit. Die Handfesseln sind ihm angelegt vom 19. bis 23. 1. 14.

d) Strafanstalt Siegburg

4. 1. 15 Blieb beim Spaziergang zurück und gab dem Gefangenen Albertz, Anton etwas; dem Befehl heranzukommen, kam er nicht nach, sondern machte die höhnische Bemerkung: »Ich gehe jetzt spazieren!«	3 Nächte Arrest

2. Aussage des ehemaligen Zellengenossen Wilhelm Hofer

Nach Bekanntwerden des Mordes an der Gertrud Albermann und kurz darauf der Auffindung der Maria Hahn, die in Papendell ausgegraben wurde, machte ich der Kriminal Polizei Mitteilung, daß ich einen Peter Kürten der Taten fähig halten würde. Ich habe auch angegeben, daß Kürten mir gegenüber Äußerungen gemacht hätte, die mich zu der Vermutung kommen ließen. Ich will diese Einzelheiten noch einmal wiederholen.

Mit Kürten saß ich zusammen im Jahre 1928 hier in Düsseldorf Derendorf in Straf- bzw. Untersuchungshaft. Kürten verbüßte damals eine Strafe wegen Bedrohung. Es waren, soweit ich mich noch erinnere, 5 oder 6 Monate, die er verbüßt hat. Ich habe 10 Monate in Untersuchungshaft gesessen, und wurde erst nach Kürten entlassen. Beide waren wir in dieser Zeit als Hausknechte beschäftigt, so daß wir fast den ganzen Tag über uns in dem Zellenbau bewegen konnten. Ich war daher viel mit Kürten zusammen und hat Kürten mir großes Vertrauen entgegengebracht. In der freien Zeit hat er mir seine Liebesabenteuer erzählt, die er im Zooviertel erlebt hatte, und wegen derer er auch bestraft worden sei. Kürten hat nach seiner Darstellung mit vielen Mädchen aus der Zoogegend Bekanntschaften unterhalten und mit diesen auch intime Beziehungen gehabt. Er ist nach meinem Dafürhalten sehr pervers veranlagt. Ich möchte seine Schilderungen wiedergeben, wie er sich mit den Mädchen geschlechtlich erregt hat. Kürten erzählte, der schönste Genuß sei, ein Mädchen zu lecken, bis sie[13] so gereizt würde, daß ihr[14] die Natur fortginge. In diesem Augenblick möchte er sich manchmal festbeißen. Er erzählte mir auch einen Fall, wo er ein schon etwas älteres Mädchen gehabt hatte, bei welchem er sich in der höchsten Erregung auch festgebissen habe, daß ihm das Blut zwischen den Zähnen geflossen sei. Kürten schilderte mir dies als einen Genuß, den ich mir gar nicht denken könnte. Ich merkte ihm an, daß er bei dieser Erzählung sich sogar erregte, als befinde er sich in solch einer Situation, wo er gerade ein Mädchen wieder am Geschlechtsteil lecken würde. Mit der Zunge machte er mir Bewegungen vor, die mir andeuten sollten, wie er sich bei solchen Gelegenheiten benehmen würde. Ich möchte es als ein Rollen der Zunge bezeichnen. Ob dem Kürten bei diesen Erregungen auch selbst die Natur wegging, weiß ich nicht. Gefragt habe ich ihn darnach nicht. Er schwärmte auch für Schönheiten und interessierte sich für Bücher mit nackten weiblichen Abbildungen. Ein solches Buch hat er auch einmal längere Zeit in seiner Zelle gehabt. Zuerst hatte ich das Buch aus der Bücherei erhalten. Eine Gewohnheit des Kürten war es auch, bei einer plötzlichen Begegnung mit der Hand dem ihm Entgegenkommenden nach dem Geschlechtsteil zu greifen. Auch bei mir machte er dies häufiger. Ob er dem normalen geschlechtlichen Verkehr gänzlich abneigend gegenüberstand, weiß ich nicht. Äußerungen in diesem Sinne hat er mir nicht gemacht. Zur Zeit dieser Strafverbüßung hat Kürten auch einmal eine Nachricht erhalten, die wohl vom Gericht oder der Staatsanwaltschaft war. Ich habe nach der Äußerung des Kürten die Sache so aufgefaßt, daß Kürten einen Teil der zu verbüßenden Strafe erlassen bekäme, wenn er nach der Entlassung das Stadtgebiet Düsseldorf verlassen würde. Über diese Nachricht war er sehr erbost. Mit mir hat er sich auch noch in dem Sinne unterhalten, daß er dann lieber auch den Rest der Strafe verbüßen würde, bevor er das Stadtgebiet verlasse. Er legte eine riesenhafte Wut an den Tag, die er auf den Herrn Staatsanwaltschaftsrat Jansen hätte. Mir persönlich ist dieser Herr unbekannt. Ich glaube jedoch, daß Kürten diesen hätte umbringen können, ohne eine Miene zu verziehen, wenn er ihn in den Fingern gehabt hätte. Weiter sagte mir Kürten in seiner Wut, »der Schuft, der wird sich noch wundern; wenn ich mal wieder draußen bin, dann wird Düsseldorf noch was erleben«. Ich habe in diesem Augenblick natürlich nicht an Mordtaten gedacht, sondern lediglich an ein Rachegefühl, welches er einmal bei passender Gelegenheit an dem Herrn Staatsanwaltschaftsrat Jansen auslassen wollte.

[13] in der Gerichtsakte verbessert: er (Anm. d.H.)
[14] in der Gerichtsakte verbessert: ihm (Anm. d.H.)

Ich habe dann niemals an den Kürten gedacht, sei es, als im Frühjahr die Mordtaten an Ohliger, Scheer und Frau Kühn passierten, und auch später nicht, als die neuen Mordtaten in Flehe und Rheinwiese, Ostpark und am Hellweg bekannt wurden.

Wie schon zu Anfang meiner Vernehmung angeführt, kam ich erst auf diesen Gedanken, als es hieß, daß ein Mädchen aus dem Zooviertel diejenige sei, die in Papendell ausgegraben wurde. Ich schloß dies insbesondere daraus, weil mir aus den Erzählungen des Kürten bekannt war, daß er in dieser Gegend seine Bekanntschaften machte. Ich muß auch noch angeben, daß Kürten sehr leicht erregbar ist. Hierfür möchte ich einen Fall schildern, den Kürten mit einem anderen Hausknecht hatte. Es war eine Auseinandersetzung zwischen beiden Personen entstanden, wobei der andere Hausknecht die Äußerung machte, ich werfe dir den Kübel an den Kopf. Kürten war im Moment auf dem höher gelegenen Flur, stand diesem – der die Äußerung getan hatte –, gegenüber und bemerkte, das kannst du nur einmal versuchen, dann wirst du dich über mich noch wundern, wenn du auch schon als Messerheld 25 mal vorbestraft bist. Die ganzen Gesichtsausdrücke, die Kürten hierbei zeigte, ließen jedenfalls auf eine Brutalität schließen.

Kürten hatte als Hausknecht einige Zeit die Zelle des einsitzenden Bischoff zu reinigen, der den Knaben umgebracht hat. Ich habe mich auch mit Kürten über Bischoff unterhalten und bemerkte, daß dieser 10 mal den Kopf abhaben mußte. Kürten verteidigte Bischoff und sagte, ach was, dem können sie nichts wollen, sie können ihn höchstens wegen Totschlags bestrafen.

Ich habe im Frühjahr 1929, etwa um die Zeit von März bis Mai herum, Kürten allein im Hofgarten getroffen. In meiner Begleitung befand sich meine Ehefrau. Meine Frau hatte einen sehr schlechten Eindruck von ihm erhalten, insbesondere ist ihr der Blick des Kürten aufgefallen. Während der ganzen Unterredung ließ er kaum einen Blick von meiner Frau und lud uns auch zu sich nach der Mettmannerstraße ein. Wir haben uns nicht nach dort begeben, weil der Mann meiner Frau einen sehr unangenehmen Eindruck hinterlassen hatte.

Diese ganzen Einzelheiten ließen in mir die Vermutung aufkommen, daß Kürten der Täter sein könnte, daß er mindestens aber die Opfer dem Täter zuführen würde. Nach dieser Zeit hatte ich Kürten nicht wieder gesehen, bis ich ihn am Donnerstag den 22. 5. 1930 in der Graf-Adolfstraße am Café Corso traf. Ich habe mich nicht mit ihm unterhalten, sondern habe ihn unbeachtet stehen lassen.

Weitere Angaben kann ich zur Zeit nicht machen. Kürten hat mir wohl noch mehr erzählt, jedoch fällt mir nicht alles ein, was wir uns über derartige Sachen unterhalten haben.

3. Schriftliche Aussage des Reklamemalers Gustav Eduard Schmidt

Im Fall Kürten muß ich Ihnen wohl eine Mitteilung machen. Ich habe es zwar immer hinausgeschoben, da ich fürchtete, mich lächerlich zu machen. Bin in der Trinkhalle in der Ackerstraße beschäftigt. An einem Sonntag früh morgens kam ein Herr und trank ein Glas Selters. (Der Stausberg war kurze Zeit in Haft.) Der Fremde fing dann von den Morden an Scheer und der Ohliger zu sprechen. Er sagte dann, den armen Stausberg sollte die Polizei nur laufen lassen, denn der hätte es ganz bestimmt nicht getan, denn das wären politische Morde und dafür könnte man doch keinen Geck gebrauchen. Ich sagte dann, was denn so Lustmorde in der Politik zu tun hätten. Darauf sagte er, »das sind keine Lustmorde, das sind politische Notwendigkeiten. Besehen Sie sich mal die Welt jetzt. Die Menschheit muß mal aufgerüttelt werden.« Ich sagte dann, »es ist doch egal, was für ein Mord es ist, das ist einfach grauenhaft.« Darauf sagte er »ach was das ist noch nicht grauenhaft, das wird noch erst grauenhaft. Die Morderei wird erst losgehen, da wird die ganze Welt noch darüber staunen.« (Damals dachte ich, er habe Unruhen damit gemeint, weil er doch von Politik sprach.) Es kam dann Kundschaft und er ging die Ackerstraße rauf. Im Fortgehen drehte er sich nochmal rum und sagte »Sie werden noch an mich denken.«

4. Aussage des Arbeitskollegen Hubert Meurer

Seit etwa drei Jahren bin ich als Kranführer bei der Firma Schiess-Defries beschäftigt. Gleichzeitig bin ich Vertrauensmann des Deutschen Metallarbeiterverbandes. Im Januar oder Februar 1929 wurde Kürten dort als Arbeiter eingestellt. Kürten erhielt sein Ankleidespind bei der Firma gleich neben mir. Ich kam mit Kürten ins Gespräch, und Kürten schloß sich mir an. Wir wurden angefreundet und waren des Mittags während des Essens bis Schluß der Pause zusammen. Nach Feierabend gingen wir auch gemeinsam nach Hause, weil Kürten in meiner Nähe wohnte. Da nun die Arbeiter der Firma (Abteilung Gießerei) fast restlos organisiert sind, habe ich Kürten veranlaßt, auch Mitglied meines Verbandes zu werden. Kürten schwärmte nicht für den Verband, nur aus wirtschaftlichen Gründen schloß er sich diesem an. Um ihn von der Notwendigkeit des Verbandes zu überzeugen, bat ich ihn öfter mit mir Versammlungen zu besuchen. Dieses ist mir in mehreren Fällen auch gelungen, indem ich ihn an seiner Wohnung abholte. Kürten hatte keine Ausdauer und entfernte sich häufiger schon vor Schluß der Versammlung. Durch dieses häufige Zusammensein kamen wir auch öfter bei andern Gelegenheiten zusammen. Kürten, der naturliebend ist, machte häufig den Vorschlag, des Abends nach Feierabend mit unseren Frauen den Ostpark zu besuchen. Ich erinnere mich, daß wir auch verschiedene Spaziergänge mit unsern Frauen gemacht haben. Erwähnen möchte ich noch, daß Kürten bei den Spaziergängen zu Frauen sehr freundlich war. Ich habe hierüber stets gelacht und Kürten ist dann mit mir weiter gegangen. . . .

Bemerken möchte ich noch, daß ich gelegentlich eines Spazierganges über den Hellweg mich mit Kürten über den Mord Scheer unterhalten habe. Ich sagte zu Kürten, daß dieses wohl hier in der Nähe geschehen sei. Kürten bezeichnete mir hierauf eine Stelle und sagte: »Hier hat er gelegen.«

Weiter erklärte ich, daß ich von Kürten nie etwas bekommen habe. Kürten war sehr geizig und kaufte seine Lebensmittel selbst ein. Ich kann es bis heute noch nicht fassen, daß Kürten der Düsseldorfer Mörder sein soll. Wenn wir mal gelegentlich über die Morde sprachen, sagte er, den könnten sie nicht hart genug bestrafen, der müßte zerrissen werden.

5. Aussage des Arbeiters Paul Schaar, eines Nachbarn aus der Altenburger Zeit

»Kürten hat in unserem Hause und zwar in der Wohnung über mir gewohnt. Er hat sich in unserem Hause auch mit seiner jetzigen Frau verheiratet. Kürten war ein sonderbarer Mensch. Er hatte immer etwas Unruhiges an sich. Wenn er die Treppe hinauf ging, nahm er immer gleich drei bis vier Stufen auf einmal. Auffallend war mir, daß sich Kürten an einem Abend mehrere Male umzog. Kaum war Kürten von der Arbeit nach Hause gekommen, so zog er sich schnell um und verschwand wieder. Nachdem er kurze Zeit weggewesen war, kam er wieder nach Hause, zog sich wieder um und ging wieder fort. Diese Wahrnehmung habe ich wiederholt gemacht. Manchmal trug Kürten auch ein scheues Wesen zur Schau. Wenn man mal plötzlich in seine Stube eintrat, sah er einen erschrocken und mit großen Augen an. Es ist auch des öfteren vorgekommen, daß wir einen heftigen Aufschlag in der Wohnung des Kürten vernahmen. Auf Befragen sagte er einmal, daß seine Frau des öfteren von epileptischen Anfällen befallen würde und bei solchen Gelegenheiten auf den Fußboden aufschlage. Ob die Ehefrau Kürten tatsächlich an derartigen Anfällen gelitten hat, kann ich nicht sagen, da ich dies nicht gesehen habe. Die gemeinschaftliche Schlafstube der Eheleute Kürten befand sich im Vorderhaus bei der damaligen und inzwischen verstorbenen Hausbesitzerin Frau Clara Misselwitz. Alkohol hat Kürten meines Wissens auch sehr wenig zu sich genommen; er war jedoch ein starker Raucher . . .

Kürten war sehr mißtrauisch. Zur Sicherheit hat er an seiner Wohnungstür innen noch ein zweites Schloß und außen noch ein großes Vorlegeschloß angebracht. Im übrigen habe ich an Kürten keine verdächtigen Wahrnehmungen gemacht.«

6. Aussage der Düsseldorfer Nachbarin Frau Anna Krey

Ich wohne seit dem Jahre 1913 in dem genannten Hause.[15] Ich kenne die Eheleute Kürten nur oberflächlich. Ich habe mit ihnen nur wenig gesprochen. Im vorigen Jahre gelegentlich der 10jährigen Verfassungsfeier, wo auf der Rheinwiese die Fackeln verbrannt wurden, habe ich Kürten und seine Frau zusammen fortgehen sehen. Als ich des Nachts mit meiner Tochter nach Hause kam, lag Kürten im Flurfenster und sah auf die Straße. Am nächsten Tage oder einige Tage später, erzählte Frau Kürten mir, daß ihr Mann viel mit andern Weibern verkehre, sie bezeichnete diese Veranlagung ihres Mannes als »Samenkoller«. Ferner erzählte Frau Kürten mir, daß ihr Mann sie belüge. Er sagte, wenn er fortginge, daß er seinen Schwager oder seine Schwester besuchen würde. Frau Kürten sei ihm aber einmal nachgegangen und habe ihn am Hauptbahnhof getroffen, wo er die Tafel mit den ein- und fortfahrenden Zügen studiert hätte. Um die Leute zu täuschen, gingen sie stets gemeinsam von zu Hause fort, um damit ein gutes Eheleben vorzutäuschen, unterwegs finge er aber mit ihr Krach an, um einen Grund zu finden, seinen Weg allein fortzusetzen.

7. Aussage der Düsseldorfer Nachbarin Frau Henni Lahm

Ich wohne seit etwa 9 Jahren in dem genannten Haus und zwar in der zweiten Etage. Über die Eheleute Kürten kann ich keine zweckdienlichen Angaben machen. Ich bin beruflich tätig und den ganzen Tag nicht zu Hause. Jetzt, nachdem Kürten als der »Düsseldorfer Mörder« festgenommen worden ist, besinne ich mich darauf, daß Kürten des Morgens, wie ich des öfteren gesehen habe, vor der Tür der Frau Sage stand und die Zeitung las. Mir ist auch des öfteren, gerade in der Mordzeit, die Zeitung (Stadtanzeiger) abhanden gekommen. Es ist möglich, daß Kürten diese Zeitung wegen ihrer interessanten Artikel mit in seine Wohnung genommen hat.

8. Aussage der Hausangestellten Sophie Koch

Ich hatte seinerzeit einen Mann kennengelernt, der in Stuttgart Arbeiten ausführte. Dieser veranlaßte mich, nach Düsseldorf in Stellung zu gehen. Ich nahm hier Dienst in der Familie Terwort, die hierselbst In der Lohe wohnt. Hier in Düsseldorf wurde ich von dem genannten Manne schwanger. Nachträglich erfuhr ich, daß er verheiratet war. Alles das drückte mich nie-

[15] Mettmannerstr. 71 (Anm. d.H.)

der. Um die Weihnachtszeit vorigen Jahres wollte ich, um mich zu zerstreuen, zu einer Weihnachtsfeier in der Tonhalle. Es mag schon Ende Januar 1930 gewesen sein. Als ich vor der Tonhalle stand, kam ein Mann daher, der sich mir vorstellte. Ich hörte den Namen Peter, konnte aber seinen Familiennamen nicht verstehen. Wir kamen ins Gespräch und ich schüttete dem Manne, es war, wie ich später feststellte, Kürten, mein Herz aus. Er redete mir nun gut zu, ich solle nicht so traurig sein, er habe auch schon viel hinter sich, seine Frau sei vor 2 Jahren gestorben und er suche sich eine zweite, die so sein müsse, wie seine erste Frau. Er sprach sehr zutraulich und korrekt zu mir. Wir gingen in ein Kino und im weiteren Verlauf des Abends erklärte Kürten, er wolle mich bis zum Sommer kennenlernen und dann heiraten. Gegen den verheirateten Mann, der mich getäuscht hatte, wollte er Anzeige erstatten. Er versprach mir Kleider und Silbergerät. Er habe noch Möbel und 600 RM Ersparnisse. Er behauptete, 31 Jahre alt zu sein. Er kam mir aber älter vor. Wir verabredeten eine weitere Zusammenkunft für den folgenden Sonntag abend 6 Uhr. Kürten kam zu dieser Zeit zur Wohnung der Familie Terwort, die ich aber bereits mit dem eingangs erwähnten Manne zu einem Spaziergang verlassen hatte. Kürten machte auf meine Dienstherrschaft einen so guten Eindruck, daß diese mir zuredete, mit dem Manne ein Verhältnis anzufangen und den anderen Mann laufen zu lassen. Es kam dann zu einer zweiten Zusammenkunft mit Kürten. Wir spazierten in den Straßen der Stadt umher. Ich hatte Angst, daß mir der Düsseldorfer Mörder begegnen könnte, von dem damals viel die Rede war. Kürten beruhigte mich, wenn er bei mir wäre, könne mir nichts passieren. Wir kamen dann auch zu seiner Wohnung. Dort setzte er mir Wein vor und wir machten ein Spielchen: Mensch ärgere Dich nicht. Er sprach so zutraulich zu mir und benahm sich zunächst so korrekt, daß ich wirklich Vertrauen zu ihm gewann, zumal er mir immer wieder die Heirat versprach. In seiner Wohnung, die zu meiner Verwunderung im übrigen sehr sauber war, kam es dann auch zum Geschlechtsverkehr. Als ich mich wieder anzog, stellte er sich unbekleidet vor mich hin, reckte die Arme hoch und forderte mich auf, zu sehen, wie schlank er sei. Er wollte, daß ich mich auch g a n z auszöge, was ich aber abgelehnt habe, weil ich ihn noch nicht genügend kännte. Der Geschlechtsverkehr war ganz normal. Er hat mich nicht grob behandelt. Am folgenden Sonntag kamen wir wieder zusammen. Ich hatte inzwischen doch den Entschluß gefaßt, den Verkehr mit Kürten abzubrechen. Ich konnte ihm aber das nicht gut sofort sagen. Ziellos umherwandernd, erklärte ich ihm, daß ich Schluß mit ihm machen wolle. Darauf kniff er mir heftig den Arm. Auf einmal standen wir in Grafenberg vor dem Wald. Es war Nacht. Er verlangte von mir den Geschlechtsverkehr. Als ich den ablehnte, kniff er mich, und zwar so stark, daß ich ihm ein Schimpfwort zuwarf. Nun wurde er roh. Ich sollte das Schimpfwort zurücknehmen. Dann warf er mich hin und vollzog mit mir gewaltsam den Geschlechtsakt. Nach dessen Beendigung erklärte er wieder, er habe mich gern, ich solle niemand etwas von dem Geschehenen sagen. Während der weiteren Unterhaltung wollte er noch einmal mit mir geschlechtlich verkehren. Als ich das ablehnte, brachte er mich zur Straßenbahn und begleitete mich so weit, daß ich den Heimweg finden konnte. Am andern Morgen erzählte ich meiner Dienstherrin mein Erlebnis, verschwieg aber, daß ich mit Kürten geschlechtlich verkehrt hatte. Meine Dienstherrin redete mir nun derart zu, den Mann zu heiraten, daß ich beschloß, ihn nochmals in seiner Wohnung aufzusuchen. ...

Kürten hat mir in seiner Wohnung alles gezeigt, u.a. auch einen Dolch mit schwarzem Griff, der in einer Lederscheide steckte. Die Spitze des Dolches war abgebrochen. Ich schätze das abgebrochene Stück auf 1 cm. Genau kann ich das aber nicht sagen. Die Waffe lag in seiner Kommode, nicht besonders versteckt. Er erzählte mir, diesen Dolch habe er aus dem Kriege mitgebracht, er sei auf einem Menschen abgebrochen. Er habe die Waffe noch niemandem gezeigt, aber mir als seiner zukünftigen Frau zeige er sie doch. Wenn ich zu ihm komme, oder wenn ich mit ihm verheiratet wäre, brauche ich nie Angst zu haben, er habe etwas derartiges stets als Schutz bei sich. Ich weiß nicht mehr, ob er oder ich den Dolch aus der Kommode genommen habe. Er zeigte mir in der Kommode alles, was darin war. Da kann es sein, daß ich den Dolch zuerst in die Hand genommen habe. Kürten warnte mich noch, weil die Waffe scharf sei.

Ich beabsichtige in der Stelle zu bleiben, die ich z.Zt. in Köln habe.

V. Familienleben

1. Charakteristik des Vaters des Angeschuldigten durch den Untersuchungsrichter Dr. Hertel

Peter Kürten, der Ältere, ist eine große, stattliche Figur. Sein Kopf ist gut geschnitten, seine Gesichtszüge sind nicht unsympathisch, die Augen hell und scharf. Das Alter von 71 Jahren ist dem Manne nicht anzusehen. Seine Auffassungsgabe ist trotz seines hohen Alters noch sehr befriedigend. Ein Versagen seiner Geisteskräfte war während der mehr als 3 stündigen Vernehmung nach keiner Richtung hin zu beobachten. Seine Äußerungen verrieten an vielen Stellen eine gute Dosis Humor und Selbstironie, aber auch eine gesteigerte Empfindlichkeit, die als Abwehr wirklicher oder vermeintlicher Angriffe selbst dort, wo diese nur wörtlicher Art sind, handgreifliche Formen zu bevorzugen scheint. Sein Ton war dem vernehmenden Richter gegenüber sichtlich beherrscht, oft aber schroff, anmaßend, vielleicht sogar frech.

Kürten, der Ältere, erscheint als ein Mann, der in seinem Leben bei körperlicher und geistiger Gesundheit und bei Fleiß, Arbeitskraft und Leistungsfähigkeit in seinem Berufe als Sandformer viel Kraft im Trunk vertan hat, ein Mann, der moralische Bindungen wenig gekannt, für sich aber jede Achtung beansprucht und Widerspruch gegen seine Ansichten und gegen seinen Willen schlecht geduldet hat. Er scheint auch heute, trotz der Schmach, die durch die Verbrechen seines Sohnes immerhin auch auf ihn gefallen ist, noch sehr von sich eingenommen zu sein. Aus seinem gesamten Gebaren spricht ein Selbstbewußtsein, das auf einer lebhaften Vorstellung von eigenem Können und persönlicher Achtbarkeit beruht.

Kürten, der Ältere, verrät in der Gesamtheit seiner Äußerungen einen Mangel an Selbstkritik und Urteilskraft, der auf ein schuldhaft herbeigeführtes Versagen moralischer Reflexionen und auf eine gewisse Abgestumpfheit des Gefühls zurückzuführen ist.

Bei wenig gezügeltem Redestrom und scheinbarer Gleichgültigkeit hörte der alte Mann der Verlesung seines Zeugenprotokolls sehr gespannt zu und griff sofort ein, wo ihm der Inhalt der Niederschrift nicht genehm war.

2. Aussage des Vaters des Angeschuldigten

Ich bin im Jahre 1859 in Köln-Kalk geboren. Mein Vater war Bahnbeamter (Oberlademeister). Er war ein fleißiger Mann. Meine Mutter war aus Stammheim in der Nähe von Mülheim. Auch sie war eine fleißige, gute

Person. Der Vater meines Vaters war Bauer. Es war ein treuer Mann. Er hat gern gearbeitet, aber er trank gern ein Glas Bier und wilderte auch gerne. Dadurch verlor er, was er besaß. Er war ursprünglich vermögend. Nachher hat er 15 Jahre seines Lebens bei meinen Eltern verbracht.

Mein Vater ist früh an Blutvergiftung gestorben. Meine Mutter ist an Altersschwäche gestorben. Wir waren zu Hause zu 8 Geschwistern. Allerdings ist ein Bruder früh gestorben, so daß wir nur noch zu 7 Geschwister waren. Von diesen war 1 Bruder Monteur, der früh verunglückt ist. 2 meiner Schwestern waren Näherinnen. Eine andere Schwester hat einen Postschaffner geheiratet und mein jüngster Bruder hatte hier in Düsseldorf während des Krieges und auch schon vorher ein Maschinengeschäft, woran er viel verdiente. Alle diese Geschwister sind gestorben und zwar an Altersschwäche. Es lebt nur noch meine Schwester Sabina, die einen Bruder meiner Frau, den Geschäftsinhaber Rollshofen auf der Corneliusstraße hier, geheiratet hat. Die Mitglieder der Familie meiner Eltern waren alle gesund, es ist mir nicht bekannt, daß sie an Krankheiten, insbesondere an Kopfkrankheiten gelitten hätten.

Meine Ehefrau geb. Rollshofen stammte aus Wesseling. Deren Vater war ein Fuhrwerksbesitzer, der in früheren Zeiten noch die Schiffe auf dem Rhein vom Ufer aus geschleppt hat. Das war ein respektabler Mann. Er hatte 6 Kinder, 4 Söhne und 2 Mädchen. Diese haben alle gut geheiratet und es sind auch alle im Leben etwas geworden. Alle sind auch geistig und körperlich gesund gewesen. Die beiden Töchter meines Schwiegervaters, darunter meine Frau, sind tot. Ob meine 4 Schwäger noch leben, weiß ich nicht. Meine (erste) Frau ist an Altersschwäche gestorben. Meine Frau, die Mutter des Angeschuldigten Peter Kürten, hat sich wegen einer Strafe, die ich wegen versuchter Blutschande 1898 erhielt, scheiden lassen. Sie hat dann einen Schreinermeister Brandenburg in Flingern geheiratet, und zwar im Jahre 1911. Soviel ich weiß, ist sie 1926 oder 1927 gestorben. Kinder aus ihrer zweiten Ehe hat sie nicht mehr gehabt.

Ich war in Köln-Mülheim Sandformer und verdiente als solcher im Akkordlohn bei fleißiger Arbeit ganz schönes Geld. Ich konnte damit meine Kinder so ernähren, daß sie keine Not litten. Im ganzen habe ich 13 Kinder gehabt, und zwar in Mülheim schon 6 oder 7. Mein Sohn Peter ist das 3. Kind. Zwei meiner Kinder, Johann und Andreas sind bestraft. Soviel ich weiß, sind aber die anderen, abgesehen von meinem Sohne Peter, straflos durchs Leben gegangen. Da ich ein fleißiger Arbeiter war, bin ich im Jahre 1893 von der Firma Haniel & Lueg veranlaßt worden, nach Düsseldorf überzusiedeln. In Mülheim habe ich bei verschiedenen Firmen gearbeitet, darunter bei der Gasmotorenfabrik Otto & Langen dreimal, wovon das eine Mal zusammenhängend 11 1/2 Jahre lang. Die Wohnverhältnisse in Mülheim waren beschränkt. Ich hatte dort zuletzt eine Wohnung von 3 Räumen, vorher aber nur eine solche von 2 Räumen. Davon diente ein Zimmer als Schlafraum für die Kinder, und eines für meine Frau und mich, solange die Kinder noch klein waren. Die letzte Zeit in Mülheim hatten wir 3 Räume, wovon 1 Raum als Schlafzimmer für die Kinder diente. Meine Frau und ich schliefen in einem anderen Raum, wo noch ein Bett aufgeschlagen war.

Hier in Düsseldorf wohnten wir ursprünglich auf der Grafenbergerallee auf der 3. Etage ebenfalls in 2 Räumen, die sehr groß waren. Infolgedessen schliefen alle Kinder in dem einen Raum, und meine Frau und ich in der Küche. Nach etwa 1/2 Jahr erhielt ich eine Wohnung von 3 Räumen in Grafenberg in der Hohenzollernkolonie. Dort schlief ich mit meiner Frau und den beiden jüngsten Kindern in einem, sämtliche übrigen Kinder in dem andern Zimmer. Das dritte diente als Küche. Meine Einkünfte als Sandformer hier in Düsseldorf waren ungefähr dieselben, wie in Mülheim, meistens aber verdiente ich mehr. Hier in Düsseldorf habe ich zuerst bei Haniel & Lueg und zwar 2 bis 3 Jahre gearbeitet. Dann siedelte ich nach Hohenzollern über, wo ich auch 2 bis 3 Jahre war. Von hier kam ich in Strafhaft. Nach deren Verbüßung habe ich hier in Düsseldorf bei mehreren Fabriken Arbeit gehabt, und zwar zunächst wieder bei Hohenzollern.

Im Jahre 1919 habe ich eine Arbeiterin, die Witwe Schürmann geheiratet. Dies war aber, wie ich erst nachträglich erfuhr, eine sittlich tiefstehende Frau. Infolgedessen habe ich mich bereits 1920 von ihr getrennt und bin auch in der Folgezeit bis heute von ihr getrennt geblieben. Geschieden sind wir meines Wissens nicht. Ich glaube aber, daß meine zweite Frau Scheidungsklage eingereicht hat. Ich habe noch 3 1/2 Jahre im Kriege freiwillig im Etappengebiet gearbeitet und zwar von August 1914 bis Oktober 1915 in den Festungswerken von Lüttich. Dann kam ich wieder 5 1/2 Monate nach Deutschland zurück, weil man hier Sandformer nötig hatte. Ich arbeitete diese Zeit bei Schiess. Dann ging ich im Auftrage einer Baufirma ins besetzte Gebiet bei Metz zur französischen Front hin, wo ich bis Ende 1917 verblieb. Infolge eines Schenkelbruchs kam ich 7 Monate ins Lazarett und kehrte von da noch im Kriege nach Düsseldorf zurück, wo ich seitdem bei verschiedensten Firmen, als Sandformer, arbeitete. Seit 1925 beziehe ich Invalidenrente.

Ich bin, wie auch meine erste Frau, stets geistig und körperlich gesund gewesen.

Über meinen Sohn Peter könnte ich, solange er bei mir war, nichts Böses sagen. In Mülheim habe ich eigentlich immer nur Gutes von ihm gehört. Die Mutter wird mir wohl verheimlicht haben, was nicht in Ordnung gewesen ist. In der Schule hat der Junge befriedigende Fortschritte gemacht. Tadel über sein Betragen hat er m. W. nicht erhalten. Ebenso war sein Verhalten auf der Schule hier in Grafenberg befriedigend. Auch hier habe ich nichts Böses von ihm gehört. Er war ein fleißiger und williger Junge. Als er die

Schule verließ, wollte er Former werden, wie ich. Es mag sein, daß er gerne einen zeichnerischen Beruf ergriffen hätte. Mir selbst aber hat er gesagt, er wolle das werden, was ich sei, er wolle ebenso viel Geld wie ich verdienen.

Um die religiöse Erziehung des Sohnes Peter habe ich mich nicht viel bekümmert. Ich habe ihm nichts in den Weg gelegt, wenn er in die Kirche gehen wollte. Ich habe ihm das vielmehr freigestellt. Ich selbst bin gläubiger Katholik und erfülle auch nach Bedarf meine religiösen Pflichten als solcher, obgleich ich mich seit dem Jahre 1920 formell von der katholischen Kirche getrennt habe.

Ich habe früher gerne meinen Schnaps getrunken, aber nicht mehr, als ich vertragen konnte, und auch nicht gewohnheitsmäßig. Denn sonst hätte ich nicht so viel Geld verdienen können. Ich habe schon mal eine Wette gemacht, daß ich eine kleine Tasse Schnaps hintereinander trinken könnte. Der Genuß dieser Menge hat mir aber nichts gemacht. Das konnte ich vertragen.

Mein Sohn Peter war nicht frech, auch nicht ungezogen. Er hat mir nicht viel Schererei gemacht. Daher habe ich ihn in seiner Jugend auch nicht viel gehauen. Allerdings hat er, wenn er mal etwas verbrochen hatte, seine Prügel bezogen, die nicht zu knapp waren. Er mag davon auch blaue Flecken bekommen haben. Aber ich wollte ihn doch schon deshalb nicht zu arg hauen, weil ich ja dann noch Arzt und Apotheke hätte bezahlen müssen. Mein Sohn Peter hat nicht etwa täglich von mir Prügel bezogen. Er hatte seine guten wie seine bösen Seiten, wie jeder Mensch sie hat. Besondere Anlagen zu strafbaren Handlungen habe ich bei ihm nicht bemerkt. Gesundheitlich war er gut im Schuß. Er war auch geistig vernünftig. Was seine Geschlechtsorgane anlangt, war er, wie ich dies beobachten konnte, gut beschlagen. Er hatte mit 16 Jahren darin so viel wie ich. Er pflegte in seiner Jugend wohl schon mal mit dem Kopf zur Seite hin zu rucken, wie er das heute auch noch tut. Auch war sein Gang in seiner Jugend, wie der eines alten Kerls. Ich habe ihn dieserhalb früher schon zur Rede gestellt. Die erste Entgleisung beobachtete ich bei meinem Sohn Peter, als er bei mir auf Hohenzollern in die Lehre getreten war. Da sollte er eines Tages für sich, für mich und für einen dritten Arbeiter (Dollhausen) die Löhnung holen. Er hob aber nicht nur diese, sondern auch noch diejenige eines vierten Arbeiters (Schillings) ab, zusammen wohl 4–500 Mark. Wie ich vernommen habe, ist er mit diesem Geld zu einem schlechten Weib gegangen, mit dem er schon vorher verkehrt haben muß. Mit diesem Weibe, einer verheirateten Frau, soll er dann eine Reise über Köln nach Mannheim gemacht haben, nachdem sich beide mit Kleidung neu ausstaffiert hatten. Wie ich gehört habe, hat ihn die Kriminal-Polizei nachher festgenommen. Er erhielt dann eine Strafe, nach deren Verbüßung er noch einige Wochen bei Hick im Eller Feld gearbeitet hat und zwar als Kernmacher. Sandformer ist mein

Sohn nie geworden. Denn diesen Beruf kann man nicht in 2 Jahren lernen. In der Folgezeit habe ich meinen Sohn Peter nicht mehr wieder gesehen, bis er mich im Jahre 1929 in Ürdingen einmal aufsuchte. Da habe ich ihn nicht mehr wiedererkannt. Ich bin aber nach dieser Begegnung mit ihm hier nach Düsseldorf gekommen und habe eine Nacht bei ihm auf der Mettmannerstraße geschlafen. Das war im Frühjahr 1929. Ostern 1929 habe ich ihn nochmals besucht. Er hat eine fleißige brave Frau, soviel ich gehört und gesehen habe. Ich habe ihn Ostern 1929 noch befragt, ob er heute noch so etwas mache wie früher. Er erklärte mir: Nein, er habe sich gebessert, und zwar durch seine Schwester Sybilla in Altenburg. Er habe eine gute Frau und er sei gut zufrieden. Als ich mit ihm einmal an der Vinzenzkirche vorbeikam und im Schaufenster ein auf die Ermordung eines kleinen Mädchens bezügliches Plakat erblickte, sagte mein Sohn Peter zu mir: »Hier kannst Du mal sehen, was alles gemacht wird. Es ist eine Schande.« Vorher oder nachher zeigte er mir einen Platz hinter der Vinzenzkirche, wo sie das Kind gemordet hätten. Ein Mann, der am frühen Morgen ein Bedürfnis habe verrichten müssen, und zu dem Zweck die Ecke hinter der Kirche aufgesucht hätte, hätte das Kind gefunden.

Ich wüßte nicht, daß mein Sohn Peter sehr naturliebend gewesen wäre. Dumm ist er nicht. Mehr kann ich nicht sagen. Ich kann mir nicht erklären, wie er zu seinen schweren Verbrechen gekommen ist. Ich habe wohl früher einmal gehört, daß er seine Mutter mit einem Revolver habe erschießen wollen, als diese ihm eine Tracht Prügel habe verabreichen wollen. Ich wüßte nicht, daß er irgendwelche besondere Leidenschaften gehabt hätte. Der Junge war ja auch noch zu jung, als er mir aus den Augen kam. Da konnten sich bei ihm noch keine besonderen Leidenschaften gezeigt haben.

3. Zweite Aussage der Ehefrau Kürten (23. Juni 1930)

Es erschien die Ehefrau Peter Kürten geb. Scharf und erklärte: Ich bin geboren am 20.2.1880. Mein Vater hieß Ferdinand, meine Mutter ist eine geborene Schrötke aus Olsche in Schlesien. Ich bin in Wilkowe, Schlesien, geboren. Mein Vater war daselbst Hausbesitzer und betrieb das Schneiderhandwerk. 1892 brannte das Haus ab und ich kam dann zu einer vor einigen Jahren gestorbenen, damals in Korsenz in Schlesien wohnenden Tante, wo ich bis etwa Mitte 1895 verblieb. Dann kam ich als Hausmädchen ein Jahr lang in Stellung nach Rawitsch. 1896 ging ich ohne Wissen der Eltern mit einem anderen mir bekannt gewordenen Hausmädchen aus Rawitsch nach Berlin, wo ich eine kurze Zeit bei dessen Cousine unterkam. Dann habe ich einmal 1/2 Jahr und dann noch einmal ein paar Monate eine Stellung als Hausmädchen in Berlin angenommen. Die Cousine meiner Bekannten unterhielt aber ein Absteigequartier für Dirnen. Dadurch kam auch ich auf die schiefe Bahn. Ich wurde wegen Übertretung der Sittenpolizeivorschriften verurteilt und kam ins Arbeitshaus. 1897 holte mich dann mein ältester Bruder zu sich nach Leipzig. Dort wohnte ich einige Jahre bei meinem Bruder, bis ich mir ein eigenes Zimmer mietete. In Leipzig arbeitete ich bis 1909 auf einer Fabrik. Im Jahre 1903 knüpfte ein Gartenbautechniker ein Verhältnis mit mir an, das 7 3/4 Jahr dauerte. Er versprach mir die Ehe. Als er in das elterliche Geschäft (Lederhandlung) eintreten mußte, wünschten seine Eltern, daß er ein anderes Mädchen heirate. Mich wollte man mit Geld abfinden. Nach einer längeren Verhandlung mit dem Rechtsanwalt des jungen Mannes ging ich an dem Hause des jungen Mannes vorbei, sah ihn und schoß ihn nieder. Ich erhielt dieserhalb im Jahre 1911 5 Jahre Gefängnis, von denen ich aber nur 3/4 abgesessen habe. Im Jahre 1915 kam ich wieder in Freiheit und ging nun bis zur Inflation zu meiner Schwester nach Leipzig, wo ich schneiderte und mir etwas Geld ersparte. Seit meiner Bestrafung verkehrte ich vorläufig mit keinem Manne mehr. Im Jahre 1919 oder 1920 übernahm ich ein Schokoladengeschäft in Altenburg/Saale, beziehungsweise führte ich dieses als Filiale einer Schokoladenfabrik. In Altenburg lebte ich die erste Zeit allein und lernte die Schwester meines jetzigen Mannes kennen, ehe noch dieser selbst nach Altenburg kam. Eines Tages sagte mir die Schwester, Frau Eberhard, einer ihrer Brüder komme aus russischer Gefangenschaft nach Altenburg. Das habe ich geglaubt. Am 12. Mai 1921 bin ich dann mit meinem jetzigen Mann zuerst zusammengetroffen. Er war mir von vornherein unsympathisch. Ich mochte ihn jedenfalls nicht. Warum, weiß ich nicht. Ich habe es vermieden, mit ihm zusammenzutreffen. Aber er ließ sich nicht abweisen. Als ich eines Samstags meine Schwester in Leipzig besuchte, wollte er mich abends am Bahnhof abholen. Um ihn los zu sein, gab ich an, daß mein Zug um 8 Uhr wieder in Altenburg sei. Ich wählte aber einen anderen Zug, der erst um 11 Uhr eintraf. Da stand er noch am Bahnhof in einer Ecke und erwartete mich. Ich wußte nicht, was ich sagen sollte, ging aber mit ihm zusammen in die Anlagen beim Landgericht, wo wir uns auf eine Bank setzten. Ich zog einen Schuh aus, der mich drückte. Er nahm ihn mir weg, bis ich ihm einen Kuß gegeben hätte. Als ich nicht wollte, gab er ihn mir wieder. Dann nahm er mich noch weiter mit in die Promenade hinein, mit der Erklärung, mich nach Hause begleiten zu wollen. Da wollte er wieder einen Kuß haben; ob er ihn bekommen hat, weiß ich nicht mehr. Jedenfalls konnte er gut auf jemanden einreden. So kam ich erst zwischen 12 und 1 Uhr nach Hause. Er war mir sehr lästig und deshalb schrieb ich ihm am 26.5.21 zu seinem Geburtstag, er möge mir nicht mehr in den Weg kommen. Ich war für den Mann nicht eingenommen. Er ist trotzdem immer wieder gekommen, jedoch kam ein Verhältnis zunächst nicht zustande. Unterdessen knüpfte er mit einer Witwe aus der Ortschaft Tresche ein Verhältnis an. Ein Freund von Kürten ging mit Kürten und mit mir eines Tages zu der Witwe hin. Kürten ging dann an dem Tage mit der Witwe und ich mit dem Freunde meines späteren Mannes. Eines Tages kam dann die Witwe zu mir und erklärte, daß sie von Kürten schwanger sei. Dieser hat alsdann das Verhältnis zu der Witwe abgebrochen. Ich habe ihm dann eine andere verschaffen wollen und lud diese, eine Frau Grafe mit zwei Kindern, zu mir ein. Als ich ihr die Umgebung von Altenburg zeigen wollte, kam uns zufällig im Felde Kürten mit einem anderen Manne entgegen. Kürten ging dann sofort mit der Frau Grafe und ich mit dem andern Mann. Die Frau Grafe kam später noch mehrere Male wieder. So verabredeten wir uns denn auch einmal, ein Konzert zu besuchen. Die Frau Grafe kam aber zunächst nicht. Darauf verlangte Kürten von mir, daß ich mit ihm denselben Feldweg gehen möchte, den er bei seiner ersten Begegnung auch mit der Frau Grafe gegangen war. Als ich nicht wollte, faßte er mich heftig an und kniff mir den Arm derart, daß ich blaue Flecken bekam. Schließlich kam die Frau Grafe doch und nun verließ Kürten mit ihr das Konzert. In der Nacht auf dem Nachhausewege begegnete ich ihm mit dieser Frau. Kürten sagte der Frau, er möchte ganz gerne mit mir verkehren, aber mit mir sei es ja doch nichts, ich führe Samstags ja immer nach Leipzig. Dann sind Kürten, Frau Grafe und ich auch einmal Sonntags in den Herzog-Ernst-Wald gegangen. Es wurde nachts 12 Uhr. Ich wollte umkehren. Aber die Grafe war nicht von Kürten zu trennen. Am andern Morgen bemerkte ich an der Frau Grafe lauter Flecken am Hals, die wohl vom Saugen herrührten. Daran hatte sie noch ihren Spaß. Trotz jener auffallenden Merkmale sagte mir nachher Kürten, die Grafe hätte ihm in der Nacht den Geschlechtsverkehr versagt. In der Folgezeit hat die Grafe dem Kürten noch zweimal geschrieben, er ihr aber nicht mehr geantwortet. Ich wurde den Kürten nunmehr erst recht nicht los. Auf meine Weigerung hin, mit ihm zu verkehren, drohte er mir, er wolle mir etwas zwischen die Rippen drücken, wenn ich den Verkehr mit ihm nicht fortsetze. Weil ich allein stand, habe ich mich schließlich einschüchtern lassen und dann einen festen Verkehr mit ihm begonnen. Wir wohnten vorläufig noch getrennt, verkehrten aber in dem Schokoladengeschäft geschlechtlich miteinander. Kürten arbeitete in Altenburg ununterbrochen bis zu seinem Wegzuge nach Düsseldorf auf der Fabrik von Bechstein. Bis Januar 1923 war ich in dem Schokoladengeschäft tätig. Im März 1923 habe ich dann meinen jetzigen Mann geheiratet. Während der ganzen Zeit in Altenburg hatte ich mit ihm eigentlich kein Zerwürfnis. Nur einmal war es anders. Ich wollte mit ihm nicht ins Konzert gehen. Da hat er mich ins Gesicht geschlagen, großen Radau gemacht und Tische umgeworfen. Da erkannte ich, daß man am besten im Guten mit ihm auskomme und danach habe ich ihn später behandelt. Wir haben in der Folgezeit noch häufiger Wortwechsel gehabt, aber keinen eigentlichen Streit mehr, weil ich ihn in Ruhe hinnahm.

Das Verhältnis zur Schwester meines Mannes in Altenburg ging in die Brüche, als ich mit Kürten verkehrte. Sie wollte nicht, daß er sich eine Frau anschaffe und wünschte, daß er bei ihr bliebe. Mein Mann hat mir gesagt, seine Schwester habe ihn abgeküßt, er habe den Eindruck gehabt, daß sie sich ihm habe hingeben wollen. Als mein Mann dennoch von ihr zog, wurde sie feindselig gegen uns und streckte uns die Zunge heraus, wenn sie uns sah.

Mein Mann hat in Altenburg in einem Konzert, wohin ich ihn nicht begleiten wollte, die Oehler kennengelernt und mit ihr angebändelt. Das merkte ich zuerst nicht. Eines Tages kam aber die Braut eines Freundes meines Mannes, eines gewissen Heinrich Klumpen aus Geldern, zu mir und berichtete mir, daß sie Kürten mit dem Mädchen zusammen gesehen habe. Ich ging dann zu dem Vater des Mädchens und klärte diesen auf, daß Kürten mein Mann sei. Der Vater war empört, denn das Mädchen hatte ihm erzählt, daß Kürten es einmal auf eine Bank zu legen versucht habe. Der Vater wollte meinen Mann nunmehr wegen Notzuchtversuchs anzeigen. Auf meine Bitten hat er davon Abstand genommen. Hinterher hatte ich wegen dieser Angelegenheit mit meinem Manne einen Streit, bei dem er mich aber nicht geschlagen hat. Wenn mein Mann im Unrecht war, schlug er nie.

Nach diesem Auftritt trat er in den Reichsbanner ein und er wurde auch Mitglied des Arbeiterrates. Ich wüßte nicht, daß er dann noch einmal in Altenburg mit einem anderen Mädchen gegangen wäre. Er war gut zu mir. Er erbot sich z. B. sofort nach Hause zu kommen, wenn ein Gewitter ausbräche. Er wußte nämlich, daß ich mich vor einem Gewitter fürchtete. Als er im Mai 1925 nach Düsseldorf fuhr, sagte er noch am Bahnhof, es sei schade, daß er mich nicht mitnehmen könne.

Kürten hat mir auch immer Geld von Düsseldorf nach Altenburg geschickt. Er hat mich niemals bestohlen, sondern sich mir gegenüber stets ehrlich gezeigt. Ich habe in Altenburg auch von keinem anderen Mädchen gehört, daß ihm durch Kürten etwas weggekommen sei.

Als ich Kürten heiratete, wußte ich nicht, daß er vorbestraft war. Das habe ich erst später durch seine Hauswirtin erfahren. Dagegen war meinem Manne damals meine Leipziger Straftat bekannt. Von meinem Leben in Berlin wußte er nichts und weiß es wohl auch heute noch nicht. Zwar ist hier in Düsseldorf über mein Berliner Leben an Gerichtsstelle etwas erwähnt worden. Mein Mann hat das nicht verstanden und mich dann danach gefragt. Ich bin ihm aber ausgewichen, weil ich mich schämte, ihm darüber etwas zu sagen.

Als ich von Altenburg meinem Manne nach Düsseldorf nachfolgte, habe ich ihn schon hier am Bahnhof gefragt, ob er hier andern Verkehr gehabt hätte. Er bekannte es sofort, daß er ein Verhältnis mit einem Mädchen hätte, das von ihm schwanger sei. Am folgenden Tage sagte er mir, daß er auch noch ein zweites Mädchen habe, das von ihm in Umständen sei. Darüber war ich sehr unglücklich. Ich weinte die erste Nacht ununterbrochen und wollte wieder nach Altenburg zurückkehren. Er redete aber auf mich ein und meinte, es sei doch nicht so schlimm, vielleicht wäre das eine Mädchen von ihm (es handelte sich um die Tiedemann) noch gar nicht so weit. Ich blieb, und am folgenden Samstage besuchten wir seinen Bruder Andreas. Abends setzte er sich dann am Schillerplatz auf eine Bank und sagte mir, ich solle schon nach Hause gehen. Diese Nacht hat er dann bei der Tiedemann geschlafen. Das erfuhr ich am andern Tage. Mein Mann schlug mir dann vor, mit ihm zu der Tiedemann zu gehen und diese zu fragen, ob sie wirklich von ihm schwanger sei. Ich ließ mich überreden und wir gingen zu der Tiedemann hin. Er ließ sie herauskommen und stellte mich ihr als seine Schwester vor. Auf meine Fragen beziehungsweise Andeutungen, ob sie von Kürten schwanger sei, ging sie gar nicht ein. Schließlich sagte sie, da scheine Kürten mir doch etwas verraten zu haben. Daraufhin habe ich sie darüber aufgeklärt, daß ich dessen Frau sei. Das andere Verhältnis im Jahre 1925 war dasjenige zu der Mechler. Auch darüber weinte ich sehr, aber Kürten verstand es, mich zu trösten, bis er aus Anlaß dieser Verhältnisse im Juli 1927 verhaftet wurde.

Ich erwähnte bereits, daß mein Mann oft und leicht aufgeregt war. Fing er dann an zu schnauben und zu brüllen, so blieb ich immer ruhig, weil dies das ratsamste war. Ich habe trotz allem meinen Mann ertragen, weil ich dachte, das sei die Strafe für das, was ich früher gemacht hatte.

Wenn mein Mann eine Reihe von Mordtaten verübt haben sollte, so habe ich doch davon nichts gemerkt. Ich glaube nicht daran, daß er die in Altenburg vorgekommenen Mordtaten verübt hat. Ich habe ihn in Altenburg zu viel dauernd im Auge gehabt, als daß mir solche Taten, von ihm verübt, hätten entgehen können. Es war in Altenburg äußerlich an meinem Manne niemals etwas Auffallendes zu bemerken. Er redete nicht im Traume, sondern hatte stets einen festen Schlaf. Hier in Düsseldorf war er nachts viel außerhalb der Wohnung. Ich habe ihn hier nicht so gut beobachten können, weil ich selbst zur Verrichtung von Arbeiten nachts viel aus dem Hause war. Als sich die Morde der letzten Jahre ereigneten und ich darüber sprach, erbot er sich, mich von meiner Arbeitsstätte abzuholen, wenn ich bange sei. Er bemerkte dabei, es sei wünschenswert, daß man des Täters bald habhaftig werde, damit bald wieder Ruhe eintrete. Mein Mann hat hier in Düsseldorf noch viel außerehelichen Verkehr gehabt. Wenn er sich ein Mädchen bestellt hatte, war er wie vom Teufel besessen. Z.B. forderte er mich noch am zweiten Ostertage 1930 auf, mit ihm nachmittags, trotzdem ich sehr müde war, noch etwas spazierenzugehen. Ich ging dann auch mit bis zur Elisabethkirche an der Ackerstraße. Da bedeutete er mir, daß ich nunmehr wieder umgehen könne. Es beschäftigte ihn jetzt nur noch das Mädchen, das er sich bestellt hatte. Am zweiten Sonntag danach kam auf der Straße ein Mädchen zu uns und sagte zu meinem Manne, Du bist doch der Franz Becker. Er erwiderte, ja, was soll das, jetzt gehe ich mit einer anderen aus. Mein Mann ließ mich dann bei dem Mädchen stehen, das ich darüber aufklärte, daß ich die Frau jenes Mannes sei.

An einem andern Tage machte er mich bei einem Spaziergang am Rhein auf eine Frau aufmerksam, bei der er ebenfalls geschlafen habe.

Mein Mann benahm sich im Geschlechtsverkehr insofern normal, als er etwas anderes, als den üblichen Verkehr nicht verlangte. Allerdings wünschte er den Verkehr häufig und wenn ich müde war, zwang er mich zuweilen zum Verkehr. In Altenburg ist mein Mann nicht so hitzig gewesen, wie hier in Düsseldorf. In Altenburg haben wir schon zwei oder drei Monate den Geschlechtsverkehr miteinander nicht ausgeübt. Er schien allerdings in Altenburg körperlich erschöpft zu sein. Hier in Düsseldorf ist er in den letzten zwei Jahren zum Geschlechtsverkehr mit mir mehr aufgelegt gewesen, als früher. Er benahm sich in den letzten zwei Jahren oft albern, indem er bei Tage plötzlich verlangte, daß ich mich hinlegen sollte, weil er mich betrachten wollte. Er wollte sich dabei meinen Geschlechtsteil betrachten. Das habe ich für Albernheit angesehen und dies meistens abgelehnt. Wenn ich gefragt werde, worauf das zurückzuführen sei, so weise ich auf eine Bemerkung hin, die mir einmal ein Polizeioffizier machte, indem er sagte, mein Mann befinde sich in den Jahren, wo der zweite Samen blühe.

Als ich meinem Manne am Tage vor seiner Verhaftung mitteilte, daß er festgenommen werden solle, weil er ein Mädchen vergewaltigt habe, bestritt er zunächst mir gegenüber, dies getan zu haben. Dann aber sagte er, er habe alles getan und mit dieser Bemerkung ging er weg. Ich dachte dabei, es handele sich um Dinge, die er auch mit der Tiedemann gemacht haben soll. Daran, daß er Morde verübt hätte, habe ich zunächst nicht gedacht. Dazu hatte ich auch keinen Grund, weil ich ja die mehreren Mädchen, mit denen er verkehrt hatte, soweit sie mir bekannt waren, lebend wußte. Ich habe niemals, hier in Düsseldorf so wenig wie in Altenburg, irgend etwas an meinem Manne bemerkt, das auf einen Mord hingedeutet hätte. Ich möchte noch bemerken, daß mein Mann in einem Falle sich sogar ein Mädchen mit in die Wohnung genommen hat, weil er nicht vermutete, daß ich in der Nacht nach Hause kommen würde. Als ich doch kam, öffnete er mir nach einigem Zögern die verschlossene Tür und als ich ihn fragte, was denn hier los sei, meinte er, ich könne ja Licht machen, dann sähe ich es. Als ich dann Licht machte, lag ein junges Mädchen im Bett, das keinerlei Anstalten machte, aufzustehen. Es bequemte sich dazu erst auf wiederholte Aufforderung, und ich brachte dann das Mädchen nach dessen Wohnung. Als ich dem Mädchen Vorwürfe machte, daß es sich mit einem so alten Manne abgäbe, meinte es, das sei nicht so schlimm, es hätte noch kürzlich ein Verhältnis mit einem vierzigjährigen Manne gehabt. Es war ein junges Mädchen. Man kann daran sehen, wie die Mädchen zu meinem Manne waren.

4. Dritte Aussage der Ehefrau Kürten (24. Juni 1930)

Die Ehefrau erklärte: Mein Mann hat stets fleißig gearbeitet, in Altenburg ununterbrochen; hier in Düsseldorf, soweit er Arbeit bekam. Er hat sich stets um Arbeit bemüht. In seiner Person hielt er sich sauber, seine Kleidung hielt er stets in Ordnung. Er führte sogar immer ein Läppchen mit sich, um seine Schuhe reinigen zu können, selbst beim Spazierengehen.

Solange ich meinen Mann kenne, hat er an Kopfschmerzen gelitten. Er trug immer Pulver und Tabletten dafür bei sich. Einige Male hat er an Grippe gelitten, einige Male hat er auch auf der Fabrik sich eine Daumenquetschung zugezogen. Sonst war er nicht krank. In Altenburg ist ihm einmal in der Fabrik bei der Reparatur eines Gießereiofens ein Stein auf den Kopf gefallen, der diesen streifte und einen vielleicht 12 cm langen Riß in der Kopfhaut verursachte. Der Arzt riet ihm damals, in ein Krankenhaus zu gehen, damit kein Wundfieber eintrete. Das hat er nicht getan. Als er größere Schmerzen empfand, ging er nochmals zum Arzt. Dieser meinte, es handele sich um einen Wundkrampf. Mein Mann ist dann noch einige Male zu diesem jetzt verstorbenen Arzt gegangen, danach aber nicht mehr. Die Kopfschmerzen meines Mannes werden auch von den Gasen hergerührt haben, die in der Fabrik herrschten. Er meinte dies selbst einmal. In der ersten Zeit in Altenburg hat mein Mann viel an Kopfschmerzen gelitten, später weniger.

1925 ging mein Mann nach Düsseldorf, weil er glaubte, hier mehr verdienen zu können. Ich habe ihm von Altenburg mehrfach geschrieben, er möge doch zurückkommen. Er hat dies aber nicht getan, anscheinend, weil ihn das Verhältnis mit der Tiedemann zurückhielt.

Als wir uns 1923 in Altenburg standesamtlich trauen ließen, meinte er, die kirchliche Trauung könnten wir später noch einmal vornehmen lassen, denn sie koste Geld. Ich hatte mit ihm darüber gesprochen, weil wir beide katholisch sind. Zu der kirchlichen Trauung ist es erst hier in Düsseldorf auf Veranlassung des Gefängnisgeistlichen gekommen. In Altenburg hat mein Mann einige Zeit nach unserer standesamtlichen Trauung ausdrücklich vor dem Standesamt den Austritt aus der Kirche erklärt, weil er, wie er sagte, keine Kirchensteuer zahlen wollte.

Mein Mann hat an keinen Gott geglaubt, von Kirchgang wollte er nichts wissen. Er versprach mir auch schon hier in Düsseldorf einmal, in eine Kirche zu gehen, wenn Chorgesang wäre. Er hat es aber nie getan. Ich glaube, daß in meinem Mann wahrhaftig der Teufel steckt. Das muß so sein, wenn er das getan hat, was er sagt. Als er 1928 hier im Gefängnis war, schrieb er mir, er sei innerlich ein anderer Mensch geworden. Damals war hier eine katholische Mission. Als er wieder herauskam, hatte er alles wieder vergessen. Er sagte wiederholt, wenn es einen Herrgott gäbe, ginge es ihm auch besser, denn er habe in seinem Leben noch nichts Angenehmes erfahren.

Grübelei ist mir bei meinem Manne nicht aufgefallen. Über philosophische Dinge sprach er mit mir nicht. In Altenburg hätte er gerne Bücher gelesen. Dazu ist es aber nicht gekommen. Auch hier in Düsseldorf las er nichts, nur die Zeitungen aller Art las er, wo sie ausgehängt waren. In Altenburg ging er gerne ins herzogliche Theater, hier in Düsseldorf ins Kino.

Wir haben wohl schon darüber gesprochen, was wir in unserem Alter tun würden. Ich wollte sparen dafür. Mein Mann meinte, das solle ich nur tun. Aber von Sparen konnte keine Rede sein. Was mein Mann vom Lohne übrig behielt, verbrauchte er. Allerdings trank er nicht. Er hat schon mal einen ganzen Winter lang kein Glas Bier getrunken. Er war überhaupt kein Trinker. Er hat nie mit mir darüber gesprochen, daß er dafür sorgen wolle, daß ich im Alter etwas zu leben hätte.

Ein bißchen Größenwahn steckt in der ganzen Familie meines Mannes, und auch in ihm. Er legte großen Wert darauf, daß die Leute immer eine gute Meinung von ihm hätten. Deshalb kleidete er sich auch stets akkurat, und den Mädchen gegenüber gab er sich gerne für mehr aus, als er war. Andererseits war er doch mit seiner Arbeit immer zufrieden, er strebte nicht nach einer höheren Stellung, wenngleich er immer sagte, daß er zu wenig verdiene.

Von seinen früheren Strafen hat mir mein Mann wohl erzählt, als wir gerade verheiratet waren. Erst in Düsseldorf hat er mir aber öfters und Näheres davon gesagt. Dabei hat er mir denn auch mal erzählt, daß er im Gefängnis gefesselt und so fremden Leuten gezeigt worden sei. Als wir mal in der Altstadt hier eine Verhaftung beobachteten, erzählte er, daß auch er einmal gefesselt als junger Mensch durch die Stadt geführt worden sei. Sonst wüßte ich nicht, daß er viel über ungerechte Behandlung in den Gefängnissen geklagt hätte. Er schob die Schuld hinsichtlich seiner Bestrafungen mehr dem Gericht zu. Erst als er im Mai des Jahres verhaftet werden sollte, beklagte er sich mir gegenüber darüber, daß er früher im Gefängnis so viel Unrecht erfahren habe.

Mein Mann ist ein Zweinaturenmensch. Auf der einen Seite ist er sehr empfindlich und gefühlvoll, auf der andern Seite kann er aufgeregt werden und ein Unmensch sein.

Von Rachegedanken hat er mir niemals etwas gesagt. Er wollte, wie er mir gesagt hat, sich einmal mit dem Rasiermesser den Hals durchschneiden, weil ich ihm Vorwürfe gemacht hatte, daß er wieder mit einem Mädchen ging. Er meinte dabei, er habe so wenig vom Leben und ich gönne ihm auch nichts.

Mein Mann hat mir wohl mal gesagt, daß der Strafvollzug heute besser wäre als früher. Aber er hat mir nie davon gesprochen, daß er für eine Reform des Strafvollzuges sorgen wolle. Ich habe ihn gefragt, weshalb er denn die Kinder getötet habe. Da sagte er, das sei so über ihn gekommen. Weshalb er die Erwachsenen getötet habe, hat er mir nicht gesagt. Ich kann mir nicht erklären, wie mein Mann zu seinen Taten gekommen ist.

5. Vierte Aussage der Ehefrau Kürten (5. Juli 1930)

Ich bin nicht im Interesse meines Mannes von Leipzig nach hier zurückgekommen. Wenn mein Mann die ihm zur Last gelegten Taten begangen hat, kann ich kein Interesse für ihn haben. Als die Verbrechen hier in Düsseldorf im Jahre 1929 verübt wurden, da habe ich schon zu meinem Manne gesagt, wenn ich wüßte, wer der Täter wäre, würde ich hingehen und mir die auf ihn gesetzte Belohnung verdienen. Dann brauchte ich nicht mehr zu Hemesath zu gehen und arbeiten. Er hat sich aber darauf nichts merken lassen.

An dem Donnerstage vor der Verhaftung meines Mannes holte dieser mich abends bei Hemesath ab. Er forderte mich auf, mit ihm noch etwas über die Königsallee zu gehen. Unterwegs besprachen wir einige belanglose Sachen, bis ich sagte, daß ich nach Hause gehen wolle. Da erklärte er, das könne ich tun, er möchte aber noch nicht gerne mitgehen. Als ich ihn nach dem Grunde fragte, erklärte er, es sei in unserem Hause ein Mädchen erschienen, das wohl nach ihm gefragt habe. Es handele sich um ein Mädchen von 22 Jahren, das er eine Woche vorher in unserer Wohnung gehabt habe, und mit dem er dann in den Wald gegangen sei. Was er mit dem Mädchen gemacht habe, verriet mir mein Mann hierbei nicht, er erwähnte nur, er habe das Mädchen heute im Hause gesehen, als er zum Wasserkrahnen im Flur habe gehen wollen. Er glaube wenigstens, daß die Betreffende die Person gewesen sei, die er eine Woche vorher bei sich gehabt habe. Das Mädchen sei in die Wohnung der Wimmer gegangen. Ich habe ihn damals gefragt, was er mit dem Mädchen gemacht hätte, ob er geschlechtlich mit ihm zu tun gehabt habe. Er verneinte dies und sagte, er habe das Mädchen auf der Straße getroffen, das keine Stellung gehabt und Hunger gehabt habe. Er habe dem Mädchen in unserer Wohnung etwas zu essen gegeben und es dann in ein Heim bringen wollen. Er sei auch mit ihm in dem Heim auf der Klosterstraße gewesen. Das sei aber schon voll gewesen. Darauf habe er es in ein anderes Heim bringen wollen und sei mit ihm in den Grafenberger Wald gegangen. Ich habe ihn dann gefragt, ob denn da ein Heim wäre. Was er mir darauf erwidert hat, weiß ich nicht mehr. Ich machte ihm jedenfalls Vorwürfe, daß er das Mädchen mit sich genommen habe. Er bestritt aber, in dem Zimmer mit dem Mädchen etwas gemacht zu haben. Ich habe ihm dann meine Vermutung geäußert, daß er das Mädchen doch in dem

Walde gebraucht hätte, es wäre dann doch doppelt gemein, wenn das Mädchen schon kein Heim und keine Stellung gehabt und er dann sich die Not des Mädchens zu Nutze gemacht hätte. Er hätte es doch besser zur Bahnhofsmission gebracht. Darauf hat er mir nichts geantwortet. Ich war ärgerlich und ging nunmehr von ihm fort. Vorher hatte er mir noch gesagt, er wolle mir nachkommen.

Zu Hause habe ich dann das Fräulein Wimmer gefragt, ob sich jemand nach meinem Manne erkundigt habe. Es solle ein Mädchen nach ihm gefragt haben. Die Wimmer erwiderte, es sei wohl ein Mädchen da gewesen, mit dem sie auf der Treppe einige Worte gewechselt habe. Das Mädchen habe nach einem Manne gefragt, aber keinen Namen genannt. Wohl habe es eine Beschreibung von dem Gefragten gegeben, die auf meinen Mann passe. Darauf bin ich in meine Wohnung gegangen. Mein Mann kam in dieser Nacht nicht nach Hause.

Am andern Morgen hatte ich bereits meinen Dienst bei Hemesath angetreten, als dort ein Kriminalbeamter erschien und erklärte, ich solle ihm die Schlüssel zu meiner Wohnung geben oder selbst mit dahin kommen. Er erkundigte sich dabei, wo mein Mann jetzt sei. Ich war sehr erschrocken. Aber der Beamte beantwortete meine Frage nach dem Grunde seiner Aufforderung nicht. Ich zog mich um und ging mit dem Beamten zu unserer Wohnung. Unterwegs erklärte mir der Beamte auf meine weitere Frage nur, es handele sich um ein Mädchen, da wisse ich doch genug. Erst zu Hause hat er mir auseinandergesetzt, mein Mann solle ein Mädchen auf seinem Zimmer gehabt, es dann in den Grafenberger Wald gebracht und dort vergewaltigt haben. Bei Hemesath war ich über das Kommen des Beamten derart erschrocken, daß ich mich zunächst kaum fassen, keinesfalls aber sofort mitgehen konnte. Der Beamte hat dann eine Zeitlang auf mich gewartet, bis ich dem Rate der Hausdame von Hemesath folgte und mitging. Als der Beamte erschien, war es 8–8 1/2 Uhr. Erst gegen 10 Uhr nach meiner Berechnung kamen wir in unserer Wohnung an. Als mir dort der Beamte näher auseinander gelegt hatte, um was es sich handelte, habe ich noch auf den Fall Tiedemann hingewiesen, wo mein Mann ja auch so etwas gemacht haben sollte. Der Beamte ging dann weg mit der Aufforderung, meinen Mann, wenn er in die Wohnung käme, zur Krim.Polizei zu schicken. Er schrieb eine Vorladung aus, die er zurückließ. Ich setzte mich in der Wohnung hin, um mich über das Gehörte zu erholen. Ich war noch ganz außer Fassung. Nach einer Viertelstunde erschien dann mein Mann. Ich empfing ihn mit der Frage, was er gemacht habe, es seien zwei Beamte da gewesen, die ihn hätten holen wollen und eine Vorladung zurückgelassen hätten. Was er für Schweinerei mit dem Mädchen gemacht hätte. Mein Mann antwortete, er habe nichts gemacht. Ich bemerkte, er müsse sofort zur Krim.Polizei kommen, vielleicht könne er von dort sofort wieder gehen.

Aber er müsse doch etwas gemacht haben, das Mädchen hätte es erzählt. Darauf erwiderte mein Mann: »Ja, ja, ich habe es getan, ich habe alles getan.« Damit verließ er die Wohnung. Er hat sich auf meine Mitteilung, daß er gesucht werde, nicht lange aufgehalten. Seine Anwesenheit dauerte nur einige Minuten. Wohin er gehe, sagte er beim Verlassen der Wohnung nicht. Ich verbessere mich, er sagte zu mir, wenn ich ihn noch einmal sprechen wolle, solle ich in den Hofgarten an die Seufzerallee kommen. Nach einer Viertelstunde habe ich auch die Wohnung wieder verlassen. Ich ging die Mettmannerstraße hinunter. Ich sah meinen Mann noch an der Ecke Langer- und Krahestraße stehen. Wir trafen aber dort nicht zusammen, vielmehr ging mein Mann – – – – Ich verbessere mich. Mein Mann kann mir beim Verlassen der Wohnung nicht gesagt haben, ich solle zur Seufzerallee kommen, denn seine letzten Worte waren, »ja, ja, ich habe es getan, ich habe ja alles getan«. Als ich ihn an der vorbezeichneten Ecke stehen sah, haben wir da noch einige Worte gewechselt. Mein Mann sagte, er wolle zur Adlerstraße gehen und sich umziehen, ich möchte in den Hofgarten zur Seufzerallee kommen. Dort habe ich ihn dann erwartet. Etwa um 11 1/2 kam mein Mann dahin. Mein Mann schlug sofort, nachdem wir uns einige Minuten unterhalten hatten, über was, weiß ich nicht mehr, vor, daß wir etwas essen wollten. Ich lehnte zunächst ab, aber dann gingen wir die Duisburger hinunter. Auf der linken Seite dieser Straße an einer Ecke haben wir ein Lokal aufgesucht. Was wir auf dem Wege bis dahin miteinander gesprochen haben, weiß ich nicht mehr. In dem Lokal haben wir längere Zeit, 1 bis 1 1/2 Stunden, gesessen. Mein Mann bestellte zwei Mittagessen, wovon ich aber sehr wenig genommen habe, und zwar auf Zureden meines Mannes. Denn ich konnte nichts essen vor Erregung. Mein Mann hat dann das übrige verzehrt. Ich glaube nicht, daß wir in diesem Lokale etwas über die Straftaten meines Mannes gesprochen haben. Denn es saßen noch andere Leute in der Nähe und ich war auch von dem Erlebnis am Morgen noch zu aufgeregt. Möglich ist, daß wir etwas über den letzten Fall (Budlies) gesprochen haben. Ich weiß das aber nicht mehr. Wir haben dann das Lokal verlassen. Ich meine, ich hätte auf irgendeiner Uhr gesehen, daß es zwei Uhr war. Aber Bestimmtes kann ich nicht darüber sagen. Wir sind dann durch verschiedene Straßen gegangen, aber ich kann wirklich nicht mehr sagen, durch welche. Ich war zu sehr in Gedanken. Wohl weiß ich, daß wir, nachdem wir die Rheinbrücke passiert hatten, in Oberkassel von der Brücke rechtsab auf die Rheinwiese gegangen sind. Am späten Nachmittage kam es dort zur nachfolgend geschilderten Unterhaltung. Ich fing damit an, daß ich ihn fragte, was er heute morgen damit habe sagen wollen, er habe das alles gemacht.

Er: Alles habe ich gemacht, ich habe alles gemacht, was hier in Düsseldorf vorgefallen ist.

Ich: Ja, was willst Du damit sagen, die Morde?

Er: Ja, die Morde und auch die Überfälle.

Ich: Das mit den unschuldigen Kindern auch?

Er: Ja.

Ich: Warum hast Du das denn getan? Die Kinder haben Dir doch nichts getan.

Er: Nein, getan haben die mir nichts.

Ich: Warum hast Du das denn gemacht?

Er: Das weiß ich selbst nicht. Das ist so über mich gekommen.

Ich: Das mit der Rosa Ohliger und dem Scheer auch? Das kann ich doch gar nicht glauben.

Er: Dann ist es auch gar nicht wahr.

Ich bemerke, daß ich nicht sagen kann, daß der Gang der Unterhaltung wörtlich so gewesen ist, wie ich dies bisher geschildert habe. Ich habe das, was ich soeben gesagt habe, aber noch in meiner Erinnerung. Als ich die Frage gestellt hatte, was er damit habe sagen wollen, er habe alles gemacht, hat er geantwortet: Wenn Du mir fest versprichst, daß Du mich nicht verraten willst, will ich Dir mal etwas sagen. Und dann ist er fortgefahren mit der Erklärung, er habe alles gemacht, was hier in Düsseldorf vorgefallen sei, nachdem ich ihm versprochen hatte, ihn nicht verraten zu wollen. Dann hat das Gespräch ungefähr den Gang und den Inhalt gehabt, den ich bis jetzt geschildert habe. Ich fragte ihn immer neu nach dieser und jener Tat, und so kamen wir auch auf die Ohliger und den Scheer. Als er von den Morden anfing, glaubte ich, mein Mann sei nicht recht bei Verstand. So unfaßbar erschien mir das. Die Frage wegen der Ohliger und dem Scheer werde ich wohl gestellt haben, weil ich wußte, daß diese Fälle dem Stausberg zur Last gelegt wurden. Deshalb wohl setzte ich auch hinzu, das mit Ohliger und Scheer könne ich doch nicht glauben.

Ich hebe hervor, daß mein Mann an dem Nachmittage des 23. Mai 1930 äußerst niedergeschlagen gewesen ist und zwar so, wie ich ihn noch nie gesehen hatte. Er hat mir an dem Nachmittage auch gesagt, er habe in seinem ganzen Leben noch nicht geweint. Aber am Abend vorher habe er, wo er allein war, bitterlich geweint, weil er gewußt habe, daß er mich nun ganz verlieren würde.

Ich selbst war sehr verstört und habe von Selbstmord gesprochen. Da habe ich ihm in die Hand versprechen müssen, daß ich mir kein Leid antäte. Er sagte, wenn er auch noch so schlecht sei, so könne er doch nicht den Gedanken mit sich tragen, daß er die Ursache sei, wenn ich mir etwas antäte. Zum Schluße habe ich ihm wiederholt versprechen müssen, nichts von dem Gehörten an Dritte zu sagen und daß ich ihn nicht verrate. Ich wollte noch die Hausnummer von ihm auf der Adlerstraße haben, er aber sagte, die brauche ich nicht zu wissen, man könne den Weibern überhaupt nicht trauen, und er wisse nicht, ob ich ihn nicht doch verraten würde. Er hat nach meiner festen Überzeugung an diesem Tage nicht gewünscht, daß ich irgend etwas von dem Gehörten anderen mitteilen solle. Er hat nach meiner Überzeugung auch nicht damit gerechnet, so schnell verhaftet zu werden. Er hätte sich sonst doch nicht noch erst auf der Adlerstraße eingemietet.

Ich meine, daß mein Mann mir an dem Tage all die Dinge erzählt hat, weil ihn die Dinge damals so gedrückt haben. Die Niedergeschlagenheit meines Mannes erkannte ich an folgendem: Mein Mann war früher bei Anlässen, die ihm Strafe einbrachten, so im Falle Tiedemann und Mechler, immer noch guter Dinge. Er sagte immer, das sei nicht so schlimm und suchte mich stets abzulenken. Auch konnte er, wenn ich ihm sonst Vorwürfe gemacht hatte, daß er sich wieder mit Mädchen abgegeben habe, mir unschuldig ins Auge schauen und rundweg abstreiten, daß er sich irgendwie vergangen habe, derart, daß ich wirklich stets in Zweifel geriet, ob er sich wirklich vergangen habe. So hat mein Mann auch an dem fraglichen Nachmittage, solange die Veranlassung in Frage stand, weswegen die Beamten nach ihm gefragt hatten, sein früheres alltägliches Verhalten zur Schau getragen. Auch hier wollte er mich wieder ablenken. Aber als es auf den Abend zuging und ich nach Hause gehen wollte, da hat er angefangen, jene Dinge aus dem vergangenen Jahre zu erzählen, und zwar, nachdem ich die Frage an ihn gestellt hatte, was er denn heute morgen habe sagen wollen, als er erklärt hatte, er habe alles gemacht. Da hat sich mein Mann verhalten, wie ich ihn nie in meinem Leben gesehen habe. Er war sehr niedergedrückt, konnte mir nicht in die Augen sehen und alle Gleichgültigkeit war verschwunden. Hastig und schnell sprudelte er das heraus, was er da getan habe, die Morde und die Überfälle. Ich hatte den Eindruck, als wenn es plötzlich über ihn gekommen wäre, daß er aus einem starken Druck heraus das hätte sagen müssen. Das war mir so auffällig, daß ich seine Angaben zuerst gar nicht glauben wollte. Er sprach das, was er mir bekannte, so plötzlich und so schnell, daß ich zunächst glaubte, er habe den Verstand verloren.

6. Briefe[17a]

Düsseldorf, den 27.5.1930

Liebe Guste![17b]
Hiermit möchte ich dir schnell einige Zeilen schreiben. Falls du bis jetzt noch mit mir denken und fühlen wolltest, werden dich diese Mitteilungen vielleicht beruhigen. Ich befinde mich den Verhältnissen entsprechend wohl und munter. Die Behandlung ist sehr human und mit der Verpflegung bin

[17a] Wir haben Orthographie und Zeichensetzung des Originals respektiert. (Anm. d. H.)
[17b] Auguste, Kürtens Ehefrau (Anm. d. H.)

ich vollkommen zufrieden. Wenn ich nicht gestört werde, dann schlafe ich nachts fest und gut. Hoffentlich erholst du dich auch bald von dem großen Schrecken und der Aufregung. Wenn ich dir etwas raten dürfte, dann faß keine Zeitung an, lies überhaupt keine Zeitung, denn dadurch regst du dich nur noch mehr auf. Nimm dir lieber ein Buch und setz dich in den Garten. Guste, wär es nicht zweckmäßig, wenn du dir durch den Herrn, der dich besucht, das Geld von Hemesath abholen läßt, desgleichen das Zeugnis, damit du erst gar nicht mehr hinzugehen brauchst. Deine Sachen, Geld, Brillantringe, alle Wertsachen, die Ringe und so w. habe ich absichtlich aus der Wohnung holen lassen, denn es ist besser, wenn das alles hier ist, hier durch den Herrn Direktor sichergestellt, wenn du deine Persianerjacke auch sichergestellt haben willst, dann kannst du das ja dem Herrn sagen. Ich mein es ist das beste du bleibst noch eine Zeitlang dort, bis der Sturm sich etwas gelegt hat. Das muß ja schlimm gewesen sein, die reinste Völker Wanderung nach der Mettmanner Str. Ich halte es für das Beste, wenn die Erregung sich gelegt hat, vielleicht nach einigen Wochen, dann pack deine Sachen verkauf das übrige und zieh nach Leipzig. Wenn du das Bedürfnis hast mir etwas zu sagen oder mitzuteilen, dann kannst du das dem Beamten mitgeben, du brauchst dich nicht zu fürchten oder zu ängstigen nachher wieder in das Haus Mettmannerstr. zu gehen, du stehst auf jeden Fall unter polizeilichem Schutz. Wenn du vielleicht paar Mark Geld brauchen solltest, dann mußt du das sagen, der Beamte wird dir das auch besorgen. Wenn meine Sachen hier freigegeben werden, dann kannst du das auch noch mit verkaufen. Guste ich bin dir nicht böse wenn du hier Angaben gemacht hast gegen mich. Wie ich gehört habe besteht die Möglichkeit, daß du an der ausgesetzten Belohnung beteiligt bist.

Herzlichen Gruß
Peter

(ohne Datum, d. H.)
Lieber Peter!
Deinen Brief habe ich erhalten und gelesen. Es geht Dir gesundheitlich gut. Ja das kann ich Dir ja nun auch schreiben. Hier ist es ja soweit sehr schön. Schöne Luft. Behandlung ist auch gut und im übrigen stelle ich ja so große Ansprüche nicht.

Herzlichen Gruß
Auguste

Düsseldorf, den 31.5.1930
Liebe Guste!
Möchte Dich hiermit fragen ob du dich dazu bereit finden könntest eine Sache (Mord natürlich) welche bis jetzt noch nicht bekannt ist, zur Anzeige zu bringen, um dadurch der Belohnung teilhaftig zu werden. Wenn ja dann teile es mir bitte auf ein paar Zeilen, welche du mir in einem verschlossenen Kuwert zusenden, oder durch den Beamten, welcher dich besucht mitgeben kannst, mit. Wie geht es dir sonst. Hast du dich von dem Schrecken etwas erholt? Also bitte schreib mir mal ein paar Zeilen, der Brief wird bestimmt nicht geöffnet. Es kann sich ja auch um Brandstiftung handeln. Vor allen Dingen kannst du dem Beamten der dich heute besucht voll und ganz vertrauen und überhaupt über die ganze Belohnungsgeschichte hauptsächlich über die Verteilung derselben mal ganz ausführlich unterhalten. Guste denk an deine Zukunft, das Geld wird doch verteilt, oder falls es nicht verteilt wird fällt es an die Hauptkasse zurück. Der Herr der dich heute besucht ist Herr Kriminalrat Momberg. Sei herzlich gegrüßt von deinem Mann.

Du kannst ja von einigen Brandstiftungen berichten, welche ich bei der Auseinandersetzung am Freitag 23.5. erwähnt habe.

Düsseldorf, den 1.6.30
Lieber Peter!
Deine Briefe habe ich gelesen. Du willst wissen, wie es mir geht. Ja, verwahrt bin ich gut, gerade wie in der Sommerfrische.

In der Behandlung habe ich nicht das geringste auszusetzen.

Von allem, was bis jetzt vorgekommen ist, weiß ich nichts. Zeitungen lese ich nicht und sprechen tue ich mit niemanden darüber, und ich frage auch niemand. Aber was willst Du sagen mit den Worten in Deinem Brief? Hast Du noch etwas gemacht? Du kannst mir alles sagen.

Herzlichen Gruß
Guste

Düsseldorf, den 1.6.1930
Liebe Schwester![18]
Du wirst wohl gelesen haben, was über mich hereingebrochen ist. Sieben lange Jahre bin ich der unglücklichste Mensch gewesen. Ich wollte Dir, oder den anderen, nicht auch das Herz schwer machen. Es war genug, daß ich die vielen schlaflosen Nächte nachgedacht habe, wie ich es besser machen konnte. Ich habe gesonnen und gedacht, es war alles umsonst. Ich habe

[18] Frau Kürten an ihre Schwester

gearbeitet Tag und Nacht. und wenn andere Leute Sonntag ausgingen, dann habe ich gearbeitet, umsonst. Das Schicksal hat mich verfolgt. Ich wollte nur, daß wir ehrlich durch die Welt kamen. Schwere, bittere, traurige Tage liegen hinter mir und wie oft habe ich gedacht, es nicht mehr länger mit ihm auszuhalten. Was wissen die Menschen von meinem Leben. Wenn er so gelaufen ist, dann habe ich manchmal gedacht, wieviel tausend Frauen haben dasselbe Los wie ich. Aber daß eines Tages so etwas über mich kommen sollte. Warum war mir so ein bitter schweres Los beschieden? Wäre ich doch 1925 wieder zurück nach Leipzig gekommen und hätte ihn damals hier mit dem Weibsbild sitzen lassen. Ich habe aber immer gedacht, ich wollte ihm nicht den Boden unter den Füßen nehmen und nun konnte nichts schlimmeres kommen. Alles vergebens, alles vorbei. Ich hatte mir fest vorgenommen, diesen Sommer von ihm wegzugehen. Nun ich bald am Ziele war, ist alles anders gekommen, wie ich mir ausgedacht habe. Tausend Mal habe ich ihn angefleht, er solle gehen, daß ich nichts mehr von ihm höre und sehe. Er ging nicht. Er mußte zu meiner Qual bleiben. Wäre ich im Bösen mit ihm verfahren, dann lebte ich schon längst nicht mehr. Er war ein Mensch mit zwei Naturen. Tier und Mensch. Ich war zu gut und zu still, aber ich haßte den ewigen Streit. Die Menschen lesen in den Zeitungen und urteilen danach. Aber was wissen sie, nichts. Der Vater ein Trinker und voller Jähzorn. Als er zur ersten heiligen Kommunion war (11 Jahre alt) wollte ihm der Vater, mit dem Messer vor ihm stehend, den Hals durchschneiden. Vielleicht wäre es besser gewesen damals. Der Vater hat sich in trunkenem Zustand an der eigenen Tochter vergangen. Seine jüngste Schwester ist 31 Jahre alt und hat ca. 7 Jahre ein Verhältnis gehabt mit einem schönen ehrlichen rechtschaffenen Menschen. Es ist auseinander gegangen, weil sie Freundinnen bevorzugte. Und die schöne Schwester in Altenburg als Beamtenfrau hat sich ihrem Bruder selbst angeboten. Wenn ich das alles früher gewußt hätte, was ich heute weiß, tausend Meilen wäre ich gelaufen, bloß um mit diesem Menschen nichts zu tun zu haben. Äußerlich leiden sie alle zusammen am Größenwahn. Ich habe mich nie zu seiner Verwandtschaft hingezogen gefühlt. Er ist heute gut verwahrt, aber ich. Am Sonnabendnachmittag ist er mit meiner Hilfe festgenommen. Wenn ich gekonnt hätte, ich hätte den Sonntag nicht erlebt. Während ich auf der Polizei saß, ging das Telephon immer anfragend von den Zeitungen. Ich selbst weiß noch nichts weiter. Ich bin von der Polizei in die Nervenheilanstalt untergebracht worden. Denn zu Hause wäre es mir wohl schlimm ergangen. Nun wolltest Du ja und auch ich, daß ich Pfingsten nach Leipzig kommen wollte. Der Name wird nie mehr über meine Lippen kommen und seine Verwandtschaft werde ich nie wiedersehen. Nun möchte ich Dich gern über die Festtage auf 14 Tage besuchen. Bis ich einigermaßen zur Ruhe gekommen bin. Dann gebe ich gleich die Scheidung ein, daß ich sobald als möglich alles los bin.

Den Namen und den Mann habe ich tausend Mal verwünscht. Ich kann Dir nicht alles schreiben. Dann werde ich wieder arbeiten und in Ruhe leben. Wenn ich die Festtage komme, fällt es am wenigsten auf. Schreibe mir bitte bald.

Herzliche Grüße
Deine Schwester Auguste

Düsseldorf, d. 2.6.1930
An die Kriminalpolizei!
Nachträglich fällt mir noch ein, daß mein Mann mir noch am Freitag, als wir spazierengegangen sind und uns abends an der Birkenstraße trennten gesagt hat, daß er Brandstiftungen im Jahre 1927 und 1928 ausgeführt hat, auch von Wolfsag hat mir mein Mann etwas gesagt.

Frau Peter Kürten
Auguste geb. Scharf

Düsseldorf, den 3.6.1930
Liebe Guste!
möchte dir noch gern einige Zeilen mitteilen. Wie ich gehört habe, soll deine Verpflegung dort nicht so reichhaltig sein. Ich schicke dir deshalb hiermit etwas Geld, damit Du dir deine Beköstigung etwas ergänzen kannst. Guste ich befinde mich noch immer im Polizeipräsidium und werde immer noch vernommen, heute bereits den 12. Tag. Aber ich befinde mich ganz wohl dabei. Ich kann mich über Behandlung und Verpflegung durchaus nicht beklagen. Die Herren sind hier gegen mich nach wie vor sehr human.

Guste ich bin der Ansicht, daß es am besten wäre, wenn du noch einige Wochen dort bleibst. Nachher hat sich die Aufregung (Sensation) doch soweit gelegt, daß du daran denken kannst, deine Sachen da in Ordnung zu bringen und Düsseldorf zu verlassen. So wie mir gesagt worden ist, werden dir dabei einige Herren von hier behilflich sein und brauchst du dann nicht mehr zu befürchten, angepöbelt zu werden. Ich habe auch hier mal mit der Sages[19] gesprochen. Seit 24. Mai ist ja die Wohnung polizeilich gesperrt und brauchst du für Juli auch keine Miete zu bezahlen. Wenn du im geringsten da belästigt werden solltest, dann begibst du dich sofort zur Polizei, die werden schon für Dich eintreten. Dein Geld 850 M sowie deine Wertsachen befinden sich alle bei Herrn Rat Momberg in Verwahrung. Die Vernehmungen hier gehen ihrem Ende zu und wird dann auch der Zeitpunkt kommen wo ich ins Gefängnis eingeliefert werde. Es hat schon alles seinen

[19] Vermieterin Mettmannerstr. 71 (Anm. d. H.)

Übergang. Ich bin soweit geistig noch vollkommen klar, was ich dir auch von Herzen wünsche.

Liebe Guste ich habe alles auch das, was du noch dem Herrn Rat Momberg mitgeteilt hast zugegeben. Es kommt ja alles auf eine Rechnung, und ist ein Aufwaschen. Die gesamte Belohnung für alles, was ich bis jetzt zugegeben, beträgt 2500 M. Davon kann schon allerlei verteilt werden. Die Verteilung wird ja von den Herren hier vorgeschlagen.

Guste ich gönne dir wirklich den größten Teil davon als Entschädigung für das das schwere Leid welches du durch mich hast ertragen müssen. (*Kürtens Unterschrift fehlt, d. H.*)

Düsseldorf, den 13.6.1930
Liebe Schwester!
Hoffentlich hast Du meinen letzten Brief erhalten. Ich schrieb Dir, daß ich Dich Pfingsten besuchen wollte. Nun ist es aber schon vorbei. Aber nächste Woche. Ich möchte so gerne mit Dir über vieles sprechen was ich so all die Jahre allein ertragen habe. Vielleicht nur ein paar Tage und dann möchte ich 1 Woche oder 14 Tage bei Ida verleben, um einige ruhige Tage ungestört über meine Zukunft überlegen und sprechen zu können. Ich allein bin so ratlos augenblicklich, daß ich noch nicht weiß was ich machen soll. Ich bin nun allein und muß weiter für mich sorgen. Aber ich habe Ruhe und brauche mich um nichts mehr aufzuregen. Die letzten 7 Jahre sind für mich abgetan. Aber ich möchte doch so gern mal mit Dir über alles sprechen. Mein Herz ist so voll und so schwer. Du wirst mich ja am besten kennen, ich kann noch lange nicht mich jemand fremden anvertrauen. Und die Verwandtschaft von anderer Seite ist nichts für mich. Ich möchte nur einmal ein paar Tage so ganz allein ohne alle Umgebung sein. Und dann gehe ich wieder arbeiten, da habe ich keine Zeit mehr zu denken. Aber erst muß ich mal überhaupt klar werden wie sich meine Zukunft gestalten soll. Du wirst mir helfen beraten wie es weiter gehen soll wenn ich mich zu Dir ausgesprochen habe. Schreibe mir bitte recht bald. Die Arbeit wird mir über vieles weghelfen.
Herzlichen Gruß

Auguste

Nervenheilanstalt Düsseldorf-Grafenberg (Haus 3). Bitte schreibe mir bald damit ich bald kommen kann.
Der Herr Criminalrat wollte Dir schreiben, schreibe bitte bald Antwort.

Düsseldorf, den 22. Juni 1930
Liebe Guste!
Von mir kann ich Dir nichts besonderes berichten. Seit zwei Wochen bin ich hier im Gefängnis. Vernehmungen hier und dort, hüben und drüben. Meine liebe Guste, es ist wirklich nicht so leicht, der Düsseldorfer Mörder zu sein, sondern es ist sehr sehr schwer. Wenn ich manches so gewußt hätte, dann wär ich nur Brandstifter geworden. Aber ich habe nun einmal A gesagt, nun (muß ich zwar nicht) will und werde ich auch B sagen. Guste, weil ich Dich so oft und schwer gekränkt habe, dafür will ich büßen und deshalb habe ich auch so ein großes Konto aufgemacht, damit Du ein sorgenloses Alter haben sollst.

Sei recht herzlich gegrüßt
Peter

Düsseldorf, den 15.8.1930
Liebe Auguste!
Gestern habe ich zum ersten Male wieder etwas von Dir gehört. Du warst ja am 24. Juni nach Leipzig gefahren. Ich hatte Dir dann Anfang Juli einen Brief nachgeschickt, erhielt aber keine Antwort. Gestern habe ich nun erfahren, daß Du schon lange wieder hier bist. Du warst ja gar nicht lange da in Leipzig. Guste ich kann mir vorstellen wie das gegangen hat. Man hat Dir von hier geschrieben, Du möchtest hier her kommen. Es war Dir von mehreren Stellen gesagt worden, es sollte für Dich gesorgt werden, daß Du ein Unterkommen und Verdienst hättest. Du bist dann sofort vertrauensvoll wieder hier her gekommen und hast geglaubt man hätte sich um Dich bemüht. Als Du Dich dann davon zu überzeugen meintest, daß es sich in der Hauptsache um Vernehmungen handelte, weshalb man Dich hierher kommen ließ, andererseits sich die Aussichten, etwas für Dich zu tun immer mehr in die Länge zogen, da warst Du wohl begreiflich enttäuscht und meinst schon ganz verzweifeln zu müssen und willst gleich in den Rhein laufen. Liebe Auguste, ich will ja gar nicht erst versuchen, Dich zu trösten, ich weiß wie schwer Dein Leid ist. Aber willst Du nicht doch noch mal Mut fassen und hoffen. Vielleicht gelingt es doch bald etwas für Dich zu finden. Ich glaube doch, daß es die Herren ernst meinen, und außerdem will sich jetzt auch der Herr Pfarrer Fassbender ins Mittel legen. Da ich nun weiß, daß Du wieder hier bist und wie die Sache steht, werde ich hier und da mal einen Brief hinschreiben, vielleicht daß doch in absehbarer Zeit für Dich was gefunden wird. Vor allen Dingen mußt Du Dich da aber erst beruhigen, denn so lange wie Du noch aufgeregt bist und so lang Du noch sagst: Du willst in den Rhein gehen, werden sie Dich dort wohl nicht herauslassen. Und sollte nun gerade was für Dich gefunden sein und Du darfst da noch

nicht heraus, dann ist das auch nichts. Ich meine wo Du in dem Haus warst, hier in meiner Nähe, da war es doch für Dich eigentlich besser und Du konntest auch heraus und hereingehen wie Du wolltest und hat Dich der Aufenthalt da nichts gekostet. Liebe Auguste mach doch daß Du da wieder fortkommst und sei doch wieder ruhig und vernünftig, und daß Du da bald wieder hier hereinkommst, vorläufig wenigstens. Das ist doch nichts für Dich unter Geistesschwachen, wenn Du da noch nicht toll bist, dann wirst Du es nachher noch. Also Guste sei klug und mach daß Du vor allen Dingen da erst mal wieder herauskommst. Du mußt auch bedenken die Miete läuft auch immer weiter und geht von Deinem Geld ab. Es wird immer weniger, ohne daß Du was davon verzehrt hast. Liebe Auguste, ich möchte Dich immer wieder bitten, raff Dich doch noch mal auf und nicht zu allerletzt möchte ich Dich bitten, denk doch auch mal an Gott. Glaubst Du nicht, daß unser Heiland Dich trösten und stärken wird, wenn Du Dich vertrauensvoll an ihn wendest? Oh doch Guste, versuch es doch mal ernstlich und Du wirst Halt und Stütze finden. Ich muß ja auch jetzt ernsthaft daran denken, ich hab ja nichts anderes mehr, ich bin ja schon ganz aus der Welt. Guste ich weiß Du wirst sagen: Ich hatt das alles nicht nötig, ich hatt es bei Dir so gut und Du warst so brav und fleißig und ehrlich. Ja es ist wahr: Ich hatt es zu gut bei Dir. Aber das ist ja nun alles vorbei und jetzt heißt es: Buße und Genugtuung leisten. Nur ist es ein großes Trauerspiel und eine große Ungerechtigkeit von der Welt und den Menschen, daß die Frau in solchen Fällen noch vielmehr leiden soll als wie der Mann, für die Schuld die der Mann begangen und auf sich geladen hat, mitbüßen und sühnen muß. Guste denk aber nicht, ich hätt es hier gut, oder befinde mich wohl. Meine Haft ist scharf und schwer und ich zermartere mein Gehirn in Sorgen um Dich. Die Haft ist so: Wenn ich mal sterben muß, dann hab ich von der Strafe, die ich bekommen werde, mag sie ausfallen wie sie will, 99 % verbüßt, und der Tod ist nur noch ein Prozent. Liebe Auguste wäre es nicht besser, wenn Du mir paar Zeilen antworten würdest, Du bekämst vielleicht dadurch andere Gedanken.

Herzlichen Gruß
Peter.

Nachsätze am Rande des Briefes:

Liebe Auguste was ich Dir am 23. Mai am letzten Tage wo wir draußen zusammen waren, versprochen habe, das halte ich. Was irgend möglich ist, sollst Du davon bekommen. Sicher Guste ich halte es.

Der Herr Pfarrer wird Dich, wenn es der Herr Untersuchungsrichter erlaubt, besuchen. Mußt aber nicht so unfreundlich sein. Der Herr Richter meint es doch auch gut mit Dir.

Tu den Brief vernichten, ganz kleine Stücke zerreißen, daß er nicht andere in die Hände fällt.

10.9.1930
Liebe Auguste

Möchte Dir gern noch etwas schreiben. Wenn Du mir auch nicht antwortest, so denke ich doch immer während des Schreibens, daß ich mit Dir spreche und mich mit Dir unterhalte. Ich habe gehört, wie es Dir ergangen ist am Freitag, den 29. und Samstag, den 30. August. Man hat mich auch wiederholt über Dein Befinden unterrichtet und daß Du jetzt wieder auf der Besserung bist. Bleib nur noch einige Wochen da, bis Du wieder etwas gekräftigt bist. Du versäumst ja momentan draußen noch nichts. Guste, hattest Du die Briefe alle bekommen, die ich Dir geschrieben hatte. Einen hatte ich Dir damals nach Leipzig geschrieben und drei im August nach Grafenberg. Wie ich gehört habe, sind Deine Sachen ja alle gut hier angekommen. Der Herr Pfarrer sagt, er wolle Dich demnächst besuchen. Liebe Guste, mit mir ist es nun so weit: Ich habe alles wieder zugegeben, bin selbst so weit zur Einsicht gekommen, daß ich sagen muß, es war alles ein schrecklicher Wahn, es war alles verwerflich und schändlich was ich getan, schändlich und undankbar, was ich Dir damit angetan habe und daß ich Dich dadurch so unglücklich gemacht. Jetzt kommen die Selbstvorwürfe, die Du mir immer prophezeit hast, aber es ist zu spät, alles vorbei. Die Uhr ist abgelaufen, ich bin am Ende. Aber bitte, verurteile mich nicht. Denk an das viele Elend, was seit meiner Jugend hinter mir liegt. Was ich in Wirklichkeit an seelischen Qualen alles erduldet und ertragen mußte, davon weißt Du ja nicht den 100. Teil. Die Macht des Bösen in mir war eben so stark, daß ich schon nicht mehr unterscheiden konnte, daß das, was ich tat, böse oder Unrecht war. Allerdings hätte ich dagegen ankämpfen können. Auch hast Du mich ja immer gemahnt: Die Lauferei nimmt mal kein gutes Ende und wie die vielen Mahnungen immer lauteten. Ich erinnere mich alles ganz genau, und steht mir alles bis ins kleinste vor Augen. Aber es zog mich immer hinaus, ich wollte immer Menschen umbringen. Der Teufel hatte mich so vollständig gepackt, ich mußte das tun, ich konnte nicht anders. Wenn ich daran nun auch nichts mehr ändern kann, so kann ich doch noch etwas tun: Buße, Sühne und Genugtuung. Und das will ich voll und ganz. Dadurch kann ich doch noch etwas wieder gut machen, auch an Dir. Und ich kann Dir jetzt schon sagen, daß es schon viel bestimmtere Formen angenommen hat, daß Du auch an der Belohnung beteiligt sein wirst. Der Herr Untersuchungsrichter wird Dir ja darüber auch noch etwas sagen und daß Du das ruhig annehmen kannst. Liebe Guste, ich wünsche Dir baldige Besserung und sei recht herzlich gegrüßt.

Peter

Düsseldorf, den 23.9.1930
Liebe Auguste!

Wie ich gehört habe, bist Du am vergangenen Freitag aus dem Krankenhaus entlassen. Hoffentlich hast Du Dich etwas erholt, und daß Du auch sonst etwas ruhiger geworden bist. Es ist doch nun schon 4 Monate her, und kommt immer mehr in Vergessenheit. Hast Du Deine Sachen alle restlos zusammen da oben bei Herr Fassbender. Du kannst doch ab und zu mal hingehen (hast ja nicht weit) und vielleicht noch etwas ordnen, oder im Falle Du etwas von Deinen Sachen brauchst, Wäsche oder was. Kannst auch hier den Schließkorb noch abholen, mit den Anzügen. Die Anzüge kannst Du verkaufen, paar Mark bekommst Du immer dafür. Den Schließkorb kannst Du dann noch brauchen. Willst Du nicht bald mal Dein Geld hier abholen, ich meine das Fahrgeld von Leipzig nach hier von damals. Wenn Dir sonst noch etwas von Deinen Sachen fehlt, dann mußt Du mal auf der Polizei fragen. Da war damals allerlei: Schusterhammer, Zange, Meißel, Opernglas, Deine Schreibmappe, allerlei Papiere und Zeugnisse auch von Dir, Deine Uhr, und meine Uhr, Kaffeelöffel, Brillen usw. sowie auch von mir noch allerhand Kleinigkeiten. Die Sachen hat damals der Beamte Müller in Verwahrung gehabt. Wenn auf der Mettmannerstraße was vergessen sein sollte, dann mußt Du es von einem Beamten herausholen lassen und Du wartest in der Nähe. Der Beamte Wermeister wird Dir ja gern behilflich sein. Liebe Guste, ich möchte Dir noch mal etwas sagen von der Belohnung. Das ist ja nicht so zu verstehen, als ob Du dafür etwas bekommen sollst, daß Du Angaben gemacht hast. Ich weiß ja gar nicht, ob und wie weit Du überhaupt welche gemacht hast. Nein, das war so gedacht: Das Geld wird ja schließlich doch einmal verteilt. Und weil Du nun durch die Sache in eine große Notlage gekommen bist, soll das für Dich gewissermaßen eine Unterstützung sein. Ich meine, Du kannst das Geld in diesem Sinne ruhig annehmen. Das ist durchaus nicht ehrlos und braucht Dir auch nie leid zu werden. Im Gegenteil wird es Dir vielleicht nachher mal leid werden, wenn Du es nicht genommen hast. Guste denk daran, daß Du die Scheidung bald einreichst. Ich werde alles daran setzen, daß Du bei der Hauptverhandlung nicht zu erscheinen brauchst. Der Herr Untersuchungsrichter wird das auch schon machen. Von mir kann ich Dir nur mitteilen, daß ich noch gesund bin. Demnächst werden die Herrn Professoren sich mit mir beschäftigen.
Herzlichen Gruß:

Peter.

Guste, hast Du kein Schreibzeug, oder hast Du noch keine Lust, mir mal paar Zeilen zu antworten.

26.9.1930
Lieber Peter!

Deine Briefe habe ich erhalten, die nach Grafenberg, einen im Krankenhaus und auch den letzten. Besten Dank dafür. –

Nun möchtest Du auch von mir etwas hören. Ich bin so weit wieder gesund und seit Freitag hier. Ja was soll ich Dir sonst noch sagen? – Peter, Du hast mir 1928 aus dem Gefängnis geschrieben, nie wolltest Du Dich von mir trennen. Weil Du glaubtest, ich würde die Scheidung einreichen. Und dann später in einem Brief schreibst Du »ich bete jeden Abend, lieber Gott erhalte mir meine Guste gesund.« – Überlege Dir das einmal. Und einige Monate später hast Du etwas angefangen, womit Du Deiner Guste, die Dir der liebe Gott gesund erhalten hatte, selbst ein Grab grubest. Als Du das anfingst, hast Du wohl daran gedacht, was einmal die Folgen sein werden. Du hast vom lieben Gott etwas erbeten, was Du selbst zugrunde richten wolltest. Was hast Du wohl gedacht, was das für mich einmal für Folgen hat. Wie habe ich Dich ermahnt damals bei dem Mädchen von der Weselerstraße und noch der Tiedemann. Und als Du die erste Zeit mit dem Meurer gingst. Alles, alles umsonst. Wenn ich alles geglaubt hätte, aber daß Du zu so etwas fähig warst, das hätte ich nie geglaubt. Ich habe trotz dem Fall Tiedemann mit Dir es immer noch gut gemeint. Und sieh mal, ich bin Tag und Nacht arbeiten gegangen und hatte keinen Sonntag 1927, 1928 und 1929. Ich habe gern gearbeitet, ich wollte weiter kommen und was hast Du getan? Wie oft hast Du mich verleugnet. Und wie oft wie oft, hast Du mich wegen anderer Mädchen belogen. Zu einer hast Du ja gesagt, ich wäre tot. – Wäre ich nur tot, hättest mich mit tot geschlagen, da brauchte ich heute nicht all das furchtbare zu ertragen. Zu Anfang habe ich nicht daran geglaubt, ich habe immer noch gehofft, es wird sich anders aufklären. Ich weiß lange nicht alles und will es auch nicht wissen. Arme, unschuldige Kinder und unser Heiland hat einmal gesagt wer nur eines dieser Kleinen ärgert – und Du. Ich habe Dir 1928 geschrieben, unser Herrgott sucht Dich, laß Dich finden. Aber es war alles, die Missionspredigt, alles war wieder verflogen. Hättest Du auf mich gehört, so brauchtest Du heute nicht da drüben einsam zu sitzen und zu bereuen was niemand ungeschehen machen kann. Gott im Himmel weiß, was ich Dir alles gesagt habe. Ich wollte nur von Dir, daß Du ein anständiger Mensch sein solltest. Nein, mir wolltest Du ja nichts Böses tun, ich war zu gut zu Dir, hast Du ja immer gesagt. Und nun hast Du das Schlimmste über mich gebracht was noch keiner Frau passiert ist. Dreimal habe ich angefangen, zum dritten Male stehe ich vor nichts. Und zwar so, daß ich als wohnungslos eingetragen werde. Wenn Du so etwas vorhattest, so konntest Du mich allein lassen und konntest für Dich allein gezogen sein, wie ich Dir oft genug gesagt habe. Da hättest Du mir all das furchtbare Leid erspart. Ich habe Dir ja oft genug gesagt, einen Scheidungsgrund, da war Schluß mit unserer Ehegemeinschaft, dann konntest Du machen, was Du wolltest. Dann wäre nichts über mich gekommen. Wenn Du mit Deinem Gott wirklich Frieden machen willst, dann hast Du ihm aber sehr viel zu sagen und abzubitten und Buße zu tun. Wenn Du sterben müßtest, da kannst Du aber jeden Abend Deinen Heiland auf Knieen bitten, und anflehen, daß er sich Deiner armen Seele erbarmen möge. Ich kann nicht, ich darf nicht darüber nachdenken. Es ist mir zu schwer.

Herzlichen Gruß
Auguste

30.9.1930
Liebe Auguste!

Möchte Dich hiermit nochmals bitten, die Ehescheidungsklage so bald wie möglich einzureichen.

Der Herr Rechtsanwalt Sengstock wird Dich dieserhalb demnächst besuchen und das nötige mit Dir besprechen. Ich bitte Dich, folge seinen Ratschlägen. Es ist ja Dein eigenstes Interesse, damit Du endlich den Namen los wirst.

Herzlichen Gruß
Peter

Düsseldorf, den 2.10.1930
Liebe Auguste

Deine beiden Briefe[20] habe ich alsbald bekommen und daraus ersehen, daß Du Dich nun schon etwas gesammelt hast, was mich natürlich auch beruhigt. Du mußt Dich um mich nicht mehr sorgen. Ich habe mir selbst meinen Weg, den ich zu gehen habe und gehen muß und will, genau vorgezeichnet. Da können auch die Professoren nichts dran ändern. Ich will voll und ganz verantwortlich sein und verzichte auf jedes Gnadengesuch. Gestern waren drei Herren aus Grafenberg hier. Die wollen jetzt öfter kommen. Das ist ja alles schön und gut und sind ganz nette Herren, ich unterhalte mich auch gern mit ihnen. Aber in meine Seele können sie ja doch nicht hineinsehen. Und wenn ich auch rückhaltslos mein ganzes Innere und mein ganzes Leben vor ihnen enthülle, begreifen und verstehen werden sie es doch nicht. Wie wollen die begreifen können, wie die Gründe entstanden sind, aus denen heraus ich im Zeitraum von einigen Jahren fast 100 schwere Verbrechen begangen habe. Wie wollen andere Menschen auch nur im ent-

[20] Wir haben nur einen der hier erwähnten Briefe gefunden, den vom 26.9.1930 (Anm.d.H.)

ferntesten fühlen oder ermessen können, was ich in meinem Leben alles hab erdulden und leiden müssen. Aber ich will nicht mehr klagen. Ich habe mich abgefunden. Zufrieden bin ich allerdings nicht.

Liebe Guste möchtest Du nicht Dich mit mir mal eine Stunde unterhalten. Ich möchte Dir noch so viel sagen und hoffe Dir auch noch etwas nützen zu können, und sagen kann man sich das doch alles viel besser; so viel Papier habe ich ja gar nicht, daß ich Dir das alles schreiben könnte.

Guste, Du mußt aber nur dann kommen, wenn Du Dich stark genug fühlst und nicht weinen.

Gruß Peter

Sonntag, den 19.10.1930
Liebe Auguste

Deinen letzten Brief habe ich dankend erhalten. Wie ich gehört habe, bist Du ja jetzt in Lank. Das ist ja nicht so sehr weit von hier und ist ja Verbindung mit der Rhein.Bahn. Liebe Guste! Das mit der Sprechstunde hatte ich ja nur so gemeint, für den Fall, daß Du voll und ganz damit einverstanden warst und daß Du fest und standhaft dabei gewesen wärst. Wenn Du aber immer noch weinst, und wenn Du fürchtest, daß Du wieder zusammenbrichst, dann lassen wie es lieber sein. Es ist ja nicht wegen mir, über mich kannst Du Dich ganz beruhigen. Ich dachte, ich hätte Dir vielleicht hier und da noch was nützen können. Das is meine größte Sorge und Unruhe, daß Du glücklich dadurch kommen möchtest. Alles andere ist mir gleichgültig. Guste, ich spreche bald jeden Tag mit dem Herrn Untersuchungsrichter oder Herrn Pfarrer oder Herrn Rechtsanwalt über Dich und über die Gestaltung Deines späteren Schicksals. Es ist ja sehr schwierig heutzutage, aber Du kannst doch beruhigt sein, es wird schon für Dich was getan und auch endgültig was Passendes für Dich gefunden werden. Allem Anschein aber erst nachdem die Hauptverhandlung stattgefunden hat. Den Namen wirst Du ja nun bald los sein und kannst Du Dich dann Frau Scharf schreiben oder auch Fräulein Scharf, ganz wie Du willst. Aber liebe Guste, ich meine, Du müßtest Dich jetzt auch bald mal etwas zusammenreißen und nicht immer noch den Kopf hängen lassen, und immer weinen. Denk doch mal daran, wieviel andere Menschen es noch gibt, die auf diese oder jene Art schweres zu leiden oder zu tragen haben. Denk mal wieviele Frauen ihre Männer im Kriege verloren haben, und in vielen Fällen, daß sie garnicht wissen, wie und wo und auf welche Art und Weise. Und dann überlege Du doch mal, Liebste, daß ich es doch gar nicht wert bin, daß Du um mich noch weinst oder Dir im geringsten um mich noch Sorgen machst. Denk doch mal daran zurück, wie gemein und abscheulich ich Dich immer behandelt habe, wegen anderer Frauenzimmer, besonders damals als Du von Altenburg kamst. Vergleiche doch nur mal, wie brav und gut und um alles besorgt Du immer gewesen bist und wie verlogen und undankbar ich immer gegen Dich war. Guste, ich verdiene kein Mitleid mehr, von keinem Menschen, auch nicht von Dir. Von Dir am allerwenigsten, denn Du hast es so gut mit mir gemeint und ich hab in brutalster Weise alles vernichtet. Mir brauchst Du wirklich nicht nachzutrauern, daß wäre töricht. Aber ich kann mir ja vorstellen, was Deine größte Sorge ist. Du denkst immer daran, wie es Dir später ergehen wird und ob Du auch dann eine Stelle bekommen wirst, wo Du Dein Auskommen hast. Guste, ich glaube doch, daß Du Vertrauen haben kannst. Es wird so für Dich noch besser gesorgt, als wie ich vielleicht für Dich hätte sorgen können. Denn wer weiß, wenn ich älter geworden wäre, und bei den schlechten Zeiten, dann hättest Du vielleicht nicht so viel gehabt, als wie so. Und ich war ja doch immer ein Tunichtgut, wo Du immer nur Ärger und Verdruss gehabt hast. Und vielleicht wär es später doch mal alles zum Ausbruch gekommen, was alles in meiner schwarzen Seele war. Meinetwegen kannst Du auch annehmen, dunkel oder arme gequälte oder geplagte Seele. Liebe Guste, schreib doch bald mal, wie es Dir da gefällt und ob Du da bleiben willst, oder möchtest Du lieber wieder hier im Gertrudis (?). Die Frl. Fassbender hat gesagt, Du könntest sie immer mal besuchen kommen. Ich werde wohl in einigen Wochen nach Bedburg-Hau kommen. Das liegt in der Gegend von Cleve und wohl wird mindestens 6 Wochen dauern. Danach komme ich wieder hierhin und vielleicht hast Du Dich bis dahin auch wieder mehr gefestigt.

Herzlichen Gruß Peter

Zweites Kapitel Selbstdarstellung

1. Stenogramme der von Professor Sioli[1] geführten Unterredungen mit Kürten

I. Untersuchung am 1.10.1930.

Kürten wurde gefragt, ob er erst von seinem Leben oder erst von den ihm zur Last gelegten Straftaten reden wolle. Er sagte darauf: zu seinen Straftaten.

Und fuhr wörtlich fort: »Ich bekenne mich voll und ganz dazu, der Täter zu sein für die in Frage kommenden Straftaten und zwar für sämtliche in Frage kommenden Straftaten.«

(»*Warum begangen?*«) »Ich kann Ihnen das allerdings nur so sagen wie ich das glaubte. Mit einem Wort bezeichnet: aus einem Vergeltungsgedanken heraus. Ich will aber dieses Vergeltungsgefühl und diesen Vergeltungsgedanken nicht auf eine Stufe gestellt haben als wie Rache, sondern ich glaube vielmehr, daß dieses Vergeltungsgefühl und dieser Vergeltungsgedanke sich in mir in Jahren und Jahrzehnten empor gebildet hat. Der Vergeltungsgedanke hat seinen Ursprung in der Art und Weise wie früher der Strafvollzug gehandhabt wurde. Ich bezeichne diesen als einen grausamen. Ich habe unter diesem grausamen Strafvollzug, unter dem ehemaligen preußischen System schwer leiden müssen, nicht nur körperlich sondern auch seelisch. Ich werde Ihnen das an Hand von Beispielen zu beweisen versuchen, Sie werden das in den Akten bestätigt finden.

Diesen schweren und grausamen Strafvollzug habe ich in frühester Jugend kennengelernt. Ich war noch nicht 16 Jahre alt, wo ich zum 1. Male hier in dem Hause diesen Strafvollzug kennenlernte. Die übliche Handhabung und die allgemein sehr viel angewandte Handhabung der Disziplinarstrafen, das waren die bekannten Hungerstrafen. Die wurden in früherer Zeit für

[1] Professor für Psychiatrie an der Medizinischen Akademie Düsseldorf.
Die hier vollständig abgedruckten Stenogramme machen 197 Seiten eines 280 Schreibmaschinenseiten umfassenden Gutachtens aus. Die Gespräche sind im Beisein zweier weiterer Psychiater (Dr. Neustadt und Dr. Kreutzer) zwischen dem 1.10. und dem 2.11.1930 im Gefängnis Düsseldorf-Derendorf geführt worden. Kürtens Äußerungen wurden in Antiqua, die Fragen und Bemerkungen der Psychiater in Kursivschrift wiedergegeben. Vorweg schildert das Gutachten Kürtens allgemeines Verhalten bei den Untersuchungen folgendermaßen: Kürten trat uns bei der 1. Untersuchung in der Haltung ungezwungener Erwartung entgegen, ging ohne jeden Widerstand auf unser Beginnen ein, das zunächst in der körperlichen Untersuchung bestand und ging dann ebenso widerstandslos und in abwartender Haltung auf die Besprechung ein. Zunächst frug er selbst: »Das ist doch aus wissenschaftlichem Interesse, daß Sie zu mir kommen?«, worauf wir ihm erklärten, daß wir im gerichtlichen Auftrage zur Begutachtung und natürlich mit wissenschaftlichem Interesse kämen. (Anm. d. H.)

ganz geringfügige Kleinigkeiten verhängt. Es wurden auch Schläge, körperliche Züchtigungen verfügt. Verbunden mit diesen Hungerstrafen waren Arreststrafen, das bedeutet, daß einem die Lagerstätte entzogen wurde. Wenn ich jetzt nun hier im Gegensatz zu diesen körperlichen Strafen etwas Ihnen schildern soll, was mich früher schon – wenn ich so sagen soll das Geistige – jeder Mensch hat doch ein Empfinden – sehr getroffen hat, dann war das die Behandlung, daß in so einem Hause hier einer nicht mehr als Mensch sondern als Tier betrachtet wurde, zum mindesten als Nummer. Es war üblich so, daß jeder sich dicht an die Wand stellen mußte mit dem Gesicht bei Vorführungen außerhalb der Zelle. Wer dagegen vielleicht mal verstieß, der wurde in ganz barscher Form von den Aufsehern zurechtgewiesen. Dabei kamen auch gröbliche Beschimpfungen vor. Ich betone, daß die Schulung der Beamten im Umgang mit den Gefangenen früher lange nicht die war, die man heute Gott sei Dank verzeichnen kann, wo es heute besser geworden ist. Es besteht zum Beispiel ein sehr großer Unterschied, und der Unterschied ist wie Tag und Nacht. Wenn man heutzutage auf dem Gefängnishof die Abteilung der Jugendlichen sich mit Ballspiel betätigen sieht und da das herzhafte Lachen hört, von diesen jugendlichen Gefangenen im Vergleich zu früher, wo nur der preußische Drill üblich war, das Treten von Beamten keine Seltenheit war, daß, wer im geringsten sich verstieß gegen den militärischen Drill, den man auch hier einzuführen gedachte, oder wenigstens eine Vorübung den jugendlichen Gefangenen angedeihen lassen wollte, daß es da zu allerhand Ausschreitungen und Übergriffen der Beamten kam, die für die Gefangenen sehr empfindlich waren, nicht nur körperlich, sondern auch so z.B. das Schimpfen mit Schwein u.s.w.. Der eine macht sich nichts daraus, der andere empfindet es schwer. Daß solche Sachen früher vorkamen, ist eben nur zu wahr, das beweisen die Akten, das beweisen die älteren Beamten, die sagen, »wenn ich manches ungeschehen machen könnte«. Außerdem, daß in einzelnen Fällen Beamte gemaßregelt wurden.

Das waren die ersten Anfänge, die ich hier kennenlernte.

Die ganze Freizeit der jugendlichen Gefangenen, die eine halbe Stunde ausmachte, bestand lediglich darin, die Jugendlichen zu striezen und zu drillen nach allen Regeln der Kunst. Die Beamten haben sich noch eingebildet, damit etwas Besonderes zu leisten und was Gutes zu tun. Wenn das auf dem Kasernenhof schon so war, daß das heute verworfen wird, so war das auf dem Gefängnishof noch ausgeprägter, weil mit Rücksicht auf die Hausordnung schon niemand wagen durfte, nach rechts oder links zu gucken oder eine Bemerkung zu machen. Das war die erste Zeit, wo ich hier hereingesehen habe. Ich war damals noch nicht 16 Jahre alt, bin während der ersten Strafe 16 Jahre alt geworden.

Im darauf folgenden Jahre – ich muß noch bemerken, daß das bisher 1899 war – bin ich wieder hierhin gekommen und zwar 8 Monate. Ich betone

ausdrücklich, daß ich für diese Straftaten keinem anderen Menschen eine Schuld beimesse. Ich behaupte, daß das meine eigene Schuld war. Ich will aber immerhin soviel auch gegen mich selbst zugeben, daß ich mich in einer ziemlich großen Notlage befunden habe, ich war heimat- und obdachlos. 1900 kam ich wieder hierhin und habe 8 Monate verbüßt und 1901 kam ich dann mit 2 Jahren Gefängnis hierhin.«
(*Hier abgebrochen.*)

II. Untersuchung am 7. Oktober 1930.

(»*Wo sind wir stehen geblieben?*«) »Bei der 1. Strafverbüßung, wo ich den ersten Einblick bekommen habe in den Strafvollzug.« (»*Erzählen Sie weiter!*«) »Vielleicht würden Sie doch so freundlich sein und mir mal sagen ... Ich glaube ich hatte Ihnen zuletzt gesagt, ich sei zum 1. Male mit 2 Monaten Gefängnis bestraft. Oder wie war das?« (*Der letzte Teil der Niederschrift der vorigen Untersuchung wird verlesen.*)

(*Fährt fort:*) »Und während der Verbüßung dieser Strafe bin ich u.a. 18 Jahre alt geworden. Ich habe da verschiedentlich Zusammenstöße gehabt mit den Beamten, die noch nicht so geschult waren; manch einer hat mir in späteren Jahren gesagt: »Wenn ich das noch einmal zu tun hätte, würde ich das auch nicht so, würde manches heute anders machen als damals, ich sehe das heute alles mit anderen Augen an.« Die Zusammenstöße waren ziemlich zahlreich. Ich muß hier noch einflechten, daß allerdings auch die Arbeitsleistung von mir eine minimale war, und das hatte seinen Grund darin, daß ich sehr viel in der Einzelhaft gesponnen habe, so allerlei, wie das ja meistens ist, der eine baut Luftschlösser, der andere beschäftigt sich mit sexuellen Vorstellungen unkeuscher Art mit Weibern; ich bin dazu übergegangen und habe mich beschäftigt, um Ihnen auch eine sexuelle Grundlage zu geben, mit Sachen, die mehr gewalttätiger Natur waren. Ich habe Gefallen daran gefunden, so abends im Bett – ich hatte dabei die Augen zu – stellte ich mir so vor: wenn du jetzt einmal einen Menschen anfällst und den schwer verletzest, daß das so ausartete, daß die Verletzung sehr schlimm wäre, daß ich dabei etwas empfunden habe, so eine sexuelle Befriedigung, und daß dabei auch schon damals in dieser Zeit Eruptionen erfolgt sind.« (»*Was meinen Sie mit Eruptionen?*«) »Samenergüsse. Das ist so gewesen, daß, wenn ich mir vorgestellt habe, daß ich einem den Bauch aufgeschlitzt habe oder sonst schwer verletzt, dabei erfolgte endgültige Befriedigung. Ich kann Ihnen das nicht vorenthalten. Wenn ich Ihnen das auch von dem Strafvollzug erzähle, so will ich Ihnen die sexuelle Gegenseite nicht vorenthalten. Das hat bestanden. Wie Sie späterhin sehen werden, zieht sich durch mein Leben ein sehr starker roter Faden hin, der in dieser starken sexuellen Betätigung seine Grundlage hat. Alles das war der Grund, daß ich nicht viel gearbeitet habe, ich habe mich auch am Tage damit beschäftigt. Ich habe mir auch vorgestellt, Massenkatastrophen herbeizuführen, so allerlei dummes Zeug zusammenspintisiert, was an und für sich gar nicht auszuführen gewesen wäre, so Brücken kaputt zu machen, einen Brückenpfeiler anzubohren. Etwas Ahnung hatte ich davon, wie man das machen könnte, ich habe mich mit Wassersport betätigt sogar bis in die letzten Jahre, und hatte ich mir das so zusammenspintisiert, das könnte so gehen, wenn die Brücke voller Menschen ist, daß diese zusammenbrechen könnte. Dann habe ich auch so allerhand Zeug zusammengesponnen, mittels Bazillen, die ich eventuell ins Wasser befördern könnte, ins Trinkwasser, große Katastrophen herbeizuführen. Ich habe noch weiterhin mir vorgestellt, so irgendwie Schulen oder so zu benutzen, Schulen auf dem Lande, und da durch Verschenken von kleinen Schokoladenproben, die man hätte vergiften können mit Arsen, das ich mir mittels Einbruchs verschaffen wollte, diese Morde auszuführen. In diesen Vorstellungen und Phantasien habe ich mir immer gefallen. Ich habe daran Gefallen gehabt, so wie andere sich ein nacktes Weib vorstellen. Und das ist eben meine Schuld, das muß ich selbst zugeben, dagegen hätte ich ankämpfen können. Das tat ich nicht. Ich habe mich immer mehr darin gefallen, und auf der anderen Seite trat da noch hinzu ein gewisser Vergeltungsgedanke, und der war folgendermaßen, das will ich Ihnen erklären: Schon vor Jahrzehnten, ich vollendete damals mein 18. Lebensjahr, die Zusammenstöße mit den Beamten waren ziemlich zahlreich, ich war auch etwas eigensinnig und widerspenstig, muß aber hinzufügen, daß manches schlimmer gedeutet und ausgelegt wurde von den Beamten, die mich nicht gut zu leiden hatten, und daß sie wohl manches etwas entstellt haben in der Meldung. Das ist Tatsache, die mir noch klar im Gedächtnis ist. Und so habe ich u.a. auch, wo ich gerade 18 Jahre alt wurde, schwere Strafen verbüßen müssen, mehrere Wochen Fesselstrafen. Das war so: Die Fesseln waren derart, da war eine schwere Stange zwischen den Armen und hier waren breite Bänder um die Handgelenke von Metall, und die Fesseln waren ganz schwer, damit sie ein Gewicht haben sollten, und eine Kette ging bis hierhin« (*erklärt weiterhin an seinem Körper die Art der Fesselung, macht vor, wie man in diesen Fesseln gehen mußte, legt Wert auf das Kettengeklirr, das man durch die ganze Anstalt gehört habe*). »Und das dauerte mehrere Wochen, und damit verbunden war Dunkelarrest. Es war damals ein Inspektor hier, der die Anstalt vertrat, der schrieb sich Gronau. Ich habe damals darüber nachgedacht, ob das richtig wäre, was die machten, ob das eine menschliche Behandlung wäre. Wie ein Tier lag ich darin, und ich kann nicht daran vorbei, daß ich sage, ich habe doch damals schon, in der Jugend, von meinem menschlichen Empfinden dadurch, eben dadurch etwas abgestreift und von mir geworfen. Es hat eine derartige Wirkung in mir zurückgelassen die zwei Jahre Gefängnis in der Einzelhaft mit dem Spintisieren und den schweren Disziplinarstrafen, daß ich da in ein Stadium gekommen bin, daß ich sagen muß – ich betone, heute bin ich klar und will verantwortlich sein – wie ich damals entlassen wurde und in Grafenberg die Revolverschießerei gemacht habe, das war eine Unsinnigkeit, die Leute hatten mir nicht das Geringste getan. Ich bin damals schon dazu übergegangen, den Vergeltungsgedanken in die Tat umzusetzen, ich habe sinnlos den Leuten in die Wohnung hineingeschossen von der Hofseite her. Die Leute hießen Brenner. Die Tochter war mir bekannt. Aber alles in allem war die ganze Tat derartig unsinnig und gewissermaßen, so wie es den äußeren Anschein hatte, ohne jegliches Motiv. Die Leute hatten mir nichts getan, und ich wußte auch gar nicht so richtig, was ich wollte, als das, was ich mir hier zusammenspintisiert hatte. Ich dachte, du machst dies und jenes. Die Absicht war eine böse, ich hatte die Absicht die Leute umzubringen, und das waren unschuldige Menschen, und wenn die da unschuldig leiden müßten, so dachte ich, könnte dieses ungerechte Tun, das unschuldige Blut, auf die kommen, die mich hier so grausam behandelt haben. Das ist ja eigentlich ein etwas unsinniger Zusammenhang, aber wir werden sehen, der Gedanke hat sich immer tiefer eingefressen. Es ist keine leere Phrase, wenn ich behaupte, daß der frühere Strafvollzug ein verfehlter war, sondern das werden Sie an Hand der Gefängnisakten doch auch zum größten Teil bestätigt finden. Aus diesem Grunde – es ist das einige Wochen nach der Entlassung gewesen – habe ich bereits in Grafenberg die Tat ausgeführt. Ich wurde kurz darauf gefaßt, war nur einige Wochen draußen und kam wieder hier herein. Das war selbstverständlich, wie man früher hier aufgenommen wurde. Mit dem Gesicht an die Wand stellen – gleich war einer da: ›Du Lümmel, willst Du wohl das Gesicht an die Wand halten‹ – die Behandlung war eine geradezu tolle. Und dabei wurde natürlich auch großes Aufhebens gemacht, wenn so einer mal hier zurückkam, das war ein Spießrutenlaufen, geradezu toll. Jetzt wurde ich kurz darauf bestraft und zwar mit einem Jahr. Mordversuch hat man fallen lassen, sondern Sachbeschädigung und Bedrohung mit Totschlag angenommen, es waren mehrere Strafen, Gesamtstrafe ein Jahr. Die Strafe habe ich in Anrath verbüßt, das war gerade so weit fertig gestellt, daß die Leute hinkommen konnten. Da kam ein Beamter von hier dem Hause mit dahin nach Anrath, der war erst kurz hier von den 39ern in den Gefängnisdienst gekommen. Der war da Leutnant und wurde hier Sekretär. Der ging als Inspektor zum Gefängnis Anrath, und na, wenn i c h schon damals nicht auf der Höhe richtig war in diesen Jahren, d e r hat sie auch nicht alle zusammen gehabt. Der glaubte da in der Anstalt den Kasernenhof daraus zu machen. Eine ganz strenge Zucht hat der eingeführt, er schrie immer: ›Bringen Sie mir die Fesseln‹, und so wurde ich in seinem Büro mit den schweren Dingern gefesselt, aus ganz geringfügiger Natur manchmal. Sie werden es finden in den Akten, daß es nur in Worten bestanden hat und nie in Taten in Anrath, die den Anschein der Widerspenstigkeit erweckten, und das war bei dem Herrn strengstens verpönt. Ich habe verschiedene Wochen in Fesseln zugebracht, in Dunkelarrest – Pritsche mit Wasser und Brot. Der Herr hatte eine besondere Angewohnheit, ich glaube, daß der die Gesellschaften immer eingeladen hat. Da kamen Gutsbesitzer mit ihren Frauen und Töchtern, mindestens jeden 2. Tag größere Gesellschaften, 20 und mehr Personen, und bei dieser Gelegenheit zeigte er diesen die Anstalt und unter anderem auch mich, weil ich gerade in den Fesseln steckte, und schilderte mich als einen äußerst widerspenstigen Burschen. Es sei anders nicht zu machen, da hülfe auch nichts anderes, wenn ich dabei zu Grunde ginge. Da kam ich dann so herangeschleift in die Sonne, und er zeigte mich den Herrschaften und den Damen, ja, wenn ich Ihnen sagen soll, was das alles für Eindrücke auf mich gemacht hat und wie das alles in meinem Innern gewirkt und gearbeitet hat, jedenfalls nicht zum Guten, denn ich habe die tollsten Sachen ausgeheckt und in dem Arrestlokal allerhand tolle Sachen zusammenspintisiert. Ein Beispiel darf ich nicht vergessen zu erwähnen. Da kam eine Gesellschaft, fünfzehn oder sechzehn Personen, alles Geistliche; da wurde ich auch so herangeschleift und den Herren gezeigt wie ein wildes Tier. Einmal fiel plötzlich ein junger Geistlicher vor mir auf die Knie nieder und küßte das ganze Zeug, die Ketten alle ab, und ein anderer geistlicher Herr nahm ihn am Arm und zog ihn zurück. Da habe ich mir auch so vorgestellt, na, der wird jedenfalls davon überzeugt sein, daß das eine viehische Behandlung, nicht menschlich, mehr tierisch ist. Ich bin der Ansicht, daß das ganz bestimmt auch ohne Fesselung gegangen wäre; heute geht es ja auch ohne. Also hat das nur an dem System gelegen, an dem falschen und verkehrt angewendeten System. Na, das ist auch vorübergegangen. Ich habe dann nach meiner Entlassung weitere Straftaten verübt, irgend einen Halt habe ich draußen nicht gehabt, und es hat auch nicht lange gedauert, da bin ich wieder hineingekommen. Ich war damals verpflichtet, Soldat zu werden, und da wurde ich vom Kriegsgericht bestraft mit sieben Jahren Zuchthaus; die haben es gleich gut gemeint. Die habe ich in Münster verbüßt.« (*Wird unterbrochen. Frage: »Ich möchte Sie hier etwas Wichtigeres fragen: Wie kam denn die Bestrafung durch das Kriegsgericht?*«) »Straftaten habe ich eine ganze Reihe nach meiner Entlassung aus Anrath begangen, zahlreiche Straftaten, unter anderem war damit auch verbunden Fahnenflucht, und deshalb gehörte ich zum Kriegsgericht.« (*Frage: »Die Taten waren also nicht im Militärverhältnis begangen? Es waren Ziviltaten, die abgeurteilt wurden vom Kriegsgericht?*«) »Weil ich schon militärpflichtig war und eigentlich mußte einrücken, ja.« (*Frage: »Und was für Taten?*«) »Alles Einbruchsdiebstähle, immer Diebstähle und wieder Diebstähle, hier in Düsseldorf.« (*Frage: »Waren die in besonderer gleichmäßiger Weise?*«) »Ja, sie waren immer so getätigt in den allermeisten Fällen: in den Häusern, wo unten Wirtschaften sind, und wenn unten Betrieb ist und es auf der ersten Etage ziemlich ruhig ist, Samstags oder Sonntags.« (*Frage: »Das war Ihr System?«*) »Ja, so ziemlich, oder Spezialität. Ja, und da natürlich war ich erst 11 Monate in Metz in Untersuchung – hat ziemlich lange gedauert. Ja, da kann ich ja weiter nicht klagen über die Behandlung. Bloß daß da so viel Ratten waren, da war das Arrestlokal in der Nähe einer Schlächterei und Gerberei. Sonst war es kein Vergleich als wie hier in einem solchen Hause. Ich kam nachher nach Münster. Nun, da war mal erst eine tolle Zucht in Münster. Das war ja auch noch so die Zeit, wo Preußen so richtig oben auf war. Da war ich von 1905 bis 1912, da sind auch die Disziplinarbestrafungen wieder zahlreich gewesen, Hungerstrafen, Fesselstrafen, sogar Weihnachten in den Fesseln. Ich habe es nicht verstanden, mich prima fein zu führen, und für die geringsten Kleinigkeiten waren schwere Disziplinarstrafen. Der Arrest war immer da so voll, daß einer auf den andern warten mußte und provisorische Arrestzellen gebraucht wurden. Ich möchte noch das vervollständigen vom wilden Tier, was ich erwähnt habe, daß das paßte, denn in dem Arrestraum war ein besonderer eiserner Käfig gebaut. Die Strafen waren sehr zahlreich in Münster, Hungerstrafen, Fesselstrafen, Arreststrafen, nur an der Prügelstrafe bin ich mit knapper Not vorbeigekommen. Es gab zu dieser Zeit auch noch die Hiebe mit der großen Peitsche. Ich habe das selbst schon gehört, das wurde in der Heizung gemacht; wenn einer das gekriegt hat, das war so, daß sie ihn heraustrugen, und dann hat es auch der Geistliche geschildert, ganz genau wie es zugeht, ich habe eine ganz genaue Vorstellung davon, und dann habe ich es gesehen an solchen Leuten, wie es ausgesehen hat; nach Monaten hat es noch schlimm ausgesehen, und manche Leute sind schwer krank und siech geworden dadurch, durch einen Schlag, der etwas höher kam. Es waren ganz elend tüchtige Schläge, wo unter Umständen bei einem Schlage die Haut aufplatzte. Da lebte alles in einer ständigen Angst. Der Direktor war ein ehemaliger Hauptmann Bütow. Das war alles so scharf eingestellt. Der geringste Verstoß wurde ganz schwer geahndet. Das hat dann alles in der Verfassung, wo ich drin war, gar nichts dazu beigetragen, mir von der menschlichen Gesellschaft eine andere Ansicht beizubringen. Und da haben wir dann zu verzeichnen kurz nach der Zeit, kurz danach habe ich eine Revolvertat gemacht auf der Graf-Adolf-Straße, da kam ich kurz hinterher wieder herein, und als ich da entlassen wurde, habe ich eine schwere Mordtat ausgeführt. Das war die Sache in Mülheim. Da muß ich sagen, habe ich doch eigentlich eine merkliche Entspannung meines ganzen Innern gespürt und wahrgenommen. Ich meinte immer, daß das doch allerhand wert wäre und allerhand dazu beitragen würde für dieses viele Unrecht, was man mir zugefügt hat, zu entsühnen, und ich glaubte auch fest daran, daß das unschuldige Blut auf die Peiniger kommen wird, bestimmt, und die werden es auch spüren, in irgendeiner Form werden sie es spüren, müssen sie es spüren, daß es sie bedrückt, nur daß sie ihres Lebens nicht mehr froh werden, das müssen sie spüren, das muß sich übertragen, daß es sonst noch eine ausgleichende Gerechtigkeit gibt. Nach ganz kurzer Zeit war ich dann wieder wegen zahlreicher Einbruchsdiebstähle nach demselben System festgenommen; und da begann wieder eine Zuchthausstrafe von acht Jahren, 1913, im Jahre, wo das passiert ist mit der Kleinen in Mülheim, bis 1921. Da war ich in mehreren Anstalten, erst Siegburg, da ging das gleiche System los, da wurde ich gerade zum Empfang in die Fesseln geschmissen; der Direktor war sehr alt und nicht richtig; so schnell wie er die Fesseln anlegte, so schnell ließ er sie auch wieder abnehmen. Mit fünf Tagen Fesseln habe ich angefangen wegen Widerworte bei der Aufnahme in die Strafanstalt, bei der Vorführung und Konferenz. Anfang 1914 wurden wir nach der neuen Anstalt in Rheinbach überführt, und da brach der Krieg aus. Es kamen immer mehr Franzosen und Belgier, hauptsächlich Geistliche, Kapläne, dahin, manchmal fünfundzwanzig, dreißig auf einmal, die hatten alle lebenslänglich. Da mußten wir Platz machen, da wurden wir abgeschoben nach dem Osten, nach der Anstalt Brieg im Bezirk Breslau. Da war es ja nun auch unter aller Kanone. Da waren die Pollacken aus Oberschlesien, eine besondere Sorte von Menschen, und auch die Beamten. Da bildeten wir Rheinländer eine Gruppe für uns; wir waren immer widerspenstig und immer im Arrest. Es ging dann eine Zeitlang so, bis nachher die schlimme Hungerzeit eintrat. Es war fürchterlich, da wurden die Gefangenen monatelang gefüttert mit den getrockneten Rübenschnitzeln, mittags und abends, immer, jeden Tag, niemals etwas anderes, monatelang, immer dasselbe. Und das Brot war minderwertig und immer sehr wenig, halb so viel wie die Zigarettenschachtel hier, morgens, mittags und abends. Das war hauptsächlich schlimm 1917 auf 18, und da war der Bau belegt mit annähernd 1400 Personen; die meisten waren russische Gefangene und auch Kriegsgefangene waren darunter, die sich hier was hatten zu schulden kommen lassen. Die meisten hatten fünfzehn Jahre oder lebenslänglich, und da hat ein großes Sterben eingesetzt. Da wurden jeden Tag so und so viele die Treppe heruntergezogen, in Leinentücher gebunden, und so war es auch im Lazarett; ich habe da auch mal angefangen, daß es mir ganz schlecht ging, Blut gespuckt, kam ins Lazarett. Da war das Sterben noch schlimmer, da lag man zu fünfzehn, zwanzig zusammen, und es waren manchmal welche gestorben, zwei, drei auch vier, die haben wir da zugedeckt, daß man das nicht so wahrnehmen konnte. Der Beamte kam nur so an die Tür, und dann haben wir immer für die anderen Essen mitempfangen; die noch auf sein konnten, empfingen das Essen: »Wieviel Mann?« »Achtzehn Mann, Herr Aufseher.« Na, alles angenommen, auch für die, die schon tot waren. Das hat gestunken, manchmal schlimm. Manchmal haben wir gesagt, der ist gestorben und den herausgebracht, so haben wir die Leichen aufbewahrt, bloß um für die das Essen empfangen zu können. Das Jahr darauf, als das ein bißchen besser wurde, da kam der Waffenstillstand, da wurde die Erlaubnis erteilt, daß sich einer was kann schicken lassen. Da haben sich welche tot gegessen, sie konnten nicht anders, sie mußten nur essen, bis sie tot waren. Und das war natürlich alles nicht gerade sehr angenehm anzusehen, auch mit den Leichen und so weiter. Ich glaube, daß es draußen auch schlimm war und im Schützengraben noch schlimmer, aber jedenfalls bin ich überzeugt, so, wie die Menschen da behandelt wurden, daß man es darauf abgesehen hatte, so viel wie möglich sollten eingehen oder verenden, das war sichtbar und greifbar, so schlimm ist es draußen nicht gewesen, speziell durch Hunger, daß man System darein gebracht hat, sie sollten durch Hunger eingehen. So war es nirgends. Das hat keine rosige Wirkung auf mich ausgeübt, diese Erlebnisse. Da war ich bis 1921. Nachher hat es sich allerdings etwas gebessert. 1921 bin ich entlassen worden. Es beginnt da in meinem Leben eine andere Zeit, eine Pause hinsichtlich Verbrechen oder strafbaren Handlungen oder überhaupt eine etwas ruhigere Zeit, das ist die Zeit, wo ich meine Frau kennengelernt habe in Altenburg in Thüringen. Ich bin auf der Durchreise, vom Osten nach dem Westen, bin ich vorbeigekommen, hatte eine Schwester, die da verheiratet ist. Da besuchte ich die, und da bin ich da hängen geblieben, und da sind da vier Jahre daraus geworden. Ich habe meine Frau kennengelernt, wir haben geheiratet, und das ist ein gewisser Ruhepunkt. Es hat einen kleinen Anstoß hier und da gegeben, ich wollte wohl mal ein Verbrechen ausführen, aber ich habe es doch nicht ausgeführt. Ich habe wohl auch immer darüber nachgedacht und gegrübelt, was ich alles schon hinter mir habe, und daß alles verpfuscht und verfehlt im Leben gewesen sei; aber im allgemeinen habe ich mich da durch den kolossalen Einfluß meiner Frau gewissermaßen etwas aufgerichtet oder aufgerafft, und so war ich da also von 1921 bis 1925 in Altenburg. Dann wurde es da schlecht mit der Arbeit, und ich hatte mir in den Kopf gesetzt, in der Heimat bessere Verdienstmöglichkeiten zu finden. 1925 ging ich nach Düsseldorf, da ging hier das alte Leid wieder los, gleich als ob hier alles verwunschen gewesen sei, da wurde ich immer vom Unglück gewissermaßen verfolgt. Ich habe dann allerdings – in der ersten Zeit war ich allein hier, meine Frau kam erst im Oktober, ich bin im Mai gekommen – da war ich allein und habe natürlich gleich wieder strafbare Handlungen gemacht, Mordversuche und sonstige Gewalttaten, das hat sich durch verschiedene Frauenspersonen ausgewirkt, und dann bin ich auch hier im Hause gewesen, ganz zu Unrecht, man hat mir allerhand angedichtet, was nicht wahr war, der Notzucht beschuldigt, nachher aber zugeben müssen, daß man mich freiwillig mitgenommen hat in die herrschaftliche Wohnung, es handelte sich um Hausangestellte. Durch die Gerichtsverhandlung wurde meine Frau mein Vorleben gewahr. Dann hat in dieser Zeit meine Frau ihre ganzen Sachen verloren durch die Machenschaften von schlechten Personen, wie das so üblich war in dieser Zeit mit den Wohnungsverkäufen, so daß, nachdem ich mal wieder hier in Untersuchung war und dann Weihnachten 1926 entlassen wurde, ich ganz mittellos auf der Straße stand. Durch den Verlust der Wohnung sowie der Möbel und der Kaufsumme derselben war meine Frau mittellos geworden. Sie hat dann ihre Sachen und auch meine Sachen zu ihren Angehörigen nach Leipzig geschickt, so daß ich noch nicht einmal – ich war im Sommer vom Staatsanwaltschaftsrat Jansen in Haft genommen – so daß ich nicht einmal einen Überzieher hatte, und es war empfindlich kalt. Ich stand also da auf der Straße und wußte nicht wohin, und dann hat das gleich angefangen, da meinte ich die schlimmsten Gewalttaten begehen zu müssen. Da habe ich gleich angefangen mit den Brandstiftungen. Das soll nicht so aussehen, als ob ich mich da hätte wärmen wollen, ich hatte einen bestimmten Zweck, ich habe mir da den Vergeltungsgedanken vorgestellt und geglaubt, das käme auch über meine Peiniger. Denn andererseits will ich nicht verhehlen, daß auch eine gewisse sexuelle Unterlage da mitgespielt hat. Über diese sexuellen Dinge werde ich Ihnen im besonderen noch berichten. Ich bin dann noch wiederholt hier zur Verantwortung gezogen worden, immer noch von 1925 her, was alles Sachen waren, die mir angedichtet sind. Bin einmal auch bestraft worden, 1928, acht Monate Gefängnis. Es ist da ein Beamter der Staatsanwaltschaft – ich bilde mir das nicht ein – der ist persönlich gehässig gegen mich eingestellt. Ob das seinen Grund hat – der Beamte verkehrte bei der Herrschaft, wo ich damals das Verhältnis mit der Hausangestellten hatte, es verkehrte da auch der Rechtsanwalt Weber, der sein Büro auf der Hofgartenstraße hat mit Schneider-Breuer zusammen, ob das da seinen Ursprung darin hat, daß die darüber entrüstet waren, weil ich ein verheirateter Mann war und die Hausangestellte betrogen hätte, weil die doch alle denken, sie werden geheiratet. Tatsache ist jedenfalls, daß der Beamte der Staatsanwaltschaft, Jansen, in einem Gerichtstermin aufgesprungen ist und trotzdem ihm das gar nicht zukam und gar nicht zustand in den Saal hinein gerufen hat, ich sei ein alter Zuchthäusler, ich müßte eigentlich viel schwerer bestraft werden und so weiter, und in diesem Sinne Ausführungen machte. Und das ist die Gelegenheit gewesen, wo auch meine Frau von meinem Vorleben erfahren hat, von dem sie bis dahin nichts wußte. Ich möchte noch besonders erwähnen, daß auch das Gericht bei dieser Gelegenheit einmal einen ganz unsinnigen Beschluß gefaßt hat, der geradezu rechtswidrig ist. Der Gerichtsbeschluß wurde auf Antrag des Beamten Jansen gefaßt und lautet folgendermaßen: Der Angeklagte wird zu acht Monaten Gefängnis verurteilt, davon mußte ich sechs Monate verbüßen, die weiteren zwei Monate sollten mir, falls ich zwei Monate nach meiner Freilassung aus dem Gefängnis Düsseldorf verlassen hätte, – dafür sollte mir Bewährungsfrist erteilt werden für die restlichen zwei Monate. Das ist ein unsinniger und

rechtswidriger Beschluß, weil doch jedem in Preußen Freizügigkeit zusteht und keiner gezwungen werden kann, Düsseldorf zu verlassen. Was die selbst gedacht haben dabei, wie das möglich ist bei der wirtschaftlichen Notlage und der Wohnungsgeschichte, daß man da einfach ins Blaue hinein Düsseldorf verlassen soll, weiß ich nicht. Der Beschluß ist aber gefaßt, und nachträglich habe ich ihn vom Ministerium abgeändert bekommen; der Beschluß ist aufgehoben worden. Ich glaubte durch die ganzen Machenschaften, besonders von Jansen, zu Unrecht bestraft und in das Haus gebracht zu sein und auf jede Art und Weise benachteiligt worden zu sein. Das Stadium und die Verfassung, wo ich mich darin befand im Jahre 1928 und nach meiner Freilassung, die waren so und auch der Vergeltungsgedanke derart stark, daß ich glaubte nur noch durch zahlreiche Gewalttaten mir Luft verschaffen zu können. Ich bin dann auch fast tagtäglich abends zu dem Zweck von Hause fortgegangen, um einen Menschen umzubringen.«
(Hier abgebrochen.)

III. Untersuchung am 10. Oktober 1930.

(*»Erzählen Sie weiter!«*) »Tcha, ich habe mir mal die Sache überlegt, Herr Professor, wir waren jetzt bis in die – bis zu dem Zeitpunkt gekommen, wo die Straftaten von 29 gewissermaßen beginnen.« *(»Bis zum Jahre 28 waren wir gekommen!«)* »Und da hab' ich Sie mal fragen wollen, ob es Ihnen also recht wäre, daß ich da mal – erst mal von meiner Jugend erzählen würde. Oder wollen Sie erst mal jetzt die Straftaten hören?« *(»Ich möchte erst die Straftaten hören, wenn auch nicht in allen Einzelheiten. Wir versuchen erst mal bis zur Jetztzeit zu kommen, bis zur Verhaftung und zu Ihrer jetzigen Einstellung.«)*

»Tcha, also im Jahre 28 – hatte ich Ihnen schon geschildert – hatte ich eine Strafe verbüßt, 8 Monate, und durch diese Strafe glaubte ich auch erstensmal zu Unrecht behandelt zu sein. – Hatte ich Ihnen schon von dem Beschluß erzählt? ja *(überlegt)* ja und dann im Anfang des Jahres 29 – oder vielmehr schon Ende 28 – glaubte ich dann nur durch Ausführung schwerster Gewalttaten mir Luft und Erleichterung verschaffen zu können. Ich habe mich damals in einem Zustande beziehungsweise in einer Verfassung befunden, die mich gewissermaßen den ganzen Tag gequält, nicht zur Ruhe hat kommen lassen, und auch wenn ich in Arbeit war oder nicht in Arbeit, wie zum Beispiel während der Arbeit, obwohl ich damals schwer arbeiten mußte – ich habe damals vierzehn Monate in der Eisengießerei gearbeitet – hat mich das nicht zur Ruhe kommen lassen am Tage. Es schwebten mir immer die Erinnerungen vor – manchmal blitzschnell stellten sich Bilder vor meine Augen, von dem vergangenen Leben, insbesondere der grausamen Behandlung in dem früheren Strafvollzug. Der Zustand, in dem ich mich da befand, war derart, daß ich auch wiederholt unter Kopfschmerzen litt, ich fühlte mich wie geschlagen oder wie gegenwärtig gepeinigt, so daß ich mir manchmal im Laufe des Tages während der Arbeit im Stillen für mich gesagt habe: na, es wird ja auch noch Feierabend mal, und heute Abend werde ich mir dann auf irgendeine Art und Weise Erleichterung verschaffen. Dieses hat dann schon gewissermaßen in etwa eine beruhigende Wirkung gehabt. Ich bin dann seit Ende des Jahres 28 bis zum Tage meiner Verhaftung jeden Abend, wo ich unbeachtet von meiner Frau das Haus verlassen konnte, aus meiner Wohnung gegangen, um solche schwere Verbrechen auszuführen. Ich muß hier einflechten, daß meine Frau immer fleißig war und immer berufstätig war, und der Dienst oder die Arbeitszeiteinteilung meiner Frau immer so war: eine Woche Frühdienst und die andere Woche Spätdienst. Wenn meine Frau Spätdienst hatte, kam sie vor halbzwei, zwei Uhr nicht nach Hause, und dann hatte ich Gelegenheit, von ihr unbeobachtet das Haus zu verlassen und draußen herumzustreifen. Ich habe dann dafür gesorgt, daß ich wieder zu Hause und im Bett war, wenn sie nachher nach Hause kam. In der ersten Zeit Ende 1928 sowie auch im Januar 1929 ist mir das noch nicht so gelungen, meine Absicht, die ich so hatte, zur Ausführung zu bringen. Das ist nicht etwa mein Verschulden oder richtiger mein Verdienst, sondern das hat eben an den äußeren Umständen gelegen. Es hat auch vielleicht daran gelegen, daß nicht jede Person so mir nichts dir nichts sich einem anvertraut und mitgeht, mitgeht auch vielleicht sogar in stillere, unbelebte Gegenden, die ich doch meistens immer aufgesucht habe, um eine solche Tat auszuführen.« (*überlegt*) »Ja, ich muß also hier noch mal wieder darauf hinweisen, daß wie gesagt, der Gedanke und die Bilder, die immer vor meinem geistigen Auge standen und mich dauernd immer gequält haben von dem früheren Leben und den vielen und grausamen Strafen, die ich erduldet, und die mich jeden Tag hinaustrieben und mir keine Ruhe ließen, daß dieser Zustand in Verbindung mit dem stark ausgeprägten sexuellen Trieb, was ich Ihnen durchaus nicht verschweigen will, der bei mir bestanden hat, gewissermaßen mich herausgejagt oder gedrängt haben irgendwelche Taten auszuführen, wo ich glaubte, daß ich mir damit eine Erleichterung verschaffen sowie auch, daß diese Taten eine gewiße Entsühnung darstellen würden für alles das viele Unrecht, was mir zugefügt worden war. Wenn ich dann nun irgendein Opfer wie z.B. – in dem 1. Fall war es eine alte Frau, Kühn hieß die, wie ich später erfahren habe – dort in der einsamen Gegend auf der Berthastraße plötzlich überfallen habe und sie schwer verletzt habe, so war mir das in diesem Falle gleichgültig, ob das nun gerade hier eine alte Frau oder ob es vielleicht ein Kind gewesen wäre oder ob es ein Mann oder ein Weib war. Es genügte mir, hier eine Gewalttat auszuführen, durch die ich glaubte und hoffte eine Erleichterung zu finden. Ich muß sogar noch hinzufügen, daß der Drang, so etwas auszuführen, so stark war, daß ich in dem Moment der Ausführung mir gar nicht erst lange überlegt habe, was tust du hier oder wie machst du das am besten, sondern ich habe meistens blindlings und wahllos auf so ein Opfer losgestochen oder losgeschlagen. Der Vorgang, wie sich das so übertragen oder vermitteln sollte auf meine Peiniger, den habe ich mir folgendermaßen vorgestellt: Ich habe angenommen, das Blut oder die Schmerzen von dem jetzt hier unschuldigen Opfer muß notgedrungen auf meine Peiniger verfallen, kommen, wenn es andererseits auch, wie man ja manchmal so auch hier im Irdischen so oder Materiellen auch so behauptet, wenn es andererseits noch eine ausgleichende Gerechtigkeit gibt. Ich habe gedacht, das wird sich dann vielleicht bei den Peinigern in der Weise äußern, oder diese meine früheren Peiniger würden es ahnen und fühlen, daß sie, auch wenn ich ihnen nicht bekannt, als Täter nicht bekannt war, hier sich schuldig gemacht haben, daß hier das schwere Verbrechen begangen worden ist. Ich habe mir weiter vorgestellt, diese meine früheren Peiniger würden vielleicht durch Mißerfolg so im täglichen Leben oder vielleicht in ihrer Berufsstellung oder sonst wie irgend etwas zu spüren bekommen oder vermerken können, was sie dann notgedrungen darauf zurückführen müßten, wie ich mir diese ausgleichende Gerechtigkeit so vorgestellt hatte. Und so habe ich denn in dem Jahre 1929 zahlreiche Verbrechen aus diesen Gründen begangen.« (*überlegt*) »Wenn hier bei diesen Straftaten auch eine sexuelle Unterlage vorhanden gewesen ist, so möchte ich das darauf zurückführen, daß einesteils der sexuelle Trieb mit Rücksicht auf die jahrzehntelange Geschlechtsfesselung bei mir außerordentlich stark war, wo ich ihn später wieder in Freiheit betätigen konnte, daß weiterhin der sexuelle Trieb, auf diese Art und Weise überhaupt eine Befriedigung zu finden, nur daraus entstanden ist, daß man mich früher so gequält und gepeinigt hat, denn aus diesen daraus folgenden Vergeltungsgedanken und Entsühnungsgedanken nur allein ist dieser sexuelle Trieb, nur auf diese Art und Weise die sexuelle Betätigung zustande gekommen. Denn wenn ich früher manchmal meine Gedanken so ganz auf diese Entsühnungsgedanken und Vergeltungsgedanken konzentriert habe, habe ich da – das ist allerdings schon Jahrzehnte her – zum ersten Male gespürt und gemerkt, daß man sich in dieser Weise auch sexuell befriedigen kann, zum mindesten einen sexuellen Genuß davon haben kann und auch wirklich hat, und zwar in der Weise, daß man sonst seinen Körper gar nicht berühren, mit Fingern oder so gar nicht berühren braucht. Also die Erkenntnis, daß so was möglich ist, das ist schon vor Jahrzehnten mir zum Bewußtsein gekommen durch die Betätigung dieser Vergeltungs- und Sühneideen, die wiederum entstanden waren durch das Unrecht und durch die Behandlung hier in diesen Häusern, wo ich dann habe nachweisbar sehr schwer darunter leiden müssen. Und das ist der Grund, daß bei diesen Straftaten auch Erscheinungen zutage getreten sind, die auf sexuelle Betätigung schließen lassen.« (*überlegt*) »Ja, das – wenn Sie nun nicht diese einzelnen Straftaten im Ausführlichen noch geschildert haben müssen, dann hätte ich hiermit ja das Hauptsächlichste gesagt; das bezieht sich ja auf alle Straftaten.« (*»Können Sie uns, ohne auf die einzelnen einzugehen, die Straftaten aufzählen?«*) »Ja.« (*»Bitte!«*) »Ja, alles in allem, auch Brandstiftungen?« (*»Bitte zeitlich geordnet!«*) »Ja, das kann ich. Das Erinnerungsvermögen habe ich noch daran. Also Brandstiftungen haben allerdings schon früh eingesetzt. 1904. Dann 1913, und 1927 und 1928. 1927 und 1928 ist Herbst 1927 oder Frühjahr 1928 gemeint und dann Herbst 1928 und Frühjahr 1929. Dann kamen die Gewalttaten, also wo Körperverletzungen mit verbunden sind oder was Tötungen oder Mord war. Da war 1904 schon mal ein Versuch, Mordversuch wurde mir da zur Last gelegt, nein, das war 1903.« (*»War der schon aus dem Gefühl der Spannung heraus?«*) »Ja, ich habe Ihnen das schon voriges Mal geschildert. Da glaubte ich allerdings hinzufügen zu müssen, das war die Revolverschießerei in Grafenberg, da bin ich selbst bis heute noch nicht klar darüber geworden, wie ich dazu gekommen bin. Dann folgten im Jahre 1913 schwere Straftaten, im Sommer 1913. Schwere Körperverletzung und auch Mord.« (*»An wem?«*) »Ich habe es jetzt ja gerade gesagt, Körperverletzung und Mord. Mord am Kind in Mülheim und Körperverletzung in Gerresheim an einem Mann und an einer Frauensperson. Dann folgten 1929 die Taten hier in Düsseldorf bis 1930 im Mai, als die Festnahme erfolgte.« (*»Welche Taten sind das?«*) »Kühn, Ohliger, Scheer, Hahn, Lierenfeld, Flehe, Schulte, Reuter, Dörrier und Albermann. Und dann weiter noch einige im Jahre 1929, einige Überfälle im Jahre 1930 auch Überfälle, die also Mordversuch darstellen. Das sind einzelne Namen, die ich mich noch erinnere, Ullrich. Dann habe ich, glaube ich, noch einige vergessen aus 1929, Meurer und Wanders. Das ist so das, was ich mich erinnere. Ach so – ich erinnere mich noch – eine Marianne Del Santo, das sind aber meist Versuche gewesen, wo es beim Versuch geblieben ist, wo es auch nicht zu Verletzungen gekommen ist.« (*»Von den Überfällen ohne Todeserfolg können Sie keine bezeichnen?«*) »Ja, ich habe schon einige bezeichnet, Ullrich und Marianne Del Santo. Ohne Todeserfolg meinen Sie? Meurer und Wanders waren auch ohne Todeserfolg. Herstraß, Massmann, Schulte und Witthaupt, Eidam, das sind in der Hauptsache, die ich mich erinnere.« (*»Dann kommen wir jetzt zur Verhaftung?«*) »Ja, so, die Verhaftung. Die ganze Sache kam ja ins Rollen durch die Budlies, die hat mich wiedergefunden, beziehungsweise meine Wohnung wiedergefunden, und als ich die in meinem Haus bemerkt habe, habe ich meine Wohnung verlassen und mir eine andere Wohnung gesucht. Die Sache hat sich dann aber immer mehr zugespitzt, und ich habe meiner Frau mich ganz offenbart, vorläufig allerdings erst nur gesagt das mit der Budlies, daß ich aus diesem Grunde die Wohnung verlassen müßte, dann weiter zugegeben das mit der Schulte, worauf meine Frau mir geraten hat, ich soll dann lieber gehen und die Augen zumachen, und sie wollte das selbe tun, das wäre besser für mich und für sie. Ich habe ihr das damit auszureden versucht, wenn ich schon dran glauben muß, dann ist das noch lange nicht nötig, daß du auch so etwas unternimmst, und sie beredet und beredet stundenlang, und habe dann mit Rücksicht auf die Belohnung, die ausgesetzt war, ihr alles zugegeben und alles gesagt, was sich hier im Jahre 1929 ereignet hätte, das hätte ich alles getan. Ich habe es dann soweit gebracht, daß meine Frau, die es anfangs nicht glauben wollte, nachher es dann doch soweit geglaubt hat und fest versprochen hat, ja, sie wolle das dann tun, nachdem ich ihr vorher gesagt habe, ob ich nun so gehe und mache die Augen zu, oder ob ich nachher hingerichtet werde, das ist im Wesentlichen nichts anderes; und dann hast du wenigstens noch für dein Alter, wo die wirtschaftliche Notlage so groß ist und wo es manchmal unmöglich ist, für jüngere Leute Arbeit zu bekommen, viel schwieriger noch für ältere Leute. – Ich habe meiner Frau auch auseinandergelegt, daß sie das nicht etwa als Judaslohn zu betrachten brauche, und daß sie nicht ehrlos zu erscheinen brauche, wenn sie dafür Geld annimmt, sondern ich habe ihr versucht einzureden, sie tue damit noch gewissermaßen ein gutes Werk an der menschlichen Gesellschaft; von mir habe sie doch nichts Gutes gehabt, ich sei ihr doch immer untreu gewesen; ich habe sie dann auf alle Art und Weise zu überreden verstanden, so daß sie das, was sie mir zugesagt hat, noch am selben Abend zur Ausführung gebracht hat, indem sie das der Polizei bekanntgegeben hat. Es war allerdings nicht beabsichtigt, daß sie das am selben Abend bekannt geben soll, sondern sie sollte erst ihre Wohnungsgeschichte in Ordnung bringen, die Wohnung ganz aufgeben und zu Geld machen. Denn ich war mir darüber klar, daß das allerhand Sturm geben würde in Düsseldorf und auch in den Blättern, und das ist ja auch in Wirklichkeit noch schlimmer eingetroffen als ich damals vermutet habe. Und es war auch ganz richtig, daß ich ihr angeraten hatte, sie sollte die Wohnung aufgeben und sich sonst in einer anderen Stadt niederlassen; denn das hat man ja gesehen, wie Tausende von Menschen die Wohnung angestarrt und belagert haben. Daß sich das früher entschieden hat, das lag daran, daß die Beamten die Wohnung, die ich früher auch mit geteilt hatte, belagert haben und besetzt hatten. Als meine Frau an diesem Tage, wo wir diese Unterredung gehabt hatten, nach Hause kam, haben die Beamten meine Frau empfangen, und da sie wirklich nicht in der Lage war, Auskunft zu geben über meine Aufenthalte, haben sie vorsichtshalber, einesteils um sie in Schutzhaft zu nehmen, andererseits, daß sie nicht meine Flucht fördern solle, haben sie meine Frau den Abend gleich mitgenommen, und hat meine Frau am selben Abend schon gleich Meldung von gemacht. Ich hatte mit meiner Frau für den folgenden Tag, den 24. Mai, noch eine Zusammenkunft verabredet, und zwar am Rochusplatz. Die Folge davon war, daß sie meine

Frau von weitem begleitet haben mit einem ziemlichen Aufgebot von Beamten, die alles umstellt hatten, und mich dann da festgenommen haben.

In der Annahme, daß meine Frau das da alles gemeldet hatte, habe ich dann auch ohne weiteres auf dem Präsidium alles bejaht. Ich möchte noch bemerken, daß man mir da auf dem Präsidium auch gesagt hat, daß meine Frau bereits schon Enthüllungen gemacht habe. Ich habe dann im Verlauf der zweiwöchigen Vernehmung auf dem Präsidium nicht nur alles das zugegeben und zu Protokoll gegeben, was sich hier im Jahre 1929 und 30 in Düsseldorf ereignet hat, sondern ich fing jetzt an, mich in der Rolle zu gefallen, und habe jetzt, habe mehr noch auf mein Konto genommen, als ich in Wirklichkeit ausgeführt hatte. Ich will nicht leugnen, daß der Umstand, daß ich mich in der Rolle gefallen habe, darauf zurückzuführen ist, daß ich von meinem Vater wohl etwas Großmannssucht geerbt habe. Denn ich kann sagen, daß mein Vater sehr an Großmannssucht gelitten hat.

Nach diesen zwei Wochen auf dem Präsidium wurde ich dann hier in die Anstalt eingeliefert. Bei der ersten Vernehmung durch den Herrn Untersuchungsrichter fragte der Herr Richter mich, ob ich denn bei alledem, was ich auf dem Polizeipräsidium zu Protokoll gegeben habe, verbleiben wolle. Da habe ich geantwortet mit ja, das halte ich alles aufrecht und ich verbleibe bei diesen auf der Polizei gemachten Angaben. Darauf sagte mir der Herr Untersuchungsrichter, das halte er gar nicht für menschenmöglich, da müßte ich ja alle Tage nichts wie schwere Verbrechen ausgeführt haben. Er nahm wohl an, vielleicht den Mittelweg, wie man so zu tun pflegt, die goldene Mittelstraße einzuhalten, wenn ich auch nicht schuldlos sei, und einzelne der in Frage kommenden Taten ausgeführt haben könne, dann jedoch nicht alle diese Taten, die, ich glaube *(überlegt)* die Zahl sechzig oder siebzig bald erreichten. Bei einer zweiten Vorführung bin ich dann auch wiederum dabei geblieben, alles ganz aufrecht zu erhalten, was ich bei der Polizei gesagt hatte. Zwischendurch fanden aber noch hier im Hause polizeiliche Vernehmungen statt. Ich habe dann noch immer mehr auf mein Konto genommen, was ich in Wirklichkeit nicht getan hatte. Am Tage nach meiner Festnahme ist meine Frau nach Grafenberg gebracht worden, weil sie gewissermaßen seelisch zusammengebrochen war. Meine Frau war dort zwei Wochen und hatte dann den Entschluß gefaßt, nach Leipzig zu fahren zu ihren Verwandten. An dem Tage, wo sie dahin fahren sollte, hat der Herr Richter sie nochmal hier hinkommen lassen zur Vernehmung. Der Herr Richter verlangte dann von mir, ich solle in Gegenwart meiner Frau wiederholen, was ich gestern und vorgestern vor ihm hier gesagt, daß ich dabei bleiben wolle, und solle in Gegenwart meiner Frau das nochmals ausdrücklich betonen, daß ich bei meinen polizeilichen Angaben verbleiben wolle und alles das getan hätte, was sich hier 1929 und 1930 ereignet habe, sowie auch das übrige, was ich noch auf mein Konto genommen habe. Ich habe darauf dem

Herrn Richter gesagt: Herr Richter, ich halte das für ganz bestimmt nicht ratsam, daß Sie mich jetzt hier mit meiner Frau zusammenbringen. Der Herr Richter hat aber darauf bestanden und so wurde dann meine Frau in das Zimmer hineingeführt. Die Folge davon war ein vollständiger seelischer Zusammenbruch meiner Frau, der sich darin äußerte, daß sie laut schluchzend auf einen Stuhl niedersank und sich also vor Aufregung und Schluchzen und Weinen schüttelte. Es war keine Möglichkeit, mit ihr ein Wort zu sprechen. Um meiner Frau das so – ich konnte das nicht länger ansehen – um den Zustand, die Leiden meiner Frau abzukürzen, habe ich zu dem Herrn Richter gesagt: Herr Richter, ich bin nicht der Düsseldorfer Mörder. Ich habe dann noch einzelne Ausführungen gemacht, weshalb ich nicht der Düsseldorfer Mörder sein wolle und sein könne, worauf sich meine Frau allmählich beruhigt hat. Das hat sich dann damit erledigt. Ich bin dann wieder zurückgegangen und meine Frau ist am selben Tage nach Leipzig gefahren. Wir haben dann auch monatelang in diesem Sinne hier verhandelt, daß ich die Taten nicht ausgeführt haben wolle.« (*überlegt*) »Da es mir aber ganz klar war, daß ich immerhin für einzelne Taten, deren man mich ohne Zweifel überführen würde, eine zeitliche Höchststrafe von fünfzehn Jahren Zuchthaus bekommen würde, und andererseits mir auch sagen mußte, auf diese Art und Weise kannst du für deine Frau nichts tun, bin ich dann nach einiger Zeit wieder zum Geständnis zurückgekehrt, und zwar freiwillig, aus freier Willensentschließung. Ich möchte hier noch bemerken, daß meine ersten Fragen auf dem Präsidium sowohl wie hier beim Herrn Untersuchungsrichter diejenigen gewesen sind, ob und inwieweit meine Frau an der Belohnung teilnehmen werde. Daß ich freiwillig zurückgekehrt bin, hatte ich Ihnen schon gesagt, ja? Und seit der Rückkehr zum Geständnis habe ich dann auch dem Herrn Untersuchungsrichter die Taten alle wieder so geschildert als wirklich von mir begangen, was ja auch in Tatsache der Fall ist. Und da sind wir nun mittlerweile so mit fertig geworden mit der Voruntersuchung; das ist soweit, kann man sagen, bald abgeschlossen.«
(Hier abgebrochen.)

IV. Untersuchung am 13. Oktober 1930.

(*Frage: »Was möchten Sie uns gerne jetzt weiter erzählen?«*) »Tcha, wenn Sie mal etwas von meiner Jugend hören wollen?« (*»Ja, das war auch mein Gedanke! daß wir das jetzt dran nähmen!«*)

»Meine Eltern, das sind einfache Leute gewesen, die Mutter vom Lande und der Vater von einem kleinen Städtchen bei Köln. Mein Vater, der war Former, in der Eisengießerei ist das, und bekanntlich wird ja da auch, wenigstens früher wurde da viel Alkohol verkonsumiert, hauptsächlich Schnaps. Und so bin ich denn von diesen beiden meinen Eltern in Mülheim am Rhein bin ich gezeugt und geboren worden, 1883. Und da weiß ich mich zu erinnern, da konnte ich noch nicht laufen, da weiß ich mich noch von Szenen und Exzessen zu erinnern von meinem Vater, die Gewalttätigkeiten, Brutalität zum Ausdruck brachten, zum Beispiel Zertrümmerung von Möbeln und Mißhandlung der Mutter, und im weiteren Verlauf der Jahre, noch bevor ich schulpflichtig geworden war, weiß ich mich weiter zu erinnern über das gleiche Wesen meines Vaters sowie, daß er auch schon mal mit der Polizei in Konflikt gekommen war.

Und noch einige Jahre weiter, ich war dann mittlerweile in die Schule gekommen und so etwa neun oder zehn Jahre alt geworden, da hatte ich auch schon sehr schwer unter diesen Mißhandlungen und unter dem ganzen Wesen des Vaters zu leiden, Mißhandlungen schauderhaftester Art, wenn die Mutter das Haus flüchtend verlassen hatte, dann vergriff er sich auch an den Kindern. Ich war der älteste Junge und mußte deshalb immer am meisten herhalten. Ich habe auch schon seit meiner frühesten Jugend keinen Sonntag gekannt. Wenn andere Jungens draußen spielten, dann mußte ich abends oder auch Sonntags, immer jeden Sonntag ohne Ausnahme meinem Vater helfen basteln oder herumbuddeln im Keller.

Er war, wie gesagt, Former und hatte sich auch im Keller eine kleine Gießerei eingerichtet, wo er solche Sachen herstellte, wie zum Beispiel Spiegelbilder, Rehköpfe, das dann immer mal hier und da ein Liter Schnaps brachte. In angetrunkenem Zustande war mein Vater manchmal fürchterlich, und kannte dann seine Wut keine Grenzen und ließ auch die Wut x-beliebig aus. Als sich solch eine Szene mal wieder abgespielt und er mich schwer mißhandelt hatte und außerdem noch mit dem Brotmesser den Hals abschneiden wollte, es mir jedoch gelungen war zu flüchten, da habe ich das Haus fluchtartig verlassen und bin wochenlang nicht mehr nach Hause gekommen. Ich war damals 9 Jahre alt. Ich bin dann in dieser Zeit ein regelrechter Straßenräuber geworden. Ich habe mir nicht nur gestohlen, was ich irgendwie bekommen konnte, Lebensmittel oder so was, sondern ich habe regelrecht Straßenraub begangen, indem ich Frauen oder auch Kindern das Geld abgenommen habe, Kindern, die vielleicht so was holen sollten, oder Frauen, die irgend etwas trugen, ein Körbchen. In einem Falle weiß ich mich zu erinnern, daß eine ein Portemonnaie drin liegen hatte, das lag auf dem umgeklappten Deckel des Körbchens, und auf diese Art und Weise habe ich Straßenraub gemacht, bis sie mich natürlich erwischt haben. Ich habe aber auch schon mal regelrecht vor einem Gericht gestanden und sollte in eine Zwangserziehungsanstalt kommen. Das ist aber noch mal verhütet worden. Der Vater hat einesteils die Sache so hingestellt, als ob er auch etwas wohl Schuld hätte und andererseits hat sich auch die Mutter ins Mittel gelegt, und so ist es nicht dazu gekommen, daß ich in eine Zwangserziehungsanstalt kam, sondern ich wurde wieder nach Hause gebracht. Das hat dann eine Zeitlang gut gegangen, auch mit mir. Nach einigen Jahren, da zogen wir von dort, Köln, nach Düsseldorf-Grafenberg. Dasselbe Elend mit dem Trinken des Vaters setzte sich aber hier fort. Auch, daß ich dem Vater immer helfen mußte und immer um ihn herum sein mußte, also keinen Sonntag kannte oder so etwas Ähnliches, das war dasselbe wie da in Köln-Mülheim. Da haben sich auch dieselben Exzesse schlimmster Art abgespielt. Er war damals hier bei Haniel beschäftigt. Mehrere Male ist vorgekommen, daß er in meiner Gegenwart, nachdem die Mutter die Wohnung fluchtartig verlassen hatte, das Brotmesser geschliffen hat, um mir den Hals abzuschneiden. Durch das Hinzutreten meiner älteren Schwester, die dann sehr laut schrie, ist es mir gelungen zu flüchten. Ich habe mich dann diese Nächte immer draußen aufgehalten, entweder habe ich mich irgendwo im Grafenberger Wald oder auf der Hardt hingekauert im Sommer. Ich habe auch in der Schule auf der Grafenberger-Allee, wenn ich hereinkommen konnte, so eine Nacht zugebracht. Ich muß nun auch bemerken, daß mein Vater des anderen Tages von so etwas gar nichts mehr wußte und außerdem, wenn er nüchtern war, der beste Mensch war. Nur, wie gesagt, in seinem Suff, da war er eben schlimm, und hatte da die Familie sehr darunter zu leiden. Die Familie war nachher zwölf Personen, zehn Kinder waren im ganzen. Und die Not, die war wohl sehr groß und mit Rücksicht darauf, daß der Vater ja das Geld nicht alle nach Hause brachte und sonst eine Einnahmequelle nicht bestand, war die Not manchmal so, daß man von Elend sprechen kann. Die Betten, was die Lagerstätten waren, wo wir Kinder drin schliefen, das kann man also geradezu, ohne daß ich das übertreiben will, mit einem Misthaufen bezeichnen, das waren Strohsäcke, wie das früher üblich war. Nun schliefen alle Kinder zusammen in einem Raum. Der Raum, der war nicht größer als die Hälfte von diesem Raum hier. Wenn jemand von den Herren Interesse haben würde, könnte er sich den Raum noch ansehen; es ist, wenn man von Grafenberg kommt, das erste Haus in der Hohenzollernkolonie in der mittelsten Reihe, bestehend aus drei Räumen, eine Parterrewohnung. Vom Hof kommt man erst in die Küche, weiterhin in das Schlafzimmer der Eltern und dann ein kleines Kämmerchen neben der Küche, nach der Hofseite gelegen, darin schliefen alle Kinder. Es schliefen auch Kinder verschiedenen Geschlechts in einem Bett. Und hier in diesem kleinen Kämmerchen, da hat sich dann auch zugetragen, die Blutschande meines Vaters, natürlich auch in angetrunkenem Zustande an seiner ältesten Tochter. Und dafür wurde mein Vater mit eineinhalb Jahren Zuchthaus bestraft, und da war das Elend mal erst ganz groß. Ich war mittlerweile dreizehn Jahre alt geworden, und schon also, wie man so sagt, herangereift, alles so zu verstehen, daß ich also schon zum Jüngling oder Mann herangereift war, wie man so sagt, also daß schon Samenerguß stattfand. Ich habe schon sehr früh von geschlechtlichen bzw. sexuellen Dingen Kenntnis und Ahnung gehabt mit

Rücksicht auf das brutale Vorgehen des Vaters gegen meine Mutter, wenn er angetrunken war. In diese Zeit fällt auch der Tag meiner Kommunion, der ersten Kommunion, der weiße Sonntag. Das war auch für mich so gut wie für jeden anderen Menschen in der Jugend ein schöner Tag. Allerdings hat sich der Abend etwas anders gestaltet. Der Vater war nebenbei bemerkt Religionshasser. Es ist aber doch dem Pfarrer – Bollig hieß der Pfarrer, der später mal so ein tragisches Ende genommen hat – gelungen – der hielt den Religionsunterricht ab in Grafenberg – ist es ihm gelungen, daß ich auch zur Kommunion ging, und er hat mir auch einen Anzug gegeben und Schuhe, mich völlig eingekleidet, und da durfte ich dann gehen. Wie schon gesagt, der Tag war soweit ganz schön, aber abends hatte sich der Vater wieder betrunken. Er hat zwar nicht jemand mißhandelt an dem Tage, aber mir die ganzen Sachen kaputtgerissen, den Anzug, in einem Wutanfall oder im Suff jedenfalls, vollständig auseinandergerissen. So eine ähnliche Szene hat sich an dem weißen Sonntag meiner Schwester Katharina wiederholt, die etwas jünger ist als ich, nur mit dem Unterschied, daß es da schlimmer ausgefallen ist. Da hat er die ganzen Möbel kaputt geschlagen, alles zertrümmert.

Ich käme dann jetzt zur Entlassung aus der Schule. Ich muß noch bemerken, daß ich in der Schule gut gelernt habe, von den Lehrern auch durchaus nicht schlecht gelitten war und auch sicher nicht so gewesen bin, was man so einen Strick nennt oder besonderen Taugenichts während der Schulzeit; das ist bestimmt nicht der Fall gewesen. Abgesehen von einzelnen Streichen, wie sie ja doch sozusagen alle Jungens machen, vielleicht mal Äppel geklaut irgendwo im Garten oder Eichhörnchennester ausgenommen. Die schweren Mißhandlungen von seiten meines Vaters, die hatten ihren Ursprung nur immer wie gesagt, wie ich immer wieder betonen muß, in dem Umstand, daß mein Vater sehr oft angetrunken war und dann die Mutter mißhandelte. Ich sollte natürlich auch das werden, was der Vater war und kam dann auf dieselbe Fabrik in die Lehre. In den Eisengießereien, da herrschten damals in den 90er Jahren rohe und brutale Zustände. Die Mißhandlungen von Lehrlingen, das war ja damals so üblich; man war früher der Ansicht: wenn ein Lehrling nicht tüchtig mißhandelt wird, dann lernt er nichts, und gerade in der Eisengießerei gabs so besondere Art und Weisen, zum Beispiel so'n Jungen in so'n Loch stecken und das Loch zustampfen, daß er nur noch mit dem Kopf herausguckte: Da bleibst Du eine Stunde drin, dann wirst du es schon können, wenn du es noch nicht gekonnt hast, das ist nichts Neues; die älteren Leute lachten dazu; ich habe vielleicht selber schon gelacht, wenn es einem andern zugestoßen ist, nur wenn es mir selber passiert ist, dann habe ich nicht gelacht. Ich wollte damit nur so mal den Geist schildern, der früher in den Gießereien herrschte. Ich hatte jetzt auch noch das Unglück, daß ich bei meinem Vater arbeiten mußte, und kann ich wohl hier sagen: ich bin wohl einer der Lehrlinge gewesen, die am meisten mißhandelt worden sind, so daß meinem Vater verschiedentlich deswegen gekündigt war, die Kündigung aber mit Rücksicht darauf, daß er nachher vorstellig geworden ist und auf die große Familie aufmerksam machte und so weiter, zurückgenommen wurde. Das ist so schlimm geworden, daß ich das nachher gar nicht mehr glaubte ertragen zu können und bin dann bei einer sich mir bietenden Gelegenheit auf und davon. Die Firma hatte mir bei dieser Gelegenheit einen Geldbetrag anvertraut, und das habe ich natürlich wahrgenommen und als eine ganz günstige Fügung angesehen, um endlich aus diesen Folterqualen mich befreien zu können. Und dieses war auch außerdem noch meine erste strafbare Handlung; und da man das früher nicht kannte, ein Jugendgericht oder sowas, ich war damals noch nicht sechzehn Jahre alt geworden, da wurde ich natürlich auch bestraft mit zwei Monaten Gefängnis, und früher kannte man auch keine Bewährungsfrist, da mußte ich allerdings dann auch die zwei Monate gleich verbüßen. Wir kommen dann jetzt wieder zum Strafvollzug, wo ich Ihnen schon einigen von mitgeteilt hatte ...« (*»Ich möchte etwas anderes fragen: Ich glaube, ich bitte Sie, daß Sie uns das erzählen, was Sie mehrfach angedeutet haben und was Sie erzählen wollten, das Sexuelle!«*) »Ja – ja, ich habe ja schon darauf hingedeutet, daß ich also früh herangereift war, und daß ich auch schon frühzeitig einen starken Trieb verspürt habe, mich auf irgendeine Art und Weise sexuell zu betätigen. Nun ist es ja meistens so, daß Mädchen in dem jugendlichen noch schulpflichtigen Alter wohl in den allerseltensten Ausnahmefällen für so etwas zu haben sind. Ich habe auch Kenntnis gehabt von Onanie, ich habe aber diese Onanie wenig oder gar nicht geübt. Ich habe vielmehr danach getrachtet, mich richtig mal sexuell betätigen zu können, schon mit dreizehn und vierzehn Jahren. Und da das, wie gesagt, äußerst schwierig war, eine Möglichkeit dafür auf normale Art und Weise dieses zu betätigen nicht gegeben war, da bin ich eben auf etwas anderes verfallen, da bin ich auf das verfallen, was man heutzutage mit Bestialität bezeichnet. Ich habe schon in diesen Jahren den Tieren Verletzungen beigebracht mit dem Messer. In einem Falle bin ich dabei überrascht worden, so daß das bekannt geworden war, daß ich derjenige gewesen bin, der das Tier da ziemlich schwer verletzt hat. Das ist gewesen in dem Hause unterhalb der Hirschburg. Da steht so ein altes Haus, Herr Professor, da war früher hinten noch ein Stall dran.« *(Frage: »Was für ein Tier?«)* »Tcha, in diesem Falle war es ein Schwein, das habe ich verletzt, und da hat es so laut geschrien, und dadurch waren die Leute gekommen und haben mich gesehen.« *(Frage: »Was sonst für Tiere?«)* »Meistens war es eine Ziege, ja und in einem Falle war es auch mal ein Schaf, das habe ich festgehalten, das war von den letzten Fällen einer, das war auf dem schwarzen Weg, dem Hohenzoller-Privatweg; der Schäfer hatte nur einen Hund mit und da habe ich das Schaf festgehalten und mit dem Messer verletzt. Tcha, das war wie gesagt noch vor der ersten Haft. Als ich dann die 2 Monate hier verbüßt hatte, da war ich wie gesagt, die erste Zeit obdachlos und heimatlos; ich traute mich doch nicht mehr nach Hause, wo der Vater war; da habe ich eine ältere Frau kennengelernt, die hätte über mich Mutter sein können, die war noch mal so alt als ich, die war 32. Die hat mich bei sich aufgenommen, der hat das gut gefallen – ich kann das heute ganz gut verstehen – die hat mich mit ins Bett genommen. Bei der habe ich dann einige Wochen gelebt, bis sich die Nachbarschaft darüber ausgelassen hat. Früher war das ja anders als heute, heute findet man nichts dabei, aber wenn früher eine alleinstehende Frauensperson jemanden mitnahm, dann fiel das schon auf. Da habe ich einige Wochen bei gelebt, die Frau, die lebt heute noch. Und da habe ich auch schon allerlei Sachen gemacht, auch schon während des Beischlafs habe ich sie mißhandelt, und ich wollte sie auch verschiedentlich umbringen, und ich bin auch deswegen ein paar mal bestraft worden, aber geringfügig, immer mit Rücksicht auf die Jugend, und es liegt auch den Akten bei, daß ich sie umbringen wollte. Ob ich das aber wirklich damals gewollt habe, das vermag ich heute nicht so bestimmt zu bejahen, ob ich die wirklich umbringen wollte, oder ob das nur so im Drange des Sexuellen war; ich glaube nicht, daß ich das heute sagen könnte, ich hätte mir überlegt oder bestimmt vorgehabt, sie umzubringen, das kann ich nicht bejahen. Ja, ich habe dann kurze Zeit wieder verschiedene Strafen bekommen und saß dann wieder hier drin auch dann kurz darauf 2 Jahre. Und dann durch die schweren Disziplinarstrafen, besonders durch die Fesselung – da will ich Ihnen erklären, wie das gekommen ist – da habe ich mir folgendes vorgestellt: Das ist eine barbarische hundsgemeine Behandlung, ich habe das auch von andern gehört, es waren auch Beamte, die anders darüber urteilten. Da habe ich mir gesagt so in meinem jugendlichen Sinn so damals: ›Na, ihr Halunken, wartet nur!‹ Gewissermaßen erst so eine Vergeltungs- oder Racheidee. Dann habe ich mir so allerhand vorgestellt, gewissermaßen die Gedanken darauf konzentriert auf solche Gewalttätigkeiten – das bezog sich aber immer direkt auf meine Peiniger – und da ist es mir dann mal passiert, wenn ich so ganz still in einer Arrestzelle war, trotzdem ich schlimmen Hunger manchmal hatte, da habe ich die Beobachtung gemacht, das ist ganz schön und ein sexuelles Gefühl damit verbunden. Es ist auch der Fall gewesen eine Eruption – wie sagt man da – Samenergruß, und das Eigentümliche ist dabei, ich habe bestimmt nicht – nichts mit den Fingern oder Händen was getan, das war ganz allein geschehen. Nun allerdings muß ich ja sagen, habe ich Gefallen daran gefunden, und das war ja nun das, was meine Schuld ist, denn ich hätte ja eigentlich dagegen angehen müssen, aber wie gesagt, ich habe Gefallen daran gefunden, und da habe ich das immer öfter gemacht. Also wenn da mal der Pfarrer hier in der Kirche gepredigt hat von unkeuschen Geschichten, was ja das heikle Thema immer ist so hier im Hause, daß sie sich unkeusche Vorstellungen machen, nackte Weiber, oder von gekautem Brot Figuren machen – da hat man Künstler darin – da habe ich immer im Stillen gedacht; da habe ich nichts mit zu tun, ich denke nicht an nackte Weiber. Aber wenn ich so in der Zelle alleine war, dann habe ich mir immer was anderes vorgestellt, Gewalttätigkeiten, und das war für mich ein Genuß, ich kann es ja heute ruhig sagen, alles das ist mal ganz von alleine gekommen, und ich sage nochmals, ich habe nichts dazu getan, so, wenn ich mich ganz deutlich ausdrücke – wir sind ja hier unter Männern – das Glied war auch nicht steif sondern schlaff.« *(Frage: »Dabei trat ein Samenerguß ein?«)* »Ja, aber es war doch so das schöne Gefühl, so im Rücken und im Gehirn, was man so mit dem Reiz bezeichnet. Ja, das hat sich dann immer weiter entwickelt, auch in den späteren Jahren in Münster. Immer Einzelhaft, strengstens abgesondert, Behandlung da auch so – ob das nun gerade so mich immer betroffen hat, das kann ich nicht behaupten, denn die Arrestzellen wurden nicht leer, einer wartete auf den anderen, aber ich will Ihnen nicht verschweigen, daß immerhin auch ich eine gewisse Schuld hatte, daß ich mit den Gesetzen des Hauses in Konflikt kam, aber andererseits kann ich mir auch nicht helfen, wenn ich mir sagte, diese Disziplinarstrafen, diese grausamen, immer Hunger, nichts zu fressen, Kälte, hart liegen. Ich habe doch gehabt auch zu Weihnachten die Fesselung, da machten sie damit keinen Unterschied drin in dem früheren preußischen System, das machte nun nichts aus. Da hat sich das dann natürlich auch so, natürlich so gezeigt und bemerkbar gemacht, selbstverständlich immer erst das gewisse Vergeltungsgefühl. Ich will Ihnen das auch erklären, was ich mir gedacht habe, dann habe ich mir so vorgestellt, Münster ist ja eine fromme Gegend und auch die Anstalt, und das wurde da so gepflegt. Da gingen wir keinen Sonntag spazieren, aber jeden Sonntag, morgens und nachmittags in die Kirche. Man hört und liest allerlei; da hatte ich mir das so zusammengereimt, da dachte ich: da hat der Pfarrer ganz recht, und wenn du dies und jenes mal so ausführst, dann muß das auf die Art und Weise auf diese meine Peiniger kommen: zum Beispiel ich bringe einen Menschen um, der ist unschuldig, der kann nichts dafür, daß ich schlecht behandelt worden bin, aber wenn es andererseits schon hier auf der Erde eine ausgleichende Gerechtigkeit geben soll, dann muß sich das in gewissem Sinne übertragen, der Peiniger muß das fühlen, auch wenn sie mich als Täter nicht kennen, auch wenn sie nicht wissen, daß ich der Täter bin; sie müssen aber, wenn es anders kein Unsinn ist und keine leere Phrase mit der ausgleichenden Gerechtigkeit, dann müssen sie es spüren.« *(Frage: »Sie meinen also, daß der Täter einer war, der von denen im Strafvollzug gepeinigt worden ist, so daß indirekt die Peiniger im Gefängnis schuld an der Tat sind, von der sie nicht einmal wissen, daß das speziell einer von ihren Gefangenen war?«)* »Ja, ich denke mir das heute gewissermaßen logisch ganz richtig.« *(Frage: »Weil eine unverständliche, schreckliche Tat an jemand Unschuldigem begangen worden ist, deswegen sollen alle Strafvollzugsbeamten denken, soweit haben wir jemanden durch unsere Peinigungen gebracht?«)* »Ja, so denke ich, und noch weiter: es muß sich mit Rücksicht auf die ausgleichende Gerechtigkeit bei denen fühlbar machen oder auswirken; ich dachte, es wird sie niederdrücken, wie man schon sagt, es drückt einen ein schweres Leid oder eine Schuld. Ich habe mir auch vorgestellt, es könne sich vielleicht auch äußern in Mißerfolg, was sie erstreben, daß es ihnen also, wie man so sagt, eben mal mit Rücksicht auf das, was sie wirklich schuldig sind und gefehlt haben und gewissermaßen auch verbüßen müssen *(findet den Satz nicht richtig zu Ende).*« *(Frage: »Wie lange haben Sie das, was Sie Bestialität nannten, die Tierverletzungen gemacht?«)* »Tcha, das habe ich eigentlich damals in der Jugend gemacht und später das auch mal ganz abgesetzt.« *(Frage: »Von wann bis wann haben Sie das gemacht?«)* »Vom vollendeten dreizehnten Lebensjahre bis zum vollendeten sechzehnten Lebensjahr. Dann hat es ausgesetzt, dann hatte ich die Frau kennengelernt, und dann war ich ja den größten Teil des Lebens hier im Bau.« *(»Haben Sie das später wieder begonnen?«)* »Ja, das habe ich schon noch mal gemacht später, im Jahre 1904.« *(Frage: »Später auch noch?«)* »1912 noch mal.« *(Frage: »Später noch einmal?«)* »Ja, in der letzten Zeit habe ich mal im Hofgarten einem Schwan den Kopf abgeschlagen.« *(Frage: »Waren mit diesen Bestialitätsakten sexuelle Gefühle verbunden?«)* »Ja, in der letzten Zeit bestimmt, früher war das so was Halbes, so was Hangen und Würgen. Gewiß, es sind auch Samenergüsse erfolgt damals, aber in der letzten Zeit war das sicher; zum Beispiel hatte ich das Blut rauschen gehört, dann war das bestimmt mal sicher, der Samenerguß; das ist eine Tatsache, daran kommt man nicht vorbei. Sie wissen ja auch, wie es im menschlichen Leben zugeht, wenn eine Frau weiß, der Mann geht fremd, dann sucht sie alles ab und sucht ein Haar am Anzug. So hat auch meine Frau alles abgesucht und in der Unterwäsche und in der Hose Samenergüsse gefunden. Das war auch so geschehen, auch durch Verletzungen von Menschen. Das ist ja eben die Erscheinung, das braucht sich nicht um weibliche Personen zu handeln, das war bei Scheer auch so, da habe ich das Blut herausspritzen gehört, und da hatte ich Samenerguß. Auch bei der Hahn war das so; die hat sich angestrengt und was davon gehabt, und ich bin nicht fertig geworden; aber nachher, wie ich sie gewürgt habe und verletzt, da habe ich Samenerguß gehabt. Die Frau hat das auch gefunden. Und die meisten Fälle sind so, daß eine Geschlechtsberührung nicht stattgefunden hat, aber der Samenerguß war da, da brauchen wir uns nichts weißzumachen. Andere Fälle sind wieder so, da habe ich einen Geschlechtsverkehr versucht, das ging eben nicht, da habe ich die betreffende Person weiter verletzt, und dann war es gut.«

(Frage: »Daß Sie sich im Gefängnis solche Verletzungsszenen vorstellten und dabei Samenerguß hatten, machten Sie das oft?«) »Tcha nun, ich meine, Herr Professor, wenn Sie berücksichtigen, ich war doch damals ein Mensch in den Zwanzigern in Münster, wie ein anderer das Sexuelle betätigt, doch wenigstens zweimal die Woche tun es doch wohl jungverheiratete Leute, ich will mal sagen, ich habe das mindestens einmal die Woche gemacht, auch manchmal zweimal die Woche. Ich mußte dann aber Ruhe dazu haben, und ich mußte meine Gedanken darauf konzentrieren. Meistens habe ich es des abends nach Einschluß gemacht. Ich habe mir auch vorgestellt, daß ich einem den Bauch aufschnitte; dann hatte ich Samenerguß. Ich habe das in Münster gemacht und in Brieg, auch mal abgebrochen, zu erklären durch die Hungergeschichte.« *(Frage: »Und 1926–1928 auch?«)* »Ja, ich will Ihnen nicht verschweigen, daß ich das jetzt auch noch machen kann in der jetzigen Untersuchungshaft, und deswegen hätte ich gerne Lesestoff gehabt, um meine Gedanken abzulenken. Der Oberlehrer hat aber gesagt, die Bestie, was braucht die noch alles zu lesen, und hat alle meine Bitten abgeschlagen. Ich nehme ihm das nicht übel, wenn der eine sagt, der ist eine Bestie, der hat nicht unrecht; der andere sagt, er ist ein Mensch, wenn er auch nachher hingerichtet wird. Und auch mit Rücksicht darauf hätte ich das gewollt, daß ich mich ablenke.

Der Herr Untersuchungsrichter hat dann dafür gesorgt, daß ich zu lesen bekam.« *(Hier abgebrochen.)*

V. Untersuchung am 15. 10. 1930.

(Frage: »Ich möchte zunächst nach einigem Kleineren fragen: Haben Sie bei den Verletzungen mit Tieren auch mit Tieren verkehrt, Tiere wie Frauen behandelt?«) »Ja, früher, als ich schulpflichtig war, vielleicht auch vom vollendeten dreizehnten bis vollendeten fünfzehnten Lebensjahr, danach nicht mehr.‹

(Frage: »Können Sie mir mal erzählen, was Sie für Verhältnisse gehabt haben?«) »Mit Frauenspersonen?« *(»Ja!«)* »Das erste wirkliche Verhältnis war, als ich damals von Hohenzollern fortgelaufen, durchgebrannt bin, weil ich, wie ich ja schon geschildert habe, die Behandlung nicht mehr zu ertragen glaubte. Ich war damals noch nicht sechzehn Jahre alt. Ich habe diese Frauensperson kennengelernt in Koblenz, sie mag vielleicht neunzehn bis zwanzig Jahre alt gewesen sein. Und die hat eigentlich mehr mich angesprochen und überredet, als wie ich sie. Und mit diesem Mädchen bin ich zusammen gewesen, bis das Geld, was ich mitgenommen hatte, alle war, bis keines mehr was hatte. Und da sind wir in Köln, wo wir im Park auf einer Bank geschlafen hatten, aneinandergelehnt, sind wir beide festgenommen worden von einem Schutzmann. Mit diesem Mädchen ist es auch zum Geschlechts-

verkehr gekommen, wiederholt. Der Verkehr hat sich jedoch als solcher sehr mangelhaft gestaltet, was ich daraus entnommen habe, daß das Mädchen damit nicht zufrieden war, und anderseits es mir auch schwer möglich war, wie man so sagt, zum Samenerguß zu kommen. Das nächste Verhältnis, das war die ältere Frauensperson nach Verbüßung der ersten Strafe, die nochmal so alt war wie ich. Mit derselben habe ich auch wiederholt Geschlechtsverkehr ausgeführt, jedoch habe ich zu dieser Zeit schon diese Frauensperson mißhandelt, und wo ich dann auch zweimal gerichtlich bestraft worden bin, allerdings mit kleinen Strafen, weil ich noch jugendlich war. Das war im Jahre 1899 und 1900. Und dann habe ich jetzt weiter keinen Verkehr gehabt, weil ich immer bloß einige Wochen nach Verbüßung der Strafe in Freiheit war bis 1912, nachdem ich eine längere Strafe verbüßt hatte. Da habe ich allerdings Verkehr gehabt, ein Verhältnis gehabt mit einem Mädchen aus dem Zooviertel, die aber auch das Verhältnis abgebrochen hat, weil – ich hätte sie im Bett mißhandelt und auch verletzt. Sie hat das auch meiner Mutter erzählt; sie ist zu meiner Mutter hingegangen und hat mich da so richtig geschildert, und ich durfte dann damals auch nicht mehr nach Hause kommen. Ich wohnte möbliert, ging aber nach Hause essen. Dann habe ich weiter keinen Verkehr gehabt bis 1921. Das war mit meiner Frau, der jetzigen. Von 1921 bis 1925 habe ich allerdings so verhältnismäßig ziemlich ruhig oder beruhigt gelebt. Es kann sein, daß dazu beigetragen hat die große Notlage, in der ich mich damals befand: Ich mußte noch eine Geldbuße bezahlen in wöchentlichen Raten, zehn Wochen lang 5 Mark, und verdiente nur 16 Mark die Woche, denn vorhergegangen war noch die Inflation. Ich habe allerdings in dieser Zeit auch noch, sagen wir mal hier und da, etwas mit Tieren unternommen, allerdings nicht geschlechtlich, nur so verletzt oder getötet; in Altenburg war das, in Thüringen. 1925 kam ich dann wieder nach Düsseldorf und habe hier, wo ich die erste Zeit allein war – meine Frau blieb vorläufig noch in Altenburg – auch Verhältnisse angefangen. Die Verhältnisse waren so, daß ich mit knapper Not am Zuchthaus vorbeigekommen bin; ich bin freigesprochen worden. Das sind die Akten 7 J 1533 glaube ich, Herr Professor, wenn Sie die vielleicht schon eingesehen haben. Dann sind im Jahre 1927 – ist ein Verhältnis zu verzeichnen im Jahre 1927, was man als Verhältnis auffassen kann; das war aber auch so, daß es heute mit hier als Mordversuch liegt.« *(Frage: »Welcher denn?«)* »Anni Istel von der Weselerstraße. Daran schließen sich dann erst weitere Verhältnisse für das Jahr 1929. Diese Verhältnisse waren aber auch alle nur von ganz kurzer Dauer, haben manche nur Stunden gedauert. Die sämtlichen Verhältnisse oder Bekanntschaften mit Frauenspersonen vom Jahre 1929 bis zum Jahre 1930 laufen dann in diesen Strafakten weiter, indem sie in Mord oder Mordversuche ausgeartet sind. Das wäre alles.« *(Frage: »Wie haben Sie mit Ihrer Frau verkehrt?«)* »Tcha, da habe ich normal mit verkehrt, aber ich habe sie auch schon manchmal so blaue Flecken gekniffen, oder ich habe mir während des Verkehrs, der im allgemeinen sehr selten war, Vorstellungen gemacht, um überhaupt zu einem steifen Glied zu kommen, damit ich überhaupt die Frau etwas befriedigen konnte. Nach Verlauf einer geraumen Zeit war das schließlich nicht zu umgehen, daß ich schließlich der Frau auch in dieser Hinsicht etwas bieten mußte.« *(Frage: »Wurden Sie mit Ihrer Frau fertig?«)* »Allerdings, unter den Umständen ist es auch zum Samenerguß gekommen, ja.« *(Frage: »Und wie haben Sie mit Ihren Verhältnissen verkehrt?«)* »Die ganzen Verhältnisse, die waren durchweg sehr wüster Natur. In den letzten Jahren wenigstens – 1925, wie ich Ihnen ja schon gesagt habe, haben die mich angezeigt und 1926 war weiter nichts, dann war 1927 die Istel, die hat mich zwar nicht angezeigt, aber es hat nicht viel gefehlt, dann hätten die Angehörigen mich angezeigt; durch das Hinzutreten meiner Frau ist das unterblieben; aber ich habe den Verkehr mit ihr so ausgeführt, daß sie schwarz und blau wurde am ganzen Leib, daß die Angehörigen das festgestellt hatten, blaue Flecken am Hals hatte sie; die Kleider waren in Mitleidenschaft gezogen worden.« *(Frage: »Wurden Sie damit fertig?«)* »Ja, da ist es zum Samenerguß gekommen. Und so hat sich das in der letzten Zeit immer so abgewickelt, der Verkehr, daß, wenn es mal ein Geschlechtsverkehr war, ich überhaupt nichts dabei erreichen konnte und dann nur noch durch diese Verletzungen zum Ziele kam. Ja, Herr Professor, ich möchte Ihnen im Anschluß daran sagen, daß ich doch immerhin – mag gewesen sein was will, ich will auch gerne die Folgen tragen und bin gern bereit, auch wie gesagt, die Strafe, die da nun einmal für ist in Preußen, zu erleiden; aber mit Rücksicht auf meine Verwandten und mit Rücksicht auf meine Frau meine ich, wäre es nicht nötig, wäre es weder der Öffentlichkeit irgendwie nützlich oder auch dem Gericht durchaus nicht dienlich, daß so was, wie das, was ich eben erwähnt habe, erwähnt wird.« *(erhält bedingte Zusage.)*

»Tcha, und dann ist da noch ein Fall zu verzeichnen, das habe ich auch schon mal dem Herrn Prof. Berg gesagt, – natürlich auf ausdrückliches Befragen und auf Nachforschen in den einzelnen Punkten – da bei der Beerdigung der Hahn, da war auch noch mal ein Samenerguß, dadurch, daß ich mit der Leiche herumhantiert habe; ich habe da unten drin gestanden in dem Loch, und wo ich die da so von oben hereingenommen habe – ich hatte sie schon eine ziemliche Strecke getragen, das war alles noch blutig, daß das Blut mir das ganze Hemd vollgemacht hat – und als ich die Leiche so von oben herabgenommen habe, wo sie da lag am Grabesrand und da unten hingelegt habe, da war das geschehen.

Herr Professor, meine Absicht ist nämlich die und meine Ansicht davon ist auch die, wenn ich Ihnen das alles schildere, alles Ihnen enthülle aus meinem Innern so wie auch aus meinem ganzen Leben, dann glaubte ich vielleicht dadurch noch manchem anderen Gefangenen, der sich in so ähnlicher Lage befindet oder befunden hat oder noch befinden wird, nützen zu können; sonst, wie gesagt nur aus dem Grunde habe ich das alles enthüllt, sonst stehe ich auf dem Standpunkt, daß das gar keinem nützen könnte und keinem dienlich ist. Denn abgesehen davon, daß die Allgemeinheit oder der Laie sich davor entsetzen wird und mit Abscheu erfüllt werden wird, was ich ja bei den Medizinern nicht voraussetze, ist es auch dem Gericht zur Findung des Urteils an der Schuldfrage durchaus nicht im geringsten von Bedeutung.« *(Frage: »Wie stellen Sie sich vor, daß es noch andern Gefangenen nützen soll?«)* »Ich meine, alles in allem, wie ich Ihnen geschildert habe und mein Inneres vollständig enthüllt habe, nehme ich an, daß Sie, wenn auch nicht völlig und ganz, so doch in etwa diese Ansicht insofern teilen, indem Sie die Möglichkeit gelten lassen, daß doch ein gut Teil durch diesen verfehlten Strafvollzug entstanden sein kann. Und so hatte ich mir gedacht, man könne ruhig in der sogenannten Strafreform weiter fortfahren. Es gibt da noch sehr vieles, was verbesserungsbedürftig ist, und man soll nur ja nicht dabei stehenbleiben und es zum Stillstand kommen lassen. Denn wie schwer nur einzig und allein die Verbüßung der Haft als solche ist, das vermag sich der Hundertste nicht vorzustellen. Und wenn dann noch im gegebenen Fall Disziplinarstrafen dazu kommen, dann ist es eben noch viel schlimmer. Und ich meine, wenn ich die Aussicht und Hoffnung hätte, daß in dieser Beziehung ich irgend etwas hätte nützen können, dann ist es für mich ein großer Trost und eine bedeutende Erleichterung, wenn ich da am letzten Tage den Weg gehen muß. Denn alles zusammenfassend darf ich wohl ruhig sagen, nachdem ich Ihnen meine Jugend geschildert habe, diese meine Jugend war ein wahres Martyrium, und für alles das, was ich in meiner Jugend habe erdulden müssen, lehne ich für mich jede Schuld und auch jede Verantwortung ab. Das spätere Leben ist verpfuscht gewesen. Den allergrößten Teil – es sind jetzt vierundzwanzig Jahre – habe ich in Gefängnissen und Zuchthäusern zugebracht. Ich glaube, daß ich weiterhin sagen kann, daß nachdem ich das erkannte, nachdem ich erkannt habe, wie es mit mir – wie und was aus mir geworden ist, daß ich da wohl ruhig sagen darf, daß nichts den Seelenschmerz dessen übertrifft, der Zeit seines Lebens unter den Qualen anderer Schmerzbereiter litt und der nun, nachdem er in die Reifung gekommen ist, den unheilvollen Drang entdeckt und feststellen muß, daß es ihn zwangsweise dazu treibt, auch Schmerzen bereiten zu müssen. Ja, wenn Sie nun weiter noch etwas hören wollen von mir, wie ich darüber denke, über die Verantwortlichkeit der entstandenen Straftaten, alles in allem zusammen, denn es ist ja in der Hauptverhandlung nur ein Aufwaschen und für alles habe ich mich zu verantworten. Ich habe Ihnen schon stellenweise mal angedeutet, wo der Kampf eingesetzt und begonnen hat. Was die sexuellen Regungen anbelangt und die sexuellen Befriedigungsmöglichkeiten in der Haft, die entsprungen waren durch die Vorstellungen, auf welche Art und Weise ich die Vergeltungs- und Sühneidee in die Tat umsetzen wollte, so bekenne ich mich da schuldig, indem ich da nicht genügend Kraft aufgewendet habe, diese wollüstigen Gefühle und sexuellen Erregungen zu unterdrücken und zu bekämpfen und niederzuhalten. Daß ich in diesem Kampf unterlegen bin, das bezeichne ich als meine Schuld. Ich hätte womöglich auch späterhin bei Verübung der Straftaten kämpfen können und kämpfen müssen gegen diese inneren bösen Gewalten. *(Überlegt.)*

Man ist vielleicht geneigt, zu sagen, tcha, der Teufel hat ihn gepackt, er konnte nicht anders. Ich muß von mir selbst sagen, ja es hat mich mit aller Gewalt herausgezogen, und ich hatte keine Ruhe zu Hause, ich hatte keine Ruhe während der Arbeit am Tag über, es schwebte mir blitzschnell vor meinem geistigen Auge die grausame Behandlung in der früheren Strafvollstreckung, und ich habe wirklich aufgeatmet, wenn ich abends das Haus verlassen hatte und im Begriff war, irgendeine strafbare Handlung ausführen zu können. Man würde auch vielleicht die Frage aufwerfen können, wenn man einerseits die Möglichkeit gelten lassen will, daß der Vergeltungsgedanke beziehungsweise die Sühneidee bei mir wirklich bestand, andererseits ein starker sexueller Trieb vorhanden war, wenn man außerdem noch berücksichtigt, daß bei oder während Begehung einer schweren Straftat, wie sie diese Taten darstellen, die ich im Jahre 1929 und 1930 begangen habe, man alle Sinne anspannen muß, um auf die äußere Umgebung gewissermaßen auch mit zu achten – dann fragt man schließlich: was ist denn da noch übrig geblieben oder was bleibt da noch übrig von freier Willensentschließung oder klarer Überlegung? Ich möchte diese Fragen alle dahingehend beantworten: Ich muß und will für alle meine strafbaren Handlungen verantwortlich sein.« *(Überlegt längere Zeit.) (Frage: »Herr Kürten, wann und wie hätte man Ihnen helfen können?«)* »Tcha, das ist eine Frage, – vielleicht noch im schulpflichtigen Alter, vielleicht auch später noch manchmal hätte man mir helfen können, – und wie?« *(Tränende Augen)* »Ich glaube die sicherste Hilfe wäre die gewesen, wenn die Straftat von 1913 entdeckt worden wäre, und ich wäre da hingerichtet worden. Denn es handelt sich hier ja nicht um eine Hilfe materieller Art, und ich verstehe darunter eine Hilfe die wohl mehr auf geistigem oder übernatürlichem Gebiete hätte liegen müssen ja.« *(Frage: »Sind Sie im Strafvollzug nie auf gütige Menschen gestoßen?«)* »Doch, Herr Professor, jawohl, ich bin auch schon auf gütige Menschen gestoßen, mehrfach sogar, aber das Gegenteil, daß ich auf andere Menschen gestoßen bin, das hat wohl jedenfalls bedeutend überwogen. Ob das nun – ach so ja – ob das nun zum größten Teil meine Schuld war, gewiß, darüber läßt sich streiten. Ich habe überhaupt noch vergessen zu erwähnen an der Stelle, wo ich gesagt habe, bis dahin, was die Jugend angelangt, ist nichts von Schuld, und lehne ich jede Verantwortung ab, aber danach, im späteren

Leben bin ich schuld, diese Schuld schiebe ich keinem andern zu, wenn auch diese Schuld, die ich auf mich nehme, alles seine besonderen Gründe und Veranlassungen gehabt hat, und man diese Schuld immerhin etwas entschuldigen könnte mit der Notlage, in der ich mich manchmal befand. Ich kann sogar da sprechen auch von einer geistigen Notlage, was mich immer gedrückt und gequält hat. Ja, so will ich aber doch wie gesagt im Grunde genommen alles auf mich nehmen, was ich von dieser Zeit an getan habe.

Tcha, ich möchte Ihnen noch ein paar Worte sagen.« *(Überlegt.)* »Ich bin voll und ganz damit einverstanden, hingerichtet zu werden, und verzichte auf jedes Gnadengesuch. Es ist mir bestimmt lieber ein schneller Tod als wie noch unter Umständen viele Jahre bis an mein Lebensende im Zuchthaus verbringen zu müssen unter Verhältnissen, die ich in vierundzwanzig Jahren habe genügend kennengelernt. Tcha, das wäre so das, was ich Ihnen zu sagen gehabt hätte über diesen Punkt.«
(Hier abgebrochen.)

VI. Untersuchung am 18. 10. 1930.

(Frage: »Sie haben uns mal gesagt, daß Sie für einzelne Taten, deren man Sie ohne Zweifel überführen kann, eine zeitliche Höchststrafe von 15 Jahren bekommen würden. Welche Taten sind denn das, von denen Sie glauben, daß man Sie überführen kann, und wodurch?«) »Fall Schulte, Fall Herstraß und Budlies.« *(Frage: »Und wie sind in diesen einzelnen Fällen die Beweismittel?«)* »Die Beweismittel würden sich so ergeben, daß die betreffenden Personen immer bekräftigen würden, daß ich derjenige bin, der sie überfallen hat. In einem Falle ist es ja weniger Überfall gewesen als nur Versuch. Aber in dem Fall Schulte sind es doch ganz erhebliche Verletzungen gewesen, die mit Rücksicht auf meine Vorstrafen in Verbindung mit den andern beiden Fällen, wenn die auch nicht so schwer sind, doch wohl zu einer zeitlichen Höchststrafe von fünfzehn Jahren führen würden. Und wenn ich noch weiter, noch sagen soll, dann kam es auch nicht darauf an, daß ich dann die andern Sachen auch alle zugab. Das änderte im großen ganzen nichts mehr daran, daß ich mir sagen mußte und auch gesagt habe, hier ist abgeschlossen und abgewirtschaftet, und das einzige, was ich noch tun kann, ist, daß ich für meine Frau etwas tun wollte und tun zu können glaubte, andererseits hätte ich das ja auch alles mit ins Grab nehmen können. Denn da wäre nicht im entferntesten eine Idee gewesen, mich zu überführen, außer diesen drei genannten Fällen.« *(Frage: »Sie meinen, in allen andern Fällen ist der Beweis nur auf Ihr Geständnis gestützt?«)* »Auf mein Geständnis und auf das, was ich selbst als Indiz herangeschafft habe.« *(Frage: »Halten Sie es für möglich, daß Sie Ihre verschiedenen Geständnisse oder einen Teil davon doch noch mal wiederrufen würden?«)* »Nein, nein, bestimmt nicht. Ich werde bei dem Geständnis, bei dem allgemeinen, was summa summarisch zusammenge-

nommen diese ganzen Straftaten anbetrifft, verbleiben.« *(»Ich möchte mir dann gerne mal von den einzelnen Fällen erzählen lassen und zwar zunächst vom Falle Albermann!«)*

»In welcher Verfassung ich mich in der ganzen Zeit befunden habe, wissen Sie ja. In dieser sehr gedrückten Stimmung, die mich auch tagsüber nicht verlassen hat, habe ich im vorigen Jahre im Anfang November auch meine Wohnung verlassen, um mir, wie ich schon öfter klar gelegt oder in den Protokollen beim Herrn Richter zum Ausdruck gebracht, um mir Erleichterung zu verschaffen. Diese zu verschaffende Erleichterung konnte gegebenenfalls darin bestehen, daß ich an dem betreffenden Abend einen Menschen, gleichgültig ob das ein Mann war oder eine Frau oder ein Kind, umbrachte. Ich bin dann auf meinem Wege über die Ackerstraße gekommen und habe da in der Gegend der Hoffeldstraße ein kleines Mädchen gesehen, wobei, also bei diesem Sehen, bei mir plötzlich der Gedanke rege wurde, dieses könnte ein geeignetes Objekt sein, insbesondere im Hinblick auf die vielen erlittenen Unbilden in meinem Leben und die erlittene grausame Behandlung, sich als Sühneobjekt eignen. Ich habe das Kind angesprochen und ohne ihm weiter etwas zu versprechen an der Hand gefaßt und mitgenommen. Das ließ sich auch ohne weiteres von mir führen. Ich bin mit dem Kind den schon früher beschriebenen Weg, Hans-Sachs-Straße bis nachträglich zur Hanielmauer gegangen. Hier habe ich das Kind plötzlich am Halse gefaßt und heftig gewürgt, so daß es bald das Bewußtsein verloren hatte. Danach habe ich auch einen Geschlechtsverkehr versucht, konnte jedoch damit nicht zum Ziele kommen und habe dann plötzlich wahllos mit einer Schere auf das Kind eingestochen. Wieviele Verletzungen ich dem Kind beigebracht habe, kann ich mit dem besten Willen nicht sagen, es können fünf gewesen sein, es können aber auch geradesogut zwanzig oder noch mehr gewesen sein. Während der Beibringung dieser Verletzungen ist es dann allerdings zum Samenergruß gekommen.« *(Frage: »War das noch mit entblößtem Glied?«)* »Ja, jawohl.« *(Frage: »War das Glied in der Nähe des Kindes, so daß der Samen auf das Kind kam?«)* »Ja, das wäre der Hergang der Tat gewesen. Ich habe dann die Leiche vom Tatort etwa 15–20 m entfernt unter ein ziemlich hohes Brennesselgesträuch gelegt und alsdann den Schauplatz der Tat verlassen.« *(Frage: »Wo gingen Sie hin?«)* »Nach Hause.« *(Frage: »Wieviel Uhr war es ungefähr?«)* »Das ist noch sehr früh gewesen, etwa 19 Uhr abends.« *(Frage: »Haben Sie sich dann ins Bett gelegt und geschlafen?«)* »Nein, ich bin im Zimmer auf und ab gegangen noch längere Zeit, und was die Wirkung der Tat anbelangt, da muß ich wohl sagen, daß ich im Gegensatz dazu, wenn ich vorher Bedrückung und Beklemmung gespürt habe, vielleicht so, als was man schon mal mit Herzkrämpfen oder Lungenkrämpfen bezeichnet, ich habe noch Beklemmungen, ja, auch sonst schon mal gehabt, außer diesen jetzt bezeichneten Zuständen der geistigen

Verfassung in früheren Jahren, so daß ich dieses als Vergleich heranziehen möchte, wie der Zustand auch körperlich sich bemerkbar gemacht hat. Außerdem möchte ich noch sagen, daß es mir immer war wie eine schwere Last im Genicke oder auf den Schultern oder auf dem Kopfe auch, als ob ich eine schwere Last zu tragen gehabt hätte, körperlich zu verstehen, als ob ich was schweres mir aufgebürdet hätte, was ich jetzt schleppen müßte, – den Vergleich möchte ich Ihnen sagen, was jetzt, als ich im Zimmer auf und ab ging, in meiner Wohnung natürlich ganz anders war. Ich meinte bedeutend leichter geworden zu sein, vom Körpergewicht 50 Pfund abgenommen zu haben; ich habe fernerhin frei atmen können und auch keine Beschwerden auf der Brust und auf dem Kopfe und im Kopfe mehr gespürt, sondern mich frei und wirklich wohl dabei gefunden und habe mir auch lebhaft ausgemalt, wie das, was mich vorher körperlich bedrückt hat, jetzt auf die übergehen würde, die da mit daran schuldig waren, und bin dann nach Verlauf von anderthalb bis zwei Stunden zu Bett gegangen. Ich möchte noch weiter hinzufügen, daß ich in jedem Falle immer gut und fest geschlafen habe, also niemals das gekannt habe, was man im üblichen Leben mit Gewissensbissen bezeichnet. Ich möchte bald sagen, daß das Gegenteil der Fall gewesen wäre; ich bin bestimmt aufgeräumter und auch geistig geweckter und jedenfalls, also wie man so sagt, munter gewesen nach Begehung einer solchen Tat. Ich möchte weiter noch sagen, daß ich auch bis heute noch nicht, auch mit keinem ernstlichen Wollen nicht über alles das, was ich getan habe, über alle die von mir begangenen Straftaten keine Reue empfinden kann, was man unter dieser Reue versteht oder verstehen soll. Wohl habe ich heute, so wie ich das auch schon, als ich mich noch draußen befand, gehabt habe, tiefes Bedauern über diese Vorfälle, möchte aber ausdrücklich betonen, daß ich das auch draußen schon, auch vor Jahren schon gehabt habe.« *(Frage: »Wie ist das Bedauern?«)* »Das Bedauern, das ist in der Hauptsache so, daß es die unschuldigen Opfer betrifft. Das Bedauern ist nicht so, daß ich mir heutzutage sagen würde, oder daß ich da auch im entferntesten zu gekommen wäre das zu sagen, das Bedauern träfe die Tat, nein, das nicht, ich bedauere aber aufrichtig diese unschuldigen Menschen, insbesondere die Kinder.« *(Frage: »Wann trat nach dem Tode der kleinen Albermann das Gefühl des Leichterseins der Last ein?«)* »Sofort, nachdem ich die Leiche verlassen habe, gewissermaßen schon, kann ich sagen, wenn ich es noch genauer nehmen soll, bei Beginn der Tat.« *(Frage: »In dem Augenblick, in dem Sie den Beschluß zur Tat faßten?«)* »Augenblick, das möchte ich vorläufig noch nicht mit ja beantwortet haben, sondern erst überlegen.« *(Überlegt.)* »Ja, das wird auch schon vielleicht bei Beginn der Tat beziehungsweise beim völligen Entschluß am Tatort, dem Entschluß, der selbstverständlich erst am Tatort vollständig vorhanden war, der Fall gewesen sein, daß ich da schon, bevor ich noch vielleicht gewürgt habe, schon diese bedeutende Erleichterung gespürt habe.« *(Frage: »Wissen Sie sich noch genau an alle Einzelheiten zu erinnern?«)* »Ja, bestimmt, ich habe für alles das noch ein gutes Erinnerungsvermögen.« *(Frage: »Sie wissen, wie Sie das Kind ansprachen?«)* »Jawohl.« *(Frage: »Wie Sie es an der Hand nahmen und es mitnahmen?«)* »Jawohl, und dann weiß ich auch noch ganz genau, daß ich auf dem ganzen Wege nur das gedacht habe, was manchmal am Tage während der Arbeit blitzartig so vor mir stand, so in Münster und in Brieg, daß ich das alles ganz genau sehe und alles andere ist verschwommen; ich sah nur das, daß ich in Fesseln gelegt war oder getreten oder was es war. Ich könnte Ihnen das auch jetzt noch ganz plötzlich, ganz schnell hintereinander alles sagen. Und das hat mich natürlich tage- und wochenlang gar nicht verlassen, daß ich das alles immer so erleben mußte. Diese Vorstellungen, die sind so zahlreich, es ist nicht nur das, was Sie in den Akten sehen – die sind so zahlreich, daß ich wohl glaube da noch viele Zeit für nötig zu haben, wenn ich Ihnen das alles wollte sagen. Die vielen kleinen – man kann nämlich auch einen Menschen mit fortgesetzten kleineren Mißhandlungen schwer mißhandeln, das kann gewissermaßen auch e i n e schwere Mißhandlung oder Körperverletzung darstellen.« *(Frage: »Sie wissen auch noch genau, wie Sie den Entschluß faßten, das Kind an der und der Stelle zu würgen?«)* »Ja, das mit der Ausführung der einzelnen Handlungen bei Begehung der Tat, das wird wohl eins nach dem andern gekommen sein oder sich auch überstürzt haben mit Rücksicht auf einesteils die Vorstellung, die ich Ihnen jetzt geschildert habe, dann auch mit Rücksicht, daß die körperlichen Sinne bei der Begehung einer solchen Tat ziemlich angespannt sind, das Gehör, das Auge, ich meine mit Rücksicht auf die Umgebung von dem Tatort.« *(Frage: »Sie meinen aus Vorsicht?«)* »Ja, denn ich will Ihnen das auch nicht versäumen zu bemerken, der sexuelle Trieb, also diese drei Faktoren zusammen jetzt berücksichtigt, dann glaube ich es doch verneinen zu müssen, daß ich mir jetzt erst mal gesagt hätte, jetzt wirst du erst mal das Kind am Halse fassen und würgen und nachdem du das getan hast, eine sexuelle Handlung vornehmen, und wenn du vielleicht, wovon du schon eine Ahnung hast, damit nichts zustande bringst, dann wirst du vielleicht noch hingehen und das Kind schwer verletzen, nein, das ist nicht der Fall, und das muß ich verneinen. Ich will sonst, wie gesagt, in jeder Hinsicht Herr über meinen Geist sein. Ich müßte das verneinen, das ist eben nicht der Fall gewesen, sondern dieses hier, lang zu besinnen und zu überlegen haben die drei erwähnten Faktoren wohl nicht zugelassen.« *(Frage: »Müde waren Sie nach der Tat gar nicht?«)* »Im Gegenteil, Herr Professor, das Gegenteil war der Fall. Ich könnte das durch Beispiele erhärten. Also körperlich müde haben Sie doch gemeint? nein, bestimmt nicht, denn ich bin dann manchmal noch, trotzdem ich ja schon hätte müde sein sollen von der Arbeit am Tage, bin ich dann manchmal noch stundenlang herumgelaufen bis in die Nacht im Grafenberger Wald oder Aaper Wald oder in der Gegend von Papendell. Ich hätte auch nach Hause gehen können, das habe ich nicht getan, ich bin umhergelaufen; es gibt Beispiele in den Akten, wo das durch Tatsachen beglaubigt wird, so, daß ich an der Wirtschaft Rolandsburg gesehen worden bin, so daß ich die ganze Nacht im Walde zugebracht habe. Es gefiel mir besser, so im Walde für mich allein zu sein. Ob äußere Begleiterscheinungen dazu beigetragen haben, will ich auch nicht ganz in Abrede stellen. Wenn ich so die Tiere des Waldes vernommen habe, zum Beispiel den Uhuschrei oder sonstige Wahrnehmungen gemacht habe, die sich auf das Nachtleben von Tieren im Walde beziehen konnten, – ich habe nebenbei bemerkt ein gutes Gehör, außerdem ein gutes Ohr für solche Laute, weil ich gewissermaßen im Walde aufgewachsen bin. Im übrigen aber und in der Hauptsache kann ich wohl sagen, gefiel mir jetzt das Alleinsein im Walde, der sonst, abgesehen von den vorher erwähnten Begleiterscheinungen, sehr ruhig war, gewissermaßen still, und konnte so da meinen Gedanken nachgehen, wenn ich mir überlegte die Wirkung, die dieses oder jenes von mir verübte Verbrechen nun jetzt nach sich ziehen würde mit Rücksicht auf meine Peiniger. Ich möchte hier nicht versäumen zu sagen, daß ich in einem Falle mich mit Bestimmtheit davon zu überzeugen glaubte, daß eine solche Wirkung eingetroffen sei, und das betraf einen meiner größten Peiniger überhaupt. Der Betreffende, Albrecht mit Namen, hat sich, aus welchem Grunde weiß ich nicht, erschossen, also jedenfalls, soviel ich unterrichtet bin, in selbstmörderischer Absicht.« – *(Frage: »Wann?«)* »Der hat sich erschossen, das ist während der Kriegszeit gewesen. Ich möchte noch sagen, daß das derjenige gewesen ist, der mich damals in den Fesselungen immer als Schauobjekt vorgeführt hat, andern Personen und größeren Gesellschaften vorgeführt hat. Hier in diesem Falle glaubte ich damals sowie auch heute noch, daß die übertragene Sühneidee durch von mir begangene Verbrechen diesen betreffenden Beamten zum Selbstmord getrieben zu haben.« *(Frage: »Wann war der Fall Albermann?«)* »Der Fall Albermann, der war, nachdem das hier schon jetzt so häufig behandelt worden ist in letzter Zeit, meiner Erinnerung nach am 8. November.« *(Frage: »Und wie wurde es dann weiter in den nächsten Tagen und fortlaufend?«)* »Sie meinen vielleicht die Folgen davon oder was meinten Sie?« *(Frage: »Wann war die Befreiung vorbei, wann trat wieder die Spannung ein?«)* »Das hat nicht sehr lange gedauert, daß der Zustand so war, daß ich wieder diese Visionen vor mir sah, vielleicht einige Tage nur, und ich bin dann auch wieder nach einigen Tagen von Hause fortgegangen, wie ich so gesagt habe, in der hochwohllöblichen Absicht fortgegangen, einen Menschen umzubringen. Das, Herr Professor, das müssen Sie nun nicht so ganz wörtlich nehmen, überhaupt diese polizeilichen Protokolle, die enthalten auch manches, was nicht so in allen Punkten meine persönliche Wiedergabe gewesen wäre. Wissen

Sie, das ging nachher schon so'n bißchen nach Schema F, und man hat das schon so gewissermaßen ins Humoristische hineingezogen, wenn ich das immer wiederholte, und der Beamte, der da an der Schreibmaschine saß, der konnte sehr schnell schreiben, ein Kriminalbeamter, der sagte in den meisten Fällen zu mir: ›Na Pitter, wie taufen wir das Kind? Nächste Nummer! Mach mal los, daß wir fertig werden.‹ Ich war ja auch der Ansicht wie der, daß man schon mal eine Pause machen sollte. Die Herren hätten ja schließlich die ganze Nacht durchgemacht. Denn ich habe so den Eindruck bekommen von denen, als ob die auf dem Standpunkt standen, man muß das Eisen schmieden, so lange es noch warm ist. Das müssen Sie nicht alles so wörtlich nehmen, wie gesagt, und dann möchte ich zur Charakterisierung dieser Schilderungen in den polizeilichen Protokollen sagen, daß ich mich ja nachher auch tatsächlich anfing, in der Rolle zu gefallen. Ich habe mir da was drauf eingebildet, daß da so viel Wesens gemacht wurde. Ich habe gehört, wie sie alle Augenblicke anriefen, wie die Telefone abgestellt werden mußten, wenn man nur eine halbe Stunde ungestört vernehmen wollte. Ich habe ja gehört, wie die Rede davon war, die Unterredung stattfand mit französischen Zeitungsberichterstattern: ›Schicken Sie gleich Bild mit Flugzeug, großes Honorar.‹ Und alles hat mich da auf dem Polizeipräsidium angestaunt, gewissermaßen als Wundertier. Ich habe da gar nicht im entferntesten daran gedacht, daß ich mir irgendwie da hätte verächtlich vorkommen müssen, sondern habe, wie gesagt, mir allmählich in der Rolle gefallen. Ich möchte hier bemerken, daß das ja auch für mich nicht schwer ist, sich in so etwas zu gefallen, denn ich bekenne mich nicht frei davon, daß ich ein gut Teil Großmannssucht geerbt habe. Jetzt weiß ich aber nicht mehr, wie wir auf das Thema gekommen sind. Wie war das noch?« *(»Davon aus, wie es nach dem Fall Albermann bei Ihnen weiter ging im Gefühl und im Wesen!«)* »Ja, also das glaube ich nun Ihnen zur Genüge erklärt zu haben, daß Sie die Protokolle nicht wörtlich zu nehmen brauchen, wenigstens nicht, was die Stelle anbelangt, ich ging von Hause fort in der festen Absicht und so weiter, das ist nämlich auch manchmal so plötzlich gekommen und dann auch ausgeführt worden.« *(Frage: »Manchmal hatten Sie das aber auch als Absicht?«)* »Ja, erstens was zu unternehmen, wovon ich glaubte, ich würde mich bestimmt dadurch erleichtern, und es kommt auch die Sache auf die Peiniger.« *(Frage: »In welchen Fällen war die Absicht so?«)* »Bestimmt im Falle Albermann, und Flehe.« *(Frage: »Und sonst noch?«)* »Ich glaube auch in dem Falle Ohliger.« *(Frage: »Und bei welchen Fällen ist es sicher nur zufällig dazu gekommen?«)* »Der Fall Scheer, ich glaube, das wäre eigentlich ein Fall, wo ich bestimmt gar nicht mit gerechnet hätte, erstens, was die Person anbetrifft, zweitens, daß es überhaupt an diesem Abend zu einer solchen Tat gekommen wäre, oder noch zu einer solchen Tat gekommen wäre.« *(Frage' »Das war ja gleich hinter Ohliger?«)* »Ja, eine Woche Unterschied, acht Tage.« *(»Und was folgte auf Scheer?«)* »Hahn.« *(»Also sehr viel später?«)* »Das Gelingen einer Tat – ja, sehr viel später.« *(bricht ab) (Frage: »Die Absicht war schon vorher wieder da?«)* »Die hat schon vorher des öfteren bestanden.« *(Frage: »Aber es fehlte die Gelegenheit?«)* »Ja, wenn ich Ihnen ganz genau sagen soll, Herr Professor, dann möchte ich Ihnen sagen, mit Ausnahme von ganz kurzen Zeitabständen nach Begehung einer Tat hat mich diese Vorstellung und diese Verfassung, in der ich mich befand, in dem ganzen Zeitraum von Herbst 1928 bis Frühjahr, Mai 1930, überhaupt nicht verlassen. Und wenn ich Gelegenheit gehabt hätte, und daß das überhaupt hätte irgendwie so weit und so lange durchgeführt werden können, na dann hätte ich wohl, will ich mal nicht so hoch greifen, jede Woche einen umgebracht.« *(Frage: »Seit 1928?«)* »Ja, ausgerechnet seit Herbst 1928, seit 28, wo ich hier aus der Strafanstalt entlassen wurde. Und ich glaube, Ihnen darüber auch schon mal was gesagt zu haben, wie ich da hinein gekommen bin. Ich bilde mir das nämlich durchaus nicht ein, daß ich da hier schuldlos bestraft worden wäre, und das mit diesem unsinnigen Gerichtsbeschluß, das bilde ich mir nicht ein, sondern die Sachen liegen so, daß jedenfalls der Herr Landgerichtsdirektor Hertel gewissermaßen, wenn auch nicht voll und ganz, so doch zum guten Teil der Ansicht ist wie ich auch; ich meine für diesen Fall, nicht für diese Fälle, die sonst zurückliegen, und für die Straftaten, die jetzt hier vorliegen, sondern nur für den Fall, wofür ich 1928 bestraft worden bin, Beleidigung und Bedrohung.«

(Frage: »Und welcher Fall folgte dann auf Albermann?«) »Nach dem Fall Albermann, ja, da folgten eine ganze Reihe Versuche – ich muß mir das mal überlegen – wo es immer nur beim Versuch geblieben ist, und wo keine Anzeige von erstattet ist, und wo ich auch weiter keine genaueren Angaben machen kann mit Rücksicht darauf, daß ich diese Personen nicht wiedergesehen habe. Und da auch diese betreffenden Personen nie ausfindig gemacht werden konnten, hat man diese Sachen übergangen. Das wäre gewesen noch im November vorigen Jahres.«

(Frage: »Wann war der erste Brief, den Sie geschrieben haben?«) »Der erste Brief ist im Oktober gewesen, vielleicht Mitte Oktober.« *(Frage: »Was enthielt er denn?«)* »Die Skizze von Papendell mit einer durch ein Kreuz bezeichneten Stelle, es sei dort eine Leiche vergraben. Dieses war auch durch die Worte: ›An der angekreuzten Stelle liegt die Leiche vergraben‹ besonders in dem Brief vermerkt. Derselbe war gerichtet an den Stadtanzeiger hier.« *(Frage: »Ist der angekommen?«)* »So wie ich gehört habe, soll er nie angekommen sein, angekommen schon, denn ich selbst habe ihn am Pressehaus in den Kasten geschmissen, aber es ist nichts davon bekannt geworden.« *(Frage: »Und dann die nächsten?«)* »Der nächste vielleicht zwei, drei Wochen später mit demselben Inhalt an die Polizeiverwaltung.« *(Frage: »Über Papendell?«)* »Ja, mit demselben Inhalt.« *(Frage: »Vor oder nach*

Albermann?«) »Zwei bis drei Wochen vor Albermann.« *(Frage: »Und wann der dritte?«)* »Das ist ja nicht schwer zu behalten, das war am 1. oder 2. Tag nach Albermann.« *(Frage: »Was enthielt der?«)* »Der enthielt dasselbe wie die zwei vorhergegangenen, und außerdem noch die Bemerkung: ›Die Leiche Albermann liegt an der Hanielmauer‹ oder vielleicht mehr ›Die Leiche der vermißten Gertrud Albermann liegt an der Mauer Haniel‹. Eine Skizze von Papendell und dieselben Worte von Papendell und die Worte von der Gertrud Albermann. Natürlich habe ich – das will ich Ihnen nicht verhehlen – diese ganzen Sachen zur Genüge studieren können. Ich war erstens ein eifriger Zeitungsleser draußen; ich habe die jetzt hier erwähnten Briefe in verschiedener Aufmachung in den Zeitungen gesehen, auch abgebildet, mit Ausnahme des ersten. Natürlich dann habe ich weitere sogenannte Mörderbriefe in der Zeitung gesehen abgebildet, auch Postkarten, die von dem Mörder geschrieben sein sollten, und auch schon einmal zwei an einem Tage, Mittag und Stadtanzeiger. Ich habe späterhin auf dem Polizeipräsidium Zeit und Muße genug gehabt, das zu besehen und zu studieren. Das hing da an der Wand, Photographien, ganz genau wie die Originale.« *(Frage: »Und der nächste Brief, der vierte?«)* »Der war gerichtet an die Niederrheinische Arbeitszeitung in Duisburg. Der enthielt nur Mitteilung und keine Skizze.« *(Frage: »Was für eine Mitteilung?«)* »Mitteilungen hauptsächlich in der Form, daß noch weiter in mehreren Fällen Leichen vergraben seien, daß die bürgerlichen Zeitungen benachrichtigt seien, und des weiteren entsinne ich mich nicht mehr.« *(Frage: »An wen war der dritte Brief gewesen?«)* »An die Freiheit hier.« *(Frage: »Stimmt das, daß noch mehrere Leichen vergraben sind?«) (Zögert)* »Sie meinen, ob das wirklich Tatsache ist, daß ich noch Leichen vergraben hätte? Nein.« *(Frage: »Warum schrieben Sie die Briefe, zunächst den ersten?«)* »In der Absicht, in der Bevölkerung, hauptsächlich von Düsseldorf sowie bei der Polizei, und dann nicht zuletzt bei den Stellen, die ich mir immer als meine Peiniger vorgestellt habe, Aufregung und Empörung hervorzurufen. Es ist auch eine Tatsache, daß bei dem Schreiben der Briefe ich eine – gewissermaßen eine Entschädigung dafür verspürt und empfunden habe, daß ich erstens in der fraglichen Zeit, als ich die Briefe schrieb, kein geeignetes Objekt gefunden hatte zur Ausführung einer Tat, andererseits hat mir das Schreiben dieser Briefe wirklich Erleichterung verschafft im Hinblick auf die Folgen, die diese Briefe hervorrufen sollten, auch als sexuelle Erleichterung, will ich Ihnen auch bejahen.« *(Frage: »Haben Sie dabei auch Samenerguß gehabt?«)* »Ja, wenn ich Ihnen das bejahe, daß schon mal ein Samenerguß stattgefunden hat, dann muß ich was hinzufügen, dann muß ich sagen, daß ich da durch besondere Vorstellungen nachgeholfen habe.« *(Frage: »Haben Sie das bei jedem Briefe getan?«)* »Ja, bei jedem, in der Form, daß ich mir die schon verübten Verbrechen vorstellte oder das noch zu begehende so vorstellte, in möglichst grausam zu erscheinender Weise auszuführen.« *(Frage: »Haben Sie, um sich so zu befriedigen, alle vier Briefe geschrieben, oder um das Publikum zu beunruhigen?«)* »Der eine und der andere Grund ist nicht allein ausschlaggebend gewesen. Der Ursprung wird gewesen sein, die Vergeltungs- und Sühneidee hier zum Ausdruck bringen zu können; hinzugekommen ist dann das Sexuelle, und durch dieses Sexuelle und durch die Vorstellungen, was ich vielleicht noch begehen könnte oder begehen würde, wurden die Briefe dann auch in der erfolgten Form und Weise verfaßt und dargestellt.« *(Frage: »Warum haben Sie später keine mehr geschrieben?«)* »Das liegt in erster Linie daran, daß ich doch schon häufiger mal Gelegenheit hatte, den Anfang eines Verbrechens zu tätigen. Wenn dasselbe auch nicht zur Ausführung gekommen ist, so hat in der Betätigung des Anfangs des Verbrechens auch in den allermeisten Fällen es in dem einen sowie auch in dem anderen Sinne seinen Zweck erreicht.« *(Hier abgebrochen.)*

VII. Untersuchung am 21. X. 1930.

(Frage: »Was wären denn Ihre weiteren Pläne gewesen, wenn nicht durch die Sache Budlies es zum plötzlichen Ende gekommen wäre?«) »Tcha, ob ich das direkt mit Plänen bezeichnen kann, Herr Professor, das glaube ich wohl nicht bejahen zu können. Ich glaube aber doch sagen zu können, daß, wenn ich weiter in diesem Stadium, Zustand, Seelenverfassung fortgelebt hätte und mich draußen in der Freiheit befunden hätte, wohl noch manches Menschenleben mir zum Opfer gefallen wäre. Ich will Ihnen auch gar nicht verhehlen, daß ich heute noch gar nicht so ganz frei davon bin, daß ich, wenn auch nicht mehr im Übermaße, wie in der ersten Zeit der Haft – denn ich habe ausnahmsweise unter dem Mangel an Lesestoff gelitten. Ich hatte Ihnen schon gesagt, wie es mit dem Oberlehrer war, der sagte, er wollte mich gar nicht sehen – Bestie –, er wollte nichts von mir wissen. Ich hatte wiederholt gebeten, schriftlich und auch mündlich, den Herrn Oberlehrer gebeten um bestimmten, von mir bezeichneten Lesestoff und auch um etwas mehr Lesestoff. Es ist mir nicht gelungen. Ich habe mich bei andern Herren bemüht und dann mehr Erfolg gehabt. Da habe ich natürlich, wenn ich so sagen soll, unter dem Zustand noch mehr gelitten und habe dann auf die schon öfter erwähnte Form so in der Zelle Befriedigung und Entspannung gesucht und gefunden. Ja, ich will auch noch weitergehen, und wenn ich ganz ehrlich sein will, will ich Ihnen sagen, wenn sie mich heute freilassen würden, dann könnte ich nicht dafür garantieren, ob ich nicht heute abend wieder was ausführen würde. Ich möchte andererseits aber noch mal ausdrücklich betonen, daß, wenn ich auch für diese Straftaten keine Reue empfinden kann, ich aber diese Sachen, besonders mit Rücksicht auf die schuldlosen Opfer, aufs Tiefste bedaure. Vielleicht werde ich es noch-

mal zu einer Verstandesreue bringen, aber zu einer wirklichen Reue, was man darunter versteht, unter einer Reue im übernatürlichen Sinne, dazu habe ich es bis jetzt noch nicht gebracht. In Verbindung damit möchte ich Ihnen sagen, daß ich auch noch keine Gewissensbisse empfunden habe, und wenn ich auch, wie ich auch wiederholt schon betont habe und auch heute wieder ausdrücklich betone, voll und ganz für alles verantwortlich sein will und auch sein muß, so möchte ich mich doch nicht selbst darüber täuschen, daß ich damals in einem Zustande mich befunden habe, der mich wohl schon gar nichts anderes tun ließ, oder daß ich gewissermaßen nicht anders konnte, als wie immer nur solche Taten auszuführen, aus den schon mehrfach bezeichneten Motiven, einerseits die Sühne- und Vergeltungsidee, andererseits die sexuelle Geschichte; denn ich meine, wenn ich mir das so heute überlege, dann gehört sich ja zum Beispiel zu einer Reue vor allen Dingen das Empfinden und das Bewußtsein für das, was man getan hat, und wenn man das eben niemals empfunden hat, damals nicht bei oder während der Begehung der Tat, auch nicht nach Begehung der Taten, in der Folgezeit nicht. Ich wollte ferner noch sagen, daß mir die Erkenntnis nicht zum Bewußtsein gekommen ist während der Begehung der Tat, und ich infolgedessen ja auch die Tat eigentlich gar nicht bereuen kann. Ich meine, es wäre ein ganz natürlicher Vorgang, wenn ich nicht weiß, daß das irgendwie etwas Unrechtes oder Abscheuliches oder sonst wie wäre im Motiv, noch davon überzeugt sein sollte, was ich schon früher betont habe, ich hätte das für Recht empfunden – heute nicht mehr Herr Professor – aber in der ersten Zeit hier im Gefängnis auch noch, dann meine ich, ja, das ist vielleicht, wenn ich da einen Vergleich heranziehen soll, gerade so, als wie einer, ich will mal sagen, wenn jetzt einer so – man hat ja solche Nachtwandler, die im halbwachen Zustande irgend etwas tun, ich will mal sagen, der geht jetzt irgendwo spazieren auf dem Balkon oder sonst wo, und es fällt etwas herunter und schlägt einen tot, dafür kann er nichts. Ich stelle mir das so vor.« *(Frage: »Ich fragte Sie nach Ihren Plänen. Sie sagten, eigentliche Pläne hatten Sie nicht. Dann möchte ich Sie anders fragen: Wie dachten Sie vor Ihrer Verhaftung wie es weiter werden würde?«)* »Dann kann ich das auch nur so beantworten, wenn ich Ihnen das alles richtig beantworten soll, daß ich das überhaupt nicht gedacht habe, wie das weiter werden soll, daß ich wohl vielleicht angenommen habe, ach, das geht immer so weiter, eine ganzeZeit so weiter, gewissermaßen für selbstverständlich gehalten habe mit Rücksicht darauf, daß ich eben also in dem Glauben war, daß hier gewissermaßen also in dem Sinne, wenn es die wirklich trifft und die das merken und nachher, daß das auch rückwirkend sich äußert auf den Strafvollzug, dann ist es ja nichts Schlechtes.« *(Frage: »Haben Sie nicht im Laufe der Vernehmungen andere Pläne genannt und direkte Pläne genannt?«)* »Ich habe vielleicht in den Protokollen nach Ihrer Meinung mich geäußert mit Absichten; wenn zum Beispiel so'n

Protokoll anfängt, ich begab mich von Hause fort in der Absicht und so weiter, dann möchte ich Ihnen aber sagen Herr Professor, das wollen wir nicht so ganz wörtlich nehmen, was da in den polizeilichen Protokollen steht; aber ich glaube, daß Sie dieses meinen, indem ich das mit Absicht bezeichnet habe.« *(»Sie haben früher gesagt, daß Sie mit einem Knalleffekt Schluß machen wollten in der Zukunft, das ist das, was ich meine!«)* »Ja, das stimmt, das habe ich gesagt. Dann habe ich aber bei dieser Gelegenheit, wo ich das gesagt habe, auch mich weiter ausgedrückt und gesagt, aus welchem Grunde und zu welchem Zweck der Knalleffekt sein soll, das allerdings ist richtig, da können Sie aber ruhig das vorher von mir Gesagte auch gelten lassen und diesen Knalleffekt daransetzen.« *(»Schildern Sie mir, wie Sie das dachten, den Knalleffekt!«)* »Den Knalleffekt habe ich mir auf alle Fälle so vorgestellt in Form von einer Katastrophe und dann mit Bezug auf den Knalleffekt auch die Absicht gehabt, auch wiederholt dieses zugegeben, die Absicht gehabt zu haben, mich zu stellen. Es ist allerdings auch von etwas anderm schon gesprochen worden.« *(Frage: »Von was anderm denn?«)* »Von einem Schlußeffekt, der wohl ganz anderer Art gewesen wäre, zum Beispiel, daß meine Frau mir sagte: ›Geh' hin und mach' die Augen zu‹, daß keiner etwas hören und gewahr werden sollte, und ich hätte das alles mit ins Grab genommen.« *(Frage: »Wo ist das gesprochen worden?«)* »Am 23. Mai.« *(Frage: »Mit wem?«)* »Mit meiner Frau.« *(Frage: »Bei den Vernehmungen?«)* »Nein, nicht Vernehmungen, am 23. V. war ich noch nicht in Haft, da befand ich mich bei meiner Frau, den ganzen Tag, den 23. Mai. Und bei dieser Gelegenheit ist die Rede davon gewesen, was jetzt werden soll, nachdem alle Hebel in Bewegung gesetzt worden waren, daß man meiner habhaft werden wollte, und, Herr Professor, mit Rücksicht darauf, auf diesen Moment, und mit Rücksicht auf diesen Tag, wohl gewissermaßen unter diesem Gesichtspunkt können Sie auch diesen Knalleffekt auffassen oder gelten lassen.« *(Frage: »Ist dieses Wort in den Vernehmungen vorgekommen?«)* »Mit dem Knalleffekt? Das will ich nicht verneinen, das will ich gelten lassen, daß das auch auf dem Polizeipräsidium gesagt worden ist.« *(Frage: »Hatten Sie den für Weihnachten geplant?«)* »Diesen Knalleffekt? Das kann ich nicht mit Bestimmtheit sagen, ob ich das beabsichtige, und weiß ich mich auch nicht zu erinnern, daß ich das irgendwo gesagt hätte.« *(Frage: »Hatten Sie die Absicht, mal Schluß zu machen?«)* »Ja, jawohl, da dürfen Herr Professor meine Frau darüber befragen, und meine Frau hat ja noch nicht wieder mit mir gesprochen seit diesem letzten Gespräch am 23. V., wo ich ihr von diesem angeblichen Knalleffekt auch etwas mitgeteilt habe. Und sie wird Ihnen auch sagen können, wie es gedacht war, Schluß zu machen. Ja, endgültig war es so vereinbart, vorläufig erst ihre Wohnungsgeschichte in Ordnung zu bringen und dann könne sie hingehen und mich als den Düsseldorfer Mörder bezeichnen. Ich glaubte, sie würde dann die Belohnung bekommen.

Ich möchte bitten, Herr Professor, wollen Sie sich das erst jetzt mal anders vorstellen, wie ich es mir vielleicht damals vorgestellt habe, bestimmt aber habe ich mir damals auch nicht vorgestellt, es sei irgendwie ehrlos für meine Frau, wenn sie jetzt hier von dem Gelde etwas nehmen würde, wofür ihr Mann jetzt also dann später mal hingerichtet würde, sondern ich habe nur den einen einzigen Gedanken gehabt, meiner Frau noch was nützen zu können, und ich dachte, es könne dies vielleicht auch meiner Frau gegenüber eine Buße und eine Genugtuung sein für das viele Leid, was ich auch ihr schon angetan habe. Und so war das dann gedacht, nachdem sie ihre Wohnungsverhältnisse in Ordnung gebracht hätte, sollte sie hingehen und sagen, ich sei der Düsseldorfer Mörder und könne mich ruhig auf der Straße bezeichnen, ich ließe mich dann festnehmen und würde also nicht das ausführen, was auch an diesem Tage besprochen war, nämlich die Augen zumachen und zwar in einer Form, wie ich sie schon mir gewissermaßen etwas festgelegt hatte, indem ich mich entweder ins Steinhuder Meer oder sonst irgendwo beschwert, sicher und gut und genügend beschwert, versenken wollte, daß also niemand, – daß also auch meine Leiche nicht gefunden werden sollte, und auch niemand hätte Ahnung gehabt, der ist der Düsseldorfer Mörder, und hätte selbstverständlich auch meine Frau darunter nicht zu leiden brauchen, das ist das, was ich am Vormittag des 23. V. hauptsächlich dargestellt habe – dann bin ich aber am Nachmittag des Tages immer mehr dazu gekommen, nein, ich kann auf diese Weise für Dich noch etwas tun und habe es fertiggebracht, meine Frau soweit zu bringen, daß meine Frau sich dazu bereit erklärt hat, das auszuführen, was ich ihr aufgegeben hatte.« *(Frage: »Das dachten Sie am 23. V.?«)* »Ja.« *(Frage: »Haben Sie früher mal gedacht, daß Sie Schluß machen wollten?«)* »Ja – jawohl. Ich muß das bejahen, das habe ich früher auch schon gedacht, ich habe es früher auch schon gedacht bis zu einem gewissen Zeitpunkt, abgesehen davon, daß ich mir vorgestellt hatte, das ginge noch eine ganze Zeitlang so gut, und die Polizei ist minderwertig, tappst im Dunkeln. Dieser Umstand insbesondere bestärkte mich in dem Glauben, daß es noch eine Zeitlang so weiter gehen könnte, aber dann habe ich auch den Gedanken gehabt, zu einem gewissen Zeitpunkt sagen zu können: Hier seht mal, so war Euer früherer Strafvollzug, so grausam ist Euer früherer Strafvollzug gewesen, das ist daraus geworden. Ich habe das auch – glaube ich – in den Protokollen schon so ähnlich geäußert. Bestimmt habe ich das auch schon dem Kriminaldirektor Voigt gesagt und dem Staatsanwalt Jansen: ›Macht aber nicht halt hier; wenn auch eine Reform eingetreten ist im Strafvollzug und sich schon manches gebessert hat, es ist noch sehr vieles zu tun, es liegt noch viel im Argen.‹ Ja mit dem Gedanken bin ich schon umgegangen.« *(Frage: »Wann denn?«)* »Ja, im Jahre 1929 schon.« *(Frage: »Nach welchen Taten?«)* »Zum Beispiel nach dem Fall Hahn, glaube ich, habe ich diesen Gedanken schon mal gehabt.« *(Frage:*

»Haben Sie das oft überlegt?«) »Nein, das allerdings nicht. Oft habe ich diesen Gedanken nicht weiter verfolgt.« *(Frage: »Haben Sie ihn dicht nach irgendwelchen Taten gedacht?«)* »Ja, ich möchte sagen, vielleicht kurz nach der Tat, nach der Ausführung der Tat im Falle Hahn, daß ich den Gedanken hatte und daß ich dann auch das richtig übersehen habe mit diesen Gedankenvorgängen, das würde dann so und so mal zu Ende gehen, und – gut, dann soll das so zu Ende gehen. Ich bin aber fest davon überzeugt, und ich glaube auch noch andere davon überzeugen zu können, daß ich hier zum mindesten ein gutes Werk noch getan habe an Hunderttausenden von Menschen, die heute und auch in der Zukunft in derselben Lage sich befinden oder befunden haben wie ich; ich habe damit natürlich die Gefangenen gemeint.« *(Frage: »Wie wollten Sie bei diesen Gedanken Schluß machen?«)* »Tcha, ich habe mir allerdings vorgestellt, so was man da unter dem bezeichneten Knalleffekt meistens versteht oder verstanden wissen will, so etwas Ähnliches auszuführen, also das würde dann im Sinne dieser Straftaten doch dann schon mindestens eine Katastrophe dargestellt haben. Mit solchen Gedanken bin ich wirklich umhergegangen, wenn diese Gedanken ja auch vielleicht insofern unsinnig waren, als sie sich nicht in die Tat umsetzen ließen, aber gehabt habe ich sie.« *(Frage: »War das auch mit sexueller Befriedigung verbunden?«)* »Ich will nicht bestreiten, daß wirklich auch Sexuelles da sehr viel mitgespielt hat. Ich will Ihnen sogar zugeben, daß ich es bewerkstelligen konnte bei diesen Vorstellungen, wenn ich sie intensiv verfolgt habe und mir vorgestellt habe, daß also eine Befriedigung, also wie man so sagt, Samenerguß eintreten konnte.« *(Frage: »Wie wollten Sie denn mit sich Schluß machen?«)* »Dann wollte ich so Schluß machen, indem ich mich gestellt hätte – sonst wäre ja der Zweck verfehlt gewesen – und den Herren das nahegelegt und klargelegt: so war Euer früherer Strafvollzug, er war ein vollständig verfehlter. Ich hätte mich auch nicht als Alleinbeispiel dahinstellen brauchen, ich konnte die Herren ruhig darauf hinweisen auf die Hunderte von nicht aufgeklärten Mordtaten, die auch wohl zum allergrößen Prozentsatz solche Menschen, die in der Strafhaft unter dem früheren Strafvollzug haben schwer leiden müssen, von solchen Menschen begangen worden sind. Das ist eine Tatsache, wo man nicht daran vorbei kommt. Ich meine, ich kann da ja gewissermaßen jetzt heute aus Erfahrung sprechen mit Rücksicht auf die ungezählten Anfragen, ob ich nicht dies und das und das und das alles, ob ich da nichts von wisse, ob ich das nicht auch gewesen sei.« *(Frage: »War der Gedanke, sich zu stellen, auch mit sexueller Befriedigung verbunden?«)* »Tcha, das gerade wohl glaube ich wohl nicht bejahen zu können, so gerade der Gedanke sich zu stellen, aber ich will etwas weiter gehen, ich will Ihnen nicht x für u machen und Ihnen sagen, wie es ist. Ich stelle mir vor, meine letzte Stunde, das wäre vielleicht für mich noch eine ganz interessante sexuelle Sache. Ich habe mir das schon vor einem

Jahrzehnt oder noch vor viel mehr Jahren vorgestellt; ich habe mir auch vorgestellt, ich könnte vielleicht mal hingerichtet werden, hier so in der Zelle, in der Haft, meine ich, vor vielen vielen Jahren.« *(Frage: »Vorgestellt zum Zweck der Befriedigung?«)* »Auch, ja, ich möchte Ihnen auch sagen, daß ich das ganz wie es sich so abspielen kann, schon öfter erlebt habe und zwar mit Rücksicht auf die ganz genaue Kenntnis von dem Vorgang der Exekution, die mir von den Beamten hier bis ins Kleinste hinein geschildert worden ist, wenn auch nicht immer so, daß es sich in derselben Weise abgespielt hat, aber im großen Rahmen doch so abzuspielen pflegt. Zum Beispiel hat mir ein Beamter gesagt, das Blut sei von der Mitte des Platzes, wo jetzt da der Kandelaber steht, bis da an das Gebäude, an die Mauer gespritzt. Ob das wahr ist, oder ob das sein kann, ich möchte annehmen ja, das könne sein, mit Rücksicht auf den Luftdruck, und wenn der Kopf plötzlich abgeschnitten ist, daß das Blut soweit spritzen kann.« *(Frage: »Bedeuteten die Geständnisse für Sie eine sexuelle Befriedigung?«)* »Tcha, Herr Professor, die Geständnisse als solche oder in Form des Geständnisses wohl vielleicht nicht, aber was damit verbunden war, vielleicht ja. Und es ist auch im Anschluß daran, im Anschluß nach so einer mehrstündigen Vernehmung – es waren ja immer viele Stunden da auf dem Präsidium an einem Tage – wenn ich da unten in die Zelle geführt wurde, ja und dann hauptsächlich mit Rücksicht auf die Wirkung der Geständnisse auf die Öffentlichkeit und auf die Beamten und auf alle, die davon jetzt Kenntnis nahmen – ich habe ja da auch öfter betont das Warum und Wie und wie es gekommen ist, und dann, was die Wirkung anbelangt, die Öffentlichkeit, wie die das auffassen werden jetzt hier die Greueltaten, das allerdings hing mit Sexuellem nachträglich zusammen bis zum Samenerguß, wenigstens mehrere Male in den zwei Wochen.« *(Frage: »An Schluß durch Selbstmord haben Sie vor dem 23. Mai nicht gedacht?«)* »Nein, nein, bestimmt nicht. Ich bin nur darauf verfallen am 23. V., weil meine Frau zu mir gesagt hat, na dann geh mal lieber hin und mach die Augen zu, dann hört und sieht keiner was und wird keiner was gewahr.« *(Frage: »Warum haben Sie nicht eher Schluß gemacht?«)* »Tcha, Herr Professor, ich glaubte doch noch sehr wenig geleistet zu haben. Ich will Ihnen offen bekennen, daß ich mir heute noch als Stümper vorkomme. Abgesehen von dem Bedauern komme ich mir trotzdem als Stümper vor.« *(Frage: »Sie haben mir das letzte Mal gesagt, daß Sie keine uneingestandenen Morde mehr zu sagen haben, und daß keine weiteren Leichen, zu denen Sie Beziehungen haben, bekannt sind; kennen Sie andere unaufgeklärte Mordtaten oder Leichen, die von andern Tätern stammen?«)* »Das letztere ja, andere Morde kenne ich.« *(Frage: »Die Sie aufklären können?«)* »Nein.« *(Überlegt)* »Ja, einen. Das habe ich aber bereits schon angegeben, aber ich glaube, man will es nicht weiter verfolgen, es sei auch hiermit genügend Material vorhanden. Ich habe gesagt, ich habe ein Mädchen umgebracht auf den Oberkasseler Rheinwiesen am Tage der Maria Massmann. Die ist mir entschlüpft, ist in ein Zelt hineingelaufen, und an demselben Tage habe ich ein anderes Mädchen angesprochen in der Nähe von der Rheinbrücke und bin mit dem wieder etwas zurückgegangen, nicht sehr weit, bis zum letzten Bootshaus, wo die erste Kribbe ist, und habe das Mädchen gewürgt und in den Rhein geworfen. Man ist sich aber jetzt nicht klar über die Leiche. Es ist eine Leiche gefunden in einem Fischnetz, haben Sie das gehört? Das weiß man aber nicht, ist das diese unter dem bekannten Namen Anna aus Westfalen. Ich habe nur den Vornamen in Erinnerung gehabt, vielleicht auch keinen anderen Namen gewußt als wie den Vornamen. Die Bekanntschaft war vielleicht nur 20 Minuten, äußerstenfalls 30 Minuten. Diesen Fall will man nicht besonders bearbeiten.« *(Frage: »Ich meinte etwas anderes, ob Sie nicht von Ihnen stammende Mordtaten kennen, die ungeklärt sind, und die Sie aufklären könnten, wo Sie also die Täter kennen und eventuell die Lage der Leichen kennen?«)* »Nein, nein.« *(Frage: »Sie haben zu Anfang heute gesagt, wenn ich heute entlassen würde, würde ich vielleicht heute abend wieder was ausführen. Wollen Sie mir das begründen?«)* »Tcha, ich habe, glaube ich, mich aber so ausgedrückt, daß ich nicht dafür garantieren könnte, ob ich nicht heute abend wieder eine strafbare Handlung ausführe, das kann ich Ihnen begründen, ich habe Ihnen ja gesagt, Herr Professor, wenn es heute auch nicht so schlimm mehr damit ist mit Rücksicht darauf, daß ich jetzt ziemlich Ablenkung habe in der Zelle, allerlei zu lesen und zu schreiben, schon mal zwischendurch einen Brief, so war das in der ersten Zeit doch sehr schlecht bestellt; ich habe manchmal wochenlang da gesessen und habe gar nichts gehabt zu lesen, und da habe ich mich eben dann amüsiert so, nicht?« *(Frage: »Befinden Sie sich denn jetzt in einem besonderen Spannungszustand?«)* »Tcha, ich sage Ihnen ja, Herr Professor, wenn Sie heute mal die Probe auf das Exempel machen wollten, ich kann Ihnen nicht dafür garantieren, da können Sie ja schon allerlei daraus entnehmen; ich muß Ihnen doch nicht extra ausdrücklich sagen, nun, wenn sie mich mal eben für ein paar Stunden beurlauben, ich werde vielleicht der schlimmste Amokläufer sein. Das ist ja doch nicht möglich. Ich glaube, Sie können ja daraus auch schon allerlei entnehmen, ich räume Ihnen das ja offen und ehrlich ein, das Geständnis.« *(»Ganz klar ist es mir nicht, wie es ist!«)* »Tcha, na jedenfalls kann ich Ihnen soviel sagen mit Rücksicht darauf, daß ich Ihnen auch schon dieses angedeutet habe, daß ich mir noch als Stümper vorkomme, daß ich vielleicht doch noch hier und da etwas dazu leisten würde. Oder wollten Sie das hauptsächlich wissen mit Rücksicht auf sexuelle Empfindungen?« *(»Nein, der jetzige Zustand, ist der so, wie Sie jetzt hier bei uns sitzen, so wie die Zustände, von denen Sie uns gesagt haben, daß sie vor den Taten da waren?«)* »Nein, das ist es nicht, nein, das ist gerade nicht der Fall. Wenn im Allgemeinen, im Großen und Ganzen, das auch dauernd bestanden hat,

so sind da doch Staffelungen gewesen und Abstufungen, wo das stärker und schwächer war. Wenn ich mich natürlich von Hause fortbegab, in der Dunkelheit herumgestreift bin, dann war das am stärksten, und wenn ich zu Hause war bei meiner Frau, daß ich keine Gelegenheit hatte, das Haus verlassen zu können, weil sie Frühdienst hatte, dann war das natürlich nicht so überaus stark.« *(Frage: »Sie sagen, daß hier das Lesen schon Sie ablenke?«)* »Ja.« *(»Das hatten Sie doch draußen beliebig zur Verfügung!«)* »Das stimmt allerdings.« *(Zögert, überlegt.)* »Ich habe Ihnen ja auch ausdrücklich gesagt, ich habe auch auf Befragen an mehreren Stellen dem Herrn Landgerichtsdirektor dasselbe gesagt, dafür kann ich Ihnen nicht garantieren, also ich glaube summa summarum zusammengefaßt, der Zustand ist wohl eigentlich noch derselbe.
(Hier abgebrochen.)

VIII. Untersuchung am 22. 10. 1930.

(Frage: »Herr Kürten, haben Sie auch richtig onaniert?«) »Ja, das habe ich vielleicht einmal, wo ich 13 Jahre alt war, ein paar Mal gemacht.« *(»Sie wissen, was onanieren ist?«)* »Ja, jawohl. Danach aber nicht mehr. Gewissermaßen also gleich wieder eingestellt nach dem ersten, zweiten, dritten Mal. Öfter ist das gar nicht vorgekommen. Und hier in der Zelle, in der Haft, da kommt das ja so häufig vor, das ist ja eine bekannte Tatsache. Man weiß das ja am besten daraus, daß das in der Kirche immer bekämpft wird. Ich habe darunter gar nicht zu leiden gehabt. Ich weiß nicht, soll ich das so sagen, daß ich da weniger Erfolg oder weniger Befriedigung mit empfunden habe; jedenfalls habe ich das nicht geübt, ich hatte da kein Interesse daran.«

(Frage: »Erzählen Sie uns mal bitte, wie Sie sich selbst gebildet haben?«) »Gebildet? Was meinen Sie damit für eine Bildung?« *(»Sie sind in Ihrem Sprechen und Ihrer Sprache sehr gewandt und befähigt und verstehen es, alles gut auszudrücken. Das betrachte ich als eine selbsterworbene Bildung über die Schule hinaus. Was haben Sie für Quellen gehabt? Wie sind Sie zu dieser Entwicklung gekommen?«)* »Ja, dazu bin ich gekommen immer und ausschließlich, kann ich sagen, oder mindestens zum allergrößten Teil in der Haft durch Bücher. Vielleicht auch in den letzten neun Jahren noch ein – ein gewisser Teil durch meine Frau.« *(Frage: »Was für Bücher?«)* »Ich habe gelesen vielerlei Schriftsteller: Rudolf Herzog, Paul Keller, Gustav Freytag, Margarete von Oertzen, Edhorn, Wallace, Sienkievicz, von Karl May und noch so mehrere, die mir jetzt alle nicht plötzlich einfallen.« *(Frage: »Und haben daraus gelernt?«)* »Ja. Eins will ich noch hinzufügen: von Lombroso habe ich auch verschiedene Bücher gelesen.« *(Frage: »Welche?«)* »Ja, das bin ich schon mal gefragt worden, das ist schon länger her, das ist mir

entfallen, es waren Abhandlungen über begangene Verbrechen und – ja meistens handelte es von begangenen Verbrechen. Dann habe ich nachdem auch schon mal so in andern Büchern, in sogenannten gebundenen Zeitschriften kleinere Artikel gelesen von Lombroso. Das handelt natürlich meistens von Verbrechen und um Verbrechen und wie sie entstehen könnten und so weiter und so weiter.« *(Frage: »Was haben Sie daraus gefolgert?«)* »Aus dem ganzen Lesen? Sie meinen aus allem?« *(»Gerade aus Lombroso!«)* »Ja – ich habe früher wohl weniger darüber nachgedacht, aber wenn ich so in späteren Jahren mal mich daran zurückerinnert habe, dann habe ich die Vorstellung gehabt, das seien wirklich kranke Menschen, und ich habe mich auch nicht ernstlich bemüht im Falle, daß ich selbst auch so einer sein sollte wie Lombroso geschildert hat, dagegen anzukämpfen.« *(Frage: »Bekamen Sie Lombroso auf eigenen Wunsch?«)* »In einem Falle mal ja, sonst war es Zufall, in den Zeitschriften die Artikel, das war Zufall.« *(Frage: »Und wieso hat Ihre Frau an Ihrer Bildung mitgewirkt?«)* »Ja, die Art und Weise, das ganze Wesen meiner Frau hat immerhin einen ganz bedeutenden Einfluß auf mich ausgeübt, gewissermaßen einen beruhigenden Einfluß, sonst wäre vielleicht das, was in mir war oder was sich in Jahrzehnten in mir gesammelt hat, vielleicht noch viel eher zum Ausbruch gekommen, bevor der Staatsanwaltschaftsrat Jansen so viel dazu beitragen konnte, daß, wenn ich mich so ausdrücken soll, hier dann buchstäblich das Maß von allem Bitteren, was ich eingefressen zu haben glaubte, übergelaufen ist. Dann will ich auch schließlich noch weiter noch sagen, daß die fortgesetzten Bestrebungen von Seiten meiner Frau und die große Mühe, die sie aufwand, mich zu einem ordentlichen Menschen zu machen und zu erhalten, zu dem, was Sie meinen, als eine Bildung bezeichneten, beigetragen haben kann und haben wird. Ich räume auch ohne weiteres ein, daß gerade der Umstand, daß meine Frau ständig als gewissermaßen ein Mahner an meiner Seite stand, meine Schuld vergrößert.« *(»Halten Sie sich für gebildeter als die Mehrzahl anderer Leute, die Ihre gleiche Abstammung und Schulbildungs- und Lebensgang gehabt haben?«) (Zögert.)* »Tcha, meinen Sie – tcha, so also, was da auch sonst Arbeiter werden oder aus denselben Verhältnissen hervorgegangen. Was Kenntnisse und Lebenserfahrung anbetrifft, ja, Kenntnisse auf verschiedenen Gebieten, auf mannigfaltigen Gebieten, sowie auch vielleicht was Erfahrung anbelangt, möchte ich das mit ja beantworten, trotzdem ich die größte Zeit meines Lebens hier in so einem Hause zugebracht habe. Ich meine, was die Erfahrung anbelangt auch.« *(Frage: »Wodurch denn wohl sind Sie den anderen überlegen, wodurch ist das gekommen?«)* »Da kann ich ohne weiteres sagen: daß ich nicht schwer von Begriff bin.« *(Frage: »Sie meinen, daß Sie auch gescheit sind?«)* »Gescheit und auch eine gute Auffassungsgabe habe, ja bestimmt, voll und ganz gescheit.« *(Frage: »Haben Sie mal Stimmen gehört?«)* »Stimmen? Sowas wie Sie meinen – ich verstehe, ja auch, ja.« *(Frage: »Wann und wo?«)* »Tcha, ich habe auch da schon etwas zu verzeichnen und zwar so zu verzeichnen, das könnte man für echt ansprechen, das ist aus der Haftpsychose gekommen. Da habe ich mich schon mehrere Male in einem Zustand befunden, der war allerdings nicht mehr gescheit und auch nicht mehr normal. Einen habe ich Ihnen schon mal angedeutet, 1905, wo ich Anfang des Jahres entlassen wurde, da habe ich Blödsinn gemacht, das war nicht mehr von einem gescheiten Menschen ausgeführt, und dann hab ich mal, ein anderes Mal, mir wirklich feste vorgestellt und eingebildet, ich sei eine Seidenraupe und wollte mich verpuppen. Also das saß schon ein bißchen fest, für mich war es echt, ich hatte mir eingebildet – ich kriegte dann vielleicht, ohne es körperlich und geistig mehr spüren zu müssen, die Strafe schneller vorüber oder schneller um. Ich glaubte dann natürlich auch auf geistigem Gebiet erwachen zu können, und dann sei vielleicht die Strafe zum größten Teil verbüßt. Ich habe mich dann auch regelrecht mit richtiger Seide eingesponnen, alles umsponnen.« *(Frage: »Wann war das?«)* »Das war in Münster 1909.« *(Frage: »Arbeiteten Sie denn in einer Seidenweberei?«)* »Mit Seide in der Militärschneiderei. Mit gesponnener Seide oder mit Seidenstoff. Mit gesponnener Seide, mit einem Faden also umwickelte ich die Beine und Arme, den Leib, wohin ich konnte, da hat man ja viel gehabt, da gab es so große Rollen, da ist auf einer Rolle 500 und 1000 m manchmal. Wenn ich mir das heute überlege, dann muß ich aber mit voller Überzeugung sagen, ich hatte da einen Schlag mit der Wichsbürste.« *(Frage: »Wie lange dauerte das?«)* »Ja, ja, wissen Sie, so der eigentliche Zustand, der hat nicht so lange gedauert, denn da haben sie Mittel und Wege für gehabt. Man war ja damals nicht so weit, daß man sowas für möglich hielt, es kann einer eine fixe Idee bekommen haben. Das wurde mit radikalen Mitteln da vertrieben und dann wurde zu guter Letzt noch anheimgestellt: Na, das Geringste noch, dann kommen Sie auf den Bock.« *(Frage: »Ins Lazarett kamen Sie damals nicht?«)* »Nein, bloß in Arrest und Fesselung und Einpackung. Nasse Tücher alles, und so in diese Tücher eingepackt, ein Sack drum, und der Sack wurde dann zugenäht.« *(»Erzählen Sie uns bitte, wie es damals anfing und war und ausging!«)* *(Erhält eine Pause zur Überlegung.)* »Also wie vielleicht schon bekannt ist, hatte ich damals sieben Jahre Zuchthaus zu verbüßen in Münster. Die Strafe kam mir natürlich ein bißchen sehr lang vor, besonders im Anfang. Schon im Jahre 1906, da habe ich allerlei Gedanken verfolgt, wie wäre es wohl möglich oder gäbe es überhaupt irgendeine Möglichkeit, diese Strafe, die ja nicht allein als eine körperliche aufgefaßt werden muß, sondern das Empfindlichste gewissermaßen in der Strafe besteht ja darin, sich jeden Tag sagen zu müssen, so und so viel Zeit mußt du noch hier bleiben, und so habe ich mich immer und immer wieder beschäftigt mit Gedanken, wie man so sagt, gegrübelt, gäbe es nicht irgendeine Möglichkeit, daß man diese Qual, also diese gewissermaßen Peinigung nicht mehr haben braucht und diese endlose Strafe immer vor sich sieht. Und durch diese Vorstellungen, die sich mit jedem Tage neu einstellten, bin ich darauf verfallen, mich als Seidenraupe verpuppen zu wollen. Ich glaubte damit wäre ohne weiteres auch verbunden eine gewisse Abstreifung des Menschlichen oder Ausschaltung des immer fortwährenden Bewußtseins von der Länge der Strafe. Ich habe jedoch diese Gedanken lange, sehr lange Zeit erst verfolgt, ehe ich sie mal in die Tat umgesetzt habe. Wie ich dazu gekommen bin das auf so eine, gewissermaßen möchte ich sagen, lächerliche Art und Weise in die Tat umzusetzen, das mag vielleicht von der Kenntnis oder Wissenschaft hergerührt haben, die ich über das Insektenleben mit Raupen und Schmetterlingen und Puppen und so weiter besitze oder besessen hatte, damals schon, sowie auch im besonderen von der Seidenraupe. Und da ich nun Jahre lang mit dieser Seide zu arbeiten hatte, bin ich darauf verfallen, eine Seidenraupe sein zu wollen und mich dann auch genau so zu verhalten, zu benehmen und auch zu zeigen, wie eine Seidenraupe und habe es aus diesem Grunde dann im Jahre 1909 mal in die Wirklichkeit, vielmehr in die Praxis ausgeführt. Ich weiß von den Beamten, wie ich mich damals verhalten habe, selbst habe ich tatsächlich mich nicht darauf besinnen können, was ich da im einzelnen an diesen betreffenden Tagen alles bewerkstelligt habe und so wurde mir dann nachher gesagt, ich hätte die Zelle verdunkelt durch Decken vor dem Fenster und die anderen Decken noch dazu benutzt, einen großen Tisch zu verhängen, und ich habe unter dem Tisch gelegen, wieviele Stunden, daß ich darunter gelegen hätte, ließ sich nicht genau feststellen, denn ich müsse des Morgens schon angefangen haben nach dem ersten Frühstück, mittags wurde ich unter dem Tisch hervorgeholt. Der Tisch war unten drunter auch dunkel, da er mit den Decken verhangen war, und die Seide, die habe ich natürlich gesehen, die hatte man mir alle vom Körper abgeschnitten. Aber das war damals in Münster, war das so, da haben sie das meistens mit Radikalmitteln bekämpft, weil sie jedenfalls von dem Standpunkt ausgingen, das könnte sich hier auch um einen Simulanten handeln, und habe ich die Möglichkeit noch mal eine Seidenraupe zu sein schon deshalb nicht mehr haben können. Man hat mir niemals mehr Seide anvertraut, und ich habe auch eine Arbeit bekommen, wo ich nicht so den Tisch verhängen konnte. Also diese Möglichkeiten hat man mir in erster Linie mal genommen; im übrigen aber habe ich den Gedanken aber noch bis mindestens 1911 noch weiter verfolgt und habe mir dann nachher vorgestellt auch ohne diese Mittel, ohne Seide zum Beispiel, vielleicht durch Ausschaltung des Denkens oder Geistes nicht mehr darüber – nicht mehr das jeden Tag vor Augen zu haben die noch zu verbüßende Strafe, dann weiter da – mir die Möglichkeit vorzustellen gewissermaßen nur so im Denken, gewissermaßen geistig, ohne daß es äußerlich sichtbar gewesen wäre eine Seidenraupe oder sonst eine

Raupe, die sich verpuppen kann, zu sein.« *(»Sie sagten bis 1911, die Strafe dauerte bis 1912!«)* »Ja.« *(Frage: »Also noch in der Strafe ließen Sie diese Gedanken?«)* »Ja, ja, jawohl, sie sind nachher von selber verschwunden.« *(Frage: »Oder bemühten Sie sich darum?«)* »Ja, ganz von selbst möchte ich sagen.« *(Frage: »Noch andere solche Sachen?«)* »Ja, auch noch andere Sachen. In früheren Jahren habe ich auch schon tolles Zeug zusammengesponnen, auch was hier meine jetzigen Strafsachen anbetrifft, davon habe ich mir früher schon allerhand Vorstellungen gemacht. Ich habe sogar schon zu Beamten geäußert, hier die Beamten, einer von denen ist jetzt noch hier, der könnte sich vielleicht noch daran erinnern, als wie, ich wüßte das schon ganz genau – und das ist gewesen 1902 – ich werde später mal hingerichtet, und so habe ich wiederholt solche Äußerungen gemacht, und Vorstellungen habe ich damals gehabt, also richtige Phantasien, tollste Phantasien, schon 1902, später allerdings komplizierter in späteren Jahren.« *(Frage: »Und während der Strafe von 1913 bis 21?«)* »Tcha, da waren auch die Vorstellungen tollster Art, wie man sie in der Haft so hat, ich will Ihnen das auch nicht verhehlen, das klingt ja ein bißchen lächerlich, das fußt so meist auf Größenwahn oder Großmannssucht: so arm wie man ist, so viel möchte man besitzen, bildet sich das fest ein, ja du besitzt das und das und verfügst über das und das, Sie können sich ja vorstellen über das, was ich meine, ich brauche es Ihnen ja nicht alles im einzelnen zu schildern, Sultan von Marokko, Schah von Persien. Es gibt da ja die tollsten Sachen, der eine will sogar mal der liebe Gott sein, kommt noch einer, der will noch mehr sein, der sagt, ich bin Obergott. So ähnlich war es bei mir auch, ich habe mir auch die dümmsten Sachen vorgestellt, also Besitztum zu haben, was gar nicht der Fall war, und Persönlichkeit vorzustellen, Titel und Gott weiß was alles für Würden und was da all so ohne weiteres mit in Zusammenhang steht, alles Mögliche zu vermögen. Ich habe da eine so reiche Phantasie gehabt, und ich konnte mich da so schnell von einem zum andern umstellen, daß ich wohl sagen kann, ich habe in meinem ganzen Leben, auch mit Rücksicht auf die vierundzwanzig Jahre Strafe, auch mit Rücksicht auf manche lang dauernde, strenge, abgesonderte Haft in der Zelle, noch nie Langeweile kennengelernt. Und ich möchte hier an dieser Stelle mal den Wunsch äußern, ich möchte ein einziges Mal in meinem Leben mal Langeweile haben. Wenn Sie aber Wert darauf legen, daß ich Ihnen das etwas ausführlicher schildern soll, diesen ganzen Blödsinn so aus der Haft, dann kann ich das auch.« *(Frage: »Könnten Sie es auch schriftlich?«)* »Kann ich auch, ja. Ich konnte jetzt zum Beispiel – konnte mal ein Anstaltsdirektor sein – genau so schnell Anstaltspfarrer oder Scharfrichter, ich konnte mich so schnell umstellen und mich da so intensiv hineinversetzen, als ob ich das wirklich wäre. Schon in meiner Zeit in Metz, da war ich elf Monate, da habe ich alles gesehen, da habe ich mal einen General gesehen mit roten Streifen, da war ich natürlich direkt General.« *(Frage: »Wann war Ihre letzte Strafverbüßung?«)* »Strafverbüßung? Vom 25. 4. 1928 bis zum 25. 10. einschließlich.« *(Frage: »Haben Sie in der Zeit auch so gesponnen?«)* »Ja, das ist das schönste Mittel so in der Zelle.« *(Frage: »Haben Sie da direkt Stimmen gehört?«)* »Was soll das heißen, Stimmen gehört?« *(Frage: »Gespräche, Zurufe oder Worte, die sicher nicht da gewesen dind?«)* »Von mir?« *(»Nein, von Anderen!«)* »Ja, ja, dann ist das aber nicht dagewesen, die waren nicht da, ich war doch allein in der Zelle.« *(Frage: »Glaubten Sie, Andere zu hören?«)* »Ja, sicher, selbstverständlich, die waren doch immer da, ich war doch nicht allein, aber das ist ja nicht wahr gewesen, die Tür war doch verschlossen, und ich war doch allein in der Zelle.« *(Frage: »Und war das Ihnen selbst immer klar, daß das nicht möglich wäre?«)* »Daß ich das sein könnte, dieses oder jenes oder sein wollte?« *(Frage: »Nein in bezug auf das Hören!«)* »Ach so, die anderen Personen? Ja, da denkt man da nicht dran, ich meine, das muß ja auch ein bißchen harmonieren, wenn man davon überzeugt sein soll.« *(Frage: »Und wenn Sie sich nun vorstellten, daß Sie etwas Besonderes wären, war Ihnen immer klar, daß es nicht so war?«)* »Nein, nein, ich habe mich soviel wie möglich ganz dahinein versetzen wollen, daß es so ist; sonst war das nachher ein bitteres Gefühl, daß es nicht so war, dann war das eben nicht so schön.« *(Frage: »Wenn Sie nicht in Haft waren, haben Sie da Ähnliches gehabt?«)* »Reiche Phantasie gehabt! Soll ich Ihnen mal was erzählen von diesen Sachen? Ich habe immer geglaubt oder so – ich habe mir immer fest vorgestellt, trotzdem ich ganz genau wußte, ich bin das selbst, habe ich mir immer vorgestellt, wie schön das so wäre, und ganz nett ausgemalt, wenn ich den jetzt kriegen würde, den Mörder und lieferte ihn ab, und die ganze Polizei kommt nachher und bringt mir ein Ständchen mit Musik, sicher, ich könnte das noch so sehen, oben von dem Fenster, da ist der schöne freie Platz bei uns, da dachte ich, hier nehmen die alle Aufstellung, und es wird eine Rede gehalten, weil ich mich da verdient gemacht hätte und so, und ich dachte auch was zu bekommen, zum mindesten eine Rettungsmedaille oder so was.« *(Lächelt selbst bei dieser Vorstellung.) (Frage: »Wie war es bei der Arbeit?«)* »Da habe ich mir vorgestellt in der Fabrik, ich wäre der Meister oder der Ingenieur, während ich selbst den Kran fahren mußte.«

(Hier abgebrochen.)

Auf Ersuchen der Unterzeichneten hat K. dann in den nächsten Tagen die nachfolgenden Berichte zu Papier gebracht und überreicht:

Zur Frage Haben Sie schon Stimmen gehört? Ja! Ich hab schon ganze Reden reden gehört. Folgendes war in einem Falle Veranlassung einer gehörten Rede. Ort der Handlung: Mettmannerstr. 71 und ein gegenüberliegender größerer freier Platz; Personen: der Düsseldorfer Bürger Herr Peter Kürten, Dr. Lehr, Polizei-Präsident Langels, Ober Regierungs Rat von Ziegesar (der wilde Schiesser) viele andere hohe Gerichts-, Polizei und Staats Beamte und der Düsseldorfer Mörder, genannt Kopfjäger. Zeit: An einem Samstag Nachmittag und Abend Anfang April dieses Jahres. Wetter: schön! Musik: Polizei Musik Kapelle. Besonderes: Pechfackeln. Schon in den frühen Nachmittag Stunden war von berittener Polizei alles abgesperrt, da zehn Tausende von Menschen das große Schauspiel sehen wollten. Natürlich an mehreren Tagen vorher in der gesamten Presse bekannt gegeben. Die Häuser im weiten Umkreise sind alle beflaggt. Über die Straße sind Triumpf und Ehren Bogen gespannt. Auf dem genannten freien Platz befindet sich ein Podium mit Rednerpult. Daneben Lautsprecher. Zwischen acht und neun Uhr Abends. Der Düsseldorfer Bürger Herr Peter Kürten befindet sich zu Hause in seiner Wohnung. Das Haus ist von oben bis unten bengalisch blutrot beleuchtet. Sie kommen – von weitem sieht man eine feurige Schlange heranziehen. Vorn an die Lärmmacher (Musikkapelle). Herangekommen, marschieren sie alle auf dem freien Platz und nehmen dort Aufstellung. Dr. Lehr betritt die Rednerbühne und hält eine Rede. Danach begibt sich Polizeipräsident Langels ans Rednerpult und redet eine wuchtige Rede. Natürlich hat sich auch Dr. Lehr kräftig ausgedrückt. Ich habe die Reden und auch die S t i m m e n der beiden genannten Herren deutlich g e h ö r t und auch verstanden, was sie gesagt haben. Die Reden gipfelten darin, daß sich der Herr Kürten unter anderem sehr tapfer und umsichtig, Geistes gegenwärtig und unerschrocken und so weiter gezeigt, vor allen Dingen der Stadt Düsseldorf und ihren Einwohnern aber einen sehr großen Dienst erwiesen, indem er den Düsseldorfer Mörder gefangen und kampfunfähig gemacht hat. Was der gesamten Polizei, einschließlich Berliner Criminal Räten nicht gelungen, beziehungsweise nicht vermocht, oder nicht gewollt, oder zu bequem, ich habe so allerhand gehört, ich glaube auch von Schafsköpfen, unser hochverdienter Bürger Herr Peter Kürten, hats geschafft, ganz allein. Dafür ist ihm natürlich die Stadt Düsseldorf und alle maßgebenden Stellen zu großem Dank verpflichtet und wird Herr Kürten hiermit zum Ehrenbürger ernannt und zum Criminalrat befördert. Wie ist das mit der Belohnung?

Eine Stimme Seiner Majestät, Ex Wilhelm, zur Zeit in Dorn. Im Jahre 1905 in Metz, Himmel und Soldaten, auch Offiziere und Generäle mit breiten, roten Streifen an den Beinkleidern. Ich befand mich im Arrestlokal in Untersuchung. Jedoch durch gute Führung entlassen. Weiterhin durch Verdienste mannigfacher Art, mehrere Lebensrettungen, zum Unteroffizier, Feldwebel und nachher zum Leutnant befördert. Weitere Auszeichnungen, Hereo Aufstand, Russisch-Japanischer Krieg, Militär Attaché und dann großes Kaiser Manöver in Metz. Hierbei noch weiter befördert, und wiederholt die S t i m m e g e h ö r t: Wir Wilhelm von Gottes Gnaden, Burggraf von und zu Nürnberg, Kurfürst von Brandenburg und so weiter, und so weiter.

Stimmen vom Mars im Jahre 1907. Mit Bezug auf die Schriften Julius Verne hörte ich in der fraglichen Zeit des öftern Stimmen menschenähnlicher Wesen von weit her, nach meiner Meinung vom Mars. Ich habe dann, wieder Bezug nehmend auf Julius Verne im Jahre 1907 schon ein Luftschiff gebaut, besser und vollkommener, als Zeppeline heute sind. Mit diesem Luftschiff gelang die Fahrt von der Erde, auch durch den luftleeren Raum, bis zum Mars. Dort selbst wunderbare Entdeckungen gemacht. Der Mars war bewohnt, sogar dicht bevölkert mit Wesen genau wie wir Menschen. Jedoch mit dem Unterschied, daß die größten von ihnen bis zu $^3/_4$ Meter groß waren. Sie hatten alle eine rosige Haut und waren vollständig nackt und nicht behaart. Ich wollte einige Exemplare mitnehmen hier auf diese Erde, wodurch große Empörung, Tumult und Revolution. Ich als Riese unter diesen elfenhaften Wesen habe dann mit einem großen Schlachtschwert ein ungeheueres Blutbad unter denselben angerichtet, dadurch Revolution und Empörung blutig unterdrückt. Hundert Tausende wurden dabei von mir abgeschlachtet. Blut floß in großen Strömen. Habe trotzdem einige Exemplare gefangen genommen und mitgebracht. Dieselben sind jedoch hier eingegangen.

Zu derselben Zeit auch Stimmen von der Venus gehört. Darauf auch dorthin eine Entdeckungsfahrt unternommen und glücklich angekommen. Auf der Venus lebten damals Geschöpfe ähnlich wie auf dem Mars, nur noch kleiner und hatten dieselben alle Flügel und konnten fliegen. Sie sahen genau so aus, als wie man Engel dargestellt sieht. Meine Ankunft sowie mein Erscheinen hat natürlich unter den Engeln Furcht und Schrecken verbreitet. Ich habe dann auch unter ihnen entsetzlich gehaust, wobei ungezählte Tote und Verwundete. Nach Friedensschluß einige Dutzend Exemplare ausgesucht und nach hier mitgebracht. Ich besaß mit Rücksicht auf gehörte Tierstimmen in Grafenberg, Eingang Wolfsschlucht einen großen Tiergarten, Tierpark. In Grafenberg des öftern alles umgebuddelt und verändert. In diesem Tierpark in einem großen Haus, ähnlich wie im Zoo, wo die großen Vögel drin sind, habe ich die Engelskinder untergebracht. Sie waren daselbst für Geld zu sehen. Eintritt zehn Mark, Kinder fünf Mark. Habe dabei unheimlich viel Geld verdient.

Eine Stimme aus jüngster Zeit, betrifft Enthüllungen. In meiner ehemaligen Wohnung Mettmannerstr. 71 befinden sich in dem Raum, der als Kleiderschrank diente, hinter der Fußleiste noch 28 Photographien, meistens weiblicher Personen, welche ich alle umgebracht habe. Weiterhin habe ich noch 34 Fälle Menschenraub begangen. In der Mehrzahl Personen im Alter von 14–20 Jahren. Unter anderm Töchter des Polizei Präsidenten Langels, General Staatsanwalt Sch. N. und vieler anderer namhafter Persönlichkeiten. Die geraubten Personen leben bis auf eine, die zum Tode verurteilt worden ist, alle noch und befinden sich in Schloß Dyck. Der Schloßherr und noch ein anderer Herr halten sie dort gefangen zum Studium der Zeugung und

Vermehrung. Ich verweise auf 3a der Mörderbriefe. Von mir wurde eine Conferenz einberufen, woran alle maßgebenden höheren Stellen, unter anderm auch der Herr Justiz und der Minister des Innern, sowie der hiesige Anstaltsdirektor, weil dem seine Tochter auch dabei ist, teilgenommen haben. Ich habe die Conferenz eröffnet. Vorerst wurden von mir folgende Bedingungen gestellt: Zahlung von 51000 Mark aus der Staatskasse. Ich verlange Garantien, daß diese 51000 Mark nicht mehr angetastet werden können, sondern daß ich darüber nach meinem Gutdünken verfügen kann. Weiterhin für die Zeit meiner Untersuchungshaft anständige Verpflegung, zu rauchen, und hinreichend Lektüre, sowie illustrierte Zeitungen. Letztgenannte 3 Punkte sind auch aus der Staatskasse zu bestreiten. Endlich stelle ich die Bedingung, daß der Lehrer der hiesigen Anstalt sofort fristlos zu entlassen ist. Nachdem mir dieses alles hinreichend garantiert, erfolgen von mir die oben genannten Enthüllungen. Dadurch erhalten alle Eltern ihre Kinder wieder zurück und ich habe gleichzeitig der Stadt Düsseldorf einen großen Dienst erwiesen, wofür ich die goldene Rettungsmedaille beantrage für Rettung aus Gefahr. Ich habe zahlreiche Dankschreiben erhalten und die ganze Zelle voll Blumen. Das Gefängnis mußte stark besetzt werden mit Polizei, weil die Gefahr bestand, daß es gestürmt worden wär. Zur Frage der 28 Photographien ist noch zu sagen: Daß die Leichen vollständig zerkleinert, zwecks wissenschaftlicher Versuche nachher gemahlen betreffs chemischer Zusammensetzung. Einzelne Kulturen wurden jedoch gepflegt. So unter anderm Stücke Haut. Fernerhin wurden je ein kleiner Finger der rechten Hand sorgfältig in einem Glas in Spiritus aufbewahrt.

Es war jedoch noch ein sehr schwieriges Problem zu lösen, nämlich die beiden Täter ausfindig und ihrer habhaft zu werden. Zu diesem Zweck wurden mir Polizei Beamten Eigenschaft verliehen mit Marke und Ausweis, sowie eine Schußwaffe. Dank meiner guten, vorzüglichenWitterung ist es mir dann auch bald gelungen, eine Spur zu finden. Dieselbe habe ich dann intensiv verfolgt, bis ich Schloß Dyck entdeckte. Ich habe dann erst alles umstellt und bin dann allein vorgedrungen. Bei dem Kampf erhielt ich einen Steckschuß in den linken Stirnknochen. Habe aber trotzdem meine beiden Gegner kampfunfähig gemacht. Es waren von dem Schloß aus Stollen in den Berg gegraben. In diesen Stollen befanden sich links und rechts schöne geräumige Zimmer mit Ventilation, aber vergitterten Türen. Dort befanden sich die gefangen gehaltenen Opfer und wurden von mir, ihrem Befreier, jubelnd begrüßt.

Stimme aus dem Grabe!

Schon im Jahre 1914 vernahm ich eine Stimme, welche nach meiner Meinung in ziemlicher Entfernung aus einem Grabe zu kommen schien. Ich vernahm die Stimme öfter, und zwar in der Form: Deine Peiniger, die ewigen

Quälgeister deiner Seele, deine Folterer, die dir so viele Schmerzen bereitet haben, haben mich ermordet. Ich war das Opfer und du bist das Werkzeug. Aber ich war ein unschuldiges Opfer, deshalb ziehe ich dich herunter zu mir ins Grab. Ich hefte mich an deine Fersen, bis du bei mir bist, dann hast du auch Ruhe. Jedoch hast du noch schweres zu leiden und mußt noch viel Opfern, bevor das viele Unrecht, welches dir angetan, gesühnt ist. Deine Mission ist noch lange nicht erfüllt.

Im Jahre 1929 am Grabe der Klein, Christine:[1] Nur noch kurze Zeit, dann wirst du bei mir Ruhe finden und du bist erlöst. Deine körperliche und seelische Qual und Pein ist beendet. Dann wirst du zum ersten Male ein Glück empfinden, das du in deinem armseligen Leben ja doch nie gekannt hast. Wir alle freuen uns, wenn du kommst, denn du bist nächst unserm Heiland der Schwerstgeprüfte, und du sollst die Märtyrer Krone empfangen, die schon für dich bestimmt war, bevor du geboren bist. Dein Leben war nur Qual und Leid, dein Tod bringt dir Glückseligkeit.
(Hier abgebrochen.)

IX. Untersuchung am 26. X. 1930.

Kürten bringt zur heutigen Unterredung wieder eine auf Ersuchen der Gutachter von ihm verfaßte schriftliche Schilderung einer seiner in der vorigen Unterredung erwähnten »Stimmen« mit, (sämtliche Berichte sind der VIII. Untersuchung angehängt), und sagt, daß er noch einige weitere aufschreiben werde, z. B. von 1905 (den entflohenen Kaiser gehört), von 1907 (ein Ausflug nach dem Mars), eine aus dem Grabe, also eine spiritistische und mehrere Stimmen aus allerjüngster Zeit gleichzeitig betreffend Enthüllungen über Sachen, die noch nicht verhandelt oder vernommen sind. Er sagt dabei: »Diese fünf sind einzelne Beispiele von den vielen Stimmen in den verlaufenen Jahrzehnten.«

(Frage: »Haben Sie sich auch verfolgt gefühlt?«) »Sie meinen so etwas ähnliches wie Verfolgungswahnsinn, nein, ich habe mich nicht verfolgt gefühlt.« *(Frage: »Sie haben in den früheren Verfahren bereits mal erklärt, daß Sie von der Frau Hamacher unschuldigerweise und ungerechterweise seit Jahren verfolgt würden, können Sie uns das mal genauer schildern?«)* »Tcha, das habe ich allerdings erklärt, und ich glaubte damals auch wirklich, daß dem so sei, und ich glaube dieses heute noch begründen zu können. Es gibt eben, wie überall in der Welt, gehässige Menschen, und ich hatte damals mit diesen Liebschaftsgeschichten, 1925 hier im Zooviertel, sozusagen in ein Wespennest gestochen. Ich hatte mir da soviel Leute auf den Hals geladen, die mich also dann tatsächlich mit Strafanzeigen aller Art verfolgt haben, das ist ja nachweislich – wo gar nichts von dran war, daß ich also schon in dem Glauben sein mußte, daß die mich hier wirklich verfolgen in dem

[1] Es handelt sich um die im Jahre 1913 ermordete Christine Klein

Sinne, daß sie mir unter allen Umständen etwas am Zeuge flicken wollen, was ihnen ja auch gelungen ist. Das ist ja in diesem Falle weiter keine Einbildung, sondern das ist ja eine Tatsache, die kann ich erweislich wahr machen durch die Akten. Alles mögliche Zeug haben die mir angedichtet und mich also mit Strafanzeigen verfolgt. Natürlich war ich wohl da auch so etwas eingestellt, als wie, daß ich wirklich verfolgt würde. Ich habe mich in Acht genommen auf der Straße; wenn ich solche Personen von weitem gesehen habe, habe ich einen Bogen drum herum gemacht, daß ich ihnen womöglich nicht erst begegnet bin oder sie mich ansichtig wurden, alles, alles vermieden. Das ist wahr, das ist mal gewesen, das war in den Jahren 1926, 1927, 1928.« *(Frage: »Wollen Sie damit sagen, daß Sie bei Ihrem Geschlechtsverkehr mit der Mechler und der Tiedemann gar keine Gewalt angewandt haben und daß alle diesbezüglichen Behauptungen erfunden worden sind?«)* »Ja, die Behauptungen, dieses sei Notzucht, haben die Personen Tiedemann – Mechler wohl jedenfalls damals nicht begriffen, bestimmt nicht begriffen und stammen auch nicht aus ihrem Kopf. Das ist ihnen von anderen, rechtskundigen Personen beigebracht worden, zum Beispiel Rechtsanwalt Weber, der in diesem Hause, damals wenigstens, wie ich mich selbst davon überzeugt habe, immer freundschaftlich verkehrt hat, Staatsanwalt Jansen, und so stammen diese ganzen Aufmachungen von diesen Mädchen nur von den rechtskundigen Personen, die sind da instruiert worden und vielleicht auch noch dazu aufgemuntert worden. Es ist ja Beweis dafür, daß auch der Rechtsanwalt Weber in einer Gerichtsverhandlung zugegen war, wo das reichlich zum Ausdruck kam. Es handelte sich in diesem Falle um, wenn ich mal so sagen soll, seine Bekannte oder Freundin, diese Frau Plachettka, das war die Dienstherrin der Mädchen. Es war damals so, daß in einer anstehenden Verhandlung der betreffende Amtsrichter zu der Frau Plachettka schon sagte: ›Na, dann werden Sie wohl bestraft werden müssen.‹ Und da erschien dann im allerletzten Augenblick so gewissermaßen als rettender Engel der Herr Rechtsanwalt Weber hereingestürmt; mir kam das so vor, als ob das eine Mache gewesen sei, als ob der absichtlich so im letzten Augenblick gekommen sei, und hat dann den Laden geschmissen, wobei er mich dann erstensmal so richtig heruntergemacht hat als oft Vorbestrafter, und daß ich dann, trotzdem ich das erweislich wahr machen konnte, hinten heruntergerutscht bin, also ist ein Beweis dafür, daß der Weber da in dem Hause verkehrt, und das wird er auch nicht bestreiten, und daß die Personen, die mich meistens mit Strafanzeigen verfolgt haben, von diesem, beziehungsweise Staatsanwalt Jansen unterrichtet worden sind, wie und was sie da zu tun und so weiter hätten. Diese Verhandlung, wo ich jetzt von geredet habe, war allerdings in der Form, daß ich es einmal gewagt hatte, gegen die vorzugehen, weil sie mich auf der Straße mit allem möglichen beschimpft hatten. Vordem war ich aber schon verschiedene Male angezeigt worden von denen.

Ich hatte aber, wie ich Ihnen vorhin erklärt habe, keinen Erfolg damit, trotzdem ich es erweislich wahr machen konnte. In allen übrigen Fällen, ich glaube es sind sechs oder sieben oder acht, wenn man das mit dem Schiedsmann alles hinzuzieht, wo sie mich auch vor den Schiedsmann geladen haben, bin ich der Benachteiligte gewesen, waren sie die Kläger und ich der Beklagte und auch der Benachteiligte und bin manchmal auch empfindlich sehr schwer bestraft worden, zum Beispiel wegen Bedrohung und Beleidigung mit acht Monaten Gefängnis. Wenn da ein anderer gewesen wäre als Beklagter, – vielleicht noch nicht vorbestraft, oder nicht in diesem Sinne, so von den vielen Personen verfolgt, und daß da auch der Staatsanwalt Jansen eigentlich da so gegen mich stand mit Rücksicht auf das vorher Gesagte, – der wäre vielleicht mit 50 M Geldstrafe abgekommen.« *(Frage: »Wollen Sie damit sagen, daß Sie sowohl bei der Tiedemann wie bei der Mechler auch während des Geschlechtsverkehrs keine Gewalttätigkeit angewandt haben?»)* »Nein das will ich nicht behaupten, aber sie haben es damals bestimmt nicht als so etwas aufgefaßt und verstanden, das ist ihnen von denen beigebracht, denn sonst hätten sie mich nicht freiwillig mit in die Wohnung genommen, was ich erweislich wahr gemacht habe.« *(Frage: »Was für einen Grund sollte denn wohl die Frau Hamacher gehabt haben, Sie zu verfolgen?«)* »Das mag Rachsucht gewesen sein, sie war ja mit denen befreundet, das haben Sie vielleicht schon gefunden irgendwo. Es mag gewesen sein, daß sie mich irgendwie durch die Verfolgung der Freiheit entziehen oder berauben wollte, in der Hauptsache allerdings nehme ich an, daß es Gehässigkeit war.« *(Frage: »Ihre Darstellung entspricht nicht dem Bilde, das ich mir aus den Akten gemacht habe, danach sind doch nicht Sie der Beklagte gewesen, sondern in sehr vielen Fällen waren Sie doch der Anzeigende, und auch in dem Falle, wo Sie zum Schiedsmann waren, waren Sie doch der Anzeigende und haben damals ein Schriftstück vorgelegt, aus dem hervorging, daß Sie noch unbestraft waren?«)* »Ja, das ist richtig.« *(Frage: »Sie haben doch auch noch andere Leute damals in breiter Weise angezeigt?«)* »Ja, stimmt, ich habe auch eine Klage angestrengt, wie ich Ihnen schon sagte, wegen dieser Beschimpfung auf der Straße, wo ich in der Lage war, das erweislich wahr zu machen, das betraf die Frau Plachettka, natürlich auch gleichzeitig die – nein, ich glaube das betraf nur die Frau Plachettka. Und das hat dann eine Zeitlang so gelaufen und sind mehrere Verhandlungen gewesen, die vertagt wurden, und dabei habe ich ein Schriftstück vorgelegt, das war ein gerichtliches Urteil, das war so verfaßt, als ob ich noch nicht vorbestraft war, und das habe ich mir zu Nutzen gemacht, natürlich um zu beweisen, ich bin noch nicht vorbestraft, und habe das dem Schiedsmann gezeigt, weil die Gegenpartei doch behauptete, ich sei vielfach vorbestraft. Es stimmt da was nicht recht, das ist beschlagnahmt worden dieses Urteil. Wie es entstanden und verfertigt worden ist, ich sei noch nicht vorbestraft, das weiß ich nicht, das ist auch niemals richtig festgestellt worden. Der Staatsanwalt Jansen hat auch mal eine Untersuchung eingeleitet daraufhin gegen den betreffenden Justizangestellten, der solche Urteile ausfertigt. Es ist aber nichts dabei herausgekommen. Er hat geglaubt, daß ich den beeinflußt hätte oder ihm was gegeben hätte. Ja, dann will ich das noch erwähnen, ich habe allerdings die Frau Hamacher angezeigt wegen Meineids, an die Staatsanwaltschaft Strafanzeige gemacht wegen Meineids, wenn ich das nicht gewesen wäre, als vorbestrafter Mann, dann wäre die zum mindesten wegen Meineids verfolgt oder bestraft worden, denn das wäre Meineid wie ein Ei dem andern gleicht.« *(Frage: »Wieso?«)* »Wenn Sie berücksichtigen die Beweisaufnahme in dem Falle 7 J. 1533 mit dem Dr. Ems mit der Schwangerschaftsgeschichte und in dem andern Fall mit dem Sparkassenbuch, daß sie fest behauptet hier unter Eid so und so viel 100 M und als man das nachprüft, sind 35 M auf dem Buch, also in der Absicht die Summe größer dargestellt, um auf das Strafmaß einzuwirken, wenn Sie das vielleicht gefunden haben, dann werden Sie mir beipflichten. Wenn das ein Anderer gewesen wäre, dann würde er wegen Meineid belangt werden, zum allermindesten wegen fahrlässiger Eidesverletzung.« *(Frage: »Sie haben in einem Ihrer Briefe dargestellt wie der Satz über ihre Nichtvorstrafen angeblich in das Urteil hineingekommen ist, können Sie sich dessen entsinnen?«)* »In einem meiner Briefe? Wohin? Ich weiß mir momentan nicht zu entsinnen.« *(»An den Untersuchungsrichter oder Staatsanwalt, an die Sie irgendwie in diesem Verfahren geschrieben haben?«)* »Daß ich vorstellig geworden bin bei dem betreffenden Vorsitzenden des Gerichts, die Vorstrafen nicht zu erwähnen mit Rücksicht auf die Anwesenheit meiner Frau, meinen Sie das? Ja, das stimmt.« *(Frage: »Entspricht das auch den Tatsachen?«)* »Daß ich vorstellig gewesen bin? Jawohl, und daß ja dann nachher der Herr Staatsanwaltschaftsrat Jansen – alter Zuchthäusler, wo der da gebrüllt hat in den Saal, so nett wieder alles zunichte gemacht, und meine Frau ist doch alles gewahr geworden, trotzdem ihn das gar nichts anging, dazu hatte der gar keine Berechtigung. Staatsanwaltschaftsrat Jansen sagt heute, wenn er mich gekannt hätte und das gewußt hätte, wie ich veranlagt sei, auch nur im entferntesten, dann würde er das nie getan haben. Auch hat er gesagt mit Rücksicht auf meine Frau, es käme schon einmal vor, daß jemand etwas aufgeregt sein könne; das ist aber bei Staatsanwaltschaftsrat Jansen mir gegenüber dreimal vorgekommen, bei dieser Gelegenheit, dann ein anderes Mal, wo meine Frau sich so bemüht hatte in demselben Prozeß wegen Notzucht die Zeuginnen herbeizuschaffen, die bekunden konnten und bekunden mußten, daß mich die betreffende Person, die mich wegen Notzucht angezeigt hatte, freiwillig mit in das Haus genommen hatte, zum Unterschied ihrer Darstellung, ich sei gewaltsam eingedrungen. Die hat neun Mark bekommen, meine Frau, davon mußte sie fünf Mark Miete zahlen und mit vier Mark mußte sie sich ernähren. Die ist weit herumgelaufen und hat Zeugen heranzuschaffen versucht, was mir aus der Haft nicht möglich war; und weil der Herr Staatsanwaltschaftsrat Jansen, trotzdem es seine Pflicht gewesen wäre, auch Entlastungsmomente für mich wahrzunehmen, die Zeuginnen nicht geladen hat, hatte meine Frau sie auf indirektem Wege herbeigeschafft; da hat er in der Verhandlung, nachdem meine Frau das Gericht in Kenntnis gesetzt hat, die Zeuginnen seien von ihr mitgebracht, ihr gesagt: ›Seien Sie doch still, was wollen Sie denn hier? Sie sind doch selbst schon vorbestraft‹, und da war meine Frau doch niedergeschmettert und wie man so sagt, also kaltgestellt nicht wahr? und konnte nichts mehr weiter für mich tun in der Verhandlung; das war der zweite Fall. In einem dritten Falle, da hat der Staatsanwaltschaftsrat Jansen mich aus dem Justizgebäude herausbringen lassen mit Gewalt, weil ich das zweite Mal bei ihm vorgesprochen habe und ihn dringend gebeten und gebittet hatte, er möchte mir doch noch einige Wochen Ausstand geben für eine Strafe, die ich zu verbüßen hatte, von zwei Monaten, weil – ich hätte gerade eine Arbeitsstelle und mit der Arbeit wäre es doch so schwer heutzutage, und ich könnte mir da noch etwas verdienen, und ich wollte mich dann nachher stellen, das hat er mir nicht zugebilligt, sondern hat mich aus dem Justizgebäude herausbringen lassen, und ich glaube wohl sagen zu dürfen, daß das nicht nur so meine Einbildung war, wenn ich mich da verfolgt glaubte.« *(Frage: »Sie sind in diesem Verfahren auf Ihren Geisteszustand untersucht worden?«)* »Nein, das möchte ich verneinen. Wenn Sie vielleicht gelesen haben sollten, daß der Herr Staatsanwaltschaftsrat Jansen den Antrag gestellt hat und diesem Antrag insofern entsprochen worden ist, daß der Herr Prof. Dr. Berg mit mir vielleicht mal eine Unterredung von vielleicht fünf, äußerstenfalls zehn Minuten gehabt hat, so in der kleinen Zelle, wo die, die sich krank gemeldet hatten, vorgerufen wurden, dann glaube ich das wohl nicht bezeichnen zu können als auf den Geisteszustand untersucht, zumal sich die Unterhaltung so bewegt hat, daß Fragen, die darauf hätten Bezug nehmen können, gar nicht gestellt worden sind. Richtig ist, daß Herr Prof. Berg zur Verhandlung geladen wurde und gesagt hat, ich sei Psychopath.« *(Frage: »In diesem ganzen Hin und Her mit den Sachen Hamacher, Mechler und Tiedemann, hat Ihnen da das Anzeigenmachen auch eine sexuelle Befriedigung bewirkt?«)* »Das glaube ich wohl verneinen zu müssen.« *(Frage: »Warum haben Sie denn die selbst angezeigt?«)* »In diesem Falle glaubte ich doch durch die Anzeige mich insoweit gegen die Angriffe der Personen schützen zu können, indem ich dachte, daß die das dann einstellen würden, wenn sie sich auch mal dabei also gewissermaßen in eine strafrechtliche Gefahr begeben hätten, ich meine mit Rücksicht auf diese fahrlässige Eidesgeschichte.« *(Frage: »Haben Ihnen da sexuelle Motive ganz gefehlt?«)* »Da haben sexuelle Motive wohl nicht mitgespielt.« *(Frage: »Und das Motiv der Rache?«)* »Nein, auch nicht, nein.« *(Frage: »Hat irgendeine der Anzeigen, die Sie in den Jahren 1926 bis 1928 gestellt haben, zur Bestrafung des Angezeigten geführt?«)* »Die von mir gestellt sind gegen die andere Partei? Nein.« *(Frage: »Ist irgend jemand von den Personen, die Sie angezeigt haben, bestraft worden?«)* »Nein, keiner ist davon bestraft worden, nur ich bin immer bestraft worden. In diesen Fällen möchte ich, wenn Sie gestatten, noch eine Zusetzung machen, auch in dem Fall Grotjahn, die Schwägerin hieß Bommes, bin ich bestraft, trotzdem wir durch die Personen, währenddem ich hier in der Haft war, aufs Schwerste geschädigt worden sind, also die Möbel, sowie auch die ganze Kaufsumme verloren haben. Haben Sie davon auch schon mal was gelesen? Aber diese Papiere, die Quittungen und Rechnungen und den Vertrag, das haben Sie wohl nicht gesehen, auch keine Abschrift? Man hat meine Frau zu einem zweiten Vertrag genötigt, wodurch sie alles verloren hat.« *(Frage: »Welche Stellung nahmen Sie ein, als Stausberg verhaftet, der Morde beschuldigt und abgefertigt wurde?«)* »Tcha, dabei ist ja zu berücksichtigen, daß Stausberg sich erstens selbst dieser Taten bezichtigte, das ist ja wohl ein Unterschied. Dann habe ich mich im Laufe der Zeit davon überzeugt, daß Stausberg wirklich geistesminderwertig, sogar geisteskrank kann man bald sagen, ist. Und da habe ich so bei mir gedacht, ach, mag er sich bezichtigen, das nützt ihm nichts und schadet ihm auch nichts. Denn aus der Haft entlassen hätten sie Stausberg ja auch schon mit Rücksicht auf die Schlingengeschichte nicht mehr. Wohl habe ich mich schon mal mit dem Gedanken beschäftigt, was für Augen die maßgebenden Stellen, insbesondere die hochwohllöbliche Kriminalpolizei, machen würden, wenn ich nachher komme und sage: ›Ich war das.‹ Denn diese Absicht, dieses mal auszuführen, habe ich doch schon gehabt.« *(Frage: »Waren bei Ihren Erwägungen bei dem Fall Stausberg auch sexuelle Motive am Werk?«)* »Nein, nein. Wohl kann ich hierbei sagen, bei dieser Gelegenheit, daß sexuelle Motive und sexuelle Regungen, in einem oder andern Falle auch Betätigungen, gewesen und stattgefunden haben bei den Berichten in den Zeitungen, über die Fälle selbst jedoch weniger mit Bezug auf Stausberg.« *(Frage: »Sind Sie einmal u n s c h u l d i g bestraft?«)* »Überhaupt meinen Sie, schuldlos verurteilt? Diese Frage muß ich erstens mal mit ja beantworten und dann auch dahin beantworten: mehrere Male!« *(Frage: »Welche Fälle?«)* »Überhaupt oder nur aus letzter Zeit?« *(»Überhaupt. Am besten zeitlich geordnet!«)* »Ich bin schon in früher Jugend in einem Fall voll und ganz schuldlos verurteilt, und zwar wegen – angeblich wegen Hausfriedensbruch. Früher war das so, wenn da ein Beamter etwas behauptete, hauptsächlich ein Kriminalpolizeibeamter, da wurde eben dem voll und ganz Glauben beigemessen, und unsereiner, zumal ich damals doch ein jugendlicher Mensch war, gar kein Glauben beigemessen. In diesem Fall bin ich, wie gesagt, schon mal wegen Hausfriedensbruch mit einer Woche Gefängnis rechtswidrig verurteilt worden.« *(Frage: »Wann war das?«)* »Ach so, das ist gewesen Anfang 1900. Ich werde mir die Sachen von früher noch genauer überlegen, erst im Laufe der Zeit, wo wir jetzt hier schreiben, ich werde Ihnen dann jetzt erst was sagen von den letzten Jahren. Was ich Ihnen von 1925 an sagen kann, kann ich Ihnen fließend sagen, nur kann es sein, daß mir aus weit zurückliegender Zeit noch etwas einfällt. Ich meine, ich muß ja hier in der Lage sein, das, was ich sage, einigermaßen glaubhaft zu machen, und das kann ich fließend für die letzten Jahre, während ich mir das von früher noch überlegen muß.

Im Jahre 1926, April, wurde ich durch die Machenschaften der schon wiederholt genannten Personen, Tiedemann, Hamacher und Plachettka wegen versuchten Betrugs – das können Sie in Klammer schreiben: Heiratsschwindel – mit zwei Monaten Gefängnis verurteilt. Weiterhin mußte ich durch die Beschuldigungen der Notzuchtsfälle vier Monate in Untersuchungshaft zubringen. Dann 1928 gleichfalls durch Machenschaften dieser schon mehrfach genannten Personen, außerdem noch Staatsanwalt Jansen, wegen Bedrohung und Beleidigung zu acht Monaten Gefängnis verurteilt. Hierbei faßte das Gericht auf Antrag des Staatsanwaltschaftsrat Jansen den schon an früherer Stelle erwähnten unsinnigen Beschluß vom 15. Mai 1928. Haben Sie den Beschluß auch schon mal gesehen? Also diesen Beschluß bezeichne ich direkt als rechtswidrig. Einen Augenblick mal – da habe ich noch einen Fall, das wollte ich Ihnen erst mal sagen, ehe Sie es schreiben – ich habe da einen Fall, da glaube ich entschieden zu schwer bestraft worden zu sein, weil man da anstatt des § 267, den man zur Anwendung gebracht hat, genau so gut den § 363 zur Anwendung bringen konnte. Ich habe über diesen Punkt längere Zeit mich unterhalten mit dem Herrn Landgerichtsdirektor Hertel, der mir dabei zugestimmt hat, daß die Möglichkeit vorhanden gewesen wäre. Der Unterschied besteht darin, daß der § 267 eine größere Gefängnisstrafe, ich glaube bis zu fünf Jahren vorsieht, währenddem der § 363 für dieses selbe Vergehen Haft bis zu sechs Wochen vorsieht. Das betrifft wieder die Geschichte Tiedemann-Mechler mit dem Paß, wo ich darauf geschrieben hatte, zehn Jahre jünger und anstatt einfacher Arbeiter Schlosser.«

(»Wollen Sie uns bitte ausführlich und vielleicht die nächsten Male erst von Ihren Träumen erzählen!«) »Ich kann Ihnen jetzt sofort schon sagen, daß die Träume in sehr vielen Fällen derart waren, wie man das mit Rücksicht auf die Taten wohl gar nicht anders annehmen braucht.« *(»Formulieren Sie das etwas genauer!«)* »Es haben sich auch in den Träumen Gewaltakte abgespielt, die haben sich auch schon äußerlich geäußert in Rufen oder indem ich mit den Armen um mich geschlagen habe oder sonst unruhiges Liegen oder unruhiges Schlafen überhaupt. Vielleicht wüßte meine Frau davon etwas zu erzählen. Die Träume, die waren manchmal recht grauenhafter Art. Das, was ich mit der Maria Hahn ausführen wollte oder vielmehr mit der Leiche der Hahn – ich weiß nicht, ob Ihnen das bekannt ist, das hatte ich

vorher geträumt, daß ich das vollendet, schon ausgeführt hatte, zwar nicht für die betreffende Person, sondern sonst schon mal ausgeführt hatte.« *(Frage: »Was meinen Sie da speziell mit der Leiche der Maria Hahn?«)* »Na, wo ich die Schnur und die Haken mitgenommen hatte. Ich wollte doch die Leiche da aufgehangen haben erst, also so wie gekreuzigt, haben Sie das noch nicht gefunden? Das liegt doch in den Protokollen.«

X. Untersuchung am 27. 10. 1930.

(Ich möchte Sie heute bitten, daß Sie mir das wiederholen, was Sie mir einmal sagten als nicht mehr geschrieben wurde, mit der Übertragung des Mitleids auf Ihre Frau:«) »Das soll ich Ihnen wiederholen?« *(»Ja«).* »Ich hatte damals gesagt, ich möchte den Herrn Professor bitten, das Mitleid, was Sie mir entgegenbringen, auf meine Frau zu übertragen, besonders mit Rücksicht darauf, daß doch meine Frau an diesen ganzen Vorgängen schuldlos ist, und da ich doch nun in großer Sorge darüber bin, daß sie nicht noch mitleiden und büßen müßte für das, was ich getan, was doch eine Ungerechtigkeit wäre. Es besteht ja leider in der öffentlichen Meinung meistens die Ansicht, das dann auch auf Angehörige oder sonst wie zu übertragen. Ich habe mir schon manchmal hier gewissermaßen Vorwürfe gemacht, in letzter Zeit allerdings nicht mehr, daß ich meine Frau nicht auch umgebracht habe, dann hätte sie Ruhe gehabt und ich auch. Ich hatte auch damals darauf hingewiesen, daß dieses alles, dieser Berg von Schmach und Schande, den ich über meine Frau gebracht, und womit ich meine Frau überhäuft habe, meine Frau besonders schwer treffen würde und sie besonders schwer zu leiden habe mit Rücksicht darauf, daß sie im Grunde genommen eine sehr empfindliche Seele ist, und sie ist immer bestrebt gewesen, nur das beste zu wollen. Sie hat sich die größten Anstrengungen und Bemühungen gegeben, mich zu einem ordentlichen Menschen zu machen und zu erhalten. Auch mit Rücksicht darauf, daß sie früher doch schon immerhin ein Jahrzehnt viel bessere Zeiten gesehen und erlebt hat und in Kreisen verkehrt hat, wo doch Geselligkeit und auch das Geistige mehr gepflegt wurde, bin ich eben der Überzeugung, daß sie das ganz besonders schwer niedergeschmettert haben wird. In dieser Form möchte ich dann auch heute wieder den Herrn Professor bitten, dieses Mitleid, das ich gar nicht verdiene, – ich erkenne es ja an, das ist ganz schön und gut von Ihnen, und ich sehe, Sie haben Verständnis für alles das, ich bin auch davon überzeugt, daß Sie mich nicht betrachten als was mich die Allgemeinheit betrachtet, als Bestie, sondern mich andererseits nochmals als einen Menschen ansehen, und daß also gewissermaßen die Tat außerhalb des Menschen steht, bitte ich dann also auch heute wiederum um dasselbe wie damals, dieses Mitleid doch mehr meiner Frau zuzuwenden.«

(»Bitte erzählen Sie uns etwas von Ihren Träumen!«) »Ich habe Ihnen gestern abend schon angedeutet, daß die Träume sich meistens in diesen Regionen bewegt haben, die den Taten entsprechen, daß man also auch hier wohl von Reflexen annehmen kann. Die Träume haben sich weiterhin bewegt, daß ich in Irrenanstalten mich befände, so daß es also gewissermaßen morgens dann manchmal ein angenehmes Erwachen war. Sie haben sich weiter darin bewegt, meistens immer im Gegenteil von dem was war, sofern es Freiheit oder Gefangenschaft anbetraf. Sie haben sich aber ganz im besonderen in hervorstechender Weise in der Ausführung von Gewalttätigkeiten bewegt und gezeigt. Und bei diesen Träumen, die sich meistens um Gewalttätigkeiten handelten, ist dann wiederholt, also vollständig im Traum Samenerguß erfolgt; das ist ja ein ganz natürlicher Vorgang. Wollen Sie auch, daß ich besonders auf diese Einzelheiten eingehen soll? Ich meine, das könnte doch eigentlich genügen so.« *(»Nein, das genügt nicht, gerade die Einzelheiten möchte ich hören!«)* »Tcha, ich habe Ihnen gestern auch schon angedeutet, daß die manchmal ganz krasser Art sind, die Einzelheiten, wie zum Beispiel Kreuzigen von Menschen, Umbringen von Menschen in größeren Massen, in größerer Zahl und in besonders krasser Form, wodurch das Entsetzen der Mitwelt hervorgerufen werden sollte, sowie besondere *(zögert)* rohe und gewissermaßen entsetzliche Handlungen. Bei diesen Träumen oder während den Träumen ist es auch wiederholt zu Schreien oder, man kann es manchmal auch mit Toben bezeichnen, gekommen. Ja, das wäre es so im Grunde genommen, was Einzelheiten anbelangt, hat sich das aber dann immer in dieser Form gezeigt oder bewegt. Es ist ja eine alte Erfahrung, wo man sich den ganzen Tag mit beschäftigt, davon träumt man auch gern.« *(Frage: »Sie haben viel geträumt?«)* »Tcha, ich muß sagen, ich habe wohl eigentlich immer geträumt, wenn ich mich auch nicht auf jeden einzelnen Fall oder an jedem einzelnen Tage des Traumes erinnern konnte. Ich möchte vielmehr betonen, daß die Fälle, wo ich mich der Träume genau erinnert habe, verhältnismäßig selten sind in Anbetracht der vielen Träume, die doch gewesen sind, wo es mir aber nicht möglich war, mich deren recht zu besinnen als vielleicht nur Einzelheiten. Dann habe ich wohl auch schon mal so was anderes geträumt, das wird schon jeder auch schon mal geträumt haben, von hoch her irgendwo zu fallen oder zu schweben oder zu fliegen ohne irgendwelche Hilfsmittel, ohne Flügel oder irgendwas als Hilfsmittel zu haben zu schweben und zu fliegen. Ich habe das auch schon mal von meiner Frau gehört, daß sie so was geträumt hat, deshalb nehme ich an, das hat man schon mal.« *(Frage: »Träumen Sie jetzt viel?«)* »Ich träume jetzt auch noch; ich kann allerdings wie auch von früher nicht behaupten, mich an jede einzelne Sache genau zu erinnern, was ich geträumt hätte. Die Träume bewegen sich aber auch zum größten Teil in denselben Regionen.« *(»Wollen Sie träumen nachts?«)* »Tcha, das möchte ich Ihnen mit ja beantworten,

weil das immerhin aus dem Grunde manchmal schön ist, es gibt auch manchmal angenehme Träume, sei es, daß sie für den Betreffenden einschlägig sind, daß einer diese oder jene Träume für sich als angenehm betrachtet, oder sei es, daß irgend jemand sich durch die Träume in andere Verhältnisse zu versetzen glaubt. Deshalb meine ich wohl bejahen zu können, wenn ich sage, ich wünsche mir jede Nacht einen Traum.« *(Frage: »Was betrachten Sie als angenehme Träume?«)* »Für mich würde ich schon mal als angenehm betrachten einen Traum, nun also wie ich Ihnen vorhin geschildert hatte, was diese einschlägige Art wäre, zum Beispiel, ich will mal so geradeaus sagen, wobei es sich um Gewalttätigkeiten handelt und wobei es zum Samenerguß kommen könnte.« *(Frage: »Träumen Sie jetzt von Ihrer Frau?«)* »Ich habe, seitdem ich hier bin, bestimmt von meiner Frau noch nie geträumt.« *(Frage: »Von Ihrem Vater?«)* »Noch nicht.« *(Frage: »Oder Ihrer Mutter?«)* »Nein.« *(Frage: »Oder von Situationen zu Hause als Kind?«)* »Nein. Ich möchte aber vielleicht noch hinzufügen, daß ich auch Träume gehabt habe, die sich darin tätigten, indem es mir möglich geworden war, Vergeltung zu üben an meinen Peinigern. Solche Träume sind allerdings auch nicht gerade zahlreich, sie sind selten, aber ich möchte dann auch dieses auf die Wünsche beziehen, daß ich mir auch solche Träume wünschen möchte. Es haben allerdings solche Träume auch vereinzelt stattgefunden und zwar in der unfaßbarsten Form, wie zum Beispiel, daß ich über die zu Gericht gesessen hätte. Wie ich dazu gekommen bin, auf einmal am Richtertisch sitzen zu können, das ist ja natürlich als – vielleicht auch nur als Reflex zu bezeichnen, die sich da vielleicht mal in den Träumen wiedergespiegelt haben. In Wirklichkeit konnte das ja natürlich nicht der Fall sein. Und wenn Sie mich da eben gefragt haben, ob ich schon mal etwas geträumt habe so als Kind, ja, dann möchte ich mich da verbessern, wenn ich Ihnen gesagt habe nein. Es bezieht sich das aber auch nur auf den Vater, was also da in der früheren Jugend gewesen ist, daß ich da auch schon wohl von geträumt habe, und daß ich da also auch den Vater in späteren Jahren, also ich will mal sagen, wo ich schon fünfunddreißig bis vierzig Jahre alt war, immer noch gesehen habe als meinen Peiniger, als denjenigen, der mich immer gezüchtigt hat.« *(Frage: »Haben Sie zum Beispiel letzte Nacht was geträumt?«)* »Ja.« *(Frage: »Können Sie das mal genau erzählen?«)* »Jawohl. Ich habe zum Beispiel letzte Nacht etwas geträumt, eigentümlicherweise von einem sehr bekannten Herrn, das mag aber auch daher rühren, daß ich mich da viel mit beschäftige, und wenn ich nicht irre, dann haben wir sogar gestern Abend noch davon gesprochen; das ist der Staatsanwalt Jansen, das geht mir dauernd im Kopf herum, weil es heißt, er solle demnächst hierhin kommen und wolle sich mit mir aussprechen, wie es heißt. Ja, von dem habe ich geträumt und zwar gerade nicht was Angenehmes. Ich war aber dann nicht hier in Haft, sondern zufällig draußen, und das ist noch gewesen vor der Festnahme, kurz vor der Festnahme. Ich weiß mich noch ganz genau zu erinnern, daß schon etwas dazwischen war, daß ich schon die Wohnung verlassen hatte, und ich habe mich da hinten auf der Oberkasseler Seite aufgehalten, weil er da seine Wohnung hat, und habe da versucht irgendeine strafbare Handlung auszuführen an dem Beamten Jansen, und der war aber, glaube ich, wie man so sagt, auch nicht von Pappe, denn der hat geschossen, und da war es zu Ende, da bin ich wach darüber geworden, und da finde ich mich hier in der Zelle wieder.« *(Frage: »War das der einzige Traum der vorigen Nacht, an den Sie sich erinnern?«)* »Nein, ich glaube, ich habe noch was geträumt. Ich habe geträumt, es war ein Herr hier, der hat mich hier besucht, vom Kloster aus der Oststraße, so ein geistlicher Herr, so ein Pater, und hat sich mit mir unterhalten, es ist aber so von Hinrichten nicht gesprochen worden, war keine Rede, aber er hat sich mit mir unterhalten, als wie in dem Sinne, die Tage wären gezählt und hätte doch jedenfalls dem Herrgott sehr viel zu sagen und ob ich denn da so meine arme Seele nicht mal erleichtern wollte, so in dem Sinne. Und dann habe ich noch was anderes – ich bin einmal wach geworden, man wird nämlich manchmal wach durch den Hund, der hier ist, wenn der eine Katze sieht, dann macht der den tollsten Spektakel hier und das kommt öfters hier vor, denn hier sind eine Reihe Katzen hier im Hause, und da wird man dann schon leichter mal darüber wach. Außerdem befindet sich vor meiner Zellentür ja Tag und Nacht ein Beamter, und außerdem ist meine Zelle nachts auch elektrisch erleuchtet, und mit Rücksicht darauf, wenn die schon mal einen Stuhl rücken oder den Tisch, der da steht, da kann man auch schon mal wach werden. Und da hatte ich noch etwas anderes geträumt, das bezog sich auf Grafenberg. Wissen Sie, das ganze Grafenberg das ist mir immer so im Kopf herumgegangen, Grafenberg und die Hardt, ich habe Ihnen das schon mal angedeutet, ich habe es mindestens schon hundertmal verändert, so in Münster und so, da habe ich alles mögliche gebaut und umgekrempelt und anders angelegt, und dann habe ich das mal angefangen und was anderes, wenn ich überdrüssig war, die tollsten Sachen. Ich habe ja von dieser Gegend eine ausführliche Ortskenntnis, ich kann ja bald sagen, ich kenne da jeden Baum und Strauch und Steg und Weg. Ich bin unter anderm auch auf der Benderstraße in die Schule gegangen, und in früheren Jahren war da mal ein Junge, das war dem Herrn Direktor Schmidt – haben Sie da mal was von gehört?« *(Frage: »der Anstalt?«)* »Ja.« *(»Einen Direktor der Heilanstalt Grafenberg namens Schmidt hat es nicht gegeben!«)* »Ja, dann ist es eben was anderes gewesen, daß ich das verwechsele, aber im Jahre 1896 bin ich mit einem Jungen in die Schule gegangen, allerdings bloß ein Jahr, dann kam der aufs Gymnasium, der war noch jünger, der war der Sohn von dem Herrn, jedenfalls ist es eine Persönlichkeit gewesen, die da soviel wie das Ganze hatte. Die Anstalt war ja früher noch nicht so groß, und ich wollte nur sagen, durch diesen Jungen bin ich dazu gekommen, schon mal so durch die Anstalt zu streifen und auch um die Anstalt herum. Ich war mit dem Jungen etwas befreundet, und es ist mir deshalb die Gegend auch im weiteren Umkreise sehr gut bekannt. Da habe ich denn, wie gesagt, schon alles x-mal umgeändert da. Na, das nennt man Größenwahn, glaube ich, ja, was ja manchmal hier in der Haft so vorkommt. Und so habe ich diese Nacht davon geträumt von Grafenberg, habe so gebaut.« *(Frage: »Sie meinen speziell von der Heilanstalt Grafenberg?«)* »Nicht allein, auch weiteren Umkreis die weitere Umgebung von Grafenberg, Aaperwald, Wolfsaap bis da hinten Knittkaul, hier herum wieder Gallberg und Lapendell bis Gerresheim und was dazwischen liegt und Torfbruch und Hardt.« *(Frage: »Haben Sie die Nacht vorher auch geträumt?«)* »Ja, ich glaube die Nacht vorher auch geträumt zu haben.« *(Frage: »Was?«)* »Aber das ist schon zum größten Teil entschwunden gewesen und durch die dazwischenliegende Zeit noch mehr geschwunden. Es müssen auch Gewalttätigkeiten da mitgewirkt haben.«

(Frage: »Wenn Sie sich, nicht im Traum, sondern im Wachen die Gewalthandlungen vorstellten, in welcher Lage dachten Sie sich dann selbst dazu?«) »Augenblick mal. Was haben Sie gesagt?« *(Frage wird teilweise wiederholt.)* »Tcha, wenn ich das richtig verstanden habe, meinten Sie das doch auf die Persönlichkeit, wie ich mich selbst dazu gestellt oder was ich dabei vorgestellt habe. Der wirkliche Täter. Der wirklich ausführende Teil. Ich kann sagen, ich habe das alles so erlebt, als ob es echt gewesen wäre, auch für Sachen oder Momente, die sich abgespielt haben, wenn ich mich in der Freiheit befand.« *(Frage: »Waren die Vorstellungen gleich in der Freiheit und in der Haft?«)* »Nein, die waren nicht gleich, die waren in der Freiheit mehr komplizierter Art, wie soll ich mal sagen, so mit mehr drum und dran und eigentlich doch mehr der Wirklichkeit entsprechend oder angepaßter und eigentlich natürlicher, vielleicht mit Rücksicht auf die – auf die reichere Auswahl an Hilfsmitteln.« *(Frage: »Und in der Haft?«)* »Tcha, da waren sie eben primitiverer Form, aber haben auch ihren Zweck erfüllt und erreicht, auch insbesondere mit Rücksicht darauf, daß in der Haft die Möglichkeit bestand einer stärkeren Konzentration.« *(Frage: »War ein Unterschied in der Vorstellung für Ihre eigene Lage und für das, was Sie vorstellten bei diesen Hergängen zwischen Haft und Freiheit?«)* »Ja, auch.« *(Frage: »Inwiefern?«)* »Indem ich bei diesen Vorstellungen draußen doch meistens eine respektablere Persönlichkeit vorgestellt habe.« *(Frage: »Können Sie uns noch mal den Hergang solcher Vorstellungen schildern, irgendein Beispiel, ein direktes Beispiel?«)* *(Überlegt)* »Auf einem Gang durch die Stadt begriffen, habe ich fast stets auch alle Zeitungen gelesen, die ausgehangen waren, oder deren ich sonst habhaft werden konnte. Es fiel mir mal in einer Zeitungsnotiz eine Begebenheit in die Augen, wonach die Bank von Monte Carlo gesprengt sei – das

ist noch gar nicht so lange her, das soll sogar, glaube ich, eine Düsseldorferin gewesen sein; ich habe es im Stadtanzeiger gelesen –. Der Betrag, was die Zeitungsnotiz meldete, bewegte sich um 60000 Mark herum. Daran anschließend habe ich dann auch bald durch einen Geldbetrag die Möglichkeit gefunden, mich auch mal dorthin zu begeben, und, wie das ja gar nicht anders sein konnte, mittels eines Systems die Bank auch mal gesprengt, aber mit verschiedenen Millionen und einer ganzen Reihe von Millionen. Ich war damals bei Schiess beschäftigt, Kölnerstraße. Ich habe dann hier den größten Teil der Aktien gekauft und war also gewissermaßen der Makador da von Schiess. Ich hatte natürlich jetzt jede Möglichkeit, zu x-beliebiger Zeit das Werk zu betreten. Ich war in der Eisengießerei beschäftigt. Es ist ja heute nicht schwer, sich irgendwelche Sprengstoffe zu verschaffen. Ich erinnere nur an die K.P.D. Ich habe mir dann auch Sprengstoff zu verschaffen gewußt und habe denselben nachts auf Schienen, die von Kranen befahren werden, wo ich selbst genau Bescheid wußte, weil ich selbst auch Kran gefahren habe, sowie auch in die Böden, in die Sandböden von Schmelzöfen hineinbefördert und mich dann bei der nächsten Besichtigung, die ich selbst abgehalten habe, von der Wirkung überzeugt und beobachtet, wie Kranen sowie auch gefüllte Schmelzöfen zur Explosion kamen und durch das Dach in die Luft gingen. Bei diesen Vorstellungen konnte ich stundenlang verweilen so bei einem Gang durch die Stadt, und wenn ich mich dann mal so etwas abseits begeben habe, wo weniger Verkehr war, zum Beispiel Hofgarten, dann konnte ich das so intensiv betreiben, daß es da zu einem Samenerguß kommen konnte. Soll ich da noch eine Sache erzählen?« *(»Nein, jetzt nicht. Ich habe noch eine Ergänzungsfrage: Passierte Ihnen bei den Explosionen nichts?«)* »Eigentümlicherweise nicht. Aber was ich Ihnen jetzt erzählen wollte, da passierte mir auch selbst was, mit vielen Lebensrettungen.« *(»Das soll das nächste Mal erzählt werden; jetzt nur noch eine Frage: Haben Sie sich auch vorgestellt, daß Ihnen selbst Gewalt angetan werde?«)* »Oh, ja, oft, oh ja.« *(Frage: »Oder umgekehrt, daß Sie Gewalt täten?«)* »Mindestens auch so oft, daß mir Gewalt angetan ist.« *(Frage: »Von wem?«)* »Will ich nur den einen Fall erwähnen, ich habe mit dem Düsseldorfer Mörder ungezählte Kämpfe ausgeführt, wo ich immer schwer verletzt in den Städtischen Krankenanstalten lag, wo dann immer viel Polizei war zum Absperren, wo mich halb Düsseldorf besuchte und mit Blumen überschüttete.«
(Hier abgebrochen.)

XI. Untersuchung am 28. 10. 1930:

(Frage: »Wo sind wir stehen geblieben?«) »Ich hatte gestern abend gesagt, soll ich Ihnen noch einen Fall erzählen, und weil er ein bißchen weitschweifig gewesen sein soll, da sagten Sie, morgen.« *(»Erzählen Sie!«)* »Ich habe mich

des öfteren mit Wassersport beschäftigt, und dann sind wir denn auch unter anderem unter der Rheinbrücke her gefahren. Ich habe mir vorgestellt, den mittelsten Brückenpfeiler anzubohren, Dynamit hineinzubefördern und die Brücke gegebenenfalls zu sprengen und zwar folgendermaßen: Ich dachte, bei einem Feuerwerk würde die Rheinwiese dicht voll Menschen sein, die würden nachher in dichten, großen Massen über die Brücke zurückfluten nach Düsseldorf. Ich wollte dann vermittels der Drähte, die da angebracht waren, und da ich mit dem Fahrzeug – wir hatten damals immer ein Ruderboot, das hieß Pirat – weiter abfahren von der Brücke rheinabwärts und dann mittels Kontakt, wie das so üblich ist, eine Sprengung verursachen, und zwar in der Weise, daß ich glaubte, die Sprengung hätte den Erfolg, daß eine ganz erhebliche Erschütterung eintreten würde an dem mittelsten Pfeiler, wodurch die Brücke vielleicht von dem mittelsten Pfeiler abrutschen und einstürzen würde. Das würde natürlich sehr viel Menschenopfer erfordert haben, und ich dachte dann nun hier mich jetzt zu betätigen als Retter und wollte viele Menschen auch hier gerettet haben. Bei diesen Rettungsaktionen bin ich auch verletzt worden durch Quetschung und dergleichen und in die Städtischen Krankenanstalten gekommen. Trotzdem hierbei sehr viele Menschen zu Tode gekommen sind, wurde aber mein Name als gewissermassen edler Mensch oder braver Mann genannt, weil ich mich bemüht hatte, so viele wie möglich vom Ertrinken zu erretten.

Ein anderer Fall noch von dem Düsseldorfer Mörder? Ich habe Ihnen ja schon mal etwas hingeschrieben da von dieser Sache, ich habe Bezug darauf nehmend mit dem Düsseldorfer Mörder in vielen Fällen Kämpfe ausgeführt, also Kämpfe mit dem Messer. Ich habe den Düsseldorfer Mörder viele Tage und Wochen hauptsächlich in der Nacht verfolgt und dann auch gefunden und, wie man so sagt, gestellt. Es ist dann natürlich immer zu einem heftigen Kampf gekommen. Ich habe jedoch den Düsseldorfer Mörder immer überwältigt, bin aber auch selbst dabei immer schwer zerfleischt worden, in die Städtischen Krankenanstalten gebracht worden, wo dann auch unter anderem viel Andrang war vom Publikum, die mich besuchen wollten, so daß die Polizei absperren mußte, und die Blumen und alles das nicht untergebracht werden konnte. *(Lächelt dabei.)* In den Zeitungen, da waren allerhand Berichte über das unvernünftige Volk, weil ich doch schwer verwundet sei, sie noch nicht mal so viel Einsehen hätten und da die Ruhe bewahrten, so daß wiederholt das Überfallkommando angerufen werden mußte und nachher dauernd Polizei da sein mußte zum Absperren. Diese Kämpfe mit dem Düsseldorfer Mörder haben sich auch schon abgespielt, daß das mehrere Personen waren, also zwei Düsseldorfer Mörder, die ich bei der Tat überrascht habe und so dann kampfunfähig gemacht habe. Es waren meistens immer Artikel auch darüber in der Zeitung, und dann stand immer unten drunter: Besuchserlaubnis hat nur die Ehefrau.« *(»Wie stellten*

Sie sich den Düsseldorfer Mörder vor?«) »Als eine Mannsperson, die größer und kräftiger war wie ich und bewaffnet war und auch sich immer heftig gewehrt hat.« *(Frage: »War das eine plastische Vorstellung des Mörders?«)* »Wie soll ich das verstehen?« *(Nach Erklärung was mit plastisch gemeint ist:)* »Er hatte dunkle Augen und, wie man sagt, schwarze stechende Augen, dunkles Haar und dunkler gestutzter Schnurrbart, blasses gelbliches Gesicht, größer und kräftiger wie ich und dunkel gekleidet, der Dunkelheit entsprechend, trug meistens Mütze, gut gekleidet, sofern man das in der Dunkelheit unterscheiden konnte, gut gekleidet über den Arbeiterstand hinaus, saubere Wäsche, Kragen und Schlips, auch Handschuhe, und dann kann ich mir genau vorstellen, einen Vergleich mit solchen Physiognomien, wie ich sie früher in Brieg in der Strafanstalt verschiedentlich gesehen habe, hauptsächlich von einer Person, die in Brieg genannt wurde ›der falsche Student‹, und die mal eine große Meuterei angezettelt hat, wobei auch Tote und Verwundete gewesen sind.« *(Frage: »War es immer dieselbe Person in der Vorstellung?«)* »Es war nicht immer dieselbe Person; es waren auch schon zwei Personen. Aber dieser hier, den ich jetzt hier beschrieben habe, der war wohl immer dabei.« *(Frage: »Trat unter den anderen Personen ein Ihnen Bekannter auf?«)* »Unter welchen anderen Personen?« *(»Wenn Sie zwei Mörder sahen!«)* »Den ich mir vorstellen konnte als früher gesehen? Jawohl, ja. Das war auch eine Persönlichkeit, stammend aus Mislowitz Oberschlesien, mit scharfen markanten Gesichtszügen, als Messerstecher und Messerheld bekannt und deswegen immer bestraft, außerdem noch bekannt als äußerst rabiat in der Anstalt. Diese Person stellte ich mir auch genau vor, wenn der eine – wenns zwei waren – wenn der eine tot geblieben und der andere schwer verletzt worden war, und die wurden nachher in der Zeitung abgebildet. Herr Professor, ich habe mir aber unter dem oder den Düsseldorfer Mördern auch noch andere Vorstellungen gemacht; ich habe mir immer vorgestellt, das seien Schwarze, Nigger, es sind ja auch einzelne hier in Düsseldorf, zum Beispiel in den Schaufenstern bei Kleins, und ich habe auch sonst Gelegenheit gehabt Neger zu sehen, die habe ich da auch schon mal die Düsseldorfer Mörder sein lassen und auch einen schweren Kampf mit gehabt.« *(Frage: »Haben Sie mal jemanden angezeigt als Düsseldorfer Mörder?«)* »Nein, nein.« *(Frage: »Bestimmt nicht?«)* »Nein, auch noch nie einen verdächtigt.« *(Frage: »Haben Sie mal außer den sogenannten Mörderbriefen überhaupt in der Sache der Polizei geschrieben?«)* »Nein, nichts.« *(Frage: »Seit wann stellten Sie sich denn kämpfend mit dem Mörder vor?«)* »Seit dem Fall Ohliger und Scheer, also im zeitigen Frühjahr vorigen Jahres schon.« *(Frage: »Vorher niemals?«)* »Nein.« *(Frage: »Nach dem Mülheimer Mord nichts derartiges?«)* »In diesem Sinne nein. Da waren andere Sachen – ich bin noch nicht fertig, ich bin noch daran am schreiben, Stimmen aus dem Grabe.« *(Frage: »Vorstellungen, in denen Ihr Vater vorkam, haben Sie die gehabt?«)* »Jawohl. *(Überlegt.)* Die Vorstellungen waren allerdings nicht in dem Sinne wie die vorher geschilderten, die waren mehr derart, was man sich darunter vorstellt, wenn man denkt an amerikanische Plantagenaufseher, die die Leute da zur Arbeit antreiben, vielleicht mit Schlägen und so, und weitere Vorstellungen waren derart, wie man von Leuten spricht, die haben das Delirium vom Saufen.« *(Frage: »So stellten Sie sich Ihren Vater vor?«)* »Ja.« *(Frage: »Als rohen Plantagenaufseher oder als Säuferdeliranten?«)* »Ja.« *(Frage: »Oft?«)* »Sehr häufig ist das nicht vorgekommen.« *(Frage: »Alle solche Vorstellungen, die riefen Sie selbst hervor, denen gaben Sie sich hin mit Bewußtsein?«)* »Ja, aber mit dem Selbsthervorrufen, das hat wohl noch eine Besonderheit, daß sie erst entstanden sind durch äußere Eindrücke.« *(Frage: »Zum Beispiel?«)* »Zeitungsberichte oder Gespräche, gehörte Gespräche, die diese Angelegenheiten betrafen oder, wenn ich Personen sah, die wohl auch so Ähnlichkeit hatten mit denen, die ich mir schon früher wiederholt vorgestellt hatte, dann war das schnell so weit, daß ich das dann weiter ausbaute.« *(Frage: »Seit wann stellten Sie sich auch Ihren Vater vor?«)* »Den habe ich mir immer vorgestellt, weil das ja in diesem Falle mehr Wirklichkeit als Vorstellung ist. Ich habe Ihnen da ja eigentlich noch sehr wenig von erzählt. Mein Vater ist auch heute noch so, der ist auch heute noch der Krakeeler, der, wenn Sie ihm zu oft widersprechen, auf den Tisch haut und alles besser weiß, wie früher, und auch noch äußerst rabiat werden kann. Er ist auch noch groß und kräftig, trotzdem er zweiundsiebzig Jahre ist. Habe ich Ihnen vielleicht schon mal gesagt, als ich neun Jahre alt gewesen bin, da hat auch mal so ein Exzeß stattgefunden, da wollte er mich umbringen, erstechen. Nur mit Rücksicht, daß er nicht richtig dazu kommen konnte, weil die Mutter dazwischen stand, ist es mir gelungen, herauszuschlüpfen – so Jungen sind ja gewöhnlich ziemlich fix – da hat er mir dann auf der Treppe eine Fußbank nachgeworfen, die hat mich allerdings nicht da getroffen, wo es beabsichtigt war, ist mir nur auf Rücken und Schulter gekommen. Da bin ich geflüchtet und habe mich nicht wieder nach Hause getraut. Mein Vater, der war in diesen Tagen gerade aus dem Gefängnis gekommen, hatte eine kleinere Gefängnisstrafe verbüßt, hatte sich einen genehmigt, war angetrunken. Durch irgendwelche ganz oberflächlichen und geringfügigen Umstände konnte er in angetrunkenem Zustande in Wut geraten. Da habe ich mich drei Wochen nicht mehr nach Hause getraut, bin ich drei Wochen fortgewesen, bis sie mich gekriegt haben, die Polizei, da bin ich nämlich ein regelrechter Straßenräuber gewesen. Ich war neun Jahre alt, ich habe nicht nur Kindern, sondern auch Erwachsenen Geld oder sonst was abgenommen, zum Beispiel, wenn so eine Frau vom Markt kam; in einem Falle weiß ich mich noch sehr gut zu erinnern, da hatte sie ein Körbchen am Arm und den Deckel vom Körbchen umgelegt und darauf hatte sie ein Portemonnaie, da habe ich die Frau angesprochen und habe ihr das

Portemonnaie weggerissen, und sie ist hingefallen, und ich bin ausgerückt. Das ist natürlich nicht lange gut gegangen, da hat man mich gekannt und erkannt und aufgegriffen, und da kam ich schon zum ersten Mal vor ein gewisses Gericht, wie ich noch in Erinnerung habe. Ich sollte in die Zwangserziehungsanstalt kommen. Ich möchte noch bemerken, daß ich während dieser Zeit immer draußen geschlafen habe oder in Möbelwagen, wo auch andere Personen übernachteten, auch Frauenspersonen habe ich da gesehen, oder in einer alten Sägemühle habe ich viel übernachtet. Es ist aber nachher nicht dazu gekommen, daß ich in die Zwangserziehungsanstalt eingeliefert worden bin, warum und wie und wodurch? Das weiß ich nicht.« *(Frage: »Wurden Sie aufgegriffen oder gingen Sie allein nach Hause?«)* »Ja, aufgegriffen.« *(Frage: »Haben Sie damals die Kinder oder Erwachsenen beraubt aus Not oder aus Vergnügen?«)* »Wegen Hunger.« *(Frage: »Haben Sie dabei Freude gehabt an diesen Handlungen?«)* »Ach wohl in der ersten Zeit nicht, und ich bin immer erst ziemlich weit weggelaufen dann nachher.« *(Frage: »Haben Sie nach Ihren großen Taten Angst gehabt?«)* »Voriges Jahr?« *(»Ja!«)* »Herr Professor, ich habe nie Angst gekannt und weiß gar nicht, was das ist, mich können Sie einsperren meinetwegen hier in dem Zimmer, wenn alles Leichen sind, da weiß ich nichts von, auch also wegen irgend etwas, sonstigen Vorgängen oder Erscheinungen, Angst ist mir unbekannt. Ich glaube, ich habe Ihnen schon mal gesagt, daß ich mit Vorliebe des Nachts da im Grafenberger- oder Aaperwald herumspaziert bin, das hat mir ausnahmsweise gut gefallen. In Brieg, Strafanstalt Brieg, da habe ich mich immer mit dazu gemeldet, die über Nacht Gestorbenen von den Schlafsälen herunter zu befördern. Es gab dafür 50 Gramm Brot extra. Da haben wir dann – wir waren drei oder vier immer – das war eine Zeit, wo man im Durchschnitt jede Nacht mit acht bis zehn rechnen konnte, es sind auch schon zwanzig gewesen, die meisten waren Russen, weil die gewohnt waren, viel mehr zu essen, größere Mengen zu essen als wie wir, und die sind am ersten draufgegangen, da haben wir die eingebunden in das Bettuch und dann die Treppe herabrollen lassen bis unten hin. Das mit dem Lazarett, in dem ich mich auch mal befunden habe in Brieg, ich glaube, das habe ich Ihnen schon mal gesagt, das mit dem Verstecken und Zudecken der Leichen, um mehr Nahrung zu bekommen.«

(Frage: »Wissen Sie was homosexuell ist?«) »Ja.« *(Frage: »Sind Sie homosexuell?«)* »Nein, ich bin davon ein Gegner.« *(Frage: »Haben Sie sich während der Haftzeiten mit anderen Männern eingelassen?«)* »Bestimmt, ich bin ein Gegner davon.« *(Frage: »Auch keine Berührungen?«)* »Nein.« *(Frage: »Haben Sie in der Haft mit Andern über Sexuelles geredet?«)* »Ja, das ist schon vorgekommen.« *(Frage: »Viel?«)* »Nein, nicht viel.« *(Frage: »Mehr als die Andern?«)* »Nein.« *(Frage: »Auffällig weniger als die andern?«)* »Ja. Das haben die nicht verstanden was mein Thema war.« *(Frage: »Warum?«)*

»Aus diesem Grunde, weil die da kein Verständnis hatten für meine Ansichten.« *(Frage: »Für Ihre Ansichten der Ablehnung?«)* »Ja.«

(Frage: »Haben Sie in den Haftzeiten mal irgend jemanden verletzt oder geschädigt?«) »Ja.« *(Frage: »Wann und wie?«)* »In Brieg habe ich jemanden verletzt. Das war allerdings nur durch Schläge und weiter nichts wie blutiges Gesicht.« *(Frage: »Warum dieser Fall?«)* »Die Ursache war wohl damals der große Hunger.« *(Frage: »Gerieten Sie in Streit?«)* »Ja, es war so was wie Streitigkeit. Dann waren aber andere Sachen im Lazarett, die waren allerdings schlimmerer Art. Ich wollte verschiedene umbringen und habe deshalb auch Versuche unternommen. Ich habe zum Beispiel einem in so ein Glas in einem Falle vielleicht so sechzehn oder siebzehn oder achtzehn, eine ganze Handvoll Tabletten hereingebracht, und der war zwar krank – die da hereinkamen waren immer sozusagen geliefert, es kam selten wieder einer heraus – und das wollte der jetzt nicht trinken. Da habe ich es ihm abends in das Essen getan. Da hat er das zu sich genommen. Trotzdem ist er nicht gestorben, da wenigstens nicht von. Dieses war aber nicht die Ursache, wenigstens nicht ausgesprochen die Ursache, wie das sonst bei mir der Fall gewesen ist.« *(Frage: »Sondern?«)* »Das ist hiermit bestimmt auch verbunden, von dem das zu bekommen, die Nahrung, Brot oder sonst was. In einem anderen Fall habe ich in einem leeren Tintenfläschchen – die kleinen, wie man sie so kauft – Morphium aufbewahrt, flüssig, haben wir bekommen, jeder, man sollte bekommen zehn Tropfen, manchmal mehr; eine Aufsicht war nicht da, es war ein großer Raum, der Beamte kam nur bis an die Tür, bei dem Medizinausgeben war der manchmal gar nicht dabei, da ging der sogenannte Lazarettkalfaktor durch die Räume durch, der wußte, wer Morphium zu bekommen hatte und gab dem dann die Tropfen, und viele haben das nicht genommen, andere haben wieder damit geschachert; es gab auch Leute, die sich damit in so einen schönen Rauschzustand versetzen konnten. Ich habe das auch gesammelt, habe das aber in der Absicht dem ins Essen getan, um ihn umzubringen. Der mit dem Aspirin und auch der mit dem Morphium, die sind gestorben, wenn auch nicht sofort; ob die daran gestorben sind, das weiß ich nicht.« *(Frage: »Da war Ihre Absicht die Erwerbung von deren Nahrung?«)* »In der Hauptsache wohl, ja.« *(Frage: »Waren Lustgefühle mit diesen Handlungen verbunden?«)* »Wohl ganz gering wohl hier, und die sind in etwa da gewesen, aber so geringfügig und mit Rücksicht auf den schlechten mangelhaften Zustand des Körpers doch nicht so zum Ausdruck gekommen.« *(Frage: »Sonstige Gewalthandlungen in den Strafzeiten?«)* »Nein, wohl noch vielleicht Benehmen oder irgendwelche Handlungen, die auf eine große Gleichgültigkeit schließen lassen, ob ich dabei umgekommen oder verletzt worden wäre.« *(Frage: »Zum Beispiel?«)* »Bei Meutereien und hauptsächlich bei der letzten Meuterei. Dafür habe ich dann sieben Monate erlassen bekommen und bin entlassen worden. Ich

habe während der Schießerei einen Wachtmeister oder Aufseher – hieß das früher – fortgeschleppt gewissermaßen aus der Schußlinie. Dafür habe ich den Rest der Strafe erlassen bekommen.« *(Frage: »Warum taten Sie das?«)* »Ich glaube, das war eine unwillkürliche Handlung. Es hat mir allerdings gewissermaßen mich etwas erregt, in jeder Beziehung erregt; diese Zeit war schon eine bessere als die Hungerzeit, das ist schon später gewesen, Anfang 1921. Es hat mir gewissermaßen gefallen und Spaß gemacht, da drin herumzulaufen. Da wurde von allen Seiten geschossen, sogar von draußen von Privathäusern draußen in die Anstalt hinein, aber auch von Beamten, die da Posten genommen hatten. Da ist ein Querschläger gewesen, der hat einen Gefangenen hinter das Ohr getroffen, da war alles aufgerissen und das Gehirn herausgekommen.« *(Frage: »Haben Sie in den Haftzeiten Beamte oder andere Gefangene schikaniert, verleumdet oder beleidigt?«) (Überlegt)* »Bewußt und mit Absicht jedenfalls nie.« *(Frage: »Auch nicht das Bedürfnis danach gehabt und es unterdrückt?«)* »Nein.« *(Frage: »Haben Sie sich absichtlich Disziplinarstrafen zugezogen?«)* »Tcha, ich glaube, das kann ich in dem einen oder anderen Falle bejahen.« *(Frage: »Zu welchem Zweck?«)* »Dann habe ich dabei den Zweck verfolgt, im Dunkeln sein zu können und still und ruhig und also wie man so sagt grübeln und meine Gedanken konzentrieren zu können auf Punkte, die mir beliebt gerade waren.« *(Frage: »Auf Lustempfindungspunkte?«)* »Ja.«

(»Sie haben uns gestern erzählt, daß Sie auf ein sonst verfügbares Geld verzichtet haben, um den Vater der Dörrier zu unterstützen!«) »Der Vater der Dörrier hat eine große Auslage gehabt für die Beerdigung und den Transport, und da der Vater Maurer ist, da habe ich angenommen, daß er auch nichts zu viel hätte und das Geld vielleicht auch nötig hätte brauchen können. Ich habe mich entschlossen, das Geld, was ich noch hier habe, dem Vater der Dörrier freiwillig abzugeben, und das bedeutet gleichzeitig einen Verzicht auf einige kleine Aufbesserungen hinsichtlich der Ernährung in der Haft. Ich durfte mir die Woche für drei Mark kaufen, also zum Schmieren und alsmal so was, Blutwurst. Ich habe mir auch schon mal ein Pfund Äpfel gekauft und schon mal was Tabak für eine Pfeife.« *(Frage: »Warum haben Sie dem Vater der Dörrier das gegeben?«)* »Ich habe schon mal an anderer Stelle gesagt, wenn ich auch für die von mir begangenen strafbaren Handlungen keine Reue empfinden kann, so kann ich da doch bedauern, daß sie geschehen sind, besonders mit Rücksicht auf die unschuldigen Opfer.«

(Frage: »Können Sie sich vorstellen, daß Sie jedem Menschen etwas antäten?«) »Nein, das würde ich für jeden Menschen nicht in der Lage sein, auch nicht auf ausdrücklichen Wunsch.« *(Frage: »Für welche Gruppe Menschen können Sie sich denn Gewalttätigkeiten vorstellen?«)* »Ich möchte hier noch hinzufügen vorhin, auch nicht zu jeder x-beliebigen Zeit. Personen, die mir in den schon wiederholt erwähnten und geschilderten Stimmungen

und Zuständen entgegentreten, besonders im Dunkeln, sofern sie mir bis dahin nicht bekannt sind, könnte ich etwas antun.« *(Frage: »Und sofern sie Ihnen bekannt sind?«)* »Sofern sie mir bekannt sind, könnte ich ihnen dann etwas antun, wenn die betreffenden Personen irgendwie in Zusammenhang oder Verbindung zu bringen wären, die ich mir als Peiniger der Menschen oder Bedrücker im allgemeinen vorstelle.« *(Frage: »Gegen Ihre Frau haben Sie nicht eine gewalttätige Vorstellung gehabt?«)* »Nein.« *(Frage: »Von Anfang an nicht?«)* »Nein.« *(Frage: »Warum nicht?«)* »Tcha, das liegt wohl jedenfalls tiefer hier. Ich glaube, hier hat doch die Erkenntnis vorgeherrscht, daß das eine Menschenseele gewesen ist, die sich für mich dauernd aufgeopfert hat und nur immer das Gute und Beste gewollt hat. Ich habe ja auch auf ihren eigenen Wunsch das nicht getan am 23. Mai.« *(Frage: »Was meinen Sie damit?«)* »Meiner Frau was angetan, sie umbringen.« *(Frage: »Wenn Sie mit anderen Frauen verkehrten, taten Sie doch eigentlich Ihrer Frau was an?«)* »Tcha, im gewissen Sinne ja, sogar sehr viel, aber ich glaube, da war ich jedenfalls in jedem einzelnen Falle, wenn ich so sagen soll, am Ende meines Wollens oder am Ende meiner Willenskraft.« *(Frage: »Wie war denn Ihr Gefühl, wenn Ihre Frau so was erfuhr?«)* »Das war mir jedenfalls nicht gleichgültig, wenn meine Frau solche Fälle erfahren hat, und ich mich überzeugen konnte, daß sie dadurch litt. Ich habe dann auch in jedem Falle, wenn ihr so etwas bekannt geworden war, Besserung versprochen, ich würde das nicht wieder tun, natürlich bis zum nächsten Tage.« *(Frage: »Machte es Ihnen auch etwa Spaß, daß Ihre Frau so etwas erfuhr?«)* »In diesem Falle wohl nein.« *(Frage: »Aus Großmannssucht?«)* »Ja, das wollte ich gerade sagen, da habe ich auch manchmal bei meiner Frau aus mir heraus mich gerühmt, als wie die Mädchen laufen mir wohl so nach, da habe ich noch so ein junges Ding gehabt, und da so ein junges Ding, habe solche Fälle erwähnt, wo es sich um junge Frauenspersonen handelt, und was mir damit alles geglückt sei.« *(Frage: »Oder um Ihre Frau zu quälen?«)* »Tcha, grundsätzlich wohl nicht, wenn nicht gerade mal ein gespanntes Verhältnis war, daß Auseinandersetzungen und Meinungsverschiedenheiten in bezug auf ihr bekannt gewordene Fälle stattgefunden hatten, die besonders die Veranlassung dazu waren.« *(Frage: »Sie haben einmal Ihre Frau als Ihre Schwester zur Abwehr von Unannehmlichkeiten vorgestellt und so gebraucht?«)* »Ja.« *(Frage: »Warum?«) (Zögert längere Zeit.)* »Da ist wohl der Grund der gewesen eine gewisse Befürchtung, die betreffende Frauensperson, der ich meine Frau als Schwester vorgestellt habe, könne auf mich erbost werden, wenn sie in Erfahrung bringt, daß dies meine Frau sei und mich dann eventuell mit Rücksicht auf meine Vorakten, die mir immer vorschwebten, mit irgendwelchen Sachen verfolgen.« *(»Das war doch eine sehr starke Zumutung an Ihre Frau!«)* »Ja.« *(Frage: »Hatten Sie Spaß daran?«)* »Tcha, das muß ich wohl in diesem Falle verneinen, daß ich da besondere Freude dran gehabt hätte meiner Frau gegenüber; in diesem Falle wird es wohl hauptsächlich die Befürchtung gewesen sein.«

(Frage: »Als Sie am 23. V. Ihrer Frau alles mitteilten, wie war da Ihr Gefühl zu Ihrer Frau?«) »Tcha, das Gefühl war so, daß ich glaubte, meiner Frau noch dankbar sein zu müssen oder irgend etwas für sie tun zu müssen, und eine andere Möglichkeit ergab sich nicht als wie die schon bekannten Bekenntnisse und Geständnisse und ihr dadurch wenigstens zum Teil zu der Belohnung mit zu verhelfen.« *(Frage: »Haben Ihnen Ihre Geständnisse Ihrer Frau gegenüber auch eine sexuelle Befriedigung bereitet?«)* »Nein, nein.« *(Frage: »Haben die Ihre Großmannssucht gekitzelt?«)* »Im Verlauf der längeren Unterhaltung, die ja eine ganze Reihe von Stunden gedauert hat, wohl ja.«

(Hier abgebrochen.)

XII. Untersuchung am 29. 10. 1930.

(»Erzählen Sie uns mal, wie die Bekanntschaft mit Ihrer Frau geschlossen wurde, und wie sie sich dann weiterentwickelt hat!«) »Tcha, *(überlegt längere Zeit)* ich bin im April 1921 in Brieg entlassen worden. Auf der Heimreise – ich hatte die Absicht nach Düsseldorf zurückzukehren – habe ich Altenburg in Thüringen berührt, weil da von mir eine Schwester verheiratet wohnt. Durch meine Schwester habe ich meine Frau kennengelernt. Im Anfange hat meine Schwester gemeint, ich könne die heiraten. Sie hat meiner Frau erzählt, ich sei aus russischer Gefangenschaft gekommen. Als ich jedoch damit ernst gemacht habe, mit der Annäherung an eine Frauensperson, da wurde meine Schwester wild und äußerst gehässig, meinte, ich habe das nicht nötig, ich soll mir an ihr ein Beispiel nehmen und so allerhand Blödsinn; aber jedenfalls war die Absicht, ich solle bei ihr zu Hause bleiben. Ich habe an anderer Stelle auch schon mal zum Ausdruck gebracht, daß wohl meine Schwester voll und ganz damit einverstanden gewesen wäre, wenn ich mit ihr geschlechtlich verkehrt hätte. Ich habe aber trotzdem die, wie gesagt, von meiner Schwester bezeichnete Person kennengelernt und bin mit ihr in Verbindung getreten und, wohl damals mit Rücksicht auf die wirtschaftliche Not, haben wir zusammen gelebt. Sie hat für mich gekocht, mitgekocht. Ich ging in der Firma Balduin Bechstein arbeiten in Altenburg. Die erste Zeit habe ich mich gegen meine also dann spätere Frau etwas sonderbar, vielleicht auch im einen oder andern Punkte roh benommen, und zwar meistens bei Gelegenheit der Beiwohnung, so daß sie manchmal also, wie man so sagt, schwarz und blau war an Armen und sonstigen Körperteilen. Wollen Sie auch den weiteren Verlauf?« *(»Ja!«)* »Es begann ja dann damals die Inflation, und mit Rücksicht darauf, insbesondere auf die große Notlage, in der wir uns befanden, da ja doch das geringe Verdienst gleich wieder

entwertet war, hatten wir große Mühe, uns überhaupt durchzubringen. Denn sonst bestehen in Altenburg – das ist ein mittleres Städtchen – nicht großartig Verdienstmöglichkeiten. Ich habe mich dann im Verlaufe der Zeit auch an politischen Strömungen beteiligt, zum Beispiel Reichsbanner. Ich war in Altenburg in dem Reichsbanner gewissermaßen so eine Kanone, so große Fresse immer gehabt, konnte so'n bißchen reden; da war ich, wie man so sagt, Kameradschaftsführer. Ich habe auch mich fleißig betätigt in diesem Sinne und auch an Konferenzen teilgenommen, zum Beispiel an einer Gaukonferenz in Erfurt, wo allerhand noch größere Schnauzen waren, auch Freiherrn und so weiter, die da den Vorsitz hatten, und habe mich auch in Altenburg und Umgebung in der Sammeltätigkeit ziemlich hervorgetan, ich habe den größten Betrag gesammelt für Fahnen und sonstige Fonds, so daß ich letzten Endes auch ein schönes Zeugnis mitbekommen habe von dem 1. Vorsitzenden – das war ein Rechtsanwalt Dr. Mehnert –, als ich von Altenburg nach hier verzogen bin. Besondere Einzelheiten so in dieser Zeit sind mir nicht in Erinnerung, was Bezug hätte auf meine Frau. Ich könnte höchstens da noch sagen: der Geschlechtsverkehr war sehr selten.« *(Frage: »Sie waren also in Altenburg in einer ziemlich angesehenen Stellung?«)* »Ja, mit Rücksicht auf das Reichsbanner und S.P.D. Ich war auch in der S.P.D.; und dann war ich auch Vertrauensmann im Metallarbeiterverband.« *(»Sie haben öfters nebenher von dem günstigen Einfluß gesprochen, den Ihre Frau auf Sie ausgeübt hat. Können Sie das näher erläutern, wie dieser Einfluß sich geltend machte?«)* »Jawohl. Meine Frau hat es verstanden, sich durch ihr ganzes Benehmen Achtung zu verschaffen, und so hat sie auch mir mit der Zeit Achtung und Respekt abgerungen. Dann hat meine Frau eine gute Unterhaltungsgabe gehabt, sie war auch bewandert auf vielen Gebieten, außerdem war sie auch schon etwas gereist, hatte schon was von der Welt gesehen, so daß es immer sehr interessant war, ihr zuzuhören, nicht nur für mich, sondern auch für andere Personen. Verkehrt haben wir da mit nur einem gleichaltrigen Ehepaar, das war ein städtischer Beamter. Bekannte haben wir allerdings noch viele gehabt da, besonders ich mit Rücksicht auf meine Tätigkeit, dann auch mit Rücksicht daß ich Rheinländer war, denn es befanden sich da auch noch eine ganze Reihe Rheinländer. Dann möchte ich aber noch betonen, daß meine Frau in jeder Hinsicht ein ruhiges Wesen bewahrt hat. Sie war nie aufgeregt; wenn es mal zu einer Auseinandersetzung gekommen ist, hat sie immer in ruhigem sachlichen Ton das begütigend beigelegt. Außerdem hat mir gefallen an meiner Frau, daß sie also im Vergleich zu mir gewissermaßen sittenrein war. Sie konnte noch nicht mal unanständige Gespräche hören oder dulden. Sie war weiterhin ordnungsliebend, fleißig und vor allen Dingen aufrichtig und ehrlich, und hat immerhin in dieser Zeit auf mich einen starken Einfluß ausgeübt.« *(Frage: »Von Ihren früheren Strafen hat Ihre Frau damals nichts gewußt?«)* »Nein.« *(Frage: »So daß Sie also in gewisser Beziehung Ihrer Frau damals ein Theater vorgespielt haben?«)* »Tcha, wie meinen Sie das?« *(»Sie gaben sich aus als aus der russischen Gefangenschaft kommend, wo Sie in Wirklichkeit aus Brieg kamen; dazu mußten doch wahrscheinlich noch mehr Geschichten erfunden werden, um das eine aufrecht zu erhalten!«)* »Da haben Sie recht, in dieser Hinsicht, ja.« *(Frage: »Ihre Großmannssucht, die Sie ja mehrfach erwähnten, hat die bei den Erzählungen Ihrer Frau gegenüber damals auch eine gewisse Rolle gespielt und worin äußerte sich das?«)* »Das allerdings ja. Es war ja schon so gewissermaßen naturgemäß nötig zur Beruhigung oder um sie in Sicherheit zu wiegen, da auch noch hinzuzufügen, daß ich da oder dort gedient hätte, denn da, wie ich dann angegeben habe, in Wolhynien 1917 als Brussilow die Massenstürme machte, in Gefangenschaft geraten sei und also zwei Jahre erst mal schon in russischer Gefangenschaft gewesen sei und dann, von Schlesien aus kommend, hier im Begriff gewesen sei, nach meiner Heimat zu fahren, dann die Schwester besucht, wie ich vorhin geschildert habe. Dann mußte ich ja auch etwas Positives sagen, wo ich denn früher gedient habe, das habe ich dann auch gesagt: Metz. Ich habe ihr allerdings in diesem Punkte nicht die Wahrheit gesagt, sondern meist so geschildert, als wie tüchtiger Soldat gewesen, und ich habe natürlich das auch nicht gesagt, was ich alsmal hier aufgeschrieben habe, das habe ich ihr nicht erzählt, so daß das alles ziemlich zusammenpaßte und in den Rahmen alles eignete, daß ich annehmen konnte, sie hat keinen Argwohn.« *(Frage: »Kannte damals Ihre Frau überhaupt keine Vorstrafen von Ihnen?«)* »Nein.« *(Frage: »Die Frau glaubte, Sie seien ein völlig unbestrafter Mann?«)* »Ja.« *(Frage: »Während der ganzen Altenburger Zeit oder am Schluß der Altenburger Zeit nicht mehr? Wie lange glaubte Ihre Frau das?«)* »Bis zum 26. Juli 1926 in einer Gerichtsverhandlung hier am Landgericht – das war die 4. Verhandlung in einer Sache, wo ich vorher am Oberlandesgericht Erfolg hatte und nach der Großen Strafkammer zurückverwiesen wurde. Bei dieser Gelegenheit hat sich das ereignet, daß der Staatsanwaltschaftsrat Jansen mich als Zuchthäusler – nicht bloß, daß er gesagt hat alter Zuchthäusler, also in allergemeinster Weise da heruntergemacht hat.« *(Frage: »Wie lange kannten Sie schon die Vorstrafe Ihrer Frau? Sie wissen, was ich meine, daß sie ihren Liebhaber erschossen hat?«)* »In den ersten Wochen, das hat sie mir selbst zugestanden.« *(»In den ersten Wochen Ihrer Bekanntschaft?«)* »Jawohl.« *(Frage: »Also vor der Heirat?«)* »Ja, weit vor der Heirat.« *(Frage: »Wie hat das seelisch auf Sie gewirkt, daß Ihre Frau in dieser Weise sich schon mal vergangen hatte?«)* »Tcha, auf den ersten Moment hat das auf mich allerdings eigentümlicherweise sehr niederschmetternd gewirkt. Ich habe mir allerlei Vorstellungen gemacht, als ob das so hätte sein sollen, aber auch die Vorstellung gehabt, als wie, daß ich wohl niemals frei werden würde von dem Fluch, wie man so sagt, der einmal an dem haftet, der schon eine böse Tat begangen hat.«

(Frage: »Und später?«) »Tcha, dann ist die Wirkung noch eine gewissermaßen schwerere und niederdrückendere, vielleicht auch im gewissen Sinne verhängnisvolle für das spätere Tun gewesen. Selbstverständlich, ohne daß meine Frau da eine geringste Ahnung von haben konnte oder auch andererseits sie im geringsten eine Schuld treffen kann.« *(Frage: »Können Sie das noch näher erklären, inwiefern das später verhängnisvoll gewirkt hat?«)* »Tcha, das kann ich vielleicht damit bezeichnen, besonders bezugnehmend auf die Zeit von 1925 hier in Düsseldorf, ich glaubte mich dauernd von, wie man sagt, vom Unglück gedrückt und verfolgt, so daß mir andererseits irgendwie eine bessere Stellung meiner Existenz nicht mehr möglich sein würde, was ja auch wirklich so den Anschein gehabt hat durch das, was sich dann hier so der Reihe nach ereignet hat, daß ich wohl schon manchmal mit Recht mir die Frage vorlegen konnte: bin ich denn überhaupt noch existenzberechtigt? Ich meine, wenn Sie das alles verfolgen von 1925, wie oft ich da hier war, was ich alles verloren habe und so weiter.« *(Frage: »Ihre Frau haben Sie immer geachtet?«)* »Jawohl.« *(Frage: »Waren Sie stolz auf Ihre Frau in Altenburg?«)* »Was ihre Tugenden und Hausfraueneigenschaften anbetrifft, ja, da war ich wohl stolz drauf.« *(Frage: »In Altenburg war Ihr Leben mit Ihrer Frau ein gutes und ein bürgerlich angesehenes in Ihrer Gesamtstellung?«)* »Ja, jawohl.« *(Frage: »Und haben Sie es genossen?«)* »Tcha, das ist nun wieder so eine Frage; richtig genossen? Die Angst war wohl immer da, es könnte hier plötzlich ein Blitz hereinschlagen, die Angst hat mir wohl keinen Tag verlassen, also ich meine damit sagen zu wollen, daß es bekannt wird.« *(Frage: »Also wegen Ihrer Frau?«)* »Nein, wegen mir.« *(»Vielleicht haben wir uns nicht verstanden; ich meine die Angst des Bekanntwerdens hatten Sie, weil Sie dann fürchteten, daß Ihre Stellung erschüttert wäre bei Ihrer Frau oder in der bürgerlichen Gesellschaft, in der Sie lebten?«)* »Da müßte ich wohl sagen beides, aber hauptsächlich doch wohl mit Rücksicht auf meine Frau.« *(Frage: »Haben Sie auch in der Altenburger Zeit die vielerlei Vorstellungen von Gewalttaten innerlich sich gemacht, die Sie uns ja oft geschildert haben?«)* »Ja, das habe ich, Herr Professor, aber doch nicht so zahlreich und nicht so ständig, als wie das in den letzten Jahren hier war oder überhaupt hier ist in so einem Hause oder sonst in der Haft und waren wohl auch schon mal wirklich größere Zwischenräume, wo ich sagen kann, ich war da ganz frei von, also ich kann mindestens sagen Wochen, vielleicht auch Monate.

Darf ich vielleicht hier noch im Anschluß daran – was wohl hauptsächlich die Ursache war, daß ich da schon einmal so längere Zeit, Wochen oder Monate von frei geblieben bin. Meine Frau war immer bestrebt, also jedenfalls Anhängerin von Theaterbesuch, und das war in Altenburg ein schönes Landestheater, und die Kosten, die damit verbunden waren, waren gering; man bekam schon für 40 Pfennige einen sehr schönen Sitzplatz da, und es war auch in jeder Hinsicht bequem, man konnte sich auch diese billigen Karten tagelang vorher kaufen, nicht so wie hier in Düsseldorf, so umständlich, da muß man stundenlang stehen auf der Straße. Und ich habe dann auch davon viel Gebrauch gemacht und bin meiner Frau in diesem Punkt häufig gefolgt. Das, was da gegeben wurde, das habe ich ziemlich begriffen und auch ziemlich in mich aufgenommen, auch ziemliches Erinnerungsvermögen noch davon, besonders für Musik, so daß ich in der Lage war, Musikstücke teilweise oder Teile von diesen Musikstücken am nächsten Tage wiederzugeben.« *(Frage: »Und der Schluß daraus?«)* »Darum bin ich zeitweilig von diesen Vorstellungen verschont geblieben.« *(Frage: »Wann und warum verließen Sie Altenburg?«)* »Ich habe schon wiederholt dargelegt, daß ich Altenburg verlassen habe aus dem naheliegenden Grunde, hier in Düsseldorf bessere Verdienstmöglichkeiten zu finden. Wenn ich Ihnen aber die reine Wahrheit sagen soll, dann hat mich wohl neben dieser Veranlassung wohl noch etwas stärker hier nach Düsseldorf gezogen ein bestimmtes Etwas, ein bestimmtes unheimliches Drängen in mir, wieder nach Düsseldorf zu wollen. Es hat manchmal eine Vorstellung in mir bestanden, es droht mir hier in Düsseldorf Unheil, aber trotzdem hat es mich mit allen Fasern hierhin gezogen. Ich meine dieses nicht etwa als Heimweh bezeichnen zu müssen, es ist etwas ganz anderes gewesen, was mich hierhin gezogen hat, und ich werde wohl nicht fehl gehen, wenn ich da sage, daß es der verbrecherische Trieb war.« *(Frage: »Waren Sie froh, von Ihrer Frau mal loszukommen?«)* »Im gewissen Sinne ja, anderseits wieder habe ich es schließlich auch wieder entbehrt. Ich will mal sagen, den Geist, wenn ich das mal so trennen soll, den Geist oder die Seele meiner Frau habe ich entbehrt; was den Körper anbelangt, so habe ich ihn nicht vermißt.« *(Frage: »Waren Sie froh, sie auch körperlich los zu sein?«)* »So etwas, was man so bezeichnen könnte mit froh, was ich darunter verstehe, nein, das ist auch nicht eingetreten, noch nicht mal, als ich hier ankam. Ich bin mit einem Zug hier angekommen über Gerresheim, und das hat sich mir so eingeprägt, als ob ich das gestern abend sähe, da ging die Sonne mit einem großen Ball, so groß wie eine Wand hier, so feurig blutig ging die da unter. Das habe ich meiner Frau gleich im ersten Brief geschrieben diese Wahrnehmung.« *(Frage: »Hatten Sie in Altenburg irgendeinen Versuch von strafbarer oder gewalttätiger Handlung gemacht?«)* »Ja.« *(Frage: »Was denn?«)* »Es ist in einem oder anderen Fall vorgekommen, man würde das also auffassen können als Mißhandlung, oder es könnte auch von den betreffenden Personen als Notzuchtsversuch gedeutet werden, nicht von mir, von denen. Da sind solche Fälle vorgekommen, die wurden jedoch durch Vermittlung meiner Frau beigelegt.« *(Frage: »Welche Fälle waren das?«)* »Das waren die Fälle Öhler und ein Mädchen, das weiß ich nur, das hat sich zugetragen im Wolfenholz; es liegt aber in den Akten, der Name ist mir entfallen von dem Mädchen, und die andere, die war eine Bedienstete meines Arbeitgebers.« *(Frage: »Hatten Sie denn die Absicht, bis zum Tode der Betreffenden zu gehen?«)* »Herr Professor, ich glaube, das ist hier in diesen Fällen ganz unbestimmt; ich kann das da nicht bejahen, ich kann es vielleicht aber auch nicht ganz verneinen.« *(Frage: »Halten Sie es nachträglich für möglich, daß es bis zum Todeserfolg hätte kommen können?«)* »Ja, wenn ich aufrichtig sein soll, es ist ein Glückszufall, daß es nicht so gekommen ist, aber wer weiß, welche Umstände oder welche, wie man so sagt, Schicksalsfügungen oder Schicksalswirkungen mitgespielt haben.« *(Frage: »Taten Sie das auch zur sexuellen Befriedigung?«)* »Herr Professor, ich habe das auch nicht ausgesprochen – ich habe das auch nicht getan lediglich um mir eine sexuelle Befriedigung zu suchen, bestimmt nicht, um die hier jetzt zu suchen, deshalb habe ich das nicht getan, das ist alles plötzlich gekommen.« *(Frage: »Also während der Handlung kam die sexuelle Befriedigung?«)* »Dann ja.« *(Frage: »Bis zum Samenerguß?«)* »Ja, in allen drei Fällen. Es war noch ein Fall, da ist mir auch der Name entfallen, wo die Betreffende sagt – nein das war ein Arbeitskollege von mir gewesen, der sagt, ich hätte sie in den Graben gestoßen. Mit Bestimmtheit kann ich das wohl nicht sagen, das gewollt zu haben oder dieses nicht gewollt zu haben, das kann ich nicht.« *(Frage: »Für später hier in Düsseldorf haben Sie uns ja die Spannung geschildert. Waren Sie in Altenburg in solchen Verfassungen?«)* »Jawohl, diese Vorstellungen haben mich nie verlassen, also ich meine, auf die ganze Zeit. Daß verhältnismäßige Zwischenräume schon mal waren, wie ich Ihnen vorhin geschildert habe, auch mit dem Theaterbesuch und so, das gebe ich ja zu. Aber ich möchte hier noch im Anschluß an das von Altenburg – wenn ich da gesagt habe, das hat mich gewissermaßen plötzlich überfallen, daß ich mir am nächsten Tage gar nicht richtig klar darüber werden konnte, was war das denn eigentlich – im Anschluß daran möchte ich darauf hinweisen, daß auch bei den strafbaren Handlungen hier in Düsseldorf solche Fälle mehrere zu verzeichnen sind, wo diese Handlung im gewissen Sinne auch plötzlich zur Ausführung gekommen ist. *(Pause.)*

Kann ich bei der Gelegenheit einige kleine Nachträge machen zu früheren Befragungen? Zum Beispiel in einem Falle betrifft Träume; es ist schon häufig, kann ich sagen, vorgekommen, daß ich geträumt habe von Hinrichtung und auch selbst schon wiederholt hingerichtet werden sollte, aber noch nicht ganz hingerichtet worden bin. Also dabei habe ich alles klar und deutlich gesehen, wie es zugeht, wie so eine Hinrichtung vollzogen wird, denn ich habe in Wirklichkeit eine ganz genaue Vorstellung davon durch Mitteilungen, die mir von Beamten, die dabei zugegen waren, des öfteren, besonders hier in Derendorf in der Haft zuteil geworden sind. Dann möchte ich noch etwas sagen zu dem Punkt Angst. Ich muß mich da mit Bezug auf gestern verbessern. Ich habe eine Periode gehabt, wo ich in gar nicht zu beschreibenden Angstgefühlen mich befunden habe, und das war im Alter von etwa sieben bis acht Jahren, da habe ich so eine Angst gehabt, da glaubte ich schon manchmal vor Angst sterben zu müssen. Ich war zum Beispiel zu bange, irgendwo hin zu gehen, wo es dunkel war, und nichts hätte mich dazu vermocht, freiwillig in den Keller zu gehen. Und diesen Angstgefühlen hat mein Vater dann ein Ende gemacht. Wenn ich da zum Beispiel gesagt habe, ich bin zu bang, wenn er mich in den Keller schickte, dann hat er mich mal erst gründlich verhauen und dann auch in mehreren Fällen die Nacht über im Keller eingeschlossen. Ich habe dadurch wohl diese Angstgefühle noch nicht verloren, ich bin dann noch nicht davon befreit gewesen, sondern die haben sich allmählich von selbst verloren. Entstanden sind die Angstgefühle durch eine Begebenheit: Es war im Sommer ein Junge ertrunken im Hafen von Mülheim/Rhein, und ein Mann trug den Jungen über die Schulter; der war in ein weißes Tuch eingehüllt, und da guckte dann aber gerade das Gesicht heraus, und ich bin da hinterher gelaufen. Und von dieser Zeit an bin ich immer so ängstlich gewesen. Also weil das eine Tatsache ist, wollte ich das noch nachgetragen haben, da hatte ich gestern im Moment nicht dran gedacht. Das ist alles.«

(Frage: »Können Sie sich erinnern, wie die Angst vorbeiging, und was für Gefühle dafür auftraten?«) »Tcha, jedenfalls habe ich in dem Keller – das war ein altes Haus und ein ganz dunkler Keller, wo es schon am Tage sozusagen ganz dunkel war – mich fürchterlich geängstigt. Wenn ich da eingeschlossen war, und schreien durfte ich nicht, und da habe ich eben gezittert und gebebt und mich in eine Ecke gekauert und dann so verbracht die ganze Nacht, mich mit Säcken zugedeckt. Wenn ich sagen soll, wie diese Angstzustände verschwunden sind, nachgelassen haben, dann möchte ich dabei bleiben, daß ich sage, sie haben sich allmählich von selbst verloren.« *(Frage: »In welchem Alter?«)* »Ich war vielleicht acht Jahre alt. Vielleicht hat auch nachher das dazu beigetragen, wenn ich in den Jahren darauf obdachlos war.« *(Frage: »Wann traten denn zum ersten Mal Vorstellungen bei Ihnen auf, daß Sie irgend jemandem etwas tun könnten, ob Tier oder Mensch?«)* »Das war schon im jugendlichen Alter, da ging ich in die Holweide-Schule, da war ich zehn Jahre alt. Das war also, nachdem – ich sollte ja in die Zwangserziehungsanstalt kommen – also nachdem das mit diesen Räuberstückchen vorhergegangen war.« *(Frage: »Hatten Sie da schon das Bedürfnis mit zwölf Jahren, des Gewalttätigseins?«)* »Schon vordem, daß ich zwölf Jahre alt war. Als ich zwölf Jahre alt war, da kam ich ja hier nach Düsseldorf, und da habe ich die erste Zeit vergessen, da habe ich davon keine Vorstellung mehr gehabt, das müssen die neuen Eindrücke gewesen sein, ich habe den Wald kennengelernt, den hatte ich vorher noch nicht gekannt.«

(Frage: »An welchem Tage kamen Sie von Altenburg nach Düsseldorf?«) »Tcha, Ende Mai.« *(Frage: »Welchen Jahres?«)* »1925. Ich bin hier am

Hauptbahnhof von meinen Angehörigen abgeholt worden und zwar mittels Auto mit Rücksicht darauf, daß der Verehrer meiner jüngsten Schwester Chauffeur war. Wir haben mit vier Personen zusammen gewohnt in zwei Zimmern und in einem Zimmer geschlafen. Die Personen waren Erwachsene. Das war meine jüngste Schwester, mein Bruder Andreas, dessen Braut und ich. Mit Rücksicht auf die primitiven Verhältnisse hat man sich beholfen. Ich habe bald Arbeit gefunden hier, mal hier, dann dort, im Bauhandwerk, auf der Fabrik, auch außerhalb, in Hilden auf dem Bahnbau. Die ersten Sonntage bin ich allein herumgegangen, und da lernte ich die Tiedemann kennen und die Mechler. Dann bin ich mit denen schon mal ausgegangen. Den nächsten Sonntag wollten sie nicht mehr mit mir ausgehen, ich war anscheinend zu wüst oder zu grob gewesen im Anfassen und dergleichen. Im Oktober kam meine Frau nach hier. Da war dann die schon erwähnte Vorstellung als Schwester. Sofort im Anschluß daran klärte meine Frau die Personen auf, und es kam dann der große Krach, in dem es geheißen hat, das ist der, ein verheirateter Mann, hat die Mädchen hier so betrogen, die haben natürlich gehofft, daß sie geheiratet würden. Die Dienstherrschaft stellte sich hinter die Mädchen, es folgten die vielen Strafanzeigen dieser Personen gegen mich. In einem Falle, wo ich es mal gewagt habe, eine Strafanzeige zu erheben, wurde ich moralisch so gedemütigt und geschlagen, daß ich trotzdem der Verurteilte war. Mit Rücksicht auf die Personen, auch juristische Personen, die in den Herrschaftshäusern befreundet waren und verkehrten, folgte auch eine Strafanzeige wegen versuchten Betruges, gleichbedeutend mit Heiratsschwindel. Dahinein gezogen wurde auch meine Frau, trotzdem meine Frau zu der Zeit, da ich den versuchten Betrug getätigt haben soll, gar nicht in Düsseldorf war. Für diesen versuchten Betrug habe ich zwei Monate Gefängnis bekommen, da die zu Unrecht erfolgt sind, dagegen Berufung eingelegt; die Berufung wurde verworfen. Da habe ich Revision eingelegt; mit der Revision hatte ich Erfolg, wurde dann zur neuen Verhandlung zurückverwiesen an die große Strafkammer, und hier ereignete sich der beschriebene Vorfall mit dem Beamten der Staatsanwaltschaft Jansen.« *(Frage: »Worin bestand der?«)* »Der Beamte der Staatsanwaltschaft Jansen hat mich am Schlusse dieser Verhandlung, als das Gericht zur Beratung abzutreten im Begriff stand, auf seinem Sitz aufspringend, erstens mal als alten Zuchthäusler bezeichnet, dann im einzelnen noch ausführlich gesagt, bekannt gegeben, ich sei schon ein paar mal im Zuchthaus gewesen, viele Jahre im Zuchthaus, sei insgesamt schon so und so oft bestraft, ich sei ein gemeingefährlicher Mensch, er bedauere nur, daß nicht auch von der Staatsanwaltschaft Berufung eingelegt worden sei. Dadurch wurde mir in erster Linie mal die Stimmung beim Gericht gründlich verdorben. Sie waren, wie ich schon erwähnt habe, im Begriff, zur Beratung abzutreten. Die Stimmung war vorher eine ganz gute mit Rücksicht auf die Beweisaufnahme, und ich glaubte mit Bestimmtheit freigesprochen worden zu sein, wenn der Beamte Jansen das nicht unternommen hätte. In dieser Verhandlung befand sich natürlich auch meine Frau, weil sie verschiedenes bekunden sollte.« *(Frage: »Wurden Sie verurteilt?«)* »Ich wurde wieder verurteilt zu zwei Monaten.« *(Frage: »Sofort abgeführt?«)* »Und außerdem noch von dem Beamten der Staatsanwaltschaft weiterhin unter Anklage gestellt wegen Verdacht der Notzucht und vorläufig festgenommen und im Anschluß daran in Haft genommen.« *(Frage: »Sie sahen wann Ihre Frau wieder?«)* »Meine Frau habe ich kurz darauf schon wiedergesehen zu Besuch in der Haft. Es ist während des Besuchs nicht dazu gekommen, eine Aussprache herbeiführen zu können. Das kam erst später schon mit Rücksicht auf die Kürze der Besuchszeit. Die Aussprache erfolgte erst Weihnachten 1926. Ich wurde nämlich Weihnachten entlassen. Wir sind am ersten Weihnachtstage nachmittags spazierengegangen und haben uns bei dieser Gelegenheit ausgesprochen. Dabei hat mir meine Frau gesagt, sie wolle mich nicht verdammen, auch nicht verstoßen und weiter mit mir arbeiten und kämpfen, daß ich wieder hochkommen soll, und ich brauche deshalb nicht zu verzweifeln, und hat sich auch bereit erklärt, mit mir nachher wieder in ehelicher Gemeinschaft zusammen zu leben. Bis dahin war das jedoch nicht möglich mit Rücksicht auf die wirtschaftlichen Verhältnisse. Meine Frau hatte durch betrügerische Machenschaften anderer Menschen kurz nach meiner Festnahme die Wohnung sowie Geld und Möbel alles verloren. Wir wohnten die erste Zeit jeder für sich möbliert. Noch bevor daß wir wieder in ehelicher Gemeinschaft zogen und zusammen lebten, habe ich dann hier schon eine ganze Reihe strafbare Handlungen ausgeführt, das sind die Brandstiftungen Anfang 1927. Es ist uns aber nachher doch gelungen, wieder ein Zimmer zu bekommen, wir haben uns wieder was zusammengespart und ein paar Möbel gekauft; das war die Wohnung Mettmannerstraße 71. In demselben Jahre 1927 habe ich jedoch auch noch die zwei Monate Gefängnis verbüßen müssen. Ich war mehrere Male bei dem Beamten der Staatsanwaltschaft Jansen und habe ihn gebeten, mir doch ein paar Wochen Ausstand zu geben. Er hat mich dann im letzten Fall herausgejagt und nachher endgültig aus dem Gerichtsgebäude entfernen lassen – es war dies in den späten Nachmittagsstunden –, und dadurch mußte ich natürlich in kurzer Zeit mich hier stellen zum Strafantritt und habe dadurch die Arbeitsstelle wieder verloren. In der Zwischenzeit liefen aber immer noch Strafanzeigen von den Personen, wo ich damals mit zu tun hatte, gegen mich, und so kam es dann im Frühjahr 1928 wieder zu einer Verhandlung mit Verurteilung wegen Bedrohung und Beleidigung zu acht Monaten Gefängnis. Hier hat auch der Beamte der Staatsanwaltschaft Jansen fungiert. In diesem Falle habe ich auch wieder meine Arbeitsstelle verloren gehabt. Nach Entlassung oder nach Verbüssung dieser Strafe bin ich dann in der Folgezeit erwerbslos gewesen, und es war damals ein ziemlich strenger Winter, und habe dann im Frühjahr des folgenden Jahres die erste hier vorliegende strafbare Handlung, die also einen Überfall darstellt, begangen.« *(Frage: »Frau Kühn?«)* »Frau Kühn, ja. Daran reihten sich kurz hintereinander Ohliger und Scheer und mittlerweile schwebten noch immer zwei Monate Gefängnis gewissermaßen wie ein Damoklesschwert über meinem Kopf, und das waren die zwei Monate also, wo sich der Gerichtsbeschluß mit befaßte, daß ich also gewissermaßen ausgewiesen werden sollte. Dieser Beschluß war von Jansen beantragt. Ich habe dann im Laufe des Sommers 1929 es vermocht, die Bestimmungen dieses Beschlusses durch ministerielle Verfügung abändern zu lassen. In derselben Zeit, wo das also hier mit den zwei Monaten war, und daß ich immer glaubte, die müsse ich schließlich noch verbüßen, da war das auch mit der Hahn, Schulte und Flehe. Nachher folgten dann die Fälle Reuter, Dörrier und Albermann.«

(Frage: »Sie haben in dieser Erzählung besonders betont die Brandstiftungen Anfang 1927, was trieb Sie dazu?«) (Überlegt längere Zeit.) »Zum größten Teil hat mich dazu veranlaßt wohl die Vergeltungs- und Sühneidee, zum geringeren Teil sexueller Trieb.« *(Frage: »Wieso zu den Brandstiftungen sexueller Trieb?«)* »Tcha, durch diese Aufregung, Spektakel und Geschrei und die Beobachtung, daß die Leute Angstgefühle von sich gaben, da habe ich eben in dieser Zeit schon mal einen Erfolg gehabt also hinsichtlich sexueller Erregung.« *(Frage: »Unter Erfolg meinen Sie Samenerguß?«)* »Ja, und dann natürlich auch die ganzen äußeren Erscheinungen, die großen Feuerflammen, heller Schein, die Entrüstungen nachher, wenn die Polizei kam – in manchen Fällen kam sogar noch der Polizeipräsident –.«

(Frage: »Als Sie von Altenburg hierher übersiedelten, bewegte Sie da auch der Gedanke, daß Sie in der Großstadt ungehinderter sich ausleben könnten als in Altenburg?«) »Tcha, da weiß ich noch nicht, was Sie unter Ausleben verstanden wissen wollen, das ist ja ein dehnbarer Begriff.« *(Frage: »So zu leben, wie es Ihnen am angenehmsten ist!«)* »Wenn ich das beziehen soll hinsichtlich weitergehender oder größerer Möglichkeiten der Abwechslung oder irgendwie etwas Strafbares begehen zu können, dann ja; wenn ich das aber so verstehen soll, ausleben, also das Leben zu genießen, das kam für mich nicht in Frage.« *(Frage: »Als Sie Ihre Frau als Schwester vorstellten, stand da Ihre Frau unter einem Druck von Ihnen?«)* »Ja, jawohl, ganz bestimmt, unter einem großen Druck und Zwang.« *(Frage: »Hatten Sie ihr das vorher gesagt?«)* »Ja, ich habe das verlangt.« *(Frage: »Und ihr erklärt, was Sie wollten?«)* »Jawohl, ich habe das verlangt und auch mit Drohungen und allerhand Äußerungen durchgesetzt, sie soll für den einen Fall stillschweigend zugeben, wenn ich sie als Schwester vorstelle.« *(Frage: »Um was zu erzielen?«)* »Um gewissermaßen eine Beruhigung für den Tag noch

zu erzielen, denn etwas anderes kam ja nicht in Frage, denn meine Frau war ja jetzt zugegen, damit die Personen mich nicht evtl. verfolgen sollten, wie es dann ja nachher trotz alledem eingetreten ist.« *(Frage: »Wie haben Sie Ihrer Frau dabei gedroht?«)* »In verschiedener Form. Ich habe von Selbstmord gesprochen, ich habe auch davon gesprochen, mich von ihr zu trennen, und habe endlich auch angedeutet, allerhand strafbare Handlungen zu begehen.« *(Frage: »Was denn für welche?«)* »In Form von Verbrechen.« *(Frage: »Was für Verbrechen?«)* »Gewalttätiger Art. Ich habe auch in diesem Falle keine bestimmten Vorstellungen gehabt, welcher Art die Verbrechen sein sollen.« *(Frage: »Hat das Ihnen auch sexuelle Befriedigung verschafft, Ihre Frau damals so zu bedrohen?«)* »Nein.« *(Frage: »Das war nur, um sich zu schützen?«)* »Ja.« *(Frage: »Haben Sie mit Ihrer Frau mal über Ihren Trieb gesprochen vor dem 23. Mai 1930?«)* »Nein, noch nichts. Meine Frau hat von den Vorgängen, die sich in mir abgespielt haben, keine Ahnung gehabt.« *(Frage: »Warum haben Sie nie mit ihr darüber gesprochen?«)* »Wohl hauptsächlich aus dem Grunde, weil ich darüber mit niemand gesprochen habe, dann aber auch noch im besonderen aus dem Grunde, weil es mir klar gewesen ist, daß meine Frau sich darüber entsetzt haben würde.« *(Frage: »Und Sie daran zu verhindern gesucht hätte?«)* »Wohl auch, auf alle Fälle.« *(Frage: »Und Sie wollten nicht verhindert werden?«)* »Zum gut Teil, zum größten Teil, kann ich wohl sagen, wollte ich nicht daran verhindert werden.« *(Frage: »Warum nicht?«)* »Ich habe gewissermaßen mein ganzes Leben, nachdem ich erkannt habe, daß es sowieso verfehlt, nachdem ich erkannt habe, wie es in mir aussah, gewissermaßen mich nur noch als eine Mission betrachtet.« *(Frage: »Wann haben Sie erkannt, daß Ihr Leben verfehlt war?«)* »Schon sehr früh.« *(Frage: »Wann?«)* »Na, mindestens schon in der Zeit 1903 – wo ich schon mehrere Male Fesselstrafen gehabt habe.« *(Frage: »Warum haben Sie dann noch geheiratet?«)* »Das Heiraten wird wohl zum allergrößten Teil, wie ich vorhin auch schon mal angedeutet habe, Gründe gehabt haben, die mehr damals in der großen wirtschaftlichen Notlage zu suchen war.« *(Hier abgebrochen.)*

XIII. Untersuchung am 30. 10. 1930.

(»Bitte erzählen Sie mal die Taten vom Fall Kühn an!«) »Einzeln schildern?« *(»Ja!«)* »Anfang Februar vorigen Jahres – es war an einem Sonntagabend – befand ich mich in der Gegend Torfbruch, Hellweg, Bertastraße. Etwa gegen Abend, 9 Uhr, sah ich auf der Bertastraße eine Frauensperson gehen. Ich bin erst mit der Frauensperson auf gleicher Höhe gegangen. Dieselbe ging unten auf einem Wiesenpfad und ich oben auf der Fahrstraße. Ich bin dann plötzlich zu ihr hingetreten und habe sie überfallen und schwer verletzt. Ich habe danach in einem größeren Dreieck einen Rundgang gemacht und

bin auf diesem Wege wieder an dieselbe Stelle gekommen, an die Stelle des Tatorts. Die von mir Überfallene war nicht mehr da. Ich habe mich dann später nach Hause begeben.« *(Frage: »Wie kam es dazu?«)* »Ich bin an diesem bezeichneten Abend vorher schon stundenlang gewissermaßen wahllos und ziellos in der bezeichneten Gegend umhergestreift. Ich hatte das Gefühl und das Verlangen, irgendeine strafbare Handlung zu begehen. Worin dieselbe bestand, war vorläufig noch unklar. Der Tat ist der viel beschriebene Zustand, unerträgliche Zustand mit Rücksicht auf die seelische Verfassung vorhergegangen.« *(Frage: »Ist das alles, was dazu zu sagen ist?«)* »Ja, das ist in der Hauptsache der Hergang, und was dem vorangegangen ist, die hauptsächlichsten Merkmale. Ich kann vielleicht noch hinzufügen, wenn es in den polizeilichen Protokollen immer und an allen Stellen heißt: an dem fraglichen Tage habe ich um die und die Zeit in der Absicht, einen Menschen umzubringen, meine Wohnung verlassen, dann trifft das nicht ganz zu. Das erklärt sich aus dem Zustandekommen der Protokolle und aus der Art der Vernehmung, anderseits erklärt es sich auch durch mein Dazutun, daß ich, wie ich schon mal an anderer Stelle betont habe, mich anfing, in der Rolle zu gefallen; in Wirklichkeit ist es vorher noch unklar gewesen, was ich beginnen wollte. Ich gebe zu, daß bei Ausführung der Tat auch im Falle Kühn eine sexuelle Erregung sowie hohe Steigerung stattgefunden hat.« *(Frage: »Bis zum Samenerguß?«)* »Ja.« *(Frage: »In welchem Moment war denn der Samenerguß?«)* »Bei den Verletzungen.« *(Frage: »Als Sie zustachen?«)* »Ja.« *(Frage: »Wußten Sie vorher, daß Sie dann Samenerguß haben würden?«)* »Ja, ich habe das gewissermaßen mit ziemlicher Sicherheit angenommen.« *(Frage: »Und wollten sie sich in dieser Weise befriedigen?«)* »Das ist von mir auch wieder sehr schwer mit ja zu beantworten, ob ich da nur die Verletzung gewollt habe oder ob ich da sexuelle Befriedigung gewollt habe oder dieses letztere der Hauptzweck war, das kann ich nicht mit Bestimmtheit behaupten, ich maße mir das jedenfalls nicht an, das so mit Bestimmtheit sagen zu wollen. Ich möchte noch hinzufügen, ich habe allerdings erkannt, daß dies eine ältere Frauensperson war, daß sie jedenfalls nicht mehr jung war.« *(Frage: »Wann haben Sie das erkannt?«)* »Im Augenblick der Verletzungen. Die ganze Handlung hat äußerstenfalls zwei bis drei Minuten gedauert.« *(Frage: »Die Verletzungen?«)* »Der Angriff mit den Verletzungen.« *(Frage: »Und wie lange gingen Sie vorher mit der Frau?«)* »Mit der Frau? Auch vielleicht nur ein bis zwei Minuten in gleicher Höhe. Ich bin allerdings schon eine zeitlang, vielleicht fünf Minuten, von weitem hinter der Frau hergegangen, ehe ich sie eingeholt hatte.« *(Frage: »Wann kam Ihnen denn der Entschluß sie zu verletzen?«)* »Das war gewissermaßen eine ganz plötzliche Begebenheit, in der Zeit, wo ich mit ihr auf derselben Höhe ging; sie ging hier unten auf einem Wiesenpfad und ich hier oben auf dem Fahrweg und befand mich mit ihr auf gleicher Höhe, wenn auch in einem Abstand nebeneinander. Wenn ich Ihnen das richtig schildern soll, Herr Professor, dann möchte ich das so darstellen, als ob mich da plötzlich irgendein Etwas überfallen hätte, und daraufhin habe ich die Frau erst angegriffen.« *(Frage: »Warum gingen Sie denn hinter ihr her?«)* »Es sind doch wohl bestimmte, gewisse Absichten schon vorhanden gewesen, die zwar noch nicht eine bestimmte Form angenommen hatten, irgendeine strafbare Handlung auszuführen. Ich lasse aber die Möglichkeit offen, daß diese strafbare Handlung, wie solche ja auch in meinem Tun im Jahre 1929 nicht vereinzelt dastehen, vielleicht auch in einer tätlichen Beleidigung hätte bestehen können. Wir haben ja solche Überfälle auch.« *(Frage: »Beispiele?«)* »In derselben Gegend Radusch.« *(Frage: »Andere Beispiele?«)* »Wiethaupt und Massmann.« *(Frage: »Wie war Ihnen nach den Verletzungen der Frau Kühn?«)* »Tcha, wenn ich Ihnen da den Zustand schildern soll, ich glaube, dann werden Sie das etwas lächerlich finden; ich habe mich unter anderm körperlich vielleicht noch halb so schwer gefühlt als wie mein eigenes Gewicht ausmacht. Ich glaubte viel leichter gehen zu können, gewissermaßen schwebend, und auch schneller über den Erdboden mich fortzubewegen, betone hierbei aber ausdrücklich, daß ich nie nach Verübung einer Tat gelaufen bin. Weiterhin kann ich mich dahingehend äußern, es war mir auch im Kopf als wie irgendeine schwere Last von mir genommen, dieses hatte jedenfalls Bezug auf die Sühneidee, weil ich mir in demselben Moment auch blitzartig vorstellte die Wirkungen auf die betreffenden Personen, die mit an dieser Tat schuldig sind. Außerdem kann ich vielleicht noch sagen, ich befand mich, wie man so zu sagen pflegt, in einem heiteren, aufgeräumten Zustand.« *(Frage: »Stand der Überfall auf Frau Kühn in der Zeitung?«)* »Ja.« *(Frage: »Wie war Ihnen, als Sie das lasen?«)* »Da war die Wirkung in demselben Masse, wenn vielleicht auch nicht im Falle Kühn, so aber doch in anderen Fällen schon manchmal noch im verstärkten Maße da.« *(Frage: »Also auch sexuelle Befriedigung bei der Lektüre?«)* »Tcha, die sexuelle Befriedigung, die ist da wohl nicht in jedem Falle zum Ausdruck gekommen mit Samenerguß.« *(Frage: »Aber doch manchmal in den nächsten Tagen?«)* »Ja.« *(Frage: »Dachten Sie, daß Sie gefaßt werden könnten?«)* »Das habe ich nie gedacht, Herr Professor, ich habe dabei immer andere Gedanken gepflogen. Ich dachte mir doch noch mal so einen großartigen, wie es ja geheißen hat, Knalleffekt. Aber bei dieser Gelegenheit kann ich Ihnen noch etwas anderes sagen, was den Fall Kühn betrifft: Ich habe mich auf dem Hellweg mit einer älteren Frau und deren Tochter einige Tage später über den Überfall Kühn unterhalten, und dabei war allerdings Samenerguß.« *(Frage: »Sind Sie mehrfach an den Tatort gegangen?«)* »Ja, ja.« *(Frage: »Oft?«)* »Ja.« *(Frage: »Wann?«)* »Schon am selben Abend noch zweimal, am nächsten Morgen und in der Folgezeit noch öfter.« *(Frage: »Bis wann?«)* »Bis zum Herbst 1929.« *(Frage: »Auch bei den Besuchen des Tatortes Samen-*

erguß gehabt?! »Nicht immer, aber wiederholt.« *(Frage: »Wann war der Fall Kühn?«)* »Im Februar 1929.« *(Frage: »Wann war der nächste Fall?«)* »Im Februar desselben Jahres, vorigen Jahres.« *(Frage: »Was war das?«)* »Fall Ohliger.« *(»Bitte erzählen Sie den!«)* »Ich hatte die Wohnung verlassen, um mich in dieses schon öfter beschriebene Revier zu begeben, und auf dem Wege dorthin, an der Ecke Kettwiger- und Behrenstraße, damals Neubau Opel, ein kleines Mädchen angetroffen. Ich habe dasselbe veranlaßt, indem ich es an der Hand gefaßt habe, mit mir zu gehen, angeblich nach Hause. Ich habe dann das Mädchen geführt über die Kettwigerstraße quer über den Bauplatz zwischen Kettwigerstraße und Vinzenzkirche an die Ecke des Pfarrgartens der Vinzenzkirche, dasselbe hier dann plötzlich am Halse gefaßt und gewürgt, so daß es bald darauf bewußtlos war – sexuelle Erregung war schon eingetreten – daraufhin den Körper des Kindes auf den Erdboden niedergleiten lassen und wahllos eine Reihe von Stichen beigebracht, wobei erst Samenerguß erfolgte, daraufhin den Tatort verlassen.« *(Frage: »Mit entblößtem Glied?«)* »In diesem Falle ja.« *(Frage: »Wann hatten Sie das Glied entblößt?«)* »Während des Würgens. Jedoch muß ich hier bemerken, das Glied ist nicht steif geworden.« *(»Weiter.«)* »Darauf den Tatort verlassen und mich nach Hause begeben. Die Verfassung und der Zustand, indem ich mich nun befand, war derselbe wie in dem vorherigen Fall beschrieben. Ich habe mich an demselben Abend noch in ein Lichtspieltheater begeben. Danach bin ich wieder zum Tatort zurückgekehrt, etwa zwischen elf und halb zwölf Uhr abends, ist aber hierbei nicht wieder zum Samenerguß gekommen.« *(Frage: »Wollten Sie das eigentlich, als sie hingingen?«)* »Vielleicht in der Hauptsache ja. Anderen morgens habe ich mich wiederum zum Tatort begeben – es war noch dunkel – und die Leiche mit Petroleum übergossen und angezündet. Hierbei ist allerdings Samenerguß erfolgt und zwar in dem Augenblick, wo ein heller Feuerschein das Gelände dort erleuchtete. Etwa gegen halb acht Uhr war ich wiederum am Tatort, danach gegen halb zehn Uhr neuerdings am Tatort. Bei der Aufregung und Empörung, die ich dann festgestellt habe unter der Bevölkerung – die Leiche war inzwischen gefunden – ist es nicht zum Samenerguß gekommen. In der Folgezeit bin ich noch wiederholt am Tatort gewesen.« *(Frage: »Um welche Zeit gewöhnlich?«)* »Abends.« *(Frage: »Zur Zeit der Tat?«)* »Zur Zeit der Tat und auch später.« *(»Nur zufällig zur Zeit der Tat?«)* »Vielleicht auch mit Absicht zur Zeit der Tat und mit Rücksicht auf die vorgeschrittene Jahreszeit dann in späten Stunden, Abendstunden. Es ist dann bei dieser Gelegenheit auch noch dann und wann zum Samenerguß gekommen.« *(Frage: »Gingen Sie hin, um Samenerguß zu haben?«)* *(Überlegt)* »Hingezogen zum Tatort hat mich wohl in der Hauptsache das Sühnegefühl, der Sühnegedanke.« *(Frage: »Als Sie das Kind würgten, hatten Sie da die Absicht, es auch umzubringen?«)* »Herr Professor, das kann ich niemals mir erlauben zu bejahen. Beispiele der Art oder ähnlicher Art, wo es auch zum Samenerguß infolge eines Angriffs gekommen ist, bei dieser Handlung aber ein anderer Mensch nicht zu Tode kam, sind vorhanden und dürften auch einem Fernstehenden begreiflich machen, daß ich das nicht, wie ich schon sagte, mir erlauben kann zu bejahen.« *(Frage: »Womit haben Sie die Ohliger getötet?«)* »Mit der Schere. Ja, erlauben Sie mal einen Augenblick. Ich muß mich hier verbessern. Ich glaube, die Ohliger war schon tot, bevor ich sie mit der Schere verletzt habe, denn sie hat kein Lebenszeichen mehr von sich gegeben und auch sich nicht mehr bewegt.« *(Frage: »Warum hatten Sie die Schere mit?«)* »Die Schere hatte ich, im großen und ganzen zusammengefaßt, wohl zu dem Zweck mitgenommen, um jemand damit zu verletzen.« *(Frage: »Wann war Ohliger?«)* »Um dieselbe Zeit wie Kühn.« *(Frage: »Wissen Sie das Datum?«)* »Ja, ich weiß auch das Datum noch, mit Rücksicht auf die abgestempelte Freikarte und mit Rücksicht auf die zahlreichen Wiederholungen des Datums ist mir dasselbe noch in Erinnerung, am 8. Februar 1929.« *(Frage: »Wie war nun im weiteren Verlauf Ihre Gefühlsbewegung, zum Beispiel bei der Lektüre der Zeitungen?«)* »Für die folgenden Tage blieb dieses Gefühl, der Erleichterung, wie ich es beschrieben habe, anhaltend, schwächte sich dann aber weiterhin bedeutend und nachher ganz wieder ab, so daß ich mich wieder in demselben Zustande der Bedrückung und schweren Last befand.« *(Frage: »Wie wirkte das speziell, wenn Sie in der Zeitung davon lasen?«)* »Die Wirkung war in den meisten Fällen noch intensiver als wie bei Begehung der Tat, aber auch nicht in allen Fällen. Dazu mag beigetragen haben, daß ich die Zeitungen meistens da gelesen habe, wo sie ausgehangen waren, daß um mich herum viel Leute standen, die sich auch über die Tat entsetzten, und diese Tatsachen ja günstig wirkten in bezug auf die Sühneidee.« *(»Sie bekamen dann unter der Masse stehend, manchmal Samenerguß?«)* »Nicht immer, aber wiederholt.« *(Frage: »Glauben Sie, daß Ihnen jemand hätte anmerken können, daß Sie besondere Beziehungen zu der Tat hatten, wenn Sie in der Masse standen?«)* »Das halte ich gut für möglich.« *(Frage: »Woran?«)* »Es hätte vielleicht einem näheren Beobachter auffallen können, daß ich immer äußerlich schon ziemlich erregt war sowie auch vielleicht körperliche Bewegungen gemacht; dieses hätte natürlich auch einem kundigen Beobachter sich bemerkbar machen können.« *(Frage: »Was für körperliche Bewegungen?«)* »Na, vielleicht allgemeiner Art wie sie auch schon einmal getätigt werden in sexueller Erregung.«

(Frage: »Welches war nun die nächste Tat?«) »Scheer.« *(Frage: »Wie kam die?«)* »Der Fall Scheer hat sich sehr ähnlich abgespielt mit dem Fall Kühn. Auch an diesem Tage war ich eine ganze Reihe von Stunden in dem schon öfter genannten Revier umhergestreift, habe auch in der Nähe der Tanz- und Karnevalsbelustigungen teilweise sexuelle Erregungen gehabt.« *(Frage: »Ohne Gewalttatsabsichten?«)* »Ohne Gewalttatsabsichten, aber in der Vor-

stellung, Personen, die ich aus nächster Nähe sehe, jedoch ohne daß ich gesehen werden konnte, beobachtet habe, und dabei den Gedanken hatte, die zu überfallen.« *(Frage: »Einzelpersonen oder Pärchen?«)* »Einzelpersonen, Pärchen, auch mehrere Personen.« *(»Nun zurück zu Scheer!«)* »Im Falle Scheer befand ich mich auf dem Heimweg. Eine sexuelle Erregung hatte also bis dahin noch nicht stattgefunden.« *(Frage: »Sie meinen eine Befriedigung der sexuellen Erregung?«)* »Ja. Etwa gegen 24 Uhr begegnete mir an der beschriebenen Stelle unter den schon oft wiederholt erwähnten Umständen Scheer. Er war etwas angetrunken, jedoch nicht betrunken. Scheer hat mich zuerst angerempelt. Ich habe dann kurz hintereinander Scheer überfallen und schwer verletzt.« *(Frage: »Womit?«)* »Mit der Schere. Ich glaube mit gewisser Bestimmtheit sagen zu können, ich hätte Scheer auch überfallen, wenn er mich nicht angerempelt hätte. Währenddem ich den von mir zu Boden geworfenen Scheer Verletzungen mit der Schere im Genick beibrachte, wobei das Blut hörbar herausströmte, ist die sexuelle Befriedigung eingetreten. Ich möchte noch erwähnen, daß es in dieser Nacht eisig kalt war. Am darauf folgenden Morgen habe ich mich wieder zum Tatort begeben. Mit Rücksicht auf den großen Betrieb, der dort herrschte, ist es wohl zu einer sexuellen Erregung gekommen, jedoch nicht Befriedigung. In der Folgezeit habe ich den Tatort Scheer noch wiederholt aufgesucht und passiert. Es ist hierbei in einzelnen Fällen auch wieder eine sexuelle Befriedigung eingetreten.«

(»Welches war der nächste Fall?«) »Hahn.«
(Hier abgebrochen.)

XIV. Untersuchung am 31. 10. 1930.

(»Bitte erzählen Sie den Fall Hahn!«) »Ich habe mich allerdings nicht besonders darauf vorbereitet, Herr Professor, denn ich habe immer mal Besuch in der Zelle, der Geistliche und der Herr Landgerichtsdirektor, ich habe einen Brief geschrieben und das hier *(zeigt dabei auf einen Bericht über seine Gefängniserlebnisse)* und so fliegt mir die Zeit um. Etwa Mitte August habe ich auf dem Hansaplatz im Zooviertel ein junges Mädchen kennengelernt, das war die Hahn. Dieselbe hat mich zuerst angesprochen und mich gefragt, ob ich spazierenginge; sie saß auf einer Bank. Ich habe darauf geantwortet: ›Ja, aber wenn Sie gestatten, setze ich mich etwas neben Sie.‹ Wir haben uns etwa eine halbe Stunde hauptsächlich über ihre persönlichen Verhältnisse unterhalten, und sie erklärte dann, sie müsse nach Hause, denn sie sei schon lange unterwegs, aber wir könnten uns ja am Sonntag wiedersehen. Auf dem Nachhausewege sind wir überein gekommen, uns Sonntag nachmittag wiederzusehen und einen Ausflug nach dem Neandertal zu machen. Wir haben uns dann an dem fraglichen Sonntage auch zur verabredeten

Zeit getroffen und sind nach Neandertal gefahren. Von Neandertal sind wir zurück auf Erkrath zugegangen, unterwegs erst mal eingekehrt und dann zwischen Neandertal und Erkrath rechts ab über einen Berg nach dem dahinterliegenden Tal nach Stindermühle. Hier haben wir etwa uns zwei Stunden aufgehalten. Alsdann haben wir die Stindermühle verlassen und sind auf einem anderen Wege durch ein großes breites Tal auf Erkrath zu, erst hier mal wieder eingekehrt und dann weiter an Haus Morp vorbei bis in die Gegend von Papendell gekommen. Ich habe hier im Einverständnis mit der Hahn Geschlechtsverkehr ausüben wollen und dabei eine sexuelle Befriedigung erwartet, vermutet. Das war jedoch nicht der Fall, bei mir nicht der Fall, währenddem die Hahn eine sexuelle Befriedigung davon hatte. Wir haben uns dann wieder weiter in Richtung Gerresheim bewegt, und nach kurzer Zeit habe ich die Hahn am Halse gefaßt und heftig gewürgt. Während dem Würgen trat eine starke sexuelle Erregung ein, die dadurch, daß ich der Hahn noch mit einer bei mir geführten Schere schwere Verletzungen beigebracht habe, ihren Höhepunkt erreichte. Ich hatte der Hahn zuerst eine Verletzung am Halse beigebracht. Aus dieser Verletzung habe ich Blut in mich aufgenommen von der Hahn, größere Mengen.« *(Frage: »Sie meinen getrunken?«)* »Ja. Hierbei trat die Auslösung der sexuellen Erregung ein. Das getrunkene Blut habe ich nachher wieder ausgebrochen. Ich habe mich dann nach Hause begeben. Am andern Abend bin ich wieder zum Tatort zurückgekehrt. Ich habe die Leiche noch da vorgefunden, wo ich sie hingelegt hatte. Es ist hier der Entschluß in mir zustande gekommen, die Leiche zu beerdigen. Ich bin dann wieder nach Hause zurückgekehrt. Etwa gegen elf Uhr abends habe ich das Haus mit einer Schaufel wieder verlassen und mich wieder zum Tatort begeben. Ich habe an einer Stelle, die ich früher schon in Aussicht genommen hatte, ein tiefes Loch gegraben und dann die Leiche vom Tatort geholt und zu der Stelle hingeschafft, und, nachdem ich in die Grube hineingestiegen war, habe ich die Leiche von oben zu mir herabgezogen. Ich habe mich auch weiter mit der Leiche etwas beschäftigt durch Betasten und Befühlen, wobei es dann alles zusammengenommen zum Samenerguß kam.« *(Frage: »Bei entblößtem Gliede?«)* »Nein. Ich habe dann das Grab zugeschaufelt und die Stelle dann wieder so hergerichtet, wie es ursprünglich war. Mein Hemd – ich hatte vorher Jackett und Weste abgelegt – war durch das Tragen ziemlich mit Blut befleckt worden. Ich habe dasselbe ausgezogen und in dem in der Nähe des Tatorts befindlichen Wasserlauf ausgewaschen, feste ausgewrungen und dann wieder angezogen, und als ich zu Hause ankam, war es trocken. Daraufhin habe ich mich zu meiner Arbeitsstelle begeben. Das wäre alles, Herr Professor.« *(Frage: »Sie erwähnten neulich besondere Pläne von Kreuzigung?«)* »Ja. Bei der Gelegenheit, als ich um elf Uhr abends das Haus mit der Schaufel verließ, hatte ich auch einen Hammer, mehrere Haken sowie Schnüre mitgenommen. Ich hatte die Absicht, die Leiche an einem Baum in der Art aufzuhängen, daß es gleichbedeutend gewesen wäre mit einem gekreuzigten Körper.« *(Frage: »Warum wollten Sie das tun?«)* »In der Hauptsache hat mir hierbei die Sühneidee vorgeschwebt, und diese Sühneidee glaubte ich hierdurch besonders zum Ausdruck zu bringen.« *(Frage: »Und warum haben Sie es nicht getan?«)* »Daß ich das nicht getan habe ist nicht mein Verschulden, auch nicht mein Verdienst, vielleicht haben besondere übernatürliche Einflüsse mitgewirkt, daß es unterblieben ist.« *(Frage: »Wieso denn übernatürliche?«)* »Ich bin davon überzeugt, daß es eine übernatürliche Macht gibt, eine starke, gewaltige Kraft, die Einfluß hat auf das Tun und Lassen der Menschen.« *(Frage: »Wie stellen Sie sich die vor?«)* »Die stelle ich mir nur geistig vor.« *(Frage: »Ist das die Gottesidee?«)* »Ja, jawohl.« *(Frage: »Entsinnen Sie sich genau, daß Sie das Blut aus einer Halswunde und nicht von einer anderen Stelle her getrunken haben?«)* »Aus der Halswunde.« *(Frage: »Sie haben in einer Vernehmung angedeutet, daß mit den Strümpfen der Hahn etwas Besonderes noch gewesen sei?«)* »Ja, aber nichts Bestimmtes.« *(Frage: »Wollen Sie uns das erzählen?«)* »Ja, die Strümpfe, die sind von der Stelle des Grabes eine verhältnismäßig kurze Stelle weiter von mir noch mitgenommen worden. Ich habe allerdings mit den Strümpfen versucht, etwas zu unternehmen. Ich habe mir die Strümpfe auch um den Leib gebunden, aber es ist da kein Erfolg eingetreten, und ich habe die Strümpfe dann auf dem weiteren Wege nach Hause fortgeworfen. Ich habe diese Tatsache, daß ich die Strümpfe von der Grabesstelle aus mitgenommen habe, geschildert, aber den weiteren Verlauf hatte ich nicht geschildert.« *(Frage: »Wozu hatten Sie sie umgebunden?«)* »Tcha, das vermag ich – also diese ganze Situation, die ganze Einstellung während dieser Nacht – mir wohl eigentlich selbst nicht ganz klar darüber zu werden, trotzdem ich mich selbst auch schon wiederholt bemüht habe, da etwas tiefer einzudringen, das ist sehr schwierig, Herr Professor, und ob Sie da jemals mit allen Ihren Hilfsmitteln das Richtige finden werden, das ist die Frage. Ich werde ja tun, was ich kann das zu enthüllen und Ihnen behilflich zu sein; ob Sie aber dann trotz alledem das Richtige finden werden? Sie müssen berücksichtigen, es war genau zwölf Uhr, wo ich da ankam. Jetzt stellen Sie sich vor die Gegend, sehr dunkel, es ist eine Ecke, ein Zipfel, der vom Feld spitz in den Wald hineinging, also da Wald links und rechts Wald, also sehr dunkel war es da. Ich habe ein ziemlich gutes Gehör draußen gehabt; nun ist ja selbstverständlich auch hier noch – die Stille der Nacht kommt noch mit hinzu. Ich habe gehört, wie es in Erkrath zwölf schlug, da fing ich an zu graben. So habe ich vielleicht eine Stunde gebraucht, um das auszuheben, das war eine ziemliche Arbeit, das war nicht so einfach, das war ein ziemlich fest gewachsener Boden. Jetzt habe ich dann und wann einmal eine Pause gemacht und gehorcht und gelauscht auf eventuelle verdächtige Geräusche. Dann habe ich die Leiche geholt und ein ziemlich langes

Stück Wegs getragen und ich habe noch einen Winkel gemacht in dem Weg, weil ich nicht durch das Haferfeld laufen wollte. Ich habe die Leiche ohne abzulegen in einer Tour bis dahin getragen. Es ist ohne weiteres erklärlich und verständlich, daß die Aufregung sehr groß war, die Erregung im allgemeinen auch sehr gesteigert. Weiterhin waren alle Sinne sehr rege und äußerst angespannt. Es kommt hinzu, daß hier und da Geräusche von mir wahrgenommen wurden in dem Wald, wo ich dachte und zuerst annahm, das ist eine Person, die da geht oder kommt. Nach genauerem Hinhorchen habe ich dann festgestellt, daß es ein Hase sein muß, durch das Tappen mit Vorder- und Hinterfüssen, was sich sehr ähnlich anhört, wie wenn einer durch das Laub geht. Wenn ich auch an anderer Stelle gesagt habe, ich weiß nichts von Angst, bin auch sonst nicht schreckhaft, so wäre dieses aber trotz alledem zu berücksichtigen und würde auch vielleicht erklärlich oder es wenigstens begreiflich machen, daß da in diesen Stunden wohl von einem bestimmten Tun oder überlegten oder wohl vorbereiteten und klaren Denken wohl nicht mehr viel gesprochen werden kann. Und so möchte ich das auch mit den Strümpfen, nachdem kurz vorher eine sexuelle Befriedigung stattgefunden hatte, erklären, daß es eigentlich ein unzweckmäßiges und zielloses Beginnen war, daß ich mir die Strümpfe um den nackten Körper gebunden habe.« *(Frage: »Sie taten das aber eigentlich dann doch, um noch mal zur sexuellen Befriedigung zu kommen?«)* »Herr Professor, das will ich nicht mich unterstehen zu bejahen.« *(»Als Sie den Samenerguß hatten, war die Hahn noch nicht tot!«) (Unterbricht)* »Einen Augenblick, da möchte ich mal einwenden, der eigentliche Todeskampf, der ist vorhergegangen, danach war das Verletzen des Halses und die weiteren Verletzungen in der Brust. Nach der Verletzung in den Hals während des Bluttrinkens ist Samenerguß erfolgt. Dieses wieder zu sich kommen durch das Würgen, das war vorher. Ich hatte sie gewürgt, immer festgehalten, da ist aber der Samenerguß noch nicht erfolgt, dann habe ich sie losgelassen, ist dann aber wieder zu sich gekommen, die war ausnahmsweise stark und kräftig, und da habe ich ihr neuerdings den Hals zugehalten und ihr dann erst in den Hals gestochen, und dabei erfolgte dann erst der Samenerguß.« *(Frage: »Was taten Sie an ihr noch nach dem Samenerguß?«)* »Nach dem Samenerguß, Herr Professor, da tat ich nichts mehr, da habe ich nur noch den Körper da heruntergerollt. Da war so etwas wie ein Graben in der Wiese. Herr Professor, während des Bluttrinkens am Halse habe ich gleichzeitig die Stiche in die Brust versetzt.«

(Pause.)

(»Bitte erzählen Sie uns die Fleher Geschichte!«) »Etwa zwei Wochen nach dem Fall Hahn – es war an einem Samstagabend – begab ich mich nach Flehe. Mit Rücksicht auf Schützenfest und Zapfenstreich war daselbst aller-

hand Betrieb. Ich befand mich an diesem Abend in der schon wiederholt beschriebenen Stimmung und Verfassung, außerdem auch in einer starken sexuellen Erregung.« *(Überlegt.)* »Etwa gegen halb zehn Uhr sah ich zwei Mädchen einen Gartenweg gehen. Ich hielt dieselben im Sinne der Sühneidee als besonders geeignete Opfer. Ich sprach dieselben an und schickte eins von ihnen unter einem Vorwand, etwas zu holen, fort. Nachdem sich die entfernt hatte, ergriff ich das kleinere zurückgebliebene am Halse und würgte es heftig, trug es in die nahebei gelegenen Bohnen und schnitt ihm hier mit einem mitgeführten Stilett den Hals durch. Bei dieser Gelegenheit kam es nicht zum Samenerguß. Kurz darauf – ich begab mich wieder an die Stelle, wo das größere Mädchen uns verlassen hatte – kurz darauf erschien dasselbe wieder, worauf ich dasselbe auch plötzlich am Halse anfaßte und heftig würgte. Das größere Mädchen hat sich heftig gewehrt. Durch diese Abwehrbewegungen sowie durch Strampeln mit Händen und Beinen sowie weiterhin dadurch, daß ich ihm mehrere schwerere Verletzungen mit dem Stilett beibrachte, kam es zum Samenerguß. Ich habe kurz darauf den Tatort verlassen und mich nach Hause begeben. Am anderen Morgen begab ich mich gegen Mittag wieder zum Tatort. Ich stellte hierbei fest, daß die Erregung unter der Bevölkerung sehr groß war. Weiterhin konnte ich mich davon überzeugen, daß eine gerade stattfindende Prozession sichtbar unter dem Eindruck des begangenen schweren Verbrechens stand. Ich glaubte dieses an den Mienen der Teilnehmer wahrnehmen zu können. Hierbei bestand bei mir eine starke sexuelle Erregung. Ich habe mich dann in der Nähe des Tatorts unter die anwesenden Leute gestellt und gehört, was über den Täter berichtet wurde. Durch die sehr große Erregung, die ich dabei wahrgenommen habe, und Empörung und Verwünschungen des Täters ist es noch mal zum Samenerguß gekommen. Ich habe mich daraufhin nach Hause begeben, wo ich gegen ein Uhr nachmittags eintraf. Das ist alles.«

(Frage: »Sie gingen von Hause fort in sexueller Spannung?«) »Ja, und nicht zu vergessen auch, was mich immer bedrückt hat, in der Verfassung, die Sühneidee sowie auch der Vergeltungsgedanke.« *(Frage: »Das Bewußtsein, daß in diesem Falle in der Nähe viele Leute waren, wirkte das noch besonders auf Sie ein?«)* »In diesem Falle ja. Ich habe manchmal solche Stellen oder Orte aufgesucht, wo viel Betrieb oder Verkehr war.« *(Frage: »Weshalb?«)* »Ich erhoffte durch die plötzliche Erregung und Befürchtung im Publikum besondere Wirkungen wahrnehmen zu können.«

(Frage: »Wann war der Fall Schulte in zeitlichen Verhältnissen zum Fleher Mord?«) »Das war nur ein Tag Unterschied, an demselben Sonntag war noch der Fall Schulte.« *(Frage: »Waren Sie denn in der ganzen Zeit von dem Samstag an bis zur Schulte in der Spannung?«)* »Ja.« *(Frage: »Und bei der Schulte haben Sie auch wieder Samenerguß gehabt?«)* »Ja, einmal, aber das hat sehr lange gedauert.«

(Frage: »Wenn Sie die Tatorte nachträglich besuchten und dabei Samenerguß bekamen, haben Sie da irgendwelche Handgreiflichkeiten an sich vorgenommen?«) »Nein. Im allgemeinen sind die Gefühle sowie Erregungen sehr nahe verwandt mit denen, die bestanden haben bei der Begehung der Tat, sowie was Vergeltung und Sühneidee anbelangt sowie auch die weiteren Folgen davon auf die Betreffenden übertragen, wie ich mir das so vorgestellt habe, sodann endgültig der vorhandene ziemlich ausgeprägte sexuelle Trieb haben diese Erscheinungen bewirkt.« *(Frage: »Haben Sie an den Tatorten nachträglich das Glied entblößt?«)* »Nein.« *(Frage: »Nie?«)* »Nie.« *(Frage: »Mußten Sie sich, um einen Samenerguß zu bekommen, die Tat vorstellen oder andere Vorstellungen machen?«)* »In erster Linie mußte ich mir vorstellen die Wirkungen der übertragenen Sühne- und Vergeltungsidee. Dann habe ich mir weiter vorgestellt die Wirkung von da aus auf die Allgemeinheit, Bevölkerung, und betrifft die Erregung und Empörung, dann zum Schluß allerdings auch mir vorgestellt den Verlauf bei Begehung der Tat.« *(Frage: »Und dann kam es zum Erguß?«)* »Ja.«

(Frage: »Was für einen Kopfunfall haben Sie 1922 gehabt?«) »Es war mir ein Stück Eisen auf den Kopf gefallen, das hat einen Riß verursacht von zwölfeinhalb cm Länge.« *(Frage: »Waren Sie in ärztlicher Behandlung?«)* »Jawohl.« *(Frage: »Wie lange haben Sie krank gefeiert?«)* »Nur kurze Zeit; ich mußte wieder arbeiten gehen mit Rücksicht auf Verdienst.« *(»Haben Sie davon Beschwerden gehabt noch längere Zeit?«)* »Ja, sehr sogar.« *(Frage: »Was denn?«)* »Unheimliche Kopfschmerzen, schwer geplagt, manchmal wochenlang nicht mehr losbekommen.« *(Frage: »Wie lange hat das im ganzen gedauert?«)* »Das ganze Jahr 1922 und das ganze Jahr 1923 habe ich derartig an Kopfschmerzen gelitten, daß ich immer geglaubt und auch gesagt habe, jetzt ist es wohl alle, ich habe auch an einen Gehirnschlag gedacht.« *(»Haben Sie davon noch Beschwerden?«)* »Das glaube ich nicht, daß die Kopfschmerzen, die ich habe, heute noch davon herrühren; das werden wohl Kopfschmerzen allgemeiner Natur sein. Vielleicht darf ich auch noch sagen, wie ich meine Kopfschmerzen behandele. Ich muß meinen Kopf gut warm einpacken und mich lang legen und dann habe ich nach einigen Stunden Erleichterung.«

(Frage: »Sie trinken, wie Sie uns sagten, fast nichts?«) »Ja.« *(Frage: »Warum nicht?«)* »Ich habe gegen alkoholische Getränke, besonders was der sogenannte Schnaps anbetrifft, eine moralische Abneigung, sowie gewissermaßen eine von mir nicht gut zu beschreibende Angst.« *(Frage: »Vertragen Sie nichts?«)* »Ich vertrage auch nichts.« *(Frage: »Wie zeigt sich das?«)* »Mit zwei Glas Bier, da bin ich schon schwindelig im Kopf.« *(Frage: »Seit wann ist das?«)* »Das ist seit der Jugend.« *(Frage: »Haben Sie mal eine Zeitlang mehr getrunken?«)* »Ich habe auch nie mehr getrunken.« *(Frage: »Haben Sie über geschlechtliche Dinge viel Bücher und Artikel gelesen?«)*

»Ich habe geschlechtliche oder diesbezügliche einschlägige Sachen so viel wie gar nicht gelesen.« *(Frage: »Woher wissen Sie, was homosexuell und onanieren ist, diese Fremdworte?«)* »Vom Hörensagen.« *(Frage: »Wissen Sie, was Sadismus ist?«)* »Ja.« *(Frage: »Was ist das denn?«)* »Soweit ich vom Hörensagen weiß, ist dieses ein Zustand, in dem ein Mensch sich befindet, der Freude an anderer Menschen Leid hat.« *(Frage: »Sind Sie so?«)* »Nein.« *(Frage: »Wissen Sie, was Masochismus ist?«)* »Nein. – Aber ich möchte den Herrn Professor bitten, mir das zu sagen.« *(»Das ist das Gegenteil von Sadismus, das heißt, daß man sich befriedigt, indem einem selbst Qualen zugefügt werden.«)* »Aha, ja.« *(Frage: »Können Sie sich das vorstellen?«)* »Dann habe ich das dem Sinne nach auch gewußt, aber nicht die Bezeichnung gekannt.« *(Frage: »Woher gekannt?«)* »Gewissermaßen in erster Linie vom Hörensagen und aus Schilderungen, sowie auch vielleicht schon aus Versuchen, die ich selbst vorgenommen habe.« *(Frage: »Was für Versuche?«)* »Die Versuche bestanden darin, im Vergleich zu diesen Gedankenkonzentrationen, womit ich mich meistens beschäftigt habe, und auf welche Art und Weise hier ja auch sexuelle Befriedigungen gelungen sind, mich körperlich zu zwicken, zu kneifen und vielleicht auch zu schlagen; es ist jedoch beim Versuch geblieben.« *(Frage: »In welchem Alter?«)* »Dieses war meist noch im jugendlichen Alter, also unter 20 Jahren.« *(Frage: »Machte es Ihnen keine Befriedigung?«)* »Nein.« *(Frage: »Haben Sie sich auch von anderen, von Frauen mißhandeln lassen, um Befriedigung zu bekommen?«)* »Ja, das habe ich manchmal künstlich herbeigeführt.« *(Frage: »Wie?«)* »Indem ich sie so lange geärgert und gereizt habe, bis sie mich gekniffen oder geschlagen haben oder sonst was zugefügt haben, was gewissermaßen Schmerzen ausgelöst hat.« *(Frage: »In welchem Alter?«)* »Das ist schon öfter mal vorgekommen, im frühen Alter und auch in der letzten Zeit.« *(Frage: »Bei welchen Frauen in der letzten Zeit?«)* »Eine heißt Anna Fistel; meine Frau auch, da habe ich das auch öfter schon so in Szene gesetzt.« *(Frage: »Befriedigte Sie das denn?«)* »Es ist dabei nicht zur vollendeten Befriedigung gekommen.«

(Frage: »Haben Sie Freunde gehabt?«) »Das, was man als solche bezeichnet, nicht, wohl Bekannte oder Arbeitskollegen. Ich möchte hierbei noch ergänzend hinzufügen, ich bin lieber alleine gegangen, immer und zu allen Zeiten. Also ich meine, wenn sie von Freunden sprechen, es handelt sich ja um Mannspersonen.«

(Frage: »Warum haben sie die Diebstähle begangen?«) »Die Diebstähle habe ich fast durchweg unter dem Zwang der Verhältnisse und aus Not begangen. Ich möchte ergänzend hinzufügen, nach jeder Entlassung war ich obdachlos. Es bestand früher noch keine Gefangenenfürsorge im heutigen Sinne, und das Verdienst in der Strafanstalt im früheren preußischen System, zwei bis vier Pfennige pro Tag, war so minimal, daß man sich damit

nur einige Tage ernähren konnte.« *(Frage: »Haben Sie keine Diebstähle aus der Sühneidee begangen?«)* »Nein, bis 1913 noch nicht.« *(Frage: »Dieser Einbruch, der zu dem Mülheimer Mord führte, hat nichts mit der Sühneidee zu tun?)* »Nein.« *(Frage: »Haben sexuelle Gründe zu Diebstählen geführt?«)* »Nein. Es war lediglich immer die Mittellosigkeit und mit Rücksicht auf den Mangel an Zeugnissen oder überhaupt mit Rücksicht auf den Mangel an Papieren, die Unmöglichkeit irgendeine Arbeitsstelle bekommen zu können.« *(Frage: »Sie unterscheiden in Ihren Auseinandersetzungen zwischen den Begriffen Vergeltung und Rache und sagen, daß Sie nicht aus Rache gehandelt haben, sondern unter der Vergeltungs- bzw. Sühneidee; wie setzen Sie denn den Unterschied von Vergeltung und Rache?«)* »Wenn ich meine Straftaten aus Rache ausgeführt haben wollte oder wirklich hätte, dann hätte ich damit einen Unsinn, geradezu einen Wahnsinn getätigt, weil doch – und das ist das Wichtigste dabei – die unschuldigen Opfer mir gar nichts getan haben. Eine Rache bezeichne ich doch im allgemeinen einen Nachteil oder sonst einen Schaden einem zuzufügen, der mir auch einen Schaden zugefügt hat. Aus diesen Grunde habe ich die Taten nicht aus Rache ausgeführt. Es liegt ja nun jetzt ganz nahe, die Frage aufzuwerfen, warum haben sie das nicht den Personen zugefügt, die Sie gepeinigt haben. Die Beantwortung dieser Frage ist auch nicht allzuschwer zu begreifen. Die betreffenden Personen, die meine Peiniger gewesen sind, genießen im bürgerlichen Leben gewissermaßen doch immerhin einen größeren Schutz, sie sind nicht so leicht zu erreichen, oder man kann auch nicht so leicht an sie herankommen mit Rücksicht auf ihre bürgerliche oder staatliche Stellung. Ich war aber fest davon überzeugt, daß die von mir ausgeführten Straftaten im Sinne der Sühneidee dieselbe Wirkung auslösen müßten eben mit Rücksicht auf die ausgleichende Gerechtigkeit.« *(Frage: »Ist das nicht nur eine übertragene Rache?«)* »Übertragene? Nein – nein – nein, nein – nein. Diese ganze Sache hat mit Rache überhaupt nichts zu tun, denn ich habe nicht nur die Vergeltung angestrebt und die Sühneidee verfolgt, ich wollte auch damit etwas erzielen, ich wollte die Zustände, wie sie früher waren, im Interesse und zum Nutzen noch vieler anderer wehrloser Gefangenen abschwächen oder verbessern.«

(Frage: »Wie stehen Sie zur Religion?«) »Zur Religion? Ich glaube an ein höheres Wesen, das uns als Gott bezeichnet ist; ich glaube weiterhin, daß dieses höhere Wesen eine ausgleichende Gerechtigkeit üben wird. Ich bin weiterhin fest davon überzeugt, daß das höhere, geistige Wesen sich hier auf dieser Erde schon Werkzeuge ausersieht und bestimmt, damit das Unrecht hier nicht immer triumphiert, sondern auch hier auf Erden eine ausgleichende Gerechtigkeit bestehen soll. Solche Beispiele finden sich in der Geschichte ungezählte.« *(Frage: »Beispiele?«)* »Beispiele also soll ich angeben? Römische Kaiser aus alter Zeit, besonders Nero, der Verfasser

des Hexenhammer, und andere mehr.« *(Frage: »Gehören Sie auch zu den Werkzeugen?«)* »Ja, in gewissem Sinne immerhin doch, denn es ist und bleibt ja doch eine nicht wegzuleugnende Tatsache, daß diese barbarischen Gemeinheiten und Grausamkeiten, wie sie früher geübt wurden im preußischen Strafvollzug, doch nicht damit in Einklang zu bringen sind, was das Sittengesetz im allgemeinen will, und das Sittengesetz stammt ja bekanntlich von Gott. Ich gebe zu, allerdings nur in geringfügigem Maße Werkzeug gewesen zu sein.« *(»Warum sind Sie gerade dazu berufen?«)* »Daran habe ich kein Verschulden und kein Verdienst. Ich bezeichne dieses als Schicksalsfügung und Schicksalsbestimmung.« *(Frage: »Könnte jeder andere auch so fühlen und handeln?«)* »Wenn er von Anfang an dazu bestimmt wäre, seit seiner Geburt leiden zu müssen, dann würde es die Bestimmung so mit sich bringen, daß keine andere Möglichkeit bleiben würde.« *(Frage: »Seit wann ist Ihnen denn eine solche Berufung gerade Ihrer Person klar?«)* »Oh, wohl schon in früheren Jahren, da war ich noch schulpflichtig, da habe ich schon erkannt durch Schilderungen von Märtyrern mir wohl einen Vergleich bilden können, daß ich sowas ähnliches darstelle, denn ich habe es ja Tag für Tag vor Augen gehabt und mich gewissermaßen darin üben müssen.« *(Frage: »Auf welchem Wege ist Ihnen die Berufung klar geworden?«) (Versteht nicht.) (»Wodurch und auf welche Weise haben Sie die Überzeugung gewonnen?«)* »Na, erstens mal durch Beispiele, durch Vorbilder und dann durch Vergleiche, sowie durch die tatsächliche eigene Erfahrung.« *(Frage: »Durch irgend etwas Übernatürliches?«)* »Ich habe das im allgemeinen als übernatürlich stets gelten lassen und betrachtet, denn ich habe stets vergebens dagegen angekämpft und habe mich damit abgefunden, daß es so bestimmt war und so hat sein sollen; und dagegen murre ich auch nicht im entferntesten.«

(»Nennen Sie Ihre Charaktereigenschaften und Stimmungslagen!«) »Jähzornig bis zur Brutalität, starker sexueller Trieb, großmannssüchtig, zeitweise an Größenwahn grenzend, rechthaberisch, in manchen Situationen sentimental bis äußerst gefühlvoll bei Leiden anderer, im übrigen Antialkoholiker.« *(Frage: »Woher haben Sie die Eigenschaften und wie haben sie sich so entwickelt?«)* »Tcha, das ist ja nun so eine Frage; ich meine, da darf ich wohl ruhig sagen, und es wird sich davon auch jeder Laie schon überzeugen können und müssen, die habe ich mir selbst nicht gegeben. Ich will nur das eine dazu äußern, im Alter von fünf bis sechs Jahren war ich selbstverständlich schon geboren, kannte diese Eigenschaften da aber noch nicht, hatte auch noch nicht darunter zu leiden. Meiner Ansicht nach war der Ursprung dazu aber doch schon vorhanden. Und mit Rücksicht darauf, daß ich heute älter und reifer geworden, da auch gewissermaßen eine weitere Urteilsfähigkeit besitze, auch mit Rücksicht darauf, daß ich im Verlaufe der Jahrzehnte meinen Vater, sowie auch die Eltern meines Vaters und weiteren Verwandten habe kennengelernt, glaube ich mich wohl dahin zu-

sammenfassend äußern zu dürfen, daß es zum großen Teil ererbt ist. Also das bezieht sich in der Hauptsache auf meine Charaktereigenschaften. Und ich meine, das ist ja eine alte Lebenserfahrung, tcha, Sie sind geboren, Sie sind geboren *(zeigt dabei auf die Anwesenden),* ich bin geboren, ja warum sind Sie so, und warum bin ich so? Warum bin ich nicht so geblieben wie wo ich fünf bis sechs Jahre alt geworden bin. Haben Sie selbst dazu beigetragen und alles selbst geschafft und gewirkt, wie Sie jetzt sind, alles allein aus eigener Kraft?«

(Hier abgebrochen.)

XV. Untersuchung am 1. 11. 1930:

(Frage: »Wollen Sie uns noch was erzählen?«) »Jawohl. Ja, ich hatte gestern schon mal so eine Andeutung gegeben, und ich habe damit sagen gewollt, daß wohl jeder Mensch das, was er ist, das was aus ihm geworden ist, zum größten Teil, man kann wohl sagen zu mindestens 75% nicht sein eigenes Verdienst sondern das Verdienst seiner Erzeuger, seiner Eltern ist. Es müssen ja Ausnahmen vorkommen, aber die Regel ist es nicht. Und so kann ich wohl von mir selbst gleichfalls sagen, daß ich das alles so, wie Sie mich vor sich sehen, zum größten Teil schon mitbekommen habe bei der Geburt, und daß mir auch danach im Verlaufe der weiteren Jugendjahre in vieler Beziehung der Stempel aufgedrückt wurde von dem, was später aus mir geworden ist. Ich glaube, daß es wohl keinen Menschen gibt, der aus purer Bosheit oder ausschließlich aus Freude am Schlechten irgendwelche Ungerechtigkeiten, Schandtaten oder sonst strafbare Handlungen begeht sowie, daß auch wohl kein Mensch aus purem Vergnügen ins Gefängnis oder ins Zuchthaus zu kommen sich absichtlich mit den Gesetzen in Konflikt bringt. Es ist doch hier immer ein gewisses Etwas, manchmal auch viele Umstände sowie auch Verhältnisse, die da mitsprechen und Einwirkung haben, und die den Betreffenden die klare Sicht und besonders die Tragweite seiner Handlungen wohl nicht so voll und ganz erkennen läßt. Die Frage, die sich hier erhebt, ist natürlich die, wieviel und wie groß ist noch die Schuld und im Verein, im Anschluß hieran die Verantwortlichkeit. Und das zu beantworten ist wirklich nicht so leicht. Ich habe gesagt, ich muß und will verantwortlich sein. Ich habe Ihnen die Gründe zu verstehen gegeben und klar zu machen versucht, warum. Ich möchte es noch in etwa wiederholen. Mit Rücksicht auf die Jahrzehnte lange schon verbüßte Haft und mit Rücksicht darauf, daß ich das alles hier in diesen Häusern voll und ganz durch und durch erkannt und kennengelernt habe, weiterhin alles Vergangene, alles, was ich Bitteres und Schweres da zu verzeichnen habe und mich ständig erinnere, habe ich es satt noch weitere vielleicht Jahrzehnte – ich weiß, ich bin gesund – hier in solchen Häusern zubringen zu müssen. Ich habe

mich immer befleißigt, aufrichtig und ehrlich zu sein. Deshalb habe ich Ihnen auch ausdrücklich die Gründe dargelegt, warum ich verantwortlich sein will. Ob ich wirklich verantwortlich bin, das darf ich natürlich mir nicht zumuten in irgendeiner Weise zu bejahen oder auch zu verneinen. Ob andere jemals hier das Richtige treffen werden, möchte ich als sehr fraglich bezeichnen. Mit Rücksicht auf das vorhin gesagte und mit Rücksicht darauf, was Sie in den vergangenen Wochen von mir gehört, gewissermaßen mit mir mit erlebt, möchte ich die Herren bitten, unterstützen Sie mich in meinem sehnlichsten Wunsch, lassen Sie mich verantwortlich sein und ersparen Sie mir dadurch dieses mir noch bevorstehende weitere langjährige Elend! Das wäre, was ich Ihnen vorläufig zu sagen hätte!« *(»Sie sagen vorläufig!«)* »Ja, ich habe so gewissermaßen das Gefühl, daß ich dadurch, daß ich mich melden oder bemerkbar machen würde, Ihnen vielleicht später, wenn ich wieder von Bedburg-Hau zurückkomme, doch noch etwas zu sagen habe.« *(»Sie sagen das als Gefühl!«)* »Ich habe das Empfinden, das Gefühl gewissermaßen so zu verstehen, als ob mir das jetzt schon als Bedürfnis vorschwebt.« *(»Wir können nicht sagen, ob der Untersuchungsrichter uns noch einmal nach Ihrer Rückkehr von Bedburg rufen wird. Unser Gutachten müssen wir jetzt erstatten und darin alles das berücksichtigen, was uns wichtig erscheint – sehr wichtig ist alles das, was Sie sagen!«)* »Dann wäre das denn also gewissermaßen schon abgeschlossen.« *(»Unser Gutachten, ja, das schriftliche Gutachten, das müssen wir jetzt abschließen.«)*

»Ja, was ich dazu sagen wollte, daß, wenn ich eben von dem Gefühl gesprochen habe, ich würde vielleicht die Absicht äußern, Sie noch mal zu sehen und zu sprechen, dann hat das keinen Bezug auf das von mir vorhin Gesagte und kann und soll daran nichts ändern.« *(»Ich meine, wenn Sie jetzt schon wissen, was Ihr Gefühl ist, dann würde ich raten, daß Sie es jetzt auch uns schon sagen!«)* »Ja, es hätte eigentlich weniger Bedeutung gehabt und wäre weniger eingeschlagen auf die allgemeine Bearbeitung und Untersuchung hier als wie, daß ich so mir vorgestellt hätte, im Gesamtrahmen noch mal so die Sache zu übersehen auch mit Rücksicht auf das, was sich dort ereignet oder ergeben haben würde, so hatte ich mir das vorgestellt, vorausgesetzt natürlich, daß Sie daran Interesse gehabt hätten, noch mal so mit mir zu sprechen.«

(Pause.)

(»Sie haben uns vorhin gesagt, daß im Verlaufe der Jugendjahre in vieler Beziehung der Stempel aufgedrückt wird für das, was man später wird, können Sie das speziell noch für sich erklären?«) »Tcha, es ist doch meistens so, wie schon alte Sprichwörter sagen: Wie die Alten sungen, so zwitschern die Jungen, und der Apfel fällt nicht weit vom Stamm. Wie oft habe ich dieses wohl gehört und habe hören müssen von anderen Personen im jugend-

lichen Alter, von anderen Personen also, in dem sie mich gemeint hatten, ich war damals noch im jugendlichen Alter, wenn sie das Tun und Treiben und Benehmen meines Vaters kritisierten, und wenn sie weiterhin davon Kenntnis hatten, daß ich mit neun Jahren schon drei Wochen lang außerhalb der Familie zugebracht habe – die Ursachen und die Gründe, weshalb dieses damals geschehen ist, habe ich Ihnen ja mitgeteilt, meine ich wenigstens.«

(Frage: »Haben sie Ihren Vater geliebt!«) »Ich habe meinen Vater nie geliebt, aber immer gefürchtet. Wenn ich in den letzten Jahren auch keinen besonderen Haß gegen meinen Vater an den Tag gelegt habe, so habe ich ihn aber auch dann nicht geliebt, auch nicht ehren oder achten können.« *(Frage: »Haben Sie ihn irgendwann in früher Jugend geliebt?«)* »Das ist bestimmt nicht der Fall, denn ich habe meinen Vater schon in frühester Jugend als ein Ungeheuer kennengelernt, und es wurde und konnte uns dadurch, wenn die Mutter sagte, dann oder dann kommt der Vater, eine heillose Angst eingejagt werden. Denn auch zahlreich waren die Exzesse, die ich auch in frühester Jugend schon miterlebt habe, bestehend in Zertrümmerung von Möbeln und Mißhandlung der Mutter und Gewalttätigkeiten gegen andere Menschen und Krakeelen und Trinken und so weiter.« *(Frage: »Welches ist denn Ihre früheste Erinnerung an Ihren Vater?«)* »Die ist schon so früh, daß ich noch ganz gut weiß, daß ich da noch nicht laufen konnte.« *(»Und worin besteht sie da?«)* »Sie besteht auch in dem, was Sie sich unter einem betrunkenen und krakeelenden und tobenden Menschen vorstellen können.«

»Ich will noch was sagen, schreiben Sie es nicht auf! Ich habe meinen Vater wiedergesehen 1927. Vorher hatte ich ihn seit 1904 nicht gesehen. Er ist jetzt im Invalidenhaus in Schiefbahn. Damals hat mich ein Brief erreicht aus Ürdingen, da war er im Krankenhaus. Da habe ich mich aufgemacht. Wie ich hinkam, war er nicht mehr im Krankenhaus, da habe ich gesucht und habe mich an die Former gehalten und habe ihn bei einem Arbeitskollegen gefunden, und da sind wir zusammen gewesen, und da hat er erst etwas rührseliges Wiedersehen geäußert, und dann hat er einen nach dem andern gekippt; es war sehr komisch, er stand auf und sagte, er habe was draußen zu tun, und dann sah ich, wie er an den Schalter ging und wieder einen heruntergoß. Das einzige Gute ist nämlich, daß er immer fleißig gearbeitet hat, und so hat er auch als Invalide noch etwas nebenbei gearbeitet und etwas Geld gehabt zum Saufen, bis er deswegen ausdrücklich nach Schiefbahn in ein kleines Kaff gekommen ist; die Schwester Oberin vom Altersheim in Ürdingen hat mir gesagt, wegen fortgesetzter Bedrohungen; er habe gesagt, er wolle alle umbringen, es wäre ihm auch ganz egal, ob er nach Anrath käme.« *(Frage: »Seitdem wieder gesehen?«)* »Ja. Er ist immer, wenn er nüchtern war, rührselig gewesen und hat geklagt, er fühle sich einsam und möchte auch seine anderen Kinder noch mal sehen. Darauf habe ich mich bemüht bei seinen anderen Kindern, Brüdern und Schwestern von mir, und habe mich dadurch, daß ich geschildert habe: ›Es ist doch 'n alter Mann und allein, Ihr müßt nicht so sein, er ist doch Euer Vater, und wenn schon einer sich zu beklagen hätte, dann könnte ich mich doch in erster Linie beklagen, laßt ihn ruhig mal kommen, ich bin dabei, dann hat er Euch doch mal gesehen‹ – dadurch habe ich mich mit meinen Verwandten überworfen. Die wollten davon nichts wissen. Schwestern von mir haben geäu- ich wäre genau so eingestellt wie der und hielte noch gewissermaßen mit dem, und wenn ein Bettler an die Tür käme, dann gäben sie dem was, wenn der aber käme, dann würden sie das Überfallkommando herbeirufen. Ich habe dann davon Abstand genommen und habe ihm das ausgeredet. Und so ist er dann in Zukunft zu meiner Frau und zu mir gekommen. Er hat auch bei uns übernachtet.« *(Frage: »Wie oft?«)* »Fünf oder sechs Mal in zwei Jahren.« *(Frage: »Haben Sie ihn unterstützt?«)* »Mit Tabak und Rauchen, auch meine Frau hat wiederholt Pakete geschickt, aber meistens Rauchwaren, Kautaback und Zigarren.« *(Frage: »Also das Gefühl der Anhänglichkeit haben Sie an den Alten unbedingt gehabt?«)* »Das kann ich nicht als Anhänglichkeit bezeichnen. Ich habe in dieser Hinsicht das mehr meiner Frau zu Gefallen getan als ihm zu Gefallen, weil meine Frau dauernd gesagt hat: ›Ich kann sowas nicht verstehen, er ist doch Euer Vater!‹ Da habe ich denn nachgegeben und habe ihn erst mal aufgesucht und auch so besucht, und wir sind schon zu Fuß hin und zurückgegangen nach Schiefbahn bei Gladbach. Dann allerdings habe ich mich bemüht, ihn gewissermaßen etwas zu zerstreuen oder ihn das vergessen zu machen, daß er jetzt allein und einsam stand, jedenfalls habe ich von früher und daß ich so viel hätte unter ihm leiden müssen, keinen Vorwurf gemacht, denn es wäre ja doch zwecklos und sinnlos gewesen; damit hätte ich allenfalls seine Krakeelsucht wieder neu geweckt.«

(Frage: »Wann ist Ihre Mutter gestorben?«) »Weihnachten 1923.« *(Frage: »Wie standen Sie zu Ihrer Mutter?«)* »Tcha, ich habe eigentlich meine Mutter sehr wenig gekannt. Als Jugendlicher habe ich immer unter der Knute des Vaters gestanden, ständig in seiner näheren Umgebung zubringen gemußt, und im späteren Leben war ich nie zu Hause.« *(Frage: »Haben Sie Ihre Mutter lieb gehabt?«)* »Auch dieses muß ich verneinen. Ich will auch den hauptsächlichsten Grund angeben, und das wäre dann etwas, was ich damals bei Herrn Dr. Neustadt damals vergessen habe, ich habe ja damals gesagt, ich könne über meine Mutter nur gute Eigenschaften sagen. Es ist manchesmal bei diesen Exzessen, die in der Familie so vorgekommen sind, meiner Mutter von meinem Vater der Vorwurf gemacht worden, daß sie auf verschiedene Art und Weise versucht habe, die Kinder im Säuglingsalter umzubringen. Speziell bei mir habe sie dieses öfters in wiederholten Fällen damit versucht, mir durch Einwickeln durch nasse Tücher Erkältungen beizubrin-

gen, an denen ich zu Grunde gehen sollte. Diese Tatsachen hat mein Vater mir in den letzten Jahren noch, von 1927 ab, wieder geschildert. Und dieses habe ich schon gewußt, da war ich noch schulpflichtig.« *(Frage: »Auch schon vor der Schule?«)* »Das kann ich mit Bestimmtheit nicht behaupten. Und es hat aus diesem Grunde auch gegen die Mutter in noch jugendlichem Alter immerhin eine gewisse Scheu bestanden, und kann ich die Anhänglichkeit, wenn eine solche bestanden hat, jedenfalls nicht mit Liebe bezeichnen.« *(Frage: »Eine Anhänglichkeit aber war es?«)* »Tcha, die mag sich aber nur gegründet haben auf die Muß-Zugehörigkeit, daß ich eben doch in der Familie sein mußte, und außerhalb der Wohnung und der Familie doch nicht existieren konnte.« *(Frage: »Einen Haß gegen die Mutter haben Sie nicht gehabt?«)* »Nein, wohl aber beim Vater, schon in jugendlichem Alter, manchmal so schlimmen Haß gehabt, daß ich ihn schon mehr als einmal umbringen wollte. Das ist auch schon öffentlich in Erscheinung getreten, indem ich mit großen Steinen nach meinem Vater geworfen habe, währenddem er, nachdem die Mutter bereits geflüchtet war, meinen Bruder Andreas mißhandelte.« *(Frage: »Wie alt waren Sie damals?«)* »Da war ich zwölf Jahre alt. Das war da schon in der Hohenzollernkolonie von einem Garten in den anderen.« *(Frage: »Wie ist denn Ihr Gefühl zu Ihren Geschwistern?«)* »Das Gefühl zu meinen Geschwistern ist mehr wie gleichgültig, verbunden mit einer gewissen Scheu, die sich wohl daraus erklären läßt, daß ich oft vorbestraft bin, und weil ich davon überzeugt bin, daß sie mich lieber gar nicht sehen, als wie wenn ich zu ihnen gekommen wäre.« *(Frage: »Warum haben Sie denn da Ihre Schwester in Altenburg und nachher Ihre Schwester in Düsseldorf aufgesucht?«)* »In Altenburg ist es gewissermaßen auf der Durchreise gewesen, und es bestand ursprünglich nicht die Absicht, in Altenburg zu bleiben, das haben so die Verhältnisse nachher mit sich gebracht.« *(Frage: »Und in Düsseldorf?«)* »In Düsseldorf gründet sich das auch wieder auf die wirtschaftliche Notlage.« *(»Ihr Verhalten zeigt aber doch eine Familienanhänglichkeit!«)* »Mein Verhalten, zu wem?« *(»Im Ganzen! Haben Sie im ganzen doch das Gefühl der Familienanhänglichkeit?«)* »Tcha, ich habe allerdings eine gewisse und bestimmte Anhänglichkeit an meine Frau gehabt, was die übrige Familie anbelangt, so ist mir bewußt, daß ich ohne dieselbe nichts vermisse.«

(Frage: »Wie hat sich denn das Gefühl Tiere quälen zu sollen, bei Ihnen zuerst entwickelt?«) »Das Gefühl Tiere zu quälen, tcha jedenfalls der erste Begriff oder die erste Auffassung davon habe ich durch Beispiele, indem ich dies auch wieder alles vom Vater gesehen habe. Ich meine also, soweit ich zurückdenken kann, sagen wir mal, wo ich fünf bis vier Jahre alt war, also soweit zurück, daß ich das erstemal durch das Beispiel gesehen habe und auch nachher selbst geübt und getätigt habe an Vögeln oder Katzen.« *(Frage: »Und wann wurde das mit sexueller Befriedigung verbunden?«)* »Oh,

das ist schon ein bißchen weiter gewesen, da war ich doch schon dreizehn Jahre alt.« *(Frage: »Hat es Ihnen vorher schon Lust gemacht?«)* »Ja.« *(Frage: »Vom ersten Anblick an?«)* »Auch jawohl.« *(Frage: »Wie denn?«)* »Na, das äußerte sich jedenfalls darin, daß ich bestrebt war, zu irgendeinem Tier zu kommen, um das nachher quälen zu können, und daß ich mich also im Alter, wo ich noch nicht die Schule besuchte, schon an den Schreien und Zappeln gefreut und gewissermaßen ergötzt habe.« *(Frage: »Standen Sie dabei auch unter dem Einfluß Ihres Onkels mit dem Spitznamen der Hundefänger?«)* »Ja, da habe ich allerdings auch viel gesehen.« *(»Was denn?«)* »So, wenn die Tiere umgebracht wurden und ehe das soweit war, denn jeder Hund, der läßt sich doch nicht so kriegen und handhaben, daß man damit machen kann, was man will, da wurden Mittel angewendet, indem sie festgebunden wurden an einem, oder zwei oder vier Beinen, das waren ja regelrechte Tierquälereien, Schläge und Mißhandlungen. Das haben die ja schließlich auch nicht verstanden oder vielleicht auch nicht ausgesprochen Tierquälerei treiben wollen, aber das war doch so, und das allerdings habe ich sehr oft Gelegenheit gehabt zu sehen und auch teilweise mitzumachen. Aber es ist eine feststehende Tatsache, daß mein Vater äußerst roh war gegen Tiere.«

(»Ich habe eine wichtige Frage zu stellen: Sie haben uns auch bei unseren Befragungen gesagt, daß Sie tagtäglich eine Zeitlang abends zu dem Zweck von Hause fortgingen, um einen Menschen umzubringen. In den letzten Befragungen schildern Sie es nicht mehr so. Woraus ergibt sich dieser Unterschied der Darstellung?«) »Tcha, durch die Vernehmungen bei dem Herrn Untersuchungsrichter sowie auch durch die Erklärungen des Herrn Professor Berg, daß dieses ein Unsinn sei, weiterhin durch die Zugabe meinerseits, daß dieses auch wirklich nicht so verstanden werden müsse und verstanden werden soll – ich erinnere an das Zustandekommen dieser polizeilichen Protokolle – habe ich gewissermaßen allerdings selbst auch dieses Unsinnige solcher Behauptungen eingesehen.« *(»Das ist mir noch nicht genug erklärt!«)* »Tcha, ich kann noch hinzufügen, daß ich in den zwei Wochen, wo ich mich auf dem Polizeipräsidium befand, tatsächlich Gefallen daran hatte, möglichst schlimm und gefährlich auszusehen, gewissermaßen etwas noch nie Dagewesenes hier zeigen und zur Schau stellen zu können, so daß ich dann auch gewissermaßen mit einem wohltuenden Gefühl die Frage der Beamten: ›Sind Sie in dieser Absicht schon von Hause fortgegangen‹ – ausdrücklich und eindrucksvoll bejahte. Ich dachte weiterhin an die Veröffentlichung, die auch in diesem Sinne herauskommen würde, was teilweise auch der Fall gewesen ist. Ich versprach mir davon selbstverständlich auch eine diesbezügliche Wirkung, und von dieser Wirkung habe ich mich nachträglich, als ich hier in das Gefängnis kam, dadurch überzeugen können, daß in verschiedenen Briefen, die hier schon lagen, an mich gerichtet, bemerkt oder angedeutet wurde,

daß ich noch gar keine Reue zeige und – ob mir das gar nicht im geringsten etwas leid tun würde und so weiter.« *(»Sie haben aber auch uns das gesagt, hier!«)* »Ja. Im Anfang. Nun ist es vielleicht die Macht der Gewohnheit gewesen.« *(Frage: »Und warum wirkt die Gewohnheit jetzt nicht mehr?«)* »Na, ich will da gar nicht hinter dem Berge zurückhalten, weil ich – und das ist nur die pure, die reine Wahrheit – weil ich eben fest davon überzeugt bin, daß ich hier mit geistig hochstehenden und wirklich denkenden Menschen zu tun habe, die vor allen Dingen juristisch und sonstwie nicht einseitig dastehen, sondern die ganzen Begebenheiten doch mehr objektiver beurteilen. Ich glaube, wenn ich jetzt noch mal zu Ihnen sagen würde, jetzt zum Schluß, ich bin in der Absicht von Hause fortgegangen, um jemand umzubringen, und ich würde Ihnen dann noch mal wiederholen, den nächsten Tag bin ich auch wieder so fortgegangen oder wieder ein anderes Mal und dieses so fortgesetzt ein ganzes Jahr lang, ich glaube, dann würden Sie den Kopf schütteln und davon doch nicht überzeugt sein.« *(Frage: »Sie meinen also speziell den Untersuchungsrichter und den Prof. Berg, die Ihnen das gesagt haben?«)* »Ja, ja. Was ich jetzt zuletzt aber gesagt habe, das habe ich so gemeint, wenn ich Ihnen das noch mal sagen würde, ich bin jeden einzelnen Abend von Hause fortgegangen, um in jedem einzelnen Falle einen oder mehrere Menschen umzubringen, ich glaube, dann würden Sie mich auslachen jetzt. Ich habe so das Gefühl, Sie würden mich dann nicht mehr für ernst nehmen.«

(»Nun erzählen Sie mir nochmal den Mülheimer Mord.«) »Um die Zeit Fronleichnam 1913 hatte ich mich in der Absicht, Einbruchsdiebstähle auszuführen, nach Mülheim am Rhein begeben. Dabei kam ich auch in schon vorgerückter Abendstunde in ein Haus – Wolfstraße – in dem sich unten eine Wirtschaft befand. Ich begab mich hier in der vorher erwähnten Absicht auf die erste Etage in der Annahme, daß ich hier Geld oder Geldeswert finden könne. In einem der von mir aufgeschlossenen Zimmer, Schlafzimmer, befand sich in einem Bett ein schlafendes Kind, Mädchen im Alter von etwa zehn Jahren. Bei diesem Anblick ist mir die vorhin bezeichnete Absicht plötzlich ganz entschwunden und stand plötzlich vor meinem geistigen Auge das viele, was ich in meinem Leben habe leiden müssen, besonders im Strafvollzug. Ich habe mich dann plötzlich auf das Kind gestürzt, am Halse ergriffen und gewürgt, den Körper des Kindes dann so verändert, daß der Kopf vorn über die Bettkante herausragte, und dann mit einem Taschenmesser den Hals durchschnitten, und hierbei ist es allerdings, ohne daß das Glied irgendwie steif war, zum Samenerguß gekommen. Ich habe darauf die Wohnung schnell verlassen und mich dann nachträglich zum Bahnhof begeben und bin von dort nach Düsseldorf gefahren; das ist der Vorgang.« *(Frage: »Sind Sie später wieder nach dem Haus hingefahren?«)* »Jawohl.« *(Frage: »Ehe Sie wieder in Haft kamen?«)* »Jawohl.« *(Frage:*

»Wann zuerst wieder?«) »Am nächsten Tage.« *(Frage: »Und dann?«)* »Dann nicht mehr.« *(Frage: »Wo hatten Sie das Messer her?«)* »Das Messer hatte ich – ein kleines, aber scharfes Taschenmesser – hatte ich in der Tasche als Taschenmesser.«

(Frage: »Welches war denn Ihre erste tödliche Gewalttat?«) »Im November 1899 im Grafenberger Wald.« *(Frage: »Und wer war das?«)* »Ein Mädchen von 18 bis 20 Jahren, die mir weiter nicht bekannt war als wie, daß sie aus der Altstadt war.« *(Frage: »Und was haben Sie da gemacht?«)* »Gewürgt.« *(Frage: »War sie tot?«)* »Ich habe sie in der Annahme, daß sie tot wäre, liegengelassen.« *(Frage: »Wie kamen Sie dazu, sie zu würgen?«)* »Das ist schwer zu sagen. Ich kann wohl dazu sagen, daß der Versuch, durch Geschlechtsverkehr sexuelle Befriedigung zu erlangen, nicht geglückt ist, und daß ich sofort darauf das Mädchen am Halse gewürgt habe, worauf dann die sexuelle Befriedigung erfolgt ist.« *(Frage: »Wußten Sie damals schon, daß Sie sich in dieser Weise befriedigen können?«)* »Nein, das wußte ich nicht.« *(Frage: »Ist es Ihnen dabei klar geworden?«)* »Wohl niemals richtig klar geworden.« *(Frage: »Ist das richtig?«)* »Herr Professor, ich möchte dazu sagen, daß das immer und in jedem Falle mehr plötzlich war und auch gewissermaßen zufällig, daß durch die Verletzungen der Samenerguß eintrat.« *(Frage: »Warum haben Sie denn die Schere mitgenommen?«)* »Tcha, wohl vielleicht in der Mutmaßung, durch Verletzungen dazu kommen zu können.« *(Frage: »Und warum haben Sie zuletzt die Hämmer versteckt?«)* »Die Hämmer habe ich gewissermaßen an verschiedenen Stellen niedergelegt, um sie gelegentlich benutzen zu können, selbstverständlich zu dem Zweck, um auch damit Verletzungen auszuführen.« *(Frage: »Ist das nicht Absicht?«)* »Ja, wie man's auffaßt. Das ja, das ist Absicht, der Hammer da oder da hingelegt. Ob ich dieses aber mit einer bestimmten Absicht bezeichnen kann, nachher nimmst du dir den Hammer, haust da den ersten besten mit oder bringst schwere Verletzungen bei, ich weiß ganz genau, dadurch habe ich einen sexuellen Genuß, das kann ich nicht bejahen.« *(Frage: »Wenn Sie sie aber niederlegen, wissen Sie, durch eine Gewalttat haben sie einen sexuellen Genuß?«)* »Ja.« *(Frage: »Und legen sie, um sich den zu verschaffen, bereit?«)* »Ja, in gewissem Sinne ja.«

(»Sie haben einmal in Gerresheim einen auf der Bank sitzenden Arbeiter mit dem Beil von hinten niedergeschlagen, wann war das?«) »Im Juni 1913.« *(Frage: »Wozu taten Sie das?«)* »Da habe ich allerdings das Gefühl gehabt, ich könne dadurch eine sexuelle Befriedigung erreichen.« *(Frage: »Und woher hatten Sie das Beil?«)* »Das habe ich mir aus nächster Nähe aus einem Hause aus dem Keller genommen.« *(Frage: »Als Sie den sitzen sahen?«)* »Ja, schon als ich ihn dahin gehen sah und daß er vorher längere Zeit da gestanden hat und sich dann nachträglich auf die Bank gesetzt hat.«

(Frage: »Wann fingen Sie die Brandstiftungen an?«) »1904.« *(Frage: »Und*

zu welchen Zwecken?«) »Ich habe allerdings durch die Aufregungen und durch das ganze Schauspiel sowie Geschrei und Rufen, auch Angstrufe der in der Nähe befindlichen Leute eine gewisse sexuelle Erregung festgestellt und auch weiterhin verspürt, und wo auch in einzelnen Fällen Befriedigung damit verbunden war.« *(Frage: »Waren Sie vorher mal zufällig bei einem anderen Brand anwesend, wo Sie das merkten?«)* »Ja.« *(»Den Sie nicht angelegt hatten?«)* »Ja, ja.« *(Frage: »Wieviel Brände haben Sie ungefähr im ganzen angelegt?«)* »Vielleicht 100, so ungefähr.« *(Frage: »Immer gleichmäßig so durch die Zeiten durch seit 1904, wenn Sie nicht in Haft waren?«)* »Ja, ja.«

(Frage: »Sehen Sie die Bilder der Hergänge bei den verschiedenen Taten als noch deutlich vor sich?«) »Ja.« *(Frage: »Brandstiftungen?«)* »Ja.« *(Frage: »Gewalttaten?«)* »Ja.« *(Frage: »Die könnten Sie alle zeichnen, wenn sie Maler wären?«)* »Ja.« *(Frage: »Könnten Sie dann auch viele andere Bilder zeichnen, die nichts mit Brandstiftungen, mit Gewalttaten, mit sexueller Befriedigung zu tun haben?«)* »Ja. Auch jetzt hier sofort aus dem Stegreif.« *(Frage: »Auch viel freundliche?«)* »O ja. Auch schlimmere, Mordsachen, oder Katastrophen.« *(»Wir haben uns mißverstanden, nicht aus der Phantasie, sondern wahres Erlebtes?«)* »Ja und?« *(»Ob das noch leibhaftig vor Ihnen steht oder ist das alles durch die Phantasie ausgemalt?«)* »Meinen Sie, Herr Professor, wirklich Erlebtes in Form von strafbaren Handlungen?« *(»Nein auch anderes.«)* »So, jetzt habe ich Sie verstanden. Nein, ich glaube, da weiß ich nicht viel, da habe ich ja nichts erlebt.« *(Frage: »Leibhaftig sehen Sie überwiegend die Sachen mit den Straftaten vor sich?«)* »Ja. Das ist ja auch natürlich.« *(Frage: »Warum?«)* »Ich habe verhältnismäßig wenig derartiges erlebt. Ich befand mich zum größten Teil in Haft, und wenn ich mich nicht in der Haft befand, habe ich strafbare Handlungen begangen.«

(Frage: »Das mit dem Mädchen aus der Altstadt, 1899, war das vor oder nach der 1. Strafe?«) »Nach der 1. Strafe. Die Strafe war von Mai bis August.« *(Frage: »Hatten Sie damals auch bereits Disziplinarstrafen?«)* »Nein. Aber ich bin verschiedentlich geschlagen worden hier und getreten, sowie habe auch schwer Hunger leiden müssen.«

(Hier abgebrochen.)

XVI. Untersuchung am 2. 11. 1930.

(Frage: »Wie war die Sache mit der Budlies?«) »Ich hatte die Budlies abends in der Nähe des Hauptbahnhofs gesehen und beobachtet, wie sie von einem anderen angesprochen wurde; derselbe hat sie auch mit sich geführt. Im großen Bogen auf weitem Umweg durch Oberbilk hat der betreffende Mann die Budlies bis zum Volksgarten geführt. Ich habe die beiden verfolgt. Der Mann wollte die Budlies in den Volksgarten nehmen, wogegen

sie sich heftig sträubte. Ich bin dann auf dem Plan erschienen, habe mich dem Mann gegenüber als Beamter, der Budlies gegenüber als Beschützer aufgeworfen, habe die Budlies mitgenommen, zuerst in meine Wohnung, kurz darauf in den Grafenberg Wald; in meiner Wohnung habe ich der Budlies zu Essen und zu Trinken gegeben. Im Grafenberger Wald, in der Wolfsschlucht, habe ich die Budlies plötzlich am Halse gewürgt, Geschlechtsverkehr ausgeführt, wobei es durch das Würgen auch zur Befriedigung gekommen ist.

Die Budlies hat hier bei dem Würgen oder kurz nach dem Würgen mehrere Male gerufen ›Lieber Heiland, stehe mir bei‹, worauf ich von der Budlies abgelassen habe und sie darauf wieder bis zur Straßenbahn gebracht.

Ich habe mich alsdann darauf nach Hause begeben.«

(Frage: »Wie kam es zum Klappen?«) »In den nächsten Tagen? – Etwa eine Woche später habe ich die Budlies bei mir im Hause wahrgenommen. Ich habe angenommen, daß die Budlies mich gesucht habe; darauf meiner Frau vom Vorfall berichtet, – und die Wohnung verlassen. Am nächsten Tage habe ich mir eine andere Wohnung gesucht. – Noch weiter bis zur Festnahme?« *(»Ja.«)* »Am folgenden Tage, 23. 5., habe ich des morgens früh meine Frau auf ihrem Weg zur Arbeitsstätte erwartet. Sie sagte mir, daß die Polizei im Hause gewesen sei und nach mir gefragt habe. Daraufhin habe ich im Verlauf des Vormittags alle von mir begangenen strafbaren Handlungen eingestanden, – worauf meine Frau mir geraten hat, ich soll mir das Leben nehmen, sie wolle dasselbe tun. Ich habe jedoch meiner Frau zu verstehen gegeben, daß dieses alles nicht in den Rahmen meiner Absichten passe. Ich habe ihr auch geschildert, was ich früher alles in der Haft durchgemacht und erduldet habe, daß die strafbaren Handlungen eine Folge davon, im Sinne der Sühneidee, darstellen sollen. Meine Frau hat mir darauf nur geäußert, ich sei nicht gescheit, ich sei krank, und stellte unter anderem auch Zweifel daran, daß das alles wahr sei bezüglich der Taten. Ich habe das neuerdings beteuert, ich hätte auch die Absicht, mich zu stellen, schon mit Rücksicht darauf, daß andernfalls der ganze Zweck meines Tuns verfehlt gewesen sei und im besonderen mit Rücksicht auf sie, denn ich hoffe dadurch, daß ich ihr zu einem Teil der Belohnung verhelfen könne, ihr noch etwas zu nützen und vor späterer Not zu bewahren.«

(Frage: »Warum haben Sie die Budlies losgelassen?«) »Ich kann nicht behaupten, daß ich die Budlies hätte festhalten wollen, um sie umzubringen. Ich kann auch weiterhin nicht behaupten, daß vorher eine diesbezügliche Absicht bei mir bestanden hat.«

(Frage: »Warum sind Sie dem Pärchen gefolgt?«) »Vielleicht im ersten Antrieb aus Großmannssucht.«

(Frage: »War Ihnen beim Loslassen der Budlies nicht die Gefahr bewußt,

die darin lag, daß Sie sie in der Wohnung gehabt hatten?«) »Nein, dieser Gefahr bin ich mir nicht bewußt geworden.«

(Frage: »Wann wurde Ihnen das klar?«) »Erst als ich die Budlies in meinem Hause wahrgenommen habe.«

(Frage: »Wann haben Sie zum ersten Male Befriedigung gehabt auf Grund von Gewaltvorstellungen?«) »1903 oder 1904.«

(Frage: »Bei welchem Anlaß?«) »Wenn ich mich hier in Fesseln befand.«

(Frage: »Haben Sie auch sich Befriedigung erwecken können in Fesseln ohne Gewaltvorstellungen?«) »Nein.«

(Frage: »Auch Befriedigung bei anderen Menschen angetaner Gewalt, zum Beispiel wenn Sie vom Auspeitschen hörten?«) »Ja – das konnte ich so steigern, daß ich dabei zu einem Samenerguß kam.«

(Frage: »Was halten Sie von Haarmann?«) »Ich halte von Haarmann, daß er vollständig geisteskrank war, außerdem zu dem, was er getan, von vornherein berufen, – vielleicht auch ein Mensch ist im Sinne der Märtyrer.«

(Frage: »Haben Sie seinen Prozeß genau gelesen?«) »Nein.« *(Frage: »In der Zeitung davon gelesen?«)* »Ja.« *(Frage: »Von seinen Taten?«)* »Ja.« *(Frage: »Bereitete Ihnen das Befriedigung?«)* »Ich befand mich damals noch in Haft, muß allerdings sagen, daß ich mich manchmal daran ergötzt habe.« *(Frage: »Bis zum Samenerguß?«)* »Ja.«

(Frage: »Ist Ihre Großmannssucht jetzt befriedigt?«) »Nein.« *(Frage: »Warum nicht?«)* »Ich komme mir immer noch als ein großer Stümper vor.«

Die Befragungen werden hier abgebrochen. Kürten fragt darauf »Darf ich noch etwas fragen?« *(»Ja«). Er fragt dann noch darauf, was wir Ärzte wohl von ihm halten. Es wird ihm erklärt, daß wir nicht imstande wären, ihm jetzt etwas zu sagen.*

Darauf sagt er »Ich habe so das Gefühl, daß man sich das Schauspiel der Hinrichtung nicht entgehen lassen will. Ich habe so diese Überzeugung. Ich meine das gespürt zu haben bei verschiedenen Personen unbeschadet dessen, was ich bemerkt habe bei dem Herrn Untersuchungsrichter Hertel und Herrn Pfarrer Fassbender und anderen, daß sie es gut meinen und wohlwollend sind. Ich bringe das selbst in Verbindung mit der Vorstellung – das sei ein Genuß habe ich mir vorgestellt, – daß das auch für andere so sein könne. Es mag sein, daß das aus m e i n e r Vorstellung entspringt.«

2. Mitschrift der von Dr. Raether[2] geführten Unterredung mit Kürten

»Haben Sie den Vater mit der Mutter verkehren sehen?« »Schon in Mülheim, er hat's auch am hellen Tage gemacht. Bei anderen Personen würde man

[2] Direktor der Anstalt Bedburg-Hau (Anm. d.H.)
Diese Mitschrift, die 185 Seiten eines 270 Seiten umfassenden Gutachtens ausmacht,

das regelrechte Notzucht nennen ... Sonntags nachmittags wurden wir Kinder eingesperrt. Wir hatten ja auch nichts Ordentliches anzuziehen. Die Eltern lagen in unserem Zimmer im Bett und hielten Mittagsschläfchen und dabei haben sie auch verkehrt. Mit 7, 8, 9 Jahren habe ich schon gewußt, was das ist.«

Nach der Schulentlassung sei er als Formerlehrling auf die Arbeitsstelle des Vaters (Hohenzollern) gekommen. »Das war ganz was tolles. Da sind die Lehrlinge geradezu blödsinnig mißhandelt worden. Ein halb' Jahr hab' ich das mitgemacht, da ereignete sich etwas.«

»*Was ereignete sich dann?*« »Wodurch ich ganz frei kam. Der Vater kam fort. Das war der Notzuchtsversuch des Vaters«.

»*Wer hat die Sache angezeigt?*« »Meine Schwester war geflüchtet und hat es Nachbarn geklagt. Die Nachbarn haben es dann angezeigt. Die Sache war im Suff passiert. Die Mutter war schon weggelaufen. Wie das im Einzelnen war, weiß ich nicht. Gesehen habe ich ja nicht viel, aber die Schwester habe ich stöhnen und auch schreien gehört. Ich war damals 16 oder 17 Jahre alt. Von da ab war ich vaterlos. Ich blieb auf der Fabrik. Die Mißhandlung vom Vater her hörte ja auf. Es war nicht mehr ganz so schlimm, aber die Not war groß. Ich habe sozusagen von Almosen gelebt in der Fabrik. Der gab mir ein Butterbrot, da konnte ich mal aus dem Henkelmann mitessen« ...

(Zu seiner ersten Straftat, d. H.) »Die Strafe hat niederschmetternd auf mich gewirkt.«

»*Dann wurden Sie entlassen?*« »Ich wurde nicht entlassen. Wie ich herauskam, stand vor der Tür ein Schutzmann mit einem mächtigen Schnurrbart und einem Blitzableiter auf dem Kopf. Der nahm mich fest und sagte: ›Komm' mal her, mein Sohn‹. Es war auf einen Sonntagmorgen. Die Sonne schien. Da hat er mich von der Ulmer Höhe durch die ganze Stadt begleitet. Ich war gefesselt. Ein junger Kerl! Die Leute guckten mich an, die zur Kirche gingen, und ich habe mich kolossal geschämt.« »*Da hatten Sie doch allen Grund nachher, ein guter Mensch zu werden?*« »Wenn ich daran denke,

wurde auf ein Drittel gekürzt. Wir haben alle für die Selbstdarstellung Kürtens interessanten Äußerungen ausgewählt. In Wegfall kamen 1. bloße Wiederholungen und 2. die zur Kennzeichnung der äußeren Tatumstände von den Gutachtern veranlaßten Erklärungen Kürtens. Entschiedener als in den Sioli-Stenogrammen scheint es den Gutachtern hier lediglich darauf angekommen zu sein, die im Sinne des Gerichts »wichtigsten Unterredungen« festzuhalten. Daher die für uns bedauerliche Tendenz, an Stellen, an denen Kürten sich über seine Phantasien, Träume etc. ausließ, es bei einer referierenden Zusammenfassung bewenden zu lassen. Die Unterredungen fanden in der Anstalt Bedburg-Hau statt, in die Kürten zwecks Untersuchung seines Geisteszustands überführt worden war (4. 11.–13. 12. 1930). Über sein allgemeines Verhalten dort s. das auf die Mitschrift folgende Dokument Nr. 3. (Anm. d. H.)

so ärgert es mich auch heute noch fürchterlich. In diesem Punkt kann ich nicht vergessen. Dann kam ich 2 Tage ins Polizeigefängnis am Berger Tor. Dort war Leben in der Bude. Es war eine feine Zunft zusammen. In zwei Tagen hatte ich alle die Tätowierungen, die Sie heute noch bei mir sehen. Die Männer waren von den Frauen durch ein Gitter getrennt. Da flogen die Worte hin und her. Da habe ich mal richtig gesehen, was los ist.«

Erzählt dann weiter: »1900 kam ich dann wieder ins Gefängnis. Ich hatte zwei Diebstähle begangen, schwere Einbruchsdiebstähle; in Häusern, wo unten was los war, brach ich ein, oben. Es waren auch Mansardendiebstähle. Ich kletterte über die Dächer. Das habe ich übrigens bei dem Weibe[3] gelernt, die wohnte ganz oben. Ich durfte in dem Hause nicht die Treppe heraufkommen, weil unten ein Kriminalbeamter wohnte. Da ging ich vom Nachbarhaus aus übers Dach. Es gruselt mich noch heute, wenn ich daran denke wie ich das fertiggebracht habe. Es war lebensgefährlich, zumal es im Winter verdammt glatt war. Aber was tut man nicht alles, um ein warmes Quartier zu bekommen?« »*Was haben Sie denn so erbeutet?*« »An Wert mag das alles zusammen vielleicht 50 Mark gewesen sein. Gearbeitet habe ich in der Zeit nicht. Gelegentlich habe ich auch in Wirtschaften gegessen und bin weggegangen, ohne zu zahlen.«

Humoristisch: »Ich hatte aber zu viel gegessen und konnte nicht mehr laufen und da hatten sie mich. Acht Monate habe ich dafür bekommen. Wie ich nach Derendorf kam, hieß es: Na, Du Lümmel, bist Du schon wieder da.«

»*Ist in Derendorf denn etwas Besonderes vorgekommen?*« »1900, da hab' ich ein paar Hungerstrafen bekommen.«

»*Hatten Sie in den 8 Monaten sexuelle Not?*« »Eigentlich gar nicht, nur Hunger.«

»*Warum haben Sie denn die Hungerstrafen bekommen?*« »Einmal war's wegen einem Buchaustauschen, ein andermal wegen zu wenig Arbeitsleistung. Ich habe allerhand gegrübelt und spintisiert, so eine Art Größenwahn, habe mir Luftschlösser gebaut, mich als Besitzer von irgendwas vorgestellt und dergleichen mehr. Den Größenwahn werde ich wohl vom Vater geerbt haben, der hatte ihn auch gehabt. Wenn der Vater in der Wirtschaft angetrunken saß – ich war ja oft genug dabei – dann schlug er mit der Faust auf den Tisch und redete: Ihr alten Murksbrüder, ich kann doch alles besser wie Ihr. Ich werde noch mal Meister oder Ingenieur. Manchmal hat er denn auch renommiert, als wenn er solche Stellen schon gehabt hätte« ...

(Zu seinen erotischen Phantasien, d.H.) »Ich habe nicht nur an Weiber gedacht, vielmehr auch an die Peiniger selbst gedacht. Im Gegenteil, mit den Peinigern, den männlichen Personen hat das den Anfang genommen,

[3] der Frau Uhr (Anm. d.H.)

dann bin ich auf Frauen abgeirrt. Wenn ich mich dann in diesen Vorstellungen, wie Bauchaufschlitzen, viele und zahlreiche Verletzungen, versetzt habe, dann habe ich das Gefühl sexueller Erregung empfunden, eine angenehme Wollust. Gelegentlich hat sich diese Erregung in Samenerguß gewandelt, ohne daß es zum Steifwerden des Gliedes gekommen ist. Ich habe mich besonders auf diese Sachen konzentrieren müssen, habe das Zimmer und die Lampe verdunkelt, dann sah ich Blut fließen, hörte das Wimmern der Opfer. Ich habe mir das alles so lebhaft vorstellen können.«

»*Das sind ja furchtbare Phantasien!*« »Für mich nicht, im Gegenteil ... daraus ist dann die Vergeltungsidee geboren.«

Spricht dann vom früheren Strafvollzug, erwähnt, daß geringfügige Vergehen aufgebauscht wurden, daß die Beamten ungeschult gewesen seien, daß ein roher und gemeiner Ton geherrscht habe. Jeder Gefangene sei geduzt worden, sei nur eine Nummer gewesen. Bei Vorführungen habe man mit dem Gesicht gegen die Wand stehen müssen u. s. w. »Bis 1912 habe ich das erfahren. Ich habe allerhand in mich reinfressen müssen.«

»*Haben Sie nicht auch gütige Menschen getroffen?*« »Mitunter.« »*Haben Sie nicht zu schwarz gesehen?*« »Mit den Jugendlichen hatten immer dieselben Beamten zu tun. Die Jugendlichen wurden gedrillt. Man exerzierte mit ihnen, als wenn man sie zu Rekruten heranbilden wollte. Das war ja das Preußische System. Man wurde beschimpft, getrieben, jahrelang hatte man dieselben Beamten. Ich muß ausdrücklich verneinen, störrisch gewesen zu sein. Hatte man es bei einem Beamten verdorben, dann war man immer drunter durch, da man ja dieselben Beamten hatte.« ... »*Haben Sie über die Beweggründe der Tat damals[4] sich ausgesprochen?*« »In der Verhandlung habe ich zu allem still geschwiegen. Auf Fragen, wie ich dazu gekommen sei, habe ich nur immer geäußert: Ich weiß es nicht. Der Staatsanwalt beantragte, mich auf meinen Geisteszustand zu untersuchen, weil dem so manches der Tat unklar und verwirrt war, weil weder Rache noch Eifersucht noch Raubabsichten in Frage kamen. Das Gericht ging über den Antrag des Staatsanwalts hinweg und verurteilte mich zu einem Jahre und drei Wochen Gefängnis. Dann kam ich nach dem schönen Anrath, wo der frühere Leutnant Albrecht von den 39ern das Kommando hatte.«

Berichtet darauf, daß er in Anrath häufig diszipliniert worden sei, unter anderem zweimal mit Fesselstrafen im Dunkelarrest, daß er in diesen Fesselungen bei häufigen Besichtigungen der Strafanstalt Besuchern beiderlei Geschlechts vorgeführt worden sei, sodaß dieses sein Ehrgefühl gekränkt habe. »So ziemlich alles menschliche Empfinden ist in dieser Zeit tot gegangen.« »*Waren Sie im übrigen in Einzelhaft?*« »Ich war immer in Einzelhaft. Für die nächste Woche habe ich diese Vorstellungen ganz intensiv weiter gespon-

[4] 1903; die Revolverschießerei unmittelbar nach seiner Entlassung aus dem Gefängnis, s. S. 108

nen. Allmählich haben die Vorstellungen an Kraft verloren. Ich mußte mich ganz besonders konzentrieren.«

»In dieser Zeit onaniert?« »Ich habe nie mit der Hand nachgeholfen, wohl mir selbst Schmerzen zugefügt, mich zum Beispiel in den Arm gebissen.«

»Es wird berichtet, daß Sie bei der Ankunft auf dem Anrather Bahnhof beim Anblick junger Mädchen in sexuelle Erregung geraten seien?« Lächelt: »Vielleicht ist der Betreffende, der das aussagt, auf die jetzigen Straftaten eingestellt. Der Herr irrt sich, das ist bestimmt nicht wahr.«

»Ein Beamter berichtet, daß Sie Selbstbefriedigung betrieben haben.« »Mag er nicht ganz Unrecht haben. Es ist nun allerdings nicht das vorgekommen, was er denkt. Gesehen hat er nichts. Die Sache ereignete sich ja meist nachts. Ich sage ja, Samenerguß hat stattgefunden, und der betreffende Beamte hat diesen Samenerguß vielleicht festgestellt.«

»Haben Sie bei Ihren Vorstellungen das Glied entblößt?« »Ich sagte ja eben, daß die Geschichte meist nachts passierte, wo ich ja entkleidet war. Wenn die Sache passierte, wenn ich gefesselt war u.s.w., dann ging der Samenerguß einfach in die Kleider.«

»Haben Sie sich damals über Ihr Innenleben ausgesprochen, zum Beispiel dem Anstaltspfarrer gegenüber?« »Das stellen Sie sich ganz anders vor, als es war. Heute bemüht sich ja der Anstaltspfarrer riesig um mich. Früher war das ein ganz anderes System. Da kam der Pfarrer wohl mal und spornte zu religiösen Übungen an. Er wollte eben eine möglichst große Statistik an kirchlichen Übungen vorweisen können. Als Jugendlicher hat man sich ja auch nicht getraut, zu den Sakramenten mitzugehen. Bei der Beichte habe ich mal etwas davon gesagt, von dem Mädchen aus der Altstadt. Ich soll das ja auch Mitgefangenen gegenüber geäußert haben. Der Betreffende irrt sich aber bestimmt, wenn ich von zwei Kindern gesprochen habe. Es hat sich lediglich um das Mädchen aus der Altstadt gehandelt. Ich gebe auch zu, den Beamten Töteberg mal bedroht zu haben. Das war wohl in dem Falle, wo ich durch Töteberg die Fesselung erhalten habe. Er wird sich aber nicht mehr daran erinnern, daß ich auch noch gesagt habe, ich würde noch mal hingerichtet. Ich habe auch gesagt, daß es doch nicht anders kommen kann, als daß ich viel Gewalttaten beginge und hingerichtet würde. Ich spürte damals schon diesen Drang in mir. Sie sehen es an der Sache, die in Grafenberg passiert ist. Ich habe mir auch vorgestellt, daß so eine Hinrichtung etwas Schönes sei. Da könnte man sich noch mal bei amüsieren.

»Wie meinen Sie das?« »Ich habe mal davon gehört und davon gelesen, daß bei Selbstmord zum Schluß noch eine außerordentlich starke sexuelle Erregung stattfinden soll und daß etwas Ähnliches auch bei der Hinrichtung vorfalle. Ich habe mal gehört, daß der Kopf noch einige Minuten für sich leben könnte und da müssen ja diese Empfindungen noch stark zum Bewußtsein kommen. Eine Schilderung der Hinrichtung habe ich mal von Beamten

gehört. Da ist von der Mitte des Platzes aus, wo die Guillotine stand, das Blut bis an die Mauer gespritzt.«

»*Ich bezweifele, ob das für den Betreffenden wirklich so angenehm ist.*« »Bitte, halten Sie das auseinander. Ich glaube das heute auch nicht mehr. Damals aber habe ich mir das so vorgestellt.«

»*Warum haben Sie Diebstahl begangen?*« »Vielleicht war nicht mehr gut Arbeit zu bekommen. Nachher habe ich mich aber auch nicht mehr bemüht. Wahrscheinlich bestand bei mir eben der Hang, Diebstähle zu begehen.«

»*Trotz der abschreckenden Gefängnisstrafen?*« *Lächelt:* »Wenn ich je damals daran gedacht hätte.«

»*Sie wurden damals der Schrecken von Düsseldorf genannt?*« »Das ist nicht ganz ausgeschlossen mit Rücksicht auf meine Vorgeschichte. Im übrigen muß ich angeben, daß ich mir damals auf derartiges etwas eingebildet habe. So hatte ich mir 1902 in einer Unterhaltung mit dem Beamten Töteberg im Zusammenhang mit meinen Erzählungen, Schreckenstaten noch auszuführen und später mal guillotiniert zu werden, den Namen »weißer Tiger« beigelegt . . . Nach der Verurteilung bin ich dann November 1905 von Metz nach Münster gekommen. Sieben Jahre habe ich dort Tag und Nacht immer in Einzelhaft verbracht. Hier und da habe ich Dummheiten gemacht, habe mir allerhand zerschnitten, jedenfalls, weil ich längere Zeit mit meinen Vorstellungen allein keinen Erfolg hinsichtlich sexueller Befriedigungen hatte. So habe ich mir mal das ganze Gesicht zerschnitten, daß viel Blut kam. Dadurch, daß ich im Spiegel das blutige Gesicht gesehen habe, habe ich dann die wohltuende Befriedigung verspürt.« »*Was haben Sie sich denn dabei vorgestellt?*« »Ich habe mir vorgestellt, daß das andere Personen waren, die ich so zugerichtet hatte.«

»*Wen denn?*« »Nun wahllos, x-beliebige der früheren Peiniger, die bis dahin schon sehr zahlreich waren.«

»*Was verstanden Sie unter Peiniger?*« »Damals in der Hauptsache Strafanstaltsbeamte, die ich mir vorgestellt habe. Ich habe mir vorgestellt, ich hätte die in der Freiheit so zugerichtet. Im Anschluß an diese Selbstbeschädigungen und Vorstellungen ist dann mehrere Male Auslösung erfolgt, auch wenn ich daraufhin in Fesseln kam.«

»*Haben Sie es provoziert, in Fesseln zu kommen?*« »Ich möchte das mit Ja beantworten, vielleicht, ohne es bestimmt gewollt zu haben, vielleicht in dem unbestimmten Drang, mich sexuell betätigen zu können. Ich habe mir die Blutkrusten abgekratzt, das Blut gefühlt, um mir dann die Vorstellung wieder machen zu können, die dann auch den gewünschten Erfolg hatte. Nicht unerwähnt möchte ich lassen, daß ich 1908 oder 1909 einen Monat in gemeinsamer Haft war. Ich habe mich selbst wieder in Einzelhaft gemeldet. Die Aufsicht war so, daß ein Beamter ganz dicht bei den Leuten stand. Man konnte nichts unternehmen, sich nicht konzentrieren. Man durfte auch nicht sprechen. In der Zelle konnte ich wenigstens mit mir allein sprechen« . . .

(Kürten läßt sich näher über seinen Hang zur Einsamkeit aus, d.H.): »So ist z.B. auch ein ganz merkwürdiger Vorgang gewesen. Ich hatte mal mit der Schäfer keine sexuelle Befriedigung gehabt. Da habe ich aus dem Hause, wo die Schäfer wohnte, mir ein Beil mitgenommen, und zwar vorläufig in unbestimmter Form. Da sah ich einen Mann, der angetrunken war, dem ging ich nach, und während ich ihm nachging, war die sexuelle Erregung da. Als er auf einer Bank saß, habe ich ihm mit der scharfen Seite des Beiles eine schwere Verletzung am Kopf beigebracht. Danach bin ich in den Wald gegangen und habe mich im Walde sehr wohl gefühlt.«

»Wieso im Walde wohlgefühlt?« »Ich habe dann viel an Münster[5] gedacht und habe mir das so vorgestellt: Ich bin zwar derjenige gewesen, der das wirklich ausgeführt hat, anderseits seid Ihr Peiniger daran beteiligt. Sie müssen das fühlen und merken, und es wird sich bei den betreffenden Personen auch äußern, z.B. durch Mißerfolge oder in ihren Stimmungen oder durch Unglücksfall, und so ist es ja auch gekommen . . . Ich habe mir da im Walde eine Stelle gesucht, da bin ich längere Zeit geblieben, bin auf und ab gegangen und habe mir vorgestellt, als wenn ich in meiner Zelle auf und ab gegangen wäre, und dann war ich ganz lebhaft mit meinen Quälern und Quälgeistern beschäftigt. In derselben Nacht, als es schon etwas hell wurde, habe ich denn noch Brandstiftungen in mehreren Fällen verübt.«

»Was haben Sie mit dem Beil gemacht?« »Das Beil habe ich mitgenommen. Es war blutig. Ich habe es auch mit ins Bette genommen, hatte aber dabei keinen Erfolg. Dann hat sich noch ein Fall wiederholt, eine Woche danach. Da habe ich das Beil mitgenommen und meinen Revolver. Da habe ich in der Nacht im Grafenberger Wald Schießübungen gemacht. In der Nacht war ich in Münster. So hell und klar sah ich alles vor mir. Das können Sie sich gar nicht vorstellen. Da habe ich auf die Bäume geschossen und mir vorgestellt: das ist der und jener. Bin wieder auf die Hardt gegangen und dort auf und ab gegangen. Ich habe mein Beil genommen und auf die Bäume geworfen. Nach einer Stunde habe ich das eingestellt, bin auf und ab gegangen und hatte dieselbe Vorstellung von Münster, dachte an die Beamten, Arrestlokale u.s.w. Unterwegs habe ich wieder Feuer angelegt.«
»Warum haben Sie sich nicht nach der Tat einfach ins Bett gelegt?« »Da habe ich etwas Besonderes bei gehabt, das hat mich im Walde festgehalten. Es war ein großer Genuß, die Stille des Waldes. Da habe ich mir alles vorgestellt. Ich habe mir die Folgen vorgestellt und zwar im entgegengesetzten Sinn, namentlich, daß die Schmerzensbereiter die Folgen zu spüren bekommen.«

[5] die Strafanstalt (Anm. d.H.)

»Im Falle Klein[6] *sind Sie am nächsten Tage dort gewesen?«* »Ich bin wieder da gewesen, wie ich überhaupt sehr häufig an die Tatorte zurückgekehrt bin.«

»Warum?« »Um mich von dem Erfolg der Wirkung zu überzeugen, um Schlüsse ziehen zu können, auch auf die Quäler und Peiniger.«

»Sind Sie in der Wohnung Klein gewesen?« »Nein, ich war in einem gegenüber liegenden Lokal. Da habe ich Gespräche mit angehört, alles noch mal bestätigt gehört, wie ich das ausgeführt habe und die große Entrüstung festgestellt. Ganz besonders in diesem Falle habe ich die Vorstellung der Übertragung gehabt, daß sich das auswirken würde. Ja, ich war damals richtig im Tran. Ich habe auf der Straße richtig vor mich hingesprochen: So weit habt Ihr's gebracht. Nicht ich, Ihr seid die Mörder.«

»Haben Sie mal den Vorsatz gefaßt, derartiges nicht mehr auszuführen?« »Nein, mein Bedauern dürfen Sie ja nicht mit Reue verwechseln. Ich habe über die ganze Sache nicht die geringste Reue empfinden können, wohl ein Bedauern mit den Opfern. Auch die ganzen Sachen, die jetzt passiert sind, bereue ich nicht. Wohl habe ich mit den Opfern Bedauern. So habe ich mich ja auch gewisser Freiheiten begeben und habe dem Vater Dörrier, der mit der Beerdigung seiner Tochter Auslagen hatte, Geld zukommen lassen.«

Äußert dann in längeren Ausführungen, daß er auch nicht glaube, daß Gott ihn verurteilen werde. Der wisse, daß er schon auf Erden die Hölle gehabt habe und werde ihm nicht auch im Himmel die Hölle bereiten.

»Haben Sie auch mal versucht, Katastrophen herbeizuführen?« »Mit Rücksicht auf meine Mittellosigkeit ist es bei diesen Vorstellungen geblieben.«

»Das kann man doch auch ohne Mittel?« »Nun, um eine Brücke zu sprengen, und dergl. Gedanken, die ich öfter gehabt habe, gehört Bohrer und Pulver und dergl. mehr.«

»Zur Herbeiführung von Eisenbahnkatastrophen beispielsweise gebraucht man doch kaum Mittel?« Sarkastisch, zynisch: »Das kann ja geschehen, wenn ich mal wieder geboren würde« . . .

(Zum Mordvorsatz im Falle Rosa Ohliger, d.H.): »Wenn ich sage, ich wollte das Kind umbringen, so ist das nicht wahr. Ich möchte hinzufügen, das Kind weinte, als es mir begegnete. Es hat auch eine Unterhaltung stattgefunden dahingehend, daß das Kind äußerte, es weine, weil es Strafe bekäme, weil es so lange fortgeblieben sei. Die Unterhaltung, die ich mit dem Kinde geführt habe, ist in den Akten des Untersuchungsrichters genau niedergelegt. Vom Opelneubau bis zum Bauplatz braucht man nicht mehr als zwei Minuten. Es war auch nicht die Absicht vorhanden, das Kind umzubringen, die

[6] des 1913 in Mülheim ermordeten Kindes (Anm. d.H.)

Absicht kann mit Rücksicht auf die Unterhaltung nicht vorhanden gewesen sein.« »*Inwiefern?*« »Weil die Möglichkeit vorhanden war, ich hätte es mit Rücksicht auf sein Weinen bestimmt nach Hause bringen können.«

»*Ebenso gut ist auch die Möglichkeit der Tötungsabsicht gegeben?*« »Die Möglichkeit war auch gegeben, ja das kann man einwenden. Ob aber dann die Möglichkeit gegeben war, so Erörterungen anzustellen? Es hat auch noch etwas in diesen Tagen mich beschäftigt und meinen Gedankengang ausgefüllt. Münster, Anrath u.s.w. Alles konnte ich blitzschnell übersehen, was in vielen Jahren sich ereignet hatte. Sie können von dem, was ich sage, überzeugt sein. Sie wollen ja auch die Wahrheit hören. Das ist das wirklich Genaueste, wie sich das abgespielt hat. Die stereotype Redensart auf dem Polizeipräsidium: Ich ging an dem betreffenden Abend aus, um einen Menschen umzubringen, erklärt sich durch die Art der Befragung, vor allen Dingen aber auch durch meine Großmannssucht, da ich mir in der Rolle gefiel . . . Jetzt auf dem Bauplatz ist mein Wollen und Sinnen in andere Richtung übergegangen und ich habe das Kind am Halse gefaßt und die Tat begonnen und in kurzer Zeit vollendet.«

»*Zu welchem Zweck haben Sie die Schere eingesteckt?*« »Wohl im allgemeinen, wenn auch in unbestimmter Form, um irgendein Opfer zu bringen für das viele Unrecht, was geschehen ist. . . . Sie müssen allerdings bedenken, daß es sich um die Zeit von damals gehandelt hat und daß Sie heute mich in einem anderen Zustande vor sich sehen, als ich damals gewesen bin. Sie können auch glauben, daß ich heute um ein Merkliches nüchterner geworden bin wie damals. Meine Redensart bei der polizeilichen Vernehmung, ich ginge aus, um ein Opfer zu suchen, ist so zu erklären.«

»*Das ist allerdings ein recht zweideutiger Ausdruck!*« »Der Ausdruck ist allerdings zweideutig. Die Kriminalpolizei faßte es auf: ›Um einen Menschen zu töten.‹ Der Psychiater wird mit großem Verständnis den Ausdruck so deuten, wie ich ihn meine.« »*Wie war Ihr Gefühl nach der Tat?*« »Das Gefühl ist ein ganz besonderes gewesen, ein merkliches Gefühl der Entspannung, noch stärker, als ich es Ihnen beim Fall Kühn erzählt habe. Welche Gedanken auch hinsichtlich der Sühne- und Vergeltungsidee und der Übertragung mich bewegt haben, werde ich Ihnen noch besonders schriftlich aufzeichnen.«

Kürten bestätigt dann, daß seine Angaben bei der polizeilichen und richterlichen Vernehmung richtig gewesen sind, daß er unmittelbar nach der Tat sich nach Hause begeben, dann ein Kino besucht habe.

»Gerade der Kinobesuch wird von Leuten, die sich nicht in meinen Gedankenkreis hineindenken können, als etwas Abscheuliches bewertet. Ich hatte aber eine außerordentliche Entspannung. Ich war in aufgeräumtester Stimmung. Ich traf noch das mehrfach erwähnte Fräulein Wimmer. Niemand hat mir etwas angemerkt.«

In diesem Zusammenhang kommt Kürten auch noch einmal auf seine

Gemütseinstellung zu den einzelnen Taten zu sprechen. Andere, die derartiges auf dem Gewissen haben, würden zusammengebrochen sein und niemand würde sich wundern, wenn sie als geisteskrank in die Anstalt gekommen wären. Er selbst habe nie und auch jetzt noch nicht die geringsten Gewissensbisse empfunden. Im Gegenteil, er sei vollkommen ruhig, schlafe ausgezeichnet, und das alles sei doch nur dadurch zu erklären, daß jene Gedankengänge der Sühneidee und der Übertragung und der ausgleichenden Gerechtigkeit ihn vollkommen beherrscht hätten und ihn noch beherrschen, wenn er auch jetzt nüchterner denke. Wenn das nicht der Fall wäre, so könnte doch wohl niemand etwa der Ansicht sein, daß er in der Lage wäre, sich derartig zu verstellen. Er sei doch ein Mensch wie jeder andere Mensch auch und wahrhaftig kein Übermensch.

»*Warum haben Sie die kleine Ohliger mit Petroleum angezündet?*« »Zunächst muß ich sagen, daß ich mir voll und ganz klar war, daß die Leiche dadurch nicht zu vernichten war . . . Ich muß bejahen, daß das ganz was Besonderes, Schreckliches werden sollte. Ich wollte die Bevölkerung erregen und empören. Vielleicht wird Sie das befremden. Es greift zurück in die Vergeltungs- und Sühneidee.«

»*Hatten Sie auch bei der Inbrandsetzung Befriedigung?*« »Nein.« »*Inwiefern hängt das mit der Vergeltungs- und Sühneidee zusammen?*« »Das hängt insofern zusammen, als es ein Brand- und Rauchopfer sein sollte.«

»*Wem wollten Sie das darbringen?*« »Dem lieben Gott mit Rücksicht auf die Mission, die mir übertragen worden ist . . . Es hat ja den Zweck erreicht, Empörung und Erregung in die Bevölkerung zu tragen.«

»*Wie verträgt sich Ihre Mission, hunderttausenden von Strafgefangenen Erleichterung zu bringen mit der Tatsache, daß Sie den unschuldigen Stausberg*[7] *möglicherweise für Lebenszeit hinter Mauern gebracht hätten?*« »Das ist durchaus kein Widerspruch, Stausberg wäre niemals in diesem Hause geblieben. Der Zeitpunkt war nicht mehr fern, wo die Mission beendet war. Ich erinnere hier an die Stimmen aus den Gräbern. Meine Festnahme war schließlich von mir selbst beabsichtigt.«

»*Was haben Sie gedacht, als Stausberg festgenommen war und die Tat gestand?*« »Nachdem ich über Stausberg bis auf das Genaueste unterrichtet war durch Arbeitskollegen, die in seiner Nähe wohnten, war ich unbesorgt. Abgesehen davon, daß er unmöglich der Tat überführt werden konnte, habe ich dann später, als er nach Bedburg kam, mir gesagt: Da hat er es bestimmt besser, als zu Hause; denn die Verhältnisse, in denen er lebt, kenne ich genau.«

»*Sind Sie auch Täter im Falle Gross?*« »Nein«, *dann lächelnd:* »Wenn ich ihn aber erzählen soll, dann kann ich es studienhalber tun. Vielleicht

[7] s. Seite 14

interessiert es Sie?« *Erzählt eine detaillierte Geschichte, wie er die Gross getroffen, wie er mit ihr auf ihr Zimmer gegangen sei, sie gewürgt habe, auf der anderen Straßenseite dann beobachtet habe, wie ein anderes Mädchen mit einer männlichen Person das Haus betreten habe, wie nach 20 Minuten das Überfallkommando gekommen ist, schließt seine Erzählung mit den Worten:* »Im übrigen bin ich nicht der Täter gewesen.« *Im Laufe dieser Geschichte braucht er den Satz:* »Es ist mir selten gelungen, eine Person richtig zu erwürgen, nur im Falle Hahn.«

»Warum haben Sie denn seinerzeit den Fall Gross auf sich genommen?« »Ich wollte auch dafür als Täter in Frage kommen. Ich bin mir eigentlich damals mehr als Stümper vorgekommen« ...

(Zu den sogenannten »Kirmestaten«, d.H.):

»Also ich bin da hin und her gegangen, habe mir den Betrieb angesehen in all' den Schützenzelten. Ich bin auch außen rumgegangen wie ein brüllender Löwe, der umhergeht und sucht, wen er verschlingt. Na auf dem Polizeipräsidium habe ich gesagt, ich bin ausgegangen, um einen oder mehrere Menschen umzubringen. Das müssen Sie aber wie gesagt nicht wörtlich nehmen. Es waren soviele Brummochsen bei den Vernehmungen, die das nicht verstehen konnten.« *Macht einige bissige Bemerkungen über den stellvertretenden Düsseldorfer Polizeipräsidenten Herrn von Z. »Haben Sie sich keine Gedanken gemacht, daß das Schlagen mit dem Hammer besonders schmerzhaft war?«* »Ich habe mir mehr Gedanken gemacht insofern, als ich mir eingebildet habe, das täte mir selbst weh. Unter anderem habe ich zu spüren gehabt und gelitten unter allem, was ich früher gelitten habe. Wenn ich nach der Tat fortgegangen bin, habe ich innerlich keine Schmerzen verspürt. Es kommt noch was dazu! Ich habe gewisse Erkenntnisse bekommen; es hat sich ein Drang gebildet, ein gewisses Etwas hat sich entdeckt, daß ich anderen wehe tun muß und während der Ausführung der Taten habe ich gespürt, als wenn ich geschlagen werden soll. Manchmal habe ich das Empfinden gehabt: Ist das in meinem Gehirn hinten ein Versammlungsort, wo man Greifbares hören kann, wo es wiedergehallt hat, daß man es hören konnte, bestimmte Stimmen von Beamten.«

»Haben Sie denn gar nicht daran gedacht, es könnte mal ein Ende mit Schrecken nehmen?« »Das sollte es ja auch, das war doch ganz beabsichtigt.« *(Im Brustton der Überzeugung). »Wie kam das eigentlich 1904 bei Ihnen zu den Brandstiftungen?«* »1904 war das schon so weit bei mir gediehen, es kam mir nicht nur sehr schön vor, der Feuerschein, die ausstrahlende Wärme und das ganze aufregende Schauspiel. Nicht nur das war es, sondern es lag tiefer. Ich möchte nicht verhehlen, daß bei größeren Ereignissen, z.B. bei einem Brandfall in Grafenberg und einem Fall in Flingern auch sexuelle Befriedigung stattgefunden hat. Weiterhin muß ich zugeben, daß ich die Überzeugung, daß derartiges eintreten könnte, schon in der Haft gewonnen habe.«

»Die Brände ereigneten sich nachts?« »In den Abend- und Nachtstunden, ja ... Die Wirkung war viel großartiger, vor allen Dingen, wenn die Feuerwehr, die damals noch bespannt war, mit Sturm und Klingel und brennenden Pechfackeln angesaust kam ... Ich kann Ihnen verraten, ich habe in ungezählten Fällen die Feuerwehr alarmiert, das geht wohl in die hundert Fälle, lediglich um in Aufregung, in sexuelle Erregung zu kommen.«

»Wann war das?« »Auch schon 1904.«

»Sind Sie dabei nicht mal gefaßt worden?« »Nein.« *»Sie haben den Brand u.s.w. beobachtet?«* »Ich bin immer zugegen gewesen, ich habe immer dazwischen gestanden.« *»Und immer sexuelle Befriedigung gehabt?«* »Wenn ich mich ziemlich in der Nähe befand und von der Wärme etwas verspüren konnte, wenn der ganze Lärm vonstatten ging, die Hilferufe: Brand, Feuer, und, wenn, wie es später der Fall war, nach dem Überfallkommando geschrien wurde und das angefahren kam, wenn ich unter den Zuschauern stand und die gewissermaßen aussichtslosen Versuche, das Feuer zu löschen.«

...

»Wann haben Sie die Überzeugung gewonnen, daß man sich sexuell durch diese Erlebnisse befriedigen kann?« »Das war in Anrath, als ich in der Dunkelarrestzelle in Fesseln lag. Damals gingen wiederholt schwere Gewitter nieder, so daß ich die ganze Nacht nicht schlafen konnte. Dabei habe ich mir dann diese Phantasien ausgebaut. Im übrigen habe ich tatsächlich als Schuljunge Waldbrände gesehen und mich tagelang dabei aufgehalten und später tatsächlich solche ausgeführt.«

»War die sexuelle Befriedigung der alleinige Zweck der Brandstiftungen?« »Eigentlich ja, damals 1904 sogar ganz ausschließlich. Damals habe ich gar nicht vermutet, daß Personen in den Gebäulichkeiten sein konnten, sondern lediglich das Schauspiel des großen Feuers hat mich befriedigt.«

»Hat Ihnen nicht das Motiv vorgeschwebt, andere Leute, den Staat oder das Volksvermögen zu schädigen?« »Ach wo, da habe ich niemals dran gedacht. Das wären ja auch nur winzige Schäden gewesen im Vergleich zum großen Volksvermögen.«

»Haben Sie schon als Kind gerne mit Feuer gespielt?« »Ja aber nicht nur wie das so üblich ist, mit Kartoffelkrautfeuern. Ich habe auch schon an Bahnkörpern Feuer angelegt oder auf trockenen Grasflächen, auch z.B. auf der Hardt. Wenn dann so richtig der Wind wehte, dann stand das Ganze in einem Moment in Flammen. Es waren schon weit ausgedehnte Brände. Wir haben darauf aber gemacht, daß wir fortkamen. Ich war da nicht etwa allein, da waren auch andere Kinder bei. Wir haben dann Feuerwehr gespielt.« *Bestätigt, daß er Freude am Feuer gehabt habe, ohne daß irgendwie sexuelle Empfindungen damals damit verknüpft gewesen wären. Äußert sich dann wiederum über die Rolle, die er bei den Vernehmungen auf dem Polizeipräsidium gespielt habe: Er sei wie ein Wundertier bestaunt worden; die Leute*

hätten sich danach gedrängt, ihn zu sehen; durch die Schlüssellöcher hätte man geguckt. Man hätte auf dem Gang gestanden, wenn er vorgeführt wurde. Alles das hätte ihm natürlich mächtig imponiert. »Sie können davon überzeugt sein, daß ich heute längst eingesehen habe, daß das im Grunde alles verkehrt war und daß das ganz falsche Vorstellungen gewesen sind, die ich mir damals gemacht habe.«

Kürten äußerte spontan den Wunsch, auch etwas fragen zu dürfen. Seine Frage spielte darauf hinaus, welche Auffassung der Gutachter von seiner Persönlichkeit habe und wie er sich hinsichtlich seiner strafrechtlichen Verantwortung stelle. In seinen Äußerungen spricht sich Kürten dahingehend aus, daß er selbst dringend den Wunsch habe, für verantwortlich angesehen zu werden. Selbstverständlich sei es, daß er damals sich in einem ganz anderen Zustande befunden habe und ein ganz anderer Mensch gewesen sei als heute, und daß es für den Gutachter schwer sei, das Richtige zu treffen und die Wahrheit zu erkennen. Er sähe ein, daß sein Wunsch, verantwortlich zu sein, selbstverständlich für die Beurteilung seiner Zurechnungsfähigkeit in keiner Weise eine Rolle spiele. Was habe aber sein Leben noch für einen Zweck, wenn er beispielsweise lebenslänglich verurteilt werde. Er habe auch, das wolle er nicht verhehlen, schon mit dem Gedanken gespielt, hier in Bedburg-Hau zu bleiben. Man würde hier anständig behandelt, man sähe hier noch die Sonne und das Grüne. Aber der Gedanke an das, was er sich verscherzt habe, der Verlust seiner Frau, die Vernichtung der Zukunft seiner Frau lasse ihn nicht zur Ruhe kommen und noch andere Gedanken, die man sich ja wohl denken könne, bohrten quälend in ihm. Auch von diesem Gedanken, in der Anstalt zu bleiben, sei er abgekommen. Das Vegetieren hätte auch keinen Zweck. Im übrigen lebe doch noch ein Rest von Anstand und Ehrlichkeit in ihm und er sage sich, daß es vielleicht auf alle Beteiligten versöhnender wirken würde, wenn er durch seinen Tod in etwa Sühne leiste.

Bei diesen Äußerungen, die Kürten ruhig und langsam und nicht mit der sonst bei ihm auffallenden, vorsichtigen, gewählten Ausdrucksweise vorträgt, werden seine Augen manchmal tränenfeucht.

»Herr Kürten, warum haben Sie eigentlich seinerzeit Ihr Geständnis widerrufen?« »Der Herr Untersuchungsrichter verlangte, daß ich meiner Frau gegenübergestellt werden und mein Geständnis wiederholen sollte. Ich habe ihm gleich gesagt, ich halte das nicht für ratsam.«

Auf Vorhalt, daß er seiner Frau doch schon kurz vor der Verhaftung alles gestanden habe, entgegnet Kürten, daß seine Frau ziemlich standhaft damals gewesen sei; daß sie den Gedanken ausgesprochen habe, Selbstmord zu begehen, daß er ihr dieses ausgeredet habe, ihr Aussicht gemacht habe, einen Teil der Belohnung zu bekommen, daß das nicht ehrlos von ihr sei, sondern daß sie gewissermaßen einen Dienst der Menschheit gegenüber tue und daß es ihm gelungen wäre, ihr dieses auszureden. »Die erneute Wiederholung wäre doch dasselbe gewesen?« »Die Situation war eine ganz andere. Außerdem erlitt die Frau einen seelischen Zusammenbruch, weinte fassungslos, verlor buchstäblich die Stimme, wie früher schon einmal. Der Untersuchungsrichter forderte mich darauf auf, mein Geständnis zu wiederholen. Die Frau äußerte, sie könne das nicht glauben. Darauf habe ich gesagt, Herr Untersuchungsrichter, ich bin nicht der Düsseldorfer Mörder.«

Auf Vorhalten, daß er systematisch seine früheren Geständnisse widerrufen und den Widerruf glaubwürdig zu machen versucht habe, meinte Kürten, Widerruf sei letzten Endes gar nicht mal unwahr gewesen. Tatsächlich habe er ja auch nach den einzelnen Taten die Tatorte besucht, habe die Zeitungen intensiv verfolgt, außerdem sei ihm auch ein Teil der Vorgänge durch die Art der Vernehmungen auf dem Polizeipräsidium gegeben worden.

»Wie ist dann Ihr erneutes Geständnis zu erklären?« »Das ist ganz freiwillig erfolgt. Ich habe erklärt, ich kehre zu meinem früheren Geständnis zurück.«

»Wie war Ihre Überlegung?« »Ich habe die Ansicht gehabt, 15 Jahre bzw. lebenslänglich sind mir doch sicher. Ich hatte dann im Stillen den Gedanken, nach der Verurteilung machst Du dann selber mal Kurzschluß. Dann aber habe ich mich auch überzeugen müssen: Ich habe bei meinen Vernehmungen auf dem Polizeipräsidium schon so viele Indizien gegeben, daß trotz meines Widerrufs meine Überführung möglich war. Dann bin ich durch den Untersuchungsrichter, durch mich selbst, durch Pfarrer Fassbender dazu gekommen, daß ich Buße tun will, und daß es versöhnender wirkt, daß die dann nicht sagen, er hat den Mut gehabt, solche Taten auszuführen, da ist er jetzt zu feige, zu sterben. Aus diesem Grund bin ich dazu gekommen, mein Geständnis zu widerrufen.

»Wann wurden Sie gegenüber Menschen so aktiv?« »Ende 1928, als alles auf mich so eingestürzt ist, als ich durch den Beamten Jansen so verzweifelt war, für nichts bestraft wurde und alles verloren ging.«

Spricht wieder mit Erbitterung von Staatsanwaltschaftsrat Jansen; äußert sich dann spontan weiter: »Ich war damals 1913 nicht in einem normalen Zustande bei Begehung der Taten. Das will nicht sagen, daß ich nicht verantwortlich war . . . Denken Sie an die Taten von 1929, wie zusammenhanglos diese Taten waren und wie verschiedenartig. Die Kriminalpolizei hatte ja schon vier Täter aufgestellt . . . zum Beispiel an der Stelle, wo die Dörrier umgebracht worden ist, hätte ich die Herstraß auch umbringen können. In diesem Jahre sind mehrere Fälle erfolgt, wo es beim sogenannten Mordversuch geblieben ist. Dann ging mir der Samenerguß in die Bux und dann war es gut. Vor meinen Augen schwebte tagsüber der Gedanke an Münster und Anrath . . . abends kam dann die sexuelle Erregung dazu. Heute denke ich: Wie hast Du gewirkt! Wie ein Tier! Damals hätten mich keine sieben Pferde zu Hause gehalten. Ich bin in den Wald gelaufen. Kam mir jetzt jemand in den Weg, dann war's passiert. Kam niemand, dann war's gut.

Daß das kein normaler Zustand war, das ist doch klar. Die Frage ist die: wieviel blieb mir noch von freier Willensbestimmung? Wieviel habe ich schuld, daß ich soweit gekommen bin? Da will ich zugeben, daß in der Haft, während andere sich mit nackten Weibern in ihren Gedanken beschäftigten und das Profil weiblicher Figuren geknetet wurde, daß ich mich in eine Ecke setzte, es mußte schon dunkel sein, dann war ich in meinem Thema, dachte an Schneiden und Stechen, konnte das Blut fließen sehen und hören, das waren mir die sehnlichsten Augenblicke, das war schöner, als wenn ich mit einem Weib im Bett lag. Da lege ich keinen großen Wert drauf. Denken Sie an die Eidam, ein nettes junges Ding mit langen Zöpfen. Sie sah aus wie eine 14-jährige und war 20 Jahre alt. Die lag bei mir im Bett, und es ist nichts passiert. Es wird mir vorgeschwebt haben, in der Wohnung nichts zu tun? Aber am Sonntag vorher war ich mit ihr im Grafenberger Wald, da habe ich sie gewürgt. Sie hat sich frei gemacht. Ich habe sie beruhigt und ihr gesagt: Das gehört zur Liebe und ein paar Tage drauf geht sie mit mir auf mein Zimmer.«

»*Haben Sie schon mal allein durch Entblößen des Geschlechtsteils sexuelle Erregung und Befriedigung gehabt?*« »Das muß ich verneinen. Was den von Ihnen benannten Fall anbetrifft, so kann ich nur sagen, ich habe ein gutes Gedächtnis, ein gutes Erinnerungsvermögen. Diesen Fall höre ich jetzt von Ihnen zum ersten Mal. Es ist nicht wahr. Wenn es überhaupt geschehen ist, dann betrifft es jemand anders. Ich will auch nicht schlechter sein, als ich tatsächlich schon bin« . . .

»*Denken Sie sich, Sie würden heute in Freiheit entlassen werden, wie würde es dann weiter gehen?*« »Ich kann wohl behaupten, daß ich um vieles ernüchtert bin, daß ich eingesehen habe, daß manches falsch und verkehrt war, was ich mir damals vorgestellt habe. Mit Rücksicht auf den roten Faden, der sich durch mein ganzes Leben zieht und mit Rücksicht auf die verbrecherische Anlage, die bei mir von klein auf bestanden hat, kann ich nicht garantieren, daß ich gegebenenfalls heute abend noch, um zu einem sexuellen Genuß zu kommen, mit dem Hammer nachhelfen müßte, wobei ein Mensch zu Tode kommen könnte . . . Es liegt nun einmal in mir, mein Leben ist eine fortgesetzte Kette von Verbrechen schwerster Art.«

»*Halten Sie also Ihren Geschlechtstrieb für nicht unterdrückbar?*« »Ja es käme auf eine Probe an! Ich glaube aber, Ihre Frage dahingehend beantworten zu müssen, daß ich nicht in der Lage wäre, den Geschlechtstrieb so zu unterdrücken, daß ich im gegebenen Moment, wo ich das Opfer unter die Finger bekomme, davon hätte Abstand mehr nehmen können. Da hätten schon ganz außerordentliche Ereignisse eintreten müssen, daß der Geschlechtstrieb hätte eingedämmt werden können oder daß das Gegebene hätte ungeschehen bleiben können.«

»*Was verstehen Sie unter unvorhergesehenen Ereignissen?*« »Wie zum Beispiel, daß es mir nicht möglich gewesen wäre, in irgend einer Weise mich geschlechtlich in dieser Hinsicht zu betätigen, wie es der Fall gewesen wäre durch Ausführungen von Gewalttaten, nämlich dadurch, daß ich mich in Haft befunden habe. Auch möchte ich bemerken, daß meine Frau eine so große Gewalt über mich gehabt hat, daß, wenn sie in meiner Gegenwart oder Gesellschaft sich befand, ich mich soweit beherrscht habe, daß ich auf die Ausführung derartiger Akte nicht verfallen konnte. Sie können das genau verfolgen, daß dieses der Fall gewesen ist, und die Akte nur vorgefallen sind, wenn meine Frau Spätdienst hatte. Nicht unerwähnt möchte ich aber lassen: Ich bin meiner Frau schon regelrecht davon gelaufen.« »*Unter diesen außerordentlichen Ereignissen ist wohl auch die Gefahr der Entdeckung zu verstehen?*« »Das habe ich niemals bedacht und berücksichtigt und niemals etwas getan. Ich habe dann immer noch versucht, auf diese Weise meine sexuelle Erregung zu befriedigen. Ich hatte mich doch zum Beispiel am Tage der Festnahme noch für den Abend mit der Belles verabredet. Tatsache ist, daß die Gefahr der Entdeckung manchmal so groß war, daß es lediglich einem Zufall zuzuschreiben ist, daß keine Entdeckung erfolgt ist. Ich habe mit einer Entdeckung gar nicht gerechnet. Ich habe mich doch sogar immer in das verrufene Gebiet hinein begeben, also Entdeckungsgefahr hätte mich nicht von meinen Taten abgehalten.«

»*In einigen Fällen der letzten Zeit haben Sie aber offensichtlich von den Opfern abgelassen, weil die Gefahr der Entdeckung zu groß war?*« »Das liegt nicht daran, daß die Entdeckung zu befürchten war, sondern vielmehr daran, daß in den betreffenden Fällen schon sexuelle Befriedigung eingetreten war und daß die Kräfte von selbst dann erlahmt sind und ich einen weiteren Angriff eingestellt habe.«

»*Besonders deutlich ist die Nichtausführung Ihrer Tat wegen der Besorgnis der Entdeckung doch im Falle Körtzinger[8]?*« »Es ist die Frage, ob die Erwägung tatsächlich so war, wie Sie meinen oder ob sich nach meiner Erwägung die ganze Familie umzubringen, das im Einzelfalle nicht gelohnt hat. Die Vorstellung, die ganze Familie umzubringen, hat tatsächlich bestanden. Da hätte also die ganze Familie zugegen sein müssen, das ist nicht eingetroffen.«

»*Wenn Ihr Sexualtrieb so unwiderstehlich ist, hätten Sie sich auch mit dem einen oder anderen Opfer begnügt?*« »Ich kann Ihnen darauf nur erwidern, es ist nicht glaubhaft, daß der Sexualtrieb zu jeder Zeit, an jedem Tage oder zu jeder Stunde gleich stark gewesen wäre und letzten Endes habe ich doch keine Wunderkraft in mir gehabt.«

»*Sie haben also trotz vorhandenen Triebes die Ausführung der Tat sich aufsparen wollen?*« »Wie sich das im Einzelnen abgewickelt hat, als die Frau Körtzinger zurückkam und sich dann hauptsächlich mit ihren Kindern be-

[8] s. Seite 41

schäftigte, so mag dieses dazu beigetragen haben, die Tat überhaupt nicht anzufangen ... Zu unterscheiden ist hier immer noch, daß, wenn eine Tat begonnen war, ich sie aber soweit ausgeführt habe, bis es zur sexuellen Befriedigung gekommen ist. Außerdem möchte ich auch sagen, daß der eigentliche starke Drang sich erst dann bemerkbar machte, beim Beginn der Tat.«

»Diesen sexuellen Rausch haben Sie aber ersehnt und gewußt, daß er eintrat?« »Das kann ich richtig gewußt haben, deshalb ist die Tat aber doch erst hemmungslos eingetreten.« *»Sie hätten doch trotz Vorhandenseins sexueller Erregung zu Hause bleiben können, wenn Sie ernstliche Beschädigungen Ihrer Opfer hätten vermeiden wollen?«* »Ich war jedenfalls sexuell so geladen, daß ich nicht nur nicht hätte zu Hause bleiben können, sogar nichts hätte mich zu Hause gehalten und wenn es dann nicht zur sexuellen Befriedigung infolge Gewaltakte gekommen wäre, dann hätte ich mir unter allen Umständen sexuelle Befriedigung geholt, auch wenn ich keine Opfer gefunden oder sich keine Überfälle ereignet hätten, ich hätte dann im Walde oder an früheren Tatorten sexuelle Befriedigung erwartet.«

»Sie wollen also sagen, Ihr Trieb wäre unwiderstehlich gewesen?« »Ja und das ist auch wirklich wahr.«

»Die Form, in welcher Sie jeweilig den Sexualtrieb befriedigen wollten, war doch geplant?« »Nein das ist unmöglich zu bejahen, das war etwas rein Innerliches, was sich nicht in bestimmte Form kleiden läßt.«

»Das muß ich bezweifeln, weshalb haben sie die Werkzeuge mitgenommen?« »Ja die Vorstellung ist ein für alle Mal die gewesen, daß sexuelle Befriedigung nur durch Gewalttaten hätte eintreten können.«

»Wie ist denn die relativ milde Form in den Fällen nach dem Fall Albermann zu erklären?« »Diese milde Form ist von mir nicht beabsichtigt gewesen, ebenso wenig, wie die besonders krasse Form. In diesem Falle hätte die milde Form auch zum Ziele geführt und so hat sich die krassere Form erübrigt. Ausdrücklich möchte ich noch betonen, daß diese milden Fälle nicht etwa als besonders fehlschlagend hinsichtlich der sexuellen Befriedigung zu bewerten sind.«

»Es ist doch unverständlich, daß Ihnen eine Zeitlang diese milde Form durchaus genügend war?« »Wenn Sie Vergleiche anstellen wollen, so können Sie an anderen Klippen auch nicht und erst recht nicht vorbei. Denken Sie nur an die Brandstiftungen, wo niemand körperlich zu schaden gekommen ist.« *»Faßt man die Brandstiftungen als milde Form auf, die Überfälle als schwerere und die Überfälle mit Todeserfolg als schwerste Form Ihrer Betätigung auf, so ist dieses Absinken zur milden Form nicht ohne Weiteres verständlich.«* »Es ist nicht mein Verschulden und nicht mein Verdienst, daß diese Fälle milder und glimpflicher abgelaufen sind.«

»Denken Sie an die Fälle Lenzen, Hamacher und Schulte?« »Das war

schlimm. Wochenlang habe ich nur Stunden geschlafen, am Tage dabei schwer gearbeitet, es müssen damals doch ganz abnorme Kräfte in mir getobt haben, Kräfte nicht körperlicher, sondern seelischer Art, sonst hätte ich das doch körperlich gar nicht aushalten können, diese vielen Fälle mit sexueller Erregung und Befriedigung. Ein anderer hätte das gar nicht ausgehalten und dabei bin ich jeden Morgen frisch an die Arbeit gegangen.«

»*Wie erklären Sie nun diesen Abfall zur milden Betätigungsform?*« »Eine andere Erklärung wüßte ich nicht als die, daß nachdem die sexuelle Befriedigung eingetreten ist, die Persönlichkeit des Opfers für mich keinen Gegenstand des Interesses mehr darstellte.«

»*Merkwürdig, daß Ihnen bei den späteren Fällen das Würgen genügt hat und dann nichts weiter erfolgt ist.*« »Da müssen Sie sich hinein vertiefen, wie sich die Fälle zugetragen haben, so ganz harmlos sind diese Fälle doch nicht. Bei diesen Überfällen, wo es sich um Würgen gehandelt hat, da haben doch immerhin ganz erhebliche Anstrengungen meinerseits stattgefunden. In jedem Fall haben wir uns beim Würgen auf der Erde liegend befunden. Die betreffende Person hat sich in Todesangst gewehrt. Dazu kamen die heftigen Angstschreie und eben dadurch und durch wiederholte Angriffe mit Würgen und weiterhin in Verbindung damit, daß sich beide Körper aufeinander gewälzt haben, ist es zur sexuellen Befriedigung gekommen. Daher habe ich dann ohne ein Instrument zu gebrauchen, von den Opfern abgelassen, worauf das Opfer meist laut schreiend die Flucht ergriffen hat. Immerhin ist das doch was anderes, als nur so ein bißchen am Halse gefaßt.«

»*Letzten Endes war das in den Fällen, in denen es zur Tötung der Opfer später gekommen ist, doch dasselbe. Zum Beispiel haben Sie die Hahn doch auch zuerst gewürgt?*« »Wenn dafür keine Erklärung zu finden ist, dann auch nicht, wenn Sie im Hinblick zu schweren Fällen die Brandstiftungen heranziehen. Ich kann mir das so erklären, daß die sexuelle Erregung weiter gesteigert war, also im Laufe der Zeit und daß weiterhin in Zukunft auch hätte Befriedigung eintreten können in noch milderer Form von Anwendung von Gewalt. Vielleicht wäre es später noch so weiter gegangen, daß ich sexuelle Befriedigung hätte haben können, wenn ich mal so eine Person einfach umgerannt hätte.«

»*Dieser Auffassung widerspricht aber die Tatsache, daß Sie zwischendurch auch wieder mit Werkzeugen schwerste Gewaltakte verübt haben.*« »Ja der Fall Ulrich: aber dazu möchte ich bemerken, daß gerade in der Mitte der Zeit schwerster Gewaltakte auch einige harmlose Fälle liegen, wie Herstraß und Radusch, Fälle, die zwar böse aussahen, aber für die betreffenden Personen glimpflich abliefen.«

»*Weil Sie eben gehindert wurden!*« »Da hat mich nichts hindern können. Im Fall Herstraß war es 2 Uhr nachts. Weit und breit war keine Menschenseele. Ich bin vollständig freiwillig davon zurückgetreten.«

»Immerhin haben Nachbarn auf das Schreien der Herstraß hin das Überfallkommando gerufen.« »Da fragen Sie mal, wieviel das später war. Da besteht ein bedeutender Zeitunterschied. Die Herstraß habe ich noch schreien gehört, da war ich schon an der Fabrik Hohenzollern.«

»Warum haben Sie denn im Falle Hahn das Geld genommen. Sie hatte doch einen hohen Betrag im Täschchen?« Erregt: »Die können soviel Geld vermissen wie sie wollen. Ich habe davon nichts gesehen. Die hatte nur ein paar Pfennige in der Tasche. Wenn in diesem Falle Geld vermißt wird, ich habe nichts damit zu tun.«

Betont in längeren Ausführungen, daß es ganz unsinnig sei, zu behaupten, er habe sich an den Opfern irgendwie bereichern wollen. Zugeben müsse er, mal einen Gegenstand an sich genommen zu haben, vielleicht, um ein anderes Mädchen durch dieses Geschenk sich gefügiger zu machen. Im Übrigen hätte das Mitnehmen von Gegenständen einen sexuellen Hintergrund. Erkundigt sich weiterhin, ob noch ein neues Gutachten eines dritten Herrn über ihn erstattet werden würde, betont auch, daß nach seiner Überzeugung er von hier schon vor Ablauf der sechswöchentlichen Beobachtungszeit abgeholt worden wäre, wenn es möglich gewesen wäre. Davon sei er überzeugt. Der Besuch des Untersuchungsrichters vor einigen Tagen hätte auch in dieser Richtung gelegen, der hätte ihn am liebsten gleich mitgenommen. Möchte gern wissen, ob seitens der Gutachter eine neue Begutachtung durch Professor Hübner für erforderlich gehalten werde.

Da Kürten kürzlich geäußert hat, er wolle sich noch ergänzend auslassen über die Sühne- und Vergeltungsidee und deren Beziehungen zu seiner Sexualität, wurde ihm gesagt, daß wir nachmittags über diesen Punkt mit ihm sprechen würden. Damit schien Kürten einverstanden. Kürzlich hatte er gesagt, er müsse sich diese Dinge noch einmal überlegen und auch einiges vorher stichwortweise aufschreiben.

Kürten ging heute nachmittag spazieren; kurz vor der gewohnten Zeit der nachmittägigen Exploration klagte er plötzlich über Kopfschmerzen, die er auf die Lumbalpunktion zurückführte und legte sich in's Bett. Offensichtlich war er mit seinen Vorbereitungen zur Aussprache über den genannten Komplex noch nicht fertig und waren die Kopfschmerzen nur vorgeschützt, um die Aussprache hinaus zu schieben und um eine Frist zur Vorbereitung zu gewinnen.

»Wir wollen noch einiges ergänzend über Ihr Verhältnis zu Ihrer Frau sprechen.« »Im großen und ganzen genommen ist es nicht mein Verdienst, daß ich zu dieser Frau gekommen bin. Es war zum großen Teil die wirtschaftliche Notlage, in der ich mich damals befand, ausschlaggebend, daß ich mit ihr zusammengekommen und -geblieben bin.«

»Was hat Sie an der Frau gefesselt?« »Körperlich nichts und im übrigen hat mich gefesselt ihre Unterhaltungsgabe, sowie, daß sie ziemlich

weltgewandt und ihre Tugenden als Frau: brav, ordentlich, treu, fleißig.«

»*Wie war's mit dem Geschlechtsverkehr?*« »Von meiner Frau mußte ich zum Normalverkehr immer aufgemuntert werden. Es gelang mir nur unter tollsten Vorstellungen, wie Würgen, Verletzen und dergleichen mehr, den Akt zu vollziehen. Was eigentlich in mir schlummerte, das hat meine Frau nie verstanden und gekannt.«

»*Wenn Sie Ihre Frau so schätzten, ist es mir unverständlich, warum Sie immer wieder die eheliche Treue verletzt haben?*« »Die Verletzung der ehelichen Treue erfolgte meist doch auch dadurch, daß Gewalttaten mit einbegriffen waren. Ein regelrechter Geschlechtsverkehr hat bei der ehelichen Untreue doch nicht oder nur selten stattgefunden.«

»*Die Form Ihrer Betätigung ist ja gleichgültig, jedenfalls haben Sie die eheliche Treue doch verletzt. Wie kommt das trotz Wertschätzung Ihrer Frau?*« »Das war der böse Dämon, das war das böse Tier in mir schuld.« *(trocken, sachlich.)*

»*Warum haben Sie Ihrer Frau denn oft von Ihren Bekanntschaften mit Mädchen erzählt?*« »Die Frau hat mich viel verfolgt auf den von ihr vermuteten Wegen.«

»*Oder hatte die Frau Freude, wenn Sie ihr von Ihren Abenteuern berichteten?*« »Nein durchaus nicht, die Frau hat nur große Schmerzen gehabt.«

Kürten hatte kürzlich den Wunsch geäußert, sich noch einmal zusammenhängend über seine Vergeltungs- und Sühneidee auszusprechen. Er äußerte sich heute in sehr wohl überlegter Weise, sprach sehr langsam, zwischen jedem Satz machte er eine lange Pause der Überlegung: »Aufgetaucht ist diese Idee im Jahre 1912 im Dunkelarrest und Fesselstrafen. Da ist zunächst die Vergeltungsidee wach und rege geworden, kurz im Anschluß daran die Sühneidee. Der Begriff dieser Vergeltungsidee war derart: Ich glaubte, das Unrecht, was an mir geschehen sei, durch Straftaten, strafbare Handlungen, blutige Exzesse schlimmster Art wieder ausgleichen zu müssen. Ich glaubte und war jahrzehntelang davon überzeugt, daß die von mir auszuführenden Handlungen sich im Sinne einer Sühne oder Buße auf die Urheber der Pein übertragen würden, daß dieselben dadurch eine Strafe oder ein Übel erleiden müßten. Ich hielt die Urheber zum größten Teil für die Vollbringer der strafbaren Handlungen. Die Auswirkung dieser bei mir vorstelligen Sühneidee bestand darin, daß meine Peiniger seelische Schmerzen verspüren würden, daß sich diese bei ihnen weiterhin durch niedergedrücktes Wesen, Mißerfolg im täglichen Geschehen und in den täglichen Lebensverrichtungen, durch Unglück in der Familie, sowie teilweise auch durch Tod oder Selbstmord bestätigen oder zeigen würde. Das ist was Verkehrtes gewesen, was ich mir in späteren Jahren vorgestellt habe. Damals war ich fest davon überzeugt, das sei von jeher so bestimmt gewesen, daß ich dieses alles hätte leiden müssen. Ich bin mir vorgekommen als Werkzeug im Dienste der ausgleichenden Gerechtigkeit. Bei mir hatte sich die Überzeugung festgesetzt, daß ich als solches benutzt würde und benutzt werden müsse, um mit Rücksicht auf die ausgleichende Gerechtigkeit das Teil Unrecht wieder ins Gleichgewicht zu bringen. Ich habe mir viel Gedanken gemacht und oft überlegt und nachgedacht über meine Jugend und habe gesehen, daß ich da auch immer gequält und gepeinigt worden bin. Ich habe von den schlimmsten Menschen, die ich in meinem Leben kennengelernt habe, noch nie gehört, daß sie in ihrer Jugend auch nur annähernd das hätten erdulden müssen, was ich erduldet habe. Ich bin deshalb immer mehr zur Überzeugung gekommen, daß mein Schicksal in dieser Form von Anfang an vom Schöpfer so bestimmt war. Ich erinnere hier an einen Ausspruch von mir gegenüber einem Strafanstaltsbeamten, namens Töteberg im Jahre 1902/03: Es sei meine Bestimmung als Werkzeug der ausgleichenden Gerechtigkeit dienen zu müssen und es sei mir auch bestimmt, daß ich hingerichtet werden müßte. Ich habe dieses meist in der Form zum Ausdruck gebracht, nachdem ich mich mit dem Beamten Töteberg über Einschlagendes unterhalten hatte: Ja und danach bekomme ich doch den Kopf ab.«

»*Über was Einschlägiges haben Sie sich unterhalten?*« »Über solche Sachen wie Gewalttätigkeiten, Bluttaten auch katastrophaler Art, die damals in meinen Vorstellungen schon bestanden.«

»*Was für Unrecht ist denn seinerzeit an Ihnen geschehen?*« »Das Unrecht bestand darin, daß mir als jugendlichem Menschen schwere Fesseln angelegt wurden und ich in Dunkelarrest gesperrt wurde. Ich habe das als eine Behandlung gefunden, die mehr als tierisch ist. Ich habe damals nie gesehen, daß Tiere so gefesselt sind, daß Tieren so das Licht abgesperrt wurde, wie mir das damals so widerfahren ist. Ich hatte bis dahin nie gesehen oder gehört, daß Menschen in diesem Zustand der Fesselung anderen Menschen zur Schau vorgeführt wurden.«

»*Sie haben sich auch schlecht aufgeführt und kamen deshalb in Fesseln.*« »Das ist so eine Auffassung, ich bin der Ansicht, daß manchen Menschen in Gefangenschaft gute Führung gar nicht möglich war.«

»*Inwiefern?*« »Durch ihr Benehmen sowie durch innere Triebe fielen sie ungewollt den Strafanstaltsbeamten auf, und die Beamten, die das damals nicht so zu würdigen verstanden, haßten solche Gefangenen und verfolgten und peinigten sie, wo sie nur konnten.«

»*Es ist eigenartig, daß Sie Gewalttaten an ganz unbeteiligten Personen ausführen wollten und auch ausgeführt haben.*« »Die unbeteiligten Personen wurden ja von denen verletzt oder geschädigt, die die eigentlichen Urheber waren.«

»*Sie hatten also keinerlei Bedenken, gegen Unbeteiligte vorzugehen?*« »Ein Bedenken kann nicht kommen. Es geschieht oft, daß Unbeteiligte leiden müssen und viel leiden müssen, wie ich selbst dafür der beste Beweis bin.«

»*Inwiefern?*« »Ich habe nie etwas Ungerechtes getan und habe doch meine ganze Jugend hindurch Martyrium leiden müssen. Ich war durchaus nicht schwer zu erziehen und in meiner Jugend durchaus kein Taugenichts, und doch habe ich dutzende Male, nein ungezählte Male schwerste Mißhandlungen erdulden müssen, dutzende Male hören müssen, wenn der Vater der Mutter Vorwürfe machte, sie habe mich und speziell mich durch allerlei Manipulationen im Kindesalter zu töten versucht, wie durch Einschlagen in nasse Windeln, durch Unterbringung in einem nassen Raum mir eine tödliche Erkältung zuzuziehen, wie mir mein Vater noch vor allerkürzester Zeit erzählt hat.«

»*Warum sollte Ihre Mutter so etwas getan haben?*« »Es ist leicht möglich, um sich der Last zu entledigen.«

»*Nach Ihnen sind noch viele Geschwister geboren worden, dann hätte Ihre Mutter in dem Punkte zurückhaltender sein können?*« »Davon haben die Leute früher keine Ahnung gehabt. Im übrigen soll das ja auch in zwei Fällen zugetroffen sein, was mit mir geplant war. Da sind vor mir 2 Brüder, Peter und Jakob, in frühestem Kindesalter gestorben.«

»*Wie haben Sie sich die Übertragung Ihrer Handlung im Sinne der Sühne auf die Urheber vorgestellt?*« »Das ist in rein geistigem Sinne zu verstehen und zwar derart, daß mit Rücksicht auf die ausgleichende Gerechtigkeit das unschuldig vergossene Blut auf die Urheber zurückkommen müßte.«

»*Wer ist die ausgleichende Gerechtigkeit?*« »Diese ausgleichende Gerechtigkeit ist doch Gott der Schöpfer, so wie sich das auch schon in den Gesetzen und Geboten auf dieser Erde deutlich bemerkbar macht.«

»*Sie glauben also, daß Gott mit Ihrer Art im Sinne der Sühne- und Vergeltungsidee einverstanden wäre?*« »Ja, ja, das ist bestimmt. Es gibt ja auch ungezählte Beispiele in der Geschichte, wo Gott mit einer solchen Art einverstanden und sich anderer Werkzeuge bedient hat.«

»*Sie haben sich also als Werkzeug Gottes gedünkt?*« »Ich habe in dem Gedanken gelebt.«

»*Inwiefern hielten Sie Ihre Peiniger für die Vollbringer der strafbaren Handlungen?*« »Weil die mich soweit gebracht haben und mich auch dahin gebracht haben, daß ich zu solchen Handlungen fähig geworden bin und mich zu solchem Werkzeug eignen konnte.«

»*Inwiefern sollen die Strafanstaltsbeamten irgendwelche Mißerfolge, Unglücksfälle und Krankheiten, scheußliche Gewalttaten als eigene Schuld und Strafe für die eigene Schuld empfinden?*« »Trotzdem ist es wahr und es beweisen Beispiele, daß sich das in der Geschichte immer und immer wiederholt hat, daß einzelne Menschen Unrecht tun, andere als Werkzeug benutzt werden, um das auszugleichen, und daß Unbeteiligte darunter leiden müssen. Ich konnte mir das vorstellen, weil ich diesbezügliche Unterredungen mit den betreffenden Beamten hatte, daß sich so was ereignen könnte und gerade die Strafanstaltsbeamten sich möglicherweise hätten sagen müssen: Das rührt daher, daß wir daran schuldig sind, denn die Ausdrücke von Strafanstaltsbeamten zu zur Entlassung kommenden Gefangenen: ›Na Du wirst jetzt wieder auf die menschliche Gesellschaft losgelassen‹, stehen nicht vereinzelt da. Sie können also für möglich halten, daß ich das annehmen konnte.«

Kürten spricht jetzt fast überhastend, lebhaft gestikulierend und gibt sich Mühe, alle ihm gegenüber geäußerten Einwürfe zu entkräften und die Richtigkeit seines Gedankenganges darzutun: Es sei kein Zufall, daß die überwiegende Mehrzahl der Mörder ehemalige Strafgefangene seien und daß die Beamten, wenn sie wieder von einem neuen Verbrechen hörten, sich doch schuldbewußt sagen mußten, daß sie diesen Sträfling nicht richtig behandelt hätten, und es sei doch durchaus einleuchtend, daß dieses Schuldgefühl niederdrückend auf den Betreffenden wirken müsse und er bei Unglücksfällen und dergl. mehr in dem Unglücksfall die Strafe für falsche Behandlung der ihm anvertrauten Gefangenen erblicken müsse. »Wenn ich heute sage, das alles, was geschehen ist, ist daraus entstanden, daß Ihr mich nicht richtig behandelt habt, ob sich da nicht mancher an die Brust klopfen wird?«

»Besteht nicht auch die Möglichkeit, daß Sie auch ohne den Strafvollzug zu solchen Taten gekommen wären?« »Ob ich nicht auch ohne den Strafvollzug dazu gekommen wäre, das will ich nicht behaupten. Ich will sogar ohne weiteres zugeben, daß ich es sogar für sehr möglich halte, aber wenn Sie meinen Lebenslauf betrachten, so ist doch ganz offensichtlich, daß alles so entstanden und eins aus dem anderen geboren ist. Dann können Sie das alles als etwas Gegebenes betrachten und glauben, daß das alles durch den Strafvollzug gereift und zum Ausdruck gekommen ist, daß der verkehrte Strafvollzug ausschlaggebend gewirkt hat.«

»Dieses ganze Vorstellungssystem hat schon 1902 bestanden?« »Dieses ganze Gedankensystem habe ich schon sehr früh begriffen.«

»Sie haben sich also dieser Mission bewußt unterzogen?« »Einer Mission, zu der ich bestimmt war.«

»Sie sind also überzeugt, bestimmt gewesen zu sein?« »Ja«. *»Und Sie haben sich dieser Bestimmung unterzogen?«* »Ja.« *»Gern oder ungern?«* »Wahrheitsgemäß gern und nun kommt da natürlich ein Etwas hinzu, und das ist der persönliche Vorteil. Wie ja auch in jedem Fall in der Geschichte das betreffende Werkzeug einen bestimmten Vorteil gehabt hat. Und darauf kann man gleich sagen, der persönliche Vorteil bestand bei mir in der allgemeinen sexuellen Betätigung und in der sexuellen Befriedigung.«

»Diese Verknüpfung der Vergeltungs- und Sühneidee mit dem Sexuellen kam gleichzeitig oder erst später?« »Das kam ungefähr in kurzer Folge dar-

auf, das steht in näherem Zusammenhang. Es beginnt ja auch diese Vorstellung in der Haft mit sexuellen Betätigungen.«

»*Über die sexuellen Vorstellungen und Betätigungen in der Haft ist schon gesprochen worden, so daß wir hier wieder den Anschluß an früher Besprochenes gefunden haben. Sie sprachen von ergänzenden Ausführungen, Dingen, die Sie bisher niemanden gegenüber, auch nicht zu den Grafenberger Ärzten geäußert haben?*« »Ja da ist noch Verschiedenes zu sagen, aber ich bitte darum, das an einem anderen Tage zu besprechen, da ich bisher keine Zeit hatte, mich in dieser Richtung zu konzentrieren.«

»*Wie kommt es, daß in der Altenburger Zeit nichts Ernstliches vorgekommen ist?*« »Die Möglichkeit war dazu gegeben, weil dort ganz andere Verhältnisse bestehen. Abends nach 11 Uhr herrscht Totenstille auf der Straße und außerhalb erst recht.«

»*Wie haben Sie denn sexuelle Befriedigung gefunden?*« »Ich habe mit meiner Frau regelrechten Verkehr unterhalten, allerdings unter Zuhilfenahme der Ihnen bekannten Vorstellungen. Im übrigen hat meine Frau stets dort blaue Flecken gehabt.«

»*Und im übrigen?*« »Im übrigen hat es dort sehr gut gegangen. Im großen und ganzen war ich dort brav und solide.« *(sarkastisch)*

»*Haben Sie in Altenburg Anschluß gehabt?*« »Ich habe gelegentlich Geselligkeit gesucht und auch gefunden.«

»*Sie waren im Reichsbanner?*« »Da war ich ein großer Mann, war sogar als Delegierter auf einem Gautage.«

»*Hatten Sie Spaß an dieser Tätigkeit?*« »Hier kommt der Wichtigtuer und Gernegroß in Frage.«

»*Hatten Sie inneren Anteil an der Sache?*« »Ich war damals ein fanatischer Anhänger, habe mich am regsten betätigt, hatte auch die besten Ergebnisse in der Sammeltätigkeit.«

»*Waren Sie beliebt?*« »Ja, ich war jedenfalls nicht unbeliebt.«

»*Unterhielten Sie Verkehr?*« »Mit Arbeitskollegen und Landsleuten, aber selten. Ich war doch meist allein.«

»*Oder in der Wirtschaft?*« »Wenn ich von der Arbeit kam, ging ich nach Hause und dann wieder raus in das sogenannte Jagdrevier.«

»*Warum sind Sie eigentlich nicht in Altenburg geblieben?*« »Es hat mich hier nach Düsseldorf gezogen, wie irgend eine geheime Kraft und Macht.«

»*In den Altenburger Jahren muß sich doch Ihr Drang und Trieb allmählich beruhigt haben?*« »Es hat fürchterlich in mir rumort und mich nicht zur Ruhe kommen lassen. Und so viel ich mich heute kenne: Bringen Sie mich nach Altenburg, es wäre zwecklos, in so und so vieler Zeit würde das wie in Düsseldorf wieder zum Ausdruck kommen.«

»*Nun ist auch verständlich, weshalb Sie die Ausweisung aus Düsseldorf so geärgert hat?«* »Wenn auch unbewußt, hat es mich sehr schwer betroffen. Es hat mich ahnen lassen, was mir da verloren gehen konnte.«

»Hatten Sie noch weitere Pläne, die Sie ausgeführt hätten, wenn nicht Ihre Verhaftung so überraschend erfolgt wäre?« »Es bestanden bestimmte Voraussetzungen und ein bestimmtes Etwas in meinen Vorstellungen. Daß das, was ich sage, nicht nachträglich ausgeklügelt ist, beweist meine Frau, denn am Tage vor der Festnahme hat sie davon Kenntnis bekommen und seitdem habe ich mit meiner Frau nicht mehr gesprochen.«

»Sie haben mit Ihrer Frau nicht mehr gesprochen?« »Überhaupt nicht mehr seitdem.«

»Ich denke doch noch einmal. . .?« »Da habe ich mit dem Untersuchungsrichter gesprochen, nicht mit meiner Frau, welche vollständig seelisch zusammengebrochen war. Ich habe meiner Frau damals folgendes gesagt: Meine Mission ist noch nicht beendet. Ich muß noch das eine oder andere vollbringen. Darunter habe ich verstanden, einige Gewalttaten im Sinne der Vergeltungs- und Sühneidee begehen zu müssen. Ich habe weiter zu meiner Frau gesagt, und dieses war in früherer Zeit stets meine Vorstellung: alsdann wolle ich mich der Polizei und dem Gericht freiwillig zur Verfügung stellen und das Gericht davon in Kenntnis setzen, daß meine Mission beendet sei. Selbstverständlich hätte ich dann Zweck und Gründe der Mission, bestehend in Vergeltungs- und Sühneidee, auseinander gelegt und das Gericht davon in Kenntnis gesetzt. In dieser oder ähnlicher Form habe ich am Tage darauf dem Kriminaldirektor einiges kundgegeben; in der ersten Stunde der Festnahme war das. Zum Beweise dafür habe ich meine Frau beauftragt, so so und dann und dann mitzuwirken, daß meine Festnahme erfolgen solle. Über diese vorgenannten Themas haben wir uns einen ganzen Tag unterhalten. An diesem Tage hat meine Frau unter anderm gesagt, daß sie schon immer gewußt hätte, daß ich nicht gescheit sei. Daß ich aber so toll wäre, hätte sie nicht vermutet. Ich habe ihr die Gründe klar gemacht, habe ihr mein ganzes Leben geschildert und die vielen Strafen, die ich verbüßt habe. Die Vorstellungen haben im übrigen schon immer bestanden, nicht erst vor der Festnahme, sondern schon Jahre und Jahrzehnte vor der Festnahme.

Im Anschluß daran könnte ich noch was sagen, was ich mir überdacht habe. Ich habe es Ihnen schon angedeutet, z.B. ein Werkzeug zu sein und eine Mission erfüllen zu müssen. Ich habe mich unter anderm an den Gräbern der Opfer aufgehalten und mich daselbst ruhig und wohl gefühlt. So bin ich u.a. in Düsseldorf auf dem Friedhof gewesen, da liegen mehrere Opfer, die Kinder Lenzen, Hamacher und Ohliger. Dann war ich auch in Mülheim, 1913 und auch 1925. Dann kommt hier ein Umstand, der ist mitbestimmend gewesen für die Anfertigung des Grabes im Falle Hahn: und zwar ungestört auch zur Zeit der Nacht mich an einem Grabe aufhalten zu können. Das Verhalten an den Gräbern war vorerst ein gedrücktes. Ich habe auch an den Gräbern längere Zeit in kniender Stellung zugebracht. Im Laufe einiger Zeit sind dann die Bilder der Vergangenheit, besonders die Erinnerung an die Drangsalierung und an die schlechte Behandlung von Seiten meiner Peiniger an mir vorübergegangen, und ist das Bewußtsein neuerdings in mir lebendig geworden, noch weitere Opfer im Sinne der Sühneidee bringen zu müssen.«

»*Und dann hatten Sie dabei sexuelle Befriedigung?*« »Die Vorstellung, ich habe eine Mission zu erfüllen, die ich mir ja vielleicht eingeredet habe. Jedenfalls war ich fest davon überzeugt; in dieser Überzeugung bin ich bestärkt worden durch Stimmen, die ich klar und deutlich aus den Gräbern vernommen habe. Welcher Art die Stimmen waren, habe ich Professor Sioli dargelegt.«

»*Welcher Art waren die Stimmen, die Sie beispielsweise aus dem Grabe der Ohliger gehört haben?*« »In der Form als wie: Es dauere nicht mehr sehr lange, dann würde ich nicht mehr geplagt und gequält sein, würde keine Seelenschmerzen mehr erleiden, sondern würde die Ruhe finden und den Frieden, wie auch sie jetzt . . . Wollen Sie auch was aus dem Grabe der Christine Klein hören? Es war etwas Unterschiedliches vom vorherigen, nämlich derart: Ich muß noch viel dulden und leiden, die Mission ist noch lange nicht beendet und ich muß noch manche Opfer bringen.«

»*Diese Stimmen kamen also aus dem Grabe?*« »Ja, nach meiner Überzeugung. Vielleicht mag es auch in meinem Hirn eine Einbildung gewesen sein. Ich war aber überzeugt, daß die Stimmen aus dem Grabe kamen mit Rücksicht darauf, daß ich mich am Grabe befand.«

»*Sie haben also nur Stimmen gehört, wenn Sie sich am Grabe eines Ihrer Opfer befanden?*« »Ja, . . . da ich das auch vermutet habe, daß ich wieder neuerdings etwas hören würde, bin ich deshalb auch dorthin gegangen. Im Falle Klein bin ich deshalb und nur aus diesem Grunde nach Mülheim am Rhein gefahren, und zwar nochmals 1925 und späterhin. Ich habe von diesen Stimmen Ahnung gehabt im Jahre 1913, da war ich schon am Grabe Klein.«

»*Also nochmals: Stimmen haben Sie nur an den Gräbern gehört?*« »Bewußt ist mir das auch gewesen, wenn ich nicht am Grabe war und ich habe mich zu diesem Zweck eigens hinbegeben.«

»*Was glauben Sie denn hätten die Gerichte gesagt, wenn Sie mit der Begründung der Vergeltungs- und Sühneidee Ihre Taten freiwillig gestanden hätten?*« »Ich habe immer die Überzeugung gehabt, daß durch die Kenntnisnahme hinsichtlich der Vergeltungs- und Sühneidee, was ich dann dem Gericht vorgebracht hätte, die Reform des Strafvollzuges eine besondere Besserung und Verbesserung erfahren würde. In diesem Sinne habe ich auch mit dem Kriminaldirektor gesprochen.«

»*Haben Sie denn geglaubt, Sie würden mit dieser Motivierung straffrei bleiben?*« »Ich habe vielmehr angenommen, daß mein Tod hierzu den eigentlichen Abschluß bringen würde in den Sinne, daß mein Leben hier auch noch geopfert werden müsse, wie das ja in zahllosen anderen Fällen aus der Geschichte bekannt ùst.«

»*Zum Beispiel?*« »Es gibt ungezählte Fälle, in denen Gott sich ein Werkzeug auserwählt hat, und zwar Menschen, die später als Märtyrer sterben mußten.«

»*Hatten Sie denn bei diesen Vorstellungen und dem Gedanken, ein Märtyrer zu sein und sich als Märtyrer vorzustellen, nicht Bedenken, daß trotz dieser angeblich edlen Absicht sexuelle Befriedigung erfolgte?*« »Bedenken sind nicht gekommen in den einzelnen Fällen. Die sind mir auch bei Ausführung dieser einzelnen Taten nicht zum Bewußtsein gekommen. Im übrigen mache ich mir auch heute keine Sorge und Unruhe. Ich bin überzeugt, daß, wenn ich auch gesündigt habe, mich Gott doch nicht in die Hölle schicken wird, wo ich doch hier auf Erden die Hölle schon gehabt habe.«

»*Haben Sie nicht mal den Gedanken gefaßt: Nun verübe ich keine Tat mehr?*« »Das habe ich nicht getan. Nach Begehung der einzelnen Taten habe ich mir nie gesagt, daß das die letzte Tat war, ebensowenig wie sich das in meinem Gedankengang befunden hat, demnächst weitere Taten zu begehen.«

»*Das Letztere ist aber doch wohl anzunehmen?*« »Im großen und ganzen Rahmen vielleicht wohl, im einzelnen jedoch nicht. Es ist möglich, daß ich mir vorgestellt habe, morgen oder übermorgen oder in allernächster Zeit wirst Du wieder so eine Tat ausführen.«

»*Sie haben doch selbst gesagt, Ihre Mission wäre noch nicht beendet?*« »Das war 1913, wo ich das bei der Klein hörte.«

»*Nein, Sie haben das doch auch Ihrer Frau gegenüber erklärt?*« »Jawohl, jawohl . . . Immerhin, die Vorstellung, die Mission ist noch nicht beendet, mag bestanden haben. Aber damit ist logischerweise nicht gesagt: Dann und dann begehe ich die nächste Tat.«

»*Das nicht, aber grundsätzlich bestand doch die Einstellung, daß noch weitere Taten kämen.*« »Grundsätzlich ja.«

»*Hatten Sie für die Zukunft noch bestimmte Pläne?*« »Ja, es müßten unbedingt noch Taten folgen, wie sie sich 1929 ereignet haben.«

»*Hatten Sie bestimmte Personen im Auge?*« »Nein, das ist wohl nicht gut möglich, sonst hätte ich das ja längst schon tun können, wenn ich wirklich meine Widersacher im Auge gehabt hätte. Sie waren mir bekannt und wären mir leicht zu erreichen gewesen.«

»*Bei der Überlegung, es müßten noch unbedingt Taten folgen, wie 1929, dachten Sie an Überfälle mit tödlichem Ausgang?*« »Ja.«

»*Auch an Brandstiftungen?*« »Auch, möglicherweise.«

»*Sind 1929 auch noch Sachen mit Tieren vorgekommen?*« »Nein.«

»Wann haben Sie dem Schwan im Hofgarten den Kopf abgeschnitten?« »Das war im Frühjahr 1930.«

»Sind auch Sachen mit Ziegen 1929/1930 vorgekommen?« »Nein.« *Lächelt.* »Das sind doch auch Tiere.«

»Ich frage aus bestimmten Gründen nach Ziegen.« »Das ist mir momentan nicht in Erinnerung ... wo soll sich das zugetragen haben? ... In meiner Gegend da am Torfbruch?«

»Ja!« »Das ist mir nicht in Erinnerung.«

»Nicht weit vom Tatort Dörrier?« »Das ist mir nicht in Erinnerung. Es ist mir zwar bekannt, daß ich da Tiere gesehen habe, Ziegen und Schafe, auch 1929. Ich habe aber nichts unternommen.«

»Vielleicht war es in diesen Fällen ein anderer?« Sarkastisch: »Vielleicht existiert noch eine neue Auflage, kommt noch ein neuer Düsseldorfer Mörder ... so viel Arbeit haben Sie gehabt; aber jede Arbeit ist seines Lohnes wert.«

»Was wollen Sie damit sagen?« »Nun ich meine immerhin in der Befähigung, solche Sachen bearbeiten und begutachten zu können, dem ist Erfolg beschieden. Vielleicht können Sie, Herr Oberarzt, daraufhin sogar mal Direktor werden.«

»Ist Ihnen denn niemals der Gedanke an die Verwerflichkeit Ihres Tuns gekommen?« »Nein um Gottes willen! Wie kann ich Bedenken gehabt haben? Ich dachte mir doch, das ist recht und von Gott gewollt, das sei richtig, recht und gut, besonders mit Rücksicht auf das Endresultat, daß hunderttausende, die im Strafvollzug schmachten, Nutzen davon haben würden.«

»Sie wollten uns noch was berichten, was Sie bisher nirgends, auch den Grafenberger Herren gegenüber, nicht erwähnt haben?« »Das ist weiter nichts Besonderes mehr, ich habe das inzwischen Ihnen erwähnt, vielleicht muß einiges in dem ein oder anderen Punkte noch beleuchtet werden.«

»Wer hat Ihnen denn eigentlich diese Mission erteilt?« »Möglich ist es, daß ich mir das selber eingeredet habe. Jedenfalls war ich aber davon überzeugt.«

»Sie sind doch durch Überlegung darauf gekommen?« »Ja ... Am Grab 1913 habe ich aber die feste Überzeugung gehabt, daß es so war und seine Richtigkeit hatte.«

»Wodurch kam denn diese Überzeugung?« »Es ist doch nicht so schwer, davon überzeugt sein zu müssen, mit Rücksicht auf meine Jugend, wo ich gepeinigt und gequält worden bin, mit Rücksicht auf die Geschichte, wo tausende derartige Fälle passiert sind; ebenso die Überzeugung, für jemand sein Leben hinzugeben.«

»Für wen sollten Sie denn Ihr Leben hingeben?« »Mit Rücksicht auf die Reform des Strafvollzuges.«

Ergeht sich anschließend in längeren Ausführungen, wie schon früher, über den früheren Strafvollzug im Vergleiche zum jetzigen Strafvollzug, über den Zweck der Strafe etc. . . . »*Sie wollen also behaupten, daß trotz sexueller Befriedigung in erster Linie der Gedanke an die Reform des Strafvollzuges das Motiv Ihrer Tat gewesen sei?*« »Ja.«

»*Das Ganze ist doch nur so erklärlich, daß Sie mit diesen Vorstellungen der Vergeltungs- und Sühneidee sich nur das eine oder andere Mäntelchen umgehangen haben, um Ihr Gewissen zu beruhigen?*« »Das ist kein Gewissen mehr gewesen.«

»*Das glaube ich nicht, daß Sie kein Gewissen gehabt haben. Diese Märtyreridee ist ein Beruhigungsmittel für Sie gewesen. Sie wollten doch nur Ihre Geschlechtslust finden.*« »In den Fällen, wo ich zu den Tatorten zurückgekehrt bin, hat das Bewußtsein bestanden, daß ich sexuelle Befriedigung finden konnte. Das war ausschlaggebend. An den Gräbern habe ich nicht im Entferntesten an Sexuelles gedacht, vielmehr ist das da erst entstanden.«

»*Die Gräber Ihrer Opfer sind zu zählen, die Versuche sind aber ungezählte. Da war doch das sexuelle Motiv die Hauptsache?*« *Verlegen:* ». . . Allerdings . . . es mag sein, wie Sie vermuten, daß, wenn auch unbewußt, sexuelle Möglichkeit bestanden hat. An den Gräbern hat aber die sexuelle Möglichkeit nicht bestanden. Vielleicht darf ich erwähnen, daß ich dasselbe schon in ersten Stunde der Verhaftung dem Kriminaldirektor gesagt habe . . . die späteren Protokolle mögen anders ausgefallen sein.«

»*Was wollen Sie aus dem Gesagten für eine praktische Auswertung ziehen?*« »Das ist keine fixe Idee gewesen, sondern wie das tausendmal in der Weltgeschichte gewesen ist.«

»*Ich kann der Richtigkeit Ihres Gedankenganges nicht beipflichten.*« »Ich bin schon lange ernüchtert und habe lange eingesehen, daß es verkehrt gewesen ist. Das ändert aber nichts an der Tatsache, daß ich strafbare Handlungen begangen habe, für die ich voll und ganz verantwortlich sein will.«

»*Ob Sie wollen oder nicht, das ist ja ganz egal.*« »Es ist schöner und besser.«

»*1899 bestand doch noch keine Sühneidee?*« »Allerdings.«

»*Das ist doch erst ein im Laufe der Jahre entstandenes Gebilde, um sich selbst Halt zu geben?*« »Ja . . .«

»*So einen Trieb mögen viele haben, den muß man aber doch zwingen!*« »Hätte ich das mit 13 Jahren auch schon mit den Tieren unterdrücken können? Glauben Sie das?«

»*Das erste war doch jedenfalls der sexuelle Trieb, das zweite erst die Sühneidee?*« »Ja, ja. *(feuchte Augen)* Nun ich war bisher in dem Glauben und der Ansicht, das eigentliche Sexuelle ist erst aus der Vergeltungs- und Sühneidee entstanden, wenigstens in der Form, wie es entstanden ist.«

Nach einer chronologischen Aufstellung wird dem Kürten bewiesen, daß der sexuelle Trieb abwegig war schon vor *der Entstehung der Vergeltungs- und Sühneidee.*

»*Die Sühneidee hat eben Ihre sexuelle Einstellung gestützt?*« »Das erste Mal, wo mir das zum Bewußtsein gekommen ist, daß durch Vorstellung der Sühneidee sexuelle Befriedigung eingetreten ist, da habe ich erfahren, daß durch die Sühneidee sexuelle Befriedigung kommt. Diese Vorstellung kam und blieb dann ununterbrochen bestehen.«

»*Was haben Sie denn an den Gräbern für Erlebnisse gehabt?*« »Das ganze frühere Leben ist an mir vorbeigezogen, besonders die Peinigungen; ich habe auch längere Zeit gekniet.«

»*Warum, um zu beten?*« »Unwillkürlich vielleicht mit Rücksicht auf andere Personen. Die meiste Zeit habe ich am Grabe der Hahn verbracht.«

»*Hingetrieben hat Sie also nicht der sexuelle Trieb?*« »Das glaube ich verneinen zu müssen.«

»*Der kam dann erst?*« »Ja, ich muß nochmals betonen, an Sexuelles habe ich nicht gedacht. Wenn sexuelle Befriedigung eingetreten ist, so ist diese gegen meinen Willen erfolgt.« »*Was haben Sie denn für Stimmen gehört?*« »Das war eine einzige Stimme, z.B. der Christine Klein.«

»*Sie haben doch das Kind überhaupt nicht sprechen gehört?*« »Ich habe aber aus dem Grabe ihre Stimme gehört. Sie sagte: Ich müßte noch viel Opfer bringen und werde noch lange nicht von den Qualen erlöst – 1925 und 1926 und 1927 war das anders. Da hörte ich, bald würde ich erlöst sein und so Ähnliches, das hing dann mit religiösen Dingen zusammen.«

»*Haben Sie denn nicht Sorge gehabt, daß mal ein Detektiv Sie am Grabe entdeckte?*« »Ich weiß das heute auch ganz gut, daß der Täter an das Grab seines Opfers geht und dort gefaßt werden kann. Ich habe mich auch schon selbst manchmal gewundert, daß die Polizei so wenig Sorgfalt darauf verwandt hat. Ich habe mich sogar am Grabe beschäftigt, man hätte das merken müssen, aber die Idee ist mir nie gekommen, sonst hätte ich das doch nie getan.«

»*Sie sagen, die Stimmen hätten gesagt, Sie müßten noch Qualen aushalten. Was für Qualen?*« »Das war 1913, als ich das gehört hatte, das kann schon seine Richtigkeit haben. Dann sind doch noch allerhand Qualen seelischer und körperlicher Art erfolgt.«

»*Sie verstehen also unter Qualen nicht etwa den Zwang, weitere Gewalttaten verüben zu müssen?*« »Nein.«

»*Haben Sie zu diesem Kapitel noch etwas zu sagen, Herr Kürten?*« »Ich glaube, ich habe nichts mehr« . . .

»*Herr Kürten, woher haben Sie Ihre recht gute Bildung?*« »Ich habe in der Strafzeit gern und viel gelesen. Ich habe dafür auch Opfer gebracht. Gelegentlich z.B. für Essen ein Buch eingetauscht. Ich habe, was ich bekommen konnte, an mich gezogen.«

»*Was haben Sie denn gelesen?*« »Viel und mit Vorliebe Länder- und Völkerkunde, auch Kriminalfälle, wie sie z.B. in den Zeitschriften stehen, dann aber auch in den Zeitschriften Artikel anderer Art, auch Romane.«

»Haben Sie in den Gefängnissen auch Tageszeitungen gelesen?« »Nein.«

»Aber seit der Entlassung seit 1921 doch wohl, z.B. über Haarmann?« »Den habe ich allerdings lebhaft verfolgt, in sämtlichen Zeitungen, die ich verfolgen konnte.«

»Haben Sie mit dem nicht eine Ähnlichkeit festgestellt?« »Eine Ähnlichkeit, indem ich mir gesagt habe, das wird auch so ein armer Teufel sein, der ein Martyrium ausgehalten hat und jetzt seine Mission so vollendet.«

»Und den Fall Bischoff?« »Den habe ich persönlich gekannt. Für solche Fälle habe ich kein Verständnis, für alles, was Päderastie anbelangt, für sexuelle Erregung oder Befriedigung durch Päderastie auszulösen, habe ich große Abneigung. Das hat mich gar nicht interessiert.«

»Den Essener Fall kennen Sie wohl auch?« »Sie meinen Tripp? Ja, das hat mich schon mehr interessiert, dann besonders der Fall Hussmann. Den habe ich nicht im Sinne des Martyriums aufgefaßt; da haben mich die Tatumstände interessiert. Die Tat hat sich angeblich im Blutrausch zugetragen. Der Fall Hussmann hat mich mehr interessiert mit Rücksicht darauf, daß die Sache blutig war, daß es heißt: Die Bluttat sei aus sexueller Erregung heraus erfolgt.«

»Was halten Sie vom Täter?« »Der Hussmann wird es vermutlich nicht gewesen sein. Dann habe ich mir gedacht, es könne jemand gewesen sein, der irgendwie durch sexuelle Notlage bis zum Sadismus gekommen ist.«

»Was Sadismus ist, ist Ihnen also damals klar gewesen?« »Das ist mir ziemlich klar auch schon früher gewesen.«

»Halten Sie sich selbst auch für einen Sadisten?« »Um Gottes willen! Ich habe nicht das getan, was ein ausgesprochener Sadist tut.«

»Nach Ihren Taten könnte man aber auf den Gedanken kommen?« »Ich bestreite es ganz entschieden. Ich habe keinem Opfer Schmerzen bereitet, um dadurch, daß ich das Opfer leiden sah, zum sexuellen Genuß zu kommen. Ich habe die Opfer schmerzlos und möglichst schnell getötet, ohne ihnen nennenswerte Schmerzen zuzufügen.«

»Haben Sie noch etwas zur Frage Sadismus zu sagen?« »Sadistisch, das ist ja der direkte Gegensatz von dem, von dem ich überzeugt war, ich wäre ein Werkzeug Gottes und hätte eine Mission zu erfüllen und mit Rücksicht darauf hätte ich viel zu erdulden und zu ertragen.«

»Dabei die außerordentliche Verquickung mit Sexuellem?« »Leider ist das das Übel und die Sünde dabei.«

»Wie wollen Sie denn Ihre sexuelle Betätigung nennen?« »Wenn Sie das nicht berücksichtigen mit der Vergeltungs- und Sühneidee und daß bei der Ausführung der Tat die sexuelle Betätigung nur eine Begleiterscheinung war, so läßt sich das nicht anders nennen, als Sadismus.«

»Wie nennen Sie denn Ihre Handlungen ohne Sühneidee vom Jahre 1899?« (Verlegen): »Da weiß ich mich nicht zu erinnern, daß das vorgekommen ist. Meinen Sie das Mädchen aus der Altstadt 1899?« *»Ja, z.B.?«* »Da weiß ich auch nicht, wie ich das bezeichnen soll. Der Fall fällt nicht unter die Sühneidee, höchstens unbewußt; da muß ich einräumen, der Fall ist dem Umstande nach sexueller Befriedigung zuzuschreiben.«

»Und wie wollen Sie die Sache mit den Tieren nennen?« »Lediglich sexuelle Betätigung.«

»Und die nenne ich Sadismus!« . . . »Ja, wenn diese Betätigung sadistisch ist, dann liegt ein sadistischer *(sucht nach einem Ausdruck)* . . . damals habe ich von Sadismus noch keine Ahnung gehabt. Da habe ich mich wohl in sadistischer Art betätigt, ohne Sadismus gekannt zu haben, da ist das gegangen auf Vererbung hin. Da habe ich mir noch weiter nichts vorgestellt von Vergeltungs- und Sühneidee, sondern die große Gewalt und der Drang, den ich als Schuljunge gespürt habe, rührt lediglich von Vererbung her und ist verursacht durch das Beispiel der Eltern, welches nicht immer gut war. Im Grunde hatten Sie recht, wenn Sie das Sexuelle als das erste und die Vergeltungs- und Sühneidee als das zweite bezeichnen. Wenn man die Tatsache berücksichtigt, ist der sexuelle Trieb ja tatsächlich von Jugend an dagewesen und später nicht schwächer geworden. Die viele und lange Haft ist als Fesselung des sexuellen Triebes zu bezeichnen. Der gefesselte Trieb ist nachträglich desto gewaltsamer zum Ausbruch gekommen.«

»Also hat doch bei der Ausführung Ihrer Taten der Sexualtrieb die Hauptrolle gespielt. In zweiter Linie kam doch erst die Vergeltungs- und Sühneidee?« »Ich kann das auf die späteren Taten nicht verallgemeinern, da hat die Vergeltungs- und Sühneidee eine viel zu feste Grundlage gehabt. Diese Grundlage wird gestützt auf zahlreiches Aktenmaterial, woraus hervorgeht, daß ich wohl der Überzeugung sein mußte, gequält und gepeinigt worden zu sein und in den allermeisten Fällen mit Unrecht . . . Ich muß nochmals ausdrücklich darauf hinweisen, daß in all' den Fällen, welche als strafbare Handlungen anstehen, zurück bis 1904 noch in der Hauptsache Vergeltungs- und Sühneideen mich zu den Taten veranlaßt und getrieben haben.«

»Haben die Diebstähle auch etwas mit diesen Motiven zu tun?« »Die haben nichts mit Sexuellem, auch nichts mit Vergeltungs- und Sühneideen zu tun.«

»Sie haben damals also die Auffassung gehabt, die Vergeltungs- und Sühneidee sei nichts Schlechtes?« »Selbstverständlich nicht, in der damaligen Verfassung nicht. Ich habe sogar die Auffassung gehabt, sie sei richtig und es sei außerdem recht, was ich tue.«

»Dann können Sie sich doch eigentlich auf den Standpunkt stellen, Ihre Bestrafung wäre bei dieser damaligen falschen Einstellung heute ein Unrecht?« »Das brauche ich nicht. Ich habe trotzdem dabei gesündigt, wenn ich auch

die sexuellen Handlungen nicht gewollt habe. Wenn ich die Handlungen nicht begonnen habe, grundsätzlich um sexueller Befriedigung willen, dann ... wo ich heute anders denke und einsehe, daß es verkehrt war und die Vorstellungen irrige waren, so muß ich sagen, ich muß trotzdem bestraft werden und zwar aus folgenden Gründen: Ob gewollt oder ungewollt, die sexuellen Handlungen haben sich ereignet und zugetragen. Wenn auch in mehreren Fällen an den Opfern keine Handlungen vorgenommen sind, hat doch bei mir sexuelle Betätigung stattgefunden und diese sexuelle Betätigung liegt nicht im Sinne der Vergeltungs- und Sühneidee.«

»*Diese sexuelle Betätigung ist aber an sich nicht strafbar?*« »In diesen vorhin genannten Fällen ist vielleicht die sexuelle Betätigung vor dem weltlichen Gericht nicht strafbar, strafbar aber letzten Endes vor dem göttlichen Richter.«

»*Dann wäre also vielleicht eine Strafe vor dem weltlichen Gerichte ein Unrecht Ihnen gegenüber?*« »Ja, da sind aber Fälle so zahlreich, wo an Opfern sexuelle Handlungen begangen sind, welche das Gericht als strafbar ohne weiteres bezeichnen wird und im Verein mit der schweren Handlung der Verletzung oder Tötung, was etwa sie darstellt, ahnden wird.«

»*Wenn die Tötung aus der Vergeltungs- und Sühneidee erfolgt ist, die sexuelle Betätigung aber nur eine Begleiterscheinung ist, so wäre die Tötung zu ahnden also ein Unrecht?*« »Wer will dem Gericht die Überzeugung beibringen, daß, von mir bewußt, keine unrechte Tat getan worden ist?«

»*Dann wäre also nach Ihrer Meinung Ihre Bestrafung für die Tötungen ein Unrecht, ein Justizirrtum?*« »Nach Ansicht der weltlichen Justiz wird es nie ein Justizirrtum sein, ob ich selbst annehme, daß meine Verurteilung einen Justizirrtum darstellt, ist ganz nebensächlicher Natur. Es braucht sich auch keiner Kopfschmerzen zu machen. Der Täter gibt voll und ganz zu, der Täter zu sein. Die und die Tat ist begangen und die und die Strafe steht darauf. Die Frage ist, ob der Täter verantwortlich ist: keiner wird das verneinen. Es wird doch in einem halben Jahr ein Verrückter nicht gescheit. Das Gericht wird annehmen: Das wird nicht so schlimm sein, daß der mit Gewalt zur Tat hingezogen worden ist; es kann nicht verstehen, was für Gewalten das gewesen sind, die den Menschen zur Tat gezwungen haben. Das werden die ebenso wenig verstehen, als wenn es heißt, Haft wirklich zu verbüßen. Ich meine, es wären ebenso gut vergebliche Bemühungen, diesbezüglich auf Nichtverantwortlichkeit hinweisen zu wollen, als es vergeblich wäre, wenn ich nach der Verurteilung ein Gnadengesuch einreichen würde. Das wäre eine Blamage, selbst, wenn die Sachverständigen sagen würden, der Mann hat zur Zeit der Tat nicht seine freie Willensbestimmung gehabt: Das Gericht macht doch, was es will.«

»*Sie sprechen von Gewalten, die Sie zur Tat hingezogen und gezwungen haben?*« »In der Hauptsache wäre es Ausgleich zu schaffen im Sinn der

Vergeltungs- und Sühneidee, was mir immer vor Augen gestanden hat und mich auch am Tage bei der Arbeit nicht verlassen hat.«

Spontan: »Ich hätte noch gern etwas hinsichtlich der Bildung hinzugefügt. Ich sagte, ich hätte mich mit Vorliebe mit Länder- und Völkerkunde beschäftigt. Ich habe mich auch für Sitten und Gebräuche, auch sexueller Art, der betreffenden Völker interessiert.«

»*Zum Beispiel?*« »Für Südseeinseln oder Indien, für Anhänger des Buddha, also für Japan und China, auch für so Taten der Amokläufer und Kopfjägerei, wie in Australien und auf den Südseeinseln.«

»*Auch für erotische Literatur?*« »Ich habe natürlich alles verschlungen.«

»*Können Sie mir Titel nennen?*« »Titel sind mir nicht in Erinnerung. Die Sachen sind schnell gelesen worden und weniger haften geblieben.«

»*Woher haben Sie die Fremdwörter, die Sie in unseren Unterredungen gelegentlich gebrauchen?*« »Die habe ich so mündlich angehört und verglichen und evtl. bezeichnet, was das Wort bedeuten soll. Ich habe es dann begriffen.«

»*Sie hatten also starken Bildungsdrang?*« »Schon mehr Lesewut. Es ist kein Tag vergangen, wo ich nicht alle Düsseldorfer Zeitungen gelesen habe. Häufig bin ich auch in der Bibliothek am Jägerhof gewesen.«

»*Hat Ihnen das Gelesene auch bei Ausführung Ihrer Taten vorgeschwebt?*« »Jules Verne hat mir vorgeschwebt. Ich habe vieles in mich aufgenommen und gewünscht, in die Tat umzusetzen. Es blieb aber bei diesen Phantasien oder Wahnvorstellungen. Zum Beispiel habe ich mir ein Luftschiff konstruiert und damit eine Reise auf den Mars und die Venus ausgeführt, wie ich Ihnen das schon erzählt habe. Im übrigen habe ich das, was hier einschlägig ist, gewünscht, ausführen zu können, z. B. Schilderungen aus den Südseeinseln, wo sie Gefangene massakriert haben, wo ich von Kannibalismus gelesen habe, der dort üblich ist.«

»*Haben Sie denn auch das Fleisch Ihrer Opfer gegessen?*« »Nein, ich bin doch kein Kannibale« ...

»*Wie war denn Ihre Stimmung?*« *(am Tage vor der Verhaftung, d. H.)* »Ziemlich gleichgültige Stimmung im Vergleich zu meiner Frau, meine Stimmung war nicht anders, als wie meine Frau mich immer gekannt hat. Jedenfalls war ich ganz gefaßt und habe den kommenden Ereignissen ruhig entgegengesehen.«

»*Waren Sie nicht deprimiert?*« »Nicht im Entferntesten. Ich habe das Mittagessen meiner Frau und nachmittags beim Kaffee ihren Kuchen mit aufgegessen.«

»*Da hatten Sie das doch auch alles noch nicht Ihrer Frau gestanden?*« »Doch, das ist schon nachmittags gewesen.«

»*Ihre gleichgültige Stimmung glaube ich Ihnen nicht!*« »Das Gegenteil ist aber wahr, als die von Ihnen vermutete deprimierte Stimmung. Da kommen wir wieder auf das Thema Gewissen.«

»Sie werden doch Angst vor Ihrer eigenen Zukunft gehabt haben, daß es Ihnen jetzt an den Kragen ginge?« »Wo soll Angst herkommen? Das ist doch kein an den Kragengehen, sondern eine Wohltat. Ich weiß, daß mein Erlöser lebt und das ist der Scharfrichter, er lebt noch.« *(Ironisch auf plattdeutsch).*

»Sie sprachen von Erlösung. Sie haben doch Ihre Taten ganz gern ausgeführt?« »Das möchte ich nicht so ohne weiteres bejahen. Manchmal habe ich so bei Ausführung der Tat nicht nur seelische, sondern auch körperliche Schmerzen verspürt, die erst nach Vollbringung der Tat ins Gegenteil umschlugen.«

»Sie sagten, Sie hätten Ihrer Frau gesagt, sie solle warten, bis Ihre Mission erfüllt sei. Ihre Frau sollte also noch weitere Opfer zulassen?« »Ja, in diesem Zustande habe ich mir das nicht besonders überlegt; ich war im Glauben, das hätte noch so sein können.«

»Damit war Ihre Frau also Mitwisser Ihrer Morde?« »Da habe ich gar nicht dran gedacht.«

»Das kann ich mir gar nicht vorstellen.« »Heute kann ich mir das auch nicht vorstellen.«

»Sie haben doch Ihrer Frau gedroht: Verrate mich nicht?« »Nein, das ist mir nicht eingefallen.«

»Sie haben sich dann abends getrennt?« »Ja und ein Wiedersehen für den nächsten Tag nachmittags drei Uhr verabredet.«

»Wann haben Sie erfahren, daß Ihre Frau von der Polizei verhaftet worden ist?« »Nach meiner Festnahme.«

»Haben Sie nicht an die Möglichkeit gedacht, daß durch diese Verabredung Ihre Festnahme ermöglicht wurde?« »Gar nicht.«

»Sie haben vielleicht die Nerven verloren und nicht mehr klar gedacht?« »Das kann ich nicht sagen, vielleicht habe ich mal die Nerven verloren, als ich in Haft war, als die Überzeugung kam, daß alles, was ich bisher gemacht habe, verkehrt war.«

»Was haben Sie in der Nacht vom 23. zum 24. getan?« »Da habe ich auf meinem neuen Zimmer geschlafen von abends um 12 bis morgens um 7 Uhr.« *(Ruhig und sachlich; lächelt.)*

»Wie war denn Ihre Stimmung?« »Ich habe jedenfalls fest geschlafen. Wie die Stimmung war? Am anderen Morgen habe ich schon daran gedacht, ›Opfer zu bringen‹. Ich bin bei der Körtzinger gewesen, für abends hatte ich mich mit der Belles verabredet. Ich war in Sühne- und Vergeltungsstimmung, nicht besonders mehr und nicht besonders weniger. Ich habe mein Gleichgewicht nicht verloren . . . Was soll mir mein Gewissen tun, wenn ich davon überzeugt war, nichts Schlechtes, sogar etwas Rechtes zu tun?«

»Immerhin waren Sie sich doch bewußt, strafrechtlich etwas Verbotenes zu tun?« »Das wohl, das habe ich gewußt . . . Wenn ich mir natürlich nicht in jedem einzelnen Falle gesagt habe: Da tust Du, was strafrechtlich verboten ist.«

»Wie kommt es, daß Sie nach Ihrer Festnahme ein so umfassendes Geständnis abgelegt haben?« »Ich bin damals in demselben Moment der Festnahme sofort so eingestellt gewesen, als wie: Die Mission ist für das, was die Opfer anbelangt, beendet. Kurz darauf im Anschluß kommt ein gewisses Etwas dazu: Ich fing jetzt an, mir in der Rolle zu gefallen. Das gründet sich notgedrungen auf das Ererbte: die Großmannssucht. Jetzt habe ich außerdem die Unterlage gehabt, das hat mit Vergeltungs- und Sühneideen, Opferbringen u. dergl. überhaupt nichts zu tun. Das ist der Gedanke gewesen, jetzt u.a. die Belohnung auf die Höhe zu treiben und soviel auf mein Konto zu nehmen wie angängig. Jetzt kommt das Letzte noch, was unzertrennlich davon ist und da haben auch sexuelle Erregungen dabei stattgefunden, wenn ich wahrgenommen habe, daß ich die Anwesenden durch die Schilderungen entsetzt habe. Das habe ich nicht gewollt, ist vielmehr in mir wach geworden und hat sich unbewußt getätigt.«

»Hatten Sie auch bei den Unterredungen mit den Grafenberger Ärzten und mit uns sexuelle Erregung?« »Durchaus nicht mehr. Ich bin davon bedeutend ernüchtert . . . d. h. ich will die Wahrheit sagen, bei den Grafenberger Herren ist es noch hier und da der Fall gewesen, in der Folgezeit hat das mehr nachgelassen. Die ganzen Vorstellungsgeschichten sind nicht so ganz restlos geschwunden in der Einsamkeit der Haft. Ich kämpfte, mich aber restlos von dem Irrtum zu befreien, der ja tatsächlich als solcher bestanden hat.«

»Freuen Sie sich eigentlich auf die Hauptverhandlung?« »Auch in gewissen Sinne, ja.«

»Sehen Sie dieser Hauptverhandlung nicht mit Sorge entgegen?« »Gar im Gegenteil, mit großer Spannung, die eher freudiger Natur ist, als daß ich mir Besorgnisse machen würde.«

»Welcher Natur ist denn die Spannung?« »Diese Spannung hat ein ganz anderes Aussehen, als wie Sie vielleicht denken. Ich glaube, im Laufe der Hauptverhandlung zeigen und beweisen zu können, daß ich doch eigentlich insofern etwas Großes und in gewisser Hinsicht Gutes geschafft habe, indem vor allem die Aufmerksamkeit auf den früheren Strafvollzug gelenkt wird, welcher ja anerkanntermaßen ein verfehlter war. Und weiterhin hoffe ich ein warnendes Beispiel zu sein für die heranwachsende Generation, sich vor Freiheitsstrafen zu hüten, damit sie nicht in ähnliche Lage kommt wie ich und gegebenenfalls nicht auch Opfer und Märtyrer eines verfehlten Strafvollzugs sein oder werden müsse.«

»Sonst sehen Sie der Verhandlung nicht mit Spannung entgegen?« »Sexueller Art . . . Ob sexuell sich Regungen einstellen werden, ist mir unklar.«

»Sie haben Ihre Geständnisse u.s.w. ja mehrfach gewechselt. Wollen Sie jetzt bei Ihrem Geständnis bleiben?« «Ja.« *Ironisch:* »Da können Sie ganz ohne Sorge sein.«

»Oder sind noch Überraschungen zu erwarten?« »Glauben Sie, daß wir noch mal mit den Kohlenschippen losgehen müssen?« *»Wie meinen Sie das?«* »Schreiben Sie das bitte nicht auf. Bei einer Vernehmung, da hat ein Kriminalbeamter mir mal gesagt, es würden wohl noch mal Nachgrabungen im Grafenberger Wald nötig werden, um weitere Opfer zu Tage zu fördern. Das fußte auf den Karten, die ich geschrieben habe. Die ganze Sache ist abwegig und kommt nicht in Frage.«

»Sie haben im Laufe der Zeit die Motivierung Ihrer Straftaten außerordentlich gewechselt; auch während unserer Unterredung haben Sie bisher eigentlich das sexuelle Motiv in den Vordergrund gestellt. Wir waren erstaunt, beobachten zu müssen, daß Sie im Gegensatz zu früher in den letzten Tagen das Motiv der Vergeltungs- und Sühneidee in den Vordergrund stellten und das sexuelle Motiv nur so beiläufig erwähnten.« »Die Mediziner sind grundsätzlich so eingestellt, daß in erster Linie der sexuelle Trieb in Frage kommt, in zweiter Linie erst die Vergeltungs- und Sühneidee. Das ist auch hier im Beisein des Herrn Direktor immer so gewesen. Er betonte in erster Linie immer das Sexuelle. Dasselbe war der Fall bei Professor Berg. Dem schien auch die Vergeltungs- und Sühneidee so nebensächlich; er hat da kaum Notiz von genommen.«

»Sie sind ja selbst derjenige, der dieses Motiv immer als Hauptmotiv betont hat.« »Ich möchte darauf erwidern, es wird wohl kein Tag vergangen sein, wo die Vergeltungs- und Sühneidee nicht von mir hervorgehoben ist. Ich verweise auch auf Ihre eigenen Schriftsätze. Es mag nicht so gewesen sein, daß bisher das sexuelle Motiv in den Vordergrund gestellt wurde und jetzt zuletzt erst mehr die Vergeltungs- und Sühneidee, sondern ich meine, daß ich jeden Tag die Vergeltungs- und Sühneidee betont und unterstrichen habe.«

»Es ist objektiv aber nicht richtig, was Sie da sagen.« »Dann kann ich nur sagen, es kam dadurch, daß der Herr Direktor mir kürzlich sagte, die Vergeltungs- und Sühneidee käme erst in zweiter Linie. Ich habe betont, daß, nach meiner Ansicht, das Sexuelle aus der Vergeltungs- und Sühneidee entstanden sei . . . Grundsätzlich war die Frage des Herrn Direktors bisher in der Richtung so gestellt, daß ich das Sexuelle schildern und darlegen mußte, wie wir so schnell hintereinander die einzelnen Taten durchsprachen.«

»Auch das ist objektiv nicht richtig. Nehmen wir z.B. die Brandstiftungen. Die haben doch nach Ihren eigenen Angaben mit Vergeltungs- und Sühneidee gar nichts zu tun?« Sichtlich verlegen, überlegt längere Zeit und schließlich: »Nein, bei den Brandstiftungen ist immer das Sexuelle, das ist ja auch Tatsache.«

Nach längerer Pause: »Anderseits habe ich bei der Polizei bereits den Zusammenhang mit der Vergeltungs- und Sühneidee betont. Sie mögen das ja phantastisch finden, der Brand hat das Opfer versinnbildlicht, das äußerlich ganz gut wahrnehmbar ist. Ich habe auch schon an anderer Stelle gesagt, ich hätte beabsichtigt, Empörung und Erregung in die Bevölkerung zu tragen. Das hing mit der Vergeltungs- und Sühneidee insofern zusammen, als ich sagen wollte, soweit kann jemand infolge verfehlten Strafvollzugs kommen, der jahrzehntelang gepeinigt worden ist.«

»Wie weit messen Sie sich selbst Schuld an den Taten zu?« »Meine Schuld erblicke ich darin, daß ich nicht genügend angekämpft habe bei Regung und Neigung der Vergeltungs- und Sühneidee in der Haft. Ich will mich genau ausdrücken: Wenn die Vorstellungen so bei mir wach wurden, habe ich mich darin wohl gefühlt, habe sie gehegt und gepflegt, so gesteigert, bis Samenerguß erfolgte, anstatt gegen die anzukämpfen. Das hätte ich bekämpfen müssen, wie man überhaupt Vorstellungen unzüchtiger und unkeuscher Art bekämpfen soll, weil das notgedrungen zur schweren Sünde, zu Laster und gegebenenfalls zu Verbrechen führen kann.«

»Messen Sie sich nicht auch eine unmittelbare Schuld an den von Ihnen verübten Taten zu?« »Außer dem, was ich gesagt habe, wüßte ich nichts.«

»Hätte man Ihnen je in Ihrem Leben helfen können?« »Ja ganz gewiß ... und zwar auf zwei verschiedene Art und Weise hätte man mir helfen können. Einmal so, wie es mir auch meine Frau angedeutet oder, besser gesagt, angedroht hat, ich müsse in eine Heil- und Pflegeanstalt. Meines Erachtens hätte das allerdings 20 Jahre früher erfolgen müssen, anstatt mich im Gefängnis und Zuchthaus zu drangsalieren.«

»Was hätten Sie sich von einem Heilanstalts-Aufenthalt versprochen?« »Die Möglichkeit war vorhanden gewesen, daß ich auch dann schon vor zwei Jahrzehnten erwacht wäre und von den irrigen Vorstellungen der Vergeltungs- und Sühneidee geheilt worden wäre ... Das zweite Heilmittel: Wenn nach Begehung der ersten Tat, der Christine Klein 1913, die Mission von mir genommen worden wäre und ich hingerichtet worden wäre.«

»Ja, damals kannte man den Täter ja nicht?« »Wenn man die Mission von mir genommen hätte, dann wäre ich dazu gekommen, mein Leben opfern zu müssen. Die Sache hätte dann ein Ende gefunden. Dann hätte ich gestehen müssen oder durch Fügung dessen, der die Mission auf mich geladen hat, hätte das offenbar werden müssen und die Wege sind zahllos.«

»Sie wollen also sagen, Gott hätte sie als Täter offenkundig werden lassen müssen. Gott hat also gewissermaßen Schuld, daß es soweit gekommen ist?« »Ja das liegt im ganzen Sinn. Die Wege der Vorsehung sind ja zahllos.«

»Sehen Sie nicht auch eine Schuld darin, daß Sie sich nicht offenbart, keinen Halt gesucht haben?« »Wenn das eine Schuld darstellen sollte, so ist diese Schuld unbewußt und mir nie zum Bewußtsein gekommen.«

3. Beobachtungen über das allgemeine Verhalten Kürtens in der Anstalt Bedburg-Hau

Aus dem Gesamtverlauf der hiesigen Beobachtung ist hervorzuheben, daß Kürten am Tage seiner Aufnahme sich etwas anmaßend-ablehnend verhielt; er wollte offensichtlich durch dieses Verhalten die Erfüllung gewisser Wünsche durchsetzen. Er erwarte, so äußerte er, daß man von seinen Taten absehe, ihn als Mensch würdige und nicht als die Bestie ansehe, welche er draußen ja gewesen sei. Er sei sich darüber klar, daß seine Tage gezählt seien. Es sei rührend, wie sehr man um sein kostbares Leben besorgt sei! Man wolle sich das Schauspiel seiner Hinrichtung nicht entgehen lassen, auf das die Öffentlichkeit ja auch ein volles Anrecht habe. Er habe sich die ihm noch verbleibende Zeit genau eingeteilt und wisse, was er wolle. Seine Zukunft bestimme er letzten Endes selbst. Er habe keine Lust, sich in der ihm noch verbleibenden Zeit zu ärgern. Es gefalle ihm hier keineswegs. Am liebsten gehe er morgen wieder nach Derendorf zurück. Wenn ihm gesagt würde, daß das Gericht seine sechswöchentliche Beobachtung beschlossen habe, so könne er nur erwidern, daß ein Beschluß dazu da sei, um wieder rückgängig gemacht zu werden. »Wenn ich nichts sagen will, sage ich nichts. Daß die Ärzte hier an mir großes Interesse haben, daß ihnen mein Fall interessant sein muß, davon bin ich überzeugt. Mir nützt das aber alles nichts.« *Er sei keineswegs geisteskrank, vielmehr außer dem Arzt wohl der einzige Gescheite in diesem Haus. Kürten äußerte sodann zahlreiche Wünsche, welche ihm zum großen Teil erfüllt werden konnten. Er gewann daraufhin sichtlich Vertrauen und war in der Folgezeit zu allen Untersuchungen bereit.*

Bei diesen häufigen, vielstündigen Untersuchungen zeigte Kürten nie irgendwelche Zeichen von Ermüdung. Seine Aufmerksamkeit war stets eine angespannte. Er überlegte ganz offensichtlich jede seiner Antworten. Gelegentlich versuchte er eine Fragestellung, welche ihm unangenehm war, nicht zu beantworten. Er gab dann vorsichtig nicht eindeutige Antworten, kam aber immer wieder bei einer der nächsten Unterredungen auf diese Fragestellung zurück und hatte sich in der Zwischenzeit offensichtlich die Beantwortung überlegt.

Während der Pausen zwischen den Untersuchungen beschäftigte sich Kürten mit Lesen, auch schrieb er viel. Zwischendurch ging er häufig im Zimmer auf und ab und dachte sichtlich nach.

Auf sein Äußeres legte er sehr großen Wert. So war er immer sorgfältig gekämmt, bat schon am ersten Tage, ihm die Anstaltskleider etwas passender umzunähen und ersuchte auch um Belassung seiner eigenen Schuhe.

Kürten benahm sich äußerlich in jeder Weise unauffällig.

Während der Beobachtungszeit hat Kürten 16 Pfund an Körpergewicht zugenommen.

Von Wichtigkeit halten wir es, darauf hinzuweisen, daß Kürten während seines Aufenthaltes im Bewahrungshause vollkommen abgesondert von den Kranken gehalten wurde. Kürten war in dem Beobachtungszimmer der Abteilung untergebracht. Jede Berührung mit den anderen Kranken wurde aus naheliegenden Gründen vermieden. Auch war seine Pflege und Überwachung besonders ausgewählten Pflegern übertragen, die ihre Beobachtungen in täglichen schriftlichen Berichten niederzulegen hatten und seine Äußerungen vermerkten.

Aus diesen Beobachtungsberichten des Pflegepersonals geht hervor, daß Kürten über seine Jugend, seine Vorstrafen und Erlebnisse im Strafvollzug sich den Pflegern gegenüber in ähnlicher Weise äußerte, wie bei den ärztlichen Untersuchungen.

Kürten hat nach den Beobachtungen der Nachtwache stets ruhig und fest geschlafen. Es ist nie beobachtet worden, daß Kürten Selbstbefriedigung trieb. Einmal wurden im Hemd und Bettuch (nach 5tägigem Gebrauch) Samenflecke gefunden.

Im übrigen scheinen folgende Eintragungen aus dem Beobachtungsbericht des Pflegepersonals von Wichtigkeit: 4. 11. 1930: Äußerte: Er bekäme doch den Kopf herunter und darum möchte man ihm die Tage bis dahin nicht vergällen. Erzählte von seiner Jugendzeit und von seinen Jahren als Strafgefangener.

5. 11. 1930: Bei der Rückkehr vom Spazierhof rief ein Kranker ihm folgendes zu: »Kürten, ich sollte Dein Scharfrichter sein. In Riemen würde ich Dich schneiden.« Kürten wechselte die Farbe und sagte: »So urteilt die Bevölkerung.« *Beruhigte sich aber sofort wieder; äußerte später:* »Sagen Sie dem Kranken, wenn er es versteht, daß sein Wunsch in Erfüllung gehen würde.« *Erzählt, daß er seinen Körper bereits der Bonner Anatomie angeboten habe, dann würde er ja zerschnippelt. Er hoffe, daß seine Frau dafür bares Geld bekomme.*

6. 11. 1930: Kam auf seine Taten zu sprechen und sagte: es kämen nur drei Personen in Frage, die etwas über ihn aussagen könnten. Diese wären die Schulte, die Herstraß und die Budlies. Für die Aussagen dieser drei Personen hätte er eine Zuchthausstrafe von 15 Jahren bekommen, weil er schon für ähnliche Fälle vorbestraft gewesen wäre. In der Zeit wäre er dann so alt geworden, vielleicht schon gestorben und darum habe er ein volles Bekenntnis abgelegt. Er erklärte dann auch, daß er von Reue bis jetzt noch nichts gespürt habe.

8. 11. 1930: Hatte Besuch durch den Untersuchungsrichter. Bei dem Gange zum Ärztezimmer sagte er: »Wenn ich gewußt hätte, wie dieses Haus gebaut und eingerichtet ist, hätte auch hier die Voruntersuchung geführt werden können.«

9. 11. 1930: Erklärte, er hätte 68 Straftaten eingestanden, davon 10 Morde,

27 Brandstiftungen, im übrigen Mordversuche und andere Sachen. Ferner sagte er, bei der Verhandlung wolle er die Öffentlichkeit nicht ausgeschlossen haben, um dadurch einheitliche Pressemeldungen zu erzielen. Er werde somit 10 Mal geköpft und in den anderen Sachen für jeden anderen Fall mit 15 Jahren Zuchthaus bestraft werden, weil es sich um schwere Objekte handele. Weiter sagte er, es würde noch auf ihn gehört werden, damit er am Sprechen bleibe.

11. 11. 1930: Beim Spaziergang erzählte Kürten eingehend von seiner Jugend und den ersten Jahren, die er im Gefängnis zugebracht hätte. »Ich glaube bestimmt, daß der größte Teil der Gefangenen nicht ganz normal ist. Auch ist es möglich, daß ich zur Zeit meiner Taten nicht ganz normal gewesen bin, aber das ist kein Milderungsgrund für mich.«

13. 11. 1930: Kürten kam auch von sich aus auf sein Vorleben zu sprechen. Er erzählte zuerst langsam, mit kleinen Pausen, und dann immer lebhafter, je mehr er auf seine persönlichen Angelegenheiten zu sprechen kam. Dabei machte er mit den Armen lebhafte Bewegungen und blieb auch mehrere Male stehen, wenn er mit besonderem Nachdruck erzählte. Unter anderem sagte er: »Die Möglichkeit könnte vorhanden sein, daß ich bei Ausführung der Taten nicht normal gewesen bin. Ich darf Ihnen das wohl sagen, mein Großvater und meine Großmutter, ebenfalls mehrere Verwandte von mir sind nicht normal gewesen. Früher habe ich das auch nicht gewußt, aber mehrere Ärzte von Grafenberg haben das festgestellt. Denn ein gesunder Mensch wird doch keinen umbringen. Genau so gut, wie Sie jetzt nicht hingehen und einen von Ihren Kollegen umbringen würden und so ist es auch bei mir.« *Wenn Kürten von seinen persönlichen Angelegenheiten spricht, braucht man nie eine Frage zu stellen, ebenso fängt er auch ohne jeden Anlaß davon an.*

14. 11. 1930: Sprach von dem Knabenmörder Bischoff: »Angenommen, Bischoff würde nach 4 bis 5 Jahren gesund sein, dann könnte er vielleicht in 10 bis 12 Jahren entlassen werden. Ich kann Ihnen aufrichtig sagen, wenn ich vor 15 Jahren nach Bedburg gekommen wäre, und hätte eine so gute Behandlung gehabt, dann hätten all' die unschuldigen Opfer nicht sich zu ereignen brauchen und ich hätte auch nicht soviel zu leiden brauchen. Vielleicht komme ich auch noch einmal nach Bedburg und werde dann nach 10 bis 15 Jahren wieder losgelassen zu neuem Aufräumen!«

16. 11. 1930: Erzählt von seiner unglücklichen Jugend, schließt seine Erzählung mit den Worten: »Ja das Leben kommt nicht von ungefähr ›die vielen Strafen, die ich hatte‹. Und bald wird das verpfuschte Leben ein Ende haben, denn kein Minister wird für Kürten ein Gnadenwort sprechen. Ich bin aber auch froh, daß es ein Ende haben wird; denn im Zuchthaus oder hier mein ganzes Leben sitzen, mag ich auch nicht, wo das Volk Anrecht auf Sühne hat.«

24. 11. 1930: Erzählt folgendes: »Wenn meine Verhaftung am 24. Mai nicht erfolgt wäre, so hätte ich einen Plan ausgeführt, welchen ich schon lange in mir getragen habe. Ich wollte so gern noch dem Staatsanwalt Jansen und mehreren ihm bekannten Damen den Bauch aufschlitzen. Zunächst wäre ich ja mal untergetaucht und abends hätte ich immer noch in Düsseldorf sein können. Seit dem Jahre 1929 bis zu meiner Verhaftung habe ich jeden Tag ein schweres Verbrechen ausgeführt.« *Während Kürten dieses erzählte, war er erregt, zitterte stark, gestikulierte mit den Händen, stand öfters vom Schemel auf, setzte sich dann wieder hin.*

27. 11. 1930: Klagte nach der Lumbalpunktion über Beschwerden: »Wofür muß das alles mit mir gemacht werden? Bei mir geht ja doch der Kopf runter!«

1. 12. 1930: Hatte Besuch des Untersuchungsrichters, sagte nach dessen Weggang. »Der will mich bloß mal wieder sehen, ob ich noch hier bin. Der hat Angst, daß er mich nicht köpfen lassen kann.«

2. 12. 1930: Sprach über seine Taten, sagte, es tät ihm leid, daß er seine Frau so betrogen hätte. Wenn er doch seinen Willen etwas beherrscht hätte, was er gekonnt hätte! Denn er hätte seinen Willen doch so in der Gewalt gehabt, daß er das nicht verraten hätte, was er früher gemacht hätte. Erzählte, wie er im Walde bei Düsseldorf bekannt gewesen wäre. Jeden Strauch hätte er gekannt und sich manchmal hinter einen verdrückt, wenn er Gefahr geahnt hätte. Dabei wäre er sehr vorsichtig gewesen, hätte mit der Hand die Stelle abgetastet, ob kein dürres Holz knacke, wenn er seinen Fuß wohin gestellt hätte. Auch sprach er von den Schrebergärten, vom Selbstschutz, den man hätte einführen wollen. Äußerte, man hätte ein Häuschen für Kriminalbeamte bauen wollen. Falls dies geschehen sei, hätte er dann das Häuschen in Brand stecken wollen.

5. 12. 1930: War heute im Gespräch sehr zurückhaltend, sagte, daß die schönen Tage in Bedburg bald um wären und daß er noch einen Tag früher abtransportiert werde.

9. 12. 1930: Äußerte morgens: »Gleich werde ich wohl wieder nach unten ins Ärztezimmer müssen. Ich scheue mich richtig davor: denn mein Kopf ist ausgepreßt wie eine Zitrone.«

10. 12. 1930: Kam nach dem Alkoholversuch mit einem hochroten Kopf aus dem Ärztezimmer heraus und sagte ironisch: »So, jetzt ist der Düsseldorfer Mörder besoffen und muß einen erwürgen.« *Hat dann sofort gegessen, aber sehr wenig, ging noch eine Zeitlang im Zimmer auf und ab, zog sich um 8 Uhr aus und ging in's Bett, las bis 9 Uhr.*

11. 12. 1930: Auf Fragen, ob er gut geschlafen hätte, sagte Kürten: »Ganz prima, denn es heißt doch: Ein gutes Gewissen ist ein sanftes Ruhekissen. Warum soll ich mir Gewissensbisse machen; denn ich habe doch nur für die Menschheit gekämpft, besonders für meine Leidensgenossen im Strafvollzug. Seit den letzten Jahren ist da doch vieles geändert worden«. *Kürten sprach sich dann noch sehr lobend über die hiesige Anstalt aus.*

13. 12. 1930: Der Arzt teilte dem Kürten mit, daß er nach Düsseldorf abgeholt würde. Diese Mitteilung machte dem Kürten anscheinend keine große Freude.

Drittes Kapitel Abrechnung

I. Medizinische Gutachten

1. Ärztliche Begutachtung durch Professor Sioli

Die Begutachtung wollen wir in folgender Weise ordnen:

I. Liegt oder lag bei K. eine Geisteskrankheit im medizinischen Sinne vor und, wenn ja, hat sie Einfluß auf die freie Willensbestimmung?

II. Ergeben sich aus den Taten und ihrer Motivierung Schlüsse auf einen Zustand von Bewußtlosigkeit oder krankhafter Störung der Geistestätigkeit, der die freie Willensbestimmung aufhebt?

III. Was ist ärztlich zu der Persönlichkeit des K. zu sagen?

Zu I. Die Bedingungen für die Annahme einer Geisteskrankheit im medizinischen Sinne sind in der Weise zu suchen, daß entweder bestimmte körperliche und psychische Störungen oder nur krankhafte Geistesvorgänge sich in irgendeiner Weise während der Untersuchung und Beobachtung oder in den Berichten über Kürten oder in Kürtens Berichten selbst äußern müßten. Die Taten selbst sind dabei, auch wenn sie noch so geheimnisvoll und unerklärlich erschienen, nicht als alleinige Beweismittel einer Krankheit herbeizuziehen, sondern können nur in Verbindung mit anderen krankhaften Geistesvorgängen gewertet werden.

Wir betonen vorweg, daß die körperliche Untersuchung keinerlei Anhaltspunkte für das Vorliegen einer organischen Gehirnerkrankung ergeben hat.

Während unserer Untersuchung haben wir Anzeichen einer Geisteskrankheit auch sonst vermißt ... (Es) besteht keine krankhafte Affektstörung, weder ein Affektmangel oder unangemessene Affektäußerungen, noch die Anzeichen einer gehobenen oder gedrückten Gemütsverfassung.

Es fehlen alle die unmotivierten stereotypen, manierierten Absonderlichkeiten in Haltung und Bewegung von Gesichtsmimik, Ausdrucks- und anderen Bewegungen des Körpers und der Sprache, welche die Anzeichen katatoner Störungen, des Spannungsirreseins oder Triebirreseins sind.

Das Denken verläuft bei Kürten ohne jede Störung der Form und der Verknüpfungen oder der Urteilsfähigkeit, wie das aus den Stenogrammen jederzeit zu entnehmen ist. Es fehlen also mit Bestimmtheit die Anzeichen, welche regelmäßig sich bei den geistigen Erkrankungen der schizophrenen und paraphrenen Gruppe äußern.

Zwei Reihen von geistigen Vorgängen bedürfen der besonderen Erörterung, es sind erstens die Denkinhalte, die als »Sühneidee« bei Kürten vorkommen und zweitens das, was er selbst als »Stimmen« bezeichnet. Bei 1. ist zu erörtern, ob die Sühneidee Kürtens eine Wahnidee ist (die Bejahung dieser Frage würde weiter erörtern lassen, ob er dadurch zu einem an Paranoia – der Verrücktheit im wörtlichen Sinne – leidenden Menschen gestempelt wäre). Die Frage nach den Stimmen führt darauf, ob diese von ihm als Stimmen bezeichneten Vorgänge Sinnestäuschungen oder Trugwahrnehmungen sind:

Zu 2., den Stimmen. Wenn man die in unserer Untersuchung vom 22.10. und in den anhängenden schriftlichen Beschreibungen von Kürten gegebene Darstellung liest, sieht man sofort und ohne Mühe, daß es sich bei allen diesen Hergängen nicht um Sinnestäuschungen gehandelt hat, sondern um willkürliche Phantasievorstellungen (»Phantasien, tollste Phantasien«), in die sich Kürten selbst hineinversetzt hat (»habe mich hineinversetzen wollen, habe den Gedanken verfolgt«), denen der Realitätswert, d.h. die Möglichkeit der Verwechslung mit der Wirklichkeit, völlig fehlt. Daß Kürten im Stande ist, sich die Phantasievorstellungen lebendiger auszumalen und wunschgemäßer auszugestalten als eine große Zahl anderer Menschen das kann, beruht mit auf seiner von uns auch durch Untersuchungsmittel nachgewiesenen hohen eidetischen Fähigkeit, die ein Persönlichkeitsmerkmal nicht krankhafter Art ist. Die Lebhaftigkeit der Phantasietätigkeit selbst ist auch nicht krankhaft, sondern als Persönlichkeitseigenschaft später noch einmal zu erwähnen.

Aus den Erzählungen Kürtens ist nur eine Zeit aufzufinden, in der die Lebhaftigkeit seiner Phantasievorstellungen zu sinnlicher Lebendigkeit und zum Verlassen des Wirklichkeitsbewußtseins führte: Die Affäre, als er 1909 in der Strafanstalt in Münster sich »wirklich feste vorgestellt und eingebildet, ich sei eine Seidenraupe und wollte mich verpuppen«. Dieser Hergang wird von ihm selbst klassisch so geschildert, wie sehr häufig hysterische Bewußtseinsströmungen (Ganser) als Flucht aus der Wirklichkeit in der Haft vorzukommen pflegen, ohne daß sie die geringste Bedeutung als Erscheinungen einer länger dauernden oder außerhalb der Haft vorhandenen krankhaften Störung oder Persönlichkeitseigenschaft haben.

Wir schließen diese Erörterung damit, daß außer diesem einen Hergang 1909 die anderen von Kürten unter der Überschrift »Stimmen« berichteten Hergänge keine Sinnestäuschungen gewesen sind, sondern selbst ausgemalte Phantasien, die keine krankhafte Bedeutung haben.

Zu 1., die Sühneidee, die er auch Vergeltungsgefühl oder Vergeltungsgedanken nennt, wird in den polizeilichen Vernehmungen von Kürten noch nicht so formuliert, wie er sie später in unseren Untersuchungen formuliert hat; in den polizeilichen Vernehmungen tritt sie als Rachegedanke formuliert auf; Kürten selbst aber weist dabei schon früh darauf hin, daß er sie später ausführlich schildern werde, wozu es dann offenbar bei der Polizei nicht mehr gekommen ist. Wir wollen unserer Auffassung das zugrunde legen, was Kürten selbst uns angegeben hat in den häufigen Erörterungen der »Sühneidee«, auf die er teils von selbst, teils von uns veranlaßt kam.

Kürten verlegt den Ursprung dieser Gedanken in den Strafvollzug. Er schildert deutlich, wie er sich in Phantasien von Gewalttätigkeiten erging, entsprechend den vielerlei Luftschlössern, die sich Gefangene zu bauen pflegen, und gerade daran Gefallen fand bis zur sexuellen Befriedigung. In der Hingabe an die Gewalttätigkeitsphantasien sieht er selbst seine ursprüngliche Schuld. Nach der ersten Mordtat in Mülheim und der damit verbundenen Entspannung sieht er »daß das allerhand wert wäre, dazu beitragen würde, das viele Unrecht zu entsühnen, daß das unschuldige Blut auf die Peiniger kommen würde«. Nachdem er 1928 glaubt, unrecht behandelt worden zu sein, wird der Vergeltungsgedanke bei ihm stärker, er konzentriert seine Gedanken darauf, er bezeichnet den Gedanken selbst als »ausgedacht – im Sinne der ausgleichenden Gerechtigkeit« unter dem Einfluß auch geistlicher Predigten in der Kirche. Dieser ganze Vorstellungskomplex wird dann von ihm verwendet zur sexuellen Befriedigung und unter diesem Ziele gebraucht und ausgebaut, nachdem das sexuelle Entspannungsgefühl in Verbindung gebracht ist mit der Sühneidee. Schon an dieser Stelle wollen wir hervorheben, daß die Sühneidee unter den Tatmotiven keine beherrschende Rolle spielt, sondern nach den Taten bei ihm aufgetaucht ist, wie das seine Schilderung des Falles Kühn und viele andere Stellen erweisen. Schließlich hängt an der Sühneidee als Anhängsel noch die Vorstellung der Wirkung auf die Strafvollzugsreform und der dahingehende Wunsch, der stellenweise bis zur Märtyreridee ausgebaut wird.

Wir haben versucht, die Sühneidee so in ihrer Entstehung und Bedeutung zu entwickeln nach dem Gesichtspunkt der wiederkehrenden Situationsmomente in verschiedenen Schilderungen, die wir als Test für den Wert einer psychologischen Entstehung betrachten. Um eine psychologische Entstehung der Sühneidee handelt es sich, nicht um eine pathologische. Hier liegt nicht eine krankhaft entstandene Wahnidee vor, die das Handeln bestimmt, sondern in psychologisch verständlicher Weise bildet Kürten sich eine Gedankentheorie zur Erklärung und Rechtfertigung dessen, was er getan hat, in deren Aufbau er seine Triebmotive der sexuellen Gewalttat und der natürlichen Rachsucht verschmilzt mit Vergeltungswünschen und mystischen Vorstellungen und den Einflüssen seiner von ihm selbst als »Großmannssucht« bezeichneten Phantasievorstellungen.

Wir schließen diese Erörterung damit, daß die »Sühneidee« nicht ein krankhaft entstandener unkorrigierbarer Irrtum des Kürten ist, sondern eine von ihm selbst denkerisch gebildete Rechtfertigungstheorie, ein sehr kompliziertes geistiges Gebilde, mit dem er seine Taten vor sich selbst legitimiert.

Mit der Erörterung der »Sühneidee« und der »Stimmen« haben wir speziell erörtert die zwei Erscheinungen, die am ehesten zu der Auffassung »Sinnestäuschung« oder »Wahnidee« als krankhaften Erscheinungen hätten führen können und haben sie dahin analysiert, daß beide keine krankhaften Erscheinungen sind.

Ergänzend fügen wir an, daß wir auch keine anderen Erscheinungen von Wahnideen oder Sinnestäuschungen haben aufdecken können.

Kürten selbst bezeichnet sich als großmannssüchtig, ebenso seinen Vater. Das veranlaßt die Erörterung, ob diese von Kürten selbst benannte Eigenschaft, die wir tatsächlich als Persönlichkeitseigenschaft schon oben anerkannt haben, die Bedeutung eines krankhaften Merkmals hat. Wir werden noch einmal darauf zurückkommen. An dieser Stelle genügt es unter Hinweis auf die ganzen Eigeneinlassungen von Kürten zu sagen, daß sein großes Selbstbewußtsein, das er im Hinblick auf die Spitzen seiner Phantasiefähigkeit als »Großmannssucht« bezeichnet, nicht eine krankhafte Höhe oder Art hat, sondern bei der hohen intellektuellen Entwicklung Kürtens, eine subjektiv gerechtfertigte, uns verständliche Selbsteinschätzung als Persönlichkeitsmerkmal ist.

Unsere Beobachtung zielte schließlich besonders aufmerksam dahin, ob episodische Bewußtseinsstörungen (ohne zunächst den Bewußtseinszustand bei den Taten selbst zu erörtern) bei Kürten nachgewiesen oder verdächtig erscheinen, also kurz gesagt, ob der Verdacht auf epileptische Zustände im weitesten Sinne gerechtfertigt wäre.

Wir haben in unseren eigenen Beobachtungen und dem Inhalt der Befragungen des Kürten nichts aufdecken können, was einen solchen Verdacht rechtfertigt, haben auch bei unseren Untersuchungen besonders berücksichtigt, ob etwa die angebliche Kopfverletzung in Altenburg zu einer Gehirnschädigung hätte führen können und können zu dem letzteren Punkt mit Bestimmtheit sagen, daß keine Folgen einer traumatischen Hirnschädigung vorliegen.

Wir haben oft überlegt, ob die Geständnisse des Kürten, so wie sie schließlich vorliegen, als wahr zu betrachten sind oder ob nicht die Möglichkeit besteht, daß er sich fälschlich – vielleicht sogar krankhaft – der Taten oder eines Teiles der Taten bezichtigt; einen Grund, das anzunehmen, haben wir nicht erweisen können.

Weiterhin haben wir erwogen, ob Kürten etwa dissimuliert, d. h. bestehende krankhafte geistige Störungen zu verheimlichen sucht; gegen diese Möglichkeit haben wir uns zu schützen versucht durch Vorsicht in unserer Befragung, durch Vermeidung suggestiver Fragen sowie durch sorgfältige Beobachtung seines Wesens. So hat sich uns keine Begründung für den Verdacht der Dissimulation von Geisteskrankheit ergeben.

Somit schließen wir den ersten Absatz unserer Begutachtung damit, daß wir keine Anzeichen einer Geisteskrankheit im medizinischen Sinne bei Kürten aufgefunden haben und keine Krankheit , die zu vorübergehenden Bewußtseinsstörungen zu führen pflegt. Wir haben solche Krankheiten für die Beobachungszeit vermißt und haben keinen Anhaltspunkt gefunden, daß zur Zeit der ihm zur Last gelegten Taten solche Krankheiten vorgelegen haben.

Die Vorsicht der Begutachtung verlangt die Betonung, daß unsere Beobachtung nicht die einer klinischen Dauerbeobachtung war, sondern sich nur in zahlreichen Untersuchungen im Gefängnis vollzog. Wir sind der Meinung, daß eine sechswöchige Anstaltsbeobachtung bei diesem ungewöhnlichen Fall nicht entbehrt werden kann, die durch sachkundige Dauerbeobachtung und die Vornahme einer Anzahl von Spezialuntersuchungen (Lumbalpunktion, Hyperventilations-, Alkoholversuch u. a. Untersuchungen) das Ergebnis unserer Beobachtungen kontrollieren muß. Daher haben wir uns am Ende unserer Beobachtung in einem vorläufigen Schreiben an den Herrn Untersuchungsrichter dem Antrag von Herrn Prof. Berg auf Beobachtung des Kürten in Bedburg-Hau gemäß § 81 Str.P.O. angeschlossen.

Unsere nachfolgenden Erörterungen fußen auf der Voraussetzung, daß der sachliche Inhalt unseres ersten Gutachtenteils durch das Beobachtungsergebnis in Bedburg-Hau keine Korrektur erleidet.

Zu II. Ergeben sich aus den Taten und ihrer Motivierung Schlüsse auf einen Zustand von Bewußtlosigkeit oder krankhafter Störung der Geistestätigkeit, der die freie Willensbestimmung aufhebt?

So wie wir in der Einleitung betont haben, daß die Taten allein nicht ein Beweis für eine Geisteskrankheit im medizinischen Sinne sein können, so müssen wir in gleicher Weise auch hier betonen, daß die Ungeheuerlichkeit der Taten nicht ohne weiteres erweist, daß sie in einem Zustand von Bewußtlosigkeit oder krankhafter Störung der Geistestätigkeit geschehen sind.

Für dieses Kapitel sind wir angewiesen auf die allerdings in dieser Beziehung dürftigen Angaben der überlebenden Zeugen, vor allem Frau Kühn, Frau Meurer, Frau Schulte und auf die eigenen Angaben K's. Wir haben keinen Anhaltspunkt dafür, daß Kürten uns absichtlich falsche Angaben gemacht hat, sondern haben den Eindruck, daß er willig über seine inneren Vorgänge Auskunft gibt und richtig sein will. Daß manchmal ein Widerspruch in einigen Einzelheiten bei Vernehmungen durch verschiedene Personen sich einstellen kann, halten wir für selbstverständlich. Außerdem verweisen wir schon hier darauf, daß die später zu erörternden Persönlichkeitseigenschaften von Kürten leicht zu Täuschungen und Selbsttäuschungen des K. Anlaß geben können, ohne daß sie die Bedeutung der inneren Unwahrhaftigkeit der Person ergeben.

Wir betonen auch, daß wir, wenn wir nachfolgend von der Motivierung der Taten sprechen werden, nicht den Anspruch erheben, die Gesamtheit aller Motive, ihre Wege und ihre Wirkungsart erfaßt zu haben, sondern daß wir uns bescheiden müssen damit, daß wir eine Anzahl von Motiven aufweisen können und wenigstens stellenweise ihre Wirkung erhellen und ihre Wichtigkeit darlegen können.

Die Annahme einer Bewußtlosigkeit oder auch nur einer erheblichen Bewußtseinstrübung müßte sich stützen auf eine völlige oder teilweise Aufhebung der Erinnerung an die Zeiten, in denen die Bewußtseinsstörung bestanden hat. Für keine der Taten, die wir ausführlich mit Kürten besprochen haben, ist eine Trübung der Erinnerung vorhanden, und in allen Vernehmungen durch andere Stellen kommt ebensowenig eine Erinnerungslosigkeit zum Ausdruck. Wenn man die Angaben von Kürten verfolgt, so sind ihm alle seine Handlungen in ihrer Gesamtheit und in ihren Einzelheiten ganz in Erinnerung.

Dadurch ist es ausgeschlossen, daß die Taten in einem Zustand von Bewußtlosigkeit begangen sind.

In den polizeilichen Vernehmungen des Kürten sind als Motive zunächst die Rache- und Vergeltungsgefühle, die er nachher als Sühneidee näher formuliert hat, und das Gefühl der Spannung zum Ausdruck gekommen; für die Spannung hat Kürten anfänglich einige Male ausdrücklich angegeben, daß es keine sexuelle Spannung gewesen sei. Sexuelle Tatmotive hat er zunächst ausdrücklich bestritten, z. B. noch am 30.8.30 im Falle Hahn, ebenso im Falle Albermann und Ohliger. Schon in Vernehmungen bei dem Herrn Untersuchungsrichter vor Beginn der ärztlichen Untersuchung hat dann Kürten angegeben, daß er über sexuelle Empfindungen bei der Tat sich nur den Ärzten gegenüber aussprechen wollte und hat bei einigen Taten vom 30.8.30 ein Mitwirken sexueller Vorgänge zugegeben.

Nach Beginn der ärztlichen Untersuchung hat er dem Herrn Untersuchungsrichter angegeben, daß die Vergeltungsidee und der sexuelle Betätigungsdrang zwangsläufig miteinander verbunden gewesen seien und sich bei den Taten auswirkten.

Im Laufe der ärztlichen Untersuchungen hat Kürten den sexuellen Trieb immer uneingeschränkter in seinen Angaben hervortreten lassen. Wir haben in unser Gutachten die Stenogramme unserer Untersuchungen eingefügt, hauptsächlich zu dem Zweck, um die Nachprüfung zu ermöglichen, wie dieses Hervorwachsen zur Klarheit der Motivierung sich vollzogen hat.

In unserer 1. Untersuchung ist nur von der Sühneidee die Rede, in der 2. kommt allmählich das sexuelle Motiv heran, in der 3. ist es ein Nebeneinander, es tritt die Angabe auf, daß er seit Jahrzehnten gemerkt hat, daß man sich so mit Gewalttaten, Vorstellungen von Gewalttaten, sexuell befriedigen kann, in der 4. Untersuchung bricht es mit voller Klarheit durch und in allen folgenden wird immer deutlicher, daß jede der Straftaten mit sexueller Befriedigung bis zum Samenerguß verbunden war, daß die Straftaten als ihr Hauptmotiv die sexuelle Befriedigung hatten und daß Kürten ohne Gewalttat oder Vorstellung von Gewalttat nicht eine ausreichende sexuelle Befriedigung erreichen konnte. Das zeigen unsere Stenogramme, aus denen weiterhin gesehen werden soll, daß wir nicht in gekünstelter Weise den sexuellen Trieb in den Mittelpunkt der Motive rücken ließen, sondern daß Kürten im Laufe der streckenweise psychoanalytischen ärztlichen Exploration selbst auf den Hauptwert des sexuellen Motivs hinkommt.

Auch wenn später etwa Kürten seine Einlassungen vor Gericht ändern sollte, so daß die Befriedigung des Sexualtriebs als Tatmotiv nicht mehr so hervortreten würde, so wird uns das in der von uns jetzt durchgeführten Würdigung nicht irre machen, deren Wichtigkeit durch das Prinzip der wiederkehrenden Situationsmomente genügend gesichert ist, wie unsere Stenogramme erweisen.

In dieser Aufzählung der erkennbaren Motive müssen wir auch die »Großmannssucht« und die außerordentlich lebhafte Phantasietätigkeit gerade im »großmannssüchtigen« Sinne erwähnen, wie sie sich in den Erzählungen Kürtens selber durchaus verständlich aufdecken, auch ganz unabhängig von der »Sühneidee«.

Die ursprünglich bei den Motiven selbständig mitspielende Spannung und Entspannung tritt danach ganz zurück; es handelt sich um die natürliche sexuelle Spannung und Entspannung.

Wir haben so eine Anzahl von uns erkennbaren Motiven aufgezählt. Wir haben den sexuellen Trieb als den wichtigsten Antrieb nachgewiesen und bezeichnet; die Möglichkeit, auch noch weiterer Motiveinwirkungen kann bestehen. Halten wir uns nur an die aufgezählten Motive, so sind diese allein schon ausreichend, um vieles Unklare von den Taten Kürtens wegzunehmen und zu erklären.

Die Taten Kürtens stellen sich uns also in der Weise dar: Zum Zweck der sexuellen Befriedigung hat Kürten seine Taten geplant, unternommen und durchgeführt, die sexuelle Befriedigung war von ihm nur durch Gewalttaten vollendet möglich; die in der Sühneidee von ihm zusammengefaßte denkerische Theorie ermöglichte es ihm, jede Hemmung beiseite zu schieben, die nach einer Tat für die nächste Tat entstehen konnte; Großmannssucht und Phantasieausmalung gaben ihm zu den Gesamthergängen das affektive Beharren.

Von dieser psychologischen Erklärung ausgehend, sind wir allerdings gezwungen, zu einem Punkt in den polizeilichen und einem Teil der richterlichen Vernehmungen Kürtens eine besondere Stellung einzunehmen, nämlich dazu, daß Kürten an vielen Stellen gesagt hat, er sei ausgegangen, um einen Menschen umzubringen oder sich ein Opfer zu suchen. Diese Äußerung können wir nach unserer Erklärung nicht mehr wörtlich nehmen und Kürten selbst hat uns gegen Ende unserer Untersuchungen die Unrichtigkeit dieser wörtlichen Auslegung, für uns überzeugend, erklärt. Wir erklären uns den Hergang vielmehr so: Kürten ging von der sexuellen Spannung getrieben aus, um diese zu befriedigen, koste es was es wolle. Es war ihm völlig klar, daß er die Befriedigung in der Vollendung erst gewinne durch Gewalttaten und daß er unter Umständen sie erst mit so ungeheuerlichen Gewalttaten und Mordtaten wie den von ihm begangenen finden könne. Diese eventuelle Vollendung um jeden Preis lag in seinem Vorsatz und dafür traf er Vorbereitungen (Werkzeuge mitnehmen oder bereitlegen).

(Wir sind uns darüber klar, daß diese unsere Annahmen in die Erörterung über den Tatbestand eingreifen und erklären daher, daß wir für diesen Abschnitt nicht an der Richtigkeit der einzelnen Ausdrücke von uns hängen, sondern nur an der Wichtigkeit des inneren Sinns. Über juristische Begriffsbildung belehrt, können wir u. U. den inneren Sinn mit juristisch einwandfreien anderen Worten ausdrücken.)

Bisher haben wir die besondere Art des sexuellen Triebs von Kürten nur angedeutet, nicht ausgeführt und holen das nach: Kürtens Geschlechtstrieb ist ein pervertierter Trieb; es handelt sich um einen echten Sadismus, der die sexuelle Befriedigung bis zum Samenerguß in der Durchführung von Gewalttaten findet, im Quälen und Schmerzbereiten, Quälen von Tieren und Einzelpersonen und der Gesamtheit, dem Publikum. Eine so klare und gefährliche und umfangreiche sadistische sexuelle Betätigung haben wir in der Literatur nicht auffinden können, wenn wir auch betonen müssen, daß sie in den Phantasieerzeugnissen der Literatur, z. B. des Marquis de Sade u. a. noch übertroffen ist. Die Taten von Kürten qualifizieren sich daher als sadistische Akte.

Gegen diese Annahme spricht nicht, daß in Kürtens Vorgeschichte einzelne Geschlechtshandlungen ohne sadistische Akte vorkommen; er selbst hat in unseren Untersuchungen überall betont, daß bei sexuellen Akten für ihn mindestens die Vorstellung von Gewalttaten zur sexuellen Betätigung notwendig sei.

Nachdem wir die Sühneidee Kürtens nicht als krankhafte Wahnidee und das Denken Kürtens nicht als krankhaft gestört erklärt haben, haben wir hier Stellung zu nehmen, ob das sexuelle Triebleben und speziell das sexuell-pervertierte Triebleben Kürtens als krankhafte Störung der Geistestätigkeit mit Aufhebung der freien Willensbestimmung aufzufassen ist:

Die Perversionen des Geschlechtstriebes werden wissenschaftlich von der Sexualpathologie bearbeitet. Mit der großen Mehrzahl der Forscher dieses Gebietes sind wir darin einig, daß der pervertierte Geschlechtstrieb, auch wenn er – sei es als Geschlechtstrieb, sei es als Perversion – noch so mächtig ist, keine geistige Änderung bedeutet, welche die freie Willensbestimmung aufhebt oder stört für Taten zum Schaden anderer. Diesen Allgemeinstandpunkt vertreten wir auch hier bei Kürten.

Wir wollen außerdem speziell bei Kürten darauf hinweisen, daß er keine gefährliche sadistische Handlung begangen hat in seiner Wohnung oder da, wo er bekannt war, obwohl Gelegenheit dazu genug vorhanden war. Wir folgern daraus, daß Kürten auch in der sexuellen Erregung und bei den Versuchen sie zu befriedigen, im Besitz der freien Willensbestimmung war und nicht durch den Trieb widerstandslos hingerissen wurde, wo die Situation aus gefährlichen Taten an anderen auch zu gefährlichen Folgen für ihn geführt hätte.

Die Möglichkeit, daß der Geschlechtsrausch oder der pervertierte Geschlechtsrausch eine Bewußtseinsstörung mit Aufhebung der freien Willensbestimmung macht, lehnen wir im allgemeinen ab und lehnen sie speziell bei Kürten ab, unter Hinweis auf den oben erwähnten Mangel an Erinnerungsstörung und auf die eben dargelegte Beherrschung in unangemessener Situation.

Dieses Kapitel schließen wir also mit dem Gutachten, daß sich aus den Taten und ihrer Motivierung keine Schlüsse auf einen Zustand von Bewußtlosigkeit oder krankhafter Störung der Geistestätigkeit ergeben, der die freie Willensbestimmung aufhebt.

Zu III. Was ist ärztlich zu der Persönlichkeit Kürtens zu sagen?

Für das, was wir zu sagen haben, müssen wir vorweg betonen, daß wir in diesem Kapitel Nachweise und Deutung eng verflechten und daß die Deutungen naturgemäß subjektiv sind. Wir beanspruchen nicht die widerspruchslose Hinnahme unserer Deutung und geben sie mit dem Bewußtsein der Subjektivität nach bestem Wissen und Gewissen und auf Grund unserer ärztlich-psychologischen Erfahrung.

Unsere Darstellung wird von aphoristisch-intuitiver Art sein, da viele Punkte infolge unserer kurzen Beobachtungszeit noch nicht so tief geklärt sind, wie es bei längerer Untersuchungszeit und, nachdem in unserer bisherigen Begutachtung die Umrisse festgestellt sind, wünschenswert und wahrscheinlich möglich ist.

Zunächst sprechen wir von den Erbeigenschaften. Zu ihrer Erforschung ist allgemein zu sagen, daß das Suchen nach ihnen betrieben wird nicht so, wie man es sich vulgär manchmal vorstellt, indem man die unmittelbaren Aszendenten, d. h. Eltern, Großeltern u. s. w. allein untersucht, also an Hand eines Stammbaumes, sondern daß man auch die Seitenreihen und die ganze Nachkommenschaft der verschiedenen Aszendentenglieder zu erfassen sucht und aus gleichen Merkmalen in diesen allen einen gewissen Schluß auf erbliche Eigenschaften ziehen kann.

Die Aufstellung dieser Ahnen- und Verwandtschaftstafeln ist die

Grundlage zur Stellungnahme für die Frage der erblichen Eigenschaften.

Für Kürten hat der Unterzeichnete Dr. Neustadt die Ahnentafel aufgestellt. (Daß die Charakterisierung der einzelnen Mitglieder von Kürten selbst stammt und nicht in allen Einzelheiten objektiv nachgeprüft ist, haben wir erwähnt, – soweit prüfbar, entspricht sie der Wahrheit.)

Ihr Anblick zeigt ohne weiteres, daß bei Kürtens Geschwistern und in den Aszendentenreihen der Vaterseite eine ganz außerordentliche Häufung gleicher Eigenschaften vorkommt, die auf der Mutterseite fehlen. Die Eigenschaften sind: Geisteskrankheit in geringem Maße, Kriminalität in stärkerem Maße, Trunksucht in noch stärkerem Maße und am stärksten verbreitet, die von uns als Psychopathie, speziell sexuelle Psychopathie bezeichnete Charakterabnormität von Großmannssucht, lebhafter Phantasietätigkeit, Reizbarkeit und gesteigerter Sexualität. Das gemeinsame Vorkommen dieser verschiedenen Arten, wie Trunksucht und Kriminalität, oder Psychopathie und Kriminalität, oder Psychopathie und Trunksucht und Kriminalität ist in allen Gliederreihen stark verbreitet.

Zu der Bezeichnung Geisteskrankheit ist besonders noch darauf hinzuweisen, daß es sich bei den davon Betroffenen ausschließlich um Krankheiten handelt, die entweder sicher nicht anlagebedingt, sondern durch äußere Einflüsse erworben sind, wie Paralyse, die auf Syphilis beruht oder Delirium tremens, das durch chronische Alkoholvergiftung entsteht, oder wahrscheinlich nicht erblich bedingt sind, wie die Schwachsinnsfälle, welche die Kinder des Deliriums sind.

Es ist aus der Ahnentafel das zu entnehmen, daß Kürten sehr belastet ist von der väterlichen Ahnenseite her mit Trunksucht, krimineller Neigung und der genannten besonderen Form der Psychopathie. In Kürtens Generation selbst, d.h. bei ihm und seinen Geschwistern, tritt die Häufigkeit dieser Eigenschaften besonders hervor, ebenso schon in der Generation des Vaters, d.h. diesem selbst und seinen Geschwistern.

Eine solche Häufigkeit von Eigenschaften in der ganzen Reihe der aufeinanderfolgenden Generationen erlaubt den Schluß auf die Stärke der Eigenschaften, die in diesen Generationen in Erscheinung treten, also auf eine sehr starke Belastung mit diesen Eigenschaften, eine solche Stärke, daß die von entsprechenden Eigenschaften freie Ahnenreihe der Mutter ohnmächtig erscheint.

Nach der Herausschälung der Belastung müssen wir die Wertbedeutung der Erbbelastung im allgemeinen erörtern: Um das auf eine kurze Formel zu bringen, sagen wir: Erbeigenschaften ergeben Möglichkeiten der persönlichen Entwicklung, nicht ohne weiteres einen unabänderlichen Zwang in der Entwicklung der Höhe derselben und ihrer Folgen.

In der Familie Kürten haben wir gerade ein Beispiel für die Möglichkeit anderer Entwicklung, indem in der Elterngemeinschaft des Kürten eine Heirat einer Schwester von Kürtens Vater mit einem Bruder von Kürtens Mutter stattgefunden hat, also eine der praktisch nächstmöglichen Blutmischungen vorgegangen ist und die aus dieser Ehe hervorgegangenen Kinder sind normal entwickelt und beide im Krieg als Offiziere gefallen sind. Dieser Punkt erscheint uns so wichtig, daß er vom Gericht nachgeprüft werden sollte, d.h. das Schicksal der Familie Andreas Rolshofen, in Düsseldorf.

Gerade hier vor Gericht muß die Problematik der Belastung nach der Seite betont werden, daß das Vorhandensein von Erbeigenschaften krimineller und der oben genannten psychopathischen Art nicht die Verantwortlichkeit für deren Entwicklung in geistig vollwertigen Individuen aufhebt. Wir möchten es so ausdrücken, daß jeder geistig Vollwertige die Verantwortung für das trägt, was er mit seinem Erbgut macht.

Bei jedem Menschen ist ein ebenso wichtiger Baustein für die Entwicklung seiner Persönlichkeit wie das Erbgut die Lebenseindrücke und Verhältnisse der Jugendzeit, der allerersten und auch noch der späteren.

Wenn man annimmt, daß der Vater Kürtens die bedeutendste und eindrucksvollste Rolle in der Familie und für das Familienleben des Vaterhauses Kürtens gespielt hat, so stützt sich das auf die Angaben Kürtens selbst und auf das, was in den Akten über Kürtens Vater niedergelegt ist: Ein fleißiger und offenbar geschickter Arbeiter, dazu ein Säufer und wüster Patron, der wegen Blutschande an der eigenen Tochter 1897 bestraft ist, eine Persönlichkeit, von der man durchaus glauben kann, daß Frau und Kinder vor ihm bebten, und durch die man glauben kann, daß die Erlebnisse der ersten Jugendzeit Kürtens tatsächlich so waren, wie er sie schrecklich schildert.

Wir brauchen hier nicht auszuführen, was und wie sich im einzelnen der Einfluß eines solchen Milieus auswirkt. Wir wollen auch nicht die Entscheidung treffen, welche der zwei Reihen der Schilderung, die Kürten von seiner Mutter gibt, die objektiv richtige ist, die eine, in der er sie als gute Mutter schildert, oder die andere, in der er sie als übertrieben sinnlich und nachlässig schildert, die sowohl ihn wie ihre anderen Kinder als Säuglinge habe umbringen wollen, wie er das sowohl als Kind wie auch später von seinem Vater gehört habe. Für psychoanalytische und spekulative Erklärungen allgemeiner Art und speziell der Persönlichkeit Kürtens sind in dem jetzt schon vorliegenden Material viele Wege angeschnitten. Aber uns scheint es jetzt noch so zu sein, daß das bisherige Material nicht ausreicht, um sich in Deutungen dieser Art jetzt schon festzulegen, ehe nicht der Schluß der Untersuchungen und der Beweisaufnahme und der Verhandlung selbst ein sicheres Bild ergeben hat. Wir brauchen uns deshalb j e t z t nicht festzulegen, weil die Deutungen eine außerordentlich große, wissenschaftliche Bedeutung haben, eine praktische Bedeutung aber nur dann haben würden, wenn aus ihnen begründete Zweifel an der freien Willensbestimmung für die Kürten zur Last gelegten Taten hervorgehen würden. Solche Zweifel haben wir bei den verschiedenen von uns überlegten, aber hier nicht ausgeführten Deutungsmöglichkeiten nicht gewonnen.

Wir wollen uns jetzt beschreibend nur an das halten, was wir wohl als sicher betrachten können: Kürten hat eine schlimme Jugendzeit gehabt und zwar besonders durch die Person des Vaters. Wir glauben ihm, wenn er jetzt sagt, daß er in einer Zeit lange vor der Pubertät in einer mehrjährigen Phase der Angst und Lebensangst vor dem Vater gelebt hat. Wir glauben ihm auch (aktenmäßig bestätigt haben wir es nicht gefunden), daß er mit 9 Jahren von Hause weglief, sich im Umhertreiben durch Raub ernährte und nahezu in Zwangserziehung kam. Seine eigenen Angaben zeigen, daß er danach mit dem nahenden Beginn der Reifezeit den Protest gegen den Vater gewann, der sich verstärkte, als er nach der Schulzeit nicht wie er wollte, Zeichner werden konnte, sondern Formerlehrling werden mußte. Unentschieden bleibt es für uns, ob sein Gefühl, daß er von den Geschwistern der war, der am meisten unter dem Vater leiden mußte, daß er in der Lehrzeit ein ganz besonders malträtierter Lehrling war, objektiv begründet ist, oder ob er nur subjektiv so besonders litt aus einer empfindlichen Geltungsbedürftigkeit heraus; jedenfalls führt schon die Reifezeit in der Lehrzeit ihn zur ersten strafrechtlich erledigten kriminellen Handlung mit 16 Jahren, er unterschlägt Geld, fährt damit los, hat das erste intime Verhältnis mit einer Frau und wird zu 2 Monaten verurteilt (1899). Nach der Strafe wird er Haus- und Bettgenosse einer älteren Frau, der Frau Uhr.

Die wesentlichsten Eigenschaften waren damals bereits entwickelt: Die Sinnlichkeit war vorher erwacht, er hatte sich mit einer großartigen Selbstverständlichkeit, so wie er es jetzt schildert, ihr hingegeben in schon sadistisch-bestialischer Weise, nicht nur durch Quälen, sondern auch durch Verletzen von Tieren mit sodomitischen Akten. Während des Verkehrs mit Frau Uhr entwickelte er die aktiv sadistische Tätigkeit an Frauen, zunächst in Verbindung mit dem Geschlechtsverkehr – dann fällt in diese Zeit (1899) sein erster Mordversuch oder Mord (Mädchen aus der Altstadt), bei dem er die Befriedigung durch tödliches oder ihm tödlich erscheinendes Würgen erreicht. Die sadistische Befriedigung war ihm damit bewußt, ob ihm dieses Bewußtsein schon völlig klar war, ist uns nicht deutlich geworden.

Es folgen einige kleinere Strafzeiten, untermischt mit Gewalttätigkeiten und Bedrohungen, deren Ernst (»ich stech dich kaputt«) vom Strafrichter nicht angenommen wurde, einige Diebstähle, eine ca. 9monatige Strafe 1900, dann eine 2jährige Strafe (1901/03) (für welche Straftat haben wir nicht rechtzeitig ergründet), 1903 eine ca. nur 2monatliche Freiheit, an deren Ende er die Gewalttat in Grafenberg setzt (Beil und Schüsse ins Fenster), eine Zeit, in der er sich jetzt selbst als unzurechnungsfähig durch die Qualen der Straftat darstellt, und es folgt wieder eine etwas über 1jährige Strafzeit

1903/04; als er aus dieser herauskam, hat er bereits die Sühneidee in der Strafhaft gebildet, die ihm als Rechtfertigungstheorie für seine Taten dient, die aber, wie seine Darstellungen erweisen, aufgefaßt werden muß, wie wir oben ausgeführt haben, als ein sehr kompliziertes geistiges Gebilde, entstanden aus der Phantasietätigkeit zur sexuellen Befriedigung und zur Befriedigung der natürlichen durch das Protestdenken eines empfindlichen und geistig klugen Menschen, ungewöhnlich starken Rachsucht in Verbindung mit der großmannssüchtigen Geltungsbedürftigkeit. In der Folge verwendet er diese Idee als Rechtfertigungstheorie zur Legitimierung der Enthemmung seiner Triebe. Es beginnt 1904 die Serie von Brandstiftungen zur sadistischen Befriedigung, einige Gewalttätigkeiten, eine Reihe von Diebstählen aus Not, er wird militärpflichtig und damit fallen diese Straftaten unter die Militärgerichtsbarkeit und tragen ihm zusammen mit der Fahnenflucht die Zuchthausstrafe von 1905 bis 1912 ein, in der Disziplinarstrafen sein Protestdenken weiter befestigen. 1912 ist er nur ungefähr $^1/_2$ Jahr in Freiheit und schließt mit der Revolverschießerei an der Graf-Adolf-Str. ab, die ihn wieder für ca. 6 Monate ins Gefängnis bringt; die folgenden vier Monate Freiheit sind angefüllt mit Gewalttaten, Brandstiftungen, Diebstählen und in dieser Zeit 1913 erfolgt der erste der jetzt zur Aburteilung stehenden Morde, der Mülheimer Mord.

Die Schilderung, die Kürten uns von diesem Mord gibt, zeigt klar, daß es sich um einen sadistischen Akt handelt, bei dem die Gelegenheit zur Triebbefriedigung der enthemmende Faktor war, nicht ein Zustand von wahnhaftem Denken oder von Bewußtseinstrübung.

Es folgt die 6jährige, durch Meutereistrafen um ca. 2 Jahre verlängerte und durch Rettung eines Gefängnisaufsehers bei einer Meuterei um einige Monate verkürzte Strafe. 1921 wird Kürten aus der Strafanstalt entlassen, kommt nach Altenburg, findet Arbeit und findet seine Frau.

Die Altenburger Zeit ist in Kürtens Leben eine Art Idyll. Er wird Bürger und genießt es, Bürger zu sein; er schreibt es dem Einfluß seiner Frau zu, deren höhere Bildung ihn, wie er meint, beeinflußt, die ihn zum Theaterbesuch veranlaßt, wo die gute Kunst seine wilden Triebe besänftigt. Er findet für seine Großmannssucht und Geltungsbedürftigkeit andere Ventile (Stellung im Reichsbanner und in der S.P.D.). So wie es in seiner jetzigen Darstellung erscheint, sind in dieser Zeit nur vereinzelte sadistische Handlungen ungefährlicher Art vorgefallen.

Er selber führt jetzt die Ruhe dieser Zeit auf den unmittelbaren guten Einfluß seiner Frau zurück. Ob er das richtig ansieht, scheint uns mindestens etwas zweifelhaft. Man darf wohl überlegen, ob nicht ein mittelbarer Faktor mit- oder mehrbestimmend war; der Umstand, daß er sich selbst ein besonderes Relief gab, indem er seine wegen Totschlags mit langer Freiheitsstrafe bestrafte Frau heiratete. Er behauptet, daß seiner Frau seine Vorstrafen in Altenburg unbekannt waren und sie die Tatsache seiner Zuchthausstrafen erst 1926 in einer Gerichtsverhandlung in Düsseldorf erfahren habe. Die Sachlage scheint uns nicht geklärt. Frau Kürten hat am 23.6.30 angegeben, sie habe von den Strafen ihres Mannes bei der Heirat noch nichts gewußt, sondern sie später von der Hauswirtin erfahren und hat am 24.6. angegeben, ihr Mann habe ihr bei der Heirat von Vorstrafen erzählt, aber erst in Düsseldorf Näheres. Aus anderen Zeugenaussagen ist uns nicht klar geworden, wann die Vorstrafen Kürtens und ihre Art der Frau bekannt geworden sind, und ob die jetzige Behauptung Kürtens, seine Frau habe in Altenburg nichts gewußt, sondern sie erst im Juli 1926 erfahren, zutrifft. Wie dem auch sei, wir sehen in dem Umstand, daß K. eine schwer vorbestrafte Frau heiratete, die dann ihm durch Bildung und Ordnung imponierte, durchaus einen mitbestimmenden Faktor für die ruhige Altenburger Zeit.

1925 verzog K. nach Düsseldorf (die tieferen Motive dieses Umzugs sind uns unklar geblieben), zunächst ohne seine Frau. Sein Geschlechtstrieb trieb ihn zu Frauen, seine geltungsbedürftige Art ließ ihn vor diesen besondere Rollen spielen.

In den natürlich entstehenden Konflikten tritt eine scheinbar neue merkwürdige Eigenschaft auf, die uns verständlich wird als Karikatur der bürgerlichen Geltungsbedürftigkeit: Er wird eine Art von Querulant, der seinerseits die Partner der Konflikte aufs Äußerste verfolgt und hereinlegen will, und aufs Äußerste gekränkt wird dadurch, daß seine entsprechenden Versuche nicht gelingen und sogar zu seinem Schaden ausschlagen. Aus diesen Konflikten folgen 3 Strafen 1926, 1927 und 1928, die eine legt ihm eine – soweit wir orientiert sind – tatsächlich nicht haltbare Aufenthaltsverweisung auf, gegen die er anscheinend erfolgreich einen Beschwerdeweg geht. Nach diesen Strafen, noch vor Erledigung der Beschwerde, beginnt die große Serie der versuchten oder gelungenen Morde in den Jahren 1928/1929 und 1930, in denen er hemmungslos seine sadistischen Triebe befriedigt und jede ausdenkbare Schrecklichkeit ihm zum Lustgewinn dient.

Er schildert es jetzt so, als ob die Enttäuschung durch die Erwähnung seiner Vorstrafen und durch die Bezeichnung »Zuchthäusler« in der Verhandlung im Sommer 1926 vor seiner Frau ihn entwurzelt und der Zusammenbruch der bürgerlichen Geltung und des Reliefs vor seiner Frau ihn zum Feind der Gesellschaft gemacht habe. Die Zeittafel der Taten zeigt, daß schon vor dieser Verhandlung Brandstiftungen und Überfälle im Jahre 1926 liegen und daß auch diese Schilderung Kürtens eine Täuschung oder Selbsttäuschung sein muß.

An dieser Stelle müssen wir auf die oben schon angedeutete Frage eingehen, wie die Äußerungen Kürtens in ihrer Wahrhaftigkeit zu werten sind: Eine Persönlichkeit, bei der Phantasiespiel und Geltungsbedürfnis eine so große Rolle spielen, bei der die Eitelkeit so deutlich zutage tritt, wie es bei Kürten klar ist, bietet viele Möglichkeiten der Täuschung und Selbsttäuschung, ohne daß das als Lüge oder Täuschungsabsicht aufgefaßt werden kann. Speziell Kürten hat in der polizeilichen Vernehmung eine Geständniswilligkeit und -freudigkeit gezeigt, die an sich übertrieben war und deren Übermaß sich aus seiner hemmungslosen phantastischen Großmannssucht erklärt und von ihm selbst jetzt so erklärt wird.

Wir haben uns vielfach gefragt, ob auch seine von uns aufgenommene Selbstmotivierung aus Sadismus eine solche Täuschung und Selbsttäuschung sein kann, nachdem er etwa aufgefaßt haben könnte, daß wir Wert auf das sadistische Motiv legen. Der Schutz gegen diese Täuschung bzw. Selbsttäuschung liegt in der Art des Zustandekommens seiner Angaben, die deshalb von uns stenographisch aufgenommen sind. Endgültig verwertbar werden sie erst durch den Schluß der Beweisaufnahme in der Hauptverhandlung.

Wir sehen in der Persönlichkeitsentwicklung Kürtens als wichtigste Eigenschaft die Entstehung und immer konsequentere Entwicklung der sadistischen Perversion an, die in früher Jugend entstanden, die in Phantasie und Handlung ihn dauernd beschäftigt und zu deren Befriedigung die Hemmungen von ihm immer mehr, denkerisch durch die aus der Rachsucht geborene Vergeltungstheorie der Sühneidee, erfahrungsmäßig durch das Verborgenbleiben der Straftaten verstärkt, beiseite gestellt wurden.

Diese größte Persönlichkeitseigenschaft tritt bei einem Menschen auf, der an sich geltungsbedürftig bis zur Großmannssucht, der phantasiebegabt und dem Phantasiespiel hingegeben in ungewöhnlichem Maße ist, der weiterhin über einen außerordentlich großen und guten Verstand verfügt, der ihn im Laufe seines Lebens trotz oder vielmehr z. T. durch die langen Strafzeiten in den Besitz einer für seine Herkunft großen Bildung setzt, der ihn zu einem sinnvollen und suggestiven Menschenbehandler macht.

Alle diese Eigenschaften sind aus den Unterredungen mit ihm abzuleiten und sie erklären es, daß Kürten mit einer offenbar über dem Mittelmaß stehenden durchdringenden Menschenkenntnis so lange unentdeckt sein kriminelles Leben führen konnte.

Es geht nicht an, ihn nur als schwarzen Verbrecher zu betrachten, sondern er muß in seiner Ganzheit betrachtet werden als ein Mensch, dem auch zarte Gefühle und Triebe nicht fremd sind, die sich bei ihm neben den verbrecherischen äußern in seinem Verhältnis zu seiner Frau, die in seiner schrecklichsten Zeit der Mordlust es ihm gestatten – vielleicht veranlaßt durch seine Frau – sich seinem Vater äußerlich zu nähern und gegen diesen rücksichtsvoll zu sein, die sich aussprechen auch in den ärztlichen Untersuchungen und die in der Phantasietätigkeit von Kürten eine besondere Rolle spielen in seinen Wunschphantasien der Bekämpfung des Düsseldorfer Mörders und dessen Bewältigung und den dankbaren Jubelszenen der vom Düsseldorfer Mörder befreiten Stadt, einer eigentümlichen Manifestation eines Doppel-Ichs.

Wir haben so in der Persönlichkeit Kürtens mit der ärztlich psychologischen Betrachtungsweise eine Reihe von Eigenschaften hervorgehoben, die weit über das übliche Maß entwickelt erschienen: den außerordentlich starken sexuellen Trieb in der sadistischen Perversion, die Hemmungslosigkeit in der Befriedigung dieses Triebes, die außerordentlich lebendige Phantasie und die zügellose Hingabe an sie, ungewöhnliche Geltungsbedürftigkeit bis zur Großmannssucht, die große Neigung zu seiner Frau, die ungewöhnliche intellektuelle Geistesfähigkeit und Bildung. Für Menschen, in denen einzelne höhere Eigenschaften gerade des Trieblebens zu einer besonderen Höhe entwickelt sind, hat die medizinische Wissenschaft den Begriff der Psychopathie, der Abartung im Seelischen, ohne daß diese Abartung von der medizinischen Wissenschaft als Krankheit im engeren Sinne oder als unabänderliche, dem freien Willen entzogene Veränderung betrachtet wird. Und so erscheint uns medizinisch gesehen die Persönlichkeit Kürtens.

Was alles in der komplizierten Persönlichkeit Kürtens vor sich ging, zu erklären, und auszudeuten, wird bis zur Hauptverhandlung und nach derselben eine große Aufgabe der wissenschaftlichen Seelenkunde sein und wir wagen es nicht, jetzt schon diese Deutung festzulegen.

Wir halten uns jetzt an das forensisch Wichtige: Die Feststellung, daß ein vielseitig veranlagter und entwickelter Geist nicht geisteskrank ist und war, daß in ihm eine Anzahl Eigenschaften, von denen die Bestimmendste die sadistische Perversion ist, eine außerordentlich starke Entwicklung genommen haben, daß die gesamten geistigen Eigenschaften aber eine ebenfalls hohe Entwicklung erreicht haben und kein Anlaß vorliegt, aus der sadistischen Perversion das Fehlen der Verantwortlichkeit für die hemmungslose und verbrecherische Hingabe an sie abzuleiten.

Diesen Schluß unseres Gutachtens nehmen wir auf uns, auch unter Berücksichtigung der Möglichkeit, daß Kürten, wenn die Todesstrafe verhängt aber nicht vollzogen werden sollte, im Laufe seines Lebens noch geisteskrank werden könnte. Die Möglichkeit dieser Entwicklung wird uns auch dann noch nicht darin wankend machen, daß für die Lebenszeit, in der Kürten seine Taten begangen hat, die Verantwortlichkeit nicht aufgehoben war.

2. Ärztliche Begutachtung durch Dr. Raether

Kürten ist geboren am 26. Mai 1883.

1. Körperlicher Befund: Größe 1.70, Gewicht 75 kg. Temp. 36.8. Kräftig gebauter Mensch, in gutem Ernährungszustande. »Athletischer Typ«.

Frische Gesichtsfarbe. Schleimhäute gut durchblutet. Muskulatur kräftig entwickelt. Fettpolster vorhanden.
Schädelform ohne Besonderheiten. Kopfumfang 57.5 cm. Reichliche Behaarung des Kopfes. Haarfarbe dunkel und ergraut. Geringer Bartwuchs.
Ohren wohl gebildet. Gehör in Ordnung.
Nase: Lang nach vorn gezogen, gerader breiter Rücken. Nasenspitze abgeplattet.
Mundhöhle und Rachenorgane o.B. Im Unterkiefer defektes Gebiß. Zunge nicht belegt. Keine Bissnarben oder -wunden.
Schilddrüse nicht tastbar.
Brustkorb gut gewölbt, dehnt sich bei der Atmung gut aus.
Lungengrenzen regelrecht, gut verschieblich. Überall lauter voller Klopf-Schall. Bläschenatmen.
Herzgrenzen regelrecht, Töne rein. Tätigkeit regelmäßig.
Puls 88 während der Untersuchung.
Blutdruck: 135/95 RR.
Bauchorgane ohne Besonderheiten, insbesondere keine Lebervergrößerung.
Urin: Frei von Eiweiß und Zucker, mikroskopisch o. B.
Äußere Geschlechtsorgane ohne Mißbildungen.
Mäßige Achsel- und Schambehaarung. Schambehaarung quer abschneidend. Fehlende Brustbehaarung.
An der rechten Wange eine schräg gestellte 2 cm lange alte strichförmige Narbe; an der rechten Halsseite 3 cm unter dem Kieferwinkel eine 2 cm lange Narbe.
Am linken Brustbein, in der Herzgegend, pfennigstückgroße, reizlose Narbe (angeblich von Messerstichen bei Streiterei im Jahre 1904 herrührend).
An beiden Unterarmen Tätowierungen. Links: ein fahnenschwingendes Weib, Hanteln, Stern und Kette.
Rechts: Handgriff mit Dolch; Kugel, auf welcher eine Tänzerin und die Buchstaben P. K. gezeichnet sind.
Am linken Unterarm ausgedehnte Narbe, hervorgerufen durch Entfernung von Tätowierungen.
Neurologisch:
Augenbewegungen frei, kein Augenzittern, keine Gesichtsfeldeinschränkung.
Pupillen beiderseits gleich, rund, untermittelweit, verengen sich prompt auf Lichteinfall, Nahe- und Zusammenblick.
Augenhintergrund ohne krankhaften Befund.
Zunge ohne Zittern, gerade herausgestreckt.

Facialis in allen drei Ästen gleichmäßig innerviert.
Arme und Beine gut beweglich, bei guter grober Kraft.
Tonus o.B.
Keine Ataxie, keine Adiadochokinese.
Sicherer Stand bei Fuß- und Augenschluß.
Hautschrift nicht erhöht oder verlängert.
Geringes Zittern der gespreizten Finger.
Kein Lidflattern.
Bindehaut-, Hornhaut- und Würgreflexe +
Tricepssehnen-, Radiusperiost-, Bauchdecken- und Hodenhebe-Reflexe + r. = 1.
Kniesehnen-, Achillessehnenreflexe + beiderseits gleich.
Babinski, Oppenheim, Gordon ∅.
Sensibilität für alle Qualitäten ungestört.
Sprache o.B.
Die Wassermann'sche Reaktion mit der Rückenmarksflüssigkeit zeitigte ein negatives Ergebnis. Die Rückenmarksflüssigkeit zeigte weder Eiweiß- noch Zellvermehrung (Nonne-Apelt negativ, 5/3 Zellen).
Die Mastixreaktion mit der Rückenmarksflüssigkeit ergab Normalkurve.

2. An klinischen Spezialuntersuchungen wurde während der hiesigen Beobachtung neben der bereits erwähnten Lumbalpunktion zur Prüfung etwaiger Krampfbereitschaft ein Hyperventilationsversuch in Verbindung mit dem Aschner'schen Bulbusdruckversuch durchgeführt. Der Versuch zeitigte ein negatives Ergebnis. Anfälle irgendwelcher Art kamen nicht zur Beobachtung. Kürten klagte auch späterhin nicht über Kopfschmerzen und Schwindelgefühl, sondern fühlte sich in jeder Weise wohl. Er war bei dem Versuch anfangs sehr ängstlich, wich beim Fingerdruck auf die Augäpfel zurück, zitterte etwas und hatte Pulsbeschleunigung (96). Allmählich wurde er ruhiger, der Puls kehrte zur Norm zurück.

Zur Klärung der Frage, ob Kürten alkoholintolerant ist, wurde mit ihm auch ein Alkoholversuch vorgenommen. Kürten zeigte keine Neigung, dem Bier und der Alkoholmixtur zuzusprechen. Er betonte, kein Alkoholiker zu sein. Er habe vielmehr nur ganz selten mal ein Glas Bier getrunken und auch mit dem ein oder anderen seiner Opfer manchmal stundenlang vor einem Glas Bier oder Wein sitzen können. Im Verlauf des Versuchs trank er dann eine Flasche Bier und ein großes Schnapsglas der Alkoholmixtur. Mehr zu trinken lehnte er ab mit der wiederholten Bemerkung, daß die Menge, welche er jetzt getrunken habe, schon über seinen Bedarf ginge. Er zeigte ein deutlich gerötetes Gesicht, hatte glänzende Augen. Die Sprache war ungestört. In seinem Gedankengang war er weiterhin geordnet, er drückte sich gewählt aus, war etwas lebhafter als gewöhnlich und gestikulierte auch etwas. Seine Stimmungslage blieb unverändert. Auch zeigte er im Laufe der nächsten zwei Stunden keine Zeichen von Ermüdung. Der Puls betrug 96 Schläge in der Minute. Irgendwelche körperlichen Zeichen von Trunkenheit bot Kürten nicht. Er stand und ging sicher ohne zu schwanken. Stärkeres Zittern der Hände trat nicht ein. Die grobe Kraft des Kürten stieg, mit dem Dynamometer gemessen – im Verlaufe des Alkoholversuchs. Die grobe Kraft des Kürten ist, dynamometrisch gemessen, überhaupt relativ mittelmäßig. Obwohl Kürten Rechtshänder ist, wird mit der linken Hand mehr Kraft aufgewandt, als mit der rechten Hand (dynamometrisch 30 rechts zu 35 links. Unter Alkohol 35 rechts zu 40 links).

3. Ein klares Bild der Gesamtpersönlichkeit des Kürten ließ sich in den häufigen Explorationen gewinnen ... Es bleibt keine Form von Geisteskrankheit, die auf Kürten zur Zeit anwendbar wäre. Dies hat die hiesige sechswöchige Beobachtung, in der er bei Tag und Nacht durch eine besondere Vorkehrung von Ärzten und von ausgewähltem Pflegepersonal beobachtet wurde und zu allen Tageszeiten ärztlichen Explorationen unterworfen wurde, mit Sicherheit erwiesen.

Es muß jedoch eine gewisse geistige Abnormität bei Kürten erwähnt werden, die, wie schon von den Herren Vorgutachtern erwähnt wird, in den Rahmen einer »Psychopathie«, d.i. originären geistigen Minderwertigkeit gehört. Diese Psychopathie ist das ihm überkommene Erbe seiner Väter: Sein Vater war ein großmannssüchtiger, brutaler Trinker mit Neigung zu sexuellen Gewalthandlungen an Frau und Tochter, Gottesleugner und das denkbar schlechteste Vorbild als »Erzieher«. Von einer Erziehung im landläufigen Sinne konnte bei den anscheinend überaus traurigen Verhältnissen im Elternhause des Kürten keine Rede sein. Kürten wuchs offenbar wie ein herrenloser Hund auf, auf der einen Seite ungezügelt und häufig genug Zeuge des Sexualverkehrs zwischen Vater und Mutter, frühreif und verderbt, auf der anderen Seite verprügelt und unterjocht, wenn es dem Vater gerade einfiel. Kein Wunder, daß Phantasie, Pseudologie und verbrecherische Instinkte schon frühzeitig in dem sich entwickelnden und an sich intellektuell gut beanlagten Gehirn ungehemmt wuchern konnte und schon frühzeitig einen »Berufsverbrecher« aus Kürten machte.

Wir sehen an psychopathischen Abwegigkeiten bei ihm folgende Eigenschaften:

Neigung zum Lügen; Verstellungskunst; Hinterlist; starkes Geltungsbedürfnis mit dem Bestreben mehr zu erscheinen, als er ist; Diebsnatur; Erregbarkeit bis zum Jähzorn; Empfindlichkeit; kühle Beherrschtheit in verfänglichen Situationen; rücksichtsloser Egoismus, Rachsucht, Brutalität; Wehleidigkeit bis zur Feigheit; freche Dreistigkeit; starke sadistische Veranlagung, die an normalem Geschlechtsverkehr schon im Jünglingsalter keinen Gefallen bzw. Befriedigung hat; hochgradige moralische und ethische Minderwertigkeit. Infolge dieser ererbten und durch Milieuschäden verstärkten Minderwertigkeit der Persönlichkeit wurde Kürten schon im Alter von 9 Jahren – nach eigener Angabe – zum Straßenräuber; mit 16 Jahren wurde er erstmalig wegen Lohnunterschlagung mit einer Gefängnisstrafe von 2 Monaten bestraft (1899). Von da ab kam er dauernd mit dem Strafgesetz in Konflikt, vornehmlich durch Diebstähle, Einbrüche und Betrügereien; aber auch Strafen wegen Bedrohung, Sachbeschädigung, Hausfriedensbruchs, Nötigung, Fahnenflucht wurden über ihn verhängt; im ganzen war er seit 1899 ca. 24 Jahre in Strafanstalten, so daß ihm für die Verübung seiner zahlreichen abgeurteilten Delikte und heute zur Verhandlung stehenden, zahlreichen Straftaten insgesamt nur 6 Jahre blieben. Dieser Lebensgang kennzeichnet am anschaulichsten die ungeheure sittliche und seelische Verworfenheit (»Minderwertigkeit«) des Angeschuldigten.

Es kann somit der erste Absatz unserer Fragestellung: »Ist Kürten zur Zeit geisteskrank oder geistig abnorm?« mit folgender Antwort verlassen werden:

Kürten ist zur Zeit nicht geisteskrank im ärztlichen Sinne, doch ein geistig minderwertiger Psychopath.

Wir kommen zum zweiten Absatz unserer Fragestellung: »War Kürten zur Zeit der Begehung der ihm zur Last gelegten Straftaten geisteskrank im Sinne des § 51 Str.G.B.?«

Wir müssen somit das Verhalten Kürtens bei Begehung der einzelnen Straftaten prüfen, seine eigenen Einlaßungen hierzu hören und die Zeugenaussagen der mit dem Leben davongekommenen Opfer zum Vergleich heranziehen.

Geisteskrankheit im Sinne des § 51 Str.G.B. ist anzunehmen, »wenn der Täter zur Zeit der Begehung der Tat sich in einem Zustande von Bewußtlosigkeit oder krankhafter Störung der Geistestätigkeit befand, durch welchen seine freie Willensbestimmung ausgeschlossen war«.

Übereinstimmend mit dem Grafenberger Gutachten hatten auch wir den Eindruck, daß Kürten uns willig über seine Tatmotive Auskunft gab und zwar noch rückhaltloser, als bei den vorausgegangenen psychiatrischen Explorationen im Gefängnis. Erst gegen Ende der hiesigen Beobachtungszeit versuchte er eine Art Rückzug und Abschwächung der anfänglich rückhaltlos zugegebenen sexuellen Motive zugunsten »des Sühnemotivs«.

Eine »Bewußtlosigkeit« im Sinne des § 51 Str.G.B. oder auch nur eine nennenswerte Einengung des Bewußtseins (»Umdämmerung«, Dämmerzustand o. dgl.) konnten wir an der Hand seiner Aussagen in Parallele mit etwa vorhandenen Zeugenaussagen bei Durchsprechung der einzelnen Taten in keinem einzigen Falle feststellen. Im Gegenteil: Seine Erinnerung an Einzelheiten ist geradezu frappierend und übertrifft diese häufig genug die Tatschilderung der Geschädigten selbst, wo solche vorhanden sind. Diese Übereinstimmung läßt den berechtigten Schluß zu, daß die Schilderung Kürtens auch in den Fällen, wo keine Zeugen mehr vorhanden sind, ebenso erinnerungstreu ist, wie in den durch Zeugenaussagen kontrollierbaren Taten. Interessant und weiterhin beweiskräftig für die volle Erinnerung für den Ablauf seiner Straftaten waren seine gelegentlichen Korrekturen, die er unserer eigenen Erinnerung gegenüber machte und jedesmal zeigte es sich, daß er recht hatte, wenn man den Aktenauszug daraufhin nachsah. Alkoholismus oder pathologische Alkoholreaktionen sind nach Maßgabe des hier angestellten Alkoholversuchs, vor allem aber durch die aktenmäßig nachweisbaren Tatumstände selbst mit Sicherheit auszuschließen.

Ein »Zustand von Bewußtlosigkeit« im Sinne des § 51 Str.G.B. scheidet somit bei Kürten zur Zeit der Begehung seiner Straftaten mit Sicherheit aus.

Aber auch eine »krankhafte Störung der Geistestätigkeit«, wodurch seine freie Willensbestimmung aufgehoben oder nennenswert eingeschränkt war, ist nicht vorhanden. Kürten ist weder heute geisteskrank, noch bei Begehung seiner Straftaten geisteskrank gewesen. Es finden sich keinerlei psychotische Symptome in seiner Vergangenheit, ausgenommen vielleicht die kurzdauernde Haftreaktion in Münster, wo er sich nach seiner Angabe »wie eine Seidenraupe verpuppen« wollte, ein Zustand, der nicht einmal zur Lazarettunterbringung veranlaßte, geschweige denn zu einer Haftunterbrechung und Unterbringung in einer Irrenanstalt. Derartige Haftpsychosen sind nichts Ungewöhnliches bei psychopathisch beanlagten Menschen.

Wir können somit diesen zweiten Teil unserer Fragestellung in vollem Umfang und in voller Übereinstimmung mit den Vorgutachtern verneinen und unsere Antwort dahin formulieren: Kürten war zur Zeit der Begehung der ihm zur Last gelegten Straftaten nicht geisteskrank im Sinne des § 51 Str.G.B. Wir kommen zum dritten Absatz unserer Fragestellung:

»Bestehen bei Kürten geistige Anomalien (Abwegigkeiten), die vom Psychiater im Sinne einer verminderten Zurechnungsfähigkeit gewertet werden müssen?«

Oder anders ausgedrückt:

Ist der Grad der bei Kürten nachweisbaren Psychopathie ein so hoher, daß er als »Grenzfall« bezeichnet und entsprechend beurteilt werden müßte?

Wir möchten die Frage schon vorweg mit »Nein« beantworten und im einzelnen folgendes zu diesem Punkte ausführen:

Wir sehen in Kürten einen erblich belasteten Menschen, der in denkbar ungünstigsten häuslichen Verhältnissen aufwuchs, Roheitsbeispiele häufig mit ansah und an sich selbst erdulden mußte und schon sehr früh eine sadistische Perversion des Geschlechtstriebs aufzeigte, als er als 13jähriger mit

Tieren sodomitisch verkehrte und Freude daran hatte, die Tiere mit einem Taschenmesser zu stechen, »damit er Blut fließen sah«. Drei Jahre später verkehrt er erstmalig mit einem Weibe, mit der er die unterschlagenen Lohngelder verpraßt. Bei diesem Verkehr muß er die Partnerin beißen und kneifen (»Krallen«), um volle Geschlechtslust bis zum Samenerguß zu haben. Nach Verbüßung einer zweimonatigen Gefängnisstrafe erwürgt er zum ersten Male zur Befriedigung seiner Geschlechtslust ein Mädchen (»aus der Altstadt«). Kurz darauf verkehrt er längere Zeit hindurch mit einer älteren Frau (Uhr), die er im Geschlechtsverkehr derart mißhandelte, daß sie ihn mehrfach anzeigt und er auch wegen Bedrohung bestraft wird.

Seine früh erwachte Sinnlichkeit – nach eigener Angabe hat er schon als 9jähriger in Mülheim dem »Hundefänger« Kürten geholfen, Hunde dadurch einzufangen, daß er ihnen am Geschlechtsteil spielte, bis sie Samenerguß hatten, ein »probates Mittel, um jeden fremden Hund sich gefügig zu machen« – hatte sich schon damals in ausgesprochene sadistische Bahnen gelenkt und alle, abgesehen von den Diebstählen und Einbrüchen, späteren Taten ab 1899 sind nur Spielarten dieser geschlechtlichen Perversion. »Die einmal begangene Tat birgt den sicheren Keim einer neuen Betätigung in sich, und mit der Gewohnheit wird schließlich die Neigung zur Ausgestaltung und Variierung geboren« (Archiv für Krim-Anthropologie 1912 Bd. 48 Seite 54). Oder nach Schiller (Wallenstein): »...Das ist der Fluch der bösen Tat, daß sie fortzeugend Böses muß gebären!«

Als Ersatz für sexuelle Gewalttaten ergibt er sich während seiner jeweiligen Strafzeiten Phantasien und Träumen von Gewalttätigkeiten, malt sich dabei schreckliche Situationen aus, die ihn wollüstig erregen und schließlich zur Ejakulation führen. Er benutzt derartige Gewalttätigkeitsphantasien selbst im Verkehr mit seiner Ehefrau, weil er ohne diese seine Frau nicht befriedigen konnte. Er sieht heute selber ein, daß er sich diesen – rein sadistischen – Vorstellungen hätte entgegenstemmen müssen, schon in frühester Jugend; dann wäre es »wahrscheinlich nicht soweit gekommen«.

Was liegt nun näher, als daß er in seine blutrünstigen Vernichtungsphantasien diejenigen Personen und Situationen verwob, die ihn in seiner langen Sträflingskarriere erzieherisch oder vielleicht auch brutal entgegengetreten waren, daß er seine »Peiniger« sich »filmartig«, ausgelöst durch sexuelle Spannungen vorstellen konnte, sogar mußte und sich aus diesem Nebeneinander eine Truglogik konstruierte, die er heute »Sühneidee« nennt, Ursache mit Wirkung verwechselnd, an sich aber nur eine bequeme Bemäntelung seiner sadistischen Sinnesgier. Zwangsartig sei diese Erkenntnis beim Mülheimer Mord 1913 über ihn gekommen: Beim Anblick des schlafenden Mädchens habe er keinen Moment mehr daran gedacht, daß er eigentlich zum Stehlen in die Klein'sche Wohnung gedrungen sei, plötzlich hätten alle seine Peinigungen und Peiniger vor seinem geistigen Auge gestanden und schon sei die Tat begangen gewesen. Und dabei war gerade diese Tat mit Verletzung der Scheide des Mädchens ein klassischer Sexualmord, der bei ihm zur Ejakulation führte, ihn aber keineswegs so verwirrte, daß er nach der Tat vergessen hätte, die Tür hinter sich abzuschließen.

Wenn er sich nun heute einredet, daß er die Sühneidee wie eine »göttliche Mission« betrachtet habe, um das viele Unrecht im Strafvollzuge zu entsühnen dadurch, daß das von ihm vergossene unschuldige Blut auf die Peiniger komme, so erblicken wir auch darin nur einen weiteren Ausbau seiner sadistischen Vernichtungsideen mit einem leicht mystischen Anstrich, genährt von seiner Großmannssucht. Wie sehr seine Phantasie Blüten treiben kann, geht aus der Schilderung der Ehrungen hervor, die das dankbare Düsseldorf ihm für die »Festnahme des Düsseldorfer Mörders« veranstaltet.

Wir halten also daran fest, daß Kürten lediglich zum Zweck der sexuellen Befriedigung, getrieben von sadistischer Spannung (die er selbst zugibt) seine Taten in phantastischen Formen geplant, tausendfach mit und ohne Entspannung innerlich durchkostet und sie, wo die Gelegenheit günstig war, in die Wirklichkeit umsetzte durch Würg- und Mordversuche, Brandstiftungen und brutale Morde. Eine sexuelle Befriedigung (»Entspannung«) war ihm nur durch Planung von Gewalttaten (im Gefängnis) und Ausführung von solchen in der Freiheit möglich. Normale Liebe zum Weibe kannte seine kühle, überlegene, intellektuelle, gefühlsrohe Natur nicht. Durch seine aus seinen Gefängnisphantasien entstandene und allmählich sich mystisch und großmannssüchtig umformende »Sühneidee« konnte er sich einerseits immer wieder in sexuelle Spannung versetzen, andererseits vor sich rechtfertigen. Ob er aber selber daran glaubt, jemals daran geglaubt hat, möchten wir bei dem so klaren Verstande des Angeschuldigten bezweifeln.

Ein Wort wäre noch zu sagen, was wir im vorliegenden Falle unter »reinstem Sadismus« verstehen. Es handelt sich bei Kürten um einen pervertierten Geschlechtstrieb, der als Ersatz für den Geschlechtsakt oder zur Erhöhung des Genusses beim Geschlechtsakt nur durch Zufügung von Qualen und durch Ausführung von mannigfachsten Gewalttaten, wobei das Würgen seiner Opfer noch die mildeste Form darstellt, sexuelle Befriedigung bis zum Samenerguß findet. Gelegentlich kombinierte sich sein Sadismus mit Fetischismus: Kürten nahm seinen Opfern Kleidungsstücke und andere Gegenstände ab, um durch den Anblick und die Berührung oder Zerstörung derselben noch später weitere Befriedigung finden zu können. Nach Kürtens eigener Angabe liegt auch seinen Brandstiftungen, selbst in den Fällen, in denen eine unmittelbare Gefährdung von Menschenleben unwahrscheinlich war, ein sadistischer Trieb und eine sexuell bedingte Zerstörungslust zu Grunde. Ähnlich wie der Anblick des fließenden Blutes bei sadistischen Verwundungen, übt auch die rote Feuersglut eine sexuell erregende Wirkung auf ihn aus, die erhöht wurde durch die ausstrahlende Wärme und die Aufregung der Allgemeinheit und der Geschädigten. Wenn Kürten selbst angibt, daß er während seiner Strafhaft einmal Lombroso und ähnliche Abhandlungen gelesen hat, liegt der Schluß nahe, daß er in dieser Lektüre die Anregung für seine mannigfachen Spielarten gefunden hat, die sich erst 1928/1929 in besonders tragischer Form ausgewirkt hat. Aber seine Veranlagung zeigte sich schon weit früher, und wir sehen, daß er schon in frühester Jugend Hundetötungen, Tierstechereien, Gewalttätigkeitsakte beim Sexualverkehr, Gewaltakte mit Beilen, Schießereien u. s. w. »ausprobiert« hat, bis er schließlich eine Art Meisterschaft erlangte. Auch wir haben in der Literatur keinen Fall gefunden, der so viele sadistische, in Variation und Schwere gleichsam spielerisch wechselnde, Taten auf sich vereint.

Nach dem gegenwärtigen Stande der Wissenschaft fällt die Perversion des Geschlechtstriebes, also auch der Sadismus, nicht unter den Begriff des § 51 Str.G.B., d.h. es kann nicht die Rede davon sein, daß bei Betätigung des Geschlechtstriebes mit oder ohne Abart die freie Willensbestimmung im Augenblick der Betätigung aufgehoben oder nennenswert eingeschränkt ist. Es gibt zwar Sexualpathologen, die einen anderen Standpunkt vertreten, die schlechthin einen sexuell-perversen Menschen für geisteskrank im Sinne des § 51 Str.G.B. erklären, doch stehen diese Forscher einstweilen noch vereinzelt da und werden ihre Theorien vielleicht nie in Wirklichkeit umgesetzt sehen.

Wir heben vor allem als wichtigstes Argument gegen die hier häufig von Kürten ausgesprochene Einwendung: »Kann man hier noch von Überlegung sprechen?« hervor, daß Kürten bei seinen Taten infolge seines Intellekts stets Herr der Situation blieb, die Tat sogar abbrechen konnte, wo sich eine Störung von außen entgegenstellte, oder keine gefährliche sadistische Handlung unternahm, wenn er vorher mit seinem Opfer von Dritten gesehen wurde und auch seine Wohnung davon frei hielt.

Man verlangt vom Normalmenschen die Zügelung seines Geschlechtstriebes durch Hemmungen, die meist durch Erziehung vermittelt werden. Ob nun Kürten jemals zur Hemmung seiner Affekte und Triebe »erzogen« worden ist, ist zweifelhaft. Er hat sie sich aber immer dann selbst auferlegt, wo es nötig war, wo seine Klugheit und instinktive Vorsicht ihm dazu befahl und gleichsam reflektorisch zwang; sonst hätte er wenigstens einmal bei seinen fast zahllosen Untaten in flagranti ertappt werden müssen. Wir schließen daraus, daß der Geschlechtsrausch, der an sich keinesfalls die freie Willensbestimmung aufzuheben geeignet ist, bei Kürten trotz seiner hinzukommenden sadistischen Vernichtungswut stets im Rahmen der freien Willensbestimmung geblieben ist, erinnerungstreu bis in feinste Details, beherrscht von einem gesunden Selbsterhaltungstrieb, der ihn immer wieder vor Entdeckung schützte. Man könnte nun fragen: Gut, nehmen wir an, daß Kürtens pervertierter Sexualtrieb weder an sich, noch durch seine jeweilige Intensität auf der Höhe der Tat die freie Willensbestimmung im Sinne des § 51 Str.G.B. aufhob, wäre es dann nicht doch möglich, daß ein derartiger perverser Triebmensch, erblich belastet, milieugeschädigt von Kindesbeinen auf, verbittert durch lange und harte Strafen, an sich ein sog. Grenzfall zwischen geistiger Gesundheit und Geisteskrankheit darstellt, eine »problematische Natur«, der man zum mindesten den Begriff einer »verminderten Zurechnungsfähigkeit« im Sprachgebrauch zubilligen müsse. Wir müssen dem entgegenhalten, daß Kürten infolge seines scharfen und kühlen Verstandes, seiner oft bewiesenen Kaltblütigkeit und sonstiger ihn weit über den Durchschnitt hebenden Qualitäten sehr wohl ein Gegenagens hätte finden können, wenn er jemals ernstlich und ehrlich danach gesucht bzw. gegriffen hätte.

Wir können uns einstweilen noch nicht entschließen, eine »organische, kriminelle Reizung«, ausgehend vom Geschlechtstrieb, anzuerkennen, nach Art einer Intoxikation durch »innere Seketion«, ähnlich wie bei der Epilepsie (Lombroso, Wulffen), doch halten wir es nicht für ausgeschlossen, daß die psychiatrische Forschung in nicht absehbarer Zeit einmal auch diese Hypothese objektivieren kann. Bei dem gegenwärtigen Stande von Psychiatrie und Rechtswissenschaft räumen wir der bei Kürten vorhandenen, vornehmlich sexuellen Psychopathie in Hinblick auf die paralysierenden geistigen Eigenschaften des Kürten nicht die Bedeutung einer so hochgradigen geistigen Minderwertigkeit ein, daß sie eine »verminderte Zurechnungsfähigkeit im Sprachgebrauch« bedingt und den Richter veranlassen könnte, einen nennenswerten milderen Maßstab in der Beurteilung anzulegen.

In diesem Zusammenhang sei nochmals die »Großmannssucht« erwähnt, die bei Kürten besonders hervorsticht, in enger Verbindung mit seinem Talent zu lügen und seiner überaus lebhaften Phantasie. Alle diese Persönlichkeitsmerkmale erreichen weder die krankmachende Höhe eines psychotischen »Größenwahns« oder eines »pathologischen Lügners« oder einer »Pseudologia phantastica«. Aber alle diese Eigenschaften gehören nun einmal zu dem schillernden Gewande dieses Königs aller Sexualverbrecher, ohne die er weder seine überlegene Sicherheit des Auftretens, noch seine Überredungskünste, noch seine Stimulantia zu immer neuen Taten gefunden und niemals zu einem so lange unentdeckbaren Massenverbrecher gewachsen wäre. Man könnte weiter entgegenhalten, ob Kürten nicht wenigstens 1926/28, wo er eine typisch querulatorische Reaktion den Behörden und einem bestimmten Personenkreis gegenüber zeigte, zum mindesten an der Grenze der Verantwortlichkeit gestanden habe. Aber auch diese Episode ist entweder eine neue Spielart seines Sadismus oder nur der Ausfluß seiner Großmannssucht, seines Geltungsbedürfnisses. Ihn reißt eines Tages der Ausruf des Staatsanwaltes »Alter Zuchthäusler« unvermittelt aus allen Himmeln. Er quittiert diese »Beleidigung« und das ihm fortlaufend widerfahrene vermeintliche Unrecht mit einer großen Reihe von Brandstiftungen und

Überfällen und zieht aus seinen vergeblichen querulatorischen Prozessen und Aburteilungen 1927/28 das Fazit: »Jetzt ist alles egal«, häuft Verbrechen auf Verbrechen bis zu seiner Festnahme, die er zwar immer vorausgeahnt, aber bis zuletzt geschickt zu vermeiden sucht. Sein Geständnis seiner Frau gegenüber am Vorabend vor seiner Festnahme, ist der typische seelische Zusammenbruch, der auch den härtesten Verbrecher einmal packt, wenn er sich am Ende sieht. Sein erstes Geständnis auf der Polizei ist ebenfalls aus dieser Va-banque-Stimmung heraus entstanden. Die Zurückziehung fast 3 Monate lang, war die Frucht seiner wiedergekehrten seelischen Fassung, die von kühlen Verstandesmaßnahmen inspiriert und getragen war. Die Wiederzugabe seiner Verbrechen Ende August ist zweifellos der geschickten psychischen Behandlung durch den Untersuchungsrichter zuzuschreiben im Verein mit dem inzwischen erdrückend angewachsenen Beweismaterial.

Zum Schluß müssen wir noch kurz auf die Formulierung des »Mordparagraphen« eingehen, ob also Kürten bei seinen Mordtaten 1. mit Vorsatz, 2. mit Überlegung gehandelt hat, bzw. handeln konnte.

Der Begriff »Vorsatz« ist wohl fraglos erwiesen durch die Mitführung von Mordwerkzeugen (Schere, Hammer, Stilett). Der Begriff »mit Überlegung« vom Beginn einer Tat bis zum letzten schrecklichen Ende, könnte angezweifelt werden, wenn man sich vorstellt, wie Kürten gepeitscht von sadistischer Sinnesgier gleichsam in einer Art sexueller Raserei mit seinem jeweiligen Opfer verfuhr, bis er seine sexuelle Befriedigung (Samenerguß) fand und in diesem Zeitpunkte erst sich von seinem Opfer lösen konnte. Dieser irrigen Auffassung des Tatablaufs kann man mehrere Fälle gegenüber halten, wo durch Wehren und Schreien der Opfer die Tat nicht zur Vollendung kam, wo Kürten sehr wohl, trotz seines sadistischen Geschlechtsrausches, sich von seinem Opfer lösen konnte, weil diese und andere äußere Umstände ihn dazu zwangen, seine Überlegung von der Fortführung der begonnenen Tat auf die Selbsterhaltung hinzurichten, um nicht gefaßt zu werden.

Wir haben oben eingehend beleuchtet, daß Kürten in der sexuellen Erregung und bei den Versuchen, sie zu befriedigen, im vollen Besitz der »freien Willensbestimmung« im Sinne des § 51 Str.G.B. war und nicht durch seinen Trieb derart widerstandslos hingerissen wurde, daß er gefährliche Situationen während der Begehung seiner Straftaten mißachtet und nur einen Augenblick lang seine Person wirklich ernster Gefahr ausgesetzt hätte. Diese Beobachtung rechtfertigt auch den Schluß, daß er »mit Überlegung« im Sinne des Mordparagraphen bei seinen Morden verfuhr, daß also sowohl »Vorsatz«, wie »Überlegung« mit an Sicherheit grenzender Wahrscheinlichkeit bei Kürten bejaht werden muß.

Wir können somit unsere Beobachtungen in voller Übereinstimmung mit dem Grafenberger Gutachten, das durch die Behandlung der erbbiologischen Seite unser Gutachten wertvoll ergänzt, folgendermaßen zusammenfassen:

1. Kürten ist ein erblich belasteter, mit Milieuschäden von Kind auf behafteter Psychopath mit ausgeprägt sadistischem Geschlechtstrieb, zügellos in der Wahl seiner Mittel zur Befriedigung seiner sadistischen Geschlechtslust, sei es in seinen Phantasien, sei es in seinen Taten, dabei großmannssüchtig und pseudologistisch.
2. Diesen psychopathologischen Eigenschaften stehen paralysierend gegenüber: Kühler und scharfer Verstand, Bildung, Gedächtnis, Kaltblütigkeit, Gewandtheit im Auftreten und – vielleicht – auch Reste von Gemütsregungen, die man etwa in seinem, uns nicht ganz klar gewordenen Verhältnis zu seiner Ehefrau finden kann.
3. Es liegt bei der hohen geistigen Entwicklung des Kürten kein Anlaß vor, die unter 1. genannten psychisch abwegigen Eigenschaften, vornehmlich die sadistische Perversion in ihren hemmungslosen und verbrecherischen Auswirkungen als einen so hohen Grad von geistiger Minderwertigkeit (Psychopathie) aufzufassen, daß sie einer Geisteskrankheit im Sinne des § 51 Str.G.B. gleichkäme; auch den Begriff einer »verminderten Zurechnungsfähigkeit« im Sprachgebrauch, müssen wir im Hinblick auf die vielseitig gut beanlagte und geistig hochentwickelte Gesamtpersönlichkeit ablehnen.
4. Das Bestehen einer organischen Gehirnerkrankung, einer endogenen oder exogenen Psychose zur Zeit der Begehung der Straftaten hat sich nicht aufdecken lassen.
5. Kürten war demnach weder zur Zeit der Begehung seiner Straftaten geisteskrank im Sinne des § 51 Str.G.B., noch ist er zur Zeit geisteskrank.
6. Er ist haft- und verhandlungsfähig.

II. Prozeß

1. Aussage des Untersuchungsrichters vor Gericht

Ich habe nicht den geringsten Zweifel, daß Kürten in allen Fällen der wirkliche Täter ist. Ich habe ihn in der Voruntersuchung eingehend kennengelernt. Er ist infolge seiner Intelligenz in der Lage, alle günstigen Momente für sich zu verwerten. Das Geständnis seiner Frau gegenüber hat er in einer besonderen Aufwallung gemacht, in einer tiefen seelischen Depression, die dadurch entstanden war, daß er fühlte, man sei ihm auf der Spur. Aber er ist auch ein Mann von stärkster Lebenskraft, dem sicherlich bald leid tun mußte, was er offenbart hatte. Diese Lebenskraft hat ihn auch veranlaßt, zu überlegen, wie er nun dem Verhängnis des Geständnisses entgehen könne, und so kam es zu dem Widerruf.

2. Schlußworte im Plädoyer des Oberstaatsanwalts

Das Gesamtbild, das der Prozeß von den Verbrechen und der Täterpersönlichkeit gegeben hat, hat eine solche grundtiefe Verkommenheit, eine solche Gefährlichkeit des Täters und eine solche Menge Opfer gezeigt, daß wir nur hoffen können, daß sich ein solcher Fall niemals wiederholen möge. Wenn jemals ein Lustmörder die Todesstrafe verdient hat, so ist es Peter Kürten.

3. Auszug aus dem Plädoyer des Verteidigers

Durch den Wortlaut des § 51 ist das ärztliche Gutachten ganz erheblich eingeengt. Nur der ist nicht strafrechtlich verantwortlich, bei dem infolge Bewußtlosigkeit oder krankhafter Störung der Geistestätigkeit die freie Willensbestimmung ausgeschlossen ist. Daher ist durch die gesetzliche Formulierung die Freisprechung nur möglich, wenn es sich um eine direkte Geisteskrankheit handelt.

Besteht nicht die Abnormität gerade darin, daß diese Taten mit menschlichem Tun nichts mehr gemeinsam haben? Dies wird insbesondere dann klar, wenn wir an uns selbst überlegen, daß wir doch alle psychisch einfach nicht in der Lage wären, solche Taten zu begehen, während bei Kürten nicht nur keine Hemmungen vorhanden waren, sondern ein äußerst starker Trieb, diese Taten zu begehen und in einer Art zu häufen, daß wir vor einem psychologischen Rätsel stehen.

4. Kürtens Schlußrede

Die von mir begangenen Taten sind derartig abscheulich und ich verabscheue sie so sehr, daß ich nicht einmal den Versuch wage, sie in irgendeiner Form zu entschuldigen, aber manch bitterer Stachel bleibt in meinem Herzen zurück, so wenn ich u. a. daran denke, daß ein Arzt in Stuttgart und eine Ärztin von einer gewissen Schicht des Volkes zu Mordtaten aufgefordert wurden und sich durch anderthalb tausend Morde ihre Hände mit Menschenblut befleckt haben.[1] Ich will nicht anklagen, sondern Sie nur sehen lassen, was in meiner Seele vorgeht. Ich kann es mir dabei nicht versagen, Ihnen Professor Sioli, vorzuhalten, daß mein nicht einwandfreies Elternhaus nicht mitbestimmend gewesen sein sollte. Ich muß Ihnen vielmehr darauf sagen, daß Sie wohl annehmen könnten, daß das Milieu der Jugendzeit bestimmend ist für die Entwicklung des eigenen Menschen. Ich kann nur bedauern, daß soviel und so mannigfach an der Zerstörung der Familie gearbeitet wird. Ich denke da in der Hauptsache an die Brauereien und Brennereien und an die Propaganda der Gottlosen früher und jetzt. Mit stiller Sehnsucht habe ich in meiner Jugend manchmal in andere brave Familien hineingeschaut und gewünscht, wäre es doch in meiner Familie ebenso. Jeder Mensch hat in seinem Leben einen Tag, den er als den schönsten Tag seines Lebens bezeichnet. Ich kenne solche Tage nur vom Hörensagen, erlebt habe ich sie nicht.

Ich widerspreche dem Herrn Oberstaatsanwalt, wenn er behauptet, daß ich feige gewesen sei, als ich mein Geständnis widerrief. An dem Tage, an dem ich meiner Frau mich offenbart hatte, ist mir die Tragweite meines Geständnisses wohl bewußt geworden und ich war aus gewissen Gründen befreit und hatte die feste Absicht, bei meinem Geständnis zu bleiben, um meiner Frau den letzten Dienst erweisen zu können. Der eigentliche Grund aber ist der gewesen, es muß einmal ein Zeitpunkt auch dem schwersten Verbrecher kommen, daß er nicht mehr weiter kann. Und diesen seelischen Zusammenbruch habe ich erlebt.

Wie ich früher schon ausgeführt habe, habe ich früher und auch jetzt

[1] K. bezieht sich hier auf die damals sensationelle Abtreibungsaffäre der kommunistischen Ärzte Wolf und Kienle. Seine Bemerkung hat in der Presse ihr Echo gefunden. So schreibt *Das Neue Reich:* »Dasselbe Publikum, das sich wochenlang nicht genug tun konnte, Kürten als Scheusal zu titulieren, muß sich von diesem Lustmörder und Sadisten sagen lassen: Tausende von Kinderseelen klagen Euch an; Ihr richtet mich, aber sehet zu, daß Ihr nicht gerichtet werdet.« C. von Ossietzky meint dazu: »Es ist in Düsseldorf von Eingeweihten der fast bis zur Gewißheit gesteigerte Verdacht geäußert worden, man habe Kürten Begnadigung versprochen, wenn er in jeder Phase der grade noch rechtzeitig zum wahren Christenglauben bekehrte Sünder bliebe. So haben ihm wohl auch die schwarzröckigen Souffleure die bizarre Schlußrede eingeblasen...« [Der Verrat an Peter Kürten in: Die Weltbühne 1931, No. 18] s. hierzu auch Kürtens bissige Bemerkungen S. 302 und S. 308 (Anm. d. H.)

natürlich alle Zeitungsberichte auf das genaueste verfolgt. Ich habe mich überzeugt, daß im großen und ganzen die Zeitungsberichte maßvoll gewesen sind. Ich kann Ihnen verraten, daß ich mich an einer Sensationspresse, die ich früher Gift nannte, stark berauscht habe, und daß sie mit daran schuld gewesen ist, daß mein Leben vergiftet wurde. Wenn sie jetzt also maßvoll gewesen ist, dann hat sie außerordentlich dazu beigetragen, daß die Öffentlichkeit nicht vergiftet wird. (Aus den Reihen der Presse fällt ein ironischer Zuruf: Wir danken!) Zu einer Feststellung fühle ich mich noch gedrängt: Manche Opfer haben es mir sehr leicht gemacht, nicht nur, daß sie sofort bereit waren, mit mir nachts in den dunklen Wald zu gehen, sondern daß sie darüber hinaus meinen Wünschen weitgehend entgegengekommen sind. Vielleicht hat manches Mädchen gedacht, ich würde ihr Bräutigam. Der Drang nach dem Manne nimmt ja immer ungewöhnlichere Formen an. (Vorsitzender: Verscherzen Sie sich durch solche Ausführungen nicht noch den letzten Rest von Sympathie.)

Im übrigen möchte ich nicht versäumen, wie ich schon mehrfach gesagt habe: Ich verabscheue die Tat und bedaure auch die Angehörigen aufs tiefste. Ich möchte es sogar wagen, die Angehörigen, sofern es ihnen möglich ist, zu bitten, mir zu verzeihen. Ich möchte noch ausdrücklich betonen, im Gegensatz zu einer Darstellung des Oberstaatsanwalts, daß nie ein Quälen der Opfer stattgefunden hat. Ich versuche nicht, meine Taten zu entschuldigen, ich habe schon betont, daß ich bereit bin, die Folgen der von mir begangenen Taten auf mich zu nehmen. Ich hoffe, dadurch doch zu einem guten Teile das wieder sühnen zu können, was ich verbrochen habe. Wenn ich auch nur einmal die Todesstrafe erdulden kann, so dürfen Sie doch versichert sein, daß es nur eine von den vielen, nicht geahnten Qualen ist, die Zeit vor der Vollstreckung des Urteils mit durchzumachen, und dutzende Male habe ich schon die Zeit der Todesstrafe erlebt. Und wenn Sie dieses alles in Betracht ziehen, und meinen guten Willen, alle Taten zu sühnen und Buße zu tun, erkennen, dann glaube ich doch, daß das große Rache- und Haßgefühl gegen mich nicht nachhalten wird, und ich möchte Sie bitten: Seien Sie versöhnt!

5. Urteil

Im Namen des Volkes hat das Schwurgericht in Düsseldorf für Recht erkannt:

Der Angeklagte ist des Mordes in 9 (neun) Fällen, in 2 Fällen begangen in Tateinheit mit vollendeter Notzucht, in einem Falle begangen in Tateinheit mit gewaltsamer Vornahme unzüchtiger Handlungen, schuldig. Er wird für jeden Fall des Mordes mit dem Tode bestraft.

Der Angeklagte wird ferner wegen Mordversuches in 7 (sieben) Fällen zu einer Gesamtzuchthausstrafe von 15 (fünfzehn) Jahren verurteilt.

Die bürgerlichen Ehrenrechte werden dem Angeklagten auf Lebenszeit aberkannt, auch wird Polizeiaufsicht für zulässig erklärt.

Die beschlagnahmten 2 Scheren, der Hammer und die Dolchspitze werden eingezogen.

Die Kosten des Verfahrens fallen dem Angeklagten zur Last.

III. Gnadengesuch

1. Antrag des Rechtsanwalts Dr. Wehner (22.5.1931)

In der Strafsache gegen Kürten hat der Verurteilte unter dem 27.4.1931 an mich wie folgt geschrieben:

»Bitte Sie hierdurch, für mich beim Ministerium ein Gnadengesuch einzureichen. Zur Begründung wollen Sie die Gesichtspunkte Ihrer Verteidigungsrede geltend machen. Wenn ich im Zeitpunkt der Begehung der Taten zurechnungsfähig gewesen sei, was ich stark bezweifle, so hat mir jedenfalls die Überlegung gefehlt. Wie es in meinem Innern ausgesehen hat, das kann ich keinem anderen Menschen begreiflich machen. Der Drang war doch unwiderstehlich. Der Dämon hatte mich voll und ganz beherrscht. Ich empfinde jedoch aufrichtige Reue über meine Taten und beklage die Opfer aufs tiefste. Allen etwa erforderlich erscheinenden Sicherungs-Maßnahmen unterwerfe ich mich freiwillig; insbesondere bin ich bereit, mich eventuell sterilisieren zu lassen.

Ich bitte nochmals zu berücksichtigen: Vererbung, Martyrium meiner Jugend, sowie den früheren verfehlten Strafvollzug. Es wäre wohl niemand, der in meinen Kinderschuhen gesteckt hätte, unbeschadet durchs Leben gegangen, aber höchstwahrscheinlich auch schwer verunglückt.«

Ich beantrage dementsprechend:
die über den Verurteilten verhängte Todesstrafe im Gnadengesuch in lebenslängliche Zuchthausstrafe umzuwandeln.

Zur Begründung beziehe ich mich in erster Linie auf mein Plädoyer vom 23.4.31, welches ich in den wesentlichsten Punkten rekonstruiert habe. Ich verweise insbesondere auf die diesseitigen Ausführungen zu § 51 und der Frage der Überlegung.

Durch die enge Fassung des § 51 hatten die Herren Sachverständigen lediglich die Frage zu entscheiden, ob Kürten *geisteskrank war oder nicht.* Mit der bloßen Verneinung dieser Frage ist jedoch die Psyche des Verurteilten unter Berücksichtigung der gänzlich anormalen Taten, die mit menschlichem Tun nichts mehr gemeinsam haben, nicht erfaßt. Die Sachverständigen-Gutachten beschränken sich im wesentlichen auf die Feststellung, daß der Verurteilte ein erblich belasteter, mit Milieuschäden von Kind auf behafteter Psychopath sei, mit ausgeprägt sadistischem Geschlechtstrieb ...

Es erscheint daher dringend erforderlich, wenn nicht ohne weiteres auf Grund der Anormalität der Taten zum wenigsten ein Grenzfall im Sinne des § 51 angenommen und aus diesem Grunde die Begnadigung ausgesprochen wird, eine psycho-analytische Untersuchung des Verurteilten durch eine anerkannte Autorität stattfinden zu lassen, die ich hierdurch beantrage ...

2. Stellungnahme des Oberstaatsanwalts (3.6.1931)

... (Kürtens) Verteidiger Rechtsanwalt Dr. Wehner hat am 22. April[2] 1931 ein Gnadengesuch eingereicht und um Umwandlung der Todesstrafe in Zuchthausstrafe gebeten.

Das mir am 29.5.1931 zugestellte Urteil ist in tatsächlicher und rechtlicher Hinsicht völlig bedenkenfrei. Es geht aus den Urteilsfeststellungen ohne jeden Zweifel hervor, daß Kürten die ihm zur Last gelegten Straftaten begangen und die Tötungen und Tötungsversuche mit voller Überlegung ausgeführt hat.

Das Urteil beruht wesentlich auf dem Geständnis Kürtens in der Hauptverhandlung. Es hat dieses Geständnis richtig gewürdigt und es aus dem ganzen Verhandlungsergebnis und auch unter Würdigung früherer Geständnisse und deren zeitweilige Widerrufe als völlig glaubwürdig bezeichnet. Dem ist durchaus beizutreten. Das Geständnis ist die Folge des typischen seelischen Zusammenbruchs des sich entlarvt sehenden Verbrechers. Es ist in sich widerspruchslos und entspricht dem tatsächlichen Geschehen in allen Einzelheiten. Es gibt Tatsachen wieder, die nur den Untersuchungsbeteiligten bekannt waren und die außer diesen nur Kürten wissen konnte.

Er selbst hat auf vermißte Beweisstücke hingewiesen, die alsdann nach seinen Angaben gefunden worden sind. Als er während der Voruntersuchung nach Wiedererlangung seiner seelischen Widerstandskraft sein früheres polizeiliches und richterliches Geständnis zu widerrufen versuchte, und absichtlich von der Wahrheit abwich, setzte er sich mit den Tatsachen in sofort erkennbaren Widerspruch. Ebenso als er die Mordtaten in Altenburg und den Mord an der Dirne Gross in Düsseldorf wahrheitswidrig auf sich nehmen wollte; hier war er gar nicht in der Lage, die an sich einfachen Tatbestände richtig wiederzugeben, während er die oft schwierigen Tatbestände seiner von ihm wirklich begangenen Verbrechen, bis in alle nachgeprüften Einzelheiten durchaus richtig wiedergab.

Es besteht ferner kein Zweifel an der Glaubwürdigkeit der Zeugen, es handelt sich in allen Fällen um Personen, die an der Verurteilung Kürtens kein persönliches Interesse hatten. Ebenso bedenkenfrei sind die Gutachten der Sachverständigen, die ihn für zurechnungsfähig erklären und ihn als einen besonders intelligenten, mit kühler Überlegung handelnden Täter bezeichnen.

[2] muß wohl Mai heißen (Anm. d. H.)

Bei dieser Sachlage spreche ich mich für die Vollstreckung der Todesstrafe aus und zwar aus folgenden weiteren Gründen:

Der Verteidiger versuchte, in seinem als Gnadengesuch beigefügten Plädoyer den Nachweis zu erbringen, daß Kürten »vom Schicksal dazu bestimmt war, diese furchtbaren Taten zu begehen« und »daß seine moralische Schuld nach seiner Veranlagung, seiner Vererbung, seinem Milieu, aus dem er entstammt und nach der Möglichkeit, die bestand, dem Drang des Blutes, den Geschlechtstrieb zu bändigen, zu ermessen sei«. Kürten selbst spricht in seinem an den Verteidiger gerichteten Schreiben vom 27. April 1931 »von dem Dämon, der mich voll und ganz beherrscht«. Alles das entfernt sich von der Wirklichkeit der Dinge, hat auch in der Beweisaufnahme keinerlei Stütze gefunden und ist im Urteil abgelehnt worden.

Es liegt weder in dem sadistischen Trieb ein unwiderstehlicher Zwang zur Begehung so schwerer Verbrechen vor, noch hat Kürten sich in einem Zustande der verminderten Zurechnungsfähigkeit oder der Bewußtseinstrübung bei Begehung der Taten befunden. Die Ausführungen der drei Gutachter Professor Sioli, Direktor Dr. Raether und des von der Verteidigung benannten Professors Dr. Hübner sind in dieser Hinsicht überzeugend gewesen. Sie haben eingehend dargelegt, daß der pervertierte Geschlechtstrieb sich nur in seiner Art, nicht aber in seiner Stärke vom normalen Geschlechtstrieb unterscheidet. Sie haben weiter dargelegt, daß der intelligente und willensstarke Kürten sich genügend hätte zügeln können, wenn er nur gewollt hätte. Er hat dies selbst bestätigt mit den Worten: »Ich habe bewußt dem Bösen die Oberhand gelassen, nicht immer ohne Kampf« und weiter: »Hätte ich der Stimme meines Gewissens, die mir nie gefehlt hat, rechtzeitig Gehör gegeben, so wäre es nicht soweit gekommen.« »Bei meinen Taten bin ich mir selbst so vorgekommen, daß ich ein Mörder sei.« Auch der Ablauf einzelner Taten zeigte, daß Kürten Herr seines Willens war. Stets verließ er den Tatort und brach die Tat ab, wenn ihm selbst Gefahr drohte. Er hat niemals ein Opfer in seiner Wohnung getötet oder vergewaltigt, obwohl er einzelne mit dorthin genommen hatte. Er konnte sich also beherrschen, wenn er wollte. Sein Trieb hinderte ihn auch niemals bei seiner Arbeit. Es kann also von einem unwiderstehlichen Zwang keine Rede sein. Kürten hat vielmehr seine Taten kraft freien Willens begangen, ohne daß diese von vornherein irgendwo mit Notwendigkeit ursächlich bestimmt waren.

Auch seine zweifellos harte Jugendzeit kann seine Verantwortlichkeit nicht mildern. Er teilt diese mit zahlreichen Menschen, die doch einen einwandfreien Lebenswandel führen, so auch mit seinen eigenen Geschwistern, die nicht zu Sittlichkeitsverbrechern geworden sind. Auch ist der ursächliche Zusammenhang mit den späteren Verbrechen unterbrochen, so schon durch seine vielfachen und schweren Vorstrafen auf anderem Gebiet, ferner durch die aus der Ermordung der Christine Klein gewonnene Selbsterkenntnis, durch die ruhigen Jahre in Altenburg, durch seine Ehe, durch die seelsorgerischen Einwirkungen im Strafvollzug in den Jahren 1926, 1927 und 1928 und endlich durch das sonst geordnete und sozial besonders gut gestützte Familienleben des Verurteilten gerade im Jahre 1929, dem Jahre der Häufung der schwersten Taten.

Kürtens schwerstes Verschulden liegt darin, daß er mit vollem Bewußtsein systematisch und konsequent den Sadismus Jahre hindurch fortgebildet hat, insbesondere im Strafvollzug. »Ich habe bewußt meine bessere Einsicht unterdrückt und der Stimme des Bösen Gehör gegeben, weil die Beschäftigung mit jenen Vorstellungen mir ein Mittel war, die Langeweile der Strafhaft fernzuhalten, ja mir sogar eine geistige Befriedigung zu verschaffen.« Wohin diese Beschäftigung mit der sadistischen Gedankenwelt führte, wußte Kürten zweifelsfrei durch die Tat an der Christine Klein im Jahre 1913. Trotzdem hat er im späteren Strafvollzug sich wiederum seiner sadistischen Gedankenwelt hingegeben.

Kürten hat ferner, wie das Urteil eingehend und zutreffend ausführt, seine Mordtaten mit voller Überlegung begangen. Er hat dies in der Untersuchung anfangs auch nicht abgeleugnet. Erst am 9. Oktober 1930 gelegentlich der Vernehmung durch den Untersuchungsrichter zum Falle Klein brachte er zum ersten Male Bedenken zur Frage der Überlegung vor, als er aus wiederholten Untersuchungen des Gutachters Professor Dr. Sioli und aus der Fragestellung des Untersuchungsrichters die Bedeutung dieser Frage erkannt hatte. Das Urteil, dem auch darin durchaus beizutreten ist, führt eingehend den Nachweis, daß Kürten in allen Fällen »in voller Besonnenheit und mit bedachtem Willen« bis zur Ausführung der einzelnen Taten geschritten ist. Es wird im einzelnen auf diese Ausführungen Bezug genommen und nur folgendes zusammenfassend hervorgehoben:

Kürten kam von Altenburg nach Düsseldorf, um sich hier sexuell in seiner Art auszuleben.

Er zeigte besonders in der Auswahl der Opfer die vorsichtige Überlegung. Er machte sich meist an Dienstmädchen heran, weil sie eine sozial weniger geschützte Stellung hatten und auf seine geschickten Überredungskünste stets eingingen. Gegen Männer wandte er sich nur in 2 Fällen, die ihm wegen der augenblicklichen Wehrlosigkeit dieser Opfer (Scheer und Kornblum) geeignet erschienen. Sonst wählte er Opfer, von denen er erwarten konnte, daß sie ihm mit Vertrauen entgegenkamen und leicht zu überwältigen waren. So fielen ihm die 4 unschuldigen Kinder im Alter von 5 bis 13 Jahren, 1929 zum Opfer, obwohl er seit dem Kindermorde an der Christine Klein im Jahre 1913 wußte, welches das mitleidlose Ende war, wenn er ein Kind als Opfer in seine Hand bekam. Der bewußte Mißbrauch des kindlichen Vertrauens zu seinen Lustmorden und die entsetzliche Art der Vergewaltigung und des Hinschlachtens gerade dieser wehrlosen Opfer stellt ein solches

Ausmaß von Schuld dar, daß eine Freiheitsstrafe niemals als ein gerechter Ausgleich angesehen werden kann.

Die Überlegung zeigt sich ferner in der Auswahl der Tatzeiten und der Tatorte. Es sind meist die späten Abendstunden zwischen 21 Uhr und Mitternacht. Nur die Kindermorde Ohliger und Albermann bilden eine Ausnahme, weil er schon früh mit diesen Kindern zusammentraf und sie nicht lange arglos halten konnte. Zu Tatorten wählte er ihm gut bekannte menschenleere Gegenden, die für ihn selbst gefahrlos waren. Weil er jede persönliche Gefahr mied, sind seine Taten besonders hinterlistig und feige.

Kürten war auch nicht durch soziale Notlage auf die Bahn des Verbrechers gedrängt, jedenfalls nicht im Jahre 1929; denn gerade in diesem Jahre befand er sich mit seiner Frau in einer so guten sozialen Lage, wie nie zuvor. Er hatte von Ende Februar 1929 an Arbeit in der Maschinenfabrik Schiess; seine Frau arbeitete in einer Fischbratküche und später im Café Hemesath. Der Haushalt war geordnet und ein Sparkonto angelegt, das trotz der allgemeinen Notzeit zunahm. Auch sonst lastete kein Druck auf ihm. Er war vollständig frei und hatte, wenn er sich gut führte, auch keine Strafverbüßung oder sonstige Nachteile mehr zu erwarten. Es bestand also keinerlei äußerer Zwang oder Notlage, die ihn wieder in die Verbrecherlaufbahn trieben oder seine Überlegungsfähigkeit durch besondere Erregungszustände hätten beseitigen oder beschränken können.

Der Verteidiger befürwortet gleichwohl eine weitere psychoanalytische Untersuchung Kürtens. Im Hinblick auf die eingehenden ärztlichen Begutachtungen durch die oben bereits genannten Gutachter, von denen 2 akademische Lehrer, und alle Leiter großer Provinzial-Heilanstalten sind, halte ich eine weitere Untersuchung auch für die Frage der Überlegung nicht mehr für notwendig.

Die Gutachter haben die Erforschung des Geisteslebens ihres Patienten nach den modernsten Erfahrungen, und auch nach der psychoanalytischen Methode, vorgenommen. Im Gutachten des Professors Dr. Sioli[3] ist ausdrücklich darauf hingewiesen, daß auch die psychoanalytische Methode angewandt worden sei. Gleichwohl ist damals schon die Frage der Hinzuziehung eines besonderen Psychoanalytikers erwogen worden. Der Vorsitzende des Schwurgerichts hat jedoch, weil die Gutachten des Direktors Dr. Raether und Professors Dr. Hübner zu demselben Ergebnis wie dasjenige des Professors Dr. Sioli kamen, von der Zuziehung eines Psychoanalytikers Abstand genommen. Die Psycho-Analyse ist ein noch sehr umstrittenes Gebiet. Gegenüber den schlüssigen Gutachten der 3 Sachverständigen würde einem etwa abweichenden Gutachten doch keine ausschlaggebende Bedeutung

[3] hier Seite 262

beizumessen sein. Ein richtiges Ergebnis ist auch nur dann zu erwarten, wenn der zu Erforschende sein Inneres dem Erforscher, wie es von Kranken, die Heilung suchen, nicht aber von Verbrechern zu geschehen pflegt, wahrheitsgemäß darlegt und nicht mit Zwecklügen arbeitet.

Kürten hat aber bis kurz vor Abschluß der Voruntersuchung als Motiv für seine Verbrechen nur Rache und Vergeltung bzw. Sühne für ihm widerfahrendes Unrecht angegeben. Das wirkliche sexuelle Motiv hat er bis dahin stets abgelehnt. Auch konnte er vor dem Untersuchungsrichter angeblich ebensowenig wie seine Angehörigen irgend etwas von Geisteskrankheiten in der Familie mitteilen. Erst vor den Psychiatern behauptete er mehrere Fälle von Geisteskrankheit in der Familie, die ihm aber als unwahr nachgewiesen werden konnten. Man muß daher damit rechnen, daß Kürten, der jetzt weiß, was eine neue Untersuchung bedeutet, sich danach einrichtet und den Untersuchenden mit unkontrollierbaren Zwecklügen irreführt, zumal es sich um Seelenvorgänge handelt, deren Richtigkeit durch äußere Tatsachen nicht nachzuprüfen ist. Eine erneute Untersuchung würde somit die Entscheidung über das Schicksal des Verurteilten in seine eignen Hände legen …

Kürten ist einer Begnadigung auch durchaus unwürdig; das ergibt seine völlige sittliche Verkommenheit sowie die außerordentliche Schwere und Häufung der Verbrechen. Er beging insgesamt 9 Morde, davon 8 im Jahre 1929. Er schonte nicht einmal die kleinen Kinder, die er erbarmungslos bis zum letzten Atemzuge zum Opfer seiner wüsten Sinnengier machte. Er beging seine Taten aus reiner Lust am Verbrechen, koste es, was es wolle, wenn nur er seine Befriedigung fand. Ein Menschenleben galt ihm dabei gar nichts. Unmittelbar nach seinen Taten empfand er lediglich eine Entspannung und die tiefe Befriedigung des gesättigten Lustmörders.

Nicht einmal später zeigte er irgendwelche Reue oder gar Mitleid mit den Opfern oder ihren Angehörigen. Er hat sich in der Voruntersuchung und zu den ärztlichen Gutachten dahin geäußert, daß er es allenfalls zu einer Verstandsreue bringen könne. Wenn er auch in der Hauptverhandlung von seinen Taten abrückte und betonte, daß er jetzt Reue empfinde, so machte auch diese Erklärung nicht den Eindruck einer wahren Reue, sondern den einer gefühlsunechten Mache, die im Saale meist nur mit Widerwillen und Abscheu aufgenommen wurde. Das Urteil nennt deshalb diesen Gefühlsausbruch einen unechten, der »lediglich den mit kühler Berechnung verfolgten Zweck habe, persönliche Vorteile zu bringen und insbesondere den Weg für eine Begnadigung vorzubereiten«.

Gegenüber einem Verbrecher von solchem Ausmaß und solcher Verworfenheit hat die Gesellschaft den Anspruch auf einen dauernden Schutz, wie ihn nur die Todesstrafe gewährt. Von Kürten ist keine Besserung mehr zu erwarten. Das zeigen seine zahlreichen und schweren Vorstrafen und sein ganzes weiteres Leben. Es war ihm oft genug Gelegenheit zur Besserung gegeben. Er hat sie nie benutzt. Dem einigermaßen ordentlichen Leben in Altenburg entzog er sich absichtlich, um neue Straftaten in Düsseldorf zu begehen. Noch kurz vor den Straftaten des Jahres 1929 war ihm von seiner Frau und vom Seelsorger der Strafanstalt Derendorf die Hand zu einem neuen Leben gereicht worden. Dennoch beging er die schweren Straftaten des Jahres 1929 während einer Bewährungsfrist, nachdem ihm vom Herrn Minister ein Gnadenerweis durch Befreiung von der Auflage Düsseldorf zu verlassen, erteilt worden war. Das zeigt zur Genüge, wie der Besserungswillen Kürtens zu werten ist.

Es ist deshalb ernstlich damit zu rechnen, daß Kürten, wenn es ihm nach einer Begnadigung gelingt, sich die Freiheit wieder zu verschaffen, sich aufs Neue als Verbrecher betätigen wird. Er hat dahinzielende Äußerungen bereits in der Voruntersuchung und insbesondere gegenüber den Gutachtern gemacht. Das ist umso mehr zu befürchten, als er dann über die lebenslängliche Zuchthausstrafe hinaus, keine Strafe mehr zu erwarten hätte.

Das Volk in seiner überwiegenden Mehrheit würde eine Begnadigung auch nicht verstehen. Ich nehme deshalb auch Bezug auf die anliegende, von mir veranlaßte Äußerung des Herrn Polizeipräsidenten.[4] Ferner habe ich über die Volksstimmung, soweit sie durch die Presse vertreten wird, durch Vermittlung der hiesigen Justizpressestelle 2 Sonderhefte »für oder gegen die Vollstreckung« anlegen lassen. Die Artikel, die sich für die Vollstreckung aussprechen, betonen das grauenhafte Geschehen und den Umstand, daß der Täter sich durch eigne Schuld bewußt aus der menschlichen Gesellschaft herausgestellt habe. Sie rufen nach einem gerechten Ausgleich, bei dem die Strafe der Tat auch wirklich entspricht und nach der sicheren und dauernden Befreiung der Gesellschaft von einem menschenunwürdigen Mitglied. Sie befürchten auch nicht mit Unrecht, daß die Nichtvollstreckung der Todesstrafe in einem Falle von solchem außergewöhnlichen Ausmaß die gewichtigste Hemmung bei ähnlich Veranlagten beseitigen und als Anreiz sich auswirken könnte.

Die Pressestimmen, die sich gegen die Vollstreckung aussprechen, gehen von der grundsätzlichen programmatischen Ablehnung der Todesstrafe aus den bekannten Gründen aus. Ein Teil der Presse nimmt auch deshalb Stellung gegen die Vollstreckung der Todesstrafe, weil sie ein irreparabler Rechtsbehelf sei. Das kann für Kürten keine Bedeutung haben, weil seine Überführung in sachlicher und rechtlicher Hinsicht so völlig bedenkenfrei ist, daß von einem Irrtum gar keine Rede sein kann. Das Urteil läßt nicht den leisesten Zweifel an seiner Täterschaft und der mit Überlegung begangenen Tötungen und Tötungsversuche aufkommen.

[4] s. das nachfolgende Dokument Nr. 3 (Anm. d. H.)

Zusammenfassend komme ich zu dem Ergebnis, daß die Vollstreckung der Todesstrafe hier durchaus gerechtfertigt und geboten ist. Es sprechen schwerwiegende Gründe für die Vollstreckung, während sich weder in der Person des Täters, noch in der Begehung der Taten irgendwelche Gnadengründe stichhaltiger Art ausfindig machen lassen.

3. Stellungnahme des Polizeipräsidenten (19.6.1931)

Bei der Kürze der mir zur Verfügung gestellten Zeit ist es mir nicht möglich, eingehend zu dem Gnadengesuche des Kürten Stellung zu nehmen. Ich muß mich darauf beschränken, auf die gutachtliche Äußerung des Herrn Oberstaatsanwalts und des Herrn Generalstaatsanwalts,[5] denen ich in jeder Beziehung beipflichte, Bezug zu nehmen.

Die Verhandlung gegen Kürten hat keinen Zweifel darüber gelassen, daß er die ihm zur Last gelegten Taten begangen hat, und daß er auch für sie strafrechtlich voll verantwortlich ist.

Seine Taten zeugen von einer derartig niedrigen Gesinnung, und sind von solcher Scheußlichkeit, daß sie in der gesamten Bevölkerung nicht nur Abscheu, sondern auch den Wunsch nach der gesetzlichen Sühne geweckt haben.

Soweit die Presse sich aus grundsätzlichen Erwägungen in meist ideologischen Gedankengängen gegen die Vollstreckung der Todesstrafe ausgesprochen hat, leistet ihr die eigene Leserschaft keine Gefolgschaft. Die Stimmung im Volke ist durchweg für eine Vollstreckung der Todesstrafe.

Die Vollstreckung der Todesstrafe ist auch im Interesse der Staatssicherheit dringend notwendig. In den Gutachten des Herrn Oberstaatsanwalts und des Herrn Generalstaatsanwalts ist bereits des weiteren dargetan und nachgewiesen, daß die von Kürten zur Schau getragene Reue nicht echt und an eine Besserung bei ihm nicht zu denken ist. Daß die Einsperrung im Zuchthaus die Bevölkerung nicht vor Verbrechern vom Schlage Kürten sichert, ergibt der anliegende Ausschnitt aus den Düsseldorfer Nachrichten Nr. 300 vom 16.6.31, der den Ausbruch eines gemeinen Mörders aus dem Zuchthaus in Lüttringhausen bekannt gibt. Mit der Möglichkeit eines Ausbrechens wäre aber gerade bei einer Persönlichkeit wie Kürten zu rechnen, der ein Musterbeispiel an Verstellungskunst und Verschlagenheit ist. Ihm die Möglichkeit eines Ausbruches geben, hieße ihm erneut Opfer an die Klinge geben.

Die in Ihrem Auftrage von Seiten der Kriminalpolizei beschleunigt eingeholte Meinung von Angehörigen Kürtens und Angehörigen der ermordeten

[5] dies letztere Gutachten findet sich nicht in den Akten (Anm. d. H.)

Kinder haben das aus der Anlage ersichtliche Ergebnis gehabt.[6] In diesen Kreisen wird wie überall in der Bevölkerung mit der alsbaldigen Vollstreckung des Urteils gerechnet. Ich darf darauf hinweisen, daß die lange Hinausschiebung der Entscheidung über die Vollstreckung des Todesurteils in der Bevölkerung bereits deutlich erkennbare Unruhe hervorgerufen hat, die sich im Laufe der Zeit aller Voraussicht nach in einem die Autorität des Staates schädigenden Maße steigern wird.

Eine neue Auslassung des Mittag Nr. 139 vom 17.6.31 über die Todesstrafe im Falle Kürten füge ich in der Anlage bei.[7]

4. Meinungsäußerungen von Angehörigen Kürtens und Angehörigen der ermordeten Kinder

Schwester Johanna, ledig, Friseuse, Achenbachstr. 141:	Richtig wäre es, daß das Urteil vollstreckt würde, denn wer es mit anderen so gemacht hat, hat selbst nichts Besseres verdient.
Bruder Andreas, Arbeiter, Achenbachstr. 148:	Besser wäre es schon, wenn das Urteil vollstreckt wird, denn er ist ja so auch tot. Sollte einmal der Fall eintreten, daß er bei einer lebenslänglichen Begnadigung entspringen sollte, so wird er vom Publikum doch gelyncht.
Ehefrau des Bruders Johann, Arbeiter, Ahnfeldstr. 1 (selbst nicht betroffen):	sprach sich nicht deutlich aus, sie hat sich auch mit ihrem nicht anwesenden Manne noch nicht über diese Frage unterhalten. Soweit sie jedoch durchblicken ließ, war zu entnehmen, daß eine Vollstreckung des Urteils angebracht wäre.
Frau Helzer, älteste Schwester Kürtens, Platanenstr. 4, Mann ist Arbeiter:	sprach sich offen für eine Vollstreckung der Strafe aus.

[6] s. Dokument Nr. 4 (Anm. d. H.)
[7] s. Dokument Nr. 5 (Anm. d. H.)

Angehörige der Lenzen-Hamacher:	Eine Enthauptung sei für Kürten viel zu gelinde. Eine wirkliche Genugtuung hätten sie nur dann, wenn ihnen Kürten übergeben würde.
Frau Wiese; Tante der Albermann, bei der diese zu Besuch weilte. Eltern außerhalb.	erklärte, daß sie mit Sehnsucht den Tag erwarten, daß die Vollstreckung des Todesurteils vor sich geht. Es erscheint ihnen schon sehr lange, bis der Tag herankommt. Auch die Eltern der Albermann, die von der Frau Wiese vor einiger Zeit besucht worden sind, haben sich dahin ausgesprochen, daß das Urteil gegen Kürten vollstreckt wird. Außerdem sei erwähnt, daß die Mutter der Albermann infolge des Vorfalles einen Nervenzusammenbruch hatte.

5. Zeitungsausschnitt aus dem Mittag (17.6.1931)

Gerechte Strafe für Kürten – Falsche Humanität

Ob nun die Gegner der Todesstrafe im Fall Kürten im Berliner Tageblatt oder irgendwo anders ihre Gründe anführen, ob sie Goethe als Fürsprecher für Kürten antreten oder den Verteidiger Dr. Frey in seiner Unterhaltung mit dem Mörder Schumann diesen im Interesse Kürtens auf eine nicht gerade für Freys Intelligenz sprechende Weise unterliegen lassen, ob sie nun sagen, auch die Menschheit habe Kürten manches abzubitten – die Todesstrafe ist jedenfalls verhängt, und damit ist sie grundsätzlich bejaht worden, wobei sich das Gericht wohl in Übereinstimmung mit dem Volkswillen befindet, dem demokratischen Wunsch nach der Maßgeblichkeit der Mehrheit also Genüge getan ist. Für diesen Fall hat man die Ausrede, man müsse den Mut zur Unpopularität haben, eine Ausrede, die die Bejaher der Mehrheit in keinem Fall sich erlauben sollten ...

Es handelt sich nicht um die Sicherung oder die Besserung, sondern es geht hier um nichts anderes, als um die Erfüllung des Gesetzes, um die Macht der Nation im Staat, der der Ausdruck der Nation ist und der Gradunterschiede in der Antwort kennt, die er den Verletzern der Gesetze erteilt. Wer sich das Recht über das Leben eines Mitmenschen seiner Nation selbst anmaßt, der hat das Recht auf das eigene Leben verwirkt. Andernfalls gibt man seinem angemaßten Rechte von Staats wegen Recht. Daß es hier Wesensunterschiede gibt zwischen Kürten und einem Arzt, der einen hoffnungslos dem Tode verfallenen Menschen einen Tag vor seinem qualvollen

Tode schmerzlos tötet, ist einleuchtend wie die niederträchtige Tendenz, den Tod in der Schlacht »Mord« zu nennen, einleuchtend ist für die, die sich dieser Tendenz nicht bedienen. Im Gefühl des Volkes wird Kürtens Kopf mit Recht auf dem Schafott fallen.

6. Stellungnahme des Strafanstaltsdirektors (19.6.1931)

Auf das Ersuchen vom 11. Juni 1931 berichte ich:

Die Anstaltskonferenz des Gefängnisses in Düsseldorf hat in ihrer Sitzung vom 19.6.1931 – bei Stimmenthaltung des kath. Anstaltspfarrers – beschlossen, einen Gnadenerweis für Kürten abzulehnen.

K. wurde am 7. Juni 1930 im Gefängnis Düsseldorf-Derendorf eingeliefert. Die Annahme erfolgte durch ruhige und zuverlässige Beamte, die mit K. nur das notwendigste sprachen. Dieses paßte dem K. nicht. Als er die Hausvaterei verlassen hatte, erklärte er: »Nun das kann ich Euch sagen, besonders freundlich in Empfang genommen habt Ihr mich nicht.«

Schon bald nach seiner Einlieferung trat K. ständig mit Sonderwünschen hervor, die ihm vom Untersuchungsrichter und der Strafanstaltsverwaltung nur zum Teil erfüllt werden konnten. Schon diese Wünsche ließen das Geltungsbedürfnis des K. und seine Überheblichkeit und seinen krassen Egoismus erkennen. K. kam sich als Herr der Situation vor.

Im August 1930 wünschte er, daß ihm Kautabak von einer bekannten Firma besorgt wurde, da ihm der in der Anstalt erhältliche nicht paßte. Um zu verhindern, daß K. – womit er immer drohte – die Aussage verweigerte, wurde diesem und anderen Wünschen auf die Vorstellung des Untersuchungsrichters hin nach Möglichkeit stattgegeben.

In der ersten Zeit der Untersuchungshaft ließ er sich einen Zahn plombieren. Dem Zahnarzt erklärte er, daß mit Rücksicht auf seine demnächstige Hinrichtung das billigste Material genommen werden solle.

Vor seiner Rückkehr aus der Heil- und Pflegeanstalt Bedburg-Hau, wo er zur Beobachtung und Untersuchung 6 Wochen untergebracht war, kam er schriftlich um Neuanstrich seiner Zelle, Hergabe anderer Matratzen und eines Aktenbockes für seine Bücher ein. Der Anstrich der Zelle ist abgelehnt worden, weil er nicht notwendig war. Diese Ablehnung veranlaßte K. zu der Bemerkung, daß der Direktor sich aber überflüssigerweise sein Dienstzimmer habe streichen lassen, dagegen seinen begründeten Wunsch auf wohnliche Einrichtung des Raumes, in dem er seine letzten Tage zu verbringen habe, ablehne. K. hatte bei seiner Einlieferung neue Matratzen erhalten. Auch sein dahingehender Wunsch war also unbegründet. Anstelle des verlangten Aktenbockes ist ihm ein zweiter Zellentisch gegeben worden. In demselben Briefe verlangte K. die Verlegung auf eine nach der Sonnenseite hin gelegene Zelle. Diesem Wunsche konnte aus Sicherheitsgründen nicht stattgegeben werden.

Als K. von Bedburg-Hau zurückkam, machte er die Bemerkung, daß dieses seine 25. Einlieferung im hiesigen Gefängnis sei, und daß man diese Tatsache nicht beachtet habe. K. hat in Bedburg-Hau 16 Pfund an Gewicht zugenommen. Als der Anstaltsarzt sein gutes Aussehen erwähnte, erklärte er, er sehe besser aus, als der Anstaltsdirektor nach seiner Rückkehr vom Urlaub.

Im Oktober oder November 1930 wurde K. durch den auf Antrag des Verteidigers hinzugezogenen Gutachter, Prof. Dr. Hübner aus Bonn, zum ersten Male im Gefängnis untersucht. Prof. Dr. Hübner hatte seine Privatsekretärin mitgebracht. K. erklärte später, daß die Sekretärin einen schönen Hals gehabt habe, und daß er, K., nicht dafür garantieren könne, daß er sich trotz schärfster Bewachung, einmal über die Sekretärin stürze. Prof. H. hat die Sekretärin daraufhin nicht mehr mitgebracht.

Solange die Voruntersuchung schwebte, hat sich der Direktor auf ausdrücklichen Wunsch des Untersuchungsrichters nur in notwendigen Fällen mit K. befaßt und verhandelt.

Zu Weihnachten sandte er dem Herrn Präsidenten Lemkes und dem Untersuchungsrichter eine Glückwunschkarte.

K. hat bis jetzt immer den Grundsatz: »do ut des« verfolgt. Sein Verteidiger wurde mit ihm nur fertig, wenn er ihm Rauchwaren, Genußmittel, Zeitungen und Zeitschriften mitbrachte. Seine Sonderwünsche gingen z.B. so weit, daß der Verteidiger ihm ein Weißbrot aus einer bestimmten, weit entfernt gelegenen Bäckerei mitbringen mußte.

Den Gottesdienst besuchte er mit Genehmigung des Untersuchungsrichters seit Dezember 1930. Er hat auch bei einem Pater Generalbeichte abgelegt. Während der Verhandlungstage wollte K. auch am Wochengottesdienst teilnehmen. Dies war jedoch nicht angängig, da er sonst nicht rechtzeitig zum Termin hätte vorgeführt werden können.

Schon vor Anberaumung des Termines zur Hauptverhandlung war K. besorgt um seine gute Verpflegung während der Dauer der Hauptverhandlung. Er glaubte für diese Zeit von draußen verpflegt werden zu müssen, damit er bei Kräften bliebe. Diesem Wunsche ist nicht stattgegeben worden. K. erhielt auf Anordnung des Arztes gewöhnliche Kost mit Zulagen und war hiermit zufrieden. Er verzehrte sein reichliches Frühstück während der Verhandlungspause in größter Seelenruhe – meist auch noch das Frühstück seines Verteidigers.

Die Zelle Kürtens wird auch in der Nacht schwach beleuchtet, und ständig von einem Beamten überwacht. Trotzdem schläft K. tief und fest; sein Bett ist morgens wie unberührt. Am ersten Verhandlungsmorgen mußte er geweckt werden, sonst hätte er sich verschlafen.

Zum Hauptverhandlungstermin wollte er nur durch einen Beamten des Gefängnisses vorgeführt werden. Der Beamte durfte keine sichtbare Schuß- oder Hiebwaffe tragen. Noch nicht einmal den Gummiknüppel, den der Beamte trägt, wollte K. »gestatten«.

Die Anklagebank mußte mit Stuhl und Tisch ausgestattet werden.

Der Vorsitzende des Schwurgerichts besuchte K. vor der Hauptverhandlung. K. erklärte später: »Wir haben uns über die tägliche Dauer der Verhandlung auf englische Zeit geeinigt.«

An einem Terminstage beschwerte sich K. darüber, daß der Gefangenenwagen die Kurve zu schnell genommen habe.

Auf seine Bekleidung für den Termin legte er den größten Wert. Selbst die Kragen, die ihm aus vorhandenen Fürsorgebeständen gegeben werden sollten, wurden ausgesucht. Trotzdem wies er den am 1. Terminstage ihm zuerst gegebenen Kragen als nicht passend zurück. Der Haarschnitt sagte K. auch nicht zu. Ein Barbier einer anderen Abteilung mußte ihm die Haare schneiden.

An einem Terminsmorgen war ihm das Heizungsrohr nicht warm genug, da sein Haar angeblich nicht schnell genug trocknete und die Frisur nicht rechtzeitig fertig wurde.

K. hat nach einer lange vor Urteilsspruch gemachten Bemerkung die Absicht geäußert, das Schwurgerichtsurteil – wie es auch ausfalle – sofort anzuerkennen, weil er, wie er selbst angibt, von der jetzigen Regierung Begnadigung erhofft.

Bei einer Vormeldung zum Herrn Präsidenten Lemkes hat K. diesem erklärt, daß der jetzige Strafvollzug besser als der frühere sei, weil die jetzigen Anstaltsleiter meist Akademiker seien. K. sagte weiter, daß er jetzt der Überzeugung sei, daß er bei positiver religiöser Einstellung seine Triebe, denen er sich immer hemmungslos hingegeben habe, nach seiner heutigen Ansicht habe bekämpfen können.

Die Presse dürfe, so führte er aus, aus Sittlichkeitsgründen möglichst wenig veröffentlichen.

Kurz vor dem Termin bat K. mich, einen Brief seiner Frau zu lesen. Dieser Brief beschäftigte sich sehr weitgehend mit dem Jenseits. K. erklärte, daß er jetzt dieselbe Stellungnahme habe. Neuerdings will K. die Erneuerung seines Gebisses haben, einerlei ob er hingerichtet werde.

Er hat ein dementsprechendes Gesuch an den Herrn Präsidenten Lemkes gerichtet. Durch Verfügung vom 4.5.1931 ist ihm jedoch der Zahnersatz auf Staatskosten nicht bewilligt worden, weil er nach dem Gutachten des Anstaltsarztes und des Zahnarztes zur Erhaltung der Gesundheit nicht notwendig war.

Nach den Schlußvorträgen und während der Beratung des Gerichts erbat Kürten wegen der voraussichtlich längeren Dauer der Verhandlung an diesem Tage ein warmes Mittagessen, das ihm auch aus der Kantine der Schupokaserne besorgt wurde. Er verzehrte dieses mit dem besten Appetit und mit aller Ruhe und rauchte dann die von dem Verteidiger erbetene Zigarre. Unmittelbar nach Einlieferung in das Gefängnis nach Urteilsverkündung, verlangte er einen guten Kaffee und Rauchwaren. Als er den Kaffee bekommen hatte, verlangte er auch noch den Nachmittagskaffee, der ihm infolge der verspäteten Rückkehr nicht ausgegeben worden sei.

Nachdem Kürten auf Anordnung des Herrn Präsidenten des Strafvollzugsamts als Gefängnisstrafgefangener eingekleidet und ihm sämtliche Vergünstigungen entzogen waren, erklärte er, daß er, wenn er das gewußt hätte, das Urteil nicht so schnell angenommen haben würde, um weiterhin die Vergünstigungen zu behalten.

Kürten hat sich auch weiterhin ruhig und hausordnungsmäßig aufgeführt. Abgesehen von den durch sein starkes Geltungsbedürfnis wiederholt geltendgemachten, mit dem Charakter einer Untersuchung bzw. Strafhaft keineswegs zu vereinbarenden Sonderwünschen machte er sich wenig bemerkbar.

Bezüglich seiner inneren Einstellung zu den von ihm begangenen Straftaten ist zu sagen, daß er den mit ihm befaßten Anstaltsbeamten häufig erklärt hat, er bereue seine Tat tief und verabscheue sie, die Opfer und ihre Angehörigen täten ihm leid. Entsprechend seiner andersgeachteten Persönlichkeit sei aber seine Reue von der Reue anderer Menschen wohl zu unterscheiden.

Demgegenüber hat die Anstaltskonferenz den sicheren Eindruck gewonnen, daß die »Reue« des Kürten unwahr ist. Kürten hat während der Verhandlungszeit und auch späterhin immer wieder in Unterhaltungen mit den mit ihm befaßten Gefängnisbeamten die größte Besorgnis verraten, wie sich wohl die Öffentlichkeit, insbesondere auch die Presse nach den in der Verhandlung bekanntgewordenen Einzelheiten der Verbrechen und ihrer Begehungsart zu seiner Persönlichkeit einstellte, ob wohl endlich in der Öffentlichkeit der Eindruck seiner Persönlichkeit ein für ihn und sein demnächstiges Gnadengesuch günstigerer sei. So fragte er häufig nach der Einstellung der Presse verschiedenster Richtung und wie sie über seine Aufführung in der Sitzung berichtete. Er wollte dann auch wohl mal einen Rat haben, wie er sich zweckmäßig benehmen solle. Verschiedentlich äußerte er sich auch über die grundsätzliche Einstellung der jetzigen Staatsregierung zur Frage der Todesstrafe und daß diese ihm bei ihrer gegenwärtigen politischen Zusammensetzung die einzige Gewähr für das Gnadenverfahren biete. Deshalb nehme er auch das Urteil sofort an – also nicht, weil er es als eine gerechte Sühne für seine Straftaten ansah! – Niemals ist ein wirklich tiefere Regung und ein Gefühl des Abscheues über sein vergangenes Leben an ihm beobachtet worden. Die einzige Sorge, die er – abgesehen von seinem eigenen Wohlbefinden – für die Umwelt aufbringt, ist die Besorgnis um das Schicksal seiner Frau, der er durch Einwirkung auf die mit seiner Sache befaßten Kriminalbeamten einen möglichst großen Anteil an der ausgesetzten Belohnung zusichern möchte.

Abschließend ist die Anstaltskonferenz der Auffassung, daß:

1. Kürten eines Gnadenerweises nicht würdig erscheint, weil nach der Begehungsart und der Häufigkeit der Straftaten sowohl wie nach dem von seiner Persönlichkeit hier gewonnenen Eindruck und seiner Einstellung gegenüber den Opfern und ihren Angehörigen die Todesstrafe allein eine gerechte Sühne ist,
2. der Schutz der Gesellschaft sowohl wie die Sicherheit der gleichzeitig mit Kürten untergebrachten Strafgefangenen und nicht zuletzt auch der Strafanstaltsbeamten es verlangt, daß das Urteil vollstreckt wird. Niemals wird auch bei Beobachtung der allergrößten Sorgfalt mit unbedingter Sicherheit der Fall ausgeschlossen werden können, daß Kürten sich an einem Mitgefangenen oder Beamten vergreift …

IV. Hinrichtung

1. Gespräch Kürtens mit Professor Sioli zwei Tage vor der Hinrichtung (30.6.31)[8]

»Sie haben noch gar nicht gesagt, daß ich einen schönen neuen Anzug anhabe.«

(Redet von seiner Einkleidung als Strafgefangener, beschwert sich über den Gefängnisdirektor, der ihn nicht schnell genug in die Sträflingskleidung habe stecken lassen können.)

»Ja, Herr Professor, ich wollte Ihnen u.a. natürlich hier gesagt haben, was das Schlußwort betrifft, das werden Sie ja schon gemerkt haben und so im ganzen großen Rahmen, daß das alles stark unter kirchlichem Einfluß stand, und das ist auch tatsächlich der Fall gewesen, daß ich auch gerade die Erwiderung zu Ihnen auch unter diesem Einfluß gemacht habe, was sich auf die Familie bezieht und so. Ich für meine Person, ich hätte mir vielleicht gar nicht so große Mühe gegeben, denn das war doch alles zwecklos, da die Zeitungen doch alle so gehässig auf mich eingestellt waren. Im allgemeinen ging es ja, aber einige, z.B. die Nachrichten, waren doch gehässig. Wenn nur ein Mädchen hingefallen war in der Verhandlung, wurde das auf mich bezogen. Ich hätte mich nicht gerührt, und auch mit der Bouillon, das war auch ein Anlaß mit zu schreiben, deshalb wird sich Kürten doch seine Bouillon gut schmecken lassen. Es waren doch viele Gehässigkeiten. Das selbstverständlich. Und was wollte ich noch sagen, ja auch so im allgemeinen hier, so was das anbetrifft: Vor der Verhandlung hat man mir das Blaue vom Himmel versprochen und der Direktor hat sich bald die Beine abgelaufen, ist sechs-, sieben-, achtmal an einem Tag bei mir in der Zelle gewesen und Kürten hier und Kürten da, sogar *Herr* Kürten und hat mir die Hand gereicht, das ist ja sonst noch nie dagewesen. Unter anderem hat man mir versprochen Zahnersatz, weil ich durch unsachgemäße Behandlung mehrere Zähne hier verloren habe, das ist mir schon versprochen worden sogar 1928. Es liegt noch ein Schriftstück in den Akten. Jetzt war mir die Frist zu kurz zur Entlassung, und ich sollte das draußen machen lassen. Also so richtig immer eingewickelt und nachher das nie gehalten. Und so ist das jetzt auch gewesen und nach der Verhandlung war es genau nichts. Er gestattete mir nicht, einen Brief an meine Frau zu schreiben, er sagte: Sie als Zuchthausgefangener – 60 Jahre Zuchthaus – und da können Sie

[8] die Entscheidung des preußischen Staatsministeriums war zu diesem Zeitpunkt den Gesprächspartnern noch nicht bekannt. (Anm. d. H.)

nur alle 2 Monate mal schreiben. Und dieses war im Beisein vom Medizinalrat Fuhrmann und noch ein anderer Arzt im Lazarett, wo sie mir das versprochen haben, und nachher war doch nichts davon. Das kann auch gar kein Mißverständnis sein. Der hat mehr Angst gehabt als ich vor der Verhandlung.« *(»Warum denn?«)* »Weil ich da vielleicht irgendwas erwähnt hätte. Ich war ja auch mal 9 Tage im Hungerstreik, von Ende Februar bis in die ersten Tage des März, 9 Tage im ganzen, wegen Differenzen, Licht des abends und ein ordentliches Messer, und dann wegen eines Beamten, der vor meine Tür kommandiert war, der hat den Dienst nicht gern gemacht und hat die Tür so geschlagen usw. Deswegen war ich im Hungerstreik. Am 9. Tag habe ich mich ins Bett gelegt, da kam er in die Zelle, tat, als ob er von gar nichts wüßte, was da nun los wäre. Er hat mir die 3 Punkte bewilligt, und da war alles in Butter bis zur Hauptverhandlung, und da war ich der beste Gefangene sozusagen. Und nach der Verhandlung ist es eben genau wieder wie früher. Er war jetzt längere Zeit in Urlaub und hat am Strafvollzugsamt gearbeitet und ist jetzt erst wiedergekommen.«

(»Wenn ich mal fragen darf, haben Sie nicht mal was gelesen in den letzten 2 Wochen?«) »Die letzten 2 Wochen bin ich nicht mehr auf dem laufenden. Besteht wohl Aussicht, daß sie das verschleppen wollen? In dem Artikel haben sie auch geschrieben, ich hätte in keiner Weise Reue gezeigt, ja wenn die Herrschaften meinen, daß man da auf dem Bauche kriechen soll und über die Erde rutschen soll und dicke Tränen rollen lassen soll, dann wissen die Herren nicht, was Reue und was Bedauern ist. Ich meine, ich hätte mehr als einmal festgestellt, daß ich die Taten aufs Tiefste bedauere, insbesondere im Hinblick auf die Opfer, weniger auf mich. Ich habe ja auch in diesem Sinne geantwortet auf das, was der Vorsitzende fragte. Man könnte doch daraus entnehmen, daß wirkliche Reue vorhanden ist.«

(»Was wollten Sie in Ihrem Schlußwort noch sagen?«) »Ja, ich hätte da hier und da noch so was gebracht, ich hatte da noch einige so Stichwörter mir hingeschrieben, das bezog sich dann auch noch auf Erziehung und daß es doch also immerhin nicht gleichgültig ist, wo einer aufgewachsen und groß geworden ist. Ich bin da ja nicht so ein besonderer Redner wie so ein Rechtsanwalt und bin nun dadurch, daß der Vorsitzende die Einwendung machte, erheblich geführt worden, und der Rechtsanwalt sagte mir ja auch, ich sollte das weiter lassen und mich kurz fassen, und da habe ich das ja auch getan, eine Wendung gemacht und in dem Sinne zum Ausdruck gebracht, daß mir das leid tut und daß ich Reue habe.«

(»Was sagen Sie zu dem, was Herr Direktor Hertel[9] gesagt hat?«) »Bei genauer Betrachtung und Überlegung konnte ich das nicht anders erwarten als wie das Extremste, was man sich denken kann. Der Herr ist eben so eingestellt.«

[9] s. die Aussage des Untersuchungsrichters S. 283 (Anm. d. H.)

(»Er hat Ihnen doch eigentlich eine Ehrenerklärung ausgestellt!«) »Ja, aber daß er sagt, den harten Spruch fällen, und daß ich eigentlich auf dem halben Wege bleiben wollte, das meine ich als Extrem bezeichnen zu müssen, wenn da Direktor Hertel hinausgeht. Andererseits haben Sie ja recht, daß er an verschiedenen Punkten so gesprochen hat, daß es bei denkenden Menschen günstig aufgefaßt werden mußte. Sonst kommt das ja in der juristischen Praxis nicht vor, sich so hineinvertiefen in einen Angeklagten. In dieser Hinsicht, ja das stimmt, aber andererseits meine ich, war er ja auch ganz extrem, indem er vielleicht dem Herrn Rechtsanwalt die Erwartungen, die er darauf gesetzt hatte, auf die Vernehmung des Untersuchungsrichters, zuschanden gemacht hat, eben durch dieses Radikale.«

(»Können Sie zum Zustandekommen der Taten noch etwas sagen?«) »Ich rätsele noch viel an dem Zustandekommen der Taten. Ich meine, daß man sich während der Voruntersuchung an der Spannung der Untersuchung die Rechenschaft, wie die Einzeltat zustande gekommen ist, nicht so klar geben konnte wie jetzt.« *(»Grübeln Sie darüber?«)* »Wie ich dazu kommen konnte, ist mir selbst ein Rätsel. Es ist mir sozusagen nicht glaubhaft, daß ich es selbst gewesen bin, ich kann es manchmal nicht glauben.« *(»Sie haben gesagt, es könne jeden Tag wieder passieren!«)* »Heute nicht mehr. Das ist aber schon ein halbes Jahr her oder noch länger, das war in dem Stadium, wo alles gespannt war, und immer noch einigermaßen frisch, und noch nicht sehr lange nach den Taten. Ich könnte Ihnen heute versichern, wenn Sie die Probe machen könnten, wenn sich das ermöglichen ließe, dann könnten Sie mich ruhig gehen lassen, dann würden Sie sich davon überzeugen können, es würde sich nicht das Geringste ereignen.

So fürchterlich kommt mir das vor, ganz besonders das mit den Kindern. Ich habe ja auch – damals war ich ja von einer derartigen Vernichtungswut besessen, das war mir ganz gleich, denn wenn ich so in der Verfassung war, dann habe ich mich ja auch schon an einem Tier vergriffen. Ich habe schon mal einen ganzen Tag eine Katze in der Zelle gehabt. Ich könnte keinem Tier mehr was tun, geschweige denn einem Menschen. Das wird Ihnen vielleicht nicht so leicht sein zu glauben, aber das ist so, bestimmt und sicher, daß sich nichts ereignen würde. Wie gesagt, ich kann es selbst nicht begreifen, wie ich das alles getan habe. Womit das nun zusammenhängt, diese völlige Umkehr oder Änderung, ich schreibe das zum guten Teil einer gewissen inneren Wiedergeburt zu. Ich meine, es ist ja ein bekanntes Ding, der Glaube macht selig, es ist ja egal, was einer glaubt, da hinten die Millionen, die da leben, die sind, wenn sie richtig davon durchdrungen sind, glücklich in ihrem Glauben an Buddha, andere sind wieder anders glücklich, so hier viele Millionen, das sind die Christen. Es können ja ganz einfache Leute sein, die einen ganz einfachen, nicht komplizierten Glauben haben. Sie können darin glücklich sein und zufrieden. Ich mache da einen sehr großen

Unterschied. Ich halte mich persönlich nur an das eine, an den Christus am Kreuze, der da nackt, verschlagen und verspottet, gehangen hat. Was die Kirche ist mit dem vielen Drum und Dran, das paßt mir in meinen Kram nicht hinein. Da stehe ich auf dem Standpunkt, solange es noch, besonders heute, so viel Menschen gibt, die nicht satt zu essen haben, da ist der große Luxus überflüssig, denn der Christus am Kreuz, der hat ja auch kein Vermögen gehabt. Deshalb kann das erstens echt sein und zweitens viel wertvoller als manche andere, die viel aufbieten und zeigen und Luxus bezeugen in ihrer Glaubensbetätigung. Darauf kommt es ja nicht an.«

(»Wie und wann ist die Änderung gekommen?«) »Ich glaube doch in der Hauptsache durch die Erkenntnis, die mit der Wiedergeburt verbunden war, die Erkenntnis, daß ich doch ein großes Unrecht getan habe, vor allen Dingen diesen Opfern ein so großes Unrecht zugefügt habe, was sich gar nicht wieder gutmachen läßt, denn ich kann sie nicht lebendig machen, und die wollten alle noch gern die Sonne sehen und den blauen Himmel, und die Kinder sogar noch lange, und das habe ich mir manchmal so richtig durchdacht, was das zu bedeuten hatte, und dadurch ist mir die Erkenntnis gekommen, was es gewesen ist, was ich getan habe.« *(»Wann ist Ihnen das aufgegangen?«)* »So hauptsächlich in der Zeit 2–3 Wochen vor der Verhandlung, wo ich mich einem geistlichen Herrn hier aus dem Kloster – meine Frau hat mir den bestellt, meine Frau ist da schon früher hingegangen, vor Jahren schon – wie ich mich da erst längere Zeit mit unterhalten habe, haben uns nur ausgesprochen, und ich meine, von diesem Zeitpunkt an das gespürt zu haben. Es war allerdings von meiner Seite ein ehrlicher Wille vorhanden, daß ich das erkannt habe und mir richtig alles eingeleuchtet hat, was es Fürchterliches gewesen ist, was ich getan habe.« *(»Während der Unterhaltung mit uns noch nicht?«)* »Nein, das kann ich noch nicht bejahen, das liegt ja auch wieder weiter zurück, die Besuche von Ihrer Seite, ich glaube der letzte war am 24. Dezember. Ich muß allerdings noch bemerken, noch dazu, daß die Briefe von meiner Frau noch dazu beigetragen haben, die hat so wunderbare und inhaltreiche Briefe immer geschrieben, meist auf religiöser Grundlage, und sie versteht so gut zu schreiben. Da war mal son Kaplan gewesen: ›Ich weiß nicht, was ich machen soll, ich habe meine Predigt noch nicht‹ und da hatte Fräulein Fassbender einen Brief von meiner Frau, den hat er zur Predigt benutzt. Das hat erheblich dazu beigetragen, daß ich zu der Erkenntnis gekommen bin, daß ich ein großes Unrecht getan habe, wenn ich damals auch in einem Wahn mich befunden habe, wenn ich auch krank war und in einem Wahn befangen war, daß ich sagen muß, ich war doch vom Teufel besessen, der Zwang war unwiderstehlich. Das braucht nicht in den § 51 gezwängt zu werden, das können sie vielleicht gar nicht, aber der Wahn war doch da, und es war so, daß ich nicht anders handeln konnte, und was Sie gehört haben, Überlegen während der Tat oder wenn Gefahr

vorhanden war, da könnte man auch sagen Geisteskranke, die ganz weg sind, aber die animalischen Vorgänge machen sie doch wie ein Tier, die weiß auch der vollständig Geisteskranke noch, auch der total Geisteskranke, wenn Sie dem zu Essen dahin setzen, dann weiß er doch, was das ist, genauso, wie wenn Sie einem Hund was zu fressen geben. Die animalischen Vorgänge können ja doch bestehen, trotzdem. Wollen Sie das nicht für möglich halten, daß das so ähnlich sein könnte, so ähnlich wie bei animalischen Vorgängen, wenn da so eine Störung eintritt von außerhalb bei einer Tat, so gerade wie bei den animalischen Vorgängen, hier auch gewissermaßen suggestiv oder instinktiv davon abzulassen. Das würde ja ein Tier auch tun, wenn es verscheucht wird, das reißt auch aus. Daß man das aber so mit ins Treffen führt als gewichtiges Moment, um damit zu beweisen, der war voll und ganz bei Überlegung, das meine ich mit meinem beschränkten Verstande, meinem Laienbegriff. Herr Professor, das wird wohl auch nicht so ganz zutreffen. Gewiß es ist ja – es bleibt ja da nichts andres übrig, als was dic Wissenschaft und die Literatur darüber hat und bis jetzt behandelt hat, und das ganze läßt ja auch nichts anderes zu.«

(»Ich meine, daß in jeder Handlung, während der Handlung, man in einem anderen Bewußtseinszustande ist, als ohne die Handlung. Die Problematik liegt darin, daß man sich das Recht zu der Handlung nimmt, und so sehe ich die Problematik an bei Ihnen, Herr Kürten, daß Sie sich das Recht genommen haben, sich ein Ausnahmerecht zu Ihrer Befriedigung anzueignen. Würden Sie mir dazu noch was sagen? Damit käme das Problem dahin: Wie kamen Sie zu diesem Ausnahmerecht für sich?«) »Tcha, wo wollen Sie das mit beweisen, daß ich das Ausnahmerecht mir genommen hätte? Wollen Sie das daraus entnehmen, wenn es heißt, ich ging von Hause fort in dieser und jener Absicht und habe mir Werkzeuge eingesteckt, und damit ist der Fall aber doch nicht gegeben. Ich konnte ja nie vorher wissen, ob es zu etwas kommen würde. Also das trifft nicht ganz zu, wenn Sie vielleicht meinen oder annehmen wollen, ich hätte mir hier ein besonderes Recht herausgenommen, es ist zu unsicher, diese Annahme, denn das war immer ein Zufall.«

(»Warum haben Sie nicht nach der ersten Tat sich sagen können, mir passiert so was?«) »Heute, da kann ich es Ihnen sagen, damals bin ich gar nicht fähig und nicht in der Lage gewesen, daß ich mir das sagen konnte. Ja, das ist schwer zu sagen, warum ich das nicht gekonnt, das ist das undefinierbare Etwas, das können Sie und wenn Sie noch so sehr in diesen Sachen bewandert sind, Sie können das nie richtig begreifen, was das war, ich weiß es nämlich selber nicht. Es war dieser Wahn, dieses Etwas, das hat mich gezogen. Es war nicht allein das Sexuelle, ich möchte sogar sagen bei ruhigem nüchternen Nachdenken, heute möchte ich Ihnen das sagen: Ich glaube, das Sexuelle war das mindere dabei, das gelegentliche, und nicht, wie es

hauptsächlich die Herren von Bedburg als ausschlaggebend betont wissen wollten, das war und ist nur das Gelegentliche gewesen. Das Böse, das Verbrecherische, das war was anderes, und ich glaube heute sagen zu können, es war etwas, das hat mich gezogen, ich komme da zurück auf die Sühne- und Vergeltungsidee einerseits und mit einer vollständigen Verwirrung andererseits. Ich habe Ihnen darüber auch schon allerlei mitgeteilt, ungerechte Bestrafungen, Staatsanwaltschaftsrat Jansen, 8 Monate Gefängnis wegen nichts, Beleidigung und Bedrohung und verschiedene Male in Untersuchung wegen Notzucht. Ich glaubte, das alles dem Jansen verdanken zu müssen, daß mir das so böse ergangen ist und das hat mich endgültig verwirrt, daß ich da die Widerstände nicht mehr gehabt habe, hier zu unterscheiden, was machst Du denn da überhaupt, denk doch mal nach, wenn da nur ein einziges Mal fehl geht, dann bist Du ja doch für immer aufgeschmissen, schon bei einer einzigen Brandstiftung; wenn ich hätte darüber nachdenken und über das ganze Drama mit meiner Frau, ich wäre doch für immer aufgeschmissen gewesen. Wenn ich mir das nur für einen einzigen Fall der Brandstiftung so überlegt hatte – das ist ja nur eine Sache für Ihr Interesse, die rechtliche Entscheidung ist ja abgetan, vorbei – aber daran müssen Sie doch noch ermessen, und vielleicht können Sie es auch verwerten für später: es ist doch nicht alles gewesen, wie man angenommen hat, und was manche Berliner Zeitungen geschrieben haben, all das ist nichts. Sie könnten vielleicht jetzt auf den Gedanken kommen, ich wollte vielleicht hier mit diesen Ausführungen sagen, sie hätten alle nicht das Richtige getroffen, ich hätte nicht zum Tode verurteilt werden dürfen. Das ist nicht der Fall. Was den Rahmen des § 51 anlangt, das ist mir alles bekannt, und die Gesetzesbestimmungen sind einmal so, daß sie auch nicht alles von Wissenschaft und Praxis haben können. Also mußte das Urteil so gefällt werden. Aber es fehlt wirklich etwas, was man nicht hat finden können, was man vielleicht nach Jahren mal, wenn man diesen Fall als einen Grenzfall gelten lassen will oder kommt dann noch weiter in dieser Richtung, was dieses Studium anlangt, daß man da doch vielleicht denkt, ja, es war damals auch so was. Heute kann ich Ihnen das sagen, daß ich selbst vor einem Rätsel stehe: Wie konnte ich so was tun und nur, abgesehen von diesen Taten, sage ich nur: Wie konnte ich eine Brandstiftung ausführen, schon mit Rücksicht darauf, wenn ich an die Folgen gedacht hätte. Wie konnte ich auch so verrückt sein und so wahnsinnig, mich in eine so große Gefahr zu begeben. *(»Ich habe Sie früher schon gefragt, wann hätte man Ihnen helfen können und wodurch?«)* »Tcha, Herr Professor, das hätte schon ziemlich zeitig einsetzen müssen, und zwar dadurch, daß man mich erkannt hätte und dann eben so in ein Haus gebracht, wie Sie da eins vorstehen, dann hätte mir vielleicht geholfen werden können und ich wäre nicht so unglücklich geworden, wie ich bin. Denn darüber wollen wir uns nichts weismachen: Es ist doch nicht so einfach. Vor allem rechne ich mit großer Wahrscheinlichkeit, daß das Urteil vollstreckt wird. Vor allem müßte ich sagen, daß ich viel gelesen, daß es auf des Messers Schneide steht, denn es ist ja eine rein politische Entscheidung, und es wird Ihnen ja auch nicht entgangen sein, wie das Zentrum dazu steht, und das Zentrum wird eben den Ausschlag geben. Das ist ja auch schon gewissermaßen tragisches Begebnis, ich glaubte dem Zentrum in meinem Schlußwort gewissermaßen noch einen Dienst zu erweisen. Ich könnte Ihnen sagen, daß ich schon mal Sachen zu Gesicht bekommen habe, wo die davon Gebrauch machen von meinem Schlußwort und sagen: So, seht mal hier, so redet der und der noch. So in diesem Sinne schreiben die alles, was ich da angedeutet habe von § 218, Dr. Wolf, und anderseits habe ich Zeitungen und Schriften gesehen aus Wien, wo sie auch darauf hinweisen auf die leichtsinnige Frauen- und Mädchenwelt, die nur dem Vergnügen und nur den Männern nachjagt. Wochen nach der Verhandlung natürlich. Ja, ich glaubte das, und heute muß ich erleben, daß gerade das Zentrum nach meinem Kopf schreit wie ein Indianer nach dem Skalp. Und wenn das Zentrum dabei zum größten Teil bleiben wird, dann wird mein Kopf eben fallen, weil das Zentrum ausschlaggebend ist im Ministerium. Es ist gewissermaßen das Zünglein an der Waage bei der Entscheidung.«

(Wünscht eine Photographie von sich für seine Frau, die ihn besuchen wolle.)

»Ich wollte es aber lieber nicht, um beiderseits Quälerei zu vermeiden. Aber selbstverständlich bin ich auch bereit, wenn sie den Wunsch hat, ihr den Wunsch zu erfüllen.« *(»Es würde mich sehr interessieren, wenn Sie sich auch mal zu Ihrer Verantwortlichkeit äußern würden!«)* »Glauben Sie denn, daß man damit wirklich genug getan hätte, indem man das in den Rahmen des § 51 hineinzwängte? Gab es da nichts mehr in dem Fall Kürten? Wenn man das so zusammenfaßt, dann kommt man tatsächlich dazu: Ich bin ja beinahe noch gescheiter gewesen als alle andern zusammen. So brachten es doch die Zeitungen, mit Intelligenz usw., und das ist doch das Ungeheuerliche, wo ich selbst davor stehe und keine Erklärung mehr weiß. Heute machen wir uns doch nicht ein X für ein U. Aber daran habe ich doch ein großes Interesse gehabt.« *(»Was war das denn?«)* »Ich kann es nicht so richtig ergründen, aber wißbegierig wäre ich doch, wenn ich das noch mal erfahren könnte.«

(»Wenn Sie begnadigt würden, dann zu lebenslänglichem Zuchthaus, wie würden Sie das erleben? Der Gegensatz dazu wäre ja, Sie würden begnadigt und entlassen. Wenn das möglich wäre, sähe ja alles anders aus. Dann würde ich sagen: Der hat sich und sein verkehrtes Triebleben durch das Bekenntnis zu seinen Handlungen geheilt. Wären Sie rechtzeitig zu mir oder zu uns gekommen, dann hätten wir das geheilt. Keiner kommt aber rechtzeitig zu uns, sondern erst muß er handeln. Wenn Ihnen einer vor 20 Jahren gesagt hätte:

Geh' zu dem Geheimrat Peretti (?), *laß Dich aufnehmen, die Ärzte sprechen stundenlang mit Dir und Du erörterst mit ihnen, was in Dir steckt, dann hätten Sie gesagt: ›Du bist verrückt, daß ich zum Irrenarzt gehen soll.‹ So erlebt man das in den Kleinigkeiten alle Tage.«)* »Ja, der muß sich erst Ihnen gezeigt haben.« *(»Das Tragische hängt am Wollen, man kann keinem helfen, der nicht will. – Wie läuft Ihr Leben, wenn Sie begnadigt werden, dann ärgern Sie sich weiter, und Sie haben sich Ihr Leben lang geärgert. Sie haben sich in allem geärgert außer Ihrer Frau, und die hat durch Güte Sie verhindert, sie zu ärgern.«)* »Ja, das verstehe ich, die immerwährende Güte ist auch mit der Zeit eine Waffe. Das ist noch fraglich Herr Professor, ob ich da weiter lebe und mich ärgere.

Ist da anders nichts zu machen, als das gehört in den Rahmen dieses Paragraphen und weiter gibts nichts? Gibt es nichts in andern Ländern?« *(»In andern Ländern ist das noch schroffer formuliert.«)* »England auch?« *(»Da ist es viel schärfer als bei uns. Wenn die Todesstrafe nicht vollstreckt werden kann, ist ja nicht daran zu denken, daß Sie anders als durch eine große Umwälzung politischer Art herauskommen, dann müßte ich Ihnen zureden, daß Sie das, was ich Güte nenne, pflegen an dem Ort, an dem Sie dann sind!«)* »Was ist das Mildere, die Vollstreckung oder im Zuchthaus leben?« *(»Können Sie das nicht sagen?«)* »Tcha, leicht ist das nicht. Ich muß dabei bemerken, daß ich immer mehr noch nüchtern geworden bin. Leicht ist das nicht, so voraussichtlich für immer im Zuchthaus bleiben zu müssen und dort das Leben beschließen zu müssen, wenn man körperlich noch gesund ist und geistig immer nüchterner wird. Das ist nicht so einfach.«

(»Ich wiederhole: Gütigsein an der Stelle, an der man ist, betrachte ich theoretisch als das einzige Menschlichsein.«) »Glauben Sie denn, daß sich das dann da noch vielleicht lohnen würde, das Leben da zu leben als wie die Vollstreckung? Meinen Sie, es wäre vielleicht doch noch lohnender, auch dieses erbärmliche Leben weiter zu führen als wie die Todesstrafe vollstreckt?« *(»Da wird Ihnen der beste Freund nichts dazu sagen können. Sie haben aber dann immer noch nicht verstanden, was ich meine im Innern mit dem Wert der Güte an jedem Ort!«)* »Ja, ... ja ... ja ... ja ... ja.« –

»Ich will Ihnen sagen, Herr Professor, wenn es sich entscheiden sollte, ich werde begnadigt, dann würde ich das nur begrüßen mit Rücksicht auf meine Frau und meine Angehörigen. Das ist ja doch noch ein Unterschied, als wie er ist geköppt worden, als wie – die Lampe ist ja auch ausgelöscht – wenn ich im Zuchthaus sitze, aber sie ist nicht zerschlagen, die Lampe. Ja, Sie dürfen mir das glauben, das ist nicht einerlei, erstens, weil die Frau auch geistig ein bißchen höher eingestellt ist. Wenn die da morgens mit dem Gedanken aufsteht und abends sich hinlegt: Der ist geköppt worden. Was passiert ist, ist ja nun passiert, aber Sie sehen, wie sie nachher noch so sehr an mir hängt. Wenn Sie die Briefe lesen würden: Ich verlasse Dich nie, und ich bewahre Dir auch die Treue, solange wie Du lebst, und es ist schön, daß sie so ganz nahe bei mir ist, so schreibt sie. Sehen Sie, dann ist das nicht egal für die Frau, und ist für die Frau bestimmt viel schwerer zu ertragen, als wenn sie weiß, er ist für immer fort, aber ich kann nicht mit ihm zusammen sein. Ich meine nichts vom Körperlichen. Ich habe aber doch die Gabe gehabt, mich nett unterhalten zu können und meine Frau ja auch; die ist nicht so dumm wie Durchschnittsfrauen im Arbeiterstand. Es war eine lebhafte und interessante Unterhaltung manchmal, und das ist, wie gesagt, ein Unterschied. Und dann habe ich noch Angehörige, denen ist es auch nicht gleich; denn ich weiß, wie gehässig die Welt ist, und da braucht nur eine Meinungsverschiedenheit zu sein, es gibt Menschen, die da schnell sagen würden: Halt doch Dein Maul, Dein Bruder, der geköppt worden ist. Das würden Sie vielleicht nicht so für möglich halten, aber ich habe doch darunter gelebt und kann das wissen und beurteilen, wie die herzlos und gefühllos schnell urteilen. Das ist nicht egal und aus diesem Grunde einzig und allein würde ich dann auch zufrieden sein, ja und sagen, wenn das so sein soll, dann würde ich mich auch noch nicht aufhängen, eben aus demselben Grunde nicht, dann würde ich meiner Frau ja noch mehr antun, als wenn das Urteil vollstreckt würde, weil sie doch so religiös eingestellt ist. Das soll doch nicht sein. Ein Christ darf doch das Leben nicht von sich werfen, was er sich selbst nicht gegeben hat. Das ist doch die Lehre.« *(»Was meint Ihr Verteidiger?«)* »Tcha, hinsichtlich der Frage mit dem Einzwängen in den § 51 steht ja der Verteidiger auf dem Standpunkt, daß das zum mindesten ein Grenzfall sein müßte, und er beantragt unter anderem eine nochmalige Untersuchung in seinem Gnadengesuch an das Ministerium. Das Gnadengesuch ist ganz kurz. Es ist vermerkt, daß ich den Verteidiger beauftragt habe, das Gesuch zu machen: Schreiben Sie das so und so, und zwar ich bitte Sie hiermit beim Ministerium für mich ein Gnadengesuch einzureichen.«

(»Ich komme zurück auf das, was ich schon vorher gefragt habe. Die Überlegung, die Sie während der Taten nicht empfanden, warum kam die nicht nach den Taten? Die erste Tat war das Mädchen aus der Altstadt; da waren Sie ein ganz junger Mensch. Wie fanden Sie sich damit ab, daß Sie nach Ihrer Meinung jemanden getötet hatten; denn nach Ihrer Meinung war sie ja doch tot?«) »Ja, ich glaubte daran, ich hatte jemanden tot gemacht, und das ist ja auch der erste Fall, wo ich wußte und begriff, einen tot gemacht zu haben. Ich kam mir schon wirklich als Mörder vor. Und ich glaube, das hat auf mich wohl auch schon Einfluß gehabt, das glaube ich doch sagen zu müssen, daß ich mir so vorkam. Ich habe Ihnen dann auch schon früher mal gesagt, daß ich selber schon hier das den Beamten bejaht habe, ich kriegte mal den Kopf ab. Das war alles mit unter diesem Einfluß und der ganzen Einstellung. Nun fragten Sie mich, warum mir nun danach nicht

die Überlegung gekommen ist. Tcha, das ist schwer zu sagen. Ich kann Ihnen da nur sagen: Ich bin da nie richtig von wach geworden, daß ich das nie so habe ganz von mir abstreifen können. Ich habe eben schon früher geglaubt, ich bin dazu verdammt und da kannst Du nichts dran machen; das geht immer weiter, wie das kommt. Es sind ja durch die Strafvollstreckung eben immer da die großen Pausen gewesen. Wer weiß, vielleicht hätten Sie sich gar nicht mehr mit mir befassen brauchen, vielleicht hätte sich das schon früher entschieden in irgendeiner Weise.« *(»Dann der zweite, der Mülheimer Mord; wie war danach die Überlegung?«)* »Tcha, der Gedankengang, der war so, wie ich ihn hier schon des öfteren geschildert habe. Ich habe mich darin wohl gefühlt und mir darin gefallen, wenn ich mir vorgestellt habe, jetzt habt Ihr's, jetzt werdet Ihr es schon kriegen. So habe ich mir aber darin gefallen und bin gleich wieder hingefahren; ist es denn auch wirklich wahr? Ihr werdet es schon zu spüren kriegen, denn das ist ein altes Gesetz und eine alte Regel, das Blut kommt über Euch, und Ihr seid die Mörder. Das war der Gedankengang nach dieser Tat in Mülheim und auch der Gedankengang in den ganzen Jahren 1929–30. Ob ich das aber mit einer gewissen Überlegung bezeichnen kann, das weiß ich nicht. Vielleicht rückgängig die Überlegung, daß ich wußte, was alles gewesen war, aber dann ist die Frage noch lange nicht beantwortet: Wie kam ich dann zur nächsten Tat? Habe ich das aus denselben Motiven verübt? Es ist noch nicht genug, es muß noch mehr werden. Das war dann nicht der Antrieb; Du mußt das nochmal machen. Tcha, ich ging aus, ein Opfer zu suchen. Es war aber zum mindesten die Grundlage. Und ich möchte nochmal sagen: Heute nach reiflicher und klarer und ruhiger Überlegung, das Sexuelle ist die Begleiterscheinung gewesen, das habe ich so mitgenommen, die Gelegenheit war doch da, es hat mich auch sexuell angeregt, die Ausführung der Tat, und dann habe ich auch in irgendeiner Form mich noch sexuell betätigt, sei es, daß ich schwer verletzt habe oder daß ich Blut zu mir genommen habe, was dann die sexuelle Beschaffenheit, Verfassung noch bedeutend gesteigert hat. Aber daß ich Ihnen sagen könnte, ich bin zu dem Zweck ausgegangen, um mich auf diese oder jene Art sexuell zu betätigen, ich weiß genau, wenn Du Blut siehst, kommst Du in eine starke sexuelle Erregung, das ist bestimmt nicht der Fall. Denn die Beispiele sind nicht so sehr selten, daß ich auch schon ohne Gewalttat und ohne Blutvergießen doch schon auch mal sexuelle Befriedigung gefunden habe. Also hätte die sexuelle Erregung ja auch auf diese Art und Weise abgelenkt werden können. Aber wenn mich das gefaßt und gepackt hatte, die Geschichte, die Wahnidee da von wegen, denen damit schaden zu können, was ich damals so annahm, dann war es geschehen um den betreffenden Menschen, der mir begegnet ist oder gerade bei mir war. Der Fall Mülheim ist wirklich markant dafür, wo mir doch wirklich keiner das nachgewiesen hat, ich hätte die umbringen wollen. Ich wußte ja gar nicht, ob jemand im Zimmer war, und wie ich mich plötzlich darauf stürzte! Ich bin doch in Wirklichkeit in Diebstahlsabsicht in die Wohnung gegangen. Und das werden Sie ja doch auch wohl nicht für möglich halten, daß in diesem Moment, wo ich mit der Lampe leuchtete, auf einmal eine so sexuelle Erregung über mich kommt, daß ich das Kind umbringe. Dazu hat sich die Sache ja auch viel zu schnell zugetragen. Es ist da eben diese Wahnidee gewesen, gerade in dem Fall Mülheim, daß ich da ganz gewissermaßen von geblendet war, von alledem, was ich da vor den Augen stehen gehabt habe von Drangsal, von Martern, die ich mir damals eingebildet und auch zum größten Teil erlebt habe im Strafvollzug und auch zum großen Teil ungerechterweise.«

Zusammenfassung des Folgenden, was nicht mehr im einzelnen mitgeschrieben wurde: Er werde keine Ausbrüche machen, wenn er begnadigt werde, schon allein deswegen, weil er dann ja doch umgebracht werden würde, wenn man ihn erkennte.

2. Verfügung des Oberstaatsanwalts vom 1.7.1931

1. Es sind 16 Einlaßkarten anzufertigen und mir zur Unterschrift vorzulegen, die den folgenden Wortlaut haben:

Einlaßkarte

zum Gefängnis Klingelpütz für Donnerstag, den 2. Juli 1931 vorm. 6 Uhr für Herrn .....

(Stempel) Köln, den 1. Juli 1931

2. Zu schreiben an den Herrn Polizeipräsidenten in Köln:

»Am Donnerstag, den 2. Juli 1931 vormittags 6 Uhr findet auf dem Hofe des hiesigen Gefängnisses am Klingelpütz eine Hinrichtung statt.

Durch Erlaß des preußischen Staatsministeriums ist beschlossen worden, von dem Begnadigungsrecht keinen Gebrauch zu machen, sondern der Gerechtigkeit freien Lauf zu lassen.

Die Hinrichtung wird der Herr Oberstaatsanwalt aus Düsseldorf leiten.

Euer Hochwohlgeboren ersuche ich ergebenst zur Aufrechterhaltung der Ordnung einen Polizei-Offizier abzuordnen, seinen Namen in die beiliegende Einlaßkarte einzutragen und mir den Namen in einem »persönlich und geheim« zu bezeichnenden Schreiben mitzuteilen. Außerdem bitte ich behufs Sicherung der Vollstreckung eine genügende Zahl von Polizeibeamten auf den das Gefängnis umgebenden Straßen in unauffälliger Weise aufzustellen.

Der Zutritt zur Strafanstalt ist zur Zeit der Hinrichtung nur Personen gestattet, die mit einer von dem Oberstaatsanwalt in Düsseldorf oder von mir unterschriebenen Zulaßkarte versehen sind.

Schließlich mache ich zufolge höherer Weisung darauf aufmerksam, daß auf die Geheimhaltung aller Vorbereitungen zur Hinrichtung in besonderem Maße Bedacht zu nehmen ist.«

3. Dem Schreiben zu zwei ist eine Einlaßkarte beizufügen.

4. Zu schreiben an den Herrn Oberbürgermeister in Köln unter Beifügung von 12 Einlaßkarten:

»Euer Hochwohlgeboren übersende ich anliegend 12 Einlaßkarten mit der Bitte, gemäß § 454 StPO. zwölf Personen aus der Stadtgemeinde abzuordnen, um der Hinrichtung beizuwohnen. Ich bitte, nur solche Personen zu berücksichtigen, die die Gewähr dafür bieten, daß sie ihre Wahrnehmungen nicht in die Presse gelangen lassen, ihnen auch die Pflicht aufzuerlegen, die Tatsache der Hinrichtung, ihre Vorbereitung und den Termin streng geheim zu halten. Die Namen der abgeordneten Personen bitte ich in die beiliegenden Karten, die unübertragbar sind, eintragen zu lassen.

Den abgeordneten Personen bitte ich die Verpflichtung aufzuerlegen, in dunklem Anzug und hohem Hut zu erscheinen.«

3. Schreiben des Oberstaatsanwalts an den Preußischen Justizminister (3. Juli 1931)

Meine telegraphische Mitteilung von der vollzogenen Hinrichtung vom gestrigen Tage ergänze ich wie folgt:

Auf den fernmündlichen Auftrag des Herrn Justizministers vom 24.6. begab sich der Unterzeichnete am 25.6. nach Köln und stellte gemeinsam mit dem Vertreter des dortigen Oberstaatsanwalts beim Landgericht fest, daß der zur Hinrichtung bestimmte Raum im Gefängnis Klingelpütz sowie die Guillotine in kurzer Zeit gebrauchsfertig gemacht werden konnten.

Am 1.7. um 9 Uhr übergab der Herr Generalstaatsanwalt dem Unterzeichneten die soeben bei ihm eingegangenen beiden Verfügungen des Herrn Justizministers vom 30. Juni 1931 zur sofortigen weiteren Veranlassung.

Um 9 $^{1}/_{2}$ Uhr meldete sich der Scharfrichter Karl Gröpler aus Magdeburg mit 3 Gehilfen. Er wurde mit den erforderlichen Instruktionen versehen und angewiesen, sich sofort in das Gefängnis Köln zu begeben, dort die Aufstellung der Guillotine alsbald vorzunehmen und ihre Gebrauchsfertigkeit mehrfach zu prüfen.

Sodann wurde die Überführung Kürtens nach Köln angeordnet. Diese ging um 15 Uhr mittels Kraftwagen unter besonders ausgesuchter Begleitung vor sich und verlief ohne irgendwelche Schwierigkeiten. Kürten war nicht gefesselt.

Der Unterzeichnete gab dem Verurteilten um 17 Uhr 5 Minuten die Entschließung des Preußischen Staatsministeriums vom 30. Juni 1931 bekannt und eröffnete ihm, daß das Urteil am nächsten Morgen um 6 Uhr vollstreckt werde. Kürten nahm diese Eröffnung tief erschüttert, aber äußerlich gefaßt entgegen. Auf den Inhalt des in Abschrift beigefügten Verhandlungsprotokolls vom 1. Juli glaube ich Bezug nehmen zu dürfen.

Sodann ließ sich der Unterzeichnete von dem Scharfrichter die Guillotine vorführen und überzeugte sich davon, daß sie fehlerlos funktionierte.

Kürten verbrachte die Nacht schlaflos im Beisein der im Verhandlungsprotokoll aufgeführten beiden Geistlichen, die sich gegenseitig ablösten und im zeitweiligen Beisein seines Verteidigers, Rechtsanwalts Dr. Wehner. Er schrieb 13 Briefe[10] an die Angehörigen seiner Opfer, an die noch lebenden Opfer, an seine geschiedene Frau und an den Oberstrafanstaltsdirektor in Köln. Etwa um 19 Uhr nahm er als Abendessen ein Schnitzel mit Bratkartoffeln und Salat zu sich und trank dazu im Laufe der Nacht etwa 1 $^1/_2$ Flasche Wein. Um 4 $^3/_4$ Uhr morgens wohnte er der für ihn besonders gelesenen hl. Messe bei, beichtete und kommunizierte. Mit dem Herannahen der Stunde der Vollstreckung nahm seine Fassungskraft immer mehr ab. Er ließ sich aber willig von den Geistlichen und seinem Verteidiger immer wieder aufrichten und zeigte durch seine Äußerungen, daß er nunmehr wirkliche Reue empfand und seine Verbrechen durch den Tod sühnen wollte.

Um 6 Uhr 2 Minuten wurde er zur Richtstätte geführt, begleitet von den Geistlichen und seinem Verteidiger. Die Richtstätte war im Hofe des Gefängnisses würdig hergerichtet und gegen Einsichtnahme durch Unberufene vollständig gesichert. Kürten war jetzt aufs tiefste erschüttert, hielt sich aber aufrecht und bewahrte unter Aufbietung seiner letzten Kräfte die Fassung. Seine Hände waren ihm leicht auf dem Rücken zusammengebunden. Er hörte die Verlesung der rechtskräftigen Urteilsformel und des Erlasses des Preußischen Staatsministeriums ruhig an, nahm Einsicht in den Erlaß, äußerte aber kein Wort mehr. Der Erlaß wurde sodann dem Scharfrichter vorgezeigt und dieser aufgefordert, seines Amtes zu walten. Kürten ließ auch die letzten Vorbereitungen ohne jede Äußerung ruhig an sich vornehmen. Eine Minute später meldete der Scharfrichter, daß das Urteil vollstreckt sei. Die ganze Verhandlung hatte 3 Minuten in Anspruch genommen.

Die Leiche wurde sofort dem anwesenden Vertreter des anatomisch-biologischen Instituts der Universität Berlin, Professor Krause, übergeben und in den vorher hergerichteten geräumigen hellen Raum gebracht, in welchem sodann die Ärzte ihres Amtes walteten. Es waren im Einverständnis mit

[10] wir haben nur neun Briefe gefunden, s. das folgende Dokument Nr. 4 (Anm. d. H.)

Professor Krause noch 3 weitere Ärzte zugelassen worden, die ebenfalls Versuche vornahmen und Präparate entnahmen.

Das Verhalten des Scharfrichters und seiner Gehilfen war ruhig, sachgemäß und durchaus würdig …

Die Vollstreckung der Todesstrafe wird nicht verfehlen, das Gefühl der Genugtuung in der gesamten Bevölkerung hervorzurufen, die in ihrem Rechtsbewußtsein und Sicherheitsgefühl durch die schweren Verbrechen aufs tiefste erschüttert war und deshalb in ihrer weitaus größten Mehrzahl einen solchen Ausgang erwartete.

4. Briefe Kürtens aus der Nacht vor der Hinrichtung

An Frau Kürten.

Köln, den 2. Juli 1931

Meine liebe gute Auguste!

Du wirst Dir wohl schon Deine Gedanken gemacht haben, daß man Dich gestern abend so plötzlich nach Leipzig geschickt hat. Ja es ist schon so meine liebe Guste. Ich hatte Dir ja vor kurzem noch geschrieben. Ich hab mir selbst mein Grab gegraben. Und so ist es nun auch geworden. Es ist jetzt drei Uhr morgens. Um 6 Uhr dann habe ich ausgelitten. Liebe Guste es ist doch alles sehr, sehr schwer gewesen, auch die letzten Stunden. Und mit dankbarem Herzen muß ich Dir sagen: die Herren Fassbender, Herr Pater Albrecht, Herr Kaplan Leimann, Herr Rechtsanwalt Wehner sowie mehrere andere Herren auch hier von Köln haben mir die letzte Nacht etwas leichter gemacht und mich getröstet. Liebe Guste ich habe auch noch diese Nacht an alle Angehörigen der Opfer geschrieben und sie noch mal alle um Verzeihung gebeten. Meine liebe Guste nun bitte ich Dich auch noch mal so recht von Herzen mir alles zu verzeihen. All das viele Unrecht das ich Dir angetan habe, all die vielen Lieblosigkeiten die ich Dir zugefügt, all die Schmach und Schande. Der liebe Gott sei mit dir. Ich bitte auch deine Angehörigen und Verwandten sie möchten mir verzeihen vor allen Dingen Emil und Ant (unleserlich) und sende Euch allen noch einen letzten Gruß.

Ich habe Dir gestern nachmittag noch einen Brief geschrieben. Beherzige das alles, auch das was ich Dir in dem vorletzten Brief geschrieben habe. Du weißt, was mir hauptsächlich am Herzen lag.

Liebe gute Guste bete für mich, im Himmel sehen wir uns wieder.

Für den Herrn Oberdirektor
hier
aus meiner letzten Stunde.

Im Bewußtsein meiner großen Schuld, verabscheue ich meine Taten. Wie es möglich gewesen ist, kann ich auch kaum sagen. Es war ein Rausch. In der Nüchternheit und im Ernste meiner Sterbestunde erkenne ich den tiefsten Grund in dem Mangel an religiös sittlichen Halt, der verursacht war durch Verwahrlosung, besonders aber durch religiöse Gleichgültigkeit. Der Gedanke an meine gute Frau und der wiedergefundene Glaube an Gott und an seine Gnade haben mich innerlich erlöst und mir den Seelenfrieden wiedergegeben und machen mir mein Sterben leichter.

Peter Kürten

Köln, den 2. Juli 1931

An
Frl. Anni Goldhausen

In meiner letzten Stunde bitte ich Sie für das schwere Unrecht, das ich Ihnen zugefügt habe, von ganzem Herzen um Verzeihung.

Peter Kürten

Köln, den 2. Juli 1931

An die Angehörigen der Maria Hahn in Bremen.

In meiner Todesstunde fühle ich besonders das schwere Leid das ich Ihnen zugefügt habe, und bereue es aus tiefstem Herzen.

gez. Peter Kürten

Köln, den 2. Juli 1931

An Herrn Dörrier in Holzminden.

In tiefstem Schmerz über das große Unrecht und den Schmerz den ich Ihnen zugefügt, bitte ich Sie auf meinem letzten Gang von ganzem Herzen um Verzeihung.

gez. Peter Kürten

Köln, den 1. Juli 1931

An die Angehörigen der Gertrud Albermann.

Ich habe Ihnen einen großen Schmerz und unersetzlichen Verlust zugefügt. Bevor ich in die Ewigkeit gehe in meiner letzten Stund, bitte ich Sie nochmals um Verzeihung.

gez. Peter Kürten

Köln, den 1. Juli 1931

An die Angehörigen der kleinen Rosa Ohliger.

In meinem Schlußwort in der Hauptverhandlung hatte ich Sie bereits schon gebeten, wenn es Ihnen möglich sein sollte, das große Unrecht, das ich Ihnen zugefügt habe, mir zu verzeihen. Bevor ich meinen letzten Gang antrete, bitte ich Sie nochmal von ganzem Herzen um Verzeihung. Ich war von einem Wahn befangen und wußte nicht was ich tat. Es tut mir aufrichtig leid.

Ich bete für Sie

gez. Peter Kürten

Köln, den 2. Juli 1931

An Frl. Gertrud Schulte.

Aus meiner Sterbestunde:

Ich habe den lieben Gott um Verzeihung gebeten, und Er gab sie mir. Ich bitte auch Sie mir zu verzeihen und meiner in Ihrem Gebet zu gedenken.

gez. Peter Kürten

Köln, den 1. Juli 1931

An die Angehörigen der kleinen Christine Klein.

Verzeihen Sie mir bitte um der Liebe Gottes willen das große Unrecht und den unersetzlichen Verlust, den ich Ihnen zugefügt habe. In meiner letzten Stunde möchte ich Ihnen sagen, daß ich den letzten schweren Gang aufopfere als Sühne für die schwere Tat.

Ich bete für Sie und bitte Sie, seien Sie versöhnlich gestimmt.

gez. Peter Kürten

5. Zeitungsbericht

Entsetzliche Stunde[11]

Der Massenmörder Peter Kürten ist heute morgen um 6 Uhr in dem Hof des Gefängnisses Klingelpütz durch die Guillotine enthauptet worden. Die Hinrichtung wurde durch den Scharfrichter Gröpler aus Magdeburg vollzogen, der bereits vorgestern mit seinen Gehilfen in Köln eingetroffen war, um den Aufbau der Guillotine, die noch aus der Franzosenzeit stammt, rechtzeitig zu vollenden.

Peter Kürten, der gestern nachmittag von Köln nach Düsseldorf übergeführt worden ist, wurde um 5 Uhr durch den Oberstaatsanwalt Dr. Eich aus Düsseldorf von der Ablehnung seines Gnadengesuches unterrichtet. Er nahm diese Mitteilung ruhig auf und ist gefaßt in den Tod gegangen.

[11] 8 Uhr Abendblatt vom 2.7.1931

Der Beschluß des preußischen Kabinetts, die Todesstrafe an Peter Kürten zu vollstrecken, ist für die Öffentlichkeit überraschend gekommen und, wie gestern bereits kurz berichtet, in einer streng vertraulichen Beratung gefaßt worden. Der preußische Justizminister hat nach der entscheidenden Sitzung sofort Anweisung gegeben, daß die Hinrichtung mit größter Beschleunigung vollzogen werden soll. Ministerialrat Dr. Weddigen aus Berlin, der Dezernent des Strafvollzugswesens, reiste gestern nach Düsseldorf und überbrachte den Justizbehörden die Nachricht von dem Beschluß des preußischen Kabinetts.

Die Vorbereitungen zur Hinrichtung wurden in aller Heimlichkeit getroffen. Sämtliche amtliche Stellen hatten strengste Anweisung, größtes Stillschweigen zu bewahren, so daß es nicht möglich war, irgendeine authentische Mitteilung zu erlangen. Es ist unverständlich, warum diese Heimlichtuerei geübt worden ist, die viel böses Blut gemacht hat. Auch bei der Überführung Kürtens nach Köln hatte man alle nur denkbaren Vorsichtsmaßregeln getroffen, um ein Bekanntwerden der bevorstehenden Hinrichtung zu verhindern. Die Exekution wurde in Köln deshalb vorgenommen, weil in Düsseldorf kein Gefängnishof existiert, der vor den Blicken der Neugierigen geschützt ist. Der Hof des Gefängnisses in Derendorf, in dem Kürten bis zuletzt untergebracht war, liegt in unmittelbarer Nähe von Wohnhäusern, so daß er von der Bevölkerung überblickt werden konnte. Der Hof des Kölner Gefängnisses ist dagegen vor den Blicken Unberufener vollkommen geschützt. Kürten war völlig ahnungslos und hatte bis zum letzten Augenblick auf den Erfolg seines Gnadengesuchs gerechnet, für das sich sein Verteidiger Dr. Wehner noch persönlich in der letzten Woche in Berlin eingesetzt hatte. Auch Dr. Wehner kam der Beschluß des Kabinetts vollkommen überraschend. Er ist erst gestern abend $^1/_2$ 7 Uhr nach Köln gereist, um sich mit dem Verurteilten in Verbindung zu setzen.

Selbst Kürten verschwieg man den wahren Grund seines Abtransportes nach Köln und teilte ihm nur mit, daß die Überführung in eine andere Strafanstalt »aus technischen Gründen« veranlaßt worden sei...

Gegen 2 Uhr nachmittags erfolgte die Überführung des Massenmörders Kürten im Kraftwagen nach Köln. Der Abtransport geschah unter Kriminalrat Momberg, der, wie erinnerlich, die ersten Vernehmungen des Massenmörders geführt hat. Im Auto hatten noch vier Düsseldorfer Kriminalkommissare Platz genommen, so daß jeder Fluchtversuch unmöglich war. Gegen 4 Uhr traf Peter Kürten, der ungefesselt war, vor dem Gefängnis ein, wo er sofort in die Zelle geführt wurde, die gewöhnlich für die Todeskandidaten reserviert ist und die sich in der ersten Etage des umfangreichen Gebäudes befindet. Ganz in der Nähe befindet sich die Kapelle und die Exekutionsstätte. Das Gefängnis ist ein weitverzweigtes großes Gebäude, fast im Zentrum der Stadt gelegen. Die letzte Hinrichtung in Köln hatte im Jahre 1925 stattgefunden. Damals wurde ein Mann namens Künstler hingerichtet, der zwei Mädchen ermordet hatte...

Peter Kürten bleibt die ganze Nacht auf. Je weiter der Zeiger vorrückt, desto apathischer wird der Delinquent. Er spricht kaum noch ein Wort und ist zusammengesunken. Das feiste Gesicht ist fahl geworden. Um 4 $^1/_2$ Uhr erscheint der Verteidiger Dr. Wehner wieder bei dem Verurteilten. Da erwacht Kürten aus seiner Apathie. Er geht auf Wehner zu und sagt mit tränenerstickter Stimme: »Ich danke Ihnen von ganzem Herzen dafür, was Sie für mich getan haben.«

Inzwischen ist bereits heller Tag geworden. Die Nachricht von der Hinrichtung hat sich wie ein Lauffeuer verbreitet und hat zahlreiche Neugierige angelockt. Auch in den Zellen der übrigen Gefangenen ist es lebendig geworden. Sie wußten bereits gestern Nachmittag, daß Kürten sich im Gefängnis befindet. Sie haben daraufhin aus ihren Fenstern durch Zeichen die Bewohner der umliegenden Häuser auf die bevorstehende Exekution aufmerksam gemacht. Die Polizei hat scharfe Absperrungsmaßnahmen vorgenommen.

Den Vertretern der Presse ist der Zutritt zur Hinrichtungsstätte strengstens untersagt. Sie können sich in einem kleinen Nebenraum aufhalten, wo ihnen nach der Hinrichtung Präsident Lemkes über die Hinrichtung Bericht erstattet. Nur wenige amtliche Personen dürfen der Exekution beiwohnen. Unter ihnen der Oberstaatsanwalt Dr. Eich, Ministerialrat Dr. Weddigen, Generalstaatsanwalt Schneider-Neuerburg, der Präsident des Düsseldorfer Staatsvollzugsamtes Lemkes und Senatspräsident Dr. Noetzel; ferner sind die Richter der ersten und zweiten Instanz erschienen, um im Falle einer Beschwerde und eines unvorhergesehenen Antrages sofort eine rechtskräftige Entscheidung treffen zu können, damit die Hinrichtung keinen Aufschub erleidet.

Kürten legt kurz nach 5 Uhr seine Beichte ab und kommuniziert. Es sind nur noch wenige Minuten vor 6 Uhr. In dem kleinen Hof im hinteren Teil des Gefängnisses haben sich etwa 30 beamtete Personen eingefunden. Sie tragen Gehrock und Zylinder. Es ist totenstill. Das Ganze macht einen gespenstischen Eindruck. Im Hintergrunde erhebt sich das Blutgerüst gegen den sonnenüberfluteten Sommerhimmel. Ihm gegenüber ist ein Altar errichtet. Die Front des Gefängnisses, die nach dem Gefängnishof liegt, bietet einen merkwürdigen Anblick. Aus den Fenstern strecken sich zahlreiche Arme. Es sind die Gefangenen, die Taschenspiegel in der Hand halten, um auf diese Weise die Exekution verfolgen zu können, da es nicht möglich ist, durch die vergitterten Fenster zu sehen. Der drohende Ruf eines Gefängnisaufsehers scheucht die Neugierigen in ihre Zellen zurück.

Als die Uhr 6 schlägt, beginnt das Armsünderglöcklein zu läuten. Neben der Guillotine hat der Scharfrichter Gröpler im Frack und Zylinder Aufstellung genommen. Alle Teilnehmer stehen unter dem Eindruck dieser entsetzlichen Stunde. Alle Blicke sind wie gebannt nach dem Eingang des Gebäudes gerichtet, aus dem der Verurteilte jeden Augenblick treten muß. Zwei Minuten nach 6 Uhr erscheint Kürten in Begleitung des Gefängnisgeistlichen und seines Verteidigers. Das Gesicht Kürtens ist von Totenblässe überzogen. Ein Zittern geht durch seine Gestalt. Die Hände sind ihm auf dem Rücken mit einem Strick lose gefesselt.

Nun wird Kürten zum Altar geführt, wo er einen Augenblick im Gebet verharrt. Dann liest Oberstaatsanwalt Dr. Eich das Urteil und die Begründung der Ablehnung des Gnadengesuchs durch das preußische Kabinett vor. Kürten scheint bei den Worten des Oberstaatsanwalts, die mit grausamer Deutlichkeit über den Hof schallen, noch tiefer zusammenzusinken. Einen Augenblick droht er zusammenzubrechen, aber dann gewinnt er seine Fassung wieder. Auf die Frage, ob er noch einen letzten Wunsch habe, antwortet Kürten mit einem kaum hörbaren Nein.

Das Weitere spielt sich, wie in diesen Fällen üblich ist, mit unheimlicher Geschwindigkeit ab. Die Gehilfen des Scharfrichters nehmen Kürten in die Mitte, der sich widerstandslos zur Guillotine führen läßt, wo er auf das Brett festgeschnallt wird. Eine Sekunde später saust das Fallbeil mit Sekundenschnelle herab. Der Scharfrichter Gröpler tritt mit entblößtem Haupt vor den Oberstaatsanwalt und spricht: »Die Hinrichtung ist vollzogen.«

Der Körper des Toten wird in einen Sarg gebettet und fortgeschafft. Gefangene montieren das Blutgerüst ab. Der letzte Akt der Tragödie Kürten ist zu Ende.

6. »Funkreportage« über Kürtens Hinrichtung[12]

Achtung, Achtung! Hier ist Berlin, Stettin und Königswusterhausen. Sie hörten soeben den Vortrag der Vorsitzenden der Vereinigten Berliner Frauenvereine über das Thema »Wie erziehen wir unsre Kleinen zur Tierliebe«. Sie hören jetzt die einmalige Sonderveranstaltung, die Hinrichtung des Massenmörders Peter Kürten.

Unser Funkreporter Alfred Braun, dessen letzte Arbeit, die Inszenierung des Traumspiels »Maiennacht in Werder« noch in aller Erinnerung ist, hat das Wort.

»Meine Damen und Herren, unser Mikrophon befindet sich am Eingang. Unsre Veranstaltung ist vom besten Wetter begünstigt. Trotz der Morgenfrische wirbeln Staubwolken auf von den Autokolonnen, die immer wieder

[12] Die Weltbühne vom 19.5.31

Scharen von Besuchern an die Kassen bringen. Die Staubatome schimmern golden in den Strahlen der sommerlichen Frühsonne. Wir haben uns einen einigermaßen geschützten Platz ausgesucht, weil sonst der Kampf um die Eintrittskarten unsern hochwertigen Apparat gefährden könnte. Zwar die Hundertmarksitze sind schon seit Tagen vergriffen. Aber da die rührige Regie der Sonderveranstaltung, ihren bekannten sozialen Grundsätzen folgend, um Interessenten aller Kreise das seltene Schauspiel zugänglich zu machen, auch volkstümliche Eintrittskarten bereitgestellt hat, so ist nun der Andrang derer groß, die der herrliche Sonntagmorgen ins Freie gelockt hat. Der aufmerksamen Direktion ist es gelungen, den Schwarzhandel fast vollkommen auszuschalten.

Schon seit einer halben Minute hören Sie aus der Ferne stramme Marschmusik. Das sind die Kapellen der frontsoldatischen Vereinigungen, die sich geschlossen in seltener Einmütigkeit und unter Zurücksetzung aller weltanschaulichen Gegensätze zur Weihe des außerordentlichen Tages zur Verfügung gestellt haben. Wie Sie wissen, hat der Herr Polizeipräsident in Übereinstimmung mit dem Herrn Innenminister für heute das Verbot des Uniformtragens sowohl der S. A.-Verbände als des roten Frontkämpferbundes aufgehoben. Die Melodien der Internationale vermengen sich mit den Tönen des Horst-Wessel-Liedes. Und schon tauchen am Horizont die kräftigen, braunen Farben der lang vermißten Hitlerhemden auf, die einen prächtigen Akkord geben mit dem ernsten Grau der Dritten Internationale. Die anschwellenden Hochrufe, die Sie jetzt vernehmen, gelten dem anrollenden weißlackierten und rot abgesetzten Mercedes-Benz-Luxuskabriolett der Frau Thea von Harbou, die in Begleitung ihres Gatten, des Herrn Filmregisseurs Fritz Lang, herannaht. Bei ihnen hat Peter Lorre, der Hauptdarsteller des Peter-Kürten-Films »M«, Platz genommen, neben ihm der Präsident des Verbandes der Ringvereine, Herr Emil Cziburra, genannt der Tiger vom Friedrichshain. Jetzt hält der Hoch-Kompressorwagen. Mit jugendlicher Elastizität schwingt sich die Dichterin vom Volant zu Boden. Sie wird begrüßt von einem weißgekleideten kleinen Mädchen, das ihr, welch feines Symbol, einen Strauß feuerroter Schwertlilien überreicht.

Es ist schwer, sich von dem lieblichen Bild loszureißen. Aber unsre Monteure geben uns Zeichen, von dem Mikrophon zurückzutreten, das jetzt in den Innenraum des Stadions transportiert wird.

Wir halten unterwegs. Soeben schreitet an uns vorüber die beschwingte jugendliche Gestalt des Reichskunstwarts Doktor Redslob. Man sieht an der künstlerisch einwandfreien Aufmachung der heutigen Sonderveranstaltung, wie notwendig es war, daß der Reichstag der Versuchung widerstanden hat, diesen kulturell eminent wichtigen Posten der an sich durchaus gebotenen Sparsamkeit zum Opfer fallen zu lassen. Herr Reichskunstwart wird selbst einige Worte ins Mikrophon sprechen.«

Reichskunstwart Doktor Redslob:

»Es handelte sich um die schwierige Aufgabe, trotz der sehr beschränkten Mittel, deren Knappheit eine Folge der unerträglichen Tributlasten ist, dem Rhomboid der Aschenbahn einen mehr epilepsoiden Charakter zu geben, der allein hier den Ernst der Gelegenheit zugleich mit der allgemeinen Befriedigung widerspiegeln konnte. Es konnte von vornherein kein Zweifel daran bestehen, daß die Lösung des innenarchitektonischen Dimensionsproblems nur nach den Prinzipien der neuen Sachlichkeit in Anlehnung an die prinzipiellen Traditionen des Orgival zu erreichen waren. Zugleich war es nötig, bei aller Berücksichtigung des zu erwartenden Massenandranges die Stimmung sowohl feierlich zu gestalten, als auch ihr nicht jeden intimen Reiz zu nehmen. Darum mußte die Mittelachse des Kopfraums entsprechend der quadratartigen Tendenz des Hauptstücks der Richtmaschinerie in eine kongruente Relation zu den schwarzausgeschlagenen Pylonen gebracht werden, die den ersten Akt flankieren. Von ihnen lodern anklagende Flammen zum Firmament.«

»Achtung, Achtung! Die Logen haben sich gefüllt. Wir genießen von unserm Standort aus einen unvergleichlichen Rundblick in das gewaltige Stadion. Die breit ansteigenden Zuschauerterrassen bieten den Anblick grandioser Blumentreppen. Ihre Ausschmückung stammt von der Firma Herrmann Rothe. Jedoch rührt der bezaubernde Eindruck hauptsächlich her von dem bunten Flor der leichten Damenkleider in Crêpe Georgette, Chiffon und Voile, zu denen die dunkelblauen Uniformen unsrer Schutzpolizeioffiziere einen prächtigen Kontrast bilden. In den untern Reihen allerdings herrschen die schwarzen Gehröcke vor, untermischt mit den schlichten Uniformen unsrer Reichswehr, auf denen wir zahlreiche Eiserne Kreuze I. Klasse, Pour le Mérites und Hausorden von Hohenzollern schimmern sehn.

Aber immer wieder wird unser Blick abgelenkt von dem festlichen Anblick zu dem dunkel gehaltenen Aufbau des Blutgerüsts, dessen künstlerisch hervorragende Formung wir Herrn Intendant Jeßner verdanken. Es gleicht der Einrichtung der Mittelbühne, wie wir sie seinerzeit in Shakespeares entzükkendem Lustspiel »Wie es Euch gefällt« im Staatstheater bewundern durften. Die maschinelle Einrichtung hat nach einem soeben zum Deutschen Reichspatent angemeldeten Verfahren die Siemens und Halske A.-G. geliefert. Da in Kürtens Heimatprovinz noch heute der Code Napoléon gilt, so findet der Akt vermittels des Fallbeils statt, dessen Schneide aus Kruppschen Nierosta-Stahl gefertigt ist. Es ist desinfiziert mit dem sterilisierenden Präparat »Semper Sanitas« der Leverkusenschen Fabrik der I.G.Farben. Hier zum ersten Mal wird das Ideal des Doktor Guillotin erreicht sein, daß der Akt selbst auf den Delinquenten nur noch wie eine leichte, in Anbetracht der Hitze besonders den Hals angenehm erfrischende Berührung wirkt.

Auf dem obersten Pivot des Aufbaus ist nunmehr in Frack, Zylinder und weißer Binde eine stämmige, aber doch elegante Erscheinung aufgetaucht. Herr Dampfwäschereibesitzer Gröpler aus Magdeburg verbeugt sich dort in lässiger aber würdiger Haltung vor dem jubelnden Publikum. Wir begeben uns hinauf, um dem Vollstreckungsaltmeister, Herrn Gröpler, das Wort zu einer kurzen Ansprache zu erteilen.«

Der Henker, Herr Gröpler:

»Geehrte Volksgenossen! Es ist mir eine große Befriedigung, kurz vor Beendigung meiner Laufbahn endlich konstatieren zu können, daß das Vorurteil, das früher gegenüber meinem Beruf bestand, verschwunden ist. Ich habe es immer als schweres Unrecht gegenüber meinem Stand empfunden, daß ich meine, als segenvoll anerkannte Tätigkeit sozusagen heimlich ausüben mußte. Bei Fortdauer der verderblichen Humanitätsduselei würde sich unser Vaterland nie wieder von den Fesseln befreien können, in die der Feindbund uns durch den Diktatfrieden geschlagen hat. Endlich ist Wandel eingetreten. Während ich noch bei meiner letzten dienstlichen Anwesenheit in Plötzensee kein Quartier finden konnte, hat diesmal die Hotelbetriebs-A.-G. mir und meinen braven Gehilfen telegraphisch eine Zimmerflucht im Hotel Adlon zur Verfügung gestellt, die mir vollkommene Nachtruhe vor der Ausübung meines schweren Amtes gewährt hat.«

»Achtung, Achtung! Soeben rollen auf dem weichen Boden der Aschenbahn die Autos des Staatsministeriums herein. Trommelwirbel durchzittert die Luft. Die Kapelle Fuhsel bläst einen Tusch. Dem vordersten Wagen entsteigt der Mann, den seine Feinde den ungekrönten Diktator Preußens nennen und der dennoch, grade dadurch, daß er die heutige Sonderveranstaltung ermöglichte, bewiesen hat, daß nach Jahren der Staatsleitung sein Herz noch in gleichem Takt mit dem Herzen des Volkes schlägt, – Ministerpräsident Otto Braun. Neben ihm geht Justizminister Doktor Schmidt, bekanntlich früher ein Gegner der Todesstrafe, der jedoch den bedauernswerten Angehörigen der unglücklichen Opfer Kürtens die Befriedigung des heutigen Tages nicht versagen zu können glaubte. Er ist es auch, der einer Anregung des Rechtsanwalts und Ritters vom Hausorden von Hohenzollern Doktor Peterpaul Bloch folgend, bei den Veranstaltern durchsetzte, daß diesen Bemitleidenswerten die beiden Logen gleich neben den Sitzen des Staatsministeriums eingeräumt wurden. Der Ministerpräsident, der sich eigentlich im Urlaub befindet, ist heute morgen unter Verzicht auf den gewohnten Pürschgang extra aus der Schorfheide zu der Sonderveranstaltung herbeigeeilt.

Ein Trauermarsch ertönt in dumpfen Tönen. Oberstaatsanwalt Köhler, der bekannte demokratische Publizist, mit seinem leuchtend blonden Haar über der schwarzsamtenen Robe, eine glänzende Erscheinung, tritt zwischen den Aufbau und die Tribüne. Auf seiner Brust schimmert, der neuen justizministeriellen Verfügung folgend, das Eiserne Kreuz. Er verbeugt sich tief vor dem Ministerpräsidenten. Es naht sich der Delinquent. Seine schmale Gestalt verschwindet fast zwischen der ernsten Figur des Kaplans Fahsel und dem stattlichen Cutaway des Generalsekretärs der Deutschen Liga für Menschenrechte, Herrn Kurt Großmann, der es sich nicht hat nehmen lassen...

Achtung, Achtung! Es ist vorbei. Die Stoppuhr ergibt, daß der Akt nur eine dreiviertel Sekunde gedauert hat, eine Zeit, die alle amerikanischen Rekorde bricht.

Nach einem Augenblick lautloser Stille macht sich die allgemeine Entspannung in lebhaften Gesprächen Luft.

In der Gruppe der Prominenten, die sich am Fuß des Aufbaus gebildet hat, um den sich soeben wieder die schwarzseidenen Draperien schließen, bemerken wir neben der Mistinguett Tennismeister Prenn und Paula von Reznicek, auch Geheimrat Haarig, den ehrwürdigen Nestor des Strafrechts. Wir eilen zu ihm und bitten ihn ans Mikrophon.«

Geheimrat Professor Doktor h. c. Haarig:

»Obwohl bekanntlich ein grundsätzlicher Gegner der Todesstrafe, deren unermüdliche Bekämpfer unzweifelhaft in ihrem tapfren Streit von der Sonne der Kultur und des Fortschritts gewärmt werden, darf ich doch, nach der siebenundfünfzigsten Hinrichtung, der ich beigewohnt habe, konstatieren, daß mich auch diesmal, wie ich früher schon im einundzwanzigsten Bande der ›Deutschen Juristenzeitung‹ mitteilte, ausschließlich das Bewußtsein befriedigten Rechtsgefühls erfüllt.«

»Achtung, Achtung! Die Reportage unsres Mitarbeiters Alfred Braun über die Hinrichtung Peter Kürtens ist zu Ende. Auf Wiederhören in zwei Minuten beim Frühstückskonzert des Karlsbader Kurorchesters.«

Das Foto auf der nächsten Seite zeigt Kürten drei Tage vor der Hinrichtung. (Anm. d. H.)

Viertes Kapitel Auslassungen

Vorstehendes Protokoll wurde dem Angeschuldigten Kürten vorgelesen. Er erklärte: Das Vorgelesene ist richtig wiedergegeben. Um Missverständnisse auszuräumen, möchte ich aber bemerken, dass es sich bei den Nestern, die ich in meiner Jugend nach Jungenart ausgenommen habe, nur um solche von Krähen, Eichhörnchen und dgl. gehandelt hat. Nester von Singvögeln habe ich nie ausgenommen, denn in der Schule waren uns die Singvögel als nützliche Tiere, namentlich als Insektenvertilger bezeichnet worden.

Wenn ich vorstehend gesagt habe, ich hätte über die Unmöglichkeit, im Kriege an die Front zu kommen, nur insofern ein Gefühl des Bedauerns gehabt, weil ich der Freiheit entbehrte, und wenn ich ferner gesagt habe, ich hätte keine Lust gehabt, für das Vaterland zu kämpfen, so möchte ich dies dahin aufgefasst wissen, dass bei der grossen Belegung der Strafanstalt Brieg und der damit verbundenen schlechten Ernährung [mir] lieber ~~ixxxxxxTodxhüttx~~ meine Knochen im Schützengraben hätte zerschiessen lassen mögen, als in der Strafanstalt mich der Gefahr des Hungertodes auszusetzen.

v. g. u.

Peter Kürten

I. Stimmen aus dem Volke

1. Falsche Mörderbriefe[1]

Düsseldorf, 8.10.29 an die Mordkommission
»Schaffen Sie die kurzen Röcke ab, das macht die Männer perfers. Sonst morde ich noch mehr Weiber. Ich bin noch in Düsseldorf noch drei Weiber – Der Unbekannte«

Krefeld, 9.10.29 an die Kripo Düsseldorf:
»Hiermit zur Kenntnis, daß ich in Krefeld bin... der Mörder von D.«

Berlin, 17.10. an die Kripo Düsseldorf:
»Habe mich aus Düsseldorf entfernt, da keiner sich die 3000 Mark verdienen soll. Sollte man mich noch hier verfolgen... so werde ich den Polizeivizepräsidenten Weiss am Lasso aufhängen. Es verbleibt hiermit ein ehemaliger Professor.«

Schwelm, 31.10.29 an die Kripo Düsseldorf:
»Ihnen zur Mitteilung, daß ich mich zur Zeit in Schwelm aufhalte. Der Düsseldorfer Frauenmörder.«

Duisburg, 12.11.29 an den »Duisburger Generalanzeiger«:
»Ich bin der gesuchte Kindermörder...«

Barmen, 12.11.29 an den »Mittag« Düsseldorf:
»Nun lebe wohl Düsseldorf... grabt weiter.«

Aachen-Dortmund, 13.11.29 an die Familie der Trudchen Albermann:
»Kind – Sag Du es mir, wie hat getan das schwarze Tier...«

[1] Kürten sandte am 13.10.29 an die Polizeiverwaltung Düsseldorf einen Brief mit Skizze und folgendem Text: »Mord bei Papendell an der angekreuzten Stelle welche nicht mit Unkraut bewachsen ist und mit einem Stein bezeichnet ist liegt die Leiche begraben ein einhalb Meter tief. Düseldorfer Stadtanzeiger und Landsmann Gennath haben Kenntnis.«, und am 8.11.29 an die Redaktion der Freiheit eine Skizze mit der Mitteilung: »Die Leiche der vermißten Gertrud Albermann liegt an der Mauer Haniel.« Daraufhin erhielten die verschiedensten Behörden und Zeitungsredaktionen eine Flut von ähnlichen Briefen, von denen sich die hier abgedruckten in den Akten finden, von der Polizei nach Datum, Aufgabeort und Inhalt registriert. (Anm. d. H.)

Ohne Umschlag an die Familie Albermann:
»... Dem Trautchen hab die Schmerzen gestern abgenommen.
Sie hat doch zu viel Schläg von diesem Vieh bekommen.«

Mönchen-Gladbach, 13.11.29 an die »Westdeutsche Landeszeitung«:
»Momentan bin ich noch in D'dorf, mit dem nächsten Zug fahre ich nach hier.

Georg der Lustmörder von Düsseldorf.«

Düsseldorf, 14.11.29 an den »Mittag« Düsseldorf:
»Trinke Blut. Das nächste Opfer war...«

Siegburg, 15.11.29 an das Polizeipräsidium Düsseldorf:
»Ihr kriegt mich doch nicht Ihr Gecken«

Düsseldorf, 16.11.29 an die »Freiheit«, Redaktion Düsseldorf:
»Muß morden! Trinke Menschenblut. Keine mehr vergraben.«

Düsseldorf, 16.11.29 an die Kripo Düsseldorf:
»Ich schlachte noch mehr«

Lübeck, 16.11.29 an die Kriminalabteilung Düsseldorf:
»Grabt nur weiter im Wald, Ihr findet mehr.«

Düsseldorf, 16.11.29 an die »Freiheit«, Redaktion Düsseldorf:
»Mörder sind zwei Mann.« (mit zwei Portraits)

Karlsruhe, 16.11.29 an die Staatsanwaltschaft Düsseldorf:
»Teile kurz mit, daß noch mehr Leichen bei dem Gut Papendell liegen. Befinde mich in Hamburg... Peter.«

Düsseldorf, 16.11.29 an die »Düsseldorfer Nachrichten«:
»Ihr habt uns noch lange nicht, wir sind zu zweit.«

Berlin, 17.11.29 an Freund Gennat:
»Ein Meter unter Brunnenschild Bahnhof Betriebs-Rummelsburg Filiale Düsseldorf Frechheit siegt.«

Düsseldorf, 18.11.29 an die Polizeibehörde hier:
»Schon wieder ein junges Mädchen ermordet in der Nähe des Kickweges verscharrt. Der Mörder.«

Aachen-Dortmund, 18.11.29 an die Familie Albermann:
»Wenn Du jetzt findest den Vampirmann –
dann hab ich Ruh auf Erden – lang.«

Elberfeld, 18.11.29 an den »Mittag« Düsseldorf:
»... grabt und ihr werdet finden... nächstes Opfer ist Mittwoch acht Uhr...«

Ludwigshafen, 18.11.29 an die Kripo Düsseldorf:
»Bin auf vierzehn Tage hier, nächstes Opfer am 6.12. abends um elf Uhr. Arbeite von da an mit Gift. Massensterben muß einsetzen...«

Ohne Umschlag an die Kripo Düsseldorf:
»Ein mit zwölf Jahren Zuchthaus Vorbestrafter bezichtigt sich der Tat im Falle Fleher Mord.«

Mannheim, 18.11.29 an die Polizei Berlin:
»Ein Mitglied der Düsseldorfer Kripo kann Ihnen den Mörder nennen, er befindet sich selbst darunter.«

Berlin-Warnemünde, 18.11.29 an das Polizeipräsidium Düsseldorf:
»... ich bin auf dem Weg nach Dänemark... ein Opfer ist mir hier noch verfallen. Der Unheimliche von Düsseldorf.«

In einem Kaffee in Essen aufgegeben:
»Hier saß der Mörder von Düsseldorf«

Eintrag in Buch »Der Schlächter ohne Gnade«, aufgefunden in Berlin-Adlershof:
»Seht Euch vor, ihr Weiber von Adlershof. Der Düsseldorfer Mörder und Sittlichkeitsverbrecher ist hier.«

Mönchen-Gladbach, 20.11.29 an die Familie Albermann:
»Gott Dank! Sie haben eine Spur. – Bitt! Helfe Du doch weiter nur. –«

Essen, 20.11.29 an die »Essener Allgemeine Zeitung«:
Verhöhnt die Polizei und spricht von einer Liga für Verbrecherschutz.

Berlin-Charlottenburg, an die Kripo Düsseldorf:
»Heute Morgen bin ich hinter einer hergetrabt.«

Essen, 22.11.29 an die »Essener Allgemeine Zeitung«:
»Ich halte mich zur Zeit in Essen auf und suche ein neues Blutgericht für die Mahlzeit... auch hier habe ich zwei Leichen verborgen...«

Aufgefunden in Düren:
»Ich bin der große Unbekannte genannt der Düsseldorfer Mörder. Heute große Opferung.«

Dortmund, 21.11.29 an den »General-Anzeiger Dortmund«:
»... acht Gräber sind schon aufgeworfen und warten auf einen Mieter.«

Bochum, 21.11.29 an den »Bochumer Anzeiger«:
»Ein Blutrausch hält meine Sinne gefangen.«

Bochum, 22.11.29 an den »Bochumer Anzeiger«:
Einzelne Wörter, eine in Blut getauchte Skizze

Ohne Datum an die »Gelsenkirchener Zeitung«:
»Die Morde in Düsseldorf hören auf, dafür soll es hier losgehen... Für mich ist es nur ein Beruhigungsmittel meiner Nerven... Das alles nur, weil man mir auf Verlangen kein Morphium in Düsseldorf und hier gab, deshalb übe ich Rache.«

Duisburg, 23.11.29 an den »General-Anzeiger Duisburg«:
»Eilt, vom Massenmörder. An mein Volk! Ich bin wieder da der Massenmörder von Düsseldorf... es müssen noch verschiedene Weiber weg vom Erdboden...«

Köln, 26.11.29 an die Kripo Köln:
»Meine Herrschaften, Ihr seid noch auf dem Holzwege.«

Aufgefunden am 26.11.29, an das Polizeirevier IV in Saarbrücken:
»Nun will ich mein Arbeitsfeld auf das Saargebiet beschränken... Ich fühle mich wohl in meiner Mädchenkleidung.«

Apollo-Theaterprogramm aufgefunden am 30.11.29 im Personenzug:
»Gestern Abend saß der Mörder im Apollo Parkett Nummer 131.«

Berlin, 27.11.29 im Schöneberger Hauptpostamt aufgefunden:
»Ich bin der Düsseldorfer Mörder, denn ich bin jetzt in Berlin. Erwin Müller.«

Erkelenz, 30.11.29 an den »Mittag« Düsseldorf:
»Mein Blut ist in Wallung, ich unglückseliger Mensch. Am dritten November stirbt sie, verblutend werde ich sie noch lieben. Dann geht es nach Frankreich...«

Berlin, 2.12.29 an die Polizei in Düsseldorf:
»Ich, der Düsseldorfer Mörder... ich möchte so brennend gern töten, töten, töten, Männer ganz langsam töten, ja zerstückeln in ganz kleine Stücke...«

Nürnberg, 30.11.29 an die Kripo Nürnberg:
»Ich der Künstler, von dem alle Welt spricht, bin zur Zeit in Nürnberg... bald wieder ein Mord in Düsseldorf.«

Schwetzingen, 9.12.29 an die »Freiheit« Düsseldorf:
»Mord bei Eller und Gerresheim sucht weiter! Blut! Blut! Hier freut sich der Tod. –«

Türaufschrift in Abort in Berlin, 11.12.29 aufgefunden:
»Der Mörder von Düsseldorf ist in Berlin.«

In einem Wiesbadener Lokal aufgefunden:
»... Heinrich Debersmann ist der Düsseldorfer Mörder.«

Frankfurt am Main, 16.12.29 an die Kripo Düsseldorf:
(verhöhnt die Polizei) »Der Düsseldorfer Spaßmacher, welcher die Frauen so schön mit dem Messer kitzelt, daß sie draufgehen, sendet Euch Joisten (sic!) viele Grüße.«

In einer Medizintasche im Bahnhof Dresden aufgefunden, 29.12.29:
»Nehmt Euch in Acht, ich der Düsseldorfer Mörder ist hier in Dresden mit allen Messern und Geräten. Ich bin krankhaft...«

2. Weitere Briefe aus der Bevölkerung[2]

Peter Kürten!

Wie lange noch willst Du die Rolle des Düsseldorfer Mörders spielen? Deine Pläne habe ich durchschaut. Du beabsichtigst den eigentlichen Mörder

[2] die hier wiedergegebenen Briefe stammen aus der Sondermappe »Für oder gegen die Vollstreckung«, in der ein Bruchteil von den Zuschriften aus der Bevölkerung gesammelt worden war. Wir haben uns in unserer Auswahl auf diejenigen beschränkt, die nicht einfach das Klischee von der Bestie Kürten übernommen haben. (Anm. d. H.)

zu finden, Du beabsichtigst nicht, Rache an der Menschheit zu nehmen, was solltest du auch für einen Grund haben. Trete hervor mit der Wahrheit! Wenn Du alle Opfer eingestehst, um die Rolle hervorragend zu spielen, so ist das eben genannte die roheste Lüge von Dir. Du bist informiert, wie die Opfer dem Mörder in die Hände gefallen sind, das konntest Du zur Genüge aus der Presse erfahren. Kein Mensch ist bei der Ermordung zugegen gewesen, man muß daher Deinen Angaben Glauben schenken. Ein wahrer Mörder würde leugnen bis aufs Letzte, das tust Du nicht. Kürten, was wolltest Du beginnen, wenn Dich die Polizei nach dem dritten, echten Mörderbrief fragen würde; Du hast wohl schon gelesen, daß noch ein dritter echter Mörderbrief existiert. Über den Inhalt hast Du nichts gelesen, da ständest Du fest, Deine Rolle als Düsseldorfer Massenmörder würde beendet sein. Kürten, was hattest Du dabei im Spiel, als Du einem Dich vernehmenden Beamten auf die Frage antwortest: »Na, lange genug haben Sie sich auf ihren Lorbeeren ausgeruht.« Aber Deine Worte, welche Du zu einem Mitgefangenen gesagt haben solltest: »Wenn ich rauskomme, gibt es in Düsseldorf Sensation.« werden sich bewahrheiten. Die Folgen könnten böse sein, oder es müßte Dir gelingen, den eigentlichen Mörder zu entlarven. Kürten, ich sage noch einmal: rede die Wahrheit, gib die Rolle des Düsseldorfer Mörders auf oder ist Dir an Deiner Ehre nicht mehr gelegen, nimm Vernunft an, tue es um der Gerechtigkeit willen. Werde ein ehrlicher Mensch, denke an Deine Eltern, ob sie noch leben weiß ich nicht, schon gut, ich glaube nicht, daß sie Dich zu solchen Untaten erzogen haben, auch deren Ehre würde durch Dich bis über das Grab hinaus genommen sein.— Ich kenne Dich aus den Prozessen und habe Dein Bild eingehend studiert.

Kürten, antworte durch offenen Brief!

Breslau, 2.7.1931
Peter Kürten
Hamm, 17.4.31
An die Staatsanwaltschaft Düsseldorf, z.H. des Staatsanwaltschaftsrat Jansen. Betrifft: Strafprozeß Mörder Kürten

Ich lese heute in unserer Zeitung von dem eventuellen Abschluß der Verhandlungen gegen den Mörder Kürten in der kommenden Woche und setze Sie dieserhalb von mir aus von meinen diesen Fall betreffenden, wichtigen geistigen Ergebnissen in Kenntnis. Auf Grund der ariosophischen Geistlehre läßt sich die Psychiatrie dieses Falles, die dem Kürten, wie er selbst treffend bemerkt, interessant erscheint, was wohl die »Wissenschaftler« aus seinem Fall machen würden, einleuchtend erklären. Und zwar ist es weniger Sexualpathologie als Geistpathologie auf Grund von Jahrtausende vererbte Mixie mit Tierblut, Affenblut, dessen Tatsächlichkeit schon länger von bedeutendsten Rasseforschern einwandfrei bewiesen ist. Es ist nicht gleichgültig, ob

Kürten allein aus vererbten mörderischen Trieben oder aus intuitiver Vorbestimmung handeln mußte, die ihm eine gewisse Begrenzung des freien Willens setzt. Bestimmte, in dieser Richtung gestellte Fragen an Kürten, scharfe Beobachtungen, die das Tier in diesem Manne berücksichtigen, würden zu interessanten Ergebnissen führen und einige Überraschungen für die Herren Psychiater ergeben. Und brauchen nicht zur lächerlichen Farce gemacht werden. Die Rassenfrage und ihre Auswirkung ist heute so akut geworden, daß ein Umgehen einer gewissen geistigen Blindheit gleichsieht.

Sofort hatte ich blitzartig die Erkenntnis, daß es sich hier bei Kürten um einen direkten Stämmling der Panmixie handelt und im bestimmten Zusammenhang mit analogem Weltgeschehen stehen muß, und zwar ganz dem vor 2000 Jahren ungeheuren Kindermord des Herodes des Großen ähnelt, dessen Vater schon bemerkenswerterweise den Namen Antipater (Gegen-Vater, also Gegner der Gottesanhänger) hatte und ein Edomiter war, ein ganz verkommener, ärgste Sodomie treibender Volksstamm war. Durch diese frappierende Analogie bekommt der Fall Kürten ein hochinteressantes Bild, auch die Sexualpathologie läßt sich hierdurch eindeutig erklären. Affenblut und Menschenblut (was übrigens nachgewiesenermaßen tatsächlich 10.000de Jahrhunderte v. Chr. durch den ersten Brudermord der Weltgeschichte geschehen ist, aber das geht schon in das religiöse Gebiet über, obwohl Religion Rasse ist und die Ausführungen hier zu weit führen) ergibt eine verhängnisvolle, nur mit dem niedrigen geilen, animalischen Instinkte, auch bis zu einem gewissen Grade mit Intellektualpotenz begabte Mischung. Der Geist des Kürten inkarniert sich wieder und wird noch verheerender, immer tierischer, wenn er, falls er nach Abschluß der Verhandlungen hingerichtet wird, nicht die wahre Erklärung seiner Verirrungen erklärt bekommt. Übrigens wartet der Kürten auf die klare Auslegung seines Falles, er hat das unbewußte Gefühl ein Spezialfall und Spezialmensch für die ganze Welt zu sein, was er ja auch ist. Der Mann hat einen nicht zu unterschätzenden Intellekt.

Meine elektro-biotischen Strahlen (magnetische Kraft), die ich seit meinem Erwachen zum Arier habe, also bin ich rassereiner Mensch, würde unbedingt das Tier aus diesem Mann herausziehen, wie es mir schon lange auf der Straße und in Lokalen begegnet, daß mich sinnengierige geile »Männertiere« fast anspringen und mir wie hypnotisiert ins Gesicht starren. Ich lege Ihnen mit Absicht mein Bild bei. Zeigen Sie diesem Kürten mal mein Bild, er wird vielleicht etwas Treffendes sagen, denn uns, die Christen, die Arier, sucht dieses Tier Kürten.

Ich bin gern bereit, über meine interessanten Funde und Erkenntnisse genauer zu berichten. Übrigens sind Sie meiner Meinung nach auch ein Arier, ich hätte sonst nicht spontan diese Verbindung aufgenommen, da mich Prozesse, Skandale und üble Affären nicht interessieren. Zuerst habe ich Ihren

Namen gesehen und das norddeutsche Jansen. Ich habe mit Niederrassen keine Verbindung, d.h. nur im negativen Sinn, wenn ich sie entlarven muß.

Hochachtungsvoll[3]

Todesqualen

Zwischen Himmel und Erde
Verzieh ein Gottessohn
Und bot des Paradieses Lohn
Dem Mörder seiner Rechten
Und
»Vater vergib!«
So öffneten der letzten Worte
Des Himmels Schleusen sich

Angesichts der Todesqualen
Folgte einst das Volk den Schächern
Wie heute noch gierig den Berichten
Statt einer Seele Niederkunft
Mit Mitleid aufzurichten
Daß von dem Menschenfluch
Der Väter erblich Last und Sünde
Sie Befreiung finde

Diese unheilvollen Massen Morde
Vielleicht gebären sie auf's neu die Worte
»Du sollst nicht richten!«

Und wie einst auf König Herodes Plan
So gingen kurz voran
Durch grausam Spiel
Die unschuldigen Kinder
Dem neuen Glauben
An menschliches Gefühl

»Drum richte nicht!«

[3] Unterschrift unleserlich

Angesichts der Todesqualen
Ward schon Sühne jeder Schuld
Durch Urteil und Verhör gegeben

Auch Dein strenges Auge bricht
Und wird aus seinen Höhlen treten

Wenn Mörder singen Dir im Chor
»Du sollst nicht töten!«

Angesichts der Todesqualen
Vollstreck das Urteil nicht

Der Düsseldorfer Massenmörder ist ein Produkt der kirchlichen, kapitalistischen Gesellschaftsordnung. Sein Vater ist ein feiges, brutales, männliches Tier in Menschengestalt! Seine Mutter eine vergewaltigte, rechtlose verzweifelte Kreatur! Es ist ganz logisch, daß uns eine solche Vereinigung nur Gesetzesübertreter hervorbringen können. Ein Kind soll in Liebe gegeben, in Liebe empfangen werden, aber dazu gehört ein geordnetes Familienleben mit einem regelmäßigen, genügenden Einkommen 100% (Lebensindex), außerdem muß die gesetzliche Ehefrau ein Staatsgehalt bekommen 50%, damit sie für die sehr wichtige Kulturarbeit, die sie dem Staate leistet, einen Lohn erhält und nicht als unbezahlte Sklavin des Mannes ausgebeutet und mißbraucht wird! Dann werden frohe, gesunde und glückliche Menschen sein, die ihre Kinder zu rechtschaffenen Erdenbürgern erziehen! Da jeder atmende Mensch alle Tage Nahrung, Kleidung und Wohnung braucht, ist die allernotwendigste Kulturaufgabe: Arbeitszwang bei freier Berufswahl und gleiche Bezahlung für alle Menschen! [4]

Durch Ihre unmenschlichen Handlungen haben Sie, Peter Kürten, das Recht verloren, unter normalen Menschen zu wohnen. Wer ist ein normaler Mensch? Derjenige ist ein normaler Mensch, der sich seinen Lebensunterhalt auf rechtschaffene Weise, durch ehrliche, nützliche Arbeit erwirbt! Nun wünschte ich, daß alle unmenschlich und unnormal lebenden Menschen mit Ihnen Peter Kürten von der Erde verschwinden.

Diesel Wieltsch

[4] Dann würde wenigstens dieser verfluchte Kampf um die Futterkrippen aufhören und jeder würde seine Fähigkeiten und Kräfte in den Dienst der Allgemeinheit stellen, zum eigenen Glück und zum Wohle der ganzen Menschheit! [D.W.]

5. Juli 1930
An Herrn Peter Kürten
Hättest Du, anstatt an wehrlosen Frauen, Männern, Mädchen und Kindern, Dich an Strafrichtern, Kriminalbeamte, vom höchsten bis zum niedrigsten, sowie an Schupokerle dich vergriffen (auch an die schwarze Polizei, die Pfaffen-) dann hättest Du Dich beim Volk beliebt gemacht, denn das ist Ungeziefer und muß ausgerottet werden, weil die Kunden nur darauf bedacht sind den Menschen zu schädigen, sie selbst glauben, sie seien unfehlbar. Hauptsächlich sind es die Kriminalbeamten, die sich für vollkommene Menschen halten, dabei aber so dumm sind, wie das Hinterteil vom Schwein. Berliner, Düsseldorfer, Kölner Kriminalbeamte haben es in der langen Zeit nicht fertig gebracht, Deiner habhaft zu werden. Wenn Du etwas vorsichtiger gewesen wärest beim Absenden des Briefes, Du wärest noch in Freiheit. Alle Gesetze, die gemacht werden, sind gegeben, um die arbeitende Klasse so recht fühlen zu lassen, daß sie nur dafür da sind durch schwere Arbeit den oberen 10.000 ein behagliches Leben zu verschaffen; denk an den dicken, vollgefressenen ersten Reichspräsidenten, der sooft gesagt hat, die Männer müßten soviel verdienen, daß die Frauen nicht noch auch mitarbeiten müssen. Hat der Genosse dafür gesorgt? Ausnahmegesetze hat er, wie ihm von den Ministern vorgekaut wurde, unterschrieben, ob dabei das Volk geschädigt wurde, danach hat er nie gefragt. Ein solch vollgefressener Mensch gehörte nicht an die Spitze der Regierung. Von Hindenburg will ich nichts erwähnen, nur, daß er ein tüchtiger Soldat gewesen und im Kriege viel geleistet hat. Jetzt ist er alt u. könnte sich in Ruhestand setzen lassen. Andere Beamte werden ja schon mit 65 Jahren abgebaut. Eine große Rolle spielen die Pfaffen; dieselben werden gut bezahlt und haben wenig zu tun, besonders die evangelischen Pfaffen machen es sich sehr bequem; wenn ein Arbeiter morgens schon um 6 Uhr an seiner Arbeitsstelle sein muß, liegen sie noch im Bette, stehen vielleicht erst um 8 Uhr auf, setzen sich gemütlich an den Kaffeetisch, fressen und saufen gut, gehen dann spazieren und verkohlen sonntags in der Kirche die Leute. Hat ein Geistlicher keine Rednergabe und weiß durch seine Predigten eine freie Gemeinde nicht zu fesseln, so gibt man ihm eine gefesselte Gemeinde im Zuchthaus oder Gefängnis. Nun, lieber Peter, muß ich zu meinem Bedauern diesen Brief schließen, werde aber noch sehr oft Dich mit einem Brief erfreuen und Dir im nächsten auch über die katholischen Pfaffen berichten. Vernichte diesen sofort und verrate mich nicht. Es grüßt Dich ein ehemaliger Freund, Du weißt schon welcher.

Für Rückantwort eine Freimarke
Essen, den 16.4.1931
Herrn Peter Kürten
Düsseldorf

In Anbetracht der Umstände sehe ich mich veranlaßt, Ihnen zu schreiben, obwohl ich Sie nicht persönlich kenne, wohl aber aus den Zeitungen u.s.w. Was die Zeitungen anbetrifft, so ist es heutzutage das reine Lügengewebe und darf man denselben nichts glauben. Nun zur Sache selbst, mein Bedauern über Ihr Mißgeschick vor Gericht; dort sagten Sie, niemand würde Sie verstehen, auch kein Psychiater, wohl, das weiß ich, aber ich verstehe Sie voll und ganz und weiß, daß Sie für Ihre Tat nicht verantwortlich sind. Es kann auch nur einer verstehen, der selbst viel mitgemacht hat, in bezug auf Sexualtriebe u.s.w. Ich selbst bin Transvestit und trage gern Damenkleidung, auch ein Punkt, den keine Behörde verstehen konnte. Aber die Ärzte haben auch zum größten Teil kein Verständnis für solche Sachen. Mir ist es einmal passiert, daß ein Nervenarzt im Städtischen Krankenhaus in Anbetracht der Sache, um ein Gutachten zu verlangen, mir die Tür vor der Nase zugeschlagen hat. Hierdurch erlitt ich einen kleinen Nervenzusammenbruch und weinte mich mal richtig aus. Mit den Ärzten hatte ich noch mehr Last und auch mit der Polizei. Einmal bestrafte mich das Gericht mit hundert Mark, weil ich in Damenkleidung vor Gericht erschien. Solche dummen Richter und vor allem der noble Staatsanwalt schimpfen sich Dr., können aber nichts als strafen, statt einen Menschen dort an den Richtertisch zu setzen, der die Psyche des Menschen kennt und beurteilen kann, und nicht einen Dr., der nichts weiß und womöglich nur aufs Monokeltragen seinen Dr. gemacht hat. Es ist leicht für die Behörde zu helfen, wenn dieselbe Verständnis hat, das sieht man hier in Essen; heute können wir hier frei gehen, wie wir wollen, es gibt hier mehrere Transvestiten, auch eine Frau in Herrenkleidung. Aber in Düsseldorf ist es noch sehr gefährlich als Frau zu gehen, da der Polizeipräsident noch gar kein Verständnis hat für die ganzen Sexualfragen. Statt daß Lokale gebildet werden, wo sich die Menschen treffen und Gedanken austauschen, um sich kennenzulernen – denn kein Mensch kennt und versteht seinen Körper – verbietet er alles und fördert dadurch die Sexualdelikte. Ein Arzt soll dann untersuchen, ja, aber das Seelenleben kennt kein Arzt, nur mit sehr wenigen Ausnahmen, und die sagen nichts, um nicht als verrückt zu gelten. Ein Arzt kennt nur das Fleisch und weiß dasselbe zu behandeln und da gibt es große Künstler darin. Weil man aber dem kleinen Mann nicht glaubt, passieren so viele Sachen, die nicht straffähig sind und doch bestraft werden und hierdurch wird der Mensch schlecht und er bekommt mit sich selbst Streit und wird zum Verbrecher. Die meisten Sexualverbrechen werden nur hervorgerufen durch Unkenntnis der Sache. Ein kleines Beispiel: Ein Mann sieht eine schöne Frau kommen, in dem Moment hat er das Bedürfnis, sein Geschlechtsteil hervorzuholen und es der Frau zu zeigen, weiter will er nichts. Die Frau erschrickt und schreit: »Polizei, nehmen Sie den Mann fest«, natürlich Festnahme, Auflauf, Gummiknüppel, sobald man nicht freiwillig geht, eingesperrt und Gerichtsverfahren, vier Wochen Haft. Damit, denkt die Behörde, ist alles wieder gut, nein, es passiert doch wieder und wird schlimmer bestraft. Die Folge: arbeitslos, Ehescheidung, von den eigenen Kindern verachtet, der Verbrecher ist fertig. Hier kann nur Verständnis und Sachkenntnis helfen und dazu gehört: kein Bloßstellen durch die Polizei auf der Straße, keine Vorladungen, keine Gerichte, sondern gutes Zureden, Aufklärung und Bestrahlung der Hoden, um den Mann zu befreien. Dadurch wird der Menschheit und der Person selbst geholfen.

Nun zu Ihnen selbst – lieber Freund und Leidensgenosse, denn nur so kann ich Sie nennen – lassen Sie sich nicht bange machen und ertragen Sie ruhig Ihre Strafe, die von Menschen verhängt wurde, die kein Verständnis hierfür haben. Wie kann ein Mensch strafen, der selbst noch nicht für solche Verbrechen bestraft wurde. Für Ihre Tat sind Sie nicht verantwortlich, es sei denn, daß Sie nach der Tat die Leichen geschändet hätten à la Haarmann und hieraus ein Geschäft gemacht hätten. Auch daß die Öffentlichkeit während des Prozesses ausgeschlossen ist, ist nicht richtig, denn gerade durch das, was am Gericht gesagt wird, muß der Mensch lernen und bekommt dann einen Begriff davon, was die *Natur* alles geschafft hat.

Sollte es Ihnen in Ihrer Einsamkeit langweilig sein, so schreiben Sie mir ruhig über Ihre Person und ich werde Ihnen antworten. Sie haben manche bittere Stunde gehabt, aber die Natur verlangt ihr Recht, was der Verstand nicht will, tun die Hände von selbst und wenn man sich noch so sehr dagegen sträubt.

Obwohl ich äußerlich ein Mann bin, das Seelenleben ist weiblich und ich schreibe mich als Frau.

Anbei sende ich Ihnen die besten Grüße, Ihre Frau Toni Simon

3. Kürten antwortet[5]

Düsseldorf-Derendorf, den 12.6.1930

Lieber Peter!

Bei meiner Einlieferung in das hiesige Gefängnis am 7.6. (die ersten zwei Wochen nach meiner Festnahme habe ich im Polizeipräsidium verbracht und bin dort jeden Tag von morgens bis abends vernommen worden), wurden mir mehrere inzwischen hier eingegangene Briefe ausgehändigt. Darunter

[5] die Briefe, auf die er antwortet, waren uns nicht zugänglich (Anm. d. H.)

befand sich auch guter Freund einer von Dir, welcher eine Reihe von Bildern religiösen Inhalts enthielt. Mein lieber Freund, ich danke Dir für Deine gute Absicht, sowie daß Du für mich beten willst. Ich werde mich auch bemühen wieder beten zu lernen. Ganz weit in meiner Erinnerung lebt noch etwas vom kosmologischen Gottesbeweis. Ich hoffe, daß es mir gelingen wird, Jesus wiederzufinden. Lieber Freund, ich fürchte, mein ganzes Leben, die vielen schweren Straftaten, die ich begangen, es war alles nur ein furchtbarer Wahn. Ich wollte Opfer bringen, für die Reform des Strafvollzugs. Ich wollte, daß das von mir vergossene, unschuldige Blut, über die kommen sollte, die mich in den 22 Jahren Strafhaft, welche ich verbüßt habe, so schlecht und grausam behandelt haben. Ich wollte und will auch mein Blut mit opfern. Es soll auch über sie kommen. Sie mögen dann selbst beurteilen, was sie durch Hunger und Schläge und Fessel Methode (Hand und Fuß Fessel mit Stangen und Ketten schwerster Art) was sie durch ihr früheres preußisches System beim Strafvollzug in den Strafanstalten, herangezüchtet haben.

Mein lieber Freund, vielleicht kommen diese Blutopfer doch den Gefangenen von heute, sowie den Gefangenen der Zukunft zu gute. Hoffentlich trägt dies alles dazu bei, daß in der Reform des Strafvollzugs kein Stillstand eintritt.

Lieber Peter solltest Du das Bedürfnis haben, mir noch mal zu schreiben, so würde das mich, der sonst keinen Menschen mehr hat, sehr freuen.

Deine Worte und Grüße waren Licht Strahlen in meine einsame kleine Zelle. Ich werde Dir selbstverständlich auch wieder antworten, Dir auch falls Du Dich dafür interessieren solltest meinen Lebenslauf, oder einen Teil davon schildern. Sei freundlich gegrüßt von Peter K.

P.S. Am Gottesdienst darf ich hier nicht teilnehmen. Warum weiß ich nicht.

Düsseldorf-Derendorf, den 12.6.1930

Sehr geehrter Herr!

Ihren Brief vom 4. Juni habe ich bei meiner kürzlich erfolgten Einlieferung in das Gefängnis hier ausgehändigt bekommen. Ich danke Ihnen. Sie sprachen von der Liebe des Heiland-Gottes, von seiner großen Güte und Barmherzigkeit, von der großen Gnade, die auch mir noch zu teil werden könne. Sie sprachen auch von Vergeltung; daß menschliche Gerechtigkeit mein Leben zehnfach von mir fordern wird, und Sie erzählen mir auch vom letzten Morgen, der für mich anbrechen wird. Werter Freund seien Sie versichert, ich gebe mein Leben gern hin für den Zweck und die Ziele, die ich verfolgt habe, als ich die vielen schweren Straftaten beging. Sie brauchen auch nicht zu befürchten daß es dem Teufel gelingen würde, wie Sie in Ihrem Briefe meinten daß ich mir das Leben nehmen werde.

Ich will, daß mein Blut vergossen werden soll, genau so wie ich das viele unschuldige Blut vergossen habe zur Sühne für die vielen an wehrlosen Gefangenen begangenen Grausamkeiten im früheren Strafvollzug unter dem auch ich schwer habe leiden müssen. Aber werter Freund vorläufig ist es ja noch nicht so weit. Gewiß die Tage fliehen dahin und zu Ihrer Beruhigung will ich Ihnen sagen: ich gebe mir ehrlich Mühe wieder beten zu lernen und Jesus wiederzufinden, wenn auch mein Herz noch zerrissen ist und eine innere Sammlung noch nicht gut möglich; denn man behandelt mich gegenwärtig noch etwas wie eine Seuche woran man sich anstecken kann zum mindesten wie eine Bestie und ich sehe ganz deutlich die Angst und Verachtung in den Mienen der Menschen. Ich hatte es so ganz anders erwartet, es war doch alles nur ein grauenhafter Wahn. Guter Freund beten Sie für mich. Aber ich bitte Sie, beten Sie noch viel mehr für die große, große Sorge, welche ich draußen gelassen habe, für mein armes unglückliches Weib. Es war so brav und treu und ehrlich und ich habe es mit einem Berg von Schmach und Schande überhäuft. Bitte bitte werter Freund Ihr Gebet ist ja mehr wert, beten Sie für das arme Weib, daß Gott es stärken und aufrichten möge, so daß es nicht verzweifelt. Es grüßt Sie freundlich

Peter Kürten

II. Schwanenakte[6]

Aussage des Geflügelwärters Mathias Weyergraf

Ich bin seit etwa 30 Jahren Geflügelwärter im hiesigen Hofgarten. Im vorigen Jahr hatte ein Schwanenpaar in den Rosen, die sich, vom Parkhotel aus gesehen, an der rechten Seite des Weges in der Nähe der Geflügelstallung befinden, gebrütet. Es waren 3 Stück Junge herausgekommen, von denen eins etwas schwächer war und infolgedessen von den Eltern abgestoßen wurde. Das Tier durfte sich infolgedessen nicht auf dem Wasser zeigen. Es hielt sich aus dem Grunde fast ausnahmslos auf dem Lande auf, und zwar meist auf der Wiese, die sich zwischen dem Theater und dem Kriegerdenkmal befindet. Hier war das Tier fast immer, auch zur Nachtzeit.

Am 7. Dezember 1929 morgens kurz nach 8 Uhr fand ich es auf dieser Wiese gegenüber dem Kriegerdenkmal, etwa 15 Meter vom Wege entfernt, tot vor. Bei näherem Zusehen entdeckte ich, daß der Hals vom Kehlkopf ab in der Länge eines Zeigefingers von oben nach unten durchschnitten war. Der Kehlkopf war unverletzt, dagegen die Haut bis auf den Kehlkopf durchtrennt. Anscheinend war der Hals mit einem sehr scharfen Messer aufgeschnitten worden. Die Federn eines Schwans sind so stark, daß ein sehr scharfes Messer dazu gehört, um sie und die darunter befindliche Haut glatt aufzuschneiden. Merkwürdig war, daß weder an der Wunde, noch sonst am Tier irgendeine Spur von Blut zu sehen war. Der Tod des Tieres war nach dem Befund der Wunde augenscheinlich durch Verblutung eingetreten. Aber wohin das Blut geflossen war, war nirgends zu erkennen. Ich habe die ganze Umgebung bis zum Wasser hin abgesucht, aber keine Spur von Blut gefunden. Ich muß annehmen, daß derjenige, der das Tier getötet hat, das Blut ausgesogen hat. An dem Tier und an der Umgebung war nicht zu sehen, daß ein Kampf stattgefunden und das Tier sich gegen den Täter gewehrt hätte. Es lagen keine ausgerissenen Federn umher. Der junge (weibliche) Schwan war allerdings, wie bemerkt, kein kräftiges Tier. Es hat sich wohl kaum wehren können. Abgesehen davon, war es sehr zahm und zutraulich. Das Tier ließ sich von jedem aus dem Publikum anfassen und

[6] »Über die Unzulänglichkeit der psychiatrischen Gutachten war bei denen, die sie hörten, nur eine einheitliche Stimme. Die weitere Öffentlichkeit, die den Prozeß nur aus den Zeitungsberichten kennt, kann das nicht genug ermessen; und zwar schon deshalb nicht, weil die Berichte gerade die Handlungen Kürtens nicht wiedergaben, die am stärksten an seiner Normalität zweifeln lassen. Den meisten Zeitungslesern ist es zum Beispiel unbekannt, daß Kürten auch Schwänen den Hals abschnitt und ihr Blut trank. Gerade die pathologischen Momente wurden im Prozeß, noch mehr in der Zeitung – und zwar mit voller Absicht – verhüllt.« Rudolf Olden, Kein klarer Fall, in Berliner Tageblatt 30.4.1931

streicheln. Infolgedessen wird es auch den Täter zunächst ruhig an sich herangelassen haben. Ich glaube, daß der Täter den Körper des Schwans zwischen seine Beine genommen, den Hals des Tieres hochgezogen und dann mit seinem scharfen Messer, vielleicht einem Rasiermesser, den Hals von oben nach unten aufgeschlitzt hat. Ich wiederhole, daß der Täter das Blut des Tieres getrunken haben wird. Die Wunde war wie abgewaschen. Die Möglichkeit, daß das Blut im Körper verblieben wäre, ist nicht gegeben. Ich habe zwar keinen Tierarzt zugezogen, jedoch pflegt ein Tier, besonders eine Ente oder ein Schwan, im Falle einer Verwundung sich derart zu verbluten, daß kein Blut im Körper zurückbleibt. Das ist eine Tatsache, die ich während meiner Tätigkeit als Geflügelwärter erfahren habe.

Ein Fall, wie der vorliegende, ist mir in meiner ganzen Tätigkeit als Geflügelwärter noch nicht vorgekommen. Im Hofgarten wurden allerdings in den letzten 30 Jahren schon Enten gestohlen oder ihnen der Hals umgedreht. Ich habe auch erlebt, daß Enten beim Brüten vom Nest genommen, getötet und an Ort und Stelle gerupft wurden. Dann war auch immer Blut an der Tatstelle zu sehen. Aber die Tötung eines Schwans in der vorstehend beschriebenen Weise war mir doch noch nicht vorgekommen. Ich habe keinen Verdächtigen vor oder nachher bemerkt. Ich hatte den Schwan am Abend des 6. Dezember noch um 7 Uhr auf der Wiese, wo er getötet wurde, gesehen. Es hat weder an dem Abende, noch am folgenden Morgen geregnet. Ich erinnere mich sogar, daß am Morgen des 7. Dezember etwas Reif lag. Ich wüßte keine Person, der ich die Tat zutrauen könnte.

III. Nachlese[7]

Ich faßte wiederholt den Vorsatz, mir das Leben zu nehmen und begab mich auch wiederholt auf den Eisenbahnkörper, um mich überfahren zu lassen. Ich weiß nicht, warum ich meine Absicht nicht zur Ausführung brachte. Mehrfach wurde ich vom Eisenbahnkörper wieder weggeholt, es ist auch möglich, daß die Jugend in mir vor dem herannahenden Ungeheuer einen zu großen Schrecken empfand.

Es gibt bekanntlich zwei Kategorien von Trinkern, die einen werden in der Trunkenheit fidel, die anderen brutal. Mein Vater gehörte zu den letzteren.

Aus bloßer Freude am Bösen wird keiner zum Verbrecher, es ist immer ein gewisses Etwas, das hinzukommt, ohne sein eigenes Verschulden.

Ich werde gefragt, weshalb ich im Jahre 1903 fahnenflüchtig wurde und namentlich, ob ich jemals das Gefühl der Vaterlandsliebe gekannt habe. Vaterlandsliebe habe ich wohl in meiner Schulzeit empfunden, später nicht mehr. Wenn ich infolge der wegen Fahnenflucht verhängten Zuchthausstrafe und wegen der von 1913 ab verbüßten Freiheitsstrafe nicht an die Front durfte, so empfand ich dies nur insofern mit einem Gefühl des Bedauerns, weil ich der Freiheit entbehrte. Lust für das Vaterland zu kämpfen, hatte ich nicht.

Wenn ich vorstehend gesagt habe, ich hätte über die Unmöglichkeit, im Kriege an die Front zu kommen nur insofern ein Gefühl des Bedauerns gehabt, weil ich der Freiheit entbehrte, und wenn ich ferner gesagt habe, ich hätte keine Lust gehabt, für das Vaterland zu kämpfen, so möchte ich dies dahin aufgefaßt wissen, daß bei der großen Belegung der Strafanstalt Brieg und der damit verbundenen schlechten Ernährung ich mir lieber meine Knochen im Schützengraben hätte zerschießen lassen mögen, als in der Strafanstalt mich der Gefahr des Hungertodes auszusetzen.

Ich habe auch schon früher mal bei einer Meuterei den Beamten beigestanden, indem ich die Notglocke zog. Das tat ich nicht deshalb, um begnadigt zu werden. Das habe ich vielmehr unwillkürlich gemacht. Ich habe mich auch schon andererseits selbst an einer Meuterei im Gefängnisse beteiligt.

[7] alle nachfolgenden Äußerungen hat Kürten im Gespräch mit Kriminal- und Justizbeamten, bzw. mit Ärzten getan.

Den Gegensatz in diesem Verhalten kann ich nicht erklären. Ich kann das eine Verhalten mit dem anderen selbst nicht in Einklang bringen.

Wie es Menschen gibt, die keine Nerven haben, und solche, die darunter leiden, so gibt es auch Menschen, die kein Gewissen haben, und die eins besitzen. Ich habe kein Gewissen. Niemals habe ich Beschwerden geistiger oder seelischer Art empfunden.

Ich habe mir vorgestellt, daß es meinen Peinigern und deren Nachkommen im Leben ganz miserabel schlecht gehen sollte und daß sie von Unglücksfällen heimgesucht werden würden, im Sinne der religiösen Lehre von der Vergeltung. Ich dachte dabei an das Gesetz von Ursache und Wirkung und an das Gesetz vom hinreichenden Grund. Darüber habe ich viel gegrübelt.

Ich bin gläubig insofern, als ich mir konsequenterweise sagen muß, es muß ein höheres Wesen geben, es kann nicht alles von selbst entstanden sein. Es muß ein geistiges Wesen vorhanden gewesen sein, das den ersten Anstoß zum belebten Dasein der Dinge gegeben hat. Ich habe angenommen, daß das höhere Wesen alles, was ich getan habe, für unbedingt gut halte, weil ich ja die Ungerechtigkeit rächte.

(Frage: Haben Sie sich zur Ausübung einer solchen Rache für berufen gehalten? Steht nicht in der Bibel: Richtet nicht, damit ihr nicht gerichtet werdet, und: Mein ist die Rache –?)

Darüber, ob ich zur Ausübung der Rache berufen war, habe ich nicht nachgedacht, aber jene Stellen, die die vorgenannte Lehre aufstellen, sagten auch: Auge um Auge, Zahn um Zahn.

Bei meinen Taten bin ich mir selbst wohl so vorgekommen, daß ich ein Mörder sei. Ich habe mich ja mit den Tieren schon verglichen, die wie der Panther und die Wasserjungfer, sich bei dem Angriff auf andere Tiere nicht mit der Erzielung der notwendigen Nahrung für sich selbst begnügen, sondern darüber hinaus auf reine Vernichtung ausgehen. Ich habe schließlich die Vorstellung gehabt, ich hätte alles Menschliche von mir abgestreift. In dieser Verfassung habe ich ungezählte Male selbst Kirchen und Kapellen aufgesucht, um zu sehen, ob ich nicht hier ein Verbrechen begehen könnte. Ich stellte mir vor, welche ungeheure Erregung es auslösen werde, wenn ich die Fliesen einer Kirche mit dem Blut eines Opfers beflecken würde.

Da kam zuerst Samenerguß bei solchen Vorstellungen von schweren Verletzungen und Umbringen von Menschen. Das ist jahrelang so gegangen, wenn ich das nicht gehabt hätte, dann hätte ich mich aufgehängt. Ich ging ganz gehoben. Ich hätte jodeln oder singen können. Ich habe ja auch oft nach solchen Taten gesungen, zum Beispiel im Grafenberger Wald. Auch nach dem Fall Hahn habe ich von Papendell bis Gerresheim gesungen.

(Frage: Was für Lieder?) So allerlei. Ich verfüge über einen reichen Liederschatz. Alsmal habe ich auch Kriegslieder gesungen, zum Beispiel das Lied vom sterbenden Krieger, der noch einmal die Augen aufschlug.

Wenn ich meine Opfer vorzugsweise unter den Angehörigen kleinbürgerlicher Kreise, namentlich unter den weiblichen Hausangestellten gesucht habe, so rührt dies daher, daß diese leichter zu erreichen sind, weil sie nicht den Schutz genießen, unter dem die Angehörigen besserer Kreise kraft ihrer sozialen Stellung stehen. Opfer aus letzteren Kreisen wären mir schwerer erreichbar gewesen und mein Streben ging doch danach, möglichst viele Opfer zu finden.

(Frage: Das Stechen und Töten sind so eine Art Probe gewesen?) Na, das wären ja sehr häufige Proben gewesen.

(Frage: Wie kommen Sie immer an den Hieb gegen die rechte Schläfe?) Das ist vielleicht nach Old Shatterhand.

Wie in meiner ersten Vernehmung bemerkt, leben von meinen Geschwistern vier hier in Düsseldorf. Mit diesen habe ich selten Verkehr gehabt. Ich hatte keinen Krach mit ihnen, aber ich habe auch nicht gut mit ihnen harmoniert. Dies kam daher, daß die Frauen oft verschiedener Ansicht waren, was den Verkehr behindernd beeinflußte. Hinzu kam aber, daß ich bestraft war, was meine Geschwister wohl zur Zurückhaltung veranlaßt hat. Immerhin traf ich mich mit meinen Brüdern regelmäßig am Arbeitsamt.

Wenn ich keine Angehörigen hätte, besonders meiner Frau gegenüber darf ich es nicht tun, würde ich der Behörde noch allerlei zu schaffen machen. Es würde auch Sensationen für die Zeitungen geben, welche bestimmt vollstehen würden von Kürten. Auf der Richtstätte würde ich, bevor ich meinen Kopf auf das Schafott legen würde, den Idioten ins Gesicht spucken.

Man kann eine Frau gern haben aus zweierlei Gründen, einmal aus Sinnlichkeit, dann auch aus Zuneigung zu ihrem Wesen im allgemeinen. Ich habe meine Frau nicht aus Sinnlichkeit geliebt, sondern weil mir ihr Wesen, ihr Charakter so gefiel. Meine Frau liebte mich, sie wollte nicht, daß ich immer nur auf der Fabrik arbeitete, sie war von großer Herzensgüte. Deshalb habe ich sie verehrt, ja vergöttert.

Ich bin dafür, daß die Verhandlung in ruhiger Form geführt wird. Ich werde die Ausschließung der Öffentlichkeit beantragen, damit die Jugend nicht die Zeitungsberichte zu lesen bekommt. Ich habe es ja selber erlebt, wie aufreizend die Berichte von den Sittlichkeitsverbrechen wirken. Ich habe selber auf der Straße gehört, wie erpicht auch ganz junge Mädchen auf solche Zeitungsnachrichten sind, wie sie sich Schokolade versprochen haben, wenn eines die Fortsetzung in der nächsten Nummer beschaffen würde. Ja, ich habe am Wehrhahn einmal eine Schülerin, ich schätze aus einem Lyzeum, sagen hören: ich möchte wohl mal mit ihm zusammen sein, wenn ich nur wüßte, daß er mir nichts täte; das bezog sich auf den Düsseldorfer Mörder.

Ich hätte ja Gelegenheit gehabt, in einem Binnenwasser Deutschlands, zum Beispiel im Steinhuder Meer, das sehr tief ist, mit einem Steine beschwert, nachdem ich mit einem Nachen aufs Meer hinausgefahren wäre, mich versenken können. Aber dann wäre ich wohl nicht mehr zum Vorschein gekommen und ich hätte all meine Taten mit mir in das Dunkel genommen.

Ihre Frage wegen der Todesstrafe ist schwer zu beantworten, wenn der Mensch nachher ernüchtert ist, wie ich es jetzt bin. Schließlich ist ja mit der Hinrichtung nicht viel erreicht. Ob sie mit meinem Blut das Blut abwaschen, das ich vergossen habe, das ist doch zweifelhaft. Es kommt schließlich auf einen Racheakt hinaus, den das Volk fordert.

Wenn ich selber über meine Taten nachdenke, besonders über die Kindergeschichten, dann verabscheue ich mich selbst derart, daß ich meine Hinrichtung wünsche. Das bringt so die Ernüchterung mit sich. Anderenfalls ist die Todesstrafe von den Rechtsgelehrten selbst umstritten, dann sagt man sich: Wozu den Kopf abhacken! Bloß denen zulieb, die danach schreien?

Ich wollte Ihnen noch sagen, daß ich oft Stimmen gehört habe. Ich habe oft von unserer Wohnung aus große Volksversammlungen zu sehen geglaubt, Musik gehört. Der Oberbürgermeister hielt eine Rede, dann der Polizeipräsident, zum Lobe eines Polizeibeamten, der den Düsseldorfer Mörder gefangen hatte. Mit solcher Lebendigkeit, daß ich die Stimmen wirklich zu hören meinte. Mit einem Ohr hörte ich die Wirklichkeit, mit dem anderen das Geträumte. So war ich manchmal ein halb und halb geteilter Mensch.

Das einzige, was mir noch leid tun kann, ist, daß ich nicht mehr lesen kann, wenn ich geköpft bin.

Zeittafel

1883 (26.5.) als Sohn eines Sandformers in Mülheim geboren;
1889 wird dort eingeschult
1891 erste Flucht, wird nach drei Wochen von der Polizei aufgegriffen
1895 Umzug der Familie nach Düsseldorf-Grafenberg in die Hohenzollernkolonie, dort Schulzeit beendet
1897 Formerlehrling in der selben Fabrik, in der sein Vater arbeitet; Notzuchtsversuch des Vaters mit seiner Tochter, 1 $^1/_2$ Jahre Haft
1899 Unterschlagung von Lohngeldern; Rheinfahrt mit erstem Mädchen, zwei Monate Haft in Düsseldorf-Derendorf; zwei Tage Haft wegen Übernachtens im Freien, wird danach gefesselt durch die Stadt geführt; lernt Frau Uhr kennen
1900 (2.1.) sieben Tage Haft wegen Hausfriedensbruch und Bedrohung; Arbeit in einer Gießerei; würgt ein Mädchen aus der Altstadt; eine Woche Haft wegen Zechprellerei; (April) sechs Monate Haft wegen Einbruchsdiebstahl in Mansarden, sechs Wochen Haft wegen Diebstahls
1901 (Januar) zwei Jahre Haft wegen Diebstahls von zwei Fahrrädern,im Gefängnis Ulmer Höhe, davon vierzehn Tage Fesselung; erstes Auftauchen der Sühneidee
1903 (Januar) Entlassung
(1. 4.) ein Jahr und drei Wochen Haft im Gefängnis zu Anrath wegen Gewalttätigkeit gegen Familie Brenner; Fesselungsstrafen; Einzelhaft
1904 trifft nach Entlassung Frau Uhr wieder, zieht zu ihr; Brandstiftungen; wird zum Militärdienst nach Metz eingezogen; Frau Uhr besucht ihn dort und stiftet ihn zur Fahnenflucht an (Herbst); Frau Uhrs Tochter verrät ihn (Silvester); er wird nach Metz zurückgebracht und dort nach neun Monaten Untersuchungshaft
1905 (13.9.) vom Kriegsgericht in Metz zu sieben Jahren Zuchthaus verurteilt; kommt von Metz nach Münster, dort Haftpsychose
1912 wird entlassen, kehrt nach Düsseldorf zurück; verbüßt sechs Monate Gefängnis wegen einer Revolverschießerei, in den Gefängnissen Derendorf, Anrath und Lingen
1913 (April) entlassen; überfällt einen auf einer Bank sitzenden Mann mit einem Beil
(25. 5.) Mord an Christine Klein; (November) sechs Jahre Zuchthaus wegen wiederholten Diebstahls;
zwei Jahre zusätzlich wegen Gefängnismeuterei, verbüßt in Siegburg, Rheinbach und Brieg
1921 (7.4.) Entlassung; zieht zu seiner Schwester nach Altenburg; Arbeit in der Eisengießerei Balduin Bechstein; Vertrauensmann des Metallarbeiterverbandes; Mitglied im Betriebsrat und im Reichsbanner; lernt Auguste Scharf kennen
1923 Tod der Mutter; Heirat mit Auguste Scharf
1925 (Mai) Rückkehr nach Düsseldorf; Verhältnis mit den Hausangestellten Tiedemann und Mechler; (Oktober) seine Frau folgt ihm nach Düsseldorf

1926 (April) wird zu zwei Monaten Gefängnis verurteilt, legt Berufung ein, die verworfen wird, legt Revision ein; in der Gerichtsverhandlung erwähnt Staatsanwaltschaftsrat Jansen sein Vorstrafenregister, woraufhin seine Frau sich von ihm scheiden lassen will; Versöhnung mit der Frau; kirchliche Trauung; wird wiederum verurteilt; vier Monate Untersuchungshaft wegen Notzuchtsverdacht, der jedoch fallen gelassen wird
fünf Monate Gefängnis wegen Urkundenfälschung; (Weihnachten) Entlassung

1927 Brandstiftungen; zieht mit seiner Frau in das Haus Mettmannerstraße 71; (Herbst) verbüßt zwei Monate wegen Heiratsschwindel; nach Entlassung Brandstiftungen und Überfälle ohne tödlichen Ausgang

1928 acht Monate Gefängnis; fühlt sich wiederum zu Unrecht verfolgt und verurteilt; (Oktober) Entlassung; Überfälle ohne tödlichen Ausgang; Brandstiftungen

1929 2. 2. Mordversuch an Apollonia Kühn
9. 2. Mord an Rosa Ohliger
12. 2. Mord an Rudolf Scheer
21. 7. Mordversuch an Maria Wassermann
8. 8. Mord an Maria Hahn
20. 8. Mordversuch an Änne Goldhausen, Olga Mantel, Heinrich Kornblum
24. 8. Mord an Gertrud Hamacher und Luisa Lenzen
25. 8. Mordversuch an Gertrud Schulte
29. 9. Mord an Ida Reuter
11.10. Mord an Elisabeth Dörrier
7.11. Mord an Gertrud Albermann

1930 23. 2. Mordversuch an Hildegard Eid
7. 3. Mordversuch an Marianne Del Santo
13. 4. Mordversuch an Gertrud Hau
30. 4. Mordversuch an Charlotte Ulrich
14. 5. Mordversuch an Maria Budlies
23. 5. legt seiner Frau ein Geständnis ab; seine Frau sagt aus bei der Polizei
24. 5. Verhaftung; legt vor der Polizei ein umfassendes Geständnis ab
24. 6. widerruft sein Geständnis vor dem Untersuchungsrichter
30. 8. kehrt zum Geständnis zurück
1.10.– 2.11. psychiatrische Untersuchung durch Professor Sioli
4.11.–13.12. psychiatrische Untersuchung in der Anstalt Bedburg-Hau unter Professor Raether; anschließend Untersuchung durch den von der Verteidigung benannten Professor Hübner

1931 29. 1. Abschluß der Voruntersuchung
13. 4.–22. 4. Prozeß (Todesurteil)
1. 7. Ablehnung des Gnadengesuchs
2. 7. Hinrichtung

Peter Kürten

Düsseldorf, Mettmannerstr. 71.
Pfeil und Kreuz zeigen auf die Wohnung des Peter Kürten.

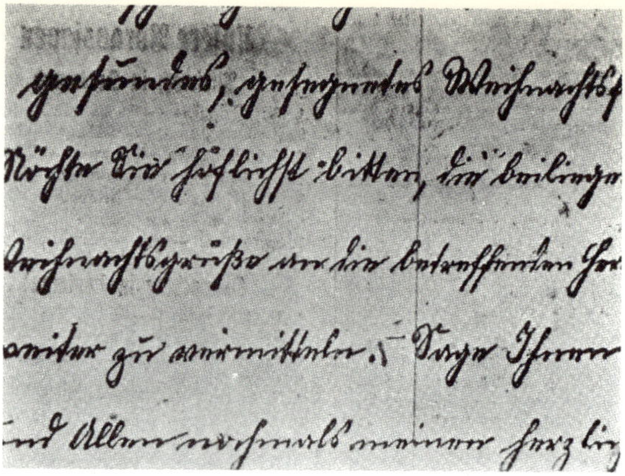
gesundes, gesegnetes Weihnachtsf
Möchte Sie höflichst bitten, die beiliegen
Weihnachtsgrüße an die betreffenden Her
weiter zu vermitteln. Sage Ihnen
und Allen nochmals meinen herzlich

Kürtens normale Handschrift

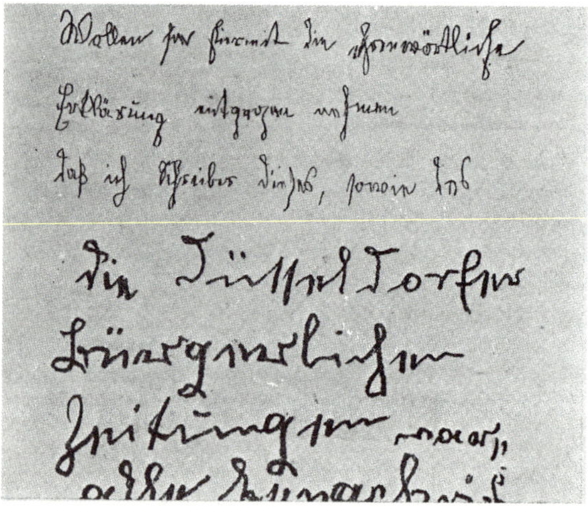
Wollen Sie hiermit die [illegible]wörtliche
Erklärung entgegen nehmen
daß ich Schreiber dieses, sowie des
die Düsseldorfer
bürgerlichen
Zeitungen [illegible]
[illegible]

Kürtens Handschrift in seinem Brief an die kommunistische Zeitung „Freiheit“.

Christine Klein

Der Tatort – in Köln-Mülheim – von Kürtens erstem Mord, dem an Christine Klein.

Maria Hahn

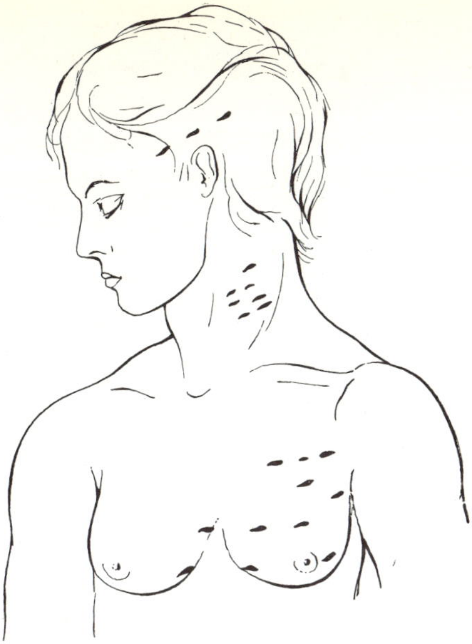

Maria Hahn. Die Schläfen-, Hals- und Bruststiche sind in die nach der Leiche gezeichneten Skizze eingetragen.

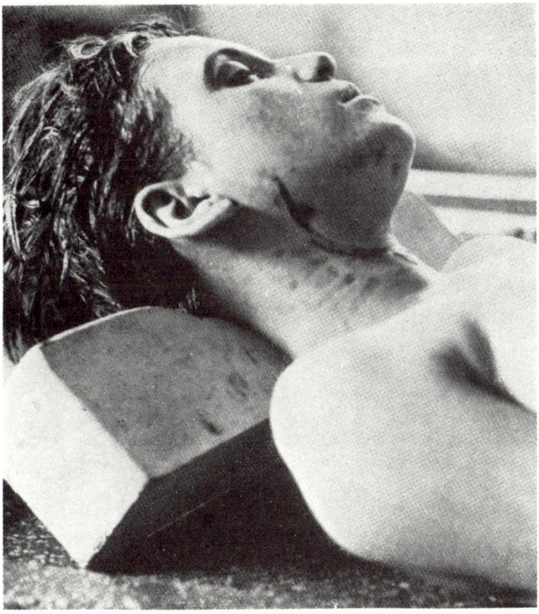

Leiche Lenzen

Erkennungsdienst
Düsseldorf
Pappendelle
Grabstelle

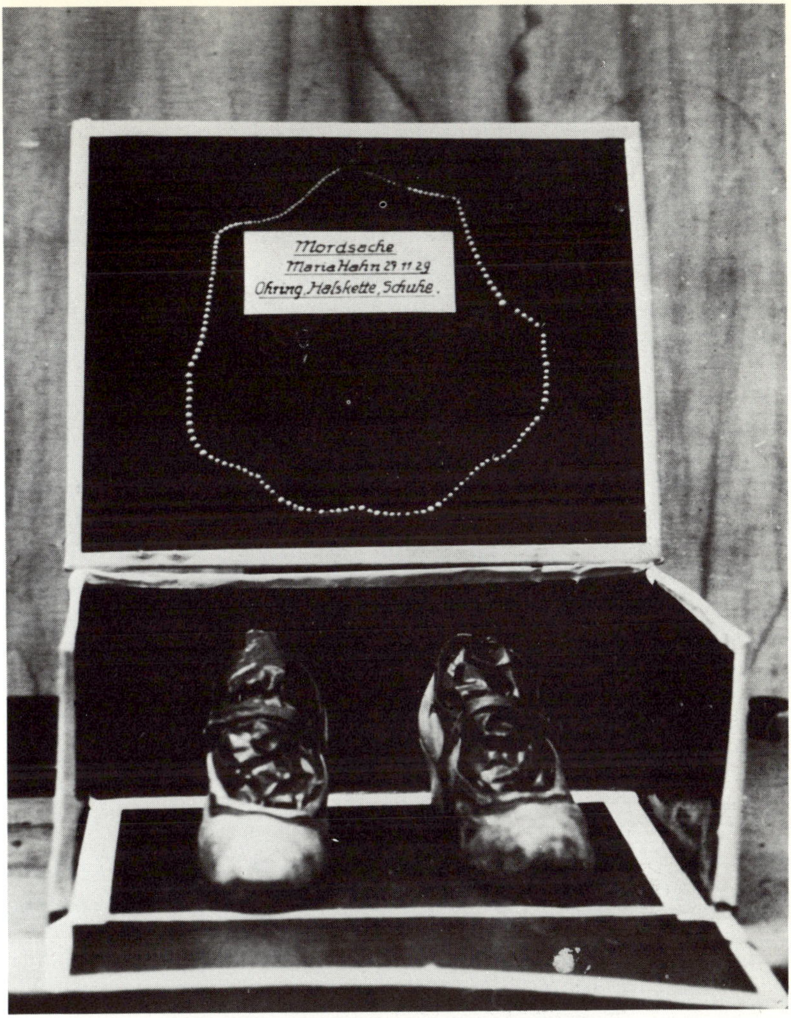
Mordsache
Maria Hahn 29.11.29
Ohrring, Halskette, Schuhe.

Ida Reuter

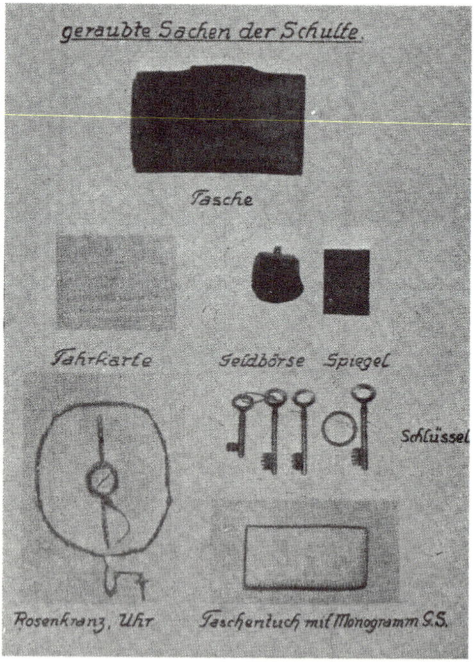
geraubte Sachen der Schulte.
Tasche
Fahrkarte
Geldbörse
Spiegel
Schlüssel
Rosenkranz, Uhr
Taschentuch mit Monogramm G.S.

Staatsanwalt Jansen und sein Vertreter Dr. Eich auf dem Weg zum Justizgebäude.

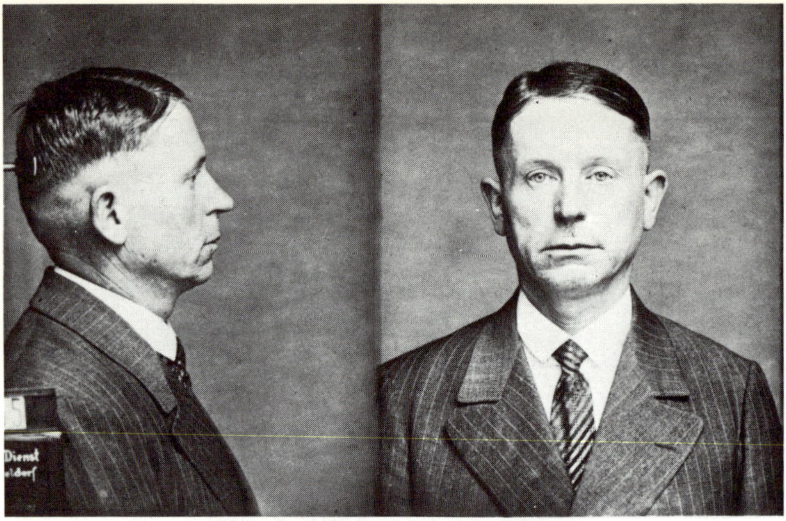

Polizeifotos des Peter Kürten

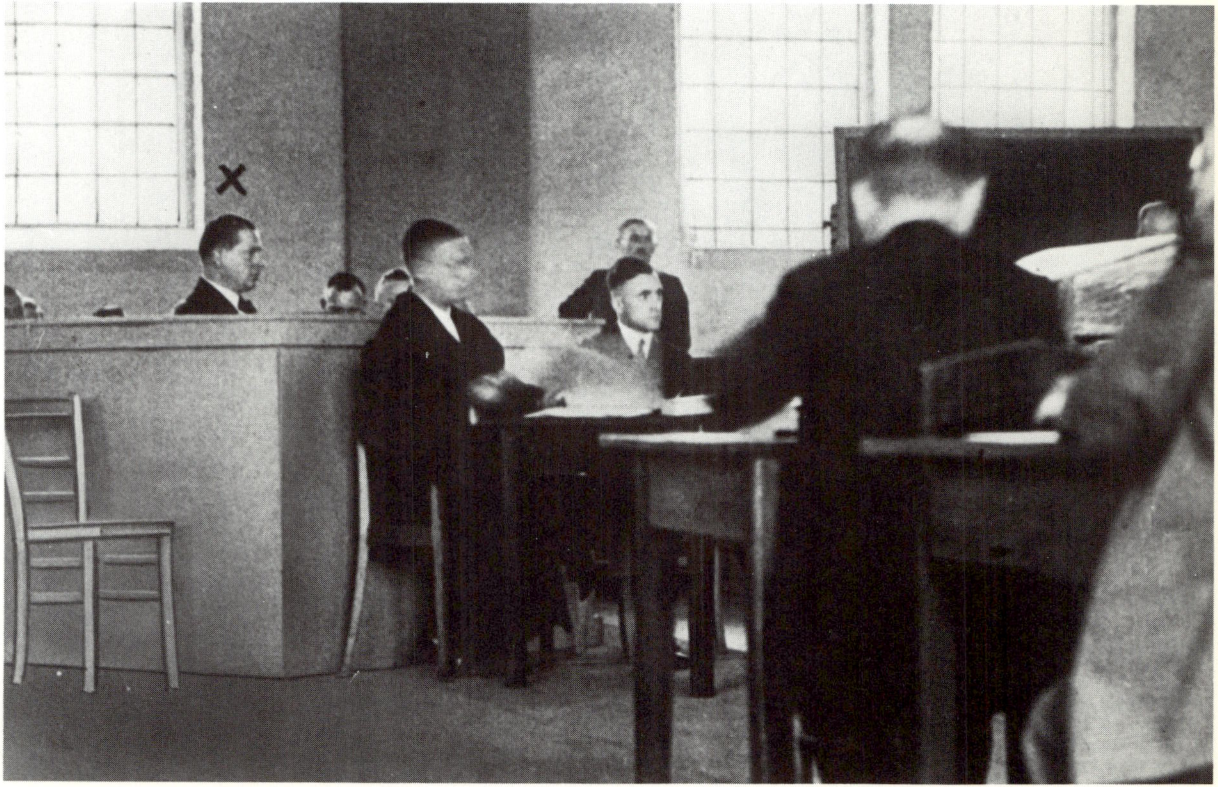

Vor Gericht: In dem Holzkasten der Angeklagte Kürten, vor ihm sein Verteidiger RA Wehner.

NUMMER 8 Hamburger Illustrierte

Sühne!

Peter Kürten, der Düsseldorfer Mörder, dessen bestialische Taten die ganze Kulturwelt erschreckten und erschütterten, wird Ende Februar in Düsseldorf vor den Richtern stehen.

Peter Kürten und seine Frau, die zur Festnahme ihres Mannes beitrug